文成天縱

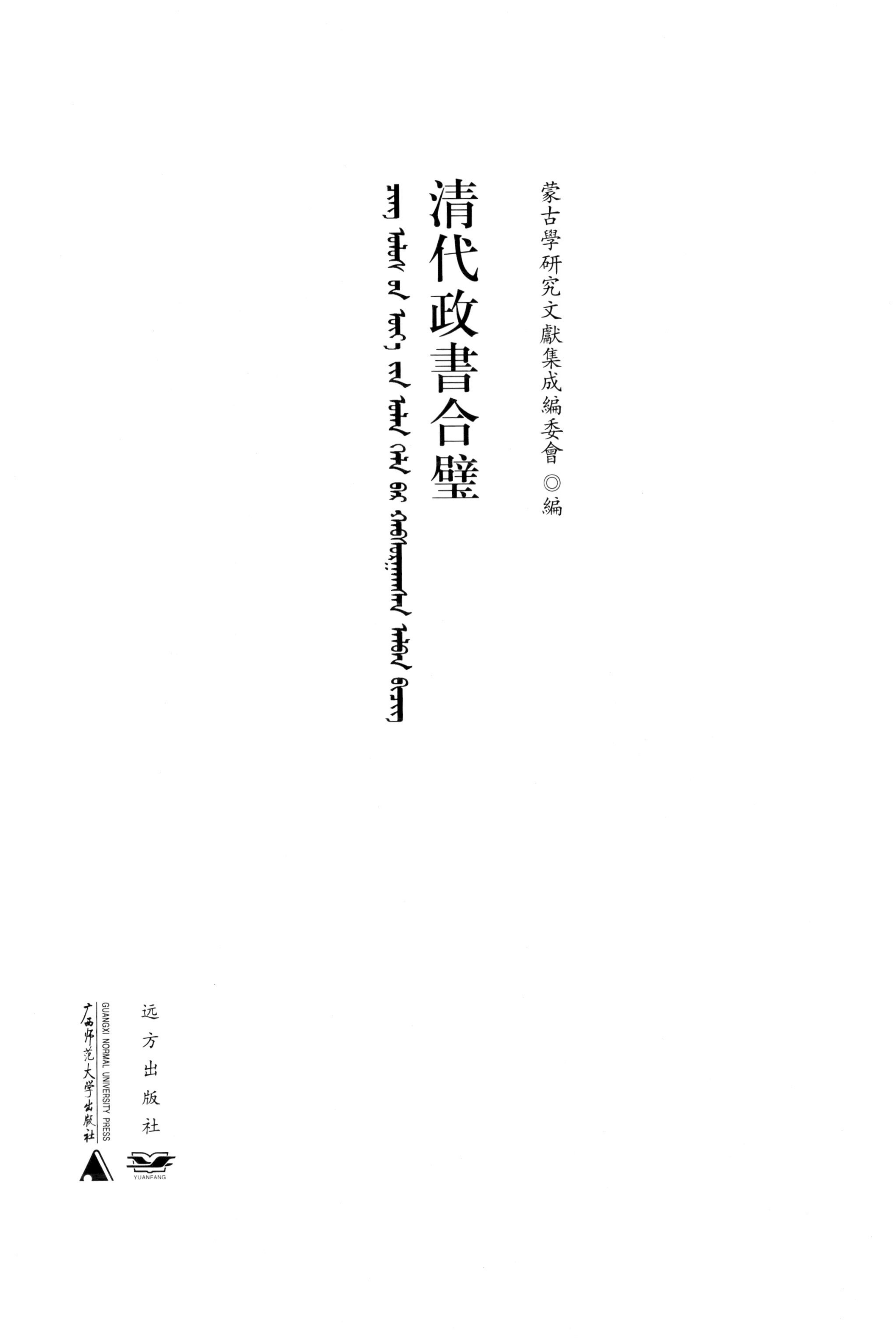

清代政書合璧

蒙古學研究文獻集成編委會◎編

广西师范大学出版社
GUANGXI NORMAL UNIVERSITY PRESS

远方出版社
YUANFANG

圖書在版編目（CIP）數據

清代政書合璧 ： 蒙、漢、滿 / 蒙古學研究文獻集成編委會編.
呼和浩特 ： 遠方出版社， 2016.6（2017.3 重印）
（美國哈佛大學哈佛燕京圖書館藏蒙古文文獻叢編/蘇那嘎主編）
ISBN 978-7-5555-0717-8

Ⅰ. ①清… Ⅱ. ①蒙… Ⅲ. ①政書－中國－清代－蒙古語（中國少數民族語言）、漢語、滿語 Ⅳ. ①D691.5

中國版本圖書館 CIP 數據核字（2016）第 132354 號

蒙古學研究文獻集成
美國哈佛大學哈佛燕京圖書館藏蒙古文文獻叢編
清代政書合璧

出 版 人	張藝兵　蘇那嘎
編　　者	蒙古學研究文獻集成編委會
責任編輯	董美鮮　肖愛景　劉隆進　徐良妍　雅茹貴
責任校對	孟繁龍　于麗慧
責任技編	黃珊虎
書籍設計	徐俊霞
出版發行	內蒙古出版集團　遠方出版社（0471-2236471 總編室　0471-2236460 發行部） （呼和浩特市烏蘭察布東路 666 號　郵編 010010） 廣西師範大學出版社（010-64284815 發行熱線） （桂林市中華路 22 號　郵編 541001）
經　　銷	新華書店 廣西師範大學出版社（經銷熱綫 0773-2282566）
印　　刷	虎彩印藝股份有限公司
開　　本	787mm×1092mm　1/16
字　　數	464 千
印　　張	29
版　　次	2016 年 6 月第 1 版
印　　次	2017 年 3 月第 2 次印刷
標準書號	ISBN 978-7-5555-0717-8
定　　價	500.00 元

如發現印裝品質問題，請與出版社聯繫調換

前　言

蒙古民族的發展深刻影響了歐亞大陸的歷史,也創造了燦爛的文化,留下了豐富的古籍文獻。

蒙古學早已成爲一個世界性的學科。近三十年來,國内的蒙古學研究發展迅速,從事這項工作的學者隊伍不斷壯大,蒙古學的各個分支領域枝繁葉茂,學科視野也不斷拓展,迫切需要相關文獻資料的深入發掘和整理,以支撑蒙古學的進一步發展。由於種種原因,近代以來,大量蒙古文古籍文獻流落域外,散存在歐美一些國家的圖書館、博物館中,國内學者在利用這些文獻時會遇到諸多不便。

近幾年,廣西師範大學出版社集團有限公司與美國哈佛大學哈佛燕京圖書館在文獻整理出版方面進行了富有成效的合作,先後出版了《美國哈佛大學哈佛燕京圖書館藏中文善本彙刊》《美國哈佛大學哈佛燕京圖書館藏明清婦女著述彙刊》等。在合作過程中,我們還發現和整理了一批哈佛燕京圖書館藏蒙古文文獻。此前廣西師範大學出版社集團有限公司已經陸續整理出版過一些蒙古文地方檔案文獻,但在編輯出版過程中遇到了一些語言方面的障礙,集團於是决定尋求與内蒙古地區的出版機構長期合作,共同推出一套《蒙古學研究文獻集成》,系統發掘整理包括蒙古文、漢文、藏文、滿文、西文、日文等文種的各類蒙古學檔案、文獻。

内蒙古自治區的遠方出版社,建社時名爲"蒙古學出版社",最初的出版分工亦爲蒙古學研究著作和相關文獻的出版。最近幾年,遠方出版社進一步明確了出版方向,將蒙古學文獻的整理出版作爲其重要的内容之一。這樣,雙方爲了一個共同的目標走在了一起。這套《美國哈佛大學哈佛燕京圖書館藏蒙古文文獻叢編》就成爲雙方共同編輯出版的第一個合作項目。

美國哈佛大學哈佛燕京圖書館成立於 1928 年,是西方國家收藏東亞文獻最多的大學圖書館,藏書達 90 萬册,其中中文書籍有 56 萬册,居全美第二。其圖書收藏範圍主要以中文和日文爲主,但在實際征集過程中,它還收入了不少藏、蒙、滿等語言的文獻資料。這些語種的文獻資料無論數量還是内容價值都不容忽視。館内所藏蒙古文文獻資料包括:佛經、儒家經典、政書、辭典、啓蒙讀物及蒙古歷史等。這批文獻作爲《蒙古學研究文獻集成》之一種,既有其不可替代的文獻價值,又有民族文獻從海外回流反哺民族文化的特殊意義。

經反復討論、考量,蒙古學研究文獻集成編委會從中挑選國内不常見者二十一種,彙編爲《美國哈佛大學哈佛燕京圖書館藏蒙古文文獻叢編》。所收書目及具體情況如下:

《新譯蒙漢千字文》,一册,石印,蒙、漢合璧,用滿文標註漢字音,光緒丁未年(1907)北京振北石印館印行。

《滿蒙合璧三字經註解》,二卷四册,道光十二年(1832)刻本。宋王應麟初撰,清王相註解,陶格滿譯,富俊蒙譯。清康熙五年(1666),王相對《三字經》加註,滿洲教習陶格將其譯成滿文,雍正二年(1724)刊行《滿漢合璧三字經註解》。道光年間富俊等人在陶格本上增譯蒙古文,道光十二年刊行滿、蒙、漢三體合璧本《滿蒙合璧三字經註解》,由北京三槐堂和五雲堂刊行。

《初學指南》,二卷二册,蒙、漢合璧,富俊編,乾隆甲寅年(1794)紹衣堂刻本。該本無序跋,《北京地區滿文圖書總目》著録北京故宫博物院藏品,稱富俊所編。《初學指南》是學習蒙古口語的教材。全書以兩個人對話的形式記録蒙古語日常對話。爲了如實反映蒙古口語的發音,作者拋開蒙古文,全用滿文字母拼寫蒙古口語,此書應是研究清代蒙古語音的寶貴資料。

《蒙文晰義》,三卷三册,内含《蒙文晰義》二卷二册,《蒙文法程》一卷一册。景煇初編,賽尚阿增補,道光二十八年(1848)刊行。《蒙文晰義》是一部套書,其中《蒙文晰義》是滿、漢、蒙三體合璧音序詞典,《蒙文法程》爲滿、蒙合璧詞典。《蒙文晰義》是繼《三合便覽》《蒙古托忒彙集》之後清代第三部蒙古文音序詞典。

《蒙文彙書》,十六卷三十六册,賽尚阿纂輯,咸豐元年(1851)抄本。卷首有賽尚阿序。這是賽尚阿纂輯的一部蒙、漢、滿三體合璧音序詞典,也是繼富俊《蒙古托忒彙集》之後的第二部首列蒙古文詞頭的詞典。

《蒙文總彙》，十二册，蒙、漢、滿三體合璧，固什喇嘛李鋐編，民國二年(1913)北京正蒙印書局石印。固什喇嘛李鋐以賽尚阿《蒙文彙書》爲基礎編出一部詞典，光緒十七年(1891)刊行，書名《蒙文總彙》。1913年北京正蒙印書局用石板重印，書名易爲《蒙漢滿三合》。

塔清阿抄《蒙古源流》，一册，塔清阿抄本。隨著《蒙古源流》在世界範圍内的廣泛流傳，後來有了衆多抄本和印本。此版本是1934年塔清阿在北京喀喇沁王府抄自施密特本。它雖然是一部晚期派生本，但由於是《蒙古源流》流傳鏈條中的一個特定環節，能够反映當時蒙古人的歷史認知、史學活動，也反映《蒙古源流》在傳抄過程中的文本流變，因此具有一定的歷史意義和學術價值。

《聖諭廣訓》，四卷四册，蒙、漢合璧附註，薩穆丕勒諾爾布作註，1935—1937年間察哈爾蒙古圖書編譯館印。此編以清代滿、蒙、漢三體合璧本爲底本，去掉了滿文，加入蒙古文註解，并對譯文字詞稍加修改，訂成四册鉛版印行。

《吏治輯要》，一册，滿、蒙、漢三體合璧，高鶚原著，通瑞滿譯，孟保蒙譯，咸豐七年(1857)刻本。此前，通瑞將高鶚所撰《吏治輯要》譯成滿文，道光二年(1822)刊行，爲滿、漢合璧本。孟保又在通瑞本的基礎上譯補蒙古文，咸豐七年刊行。

蒙漢滿藏四體合璧《御製增訂清文鑒》，共十一册，其中《文鑒總綱》三册，《御製增訂清文鑒》八册。《文鑒總綱》三册中，目録一册，滿、蒙合璧；《文鑒總綱》二册八卷，卷名以八卦名排序，自乾至兑；《御製增訂清文鑒》正文八册，以八卦名排序，自乾至兑，每册四卷，總共三十二卷。四體合璧《文鑒》以《御製增訂清文鑒》爲藍本，加入蒙、漢、藏文而成，其類目、總綱來自後者，甚至《文鑒總綱》在版面上的題目就是《御製增訂清文鑒總綱》。該書成書於乾隆三十六年(1771)以後，具體年份及其編者待考。

滿蒙漢三體合璧《四書》，二十册，噶勒藏蒙譯，光緒十八年(1892)刻本。即《大學》《中庸》《論語》及《孟子》，其中卷首附有乾隆二十年(1755)御製序和刊印者序。

《三合便覽》，十三卷十三册，刻本，明福輯，富俊增補。《三合便覽》是清代首部滿、蒙、漢三體合璧音序詞典。該書第一卷裏講述的語音、語法及正字法以及用滿文字母標註的蒙古語言，均爲很好的語言史料。《便覽正訛》是對《三合便覽》的訂正，《便覽補遺》是《三合便覽》的增補。《三合便覽》對後世蒙古文詞典的編纂産生了深遠影響，後人編纂的《蒙文晰義》《蒙文彙書》等都以《三合便覽》爲藍本。

滿漢蒙藏四體合璧《大藏全咒》，八十八册，涵芬樓(商務印書館)影印，内容包括

《御製滿漢蒙古西番合壁大藏全咒》目録八卷四册,《御製滿漢蒙古西番合壁大藏全咒》八十卷八十册,《同文韻統》六卷三册、《御製滿漢蒙古西番合壁阿禮嘎禮》《讀咒法》合爲一册。《御製滿漢蒙古西番合壁大藏全咒》是乾隆時期敕修、敕譯、敕刻佛教典籍中的重要一部,其中《御製滿漢蒙古西番合壁阿禮嘎禮》淵源最早。

上述二十一種文獻中,除《御製滿漢蒙古西番合壁大藏全咒》和《蒙文晰義》曾再版外,其餘十九種基本上都是成書刊印以來首次再版,極具學術意義和文化意義。尤其《四書》譯本、《蒙古源流》塔清阿本及各種詞典,對該領域或該議題的深入研討大有裨益。

總之,這套深藏於海外的蒙古文文獻最終以影印出版的形式回歸祖國,將爲蒙古學研究提供一批新的文獻資料,也拓展了蒙古學及相關學科的研究領域。

需要説明的是,《美國哈佛大學哈佛燕京圖書館藏蒙古文文獻叢編》因種種原因,其中有個别頁面存在模糊、字迹漫漶等現象,我們在出版過程中盡量做了處理。無法處理者,一仍其舊。

《美國哈佛大學哈佛燕京圖書館藏蒙古文文獻叢編》總目録

清代蒙古文啓蒙讀物薈萃

蒙古文辭典類編

塔清阿抄《蒙古源流》

清代政書合璧

蒙漢滿藏四體合璧《御製增訂清文鑒》

滿蒙漢三體合璧《四書》

三合便覽

滿漢蒙藏四體合璧《大藏全咒》

目　録

聖諭廣訓

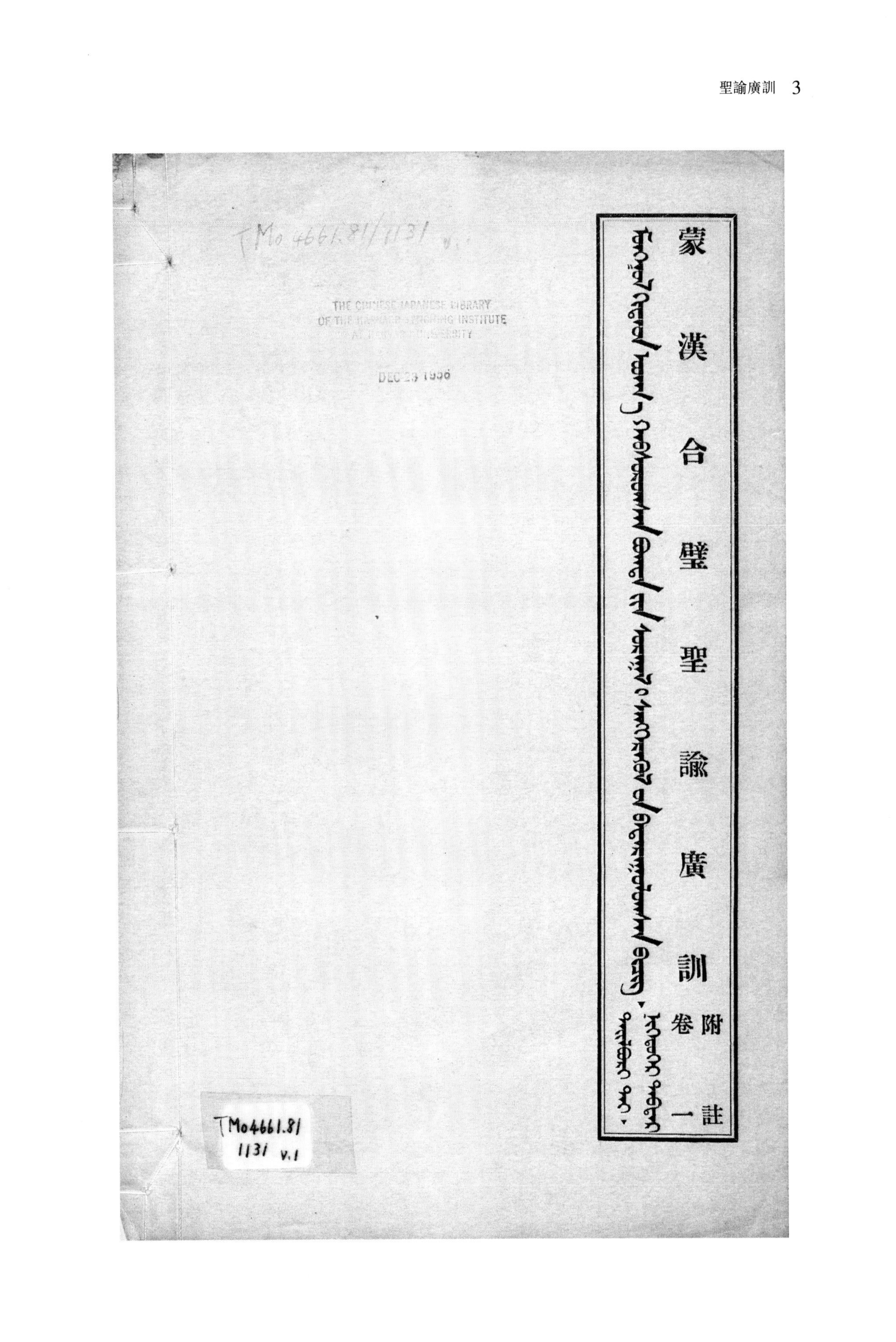

蒙漢合璧聖諭廣訓

附註

卷一

聖諭廣訓序

書曰　每歲孟春　遒人以木鐸徇於路

記曰　司徒修六禮　以節民性　明七教　以興民德

此皆以敦本崇實之道

爲牖民覺世之模　法莫良

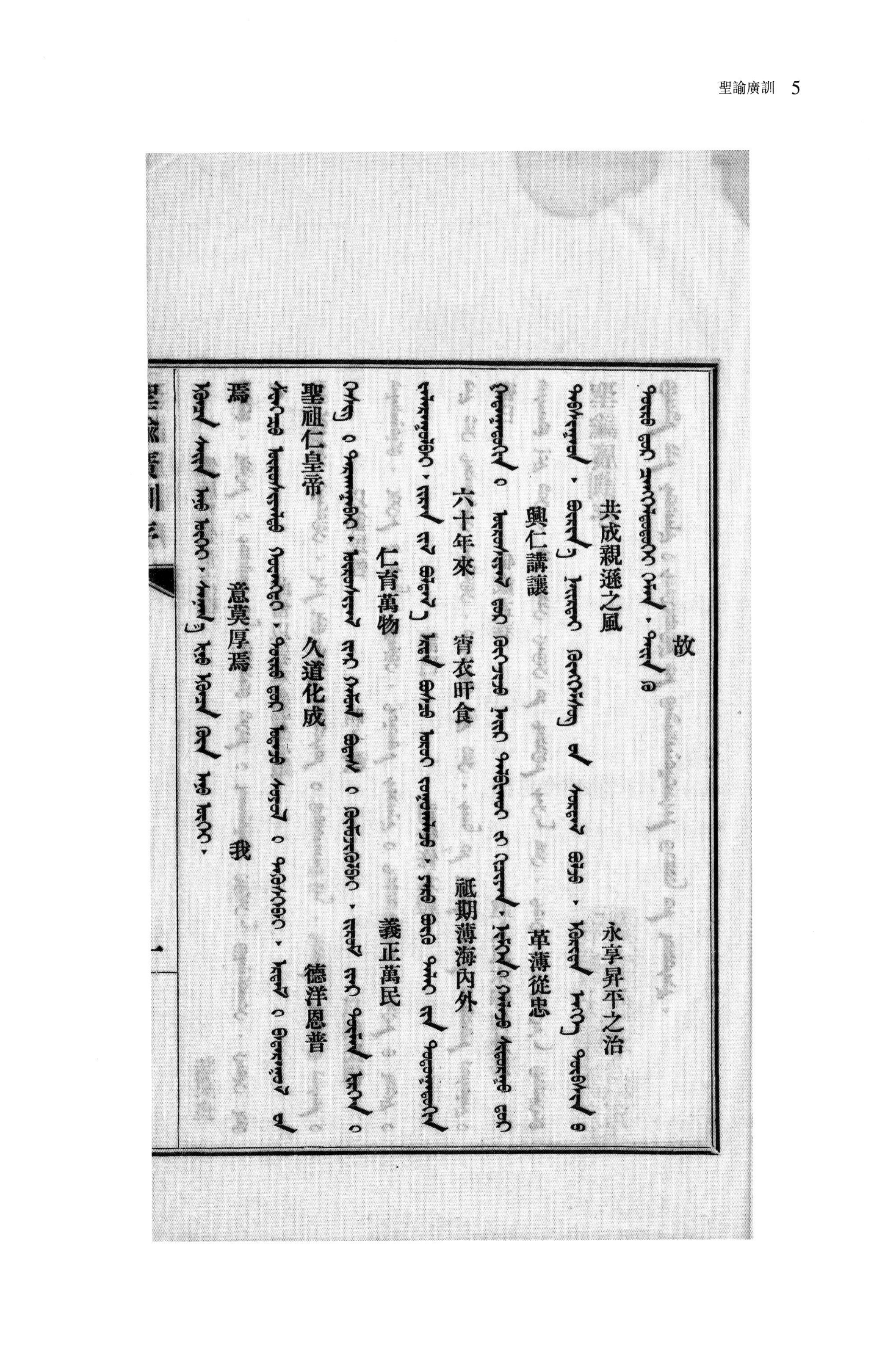

焉　意莫厚焉　我
聖祖仁皇帝　久道化成　德洋恩普
仁育萬物　義正萬民
六十年來　宵衣旰食　祗期薄海內外
興仁講讓　革薄從忠
共成親遜之風　永享昇平之治
故

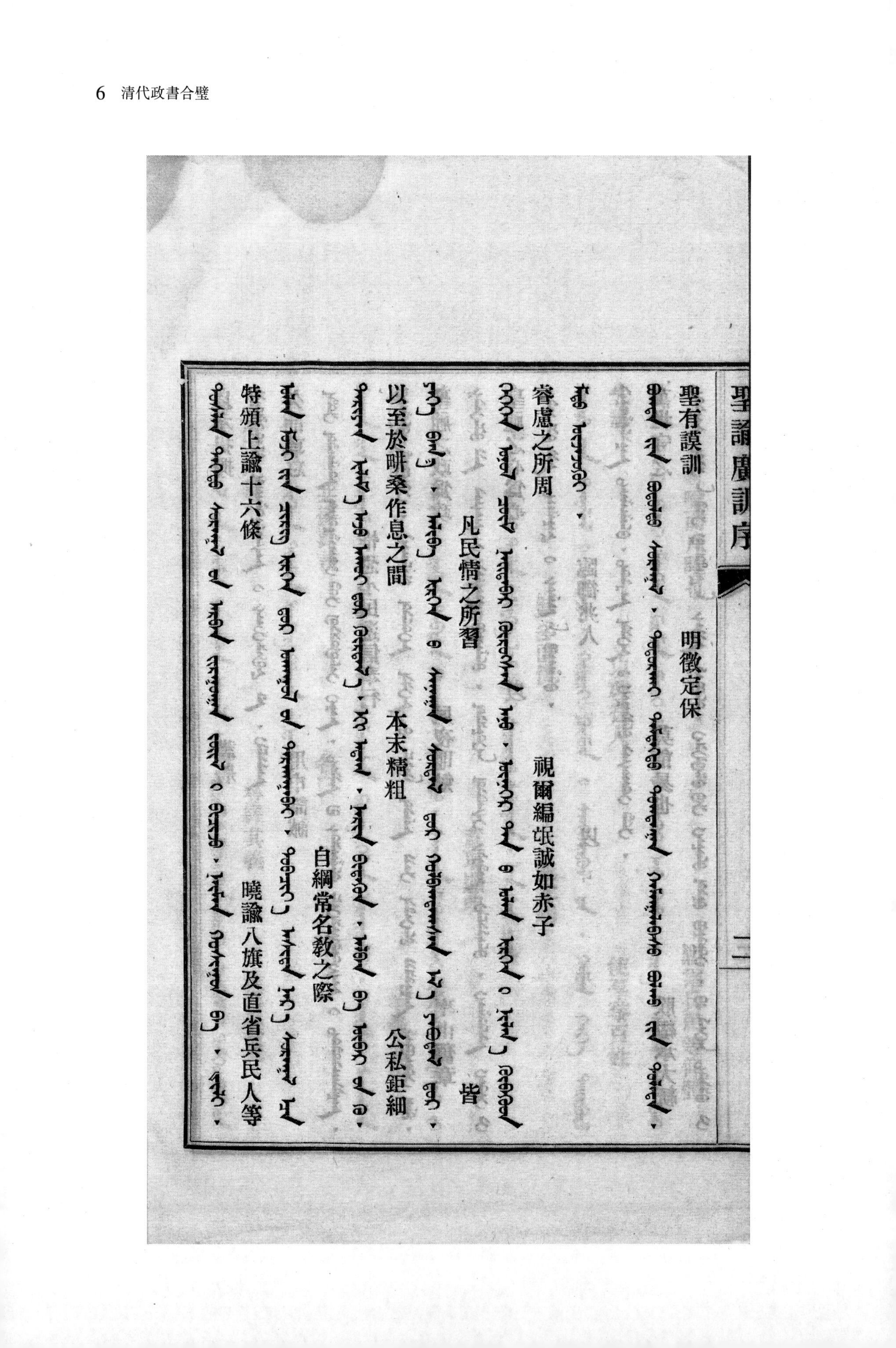

聖有謨訓　明徵定保　視爾編氓誠如赤子

睿慮之所周　凡民情之所習　皆

自綱常名教之際　以至於畊桑作息之間　本末精粗　公私鉅細

特頒上諭十六條　曉諭八旗及直省兵民人等

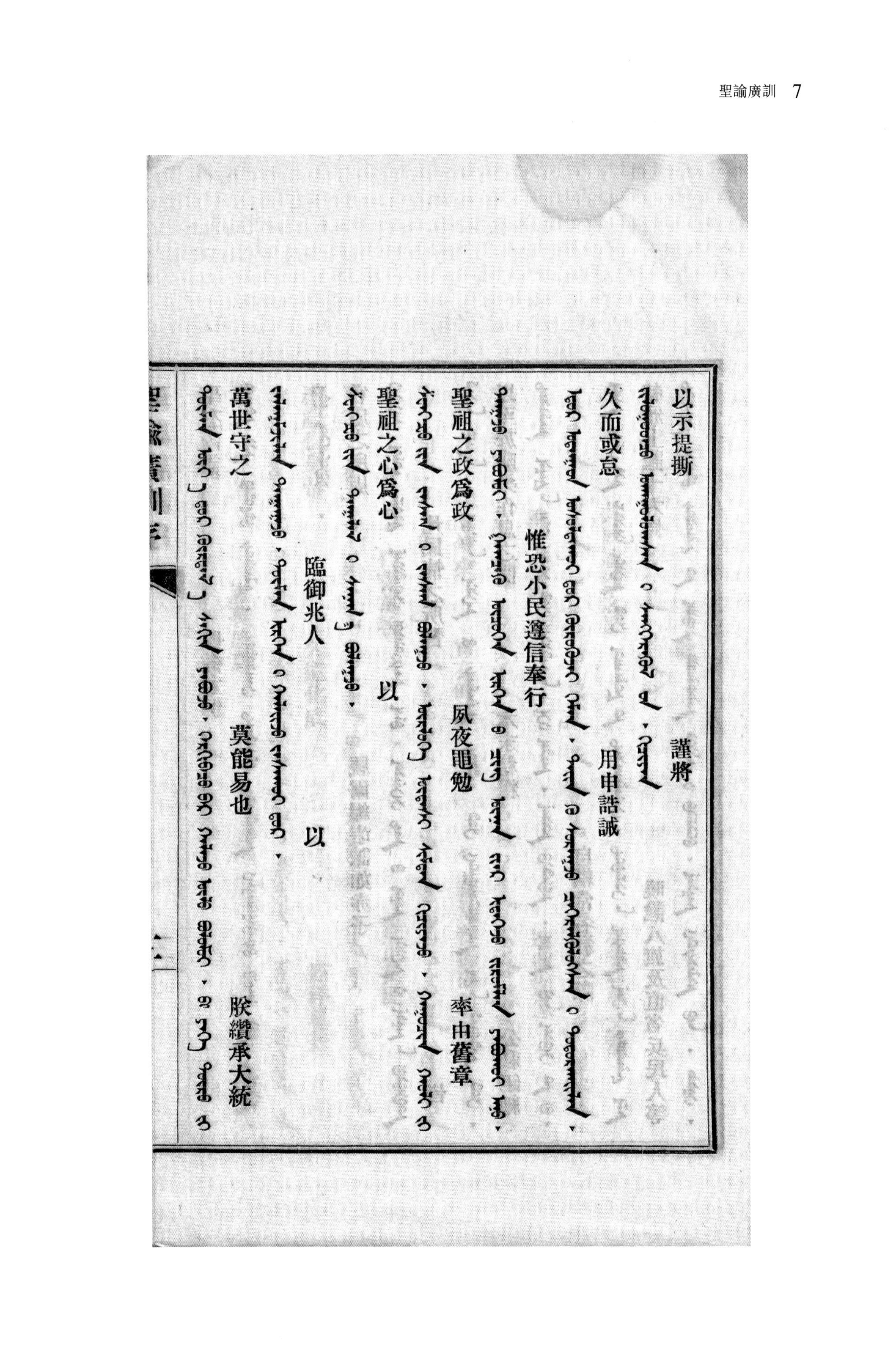

萬世守之　莫能易也　朕纘承大統

臨御兆人　以

聖祖之心爲心　以

聖祖之政爲政　夙夜黽勉　率由舊章

惟恐小民遵信奉行

久而或怠　用申誥誡

以示提撕　謹將

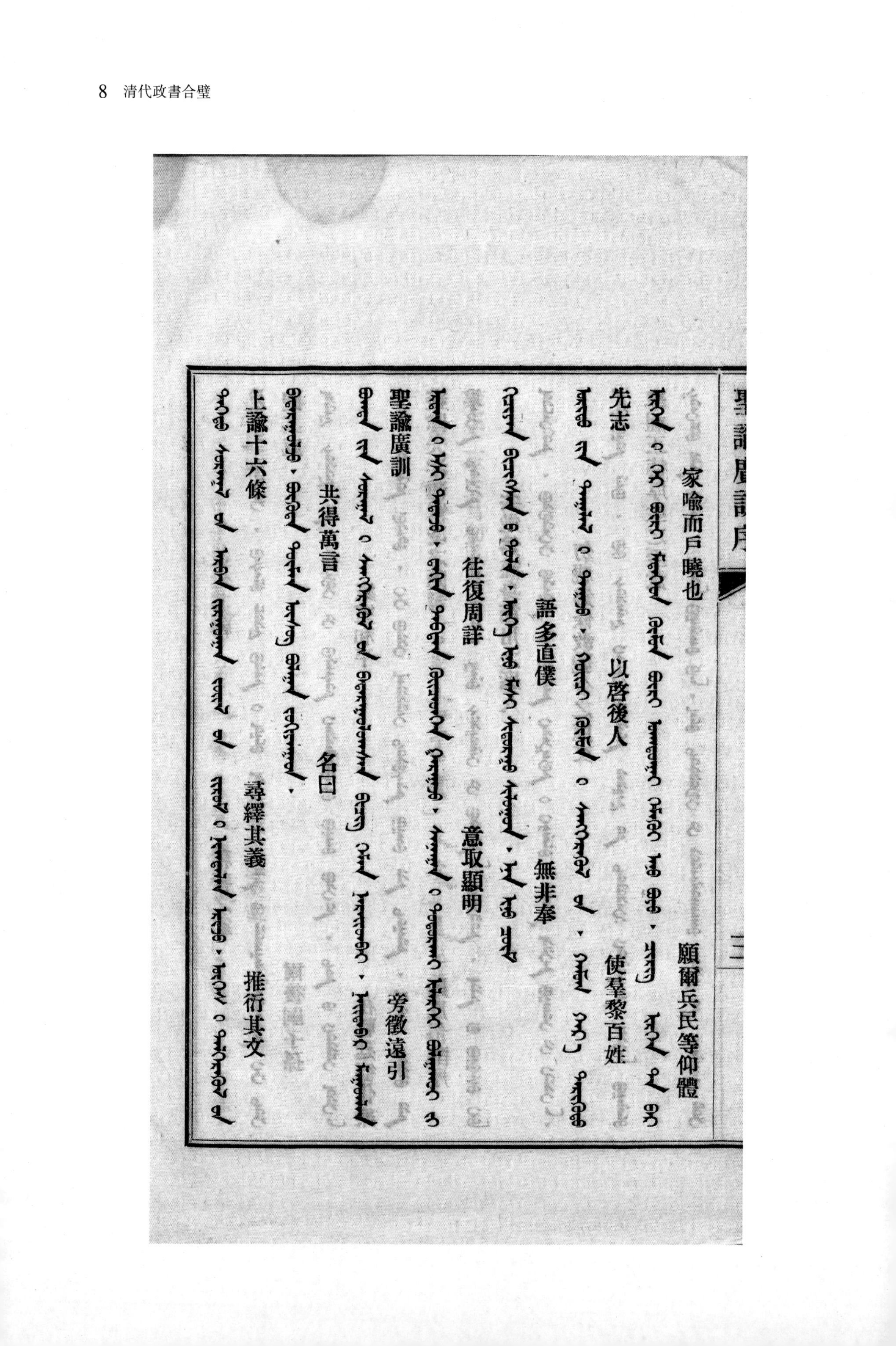

上諭十六條 尋繹其義 推衍其文
共得萬言 名曰
聖諭廣訓 旁徵遠引
往復周詳 意取顯明
語多直僕 無非奉
先志 以啓後人 使羣黎百姓
家喻而戶曉也 顧爾兵民等仰體

聖祖正德厚生之至意
勿視爲條教號令之虛文
共勉爲謹身節用之庶人
盡除夫浮薄囂凌之陋習
則風俗醇厚
家室和平
在朝廷德化樂
觀其成
爾後嗣子孫
並受其福
積善之家

必有餘慶　其理豈或爽哉

雍正二年二月初二日

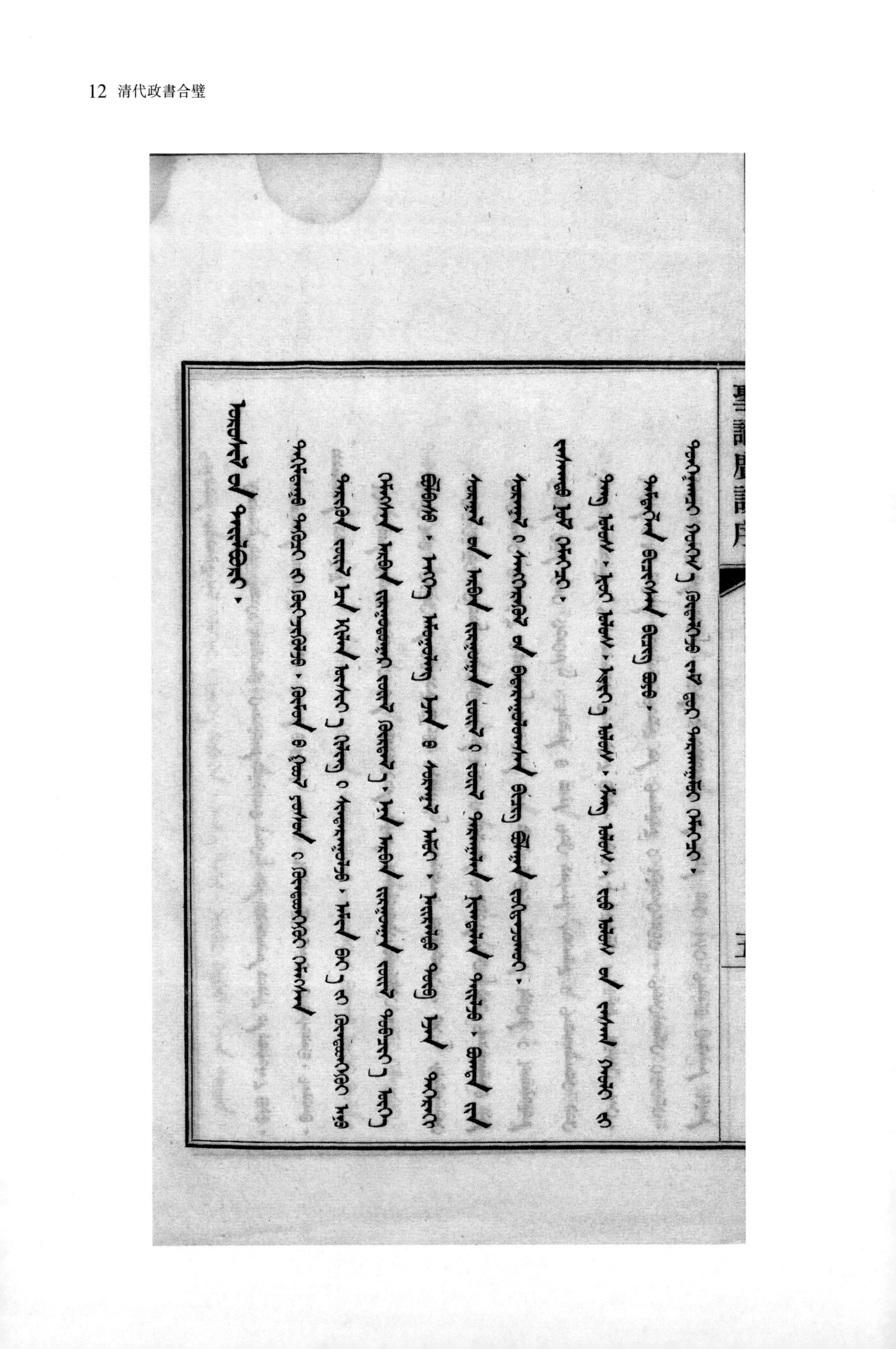

聖諭廣訓序

五

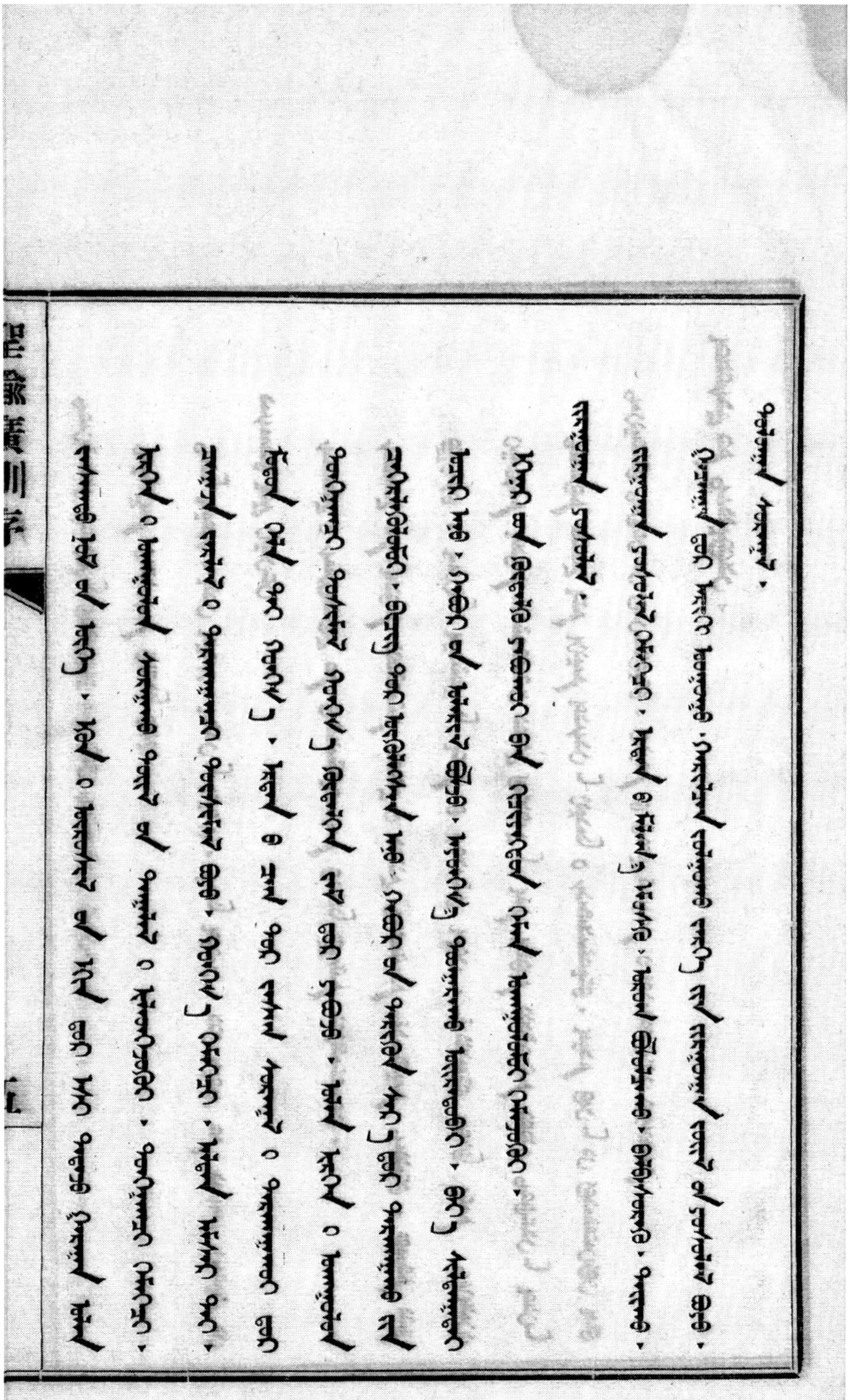
聖諭廣訓序

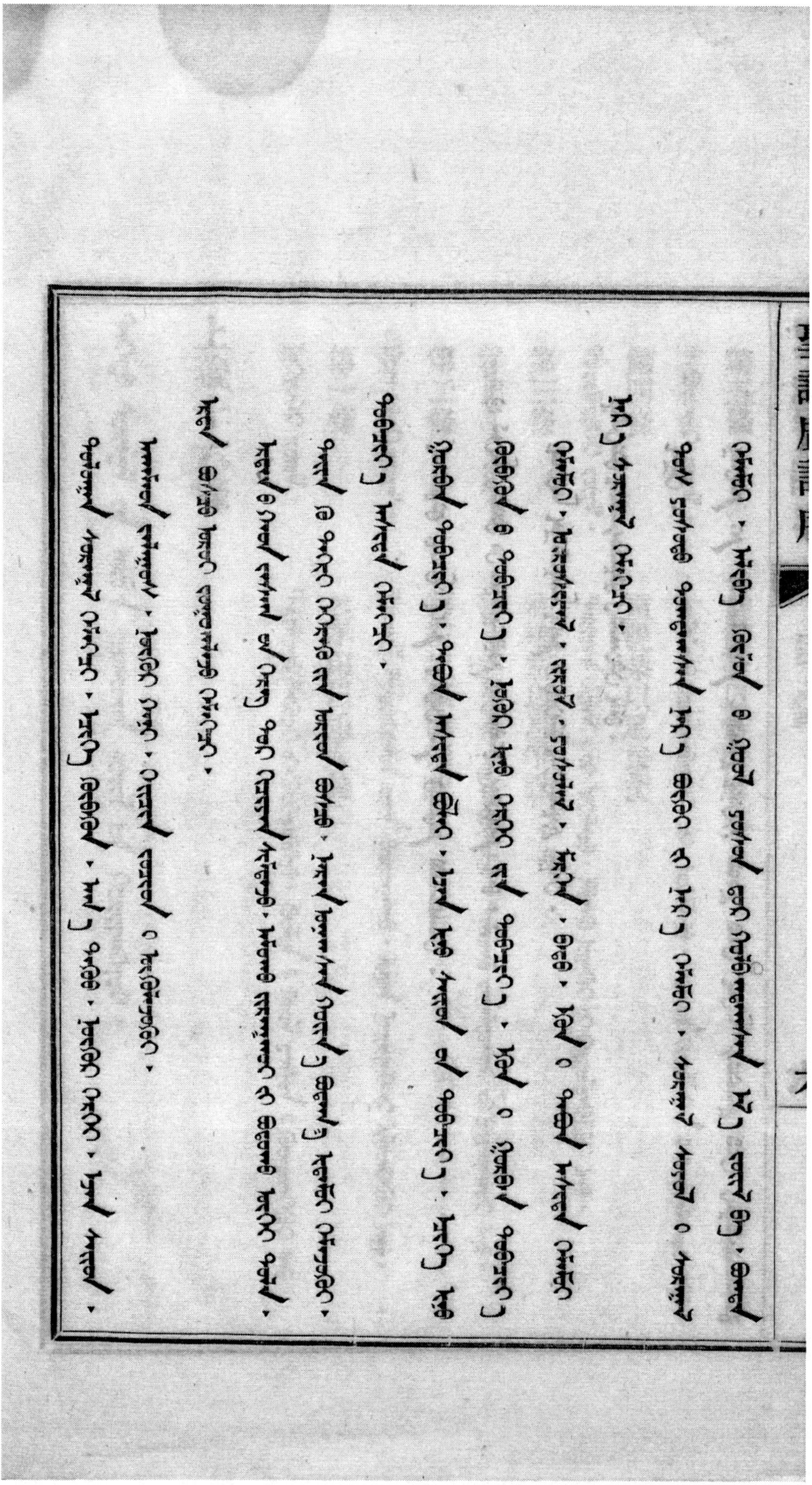

[illegible]
[illegible]
[illegible]
[illegible]
[illegible]
[illegible]

聖諭廣訓序　六

聖諭廣訓 目錄

第五條 尚節儉以惜財用

第四條 重農桑以足衣食

第三條 和鄉黨以息爭訟

第二條 篤宗族以昭雍睦

第一條 敦孝弟以重人倫

上諭十六條

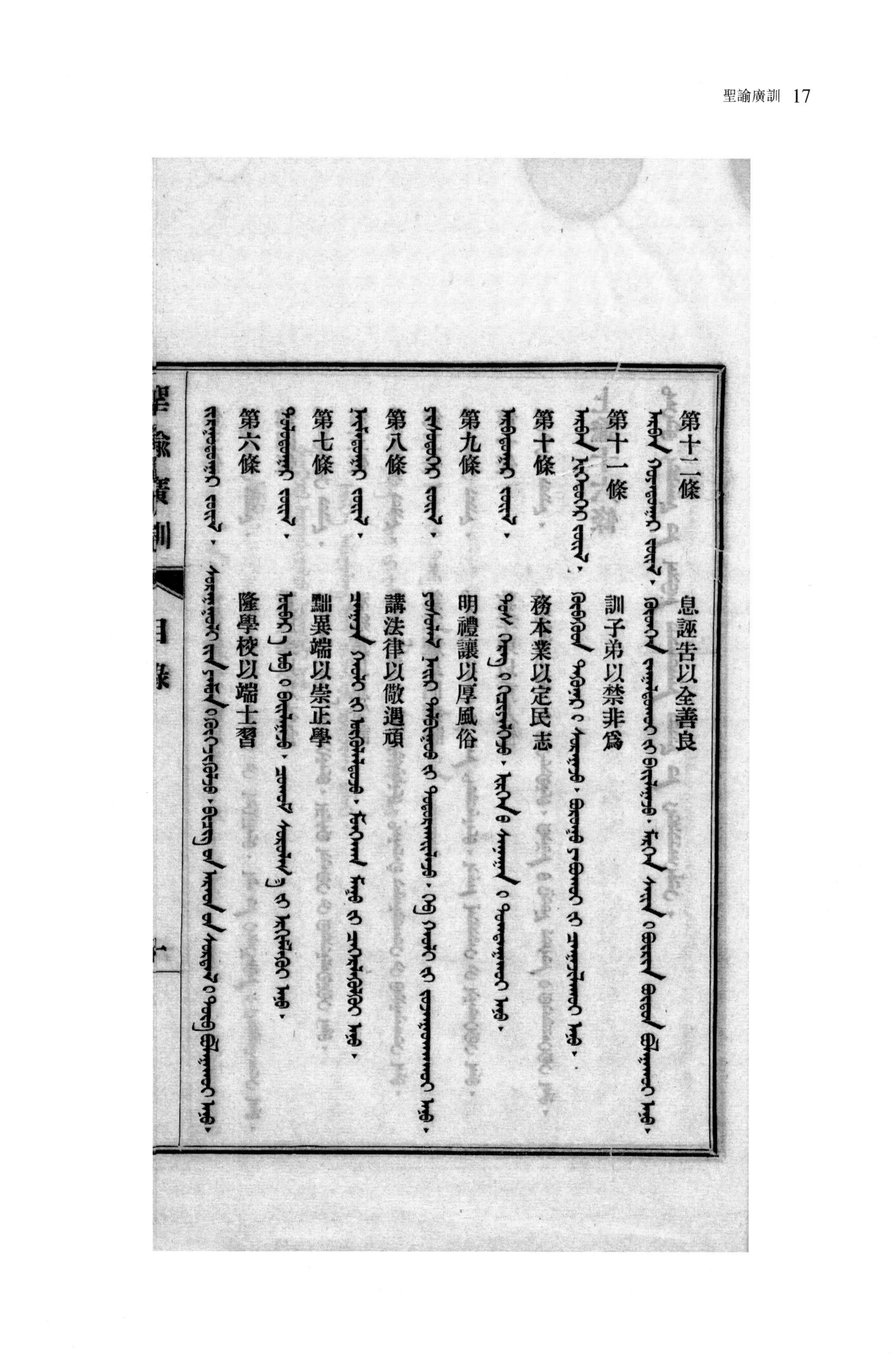

第十二條 息誣告以全善良

第十一條 訓子弟以禁非爲

第十條 務本業以定民志

第九條 明禮讓以厚風俗

第八條 講法律以儆愚頑

第七條 黜異端以崇正學

第六條 隆學校以端士習

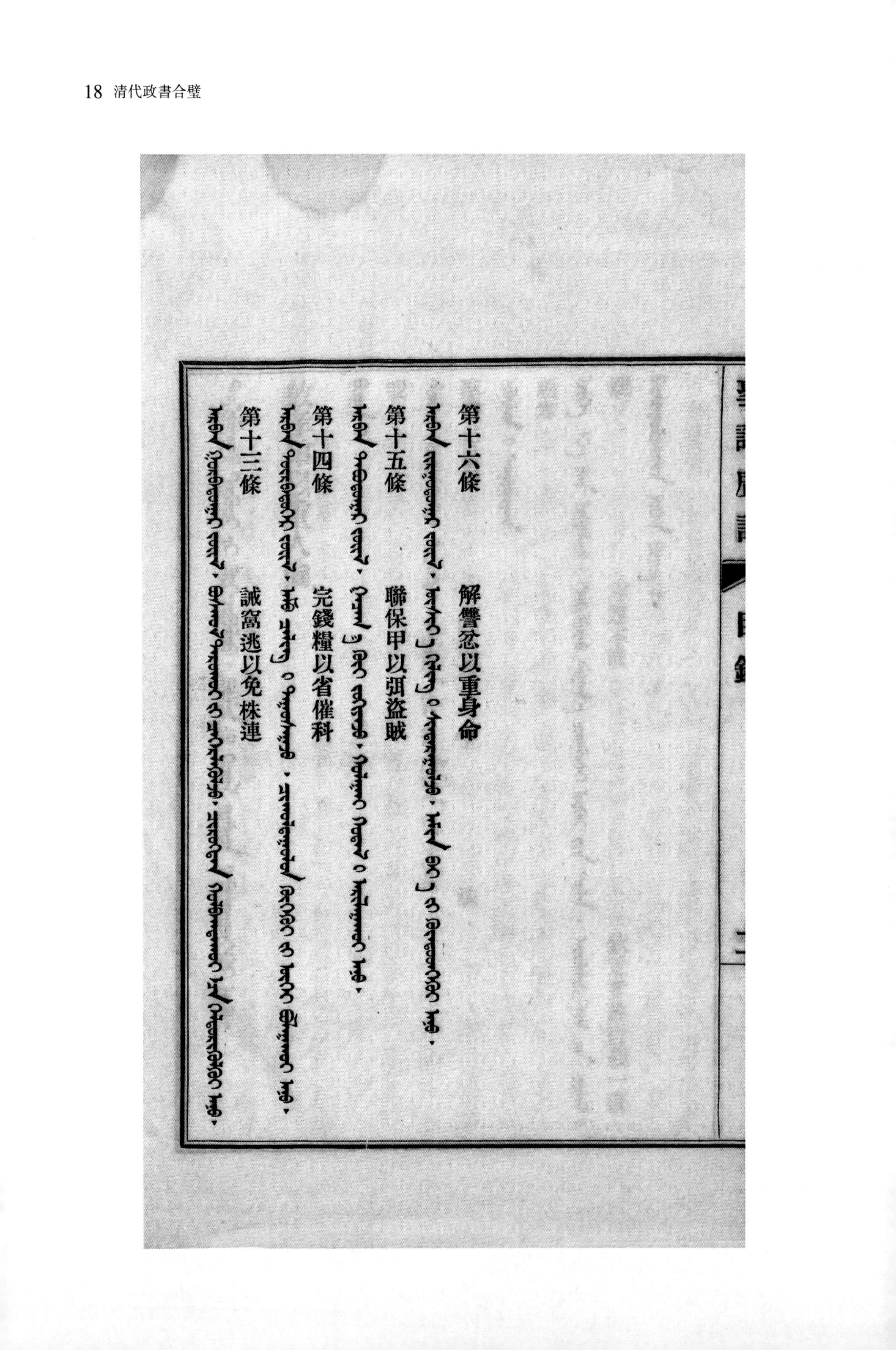

聖諭廣訓 目錄

第十六條 解讐忿以重身命

第十五條 聯保甲以弭盜賊

第十四條 完錢糧以省催科

第十三條 誡窩逃以免株連

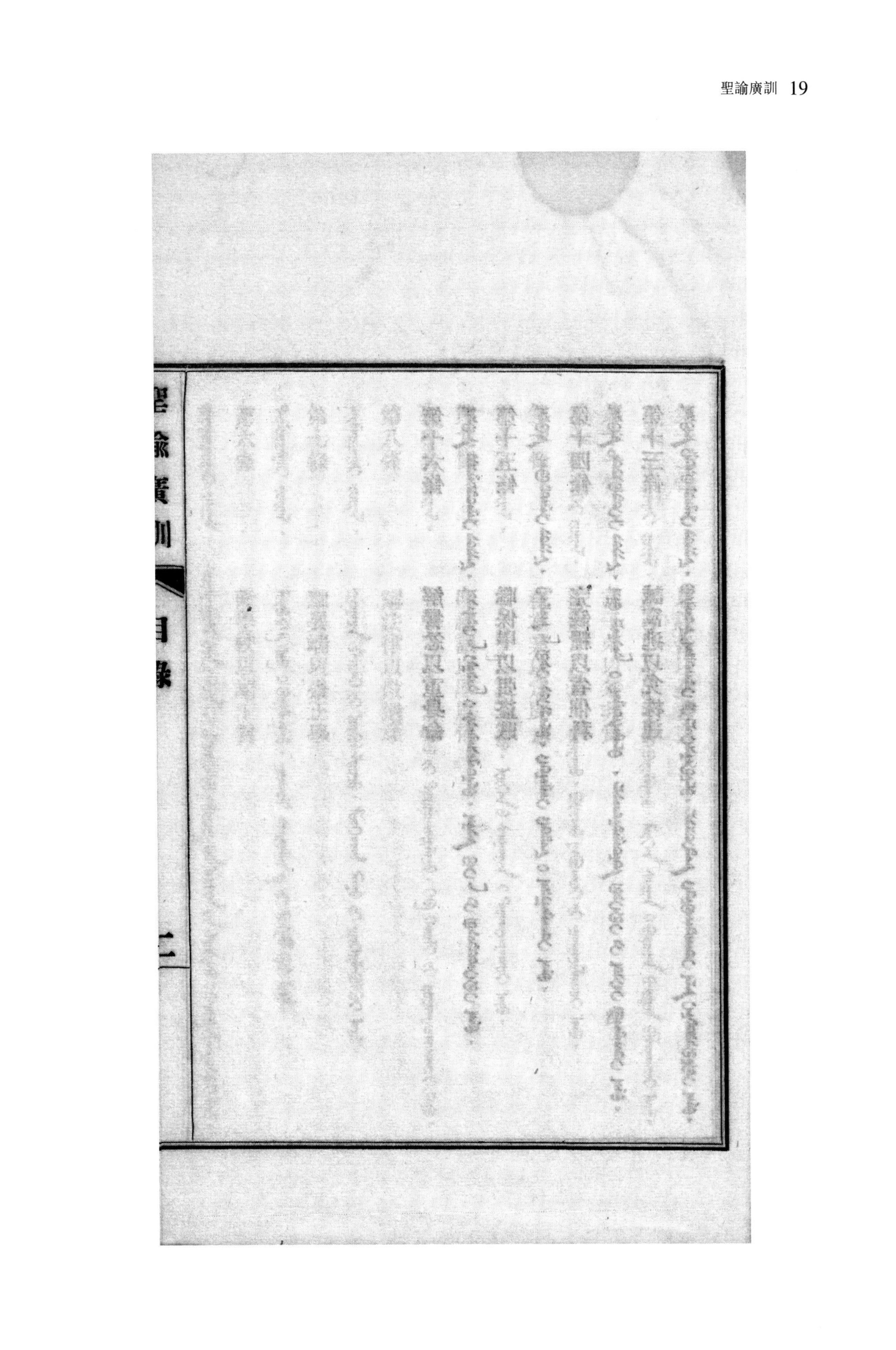

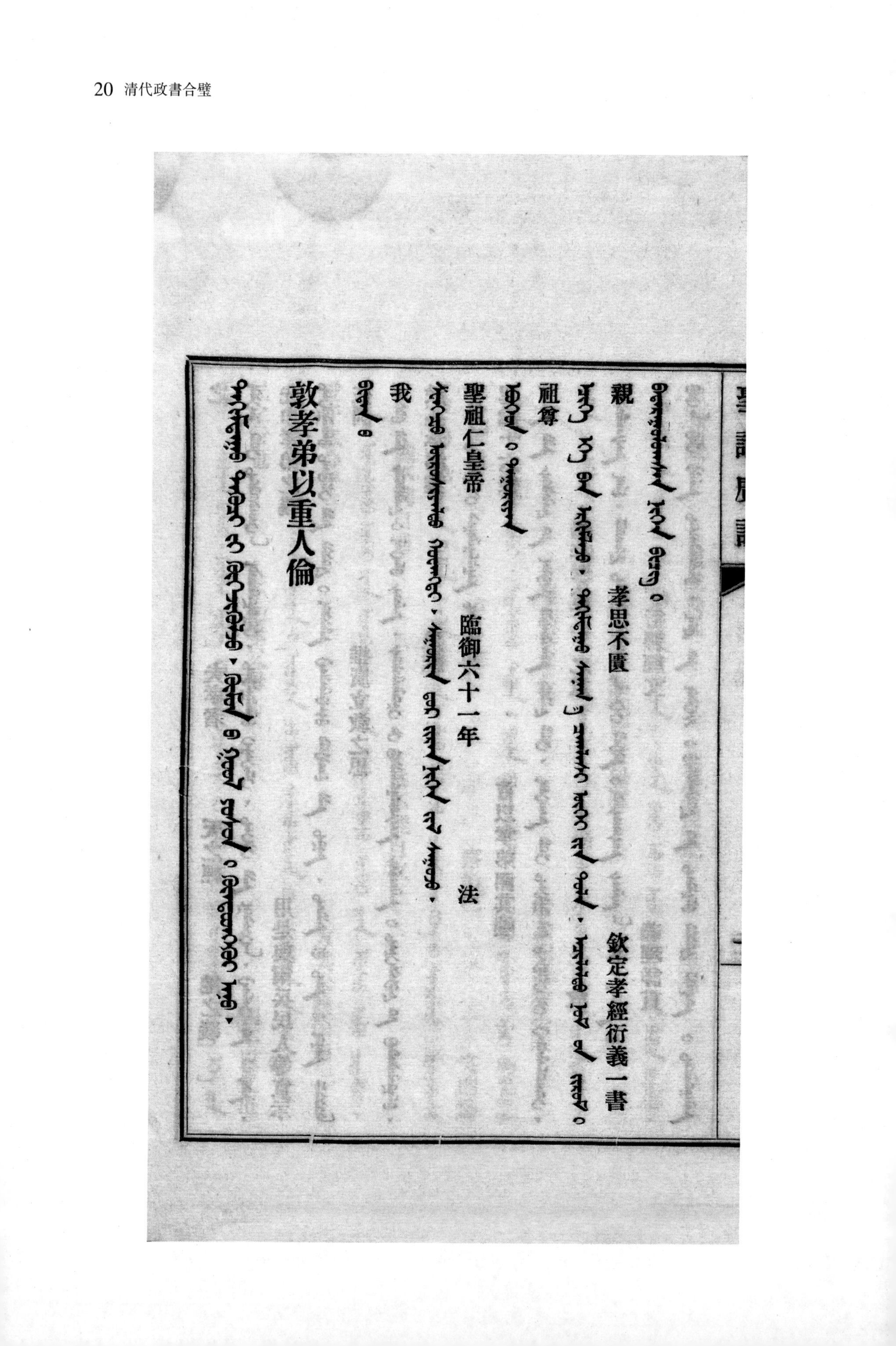

聖諭廣訓

親 孝思不匱 欽定孝經衍義一書

祖尊

聖祖仁皇帝 臨御六十一年 法

我

敦孝弟以重人倫

衍釋經文 義理詳貫

無非孝治天下之意 故

聖諭十六條 首以孝弟開其端

朕丕承鴻業 追維

往訓 推廣立教之思

先申孝弟之義 用是與爾兵民人等宣示

之 夫孝者 天之經 地之義

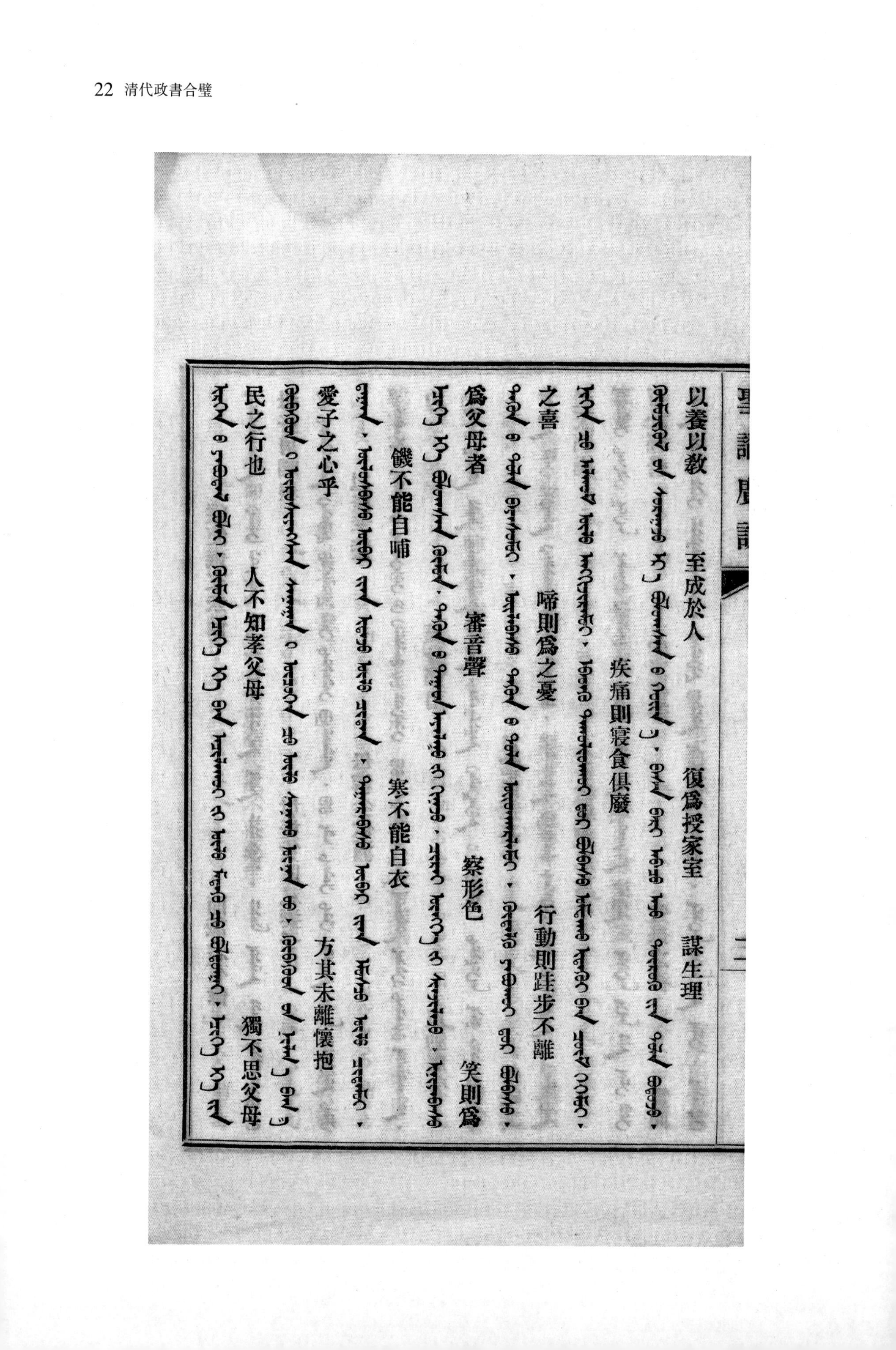

民之行也　人不知孝父母　獨不思父母

愛子之心乎　方其未離懷抱

饑不能自哺　寒不能自衣

爲父母者　審音聲　察形色　笑則爲

之喜　啼則爲之憂　行動則跬步不離

疾痛則寢食俱廢

以養以教　至成於人　復爲授家室　謀生理

百計經營　心力俱瘁　父母之德　實同
昊天罔極　人子欲報親恩於萬一
自當內盡其心　外竭其
力　謹身節用　以勤服勞
以隆孝養　毋博奕飲酒
毋好勇鬬狠　毋好貨財私妻子
縱使儀文未備　而誠慤有餘

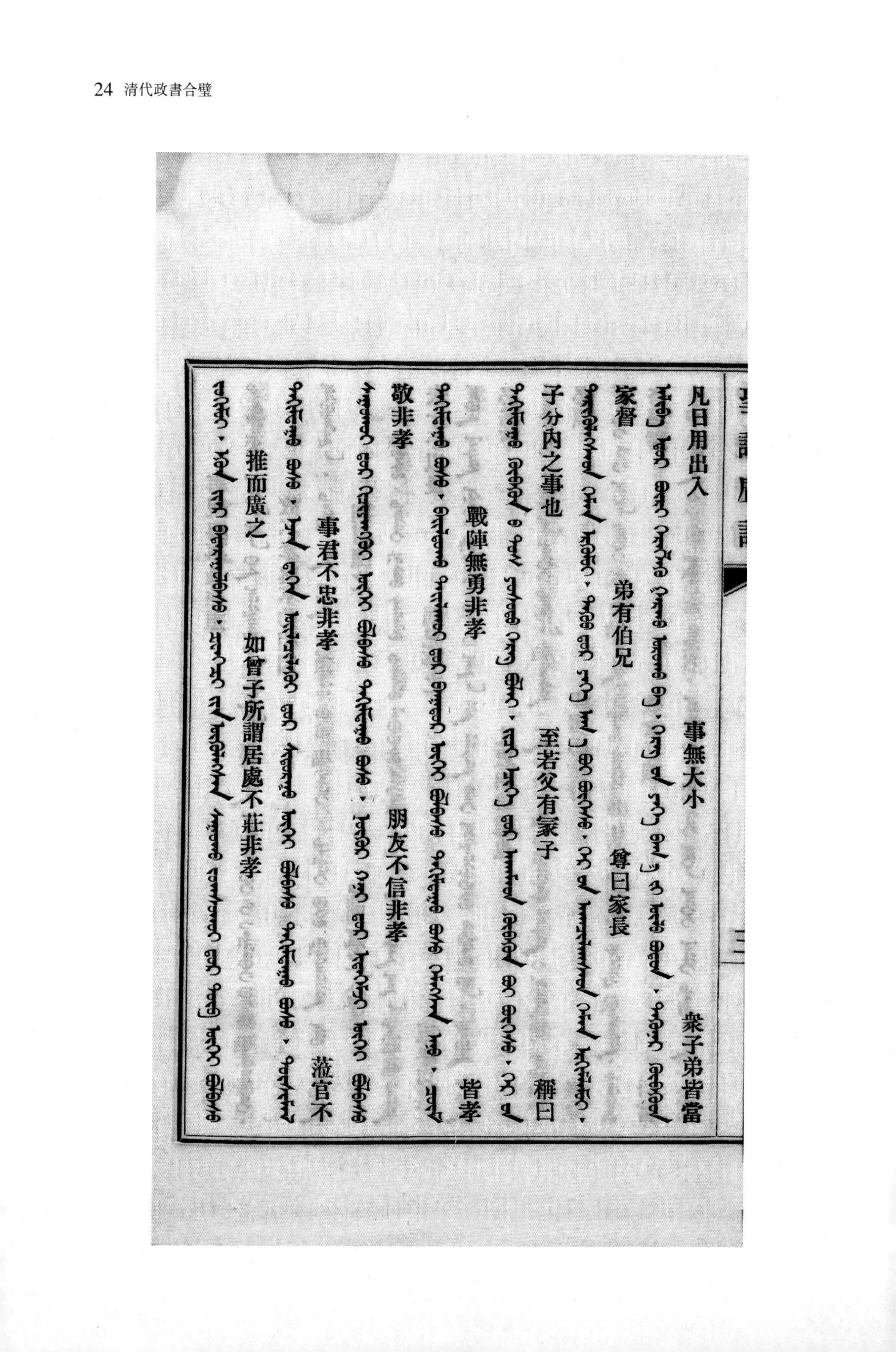

推而廣之　如曾子所謂居處不莊非孝
事君不忠非孝　蒞官不
敬非孝　朋友不信非孝
戰陣無勇非孝　皆孝
子分內之事也　至若父有家子　稱曰
家督　弟有伯兄　尊曰家長
凡日用出入　事無大小　衆子弟皆當

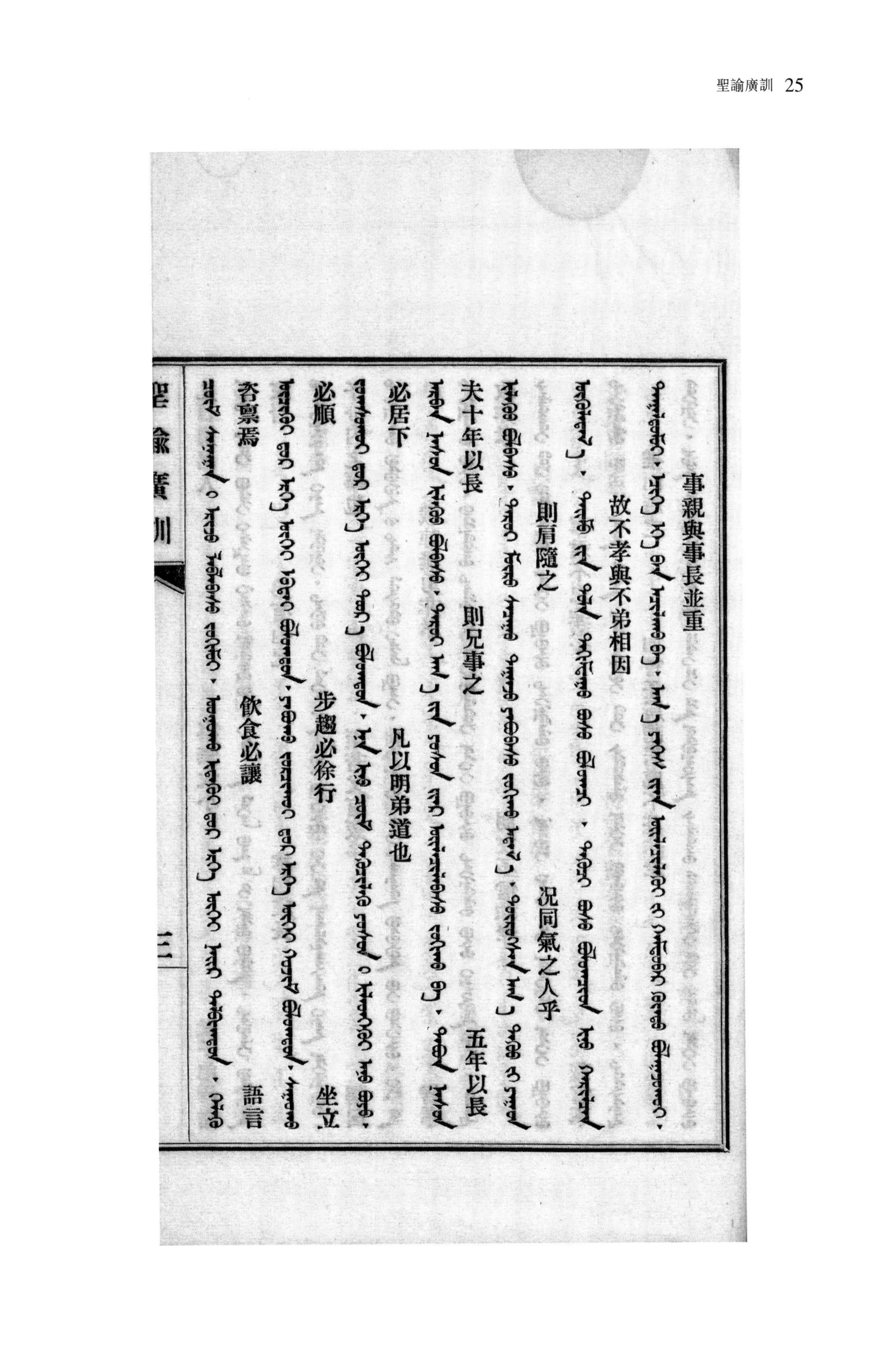

事親與事長並重

故不孝與不弟相因

則肩隨之　況同氣之人乎

夫十年以長　則兄事之　五年以長

必居下　凡以明弟道也

必順　步趨必徐行　坐立

咨稟焉　飲食必讓　語言

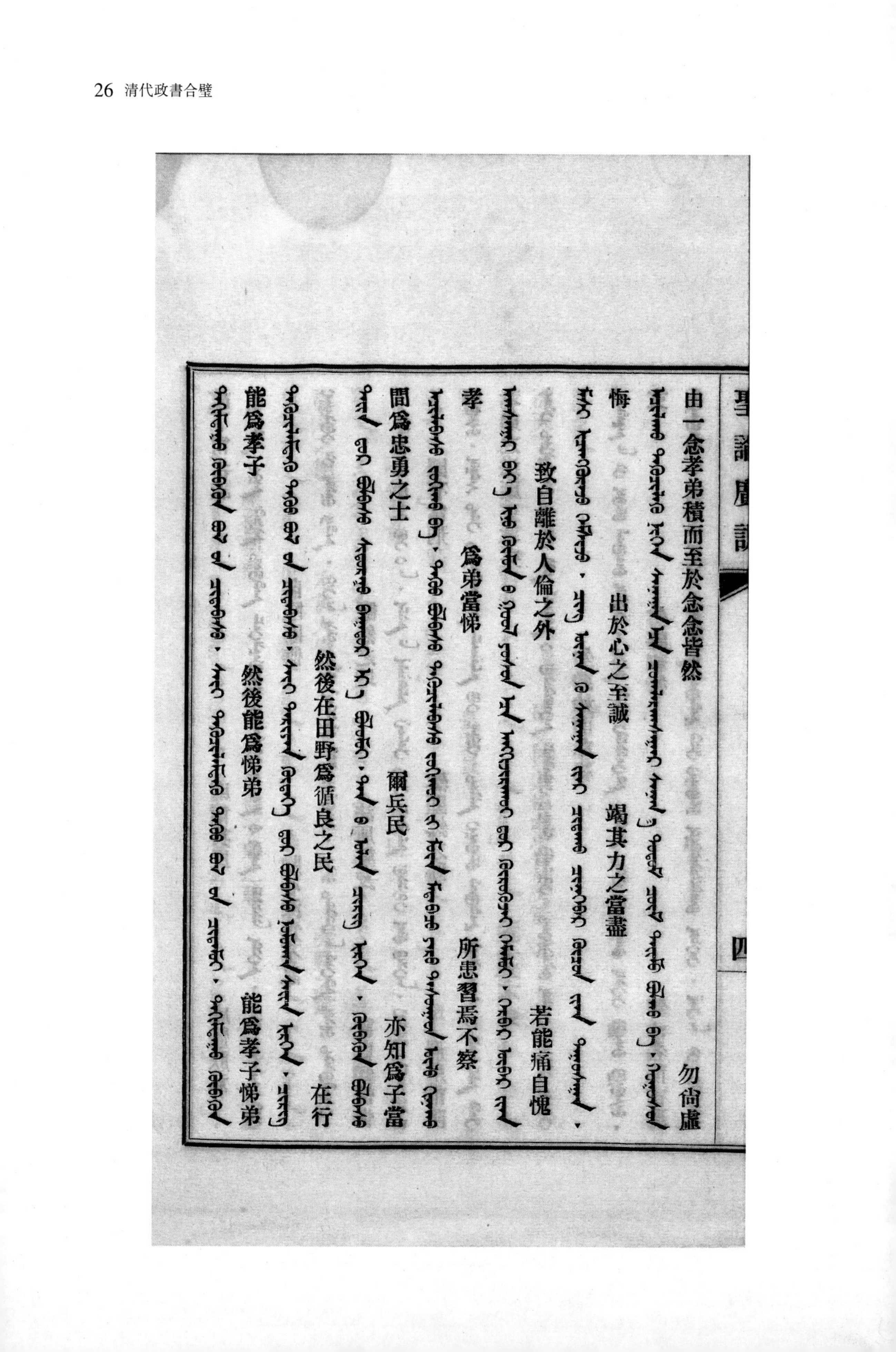

由一念孝弟積而至於念念皆然　勿倘慮
悔　出於心之至誠　竭其力之當盡
致自離於人倫之外　若能痛自愧
孝　爲弟當悌　所患習焉不察
間爲忠勇之士　爾兵民　亦知爲子當
然後在田野爲循良之民　在行
能爲孝子　然後能爲悌弟　能爲孝子悌弟

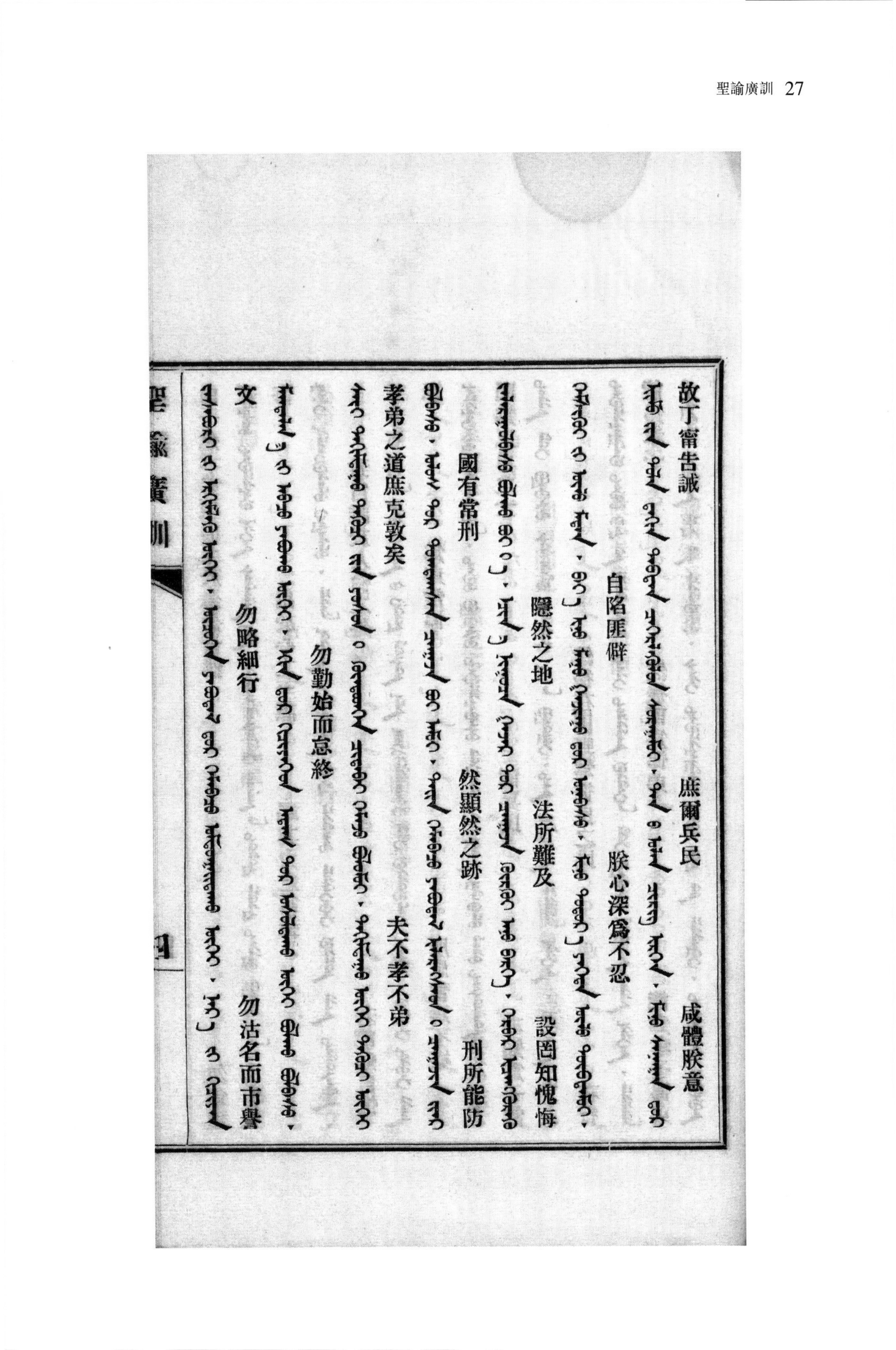

故丁甯告誡 庶爾兵民 咸體朕意

自陷匪僻 朕心深爲不忍

隱然之地 法所難及 設罔知愧悔

國有常刑 然顯然之跡 刑所能防

孝弟之道庶克敦矣 夫不孝不弟

勿勤始而怠終

文 勿略細行 勿沽名而市譽

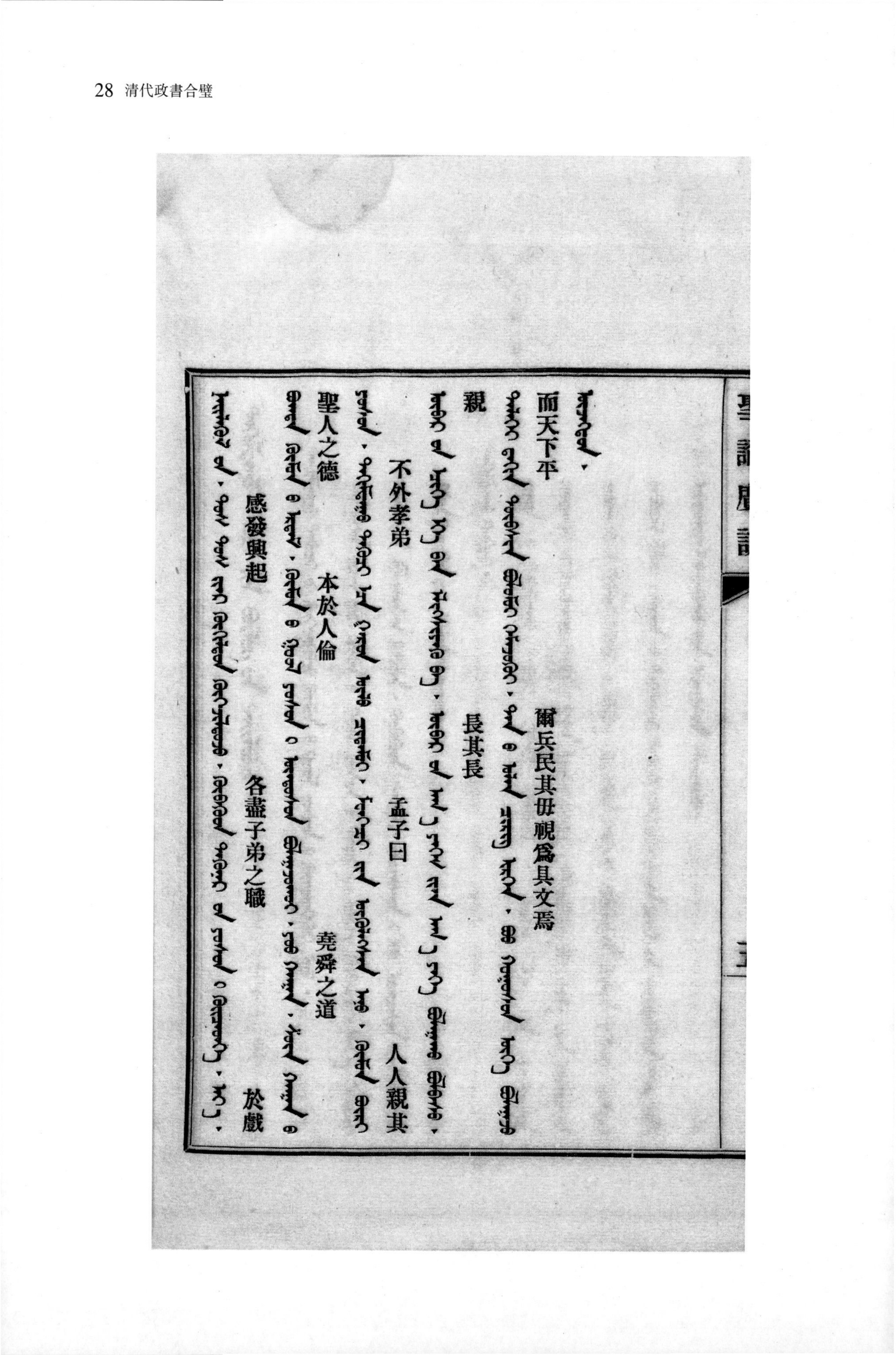

感發興起 各盡子弟之職 於戲

聖人之德 本於人倫 堯舜之道

不外孝弟 孟子曰 人人親其

親 長其長

而天下平 爾兵民其毋覦爲具文焉

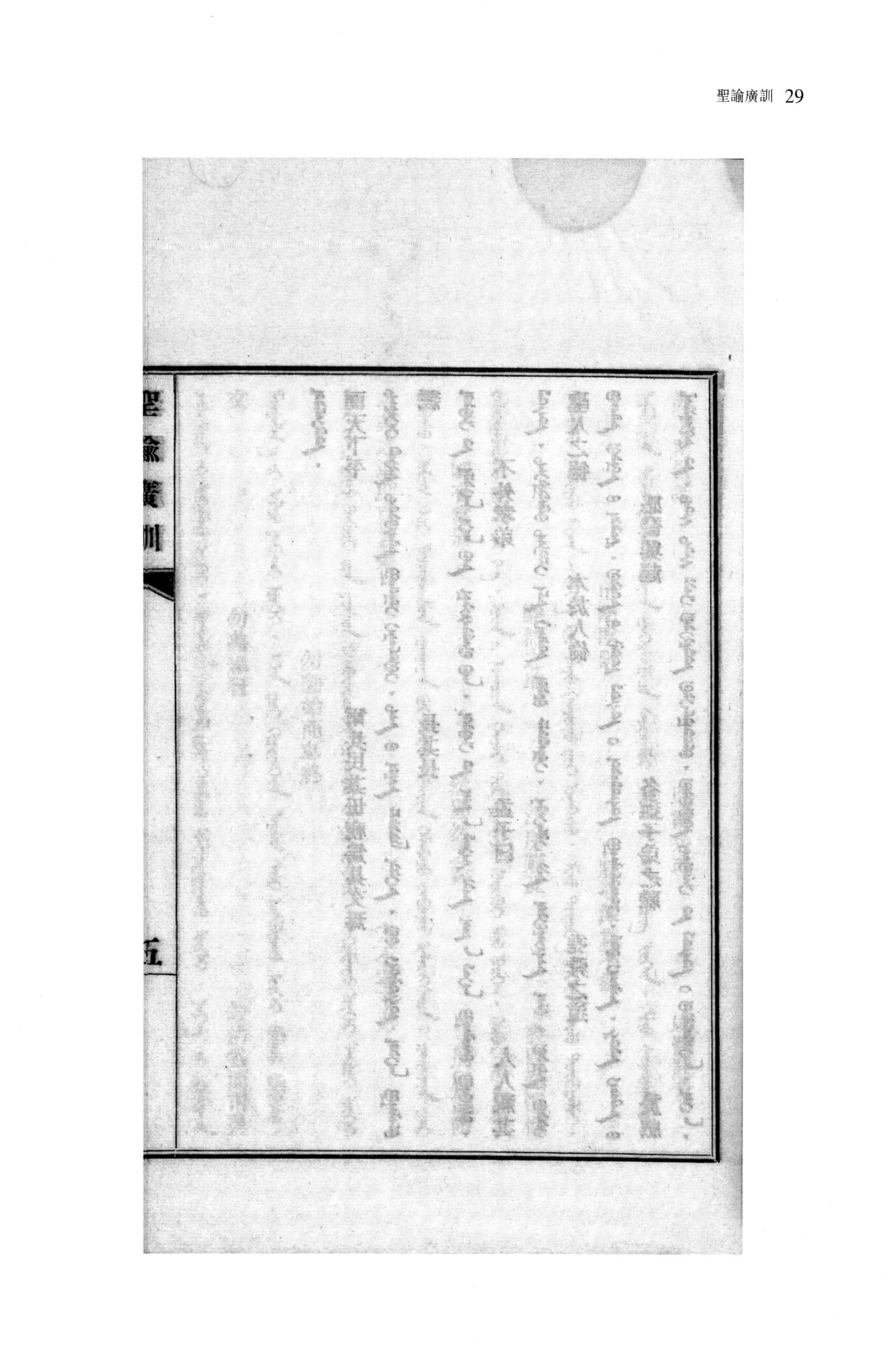

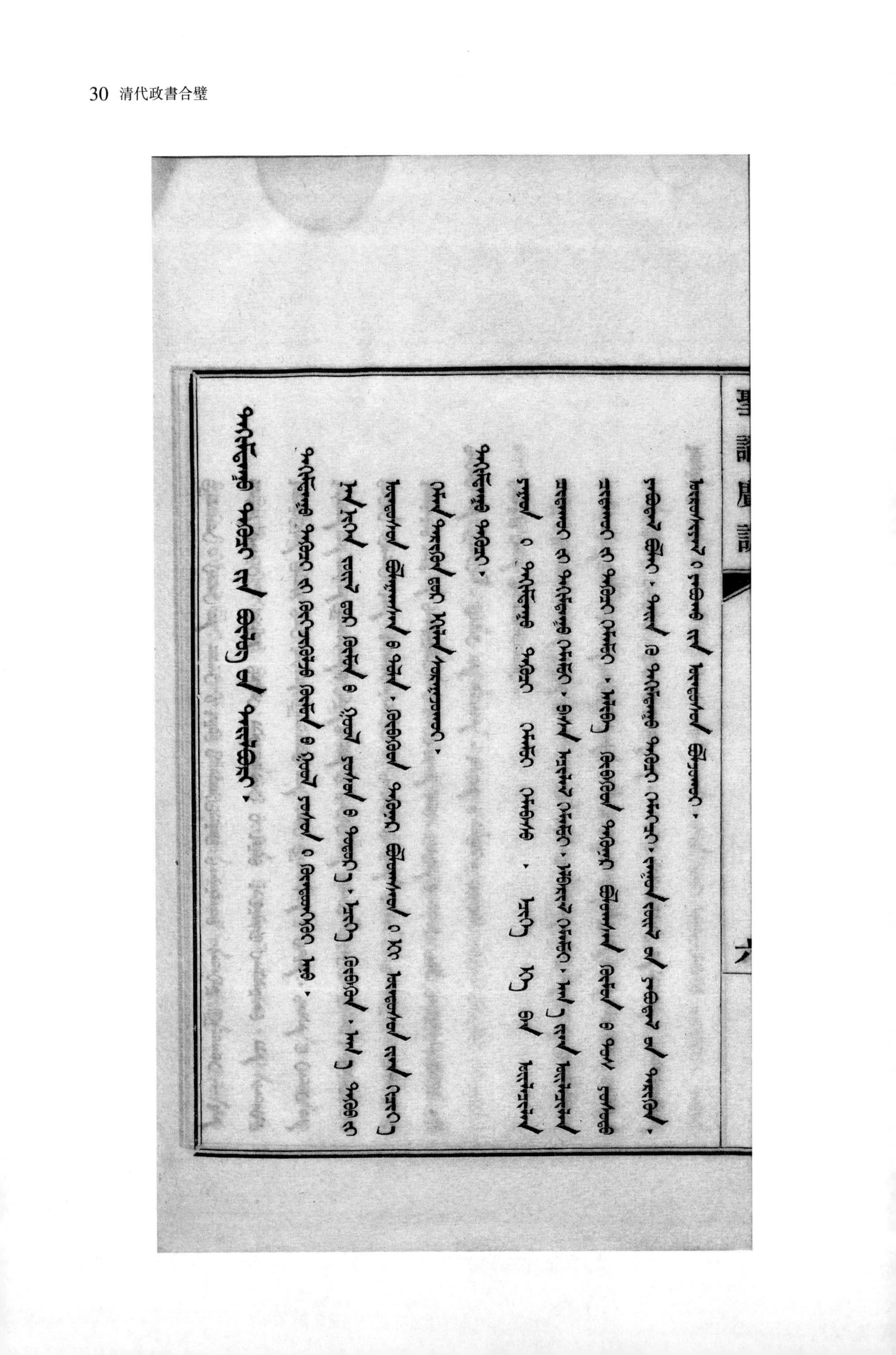

聖諭廣訓

六

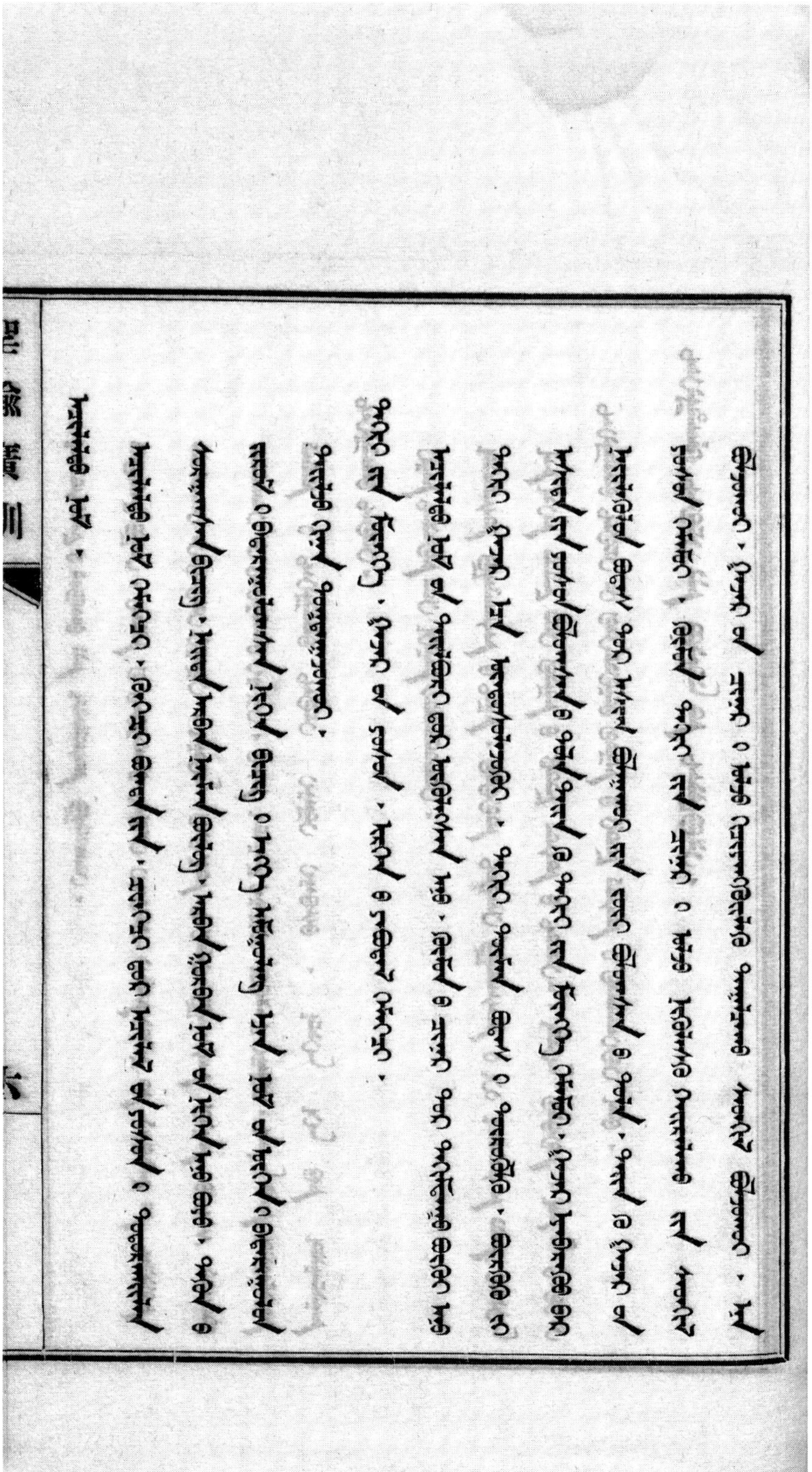

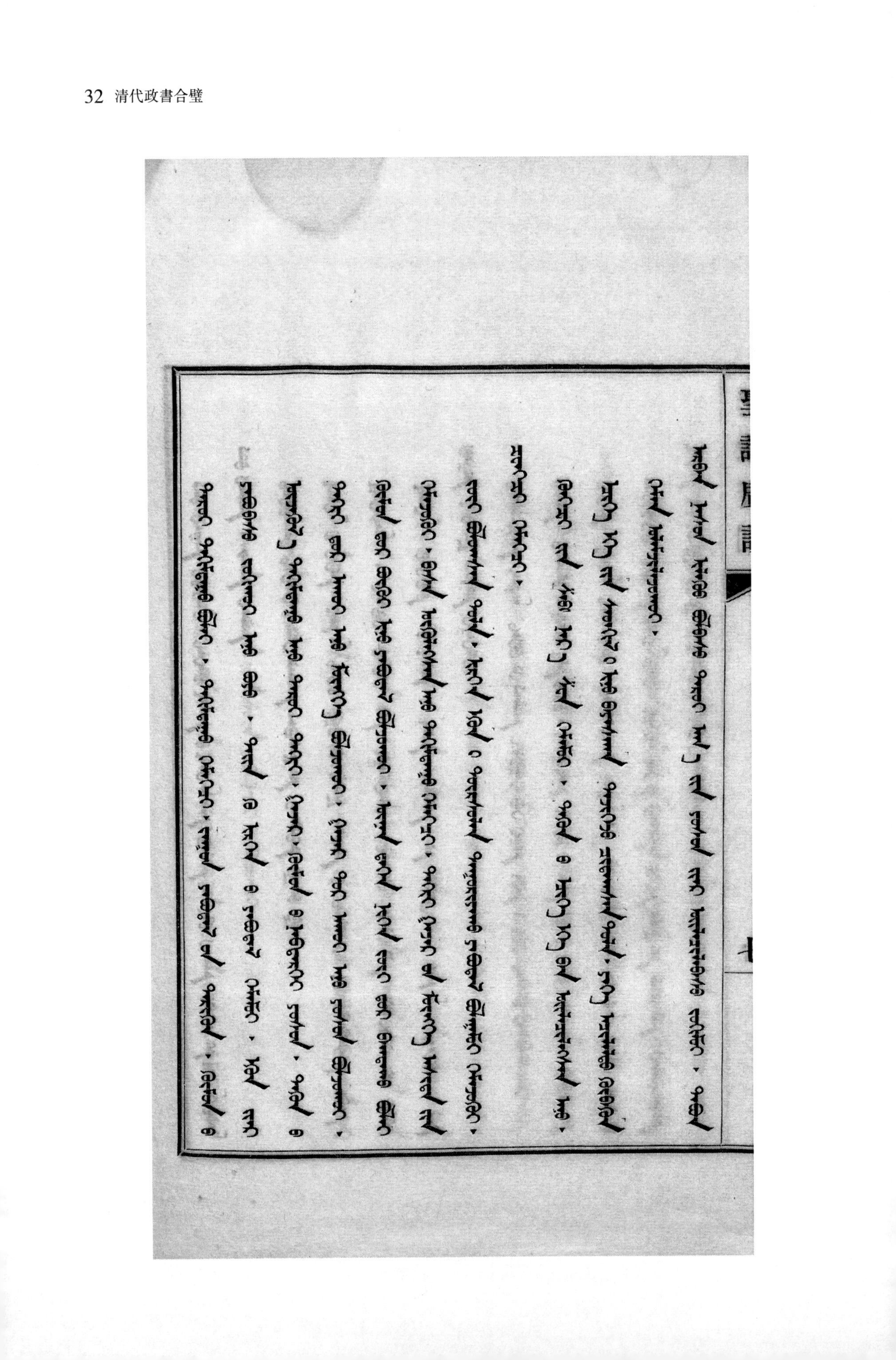

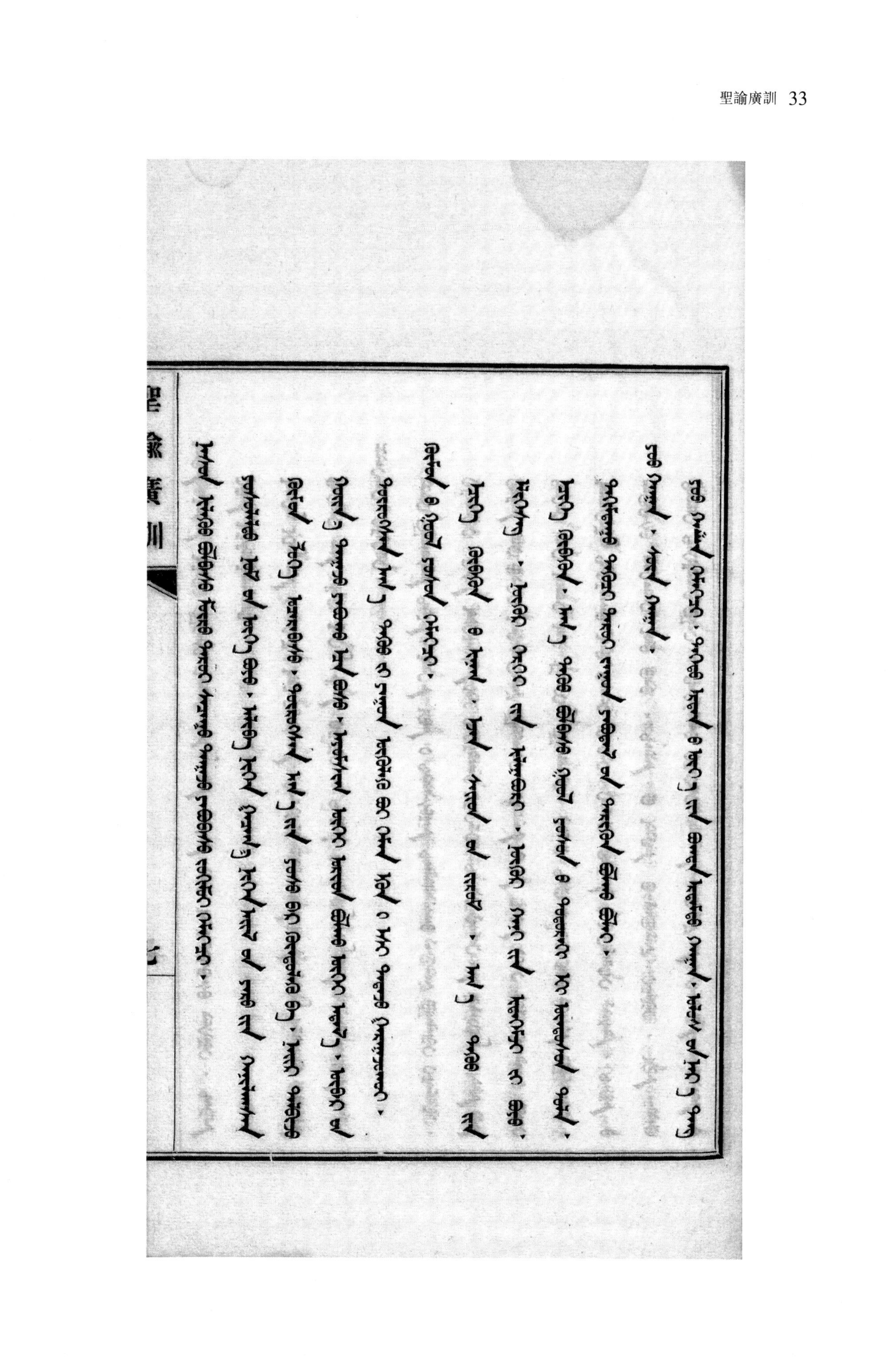

[illegible]

[illegible]

[illegible]

[illegible]

[illegible]

[illegible]

[illegible]

[illegible]

[illegible]

[illegible]

[illegible]

[illegible]

[illegible]

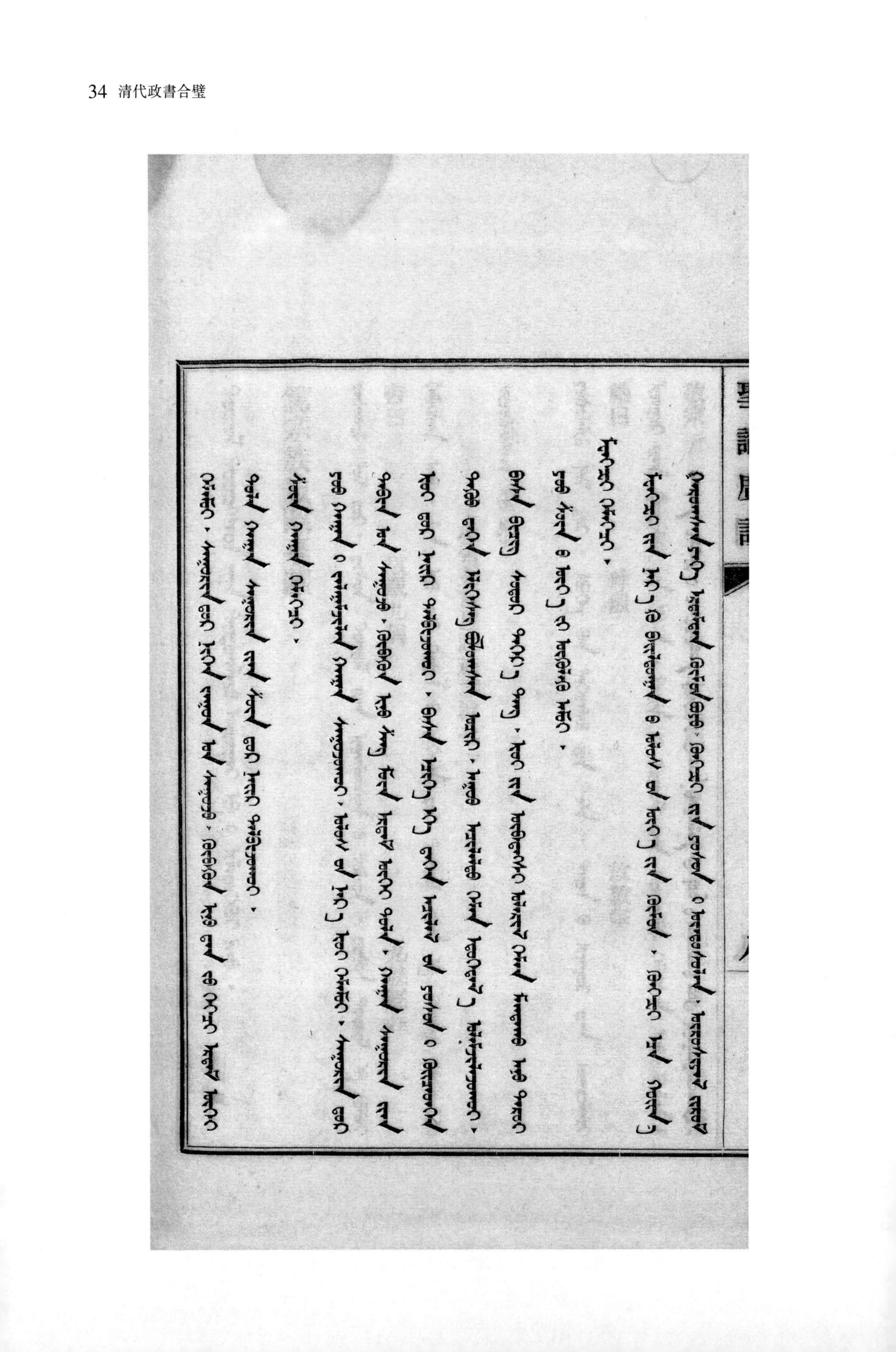

聖諭廣訓

聖諭廣訓 八

敬宗 故收族 明人道

禮曰 尊祖 故敬宗

是帝堯首以睦族示教也

書曰 以親九族 九族既睦

篤宗族以昭雍睦

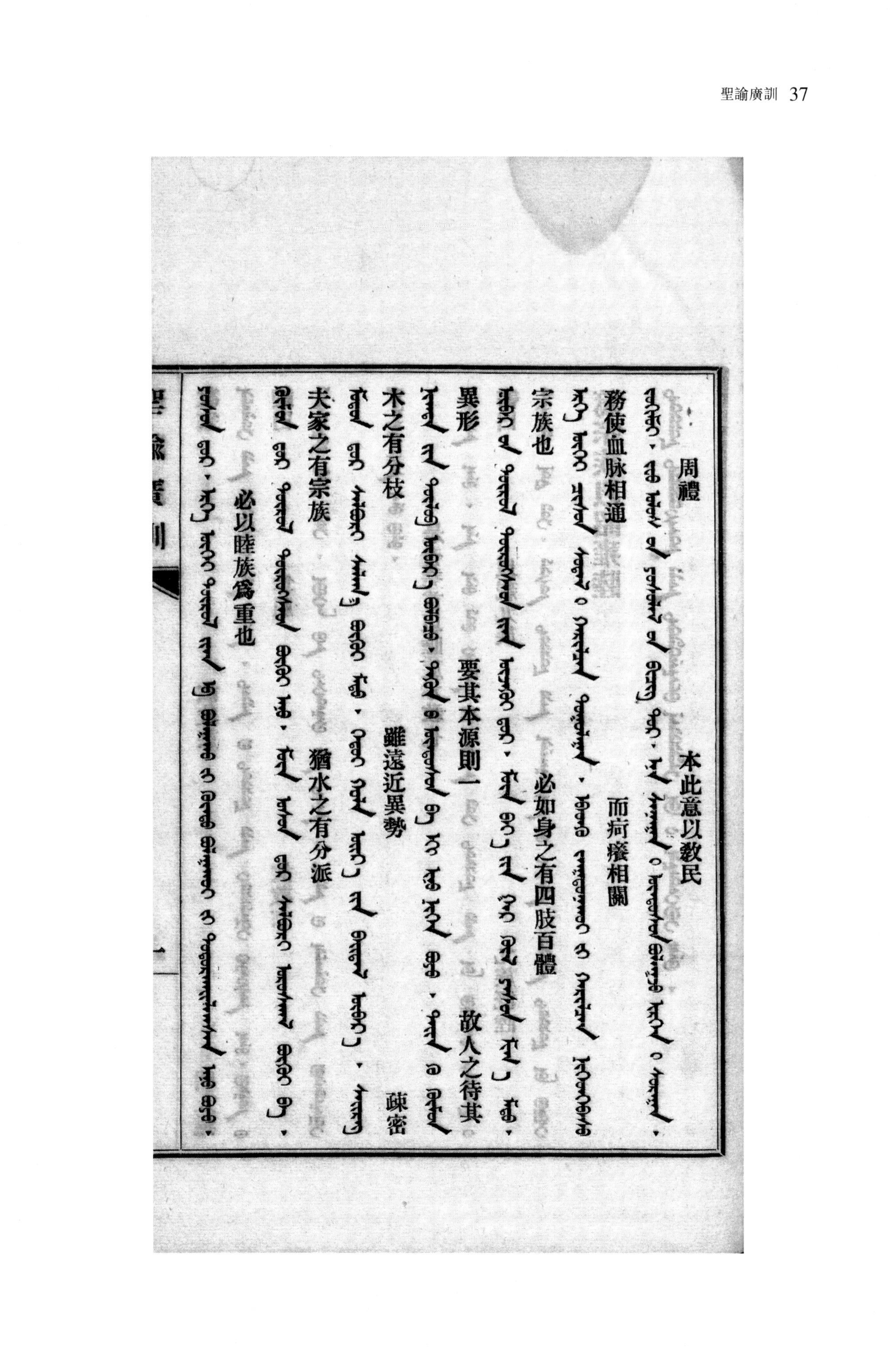

必以睦族爲重也

夫家之有宗族　猶水之有分派

木之有分枝　雖遠近異勢　疏密

異形　要其本源則一　故人之待其

宗族也　必如身之有四肢百體

務使血脈相通　而疴癢相關

周禮　本此意以教民

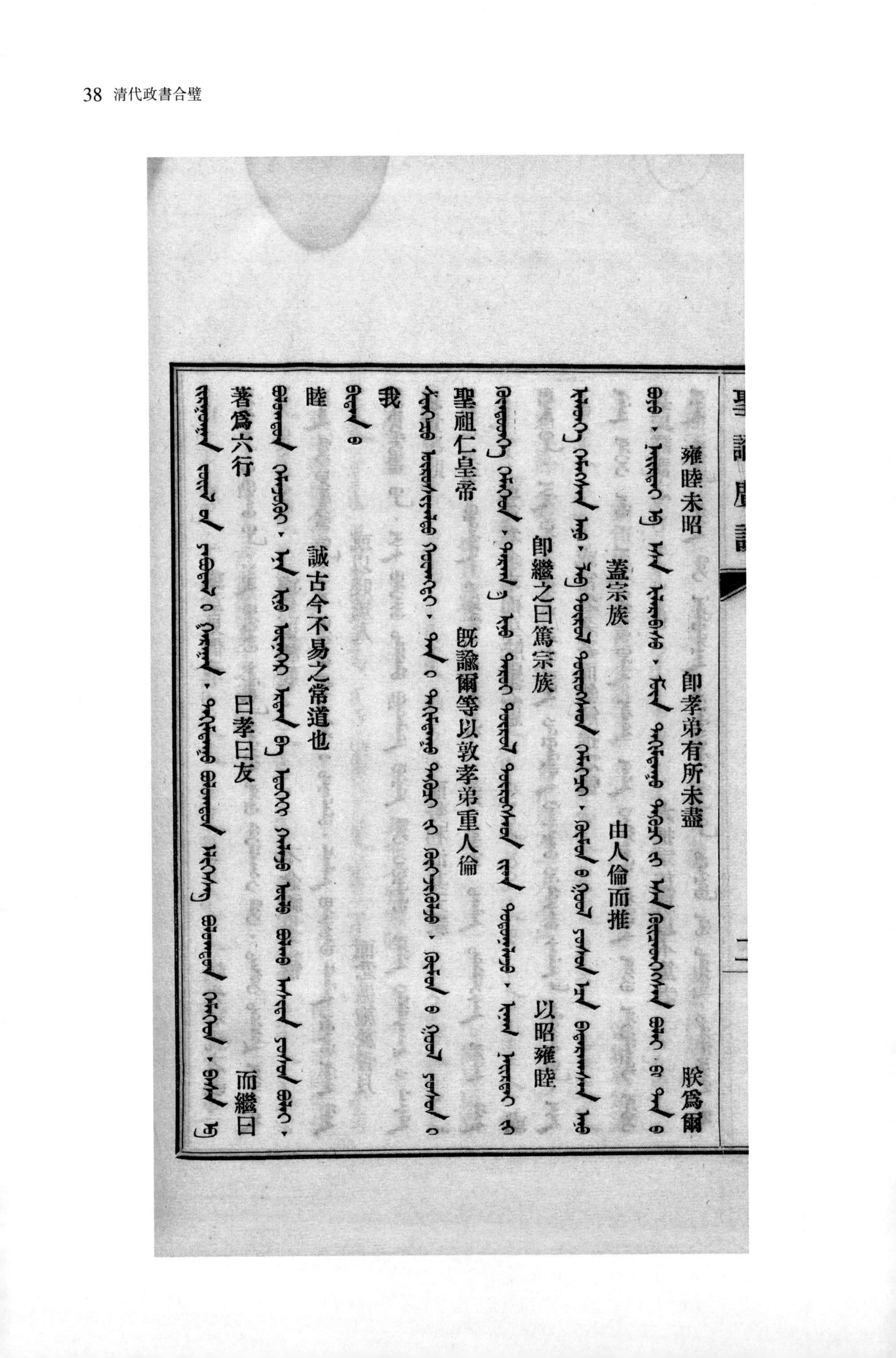

著爲六行　曰孝曰友　而繼曰睦　誠古今不易之常道也

我聖祖仁皇帝　既諭爾等以敦孝弟重人倫　卽繼之曰篤宗族　以昭雍睦

蓋宗族　由人倫而推　雍睦未昭　卽孝弟有所未盡　朕爲爾

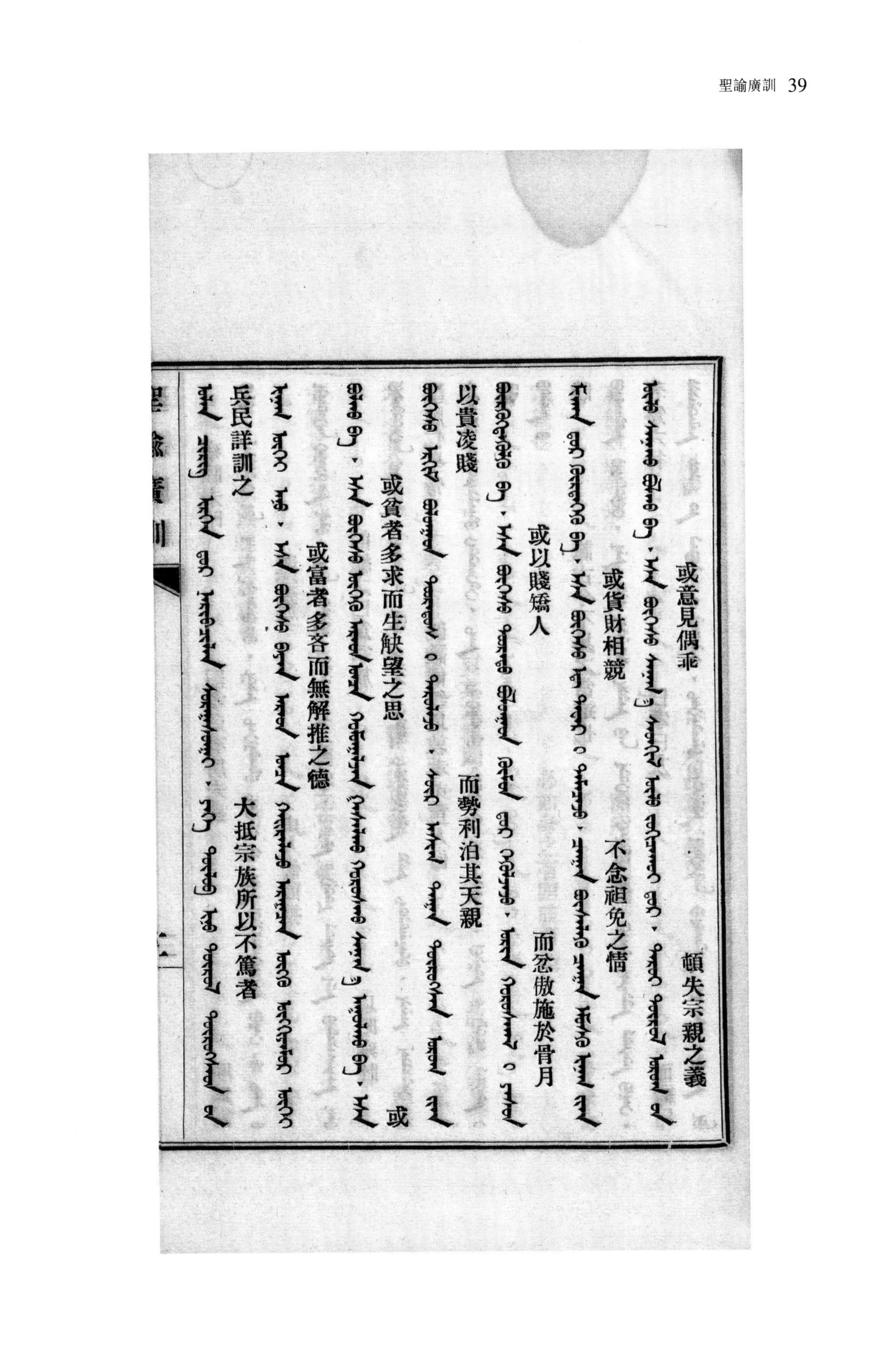

或意見偶乖　頓失宗親之義

或貨財相競　不念祖免之情

或以賤驕人　而忿傲施於骨月

以貴凌賤　而勢利汩其天親

或貧者多求而生觖望之思　或

或富者多吝而無解推之德

兵民詳訓之　大抵宗族所以不篤者

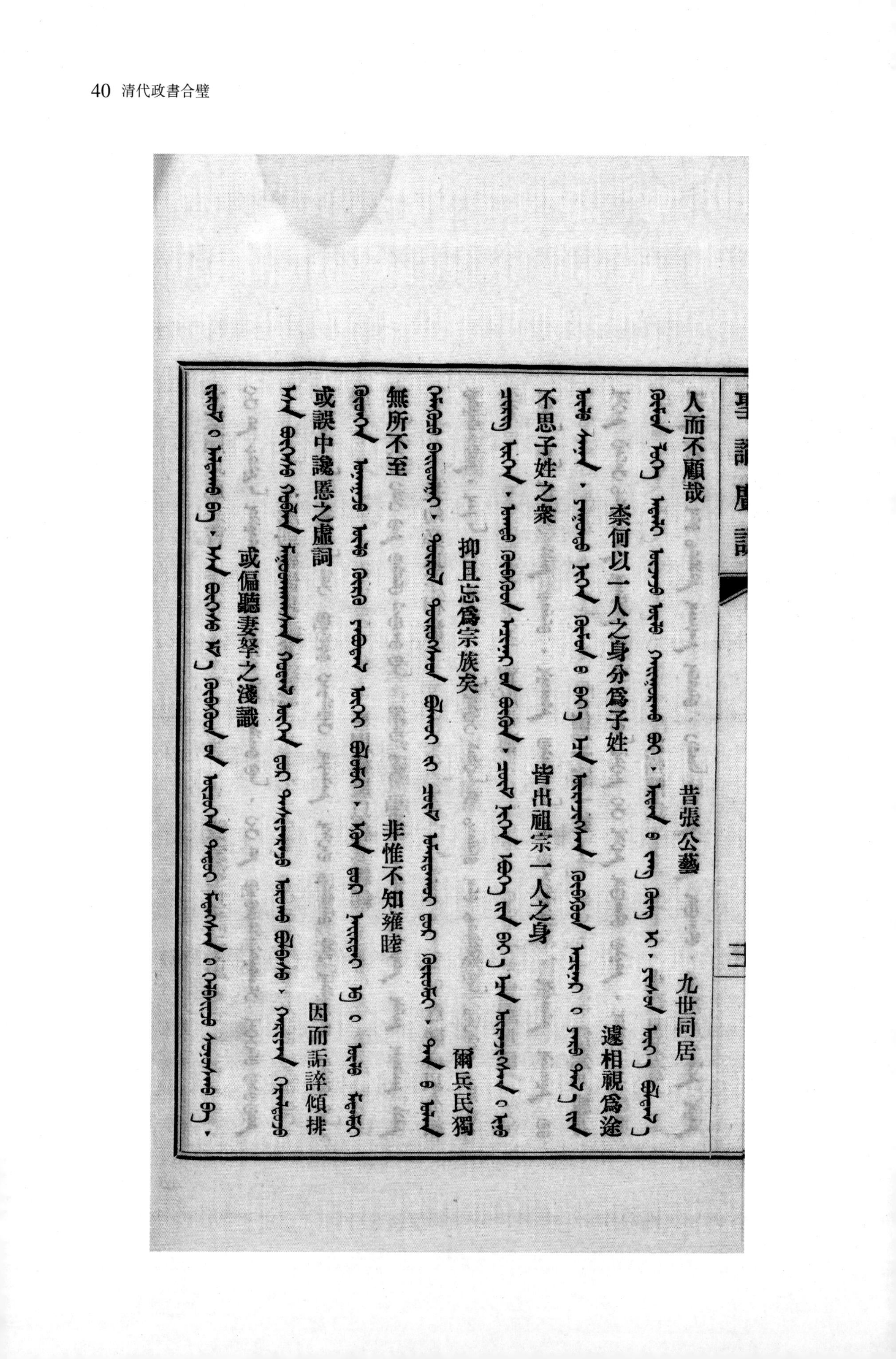

人而不顧哉 昔張公藝 九世同居

柰何以一人之身分爲子姓 遂相視爲途

不思子姓之衆 皆出祖宗一人之身

抑且忘爲宗族矣 爾兵民獨

無所不至 非惟不知雍睦 因而詬誶傾排

或誤中讒慝之虛詞 或偏聽妻孥之淺識

立家廟以薦烝嘗　設家塾以課子弟

戚則相憐以通其緩急

聯　喜則相慶以結其綢繆

長幼必以序相治　尊親必以分相

宗　甯厚毋薄　甯親毋疏

凡屬一家一姓　當念乃祖乃

江州陳氏　七百口共食

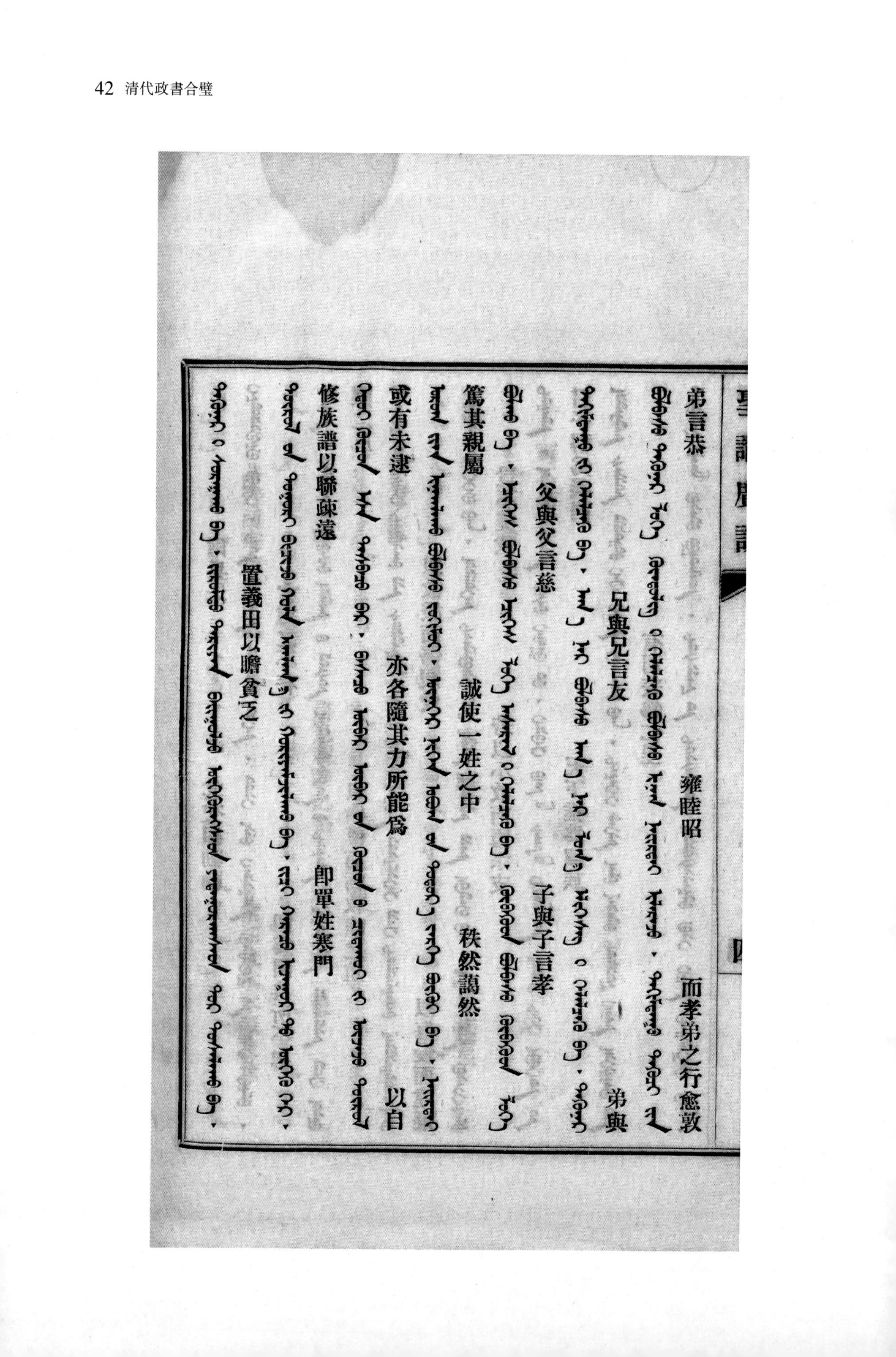

置義田以贍貧乏
修族譜以聯疏遠　即單姓寒門
或有未逮　亦各隨其力所能為　以自
篤其親屬　誠使一姓之中　秩然藹然
父與父言慈　子與子言孝
兄與兄言友　弟與
弟言恭　雍睦昭　而孝弟之行愈敦

有司表爲仁里

君子稱爲義門　天下推爲望族

豈不美哉　若以小故而隳宗支

以微嫌而傷親愛　以侮慢而違遜

讓之風　以偷薄而虧敦睦之誼

古道之不存　卽爲國典所不恕

爾兵民　其交相勸勵

共體祖宗慈愛之心 常切水木本源之念

將見親睦之俗 成於一鄉一邑

雍和之氣 達於薄海內外

諸福咸臻 太平有象 胥在是矣

可不勗歟

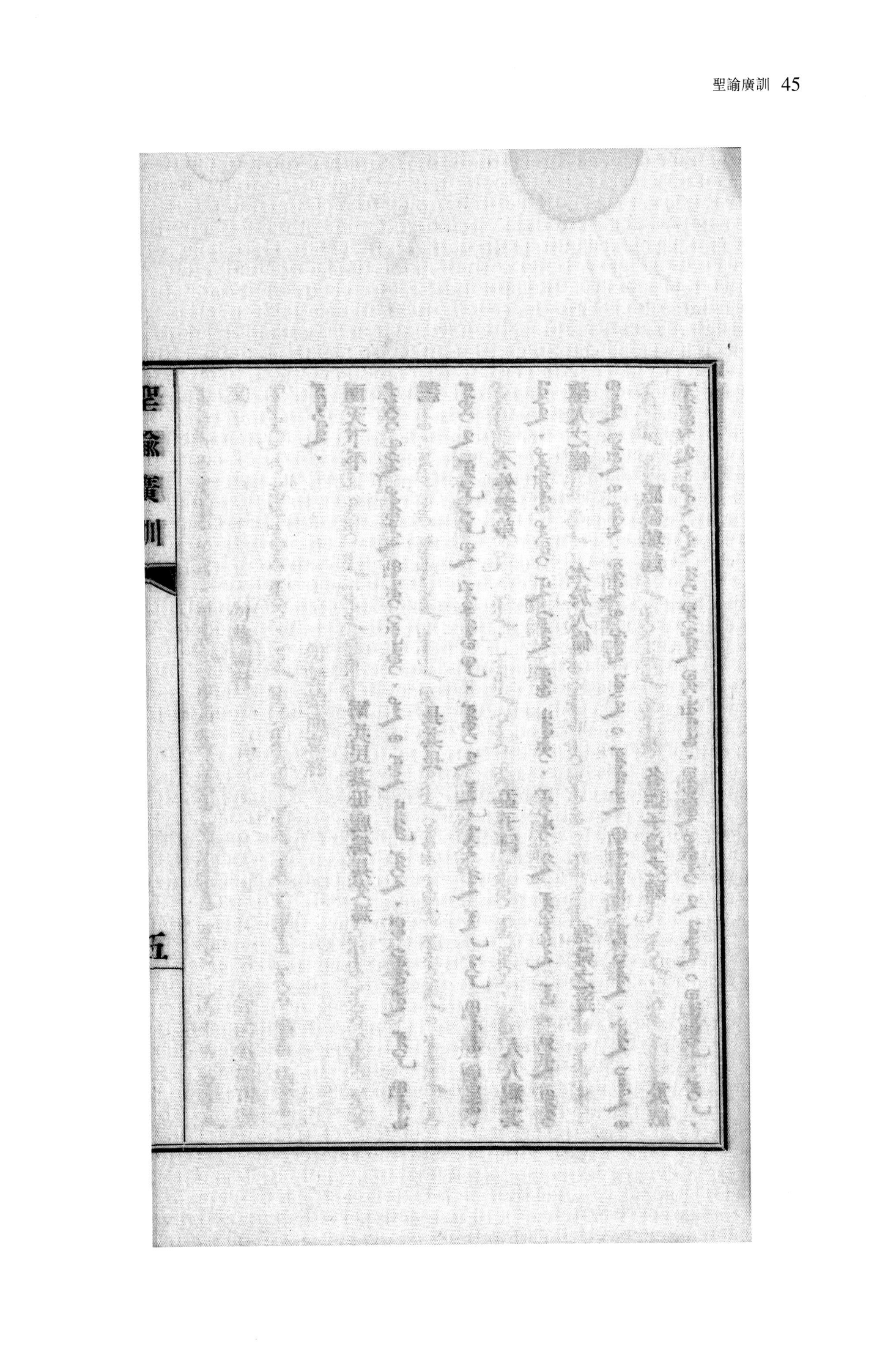

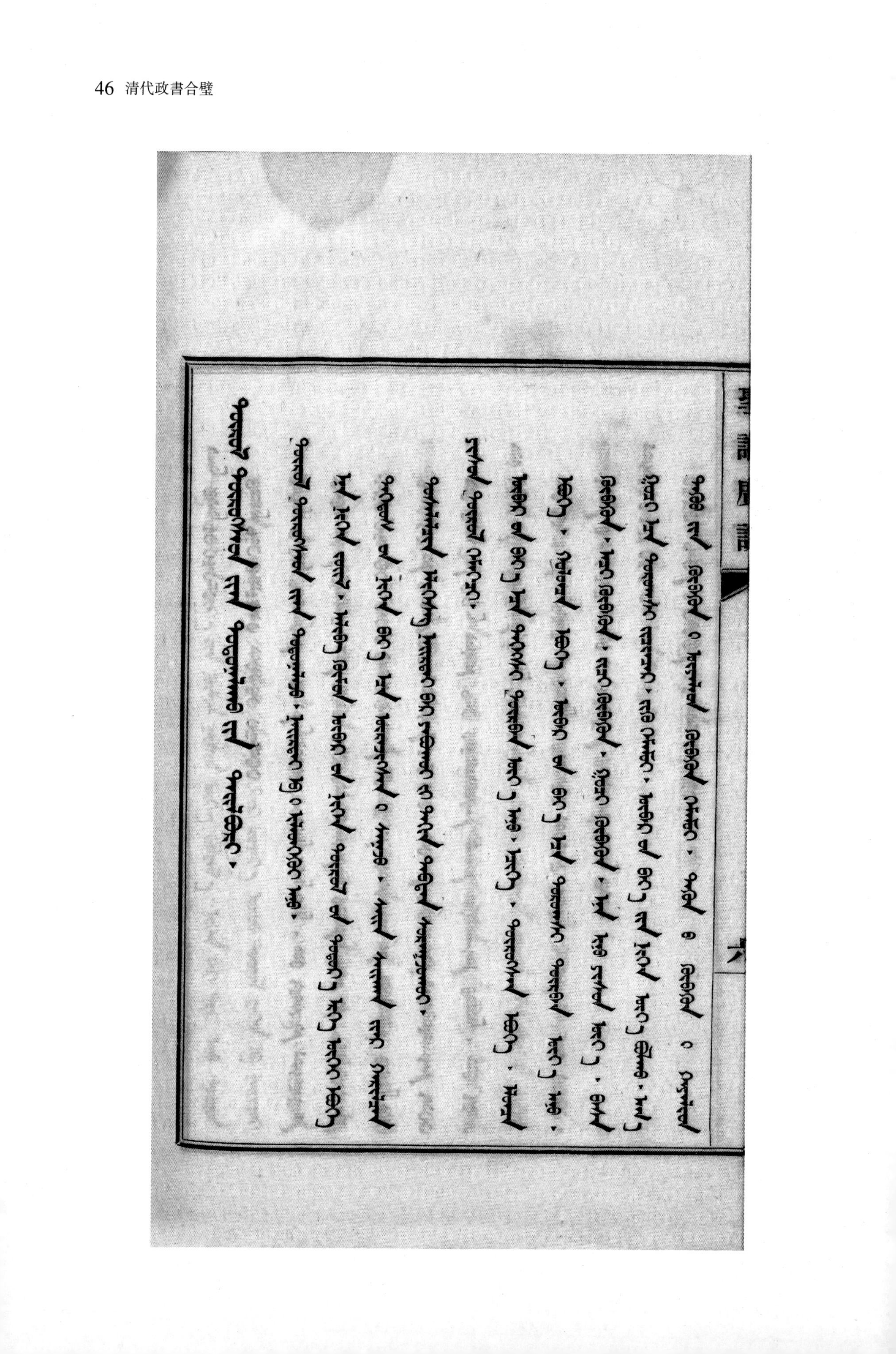

聖諭廣訓 六

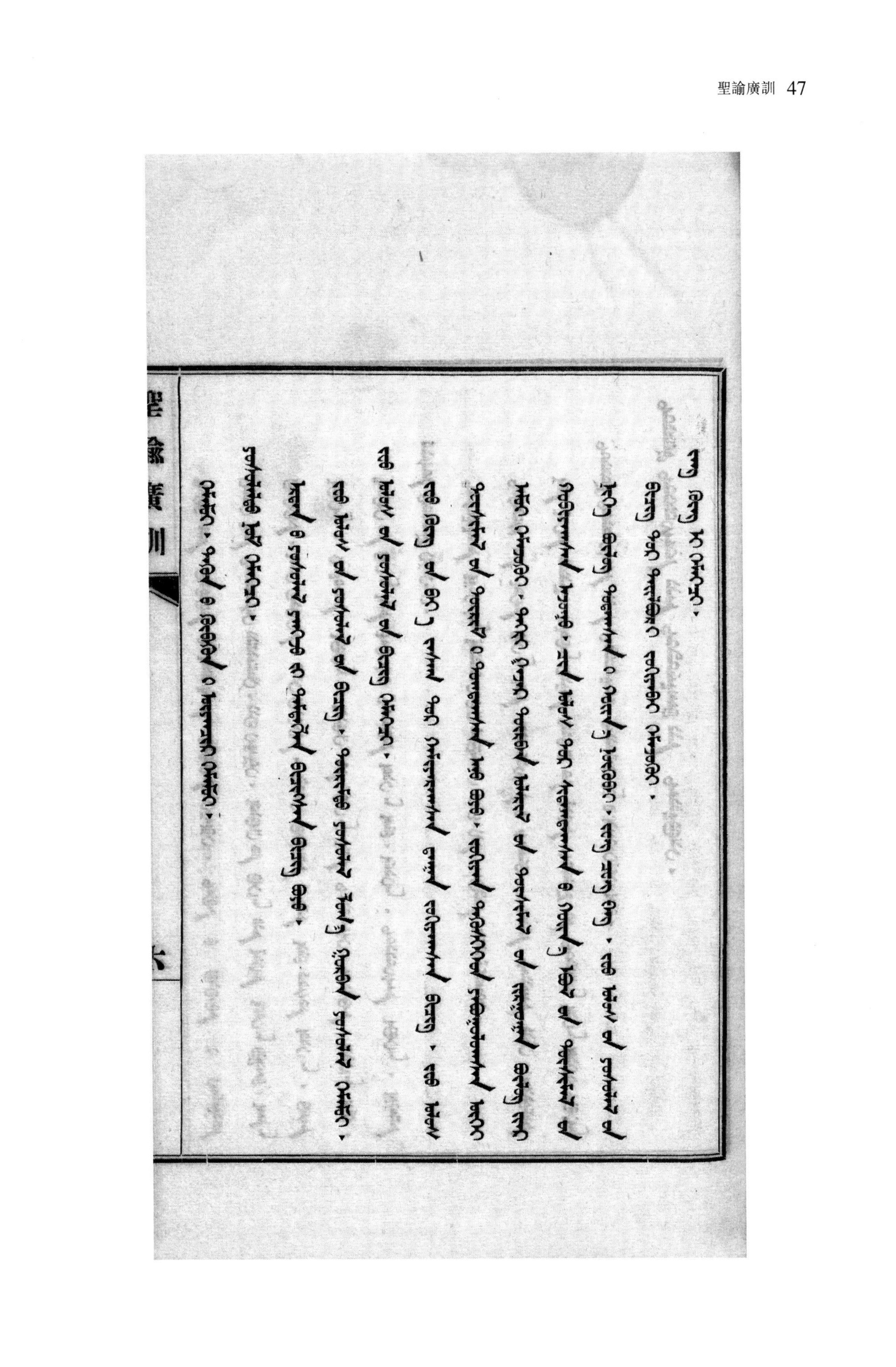

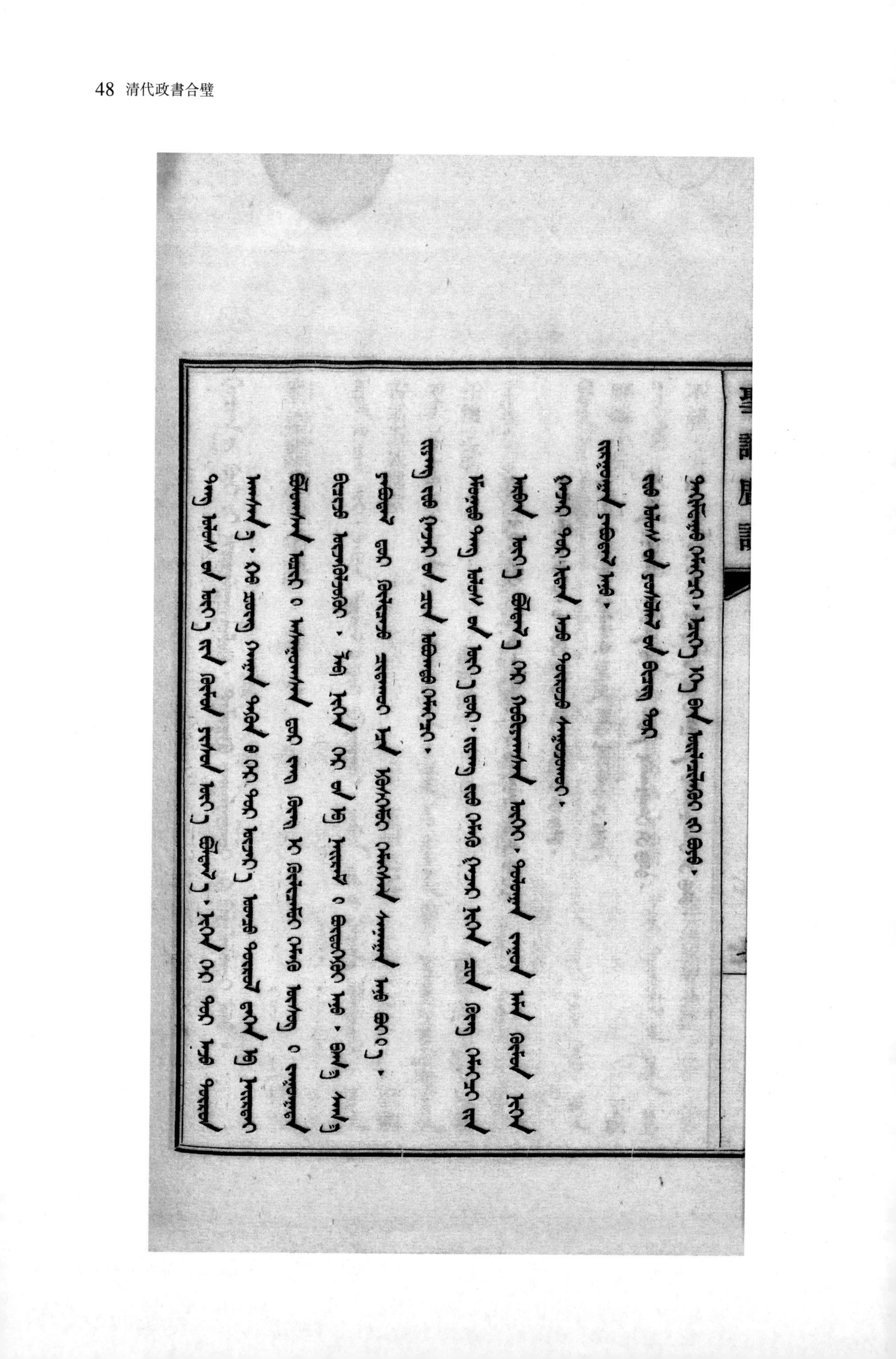

聖諭廣訓

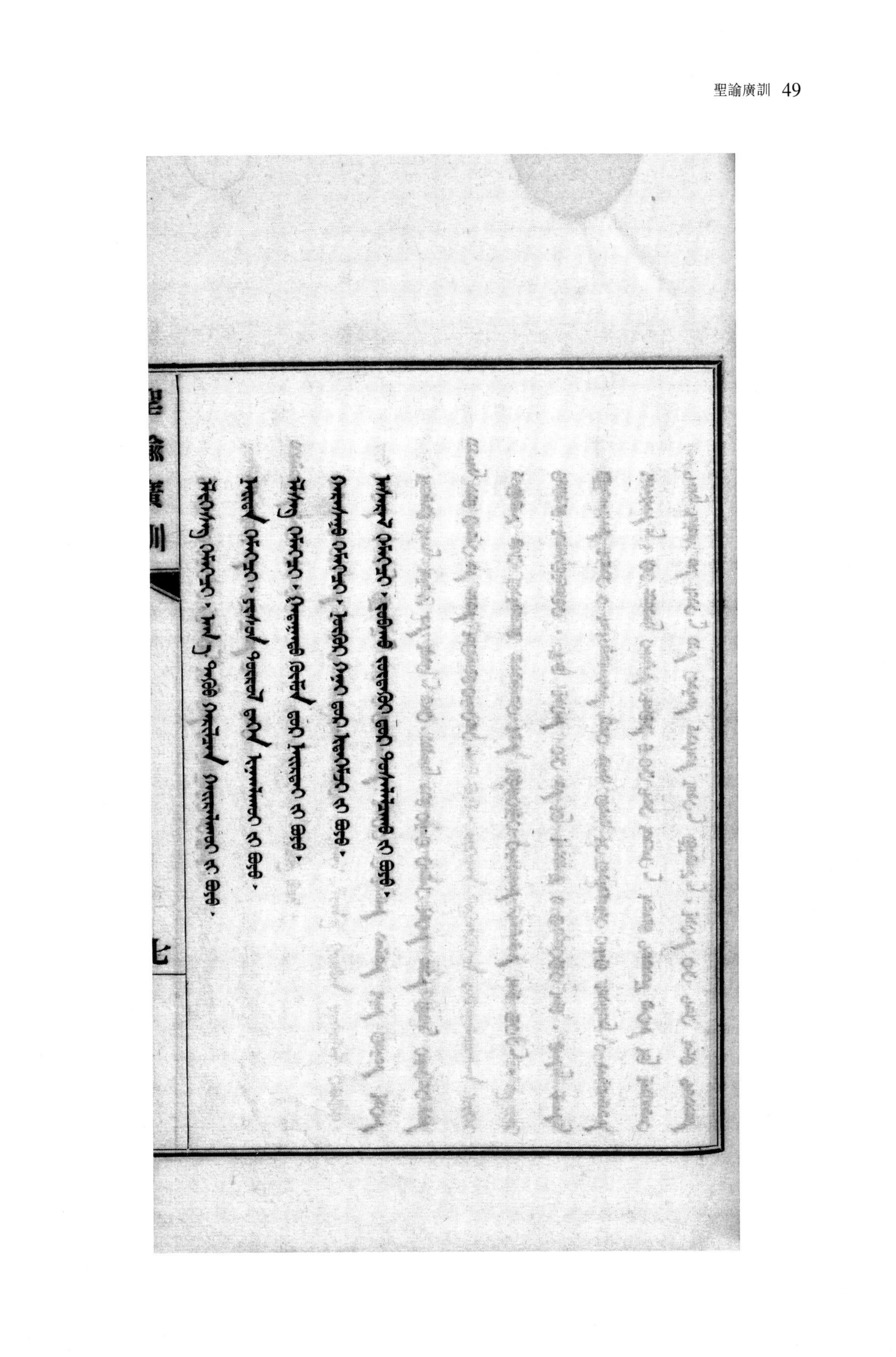

聖諭廣訓

七

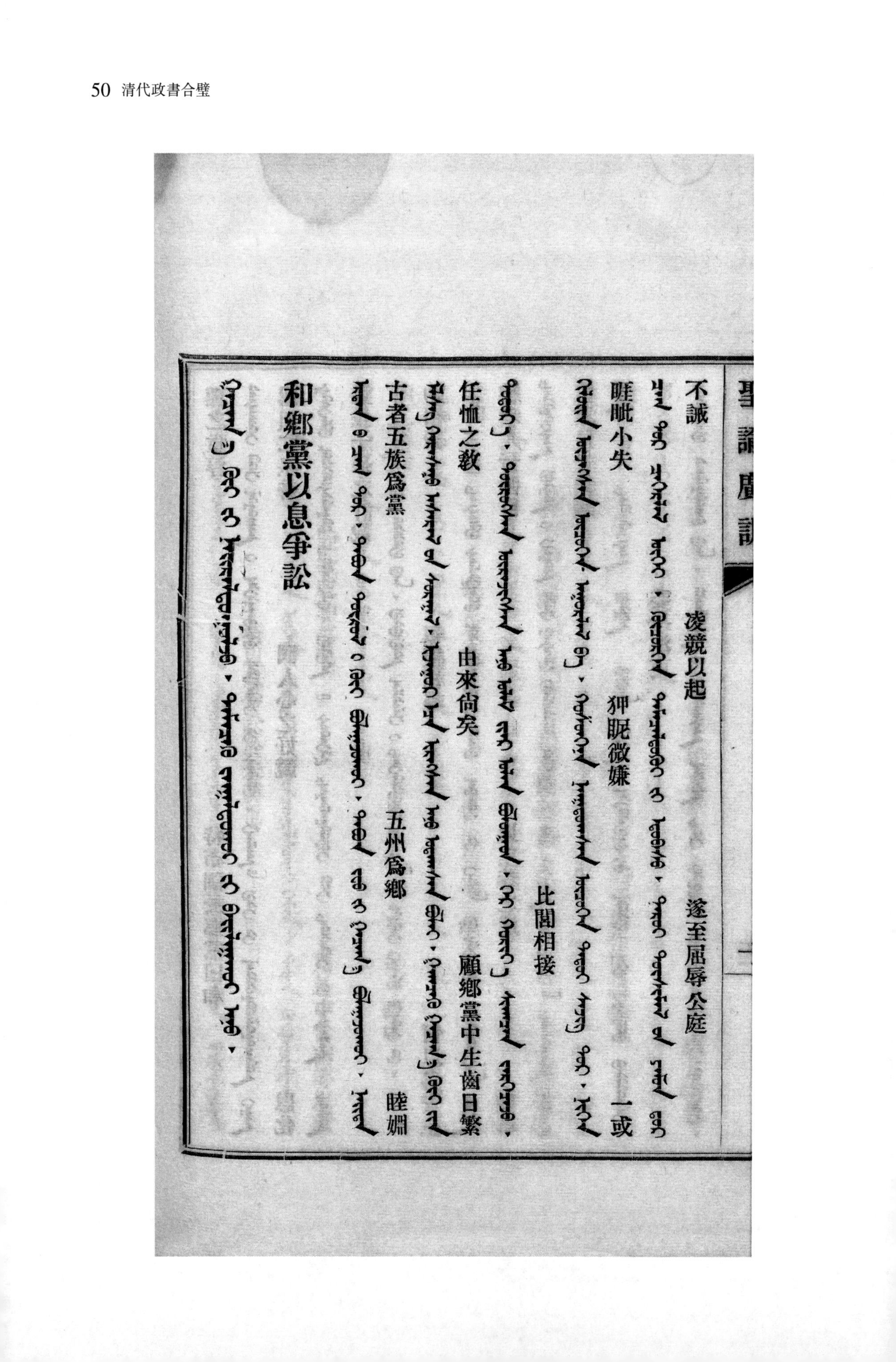

和鄉黨以息爭訟

古者五族爲黨　五州爲鄉　睦婣

任恤之教　由來尚矣　顧鄉黨中生齒日繁

睚眦小失　狎昵微嫌　比閭相接　一或

不誠　淩競以起　遂至屈辱公庭

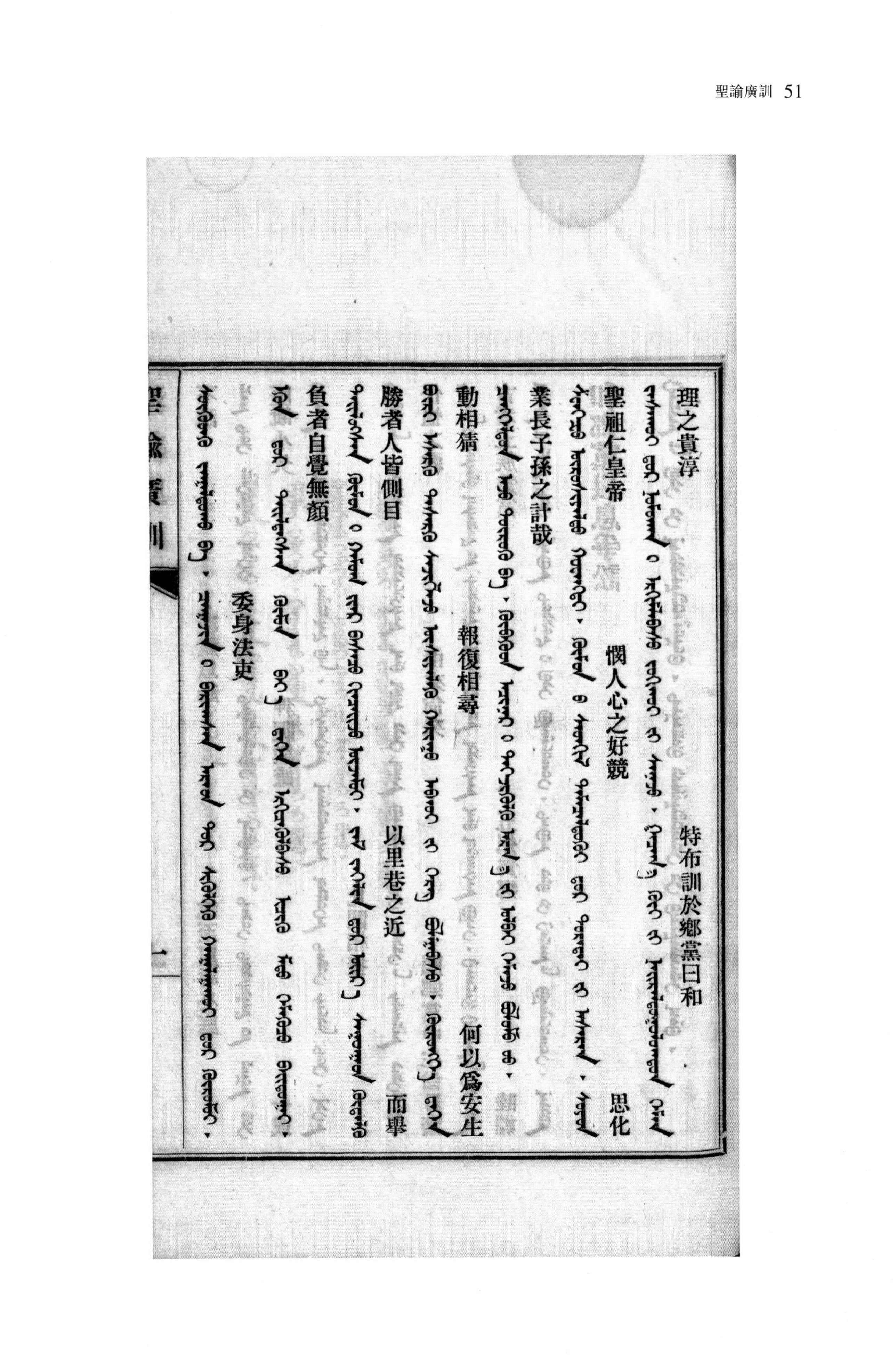

理之貴淳　特布訓於鄉黨曰和

聖祖仁皇帝　憫人心之好競　思化

業長子孫之計哉

動相猜　報復相尋　何以爲安生

勝者人皆側目　以里巷之近　而舉

負者自覺無顏　委身法吏

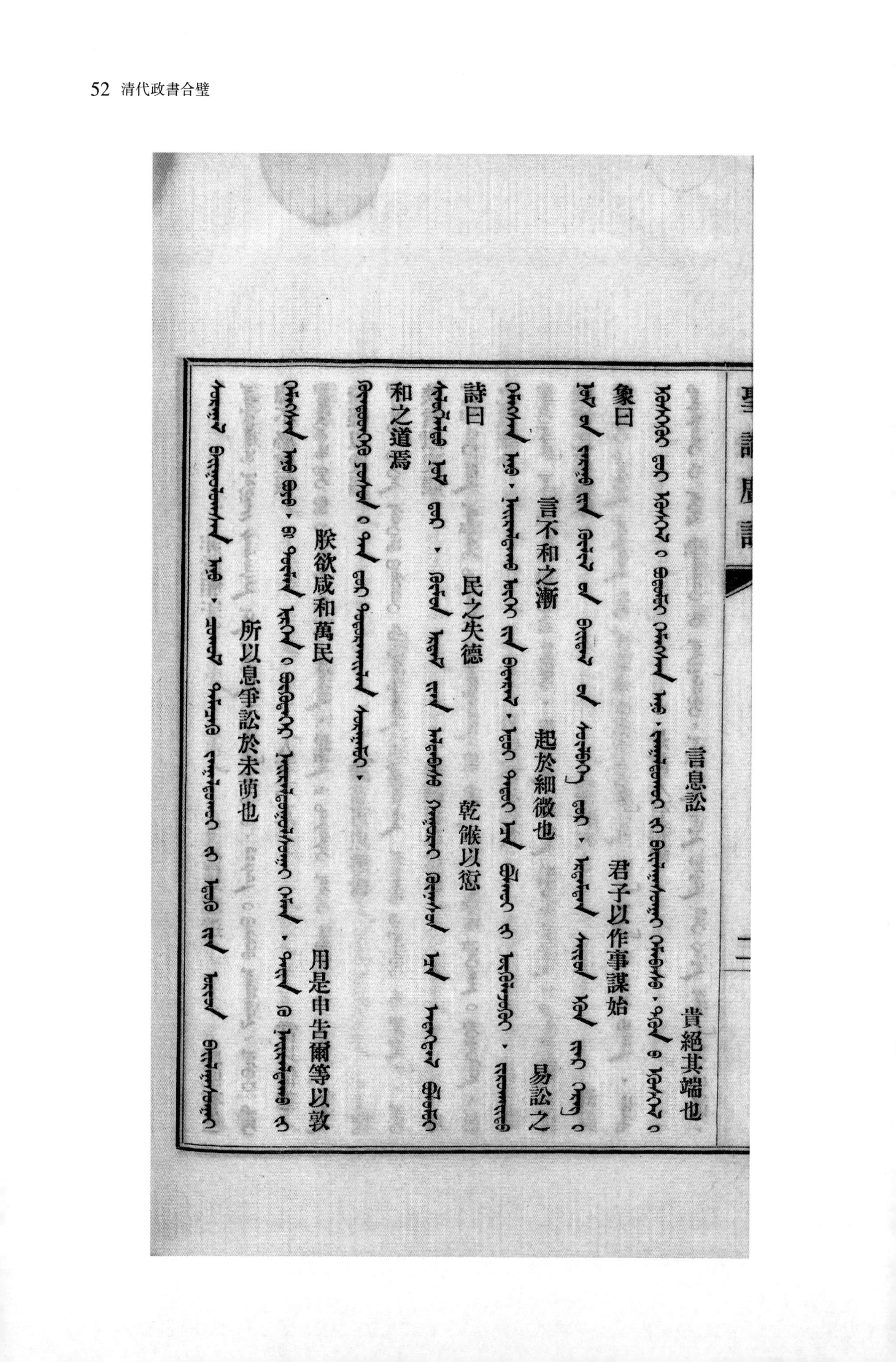

所以息爭訟於未萌也

朕欲咸和萬民　用是申告爾等以敦和之道焉

詩曰　民之失德　乾餱以愆

言不和之漸　起於細微也　易訟之

象曰　君子以作事謀始

言息訟　貴絕其端也

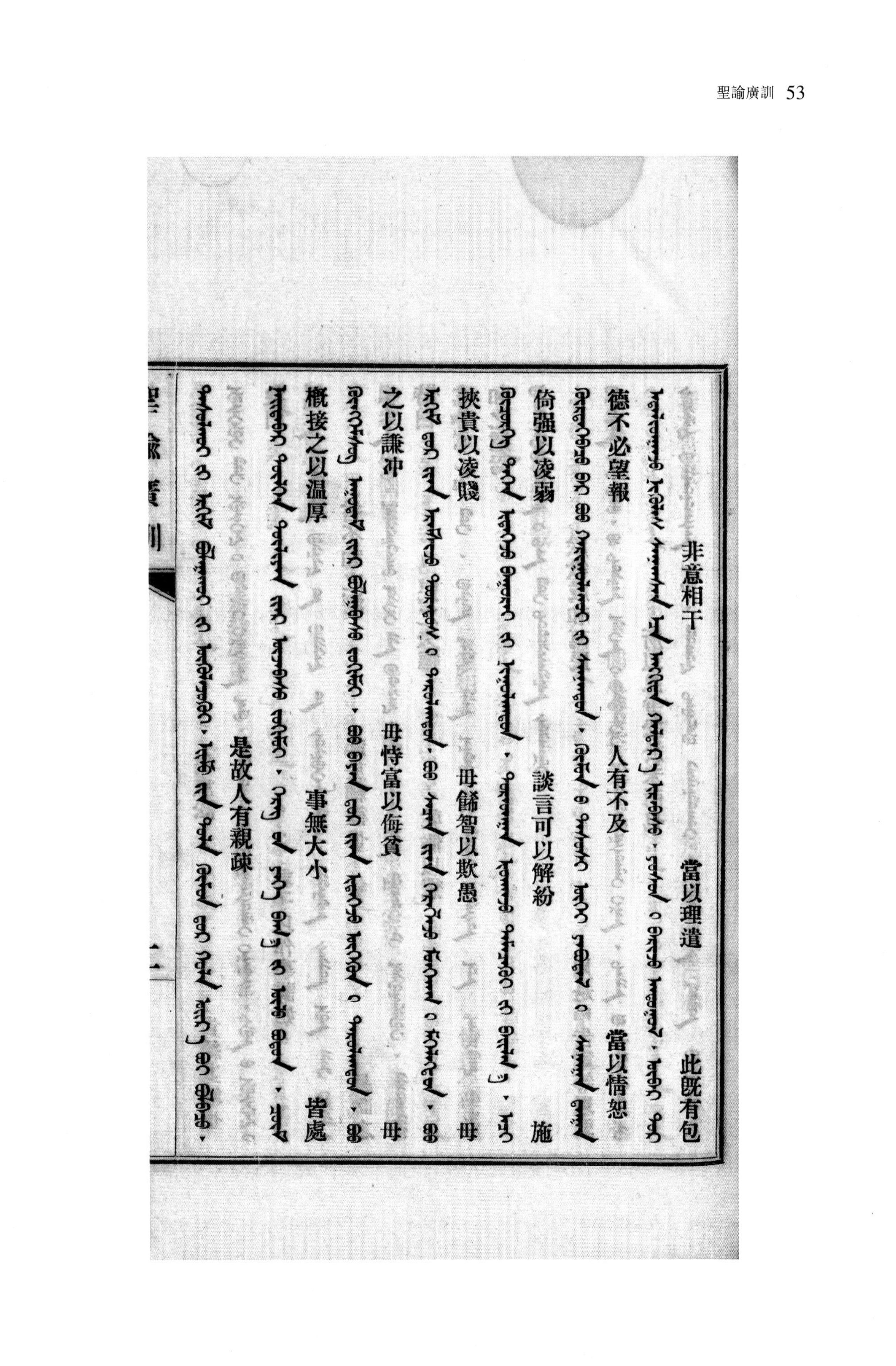

非意相干 當以理遣 此既有包

德不必望報 人有不及 當以情恕

倚強以淩弱 談言可以解紛 施

挾貴以淩賤 毋餙智以欺愚 毋

之以謙冲 毋恃富以侮貧 毋

槪接之以溫厚 事無大小 皆處

是故人有親疎

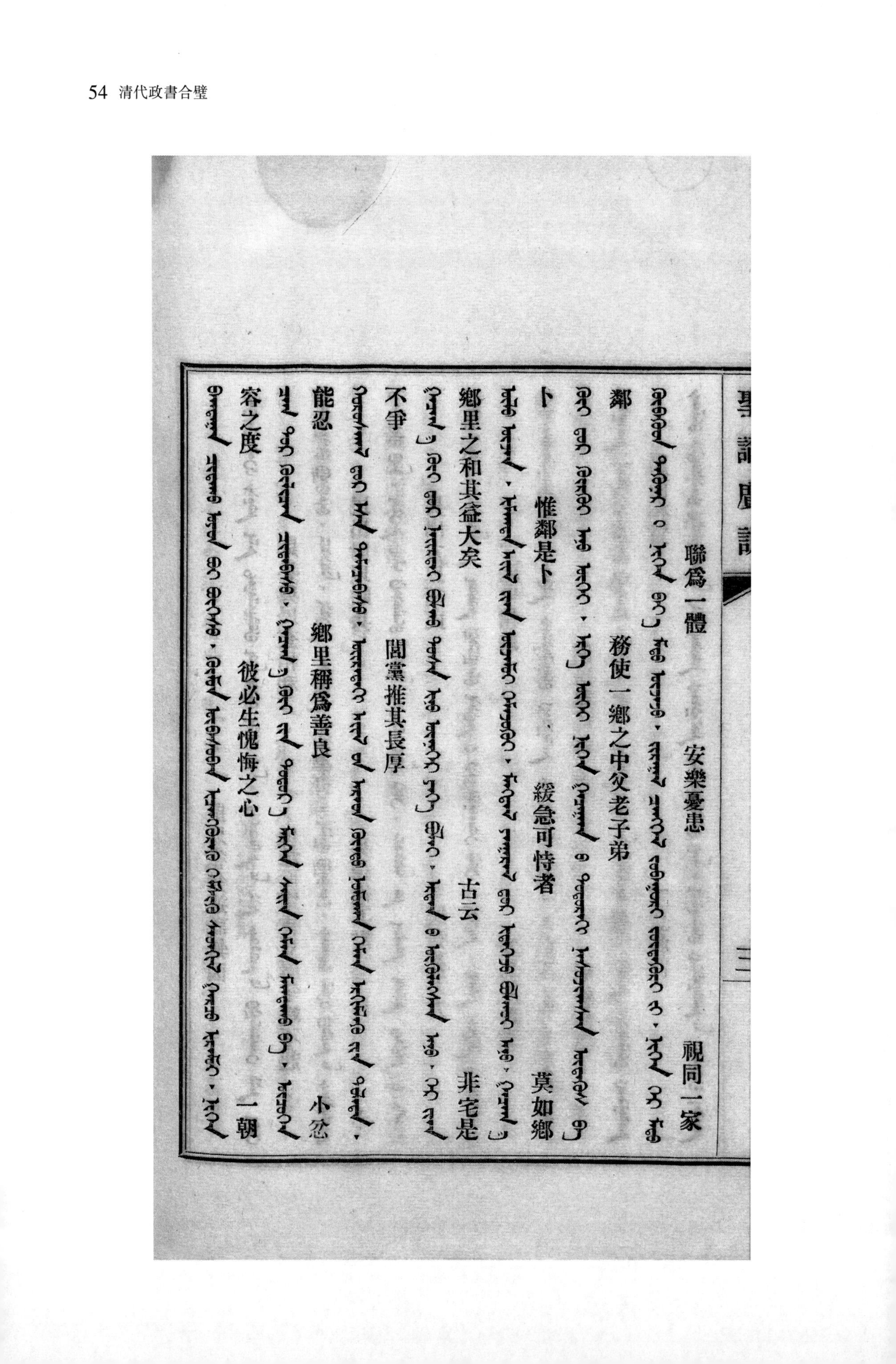

容之度 彼必生愧悔之心 一朝

能忍 鄉里稱爲善良 小忿

不爭 閭黨推其長厚

鄉里之和其益大矣 古云 非宅是

卜 惟鄰是卜 緩急可恃者 莫如鄉

鄰 務使一鄉之中父老子弟

聯爲一體 安樂憂患 視同一家

鼠牙雀角速訟無因

則兵與民交相和

由是而簞食豆羹爭端不起

民出財以贍兵

兵務恤其財

兵出力以衛民

民務養其力

汛守相助

則兵與兵和

則民與民和

訓練相習

農商相資

工賈相讓

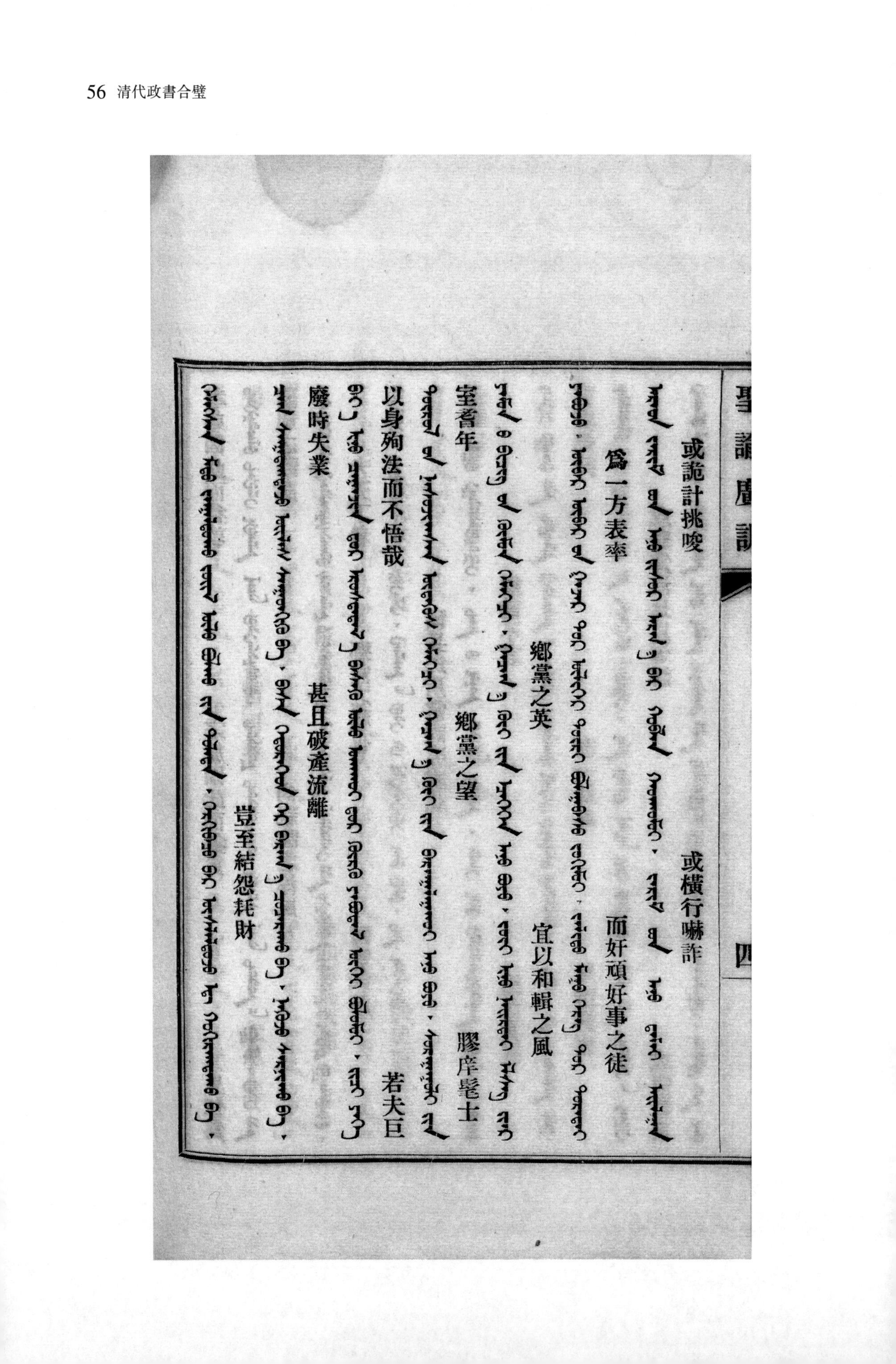

或詭計挑唆 或橫行嚇詐

爲一方表率 而奸頑好事之徒

鄉黨之英 宜以和輯之風

室耆年 鄉黨之望 膠庠髦士

以身殉法而不悟哉 若夫亘

廢時失業 甚且破產流離

豈至結怨耗財

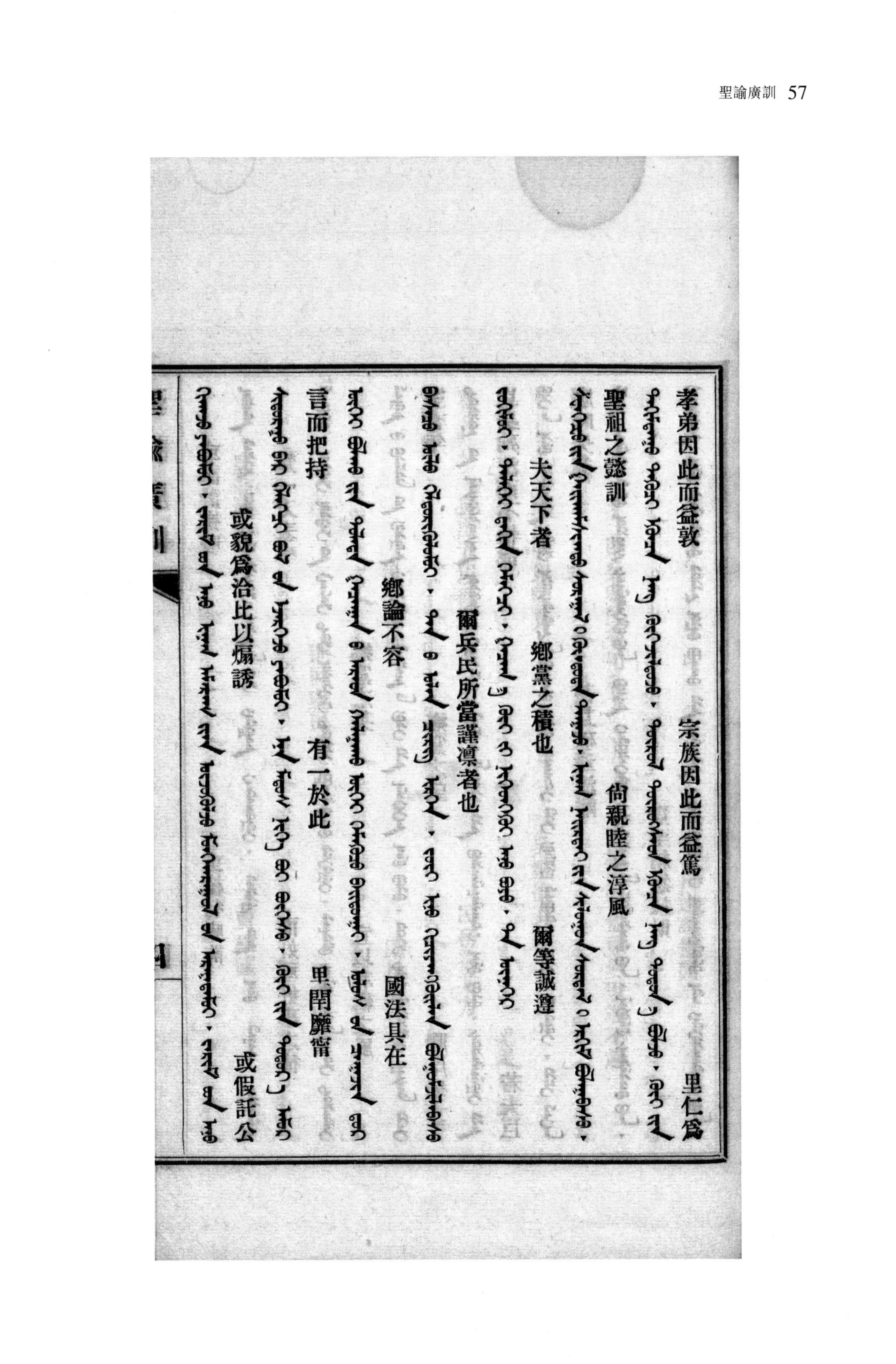

孝弟因此而益敦　宗族因此而益篤　里仁爲

聖祖之懿訓　倘親睦之淳風

夫天下者　鄉黨之積也　爾等誠遵

爾兵民所當謹凜者也

鄉論不容　國法具在

言而把持　有一於此　里閈靡甯

或藐爲治比以煽誘　或假託公

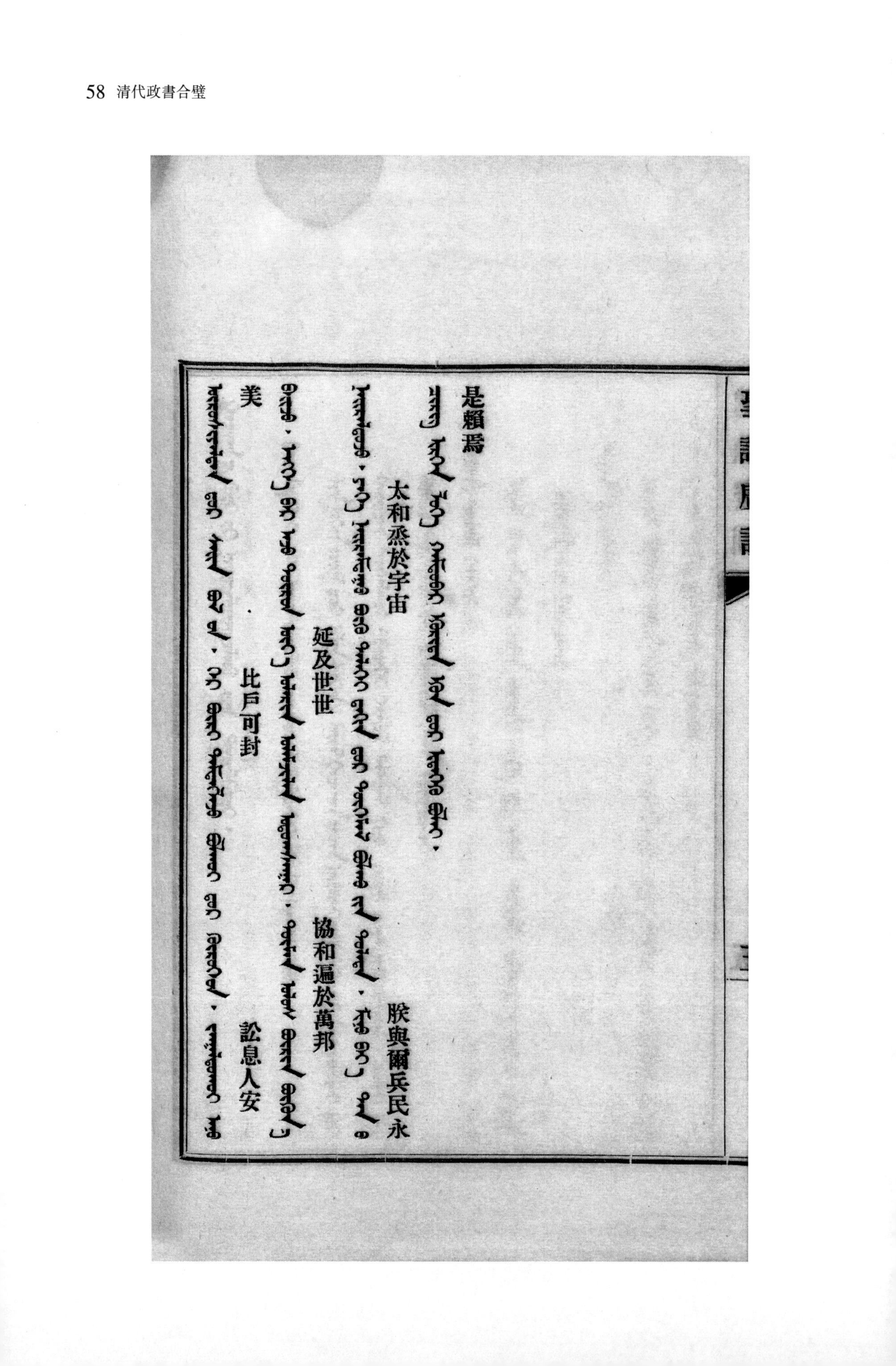

朕與爾兵民永
是賴焉
太和烝於宇宙
延及世世
協和遍於萬邦
比戶可封
訟息人安
美

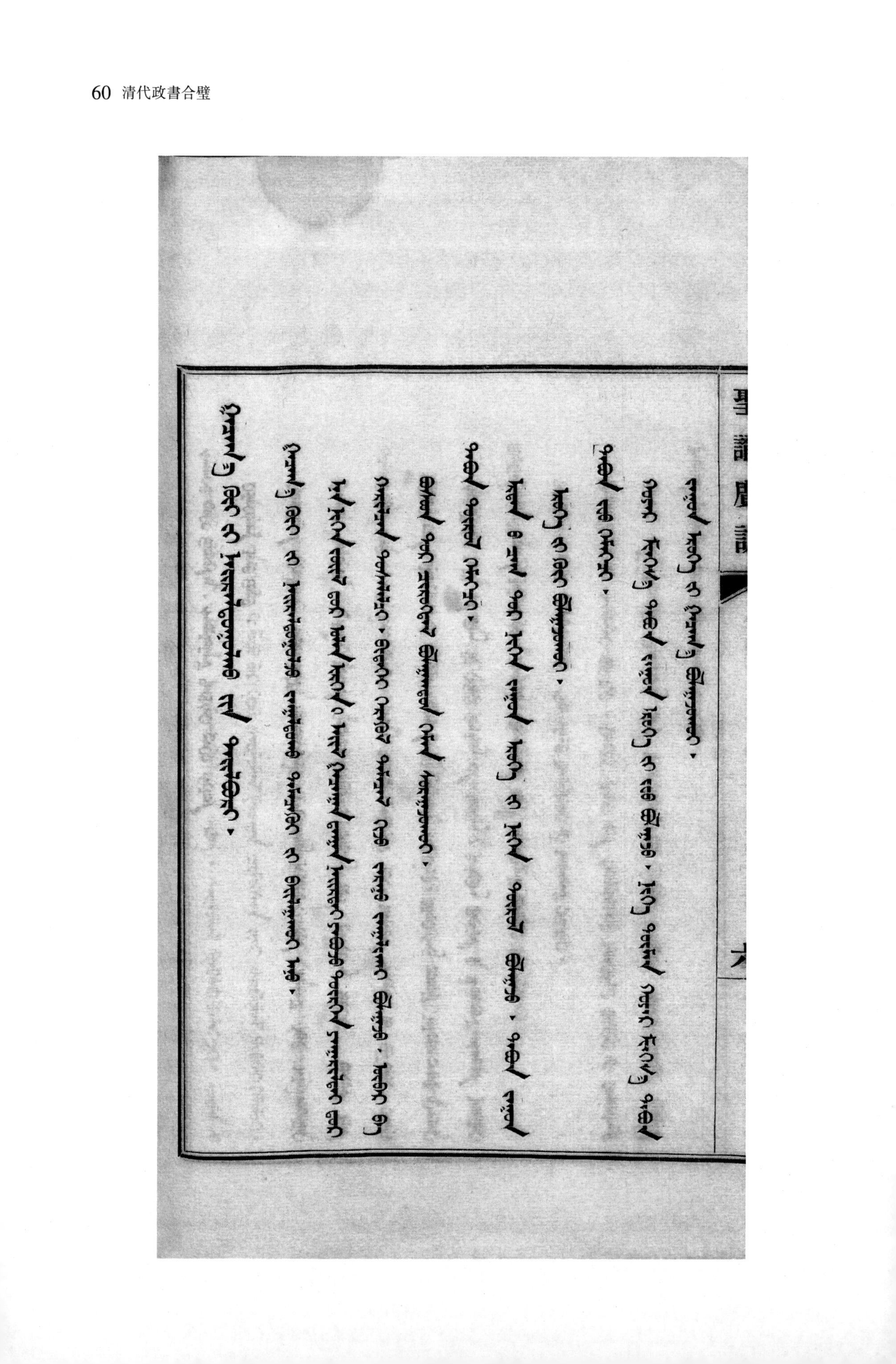

聖諭廣訓

[illegible]

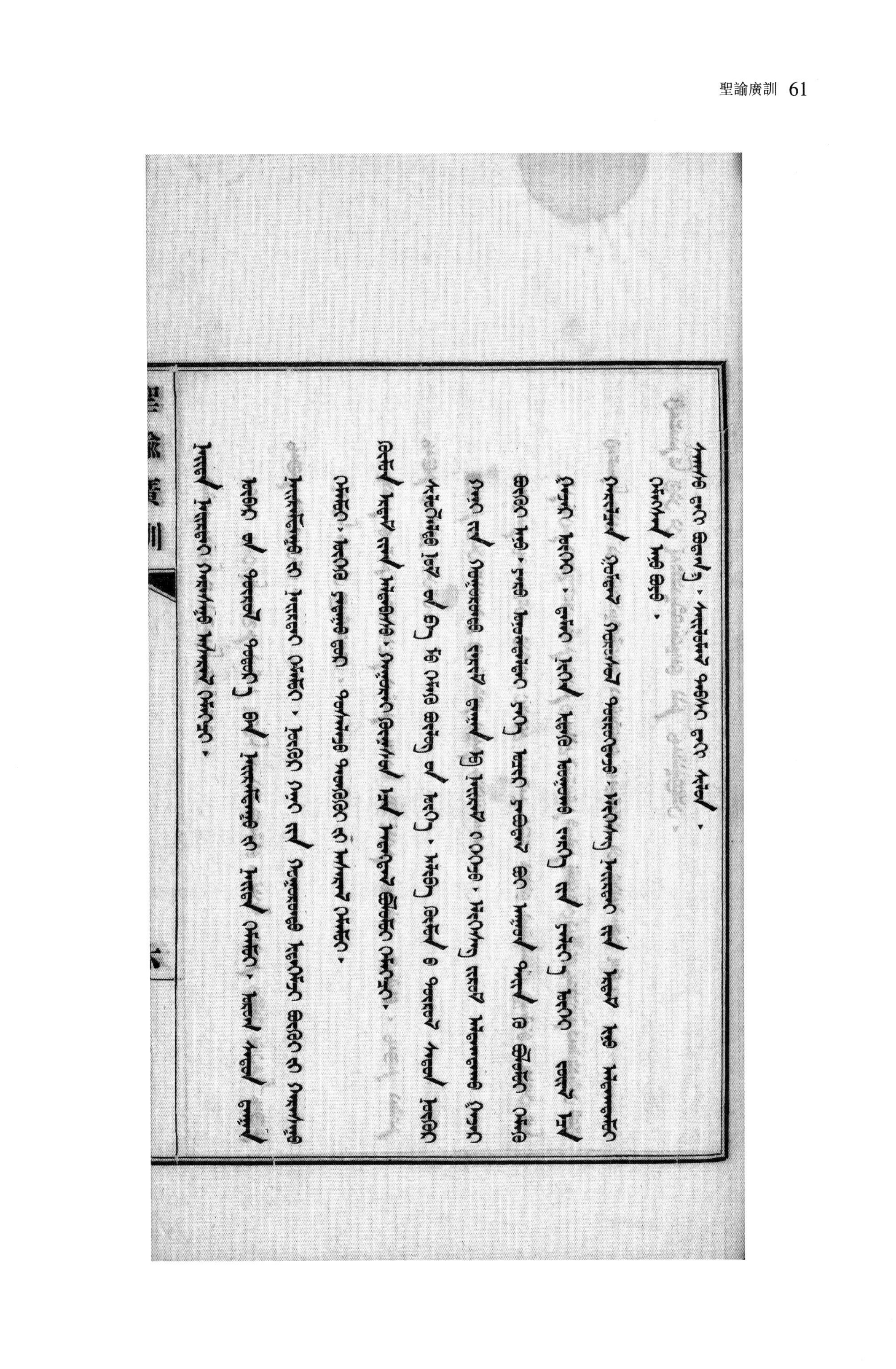

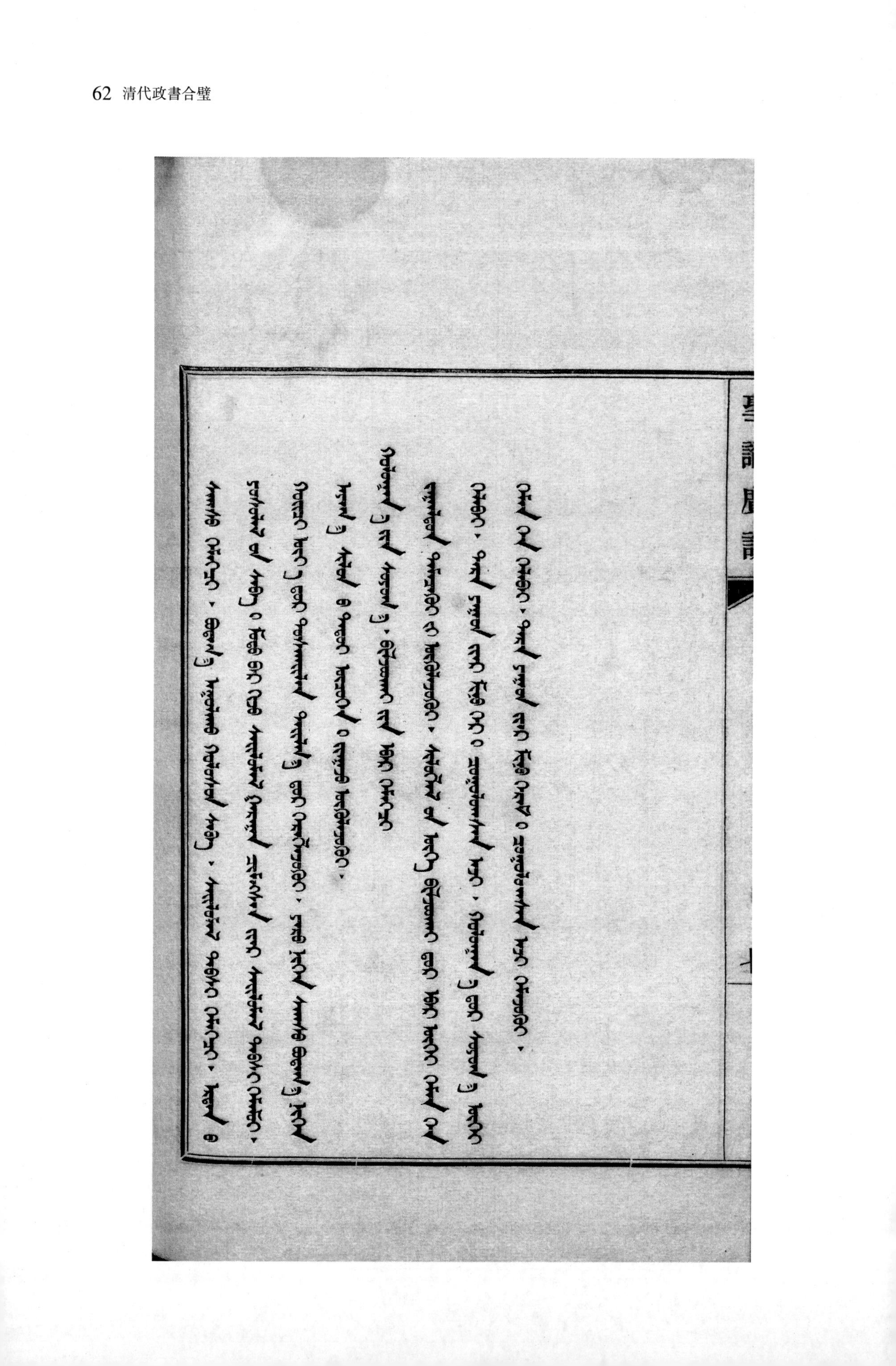

聖諭廣訓

[illegible]

[illegible]

[illegible]

[illegible]

[illegible]

[illegible]

[illegible]

[illegible]

[illegible]

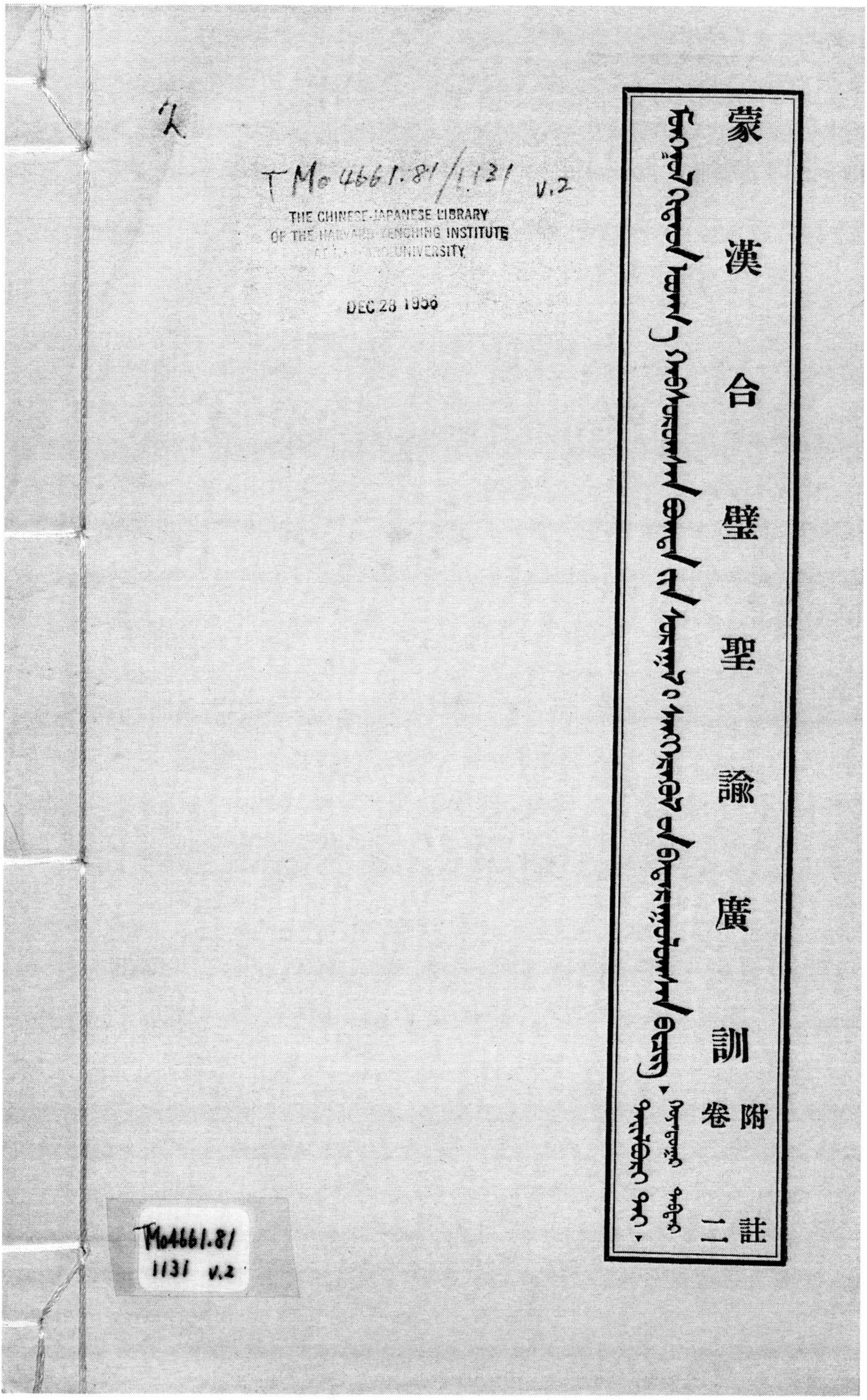
蒙漢合璧聖諭廣訓 附註 卷二

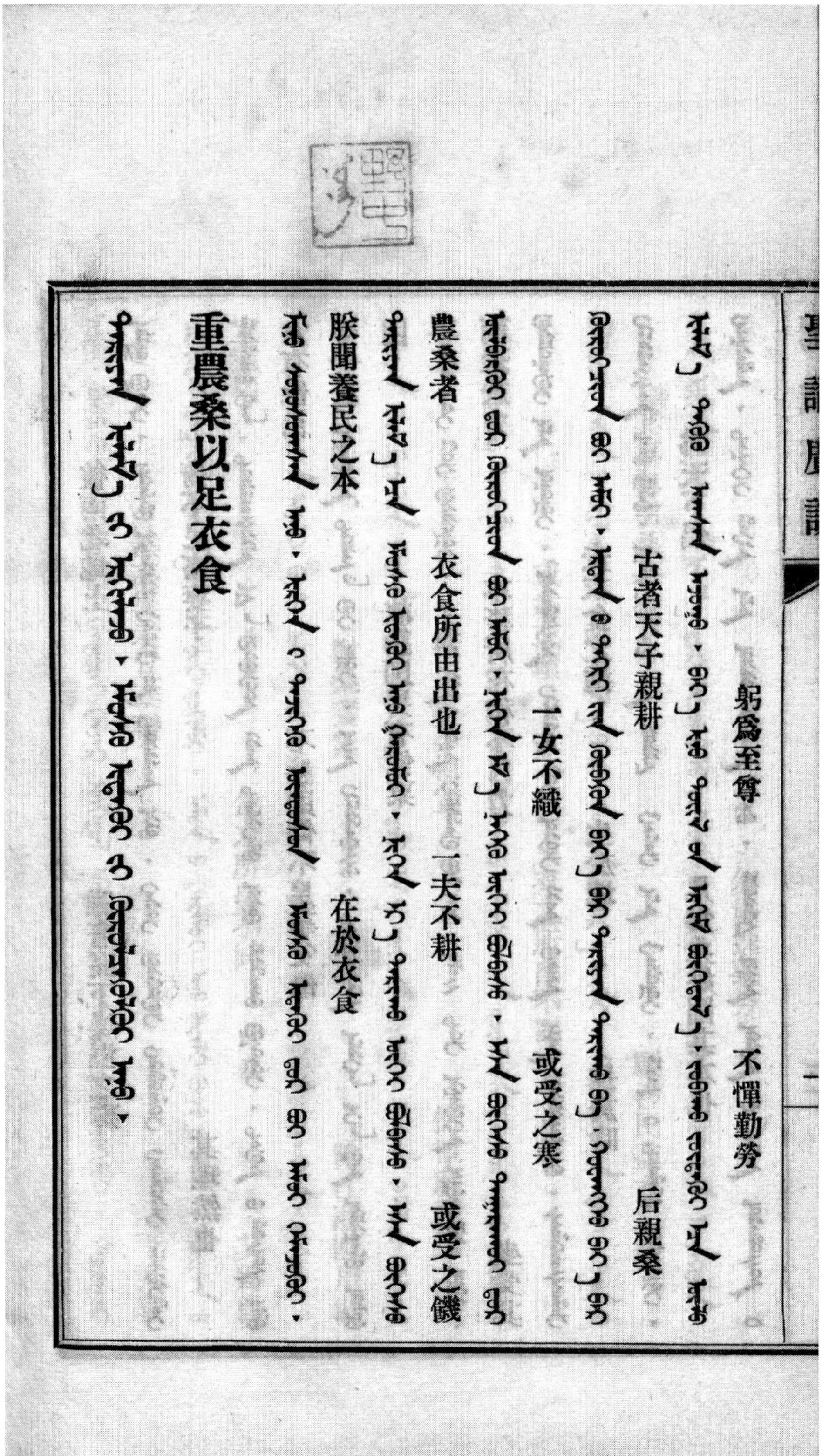

重農桑以足衣食

朕聞養民之本 在於衣食

農桑者 衣食所由出也 一夫不耕 或受之饑

一女不織 或受之寒

古者天子親耕 后親桑

躬爲至尊 不憚勤勞

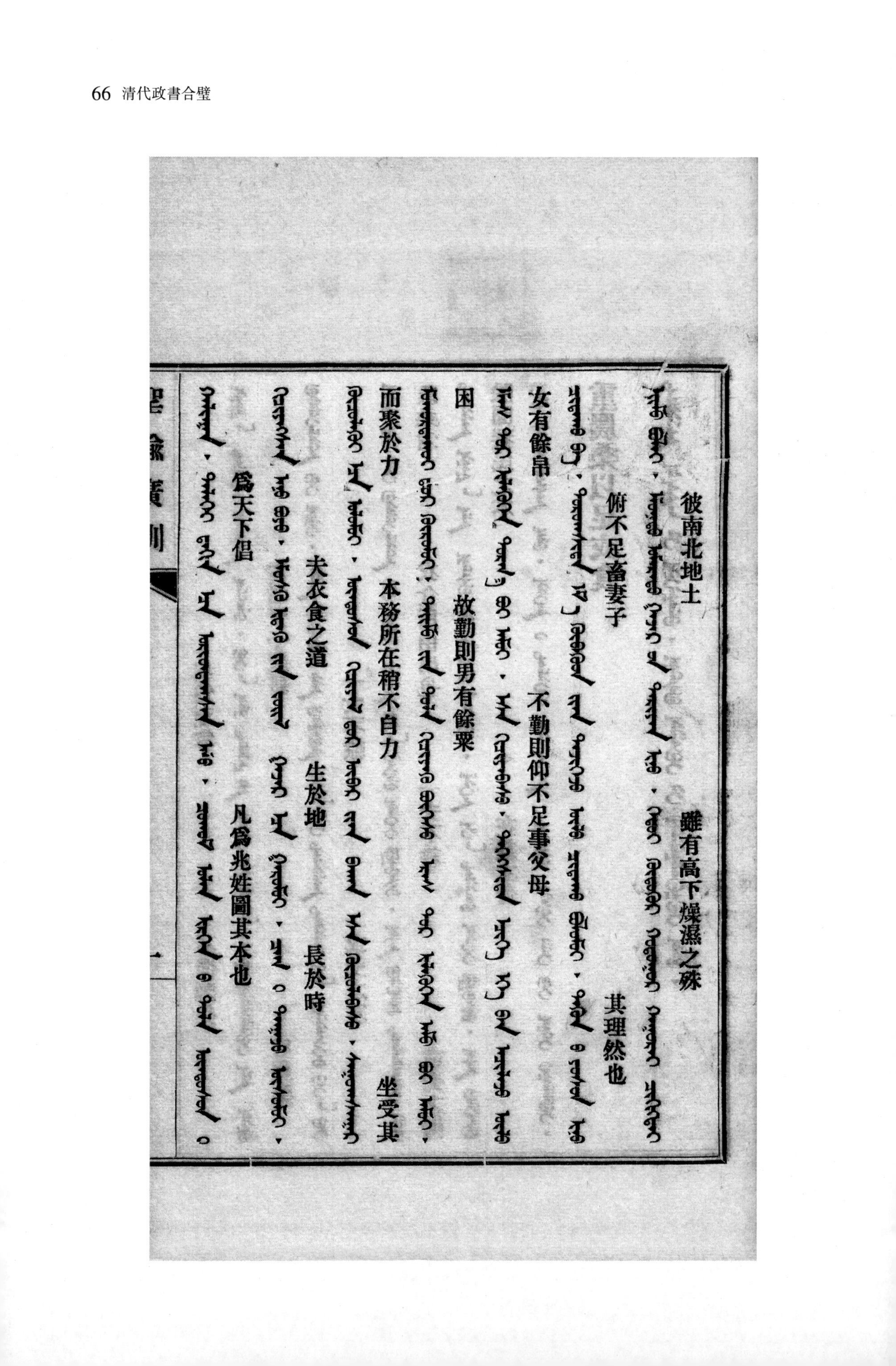

爲天下倡　凡爲兆姓圖其本也

夫衣食之道　生於地　長於時

而聚於力　本務所在稍不自力　坐受其

困　故勤則男有餘粟

女有餘帛　不勤則仰不足事父母

俯不足畜妻子　其理然也

彼南北地土　雖有高下燥濕之殊

勿好逸惡勞

其事與樹桑一也　願吾民盡力農桑

或紡或績　衣之所出不同

北外　餘省多不相宜　然植麻種棉

事一也　樹桑養蠶　除江浙四川湖

宜秔稻　食之所出不同　其爲農

然高燥者宜黍稷　下濕者

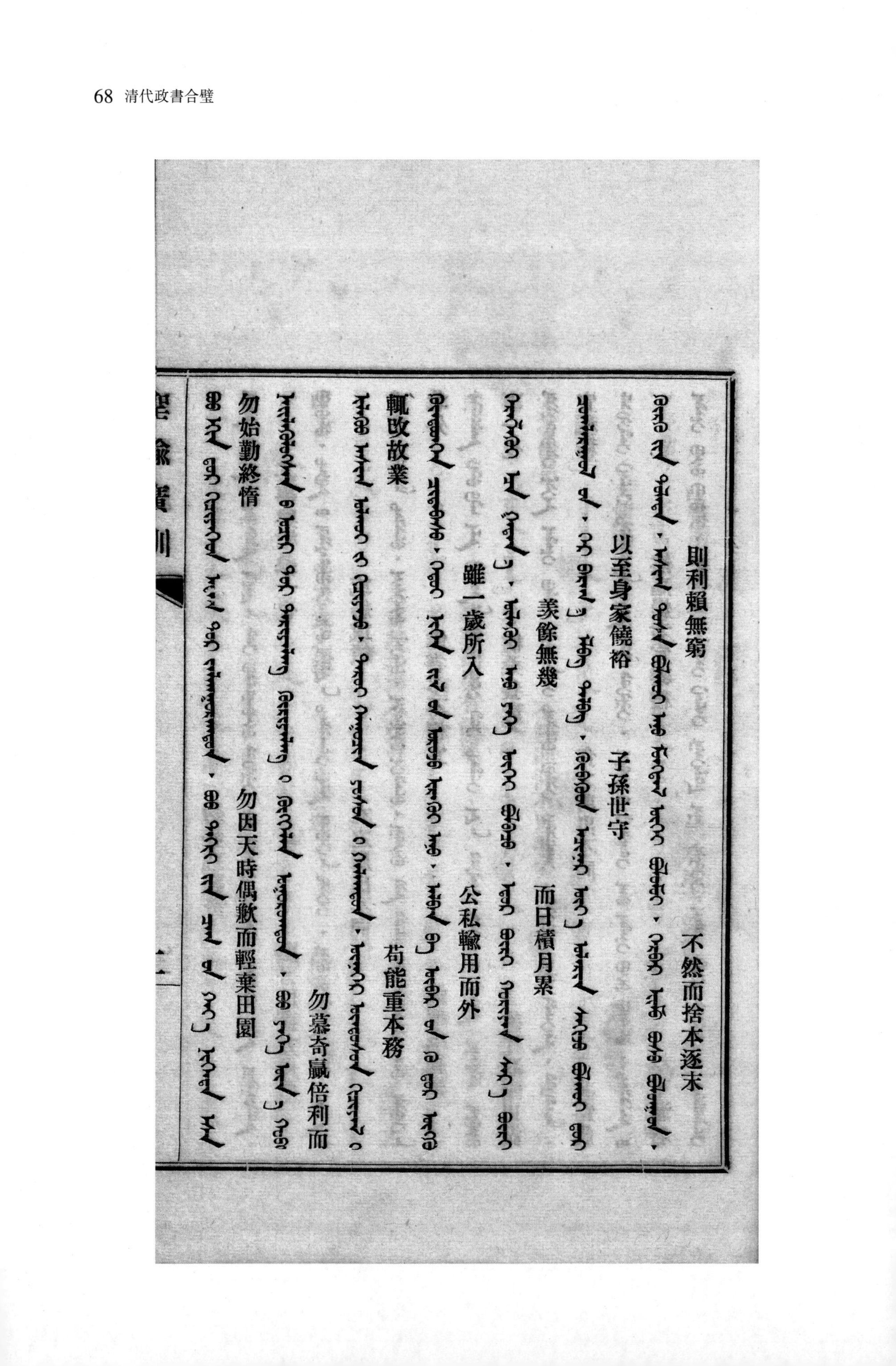

則利賴無窮　不然而捨本逐末

以至身家饒裕　子孫世守

美餘無幾　而日積月累

雖一歲所入　公私輸用而外

輒改故業　苟能重本務

勿慕奇贏倍利而

勿始勤終惰　勿因天時偶歉而輕棄田園

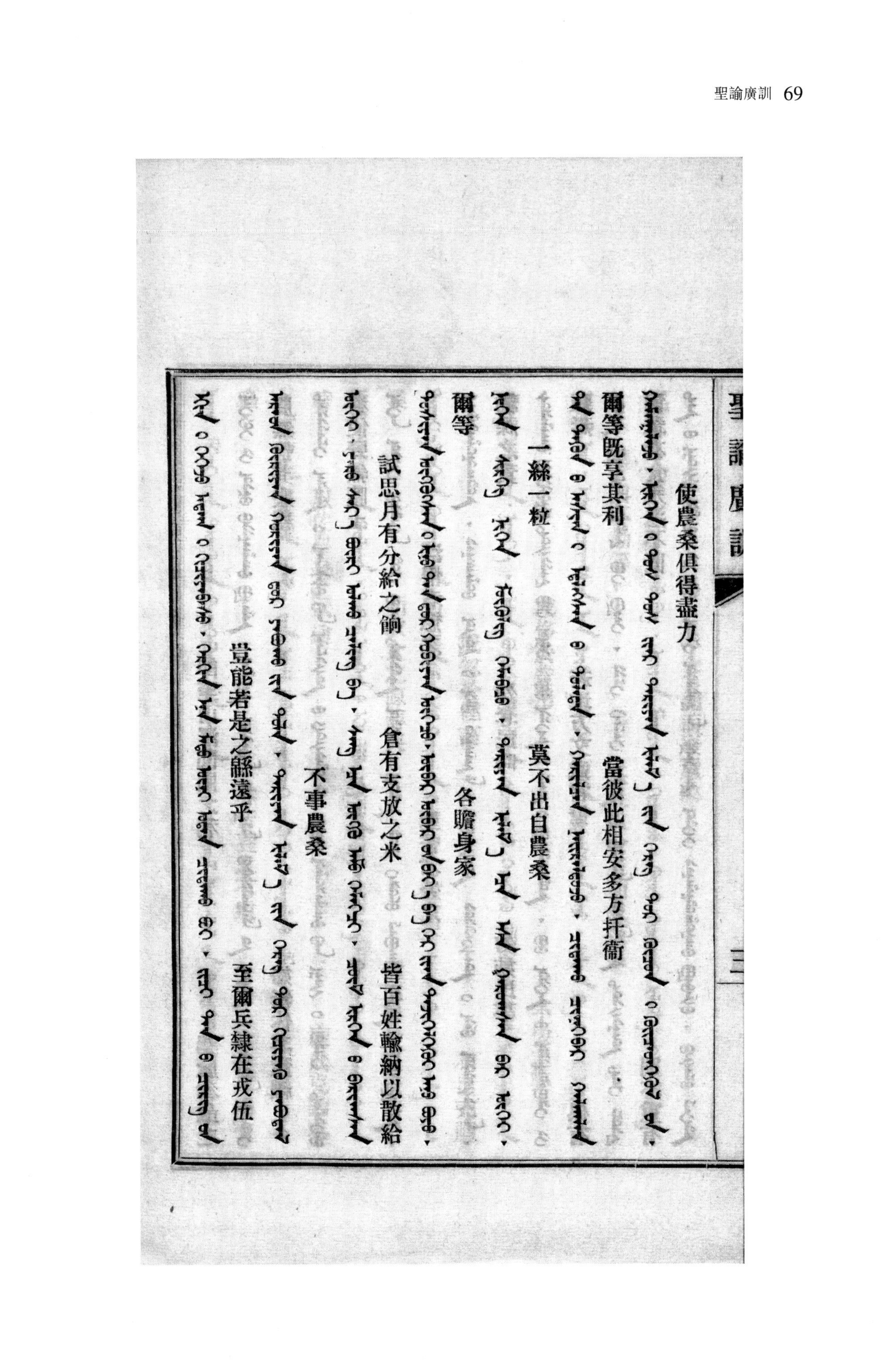

使農桑俱得盡力

爾等既享其利　當彼此相安多方扞衛

一絲一粒　莫不出自農桑

爾等　各贍身家

試思月有分給之餉　倉有支放之米　皆百姓輸納以散給

不事農桑

豈能若是之縣遠乎　至爾兵隸在戎伍

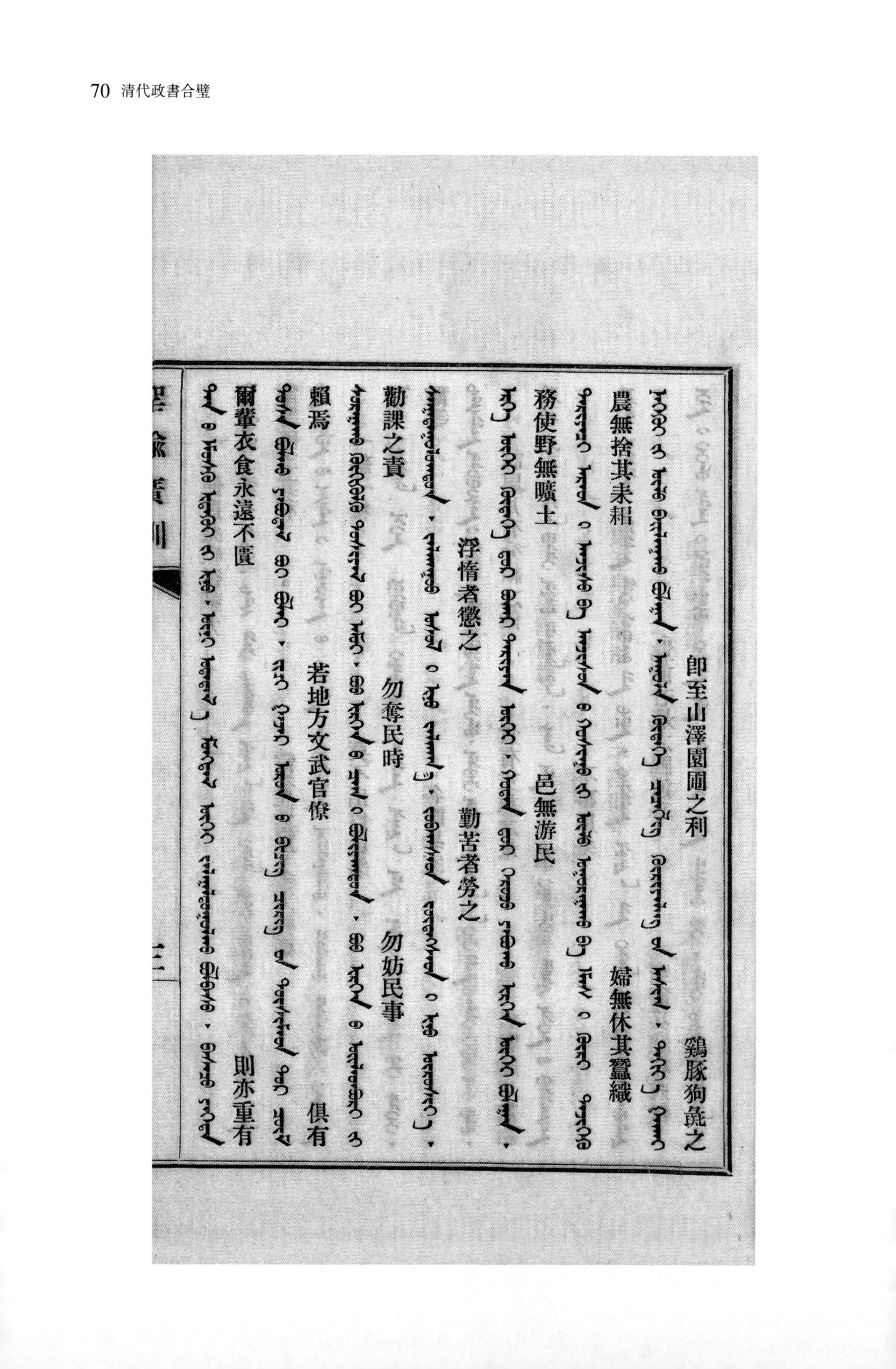

即至山澤園圃之利　鷄豚狗彘之

農無捨其耒耜　婦無休其蠶織

務使野無曠土　邑無游民

浮惰者懲之　勤苦者勞之

勸課之責　勿奪民時　勿妨民事

賴焉　若地方文武官僚　俱有

爾輩衣食永遠不匱　則亦重有

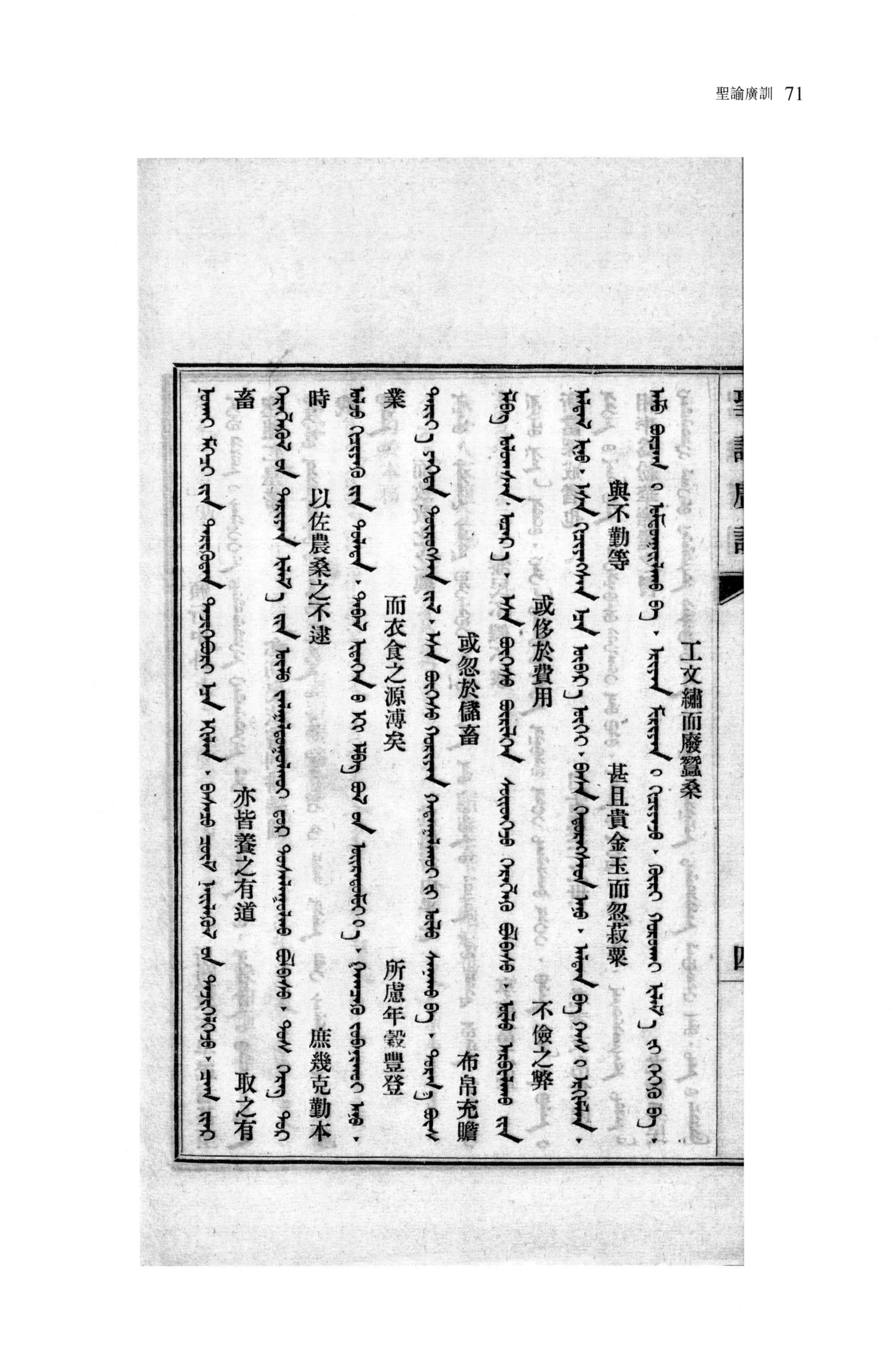

畜
亦皆養之有道
取之有
時
以佐農桑之不逮
庶幾克勤本
業
而衣食之源溥矣
所慮年穀豐登
或忽於儲畜
布帛充贍
或侈於費用
不儉之弊
與不勤等
甚且貴金玉而忽菽粟
工文繡而廢蠶桑

頒行中外　所以敦本阜民者甚至

聖祖仁皇帝　念切民依嘗刊耕織圖

我

而致教化之興　其道胥由乎此

黎民不饑不寒　享庶富之盛

所當深戒者也　自古盛王之世　老者衣帛食肉

相率爲紛華靡麗之習　尤爾兵民

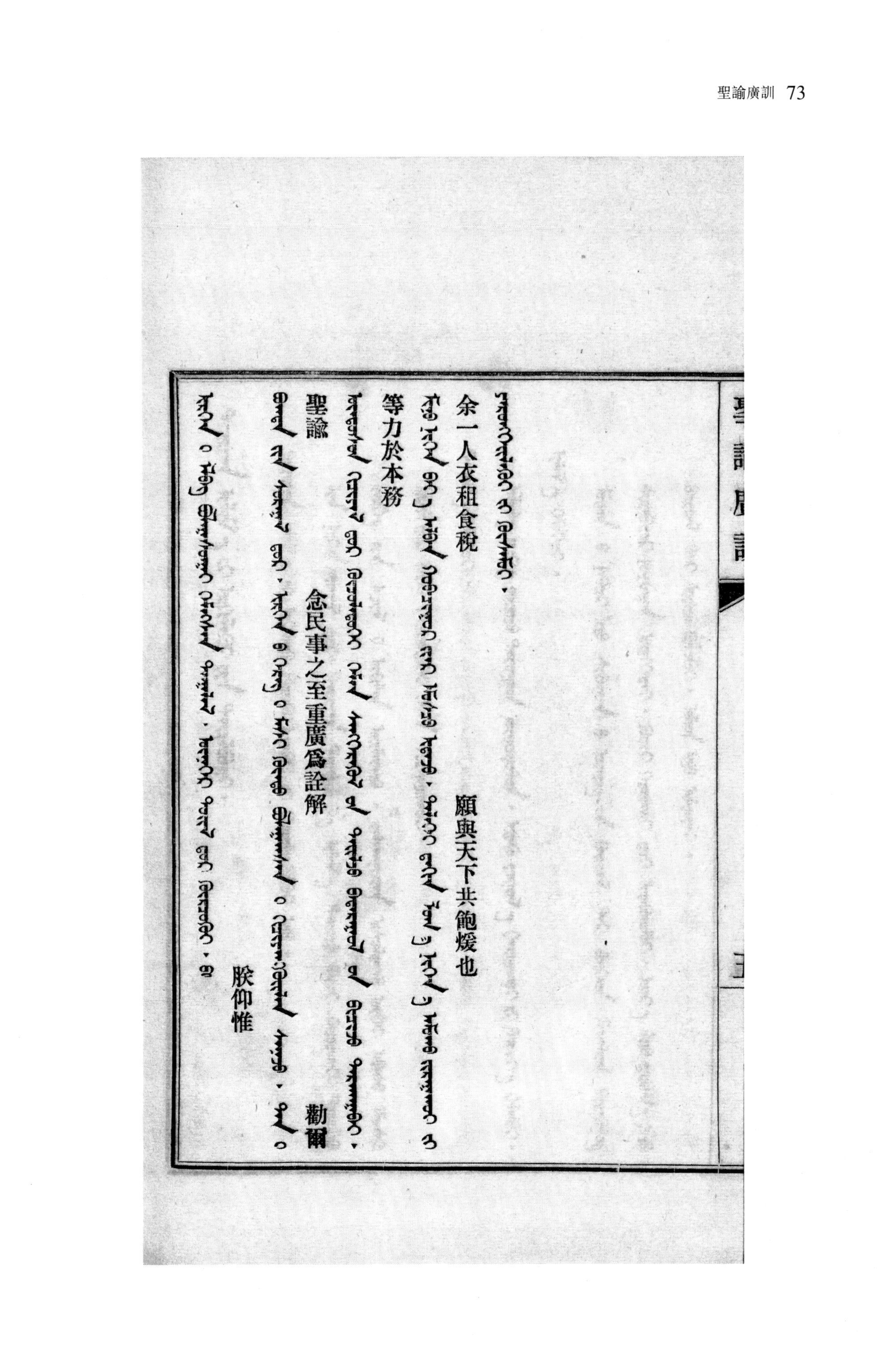

朕仰惟

聖諭 念民事之至重廣爲詮解 勸爾

等力於本務

余一人衣租食稅 願與天下共飽煖也

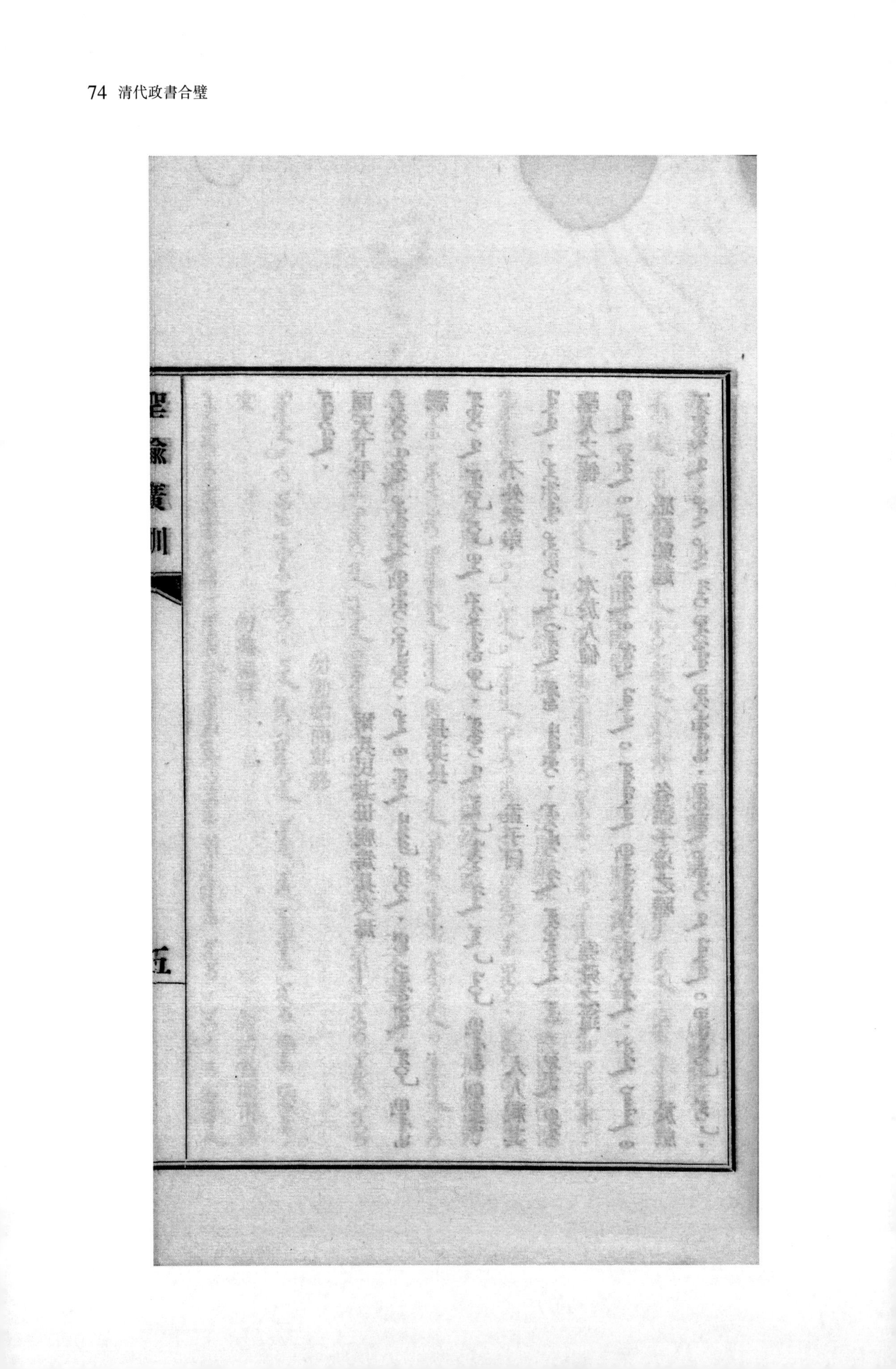

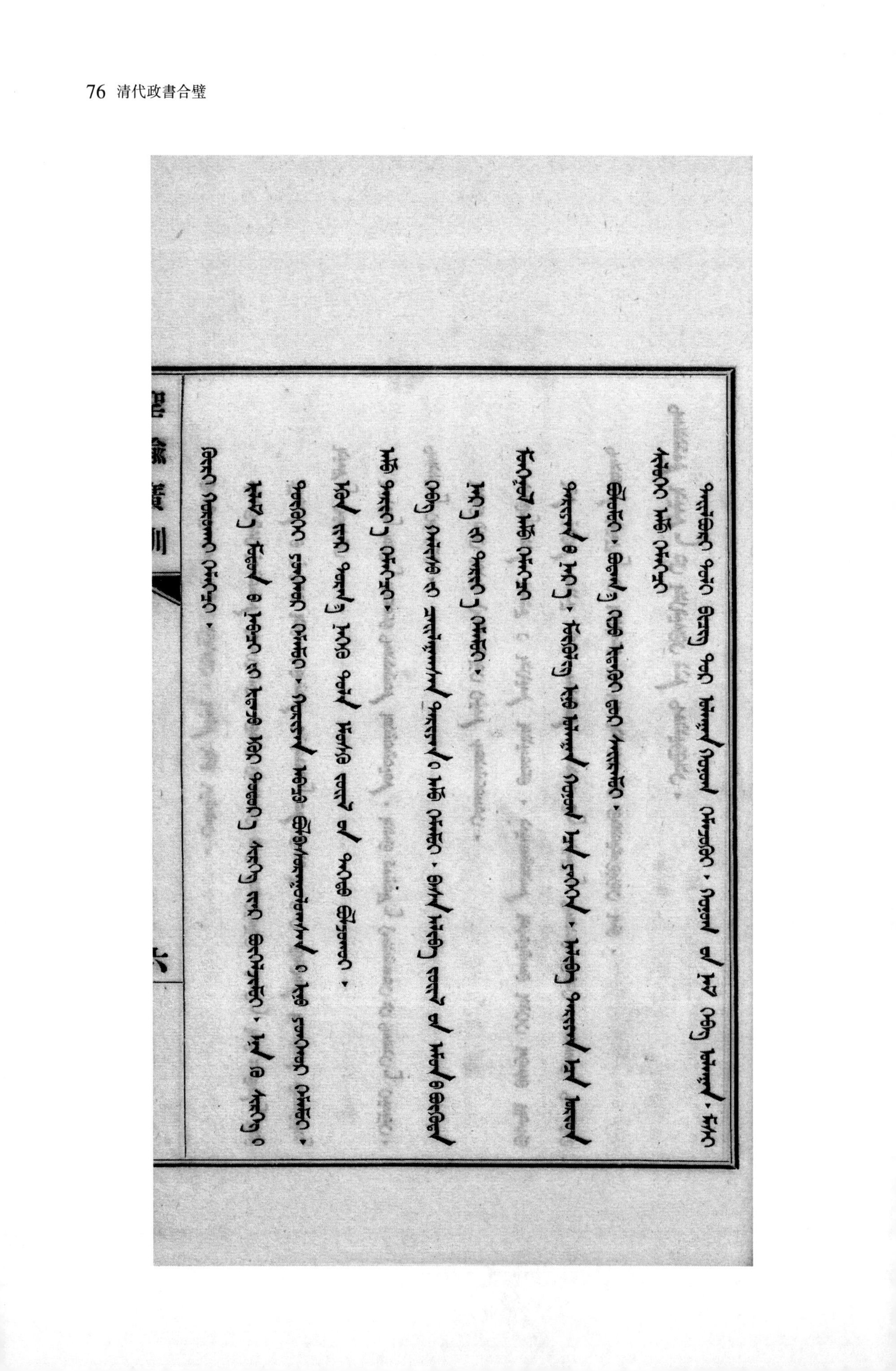

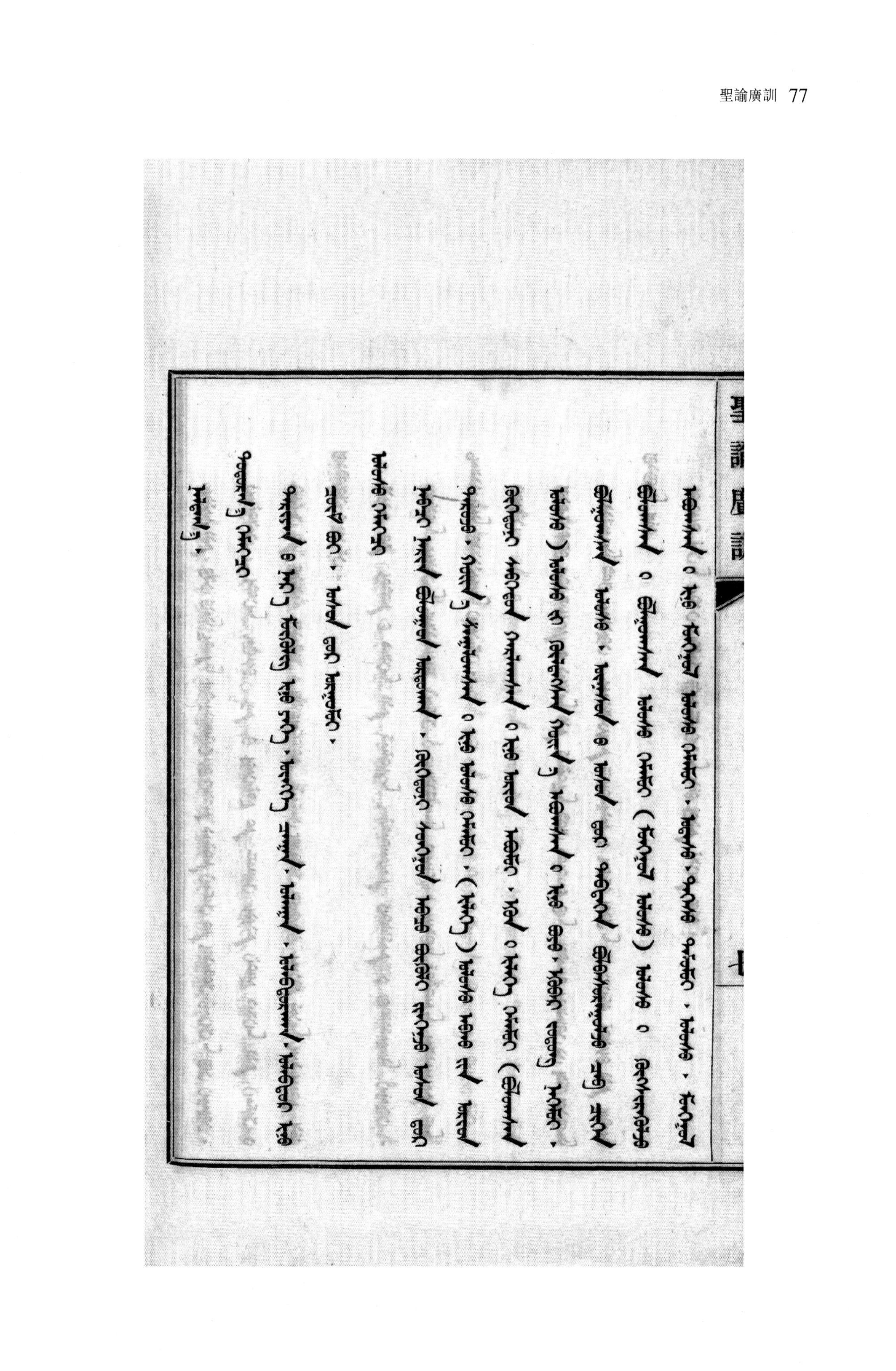

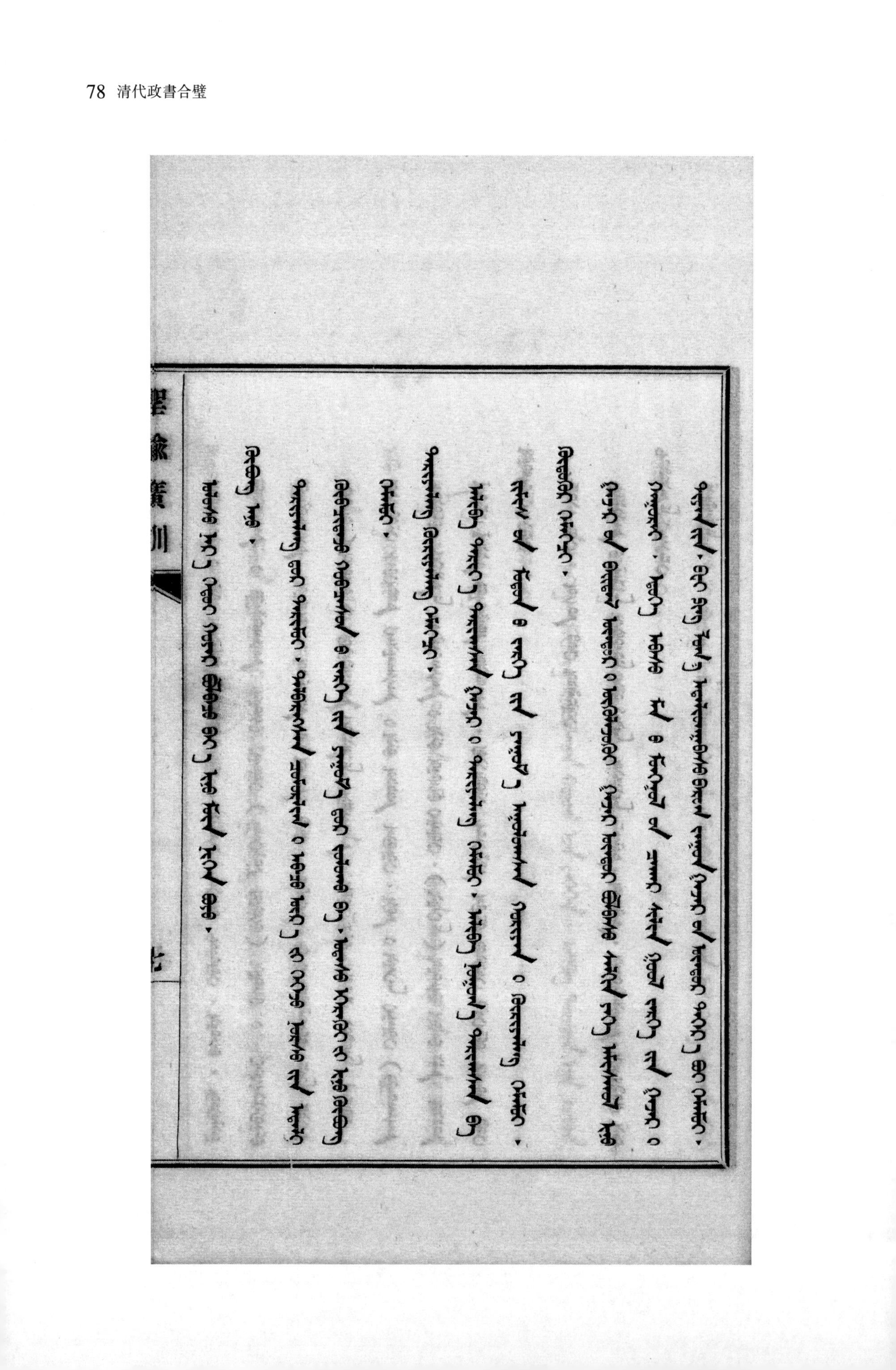

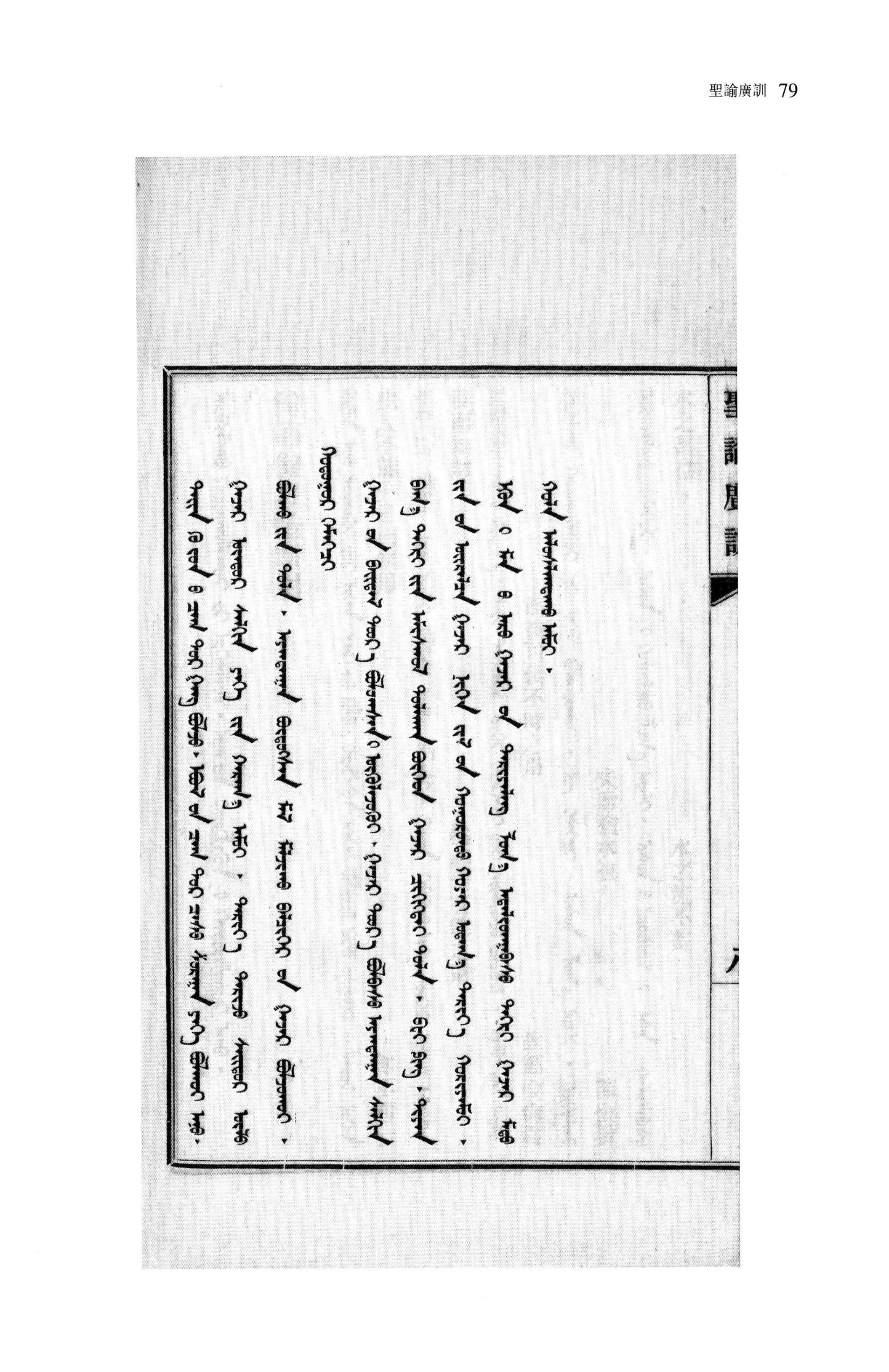

[illegible]

[illegible]

[illegible]

[illegible]

[illegible]

[illegible]

[illegible]

[illegible]

[illegible]

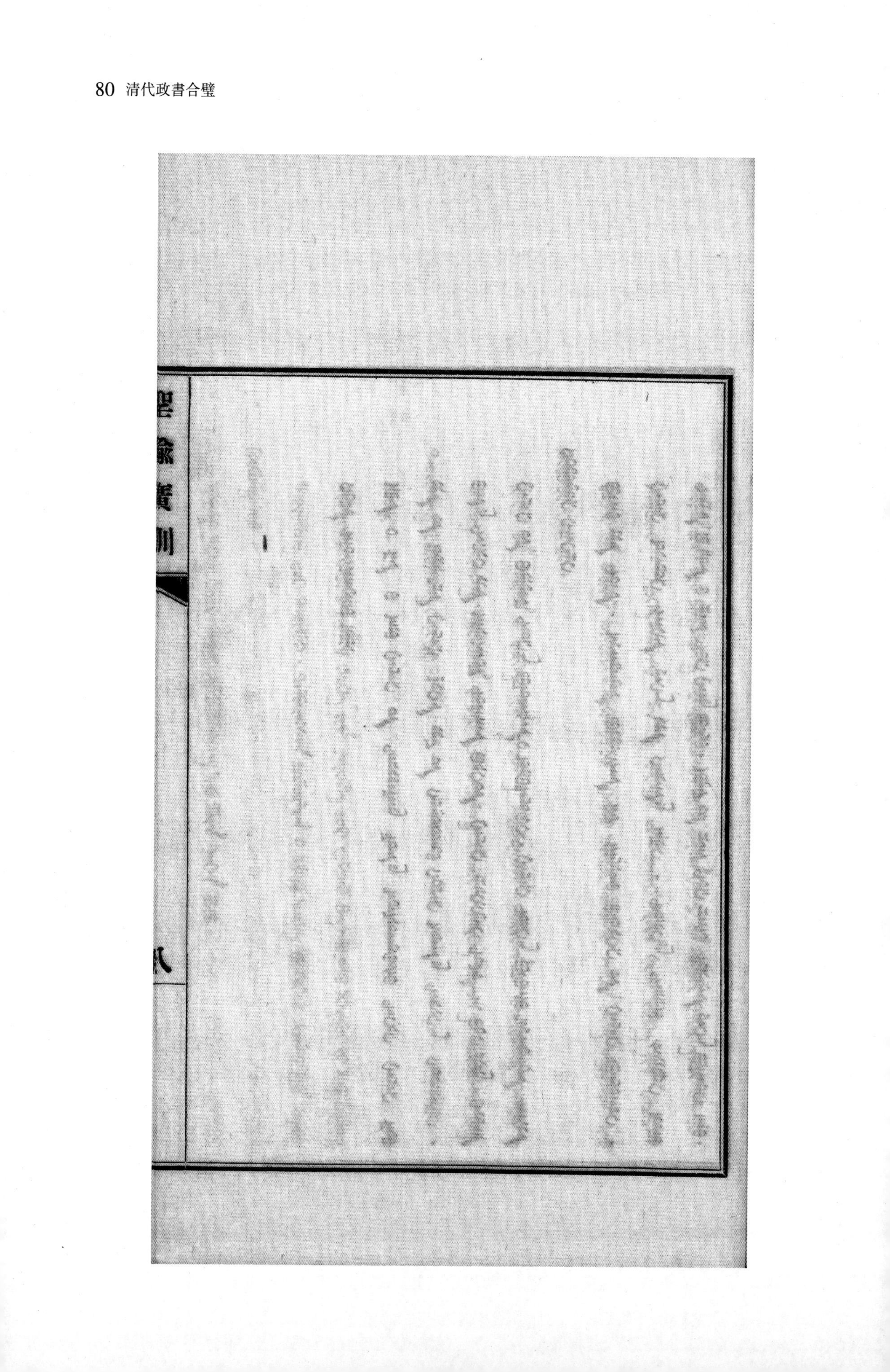

聖諭廣訓

八

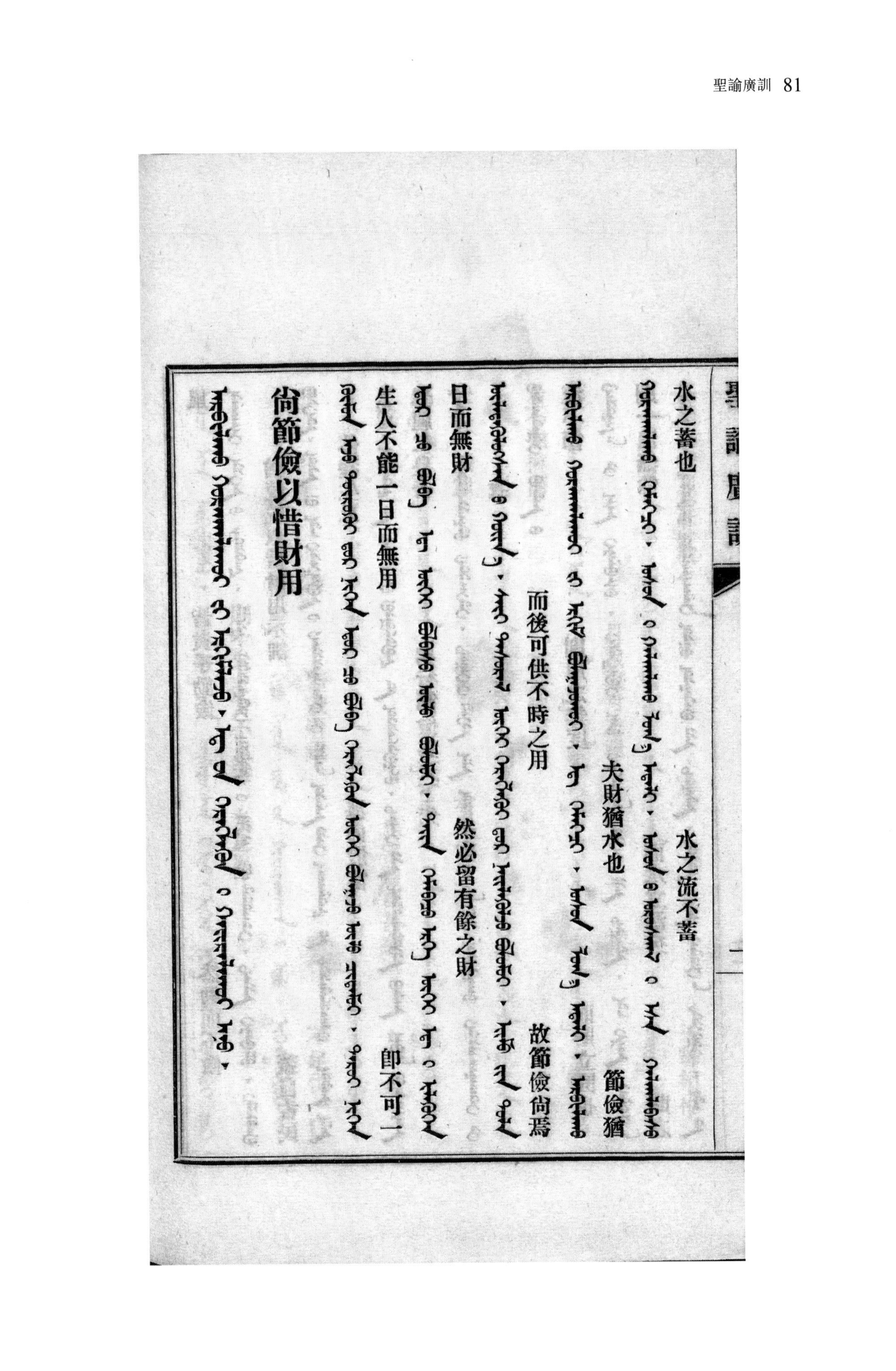

聖諭廣訓

尚節儉以惜財用

生人不能一日而無用　即不可一日而無財　然必留有餘之財　而後可供不時之用　故節儉尚焉　夫財猶水也　節儉猶水之蓄也　水之流不蓄

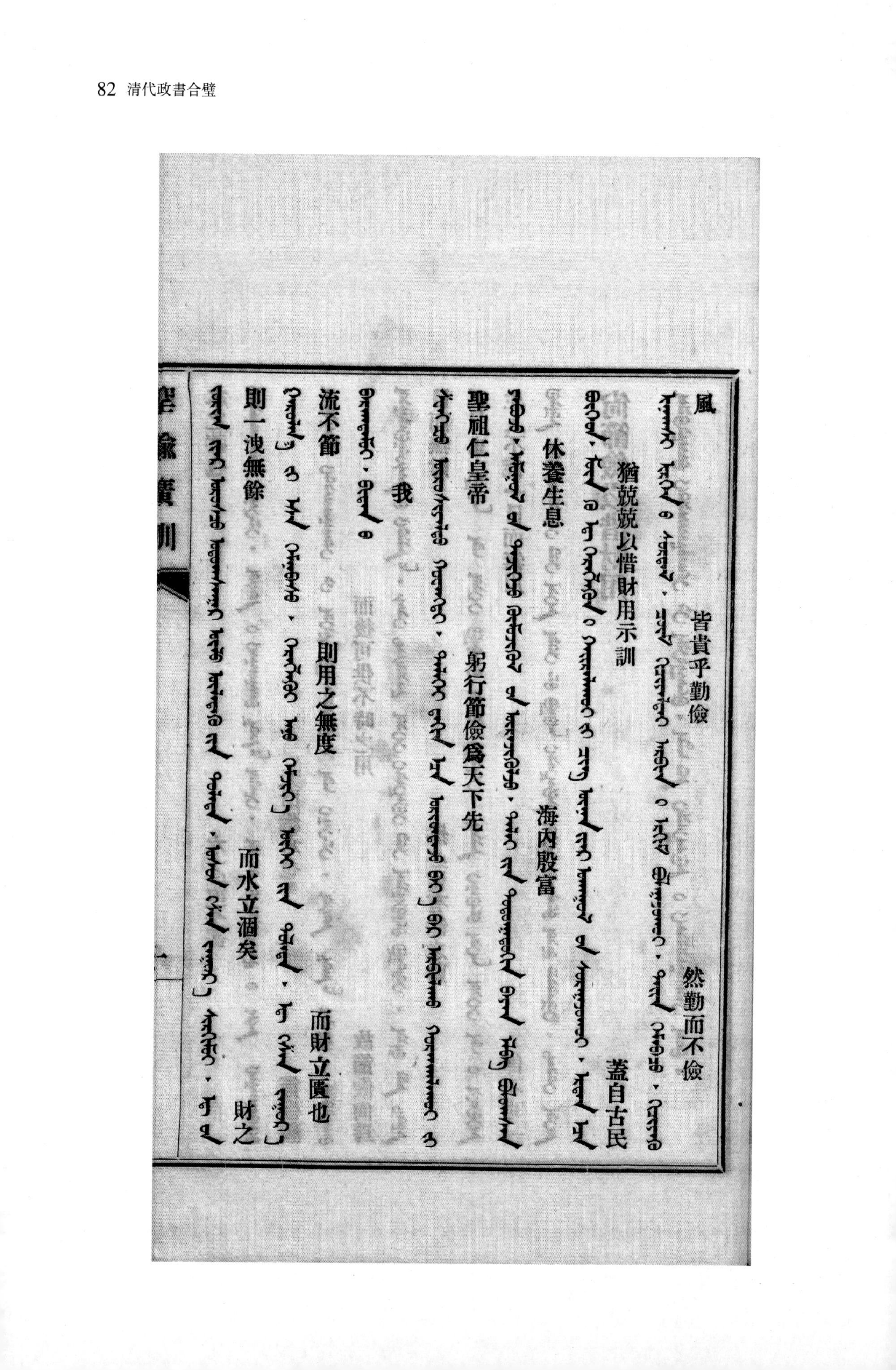

則一洩無餘 而水立涸矣 財之
流不節 則用之無度 而財立匱也
我
聖祖仁皇帝 躬行節儉爲天下先
休養生息 海内殷富
猶兢兢以惜財用示訓 蓋自古民
風 皆貴乎勤儉 然勤而不儉

甚至稱貸以遂其欲 子母相權

月費數月之糧

乃不知撙節 衣好鮮麗 食求甘美

夫兵丁錢糧 有一定之數

之需 其害爲更甚矣

積歲所藏 不足供一日

則十夫之力不足供一夫之用

也　似此之人　國家未嘗減其一日之糧

荒歉必至窮困　亦其勢然

空虛　夫豐年尚至空虛

乃酬酢往來　率多浮費　遂至

倉箱充實　本可積蓄

農民當豐收之年

日復一日　債深累重　饑寒不免

誇耀里黨 稍不如人 即以

不知物力艱難 任意奢侈

以至充裕 子孫承其遺業

更或祖宗勤苦儉約 日積月累

皆不節儉所至

究至啼饑號寒 困苦無告者

天地未嘗不與以自然之利

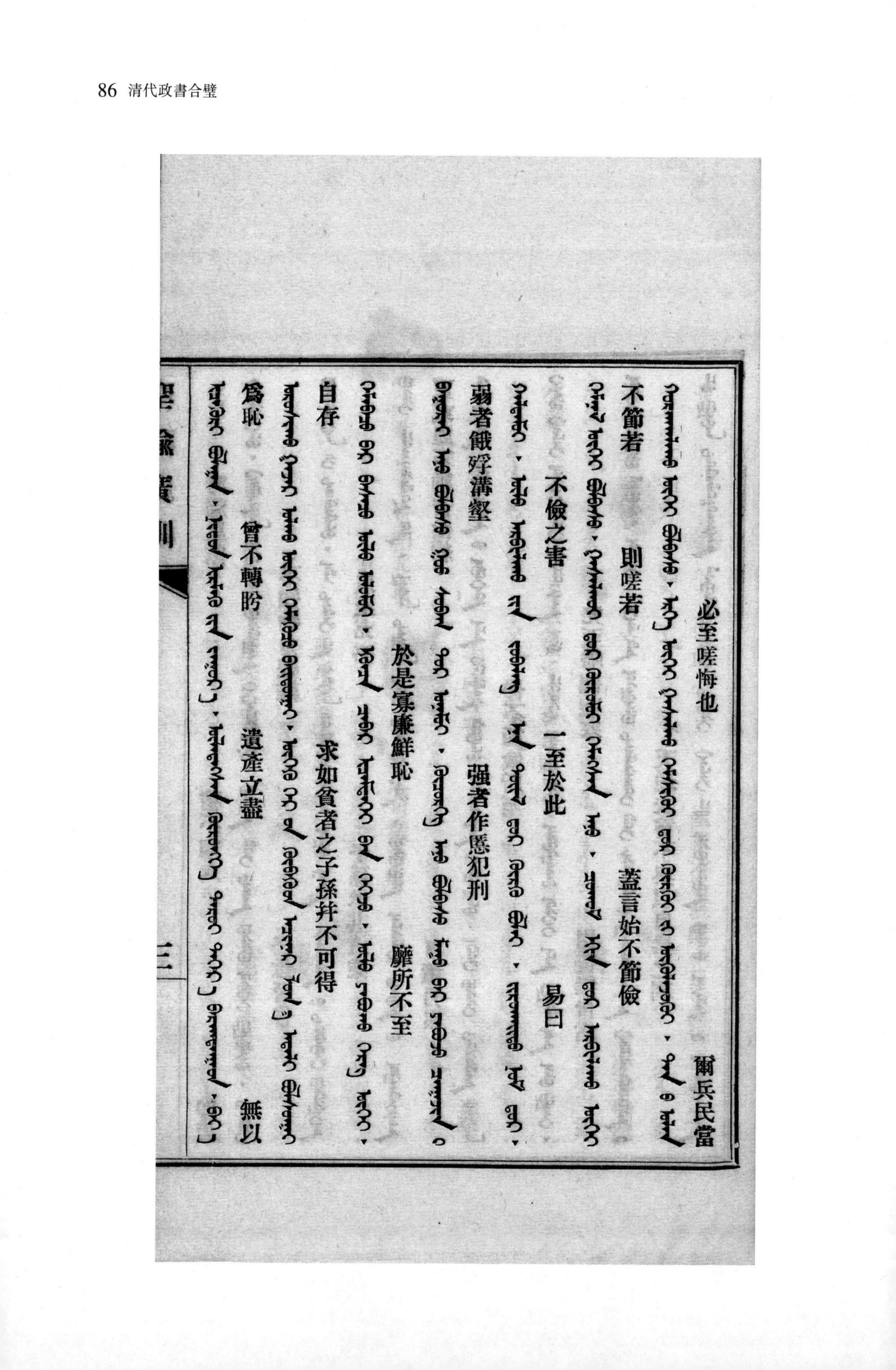

爲恥 曾不轉盼 遺産立盡 無以自存 求如貧者之子孫幷不可得 於是寡廉鮮恥 靡所不至 弱者餓殍溝壑 强者作慝犯刑 不儉之害 一至於此 易曰 不節若 則嗟若 蓋言始不節儉 必至嗟悔也 爾兵民當

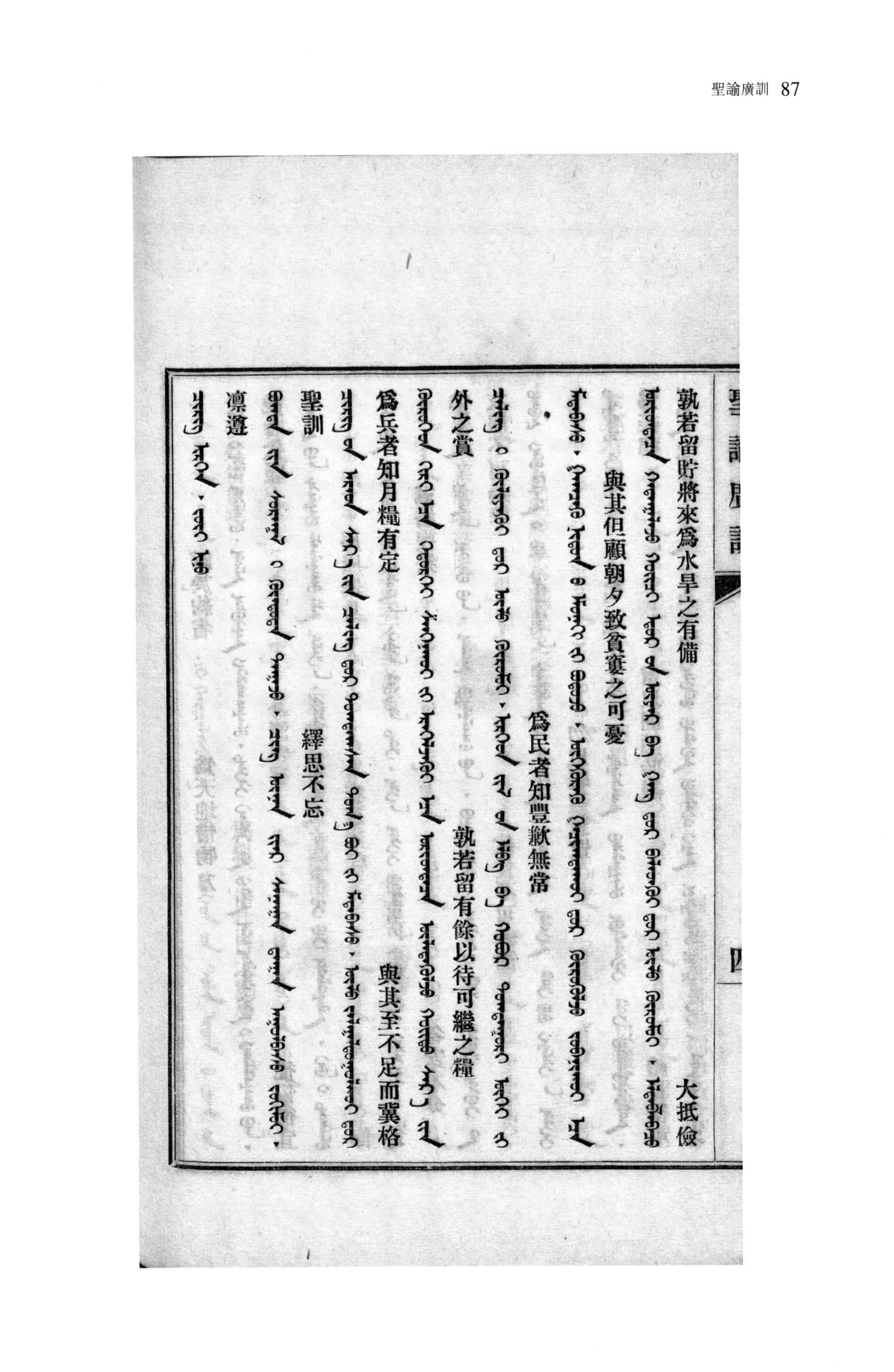

孰若留貯將來爲水旱之有備　大抵儉

與其但顧朝夕致貧窶之可憂

爲民者知豐歉無常

外之賞　孰若留有餘以待可繼之糧

爲兵者知月糧有定　與其至不足而冀格

聖訓　繹思不忘

凜遵

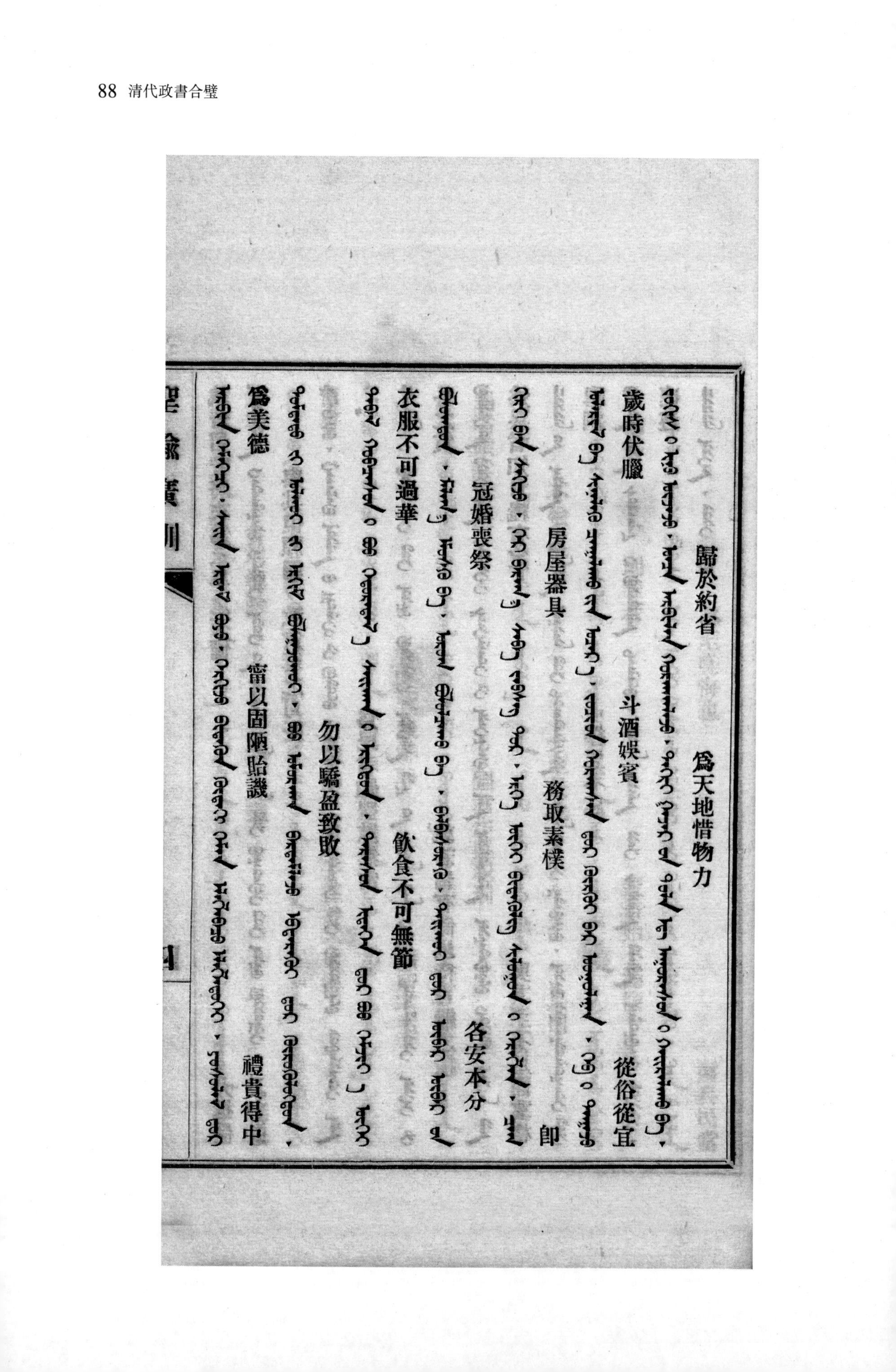

爲天地惜物力 歸於約省

歲時伏臘 斗酒娛賓 從俗從宜

房屋器具 務取素樸 卽

冠婚喪祭 各安本分

衣服不可過華 飲食不可無節

勿以驕盈致敗

甯以固陋貽譏 禮貴得中

爲美德

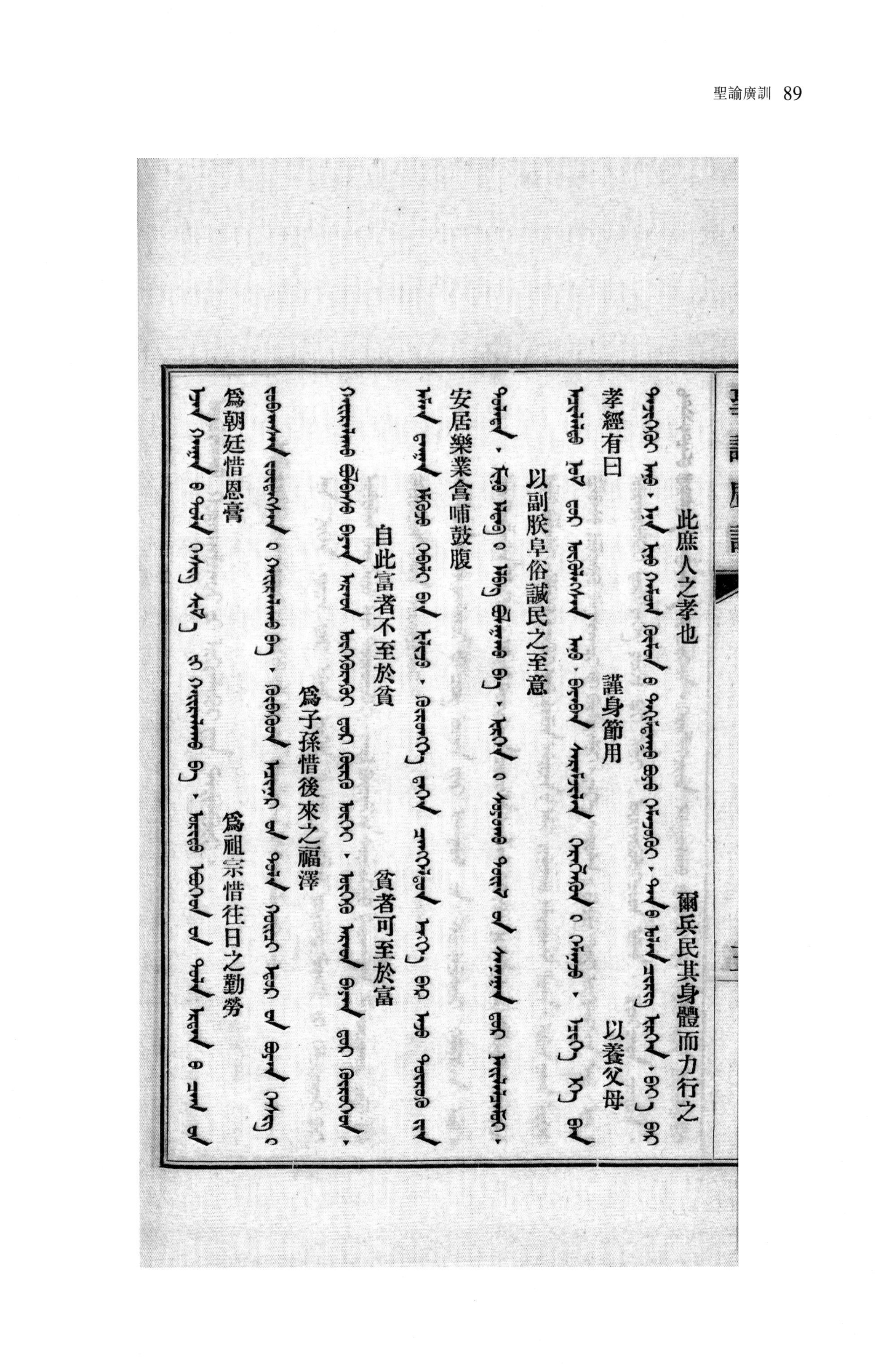

此庶人之孝也 爾兵民其身體而力行之

孝經有曰 謹身節用 以養父母

以副朕阜俗誠民之至意

安居樂業含哺鼓腹

自此富者不至於貧 貧者可至於富

爲子孫惜後來之福澤

爲朝廷惜恩膏 爲祖宗惜往日之勤勞

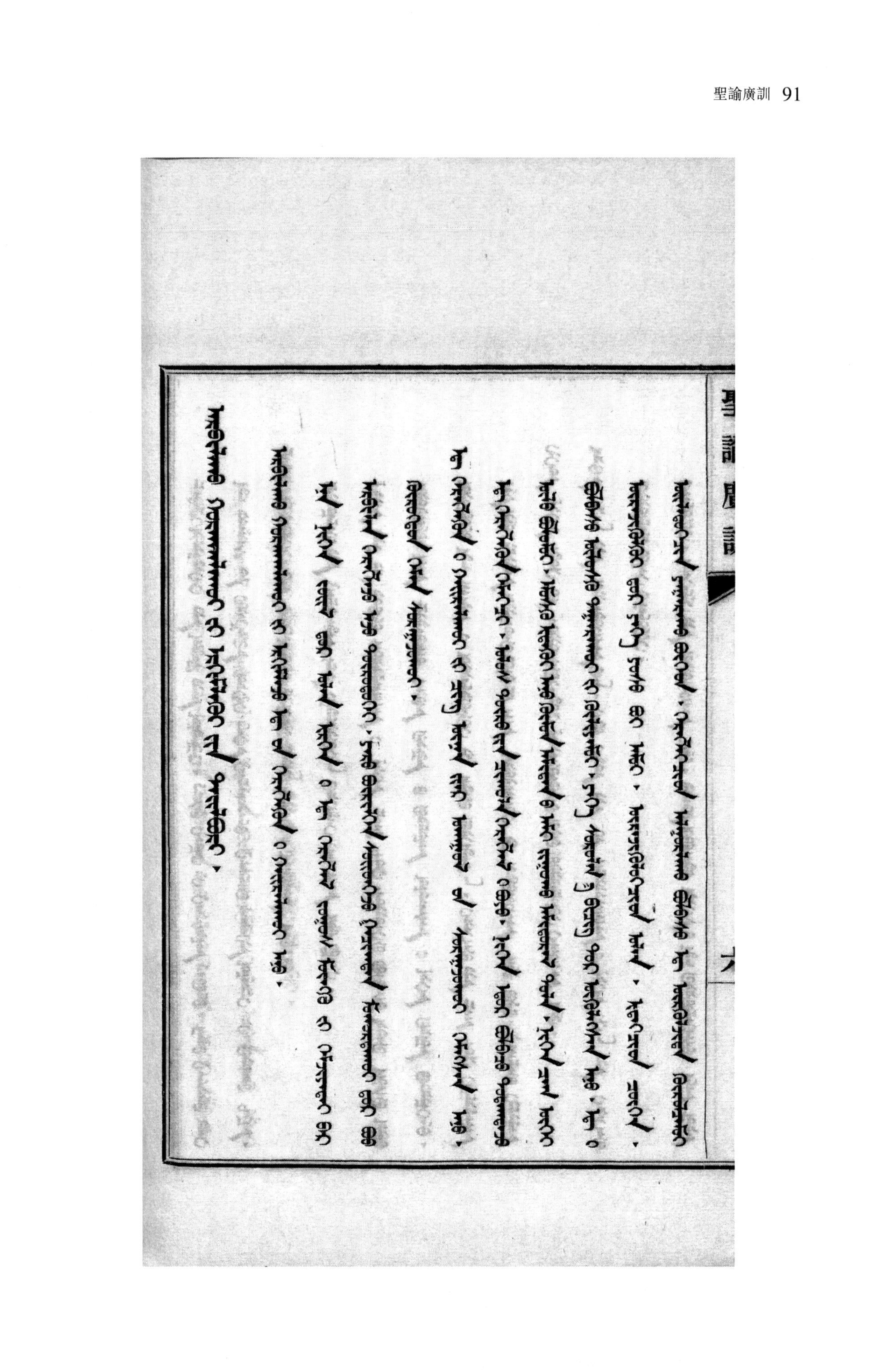

[illegible]

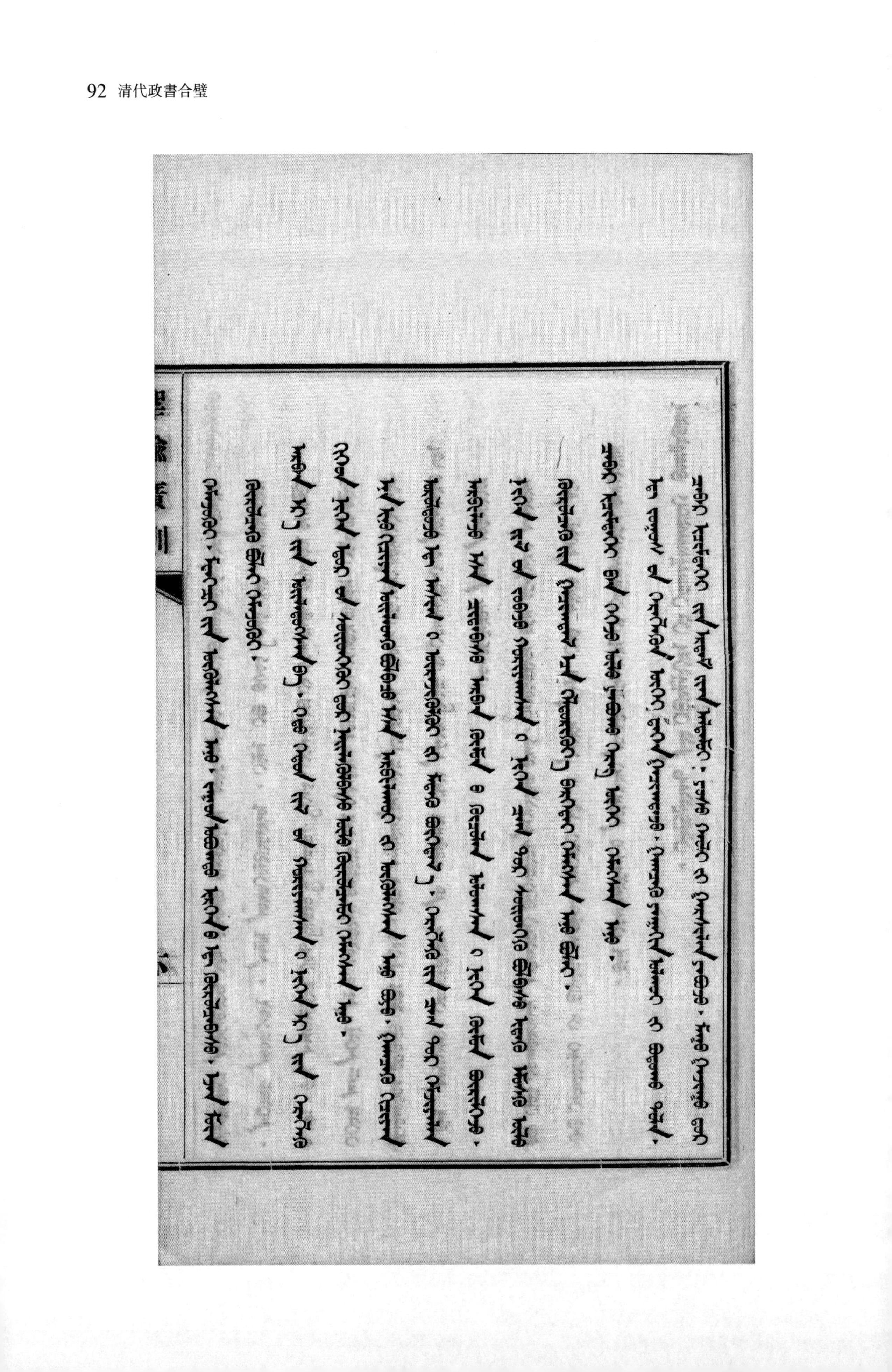

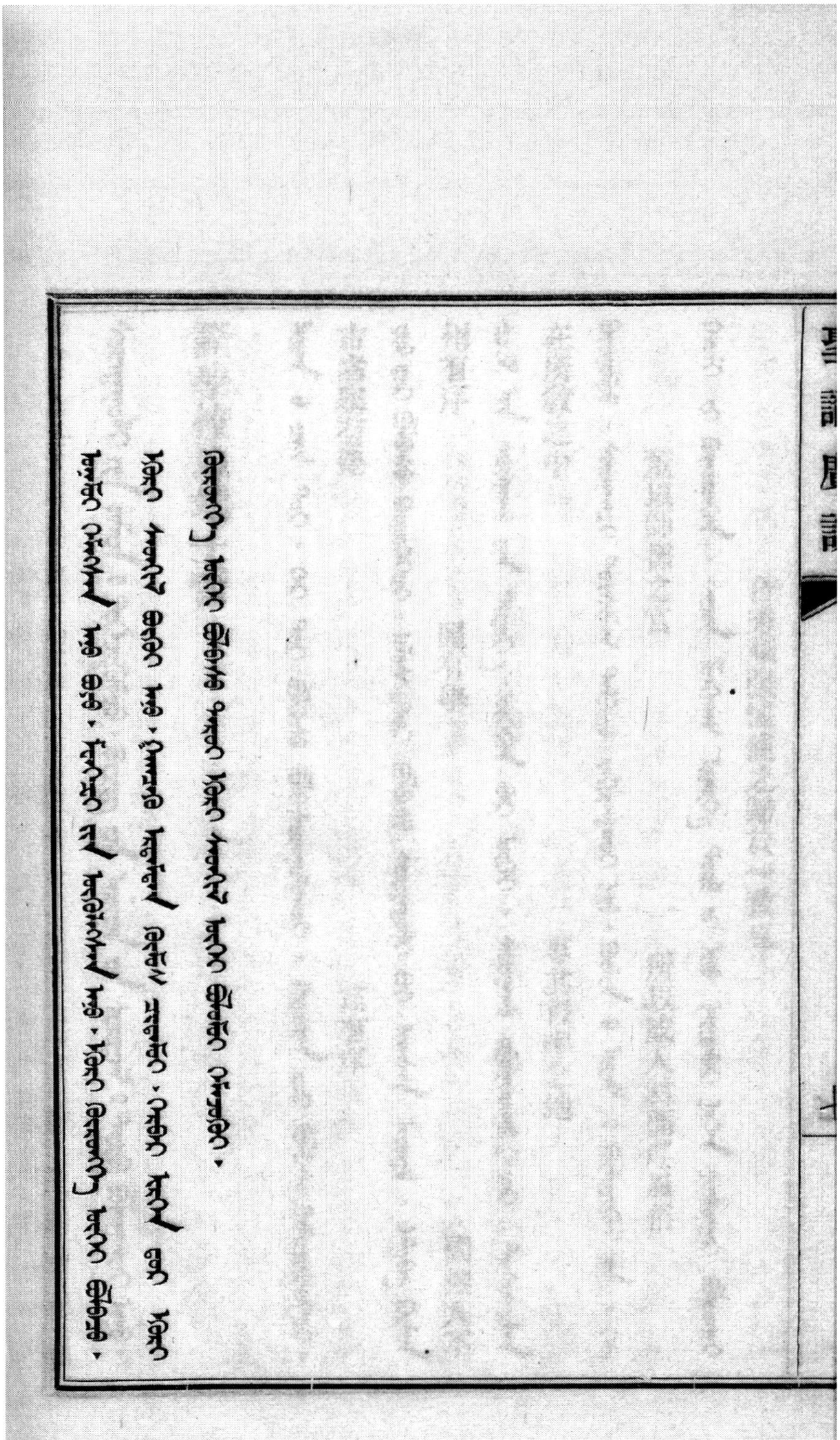

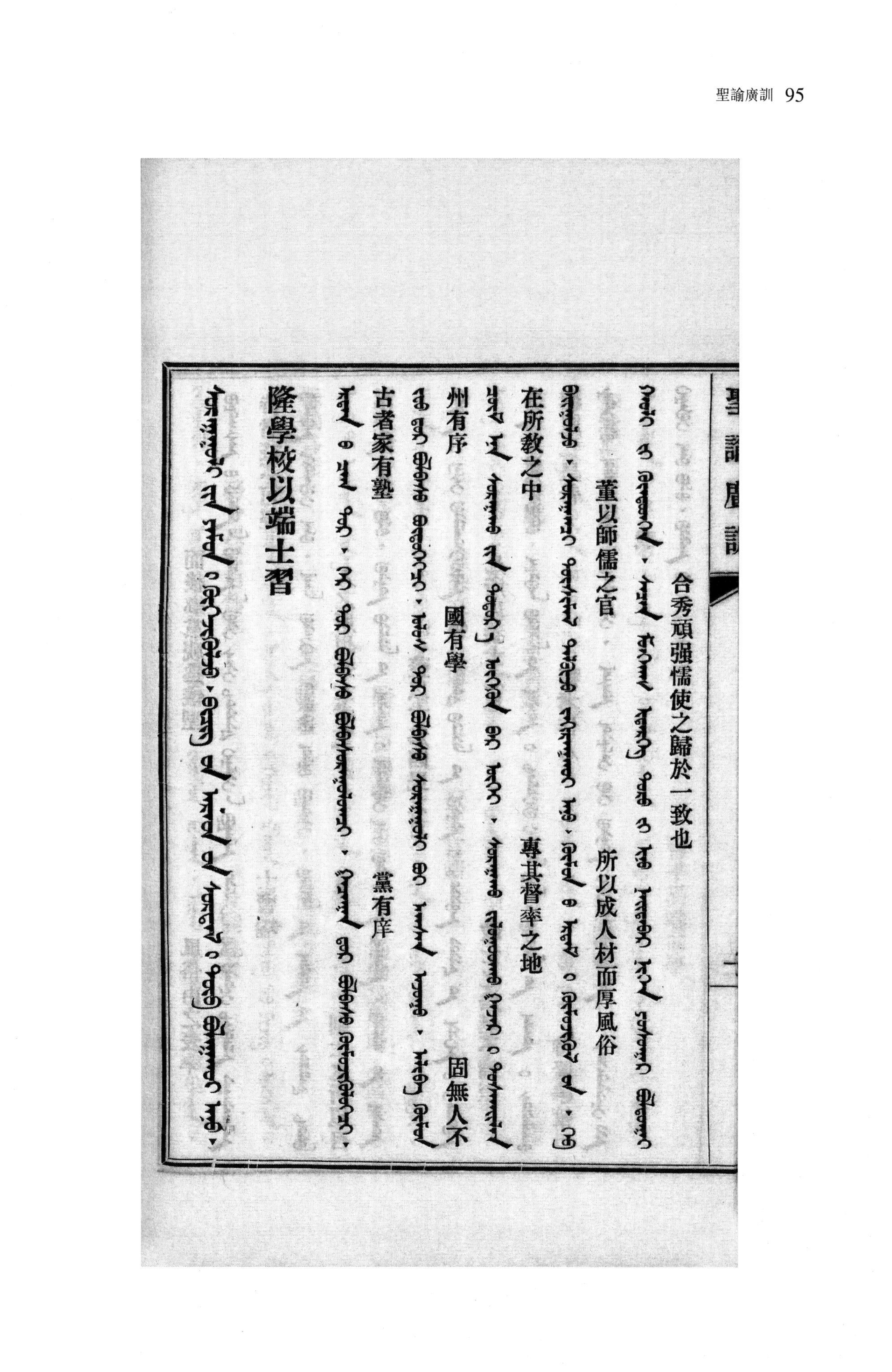

聖諭廣訓

合秀頑強懦使之歸於一致也

董以師儒之官　所以成人材而厚風俗

在所教之中　專其督率之地

州有序　國有學　固無人不

古者家有塾　黨有庠

隆學校以端士習

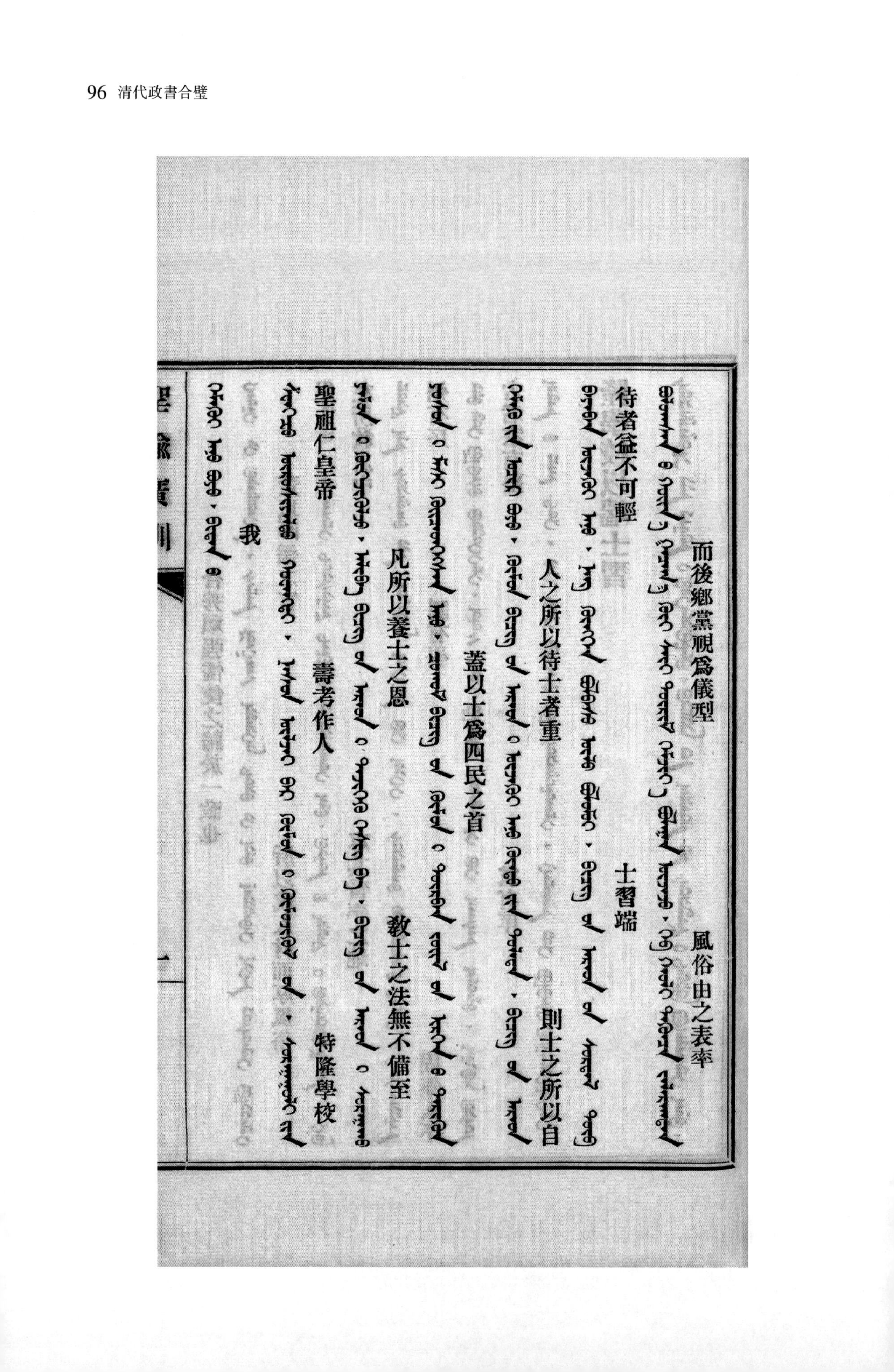

我

聖祖仁皇帝壽考作人特隆學校

凡所以養士之恩教士之法無不備至

蓋以士爲四民之首

人之所以待士者重則士之所以自待者益不可輕

士習端而後鄉黨視爲儀型風俗由之表率

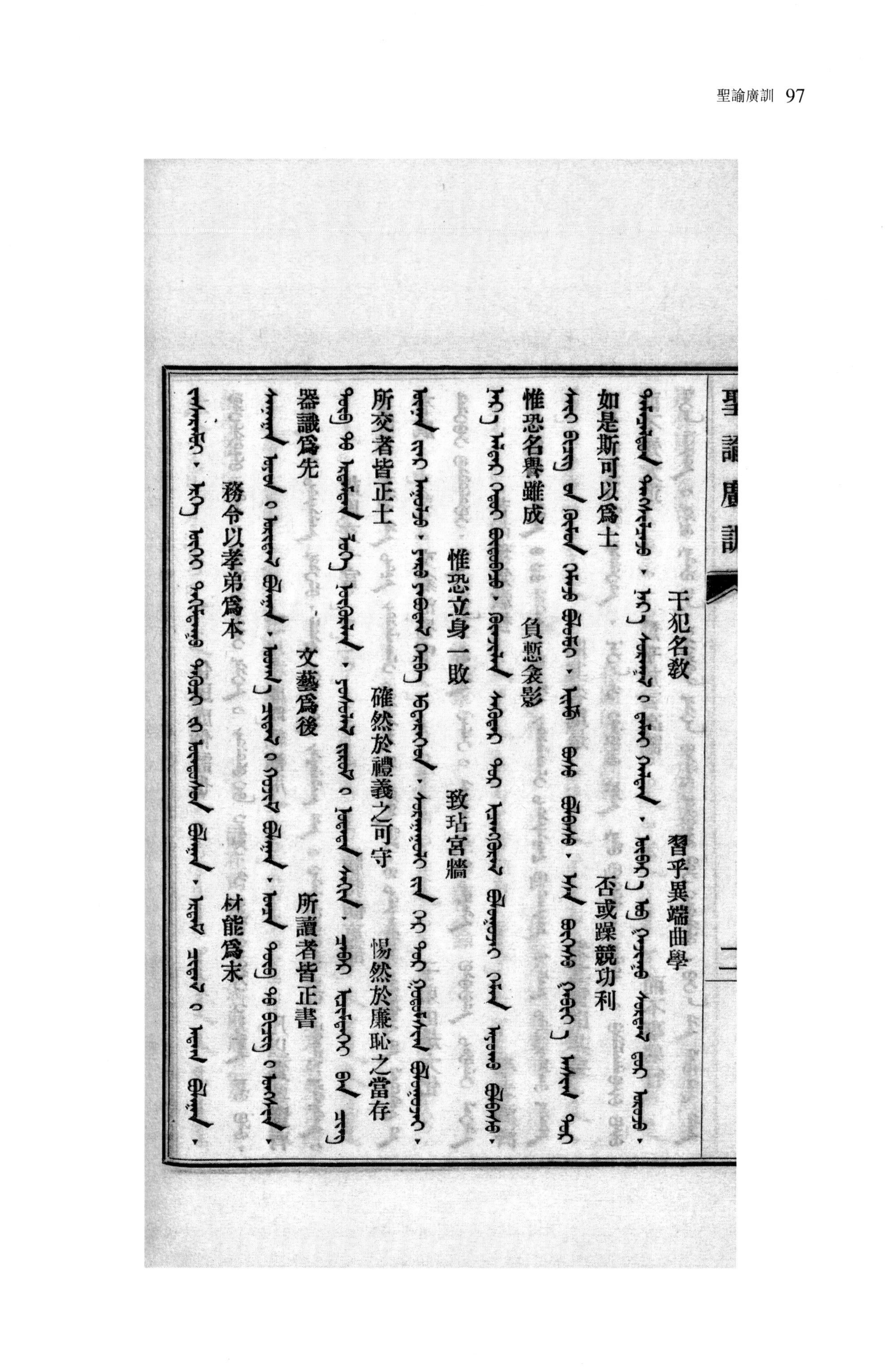

干犯名教　習乎異端曲學

如是斯可以爲士　否或躁競功利

惟恐名譽雖成　負慙衾影

惟恐立身一敗　致玷宮牆

所交者皆正士　確然於禮義之可守　惕然於廉恥之當存

器識爲先　文藝爲後　所讀者皆正書

務令以孝弟爲本　材能爲末

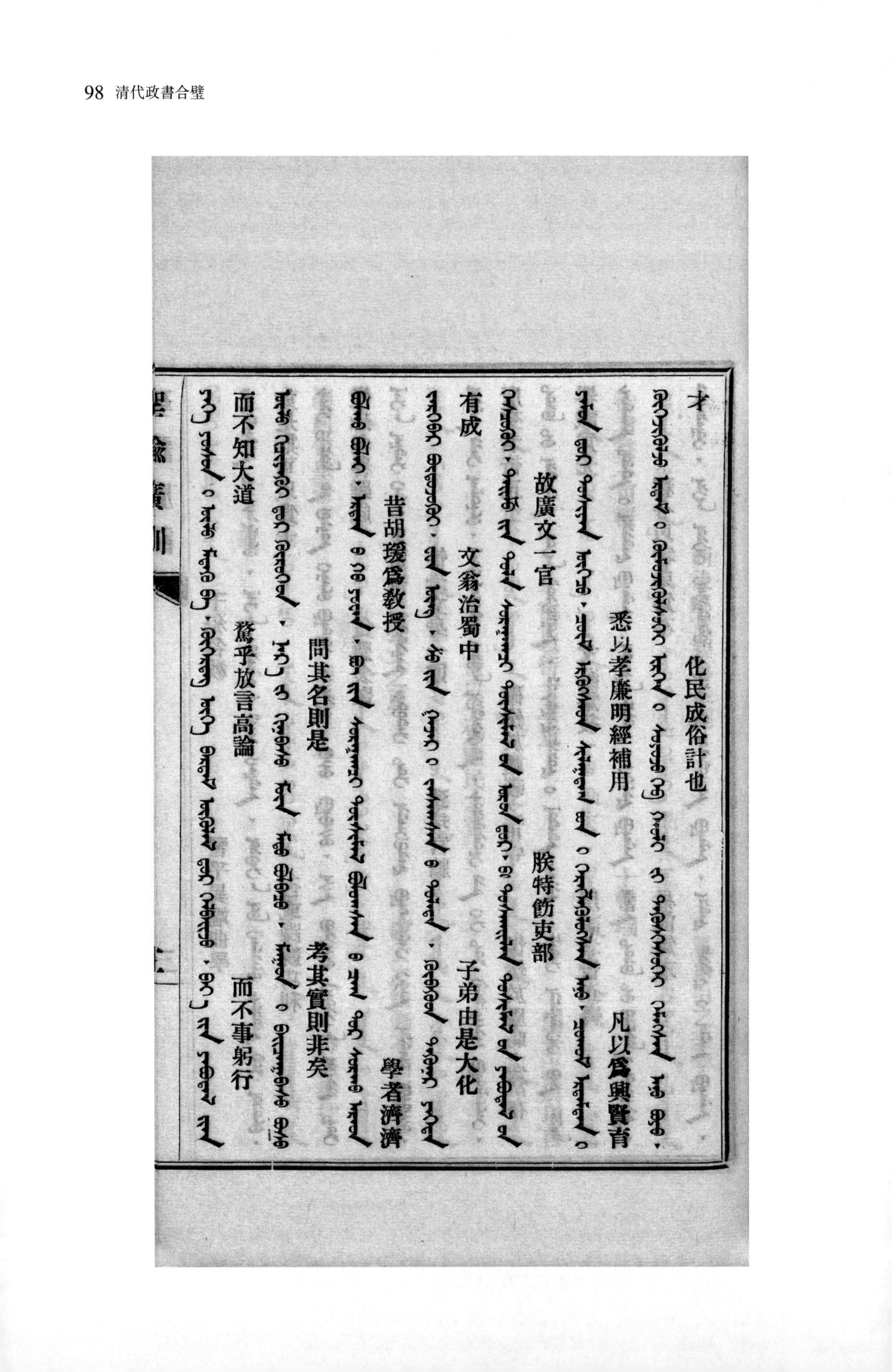

而不知大道 騖乎放言高論 而不事躬行

問其名則是 考其實則非矣

昔胡瑗爲教授 學者濟濟

有成 文翁治蜀中 子弟由是大化

故廣文一官 朕特飭吏部

悉以孝廉明經補用 凡以爲興賢育

才 化民成俗計也

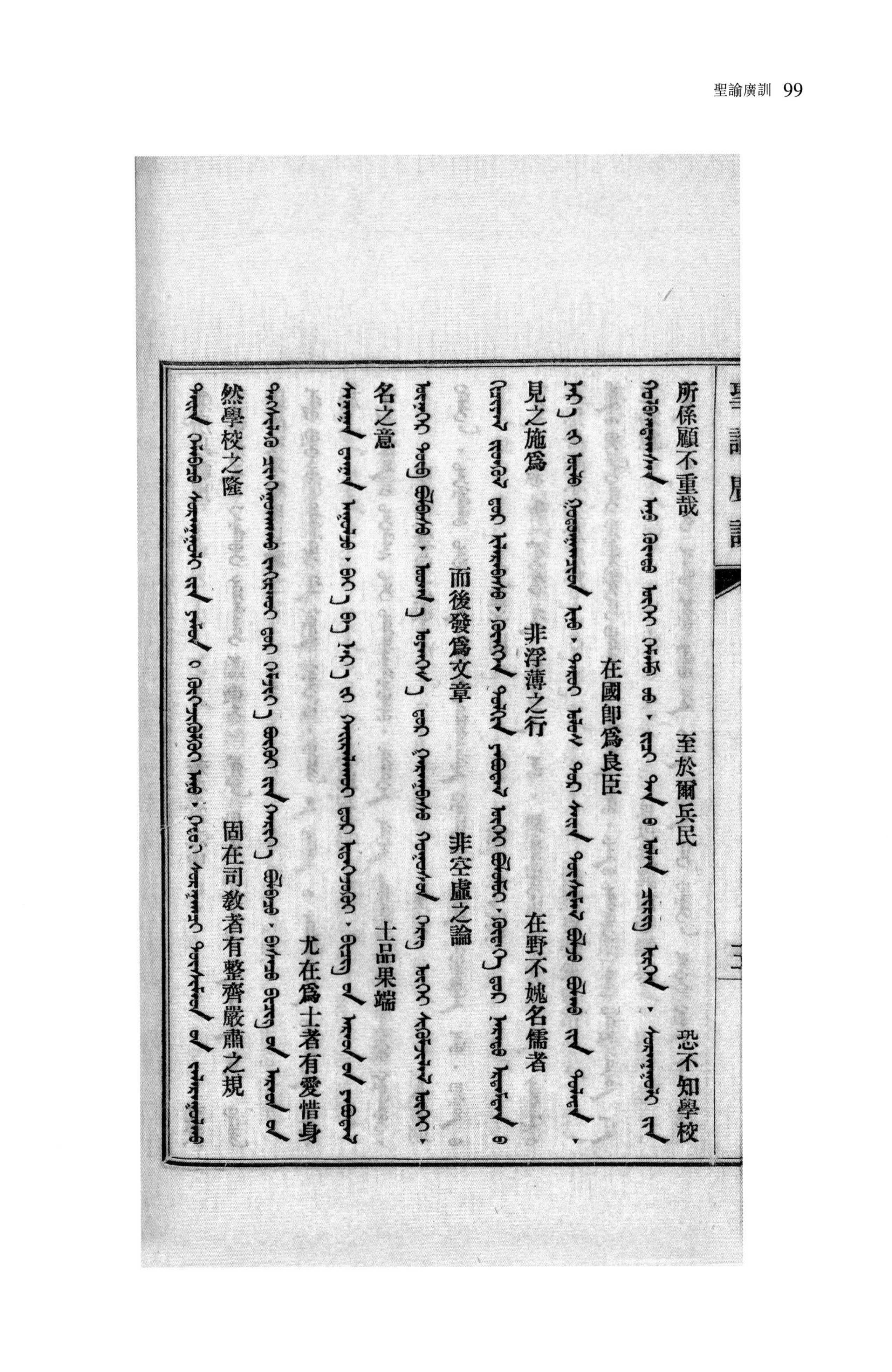

所係顧不重哉　至於爾兵民　恐不知學校

在國卽爲良臣

見之施爲　非浮薄之行　在野不媿名儒者

而後發爲文章　非空虛之論

名之意　士品果端

尤在爲士者有愛惜身

然學校之隆　固在司教者有整齊嚴肅之規

兼所以教民　若黌宮之中　文武

則學校不獨所以教士

於上　小民親於下

申之以孝弟之義　又曰　人倫明

孟子曰　謹庠序之教

不思身雖不列於庠序　性豈自外於倫常

之爲重　且以爲與爾等無與

聖諭廣訓 四

然則庠序者 非爾兵民所當隆重

敬長親愛 則兵亦士也

兵民無異學 卽戎者 皆知

則農亦士也

士農不異業 力田者悉能敦本務實

而入孝出弟人人所當共由也

並列 雖經義韜略所習者不同

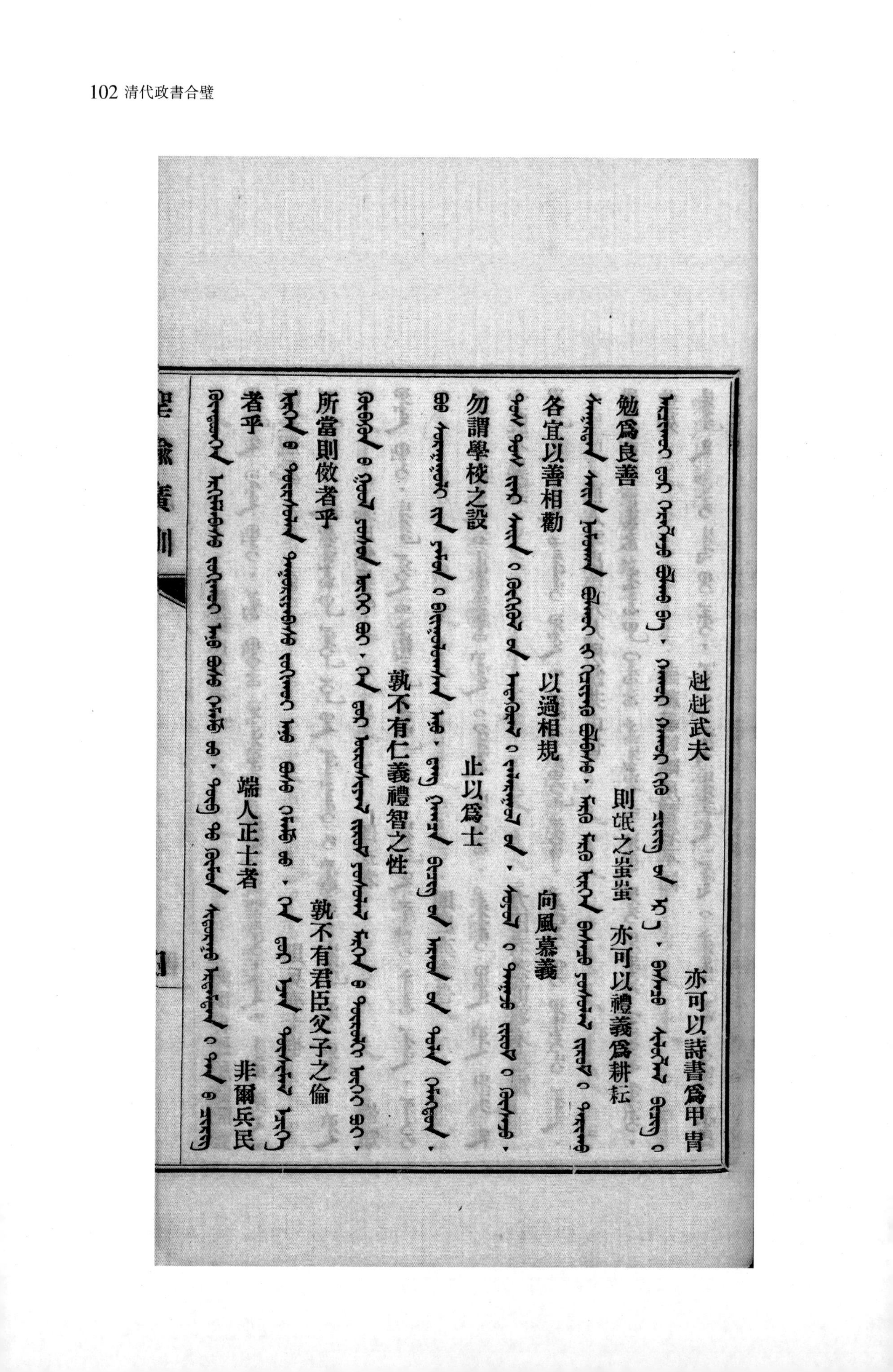

赳赳武夫　亦可以詩書爲甲胄

勉爲良善　則氓之蚩蚩　亦可以禮義爲耕耘

各宜以善相勸　以過相規　向風慕義

勿謂學校之設　止以爲士

孰不有仁義禮智之性

所當則傚者乎　孰不有君臣父子之倫

者乎　端人正士者　非爾兵民

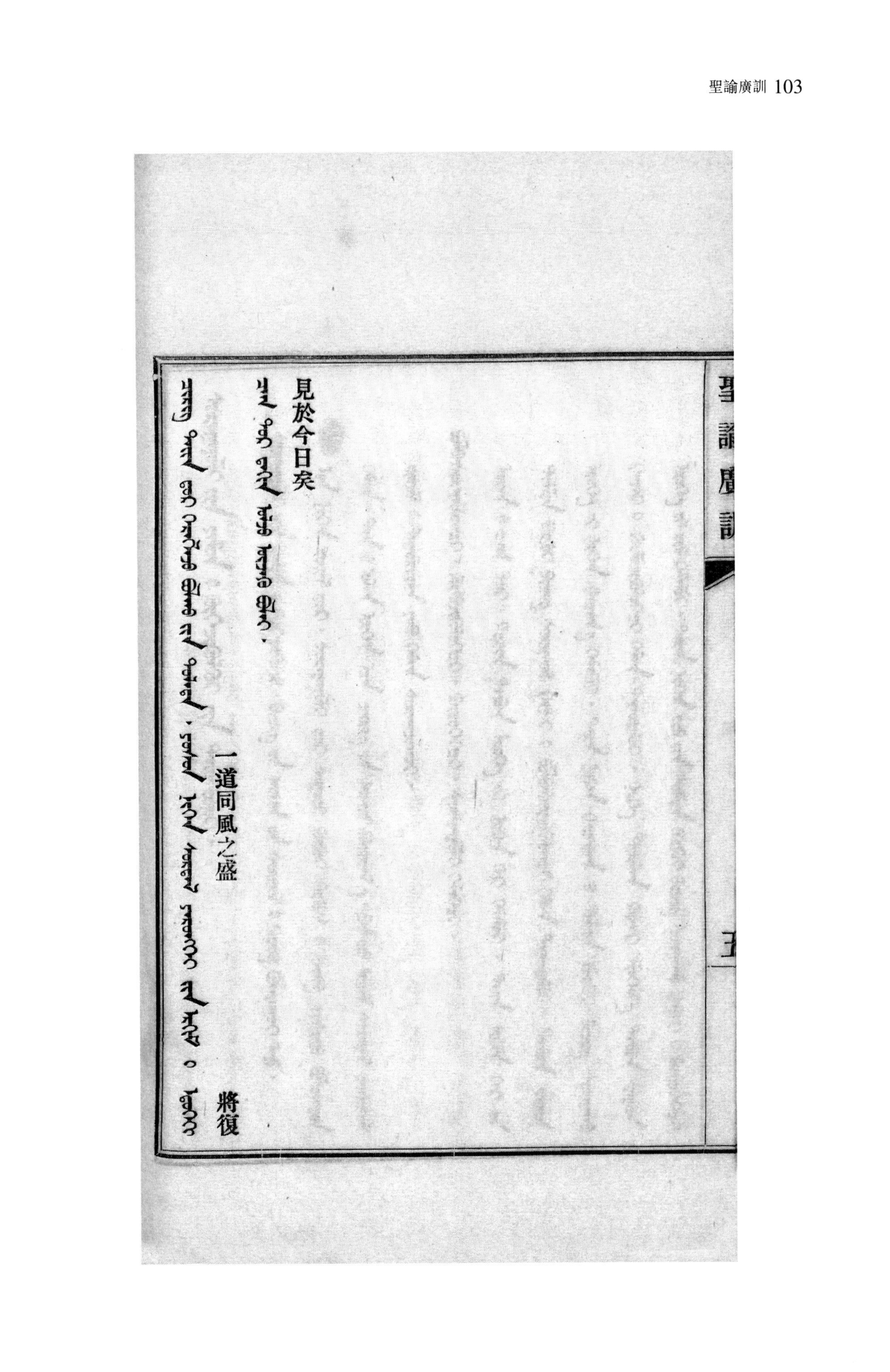

一道同風之盛 將復

見於今日矣

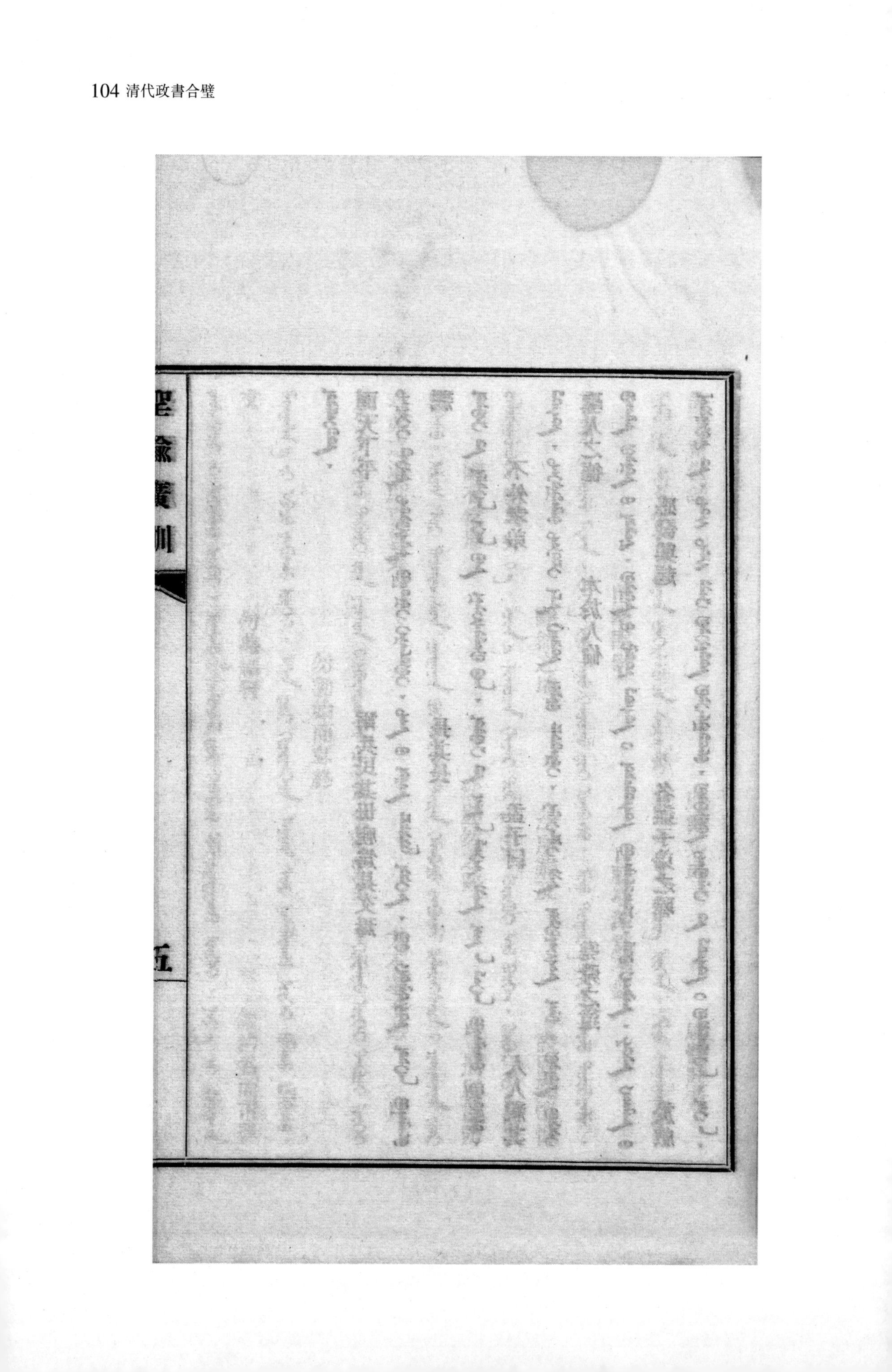

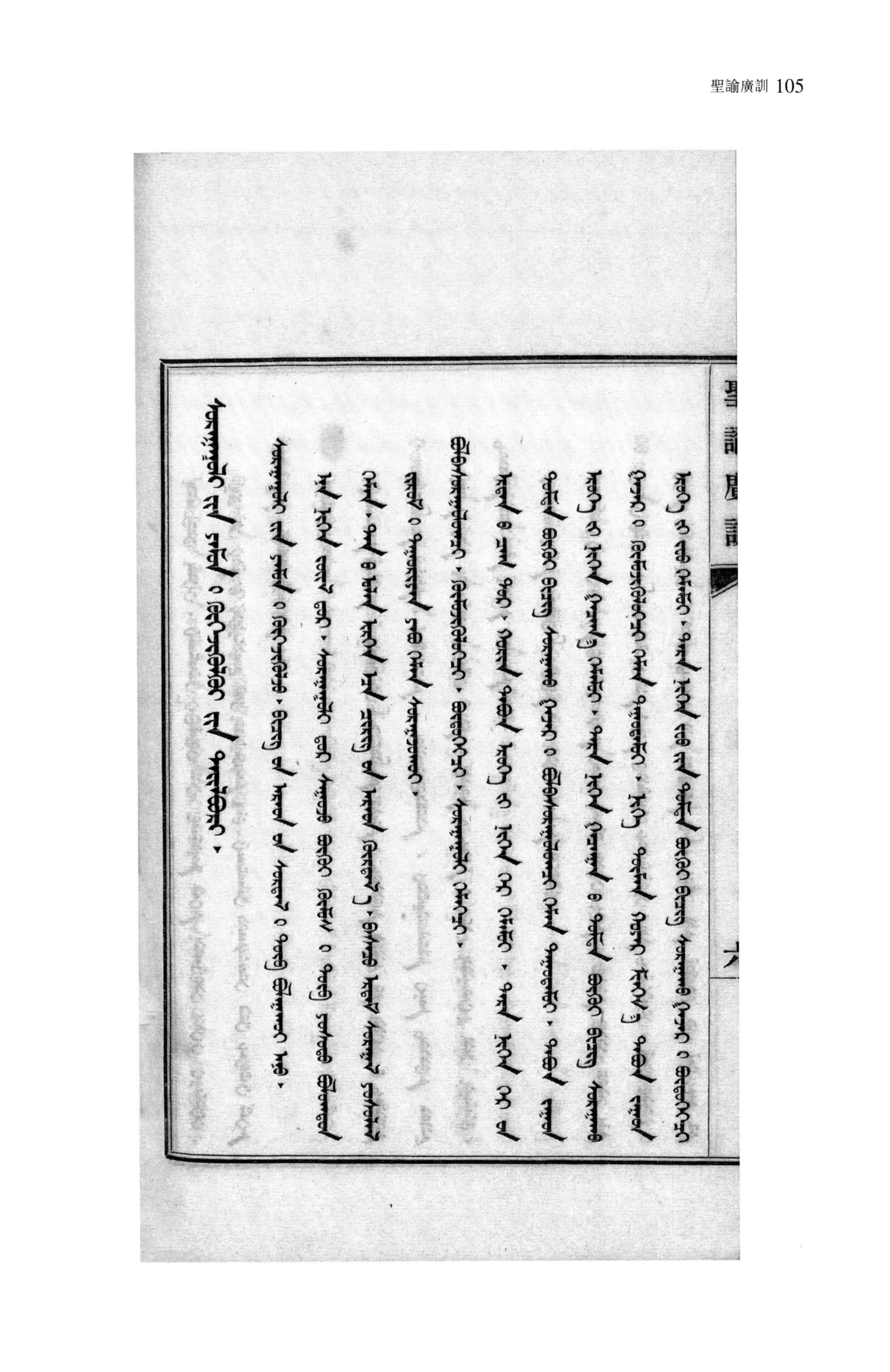

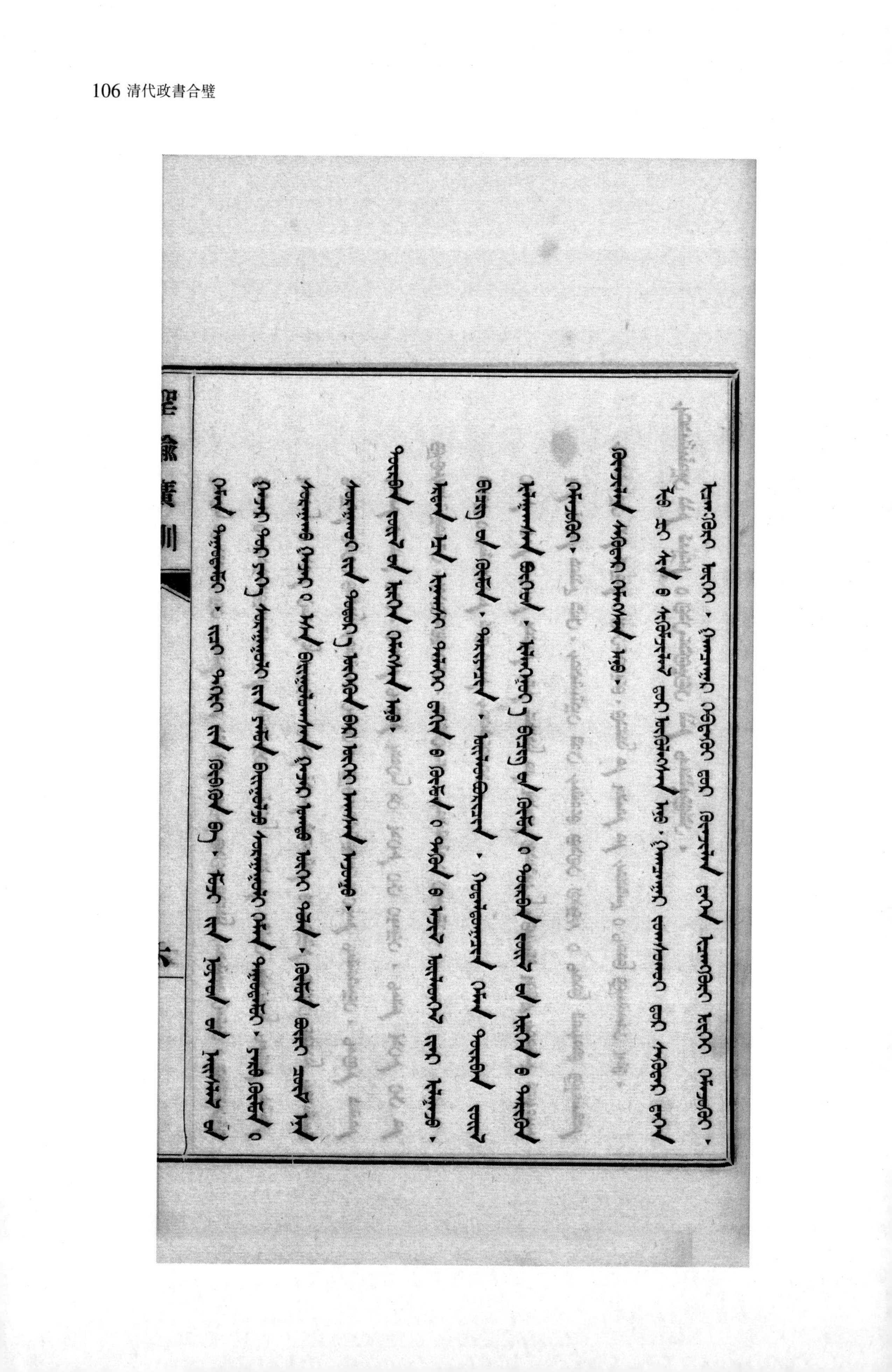

聖諭廣訓

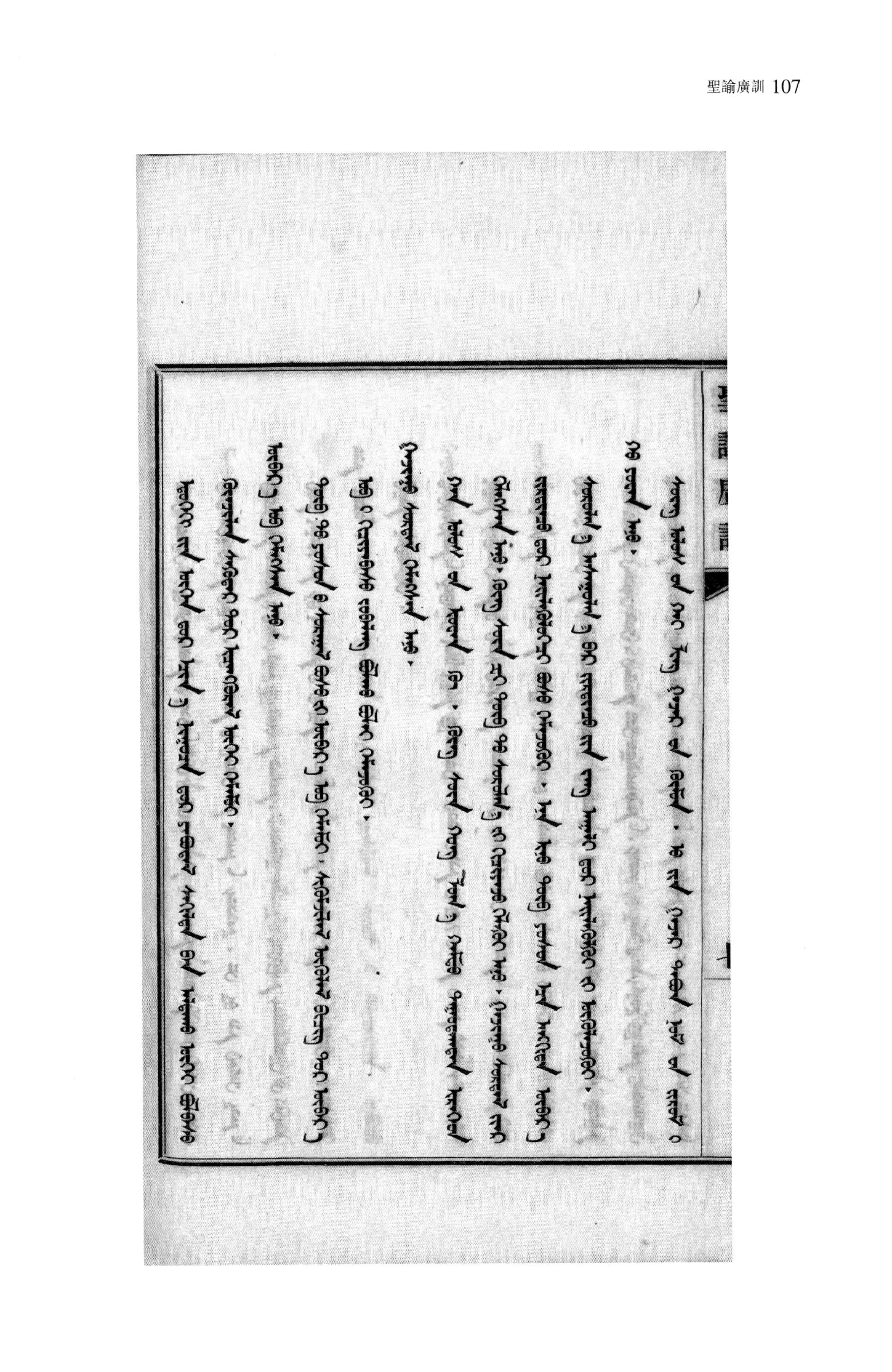

聖諭廣訓 十

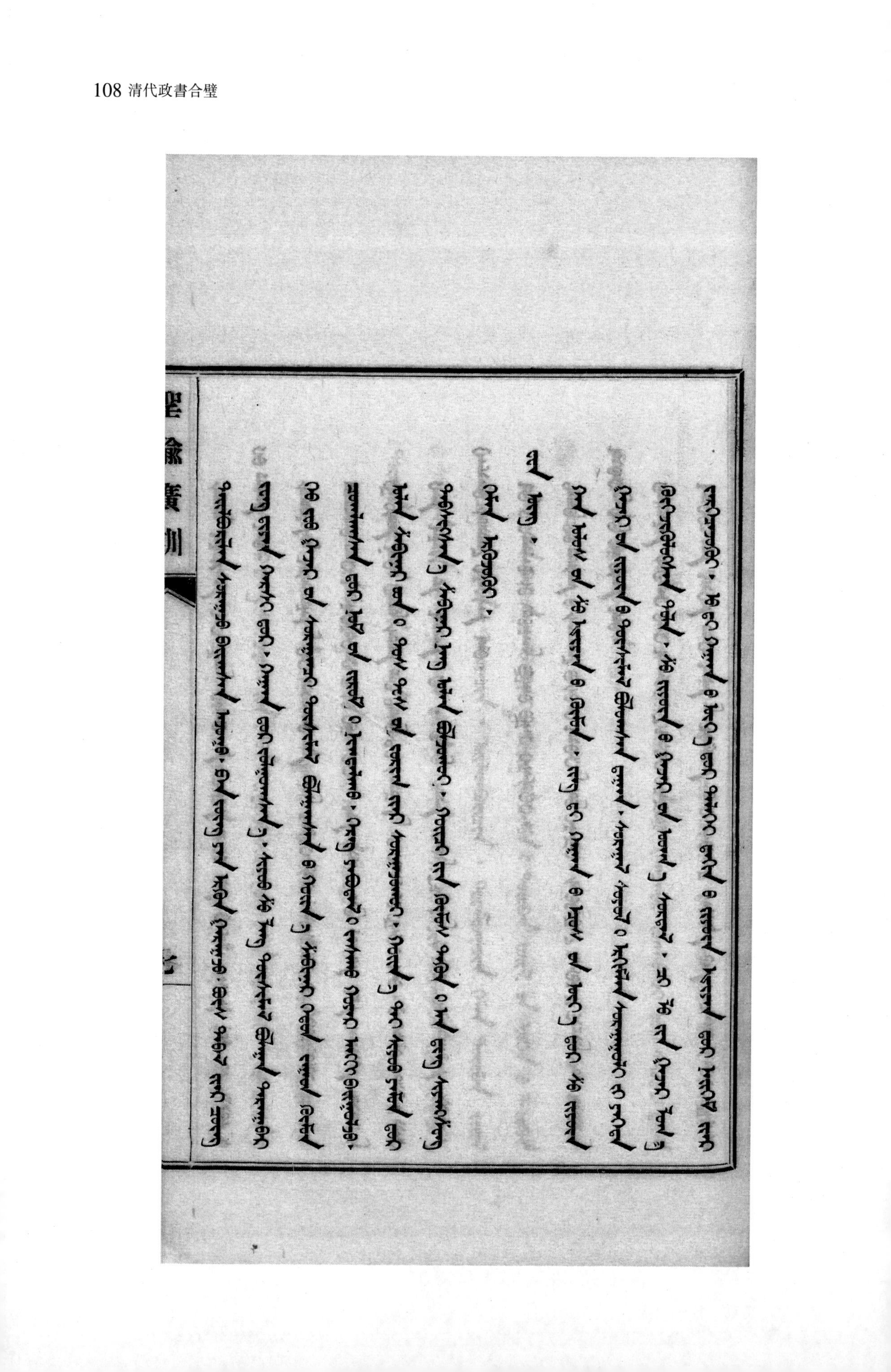

聖諭廣訓

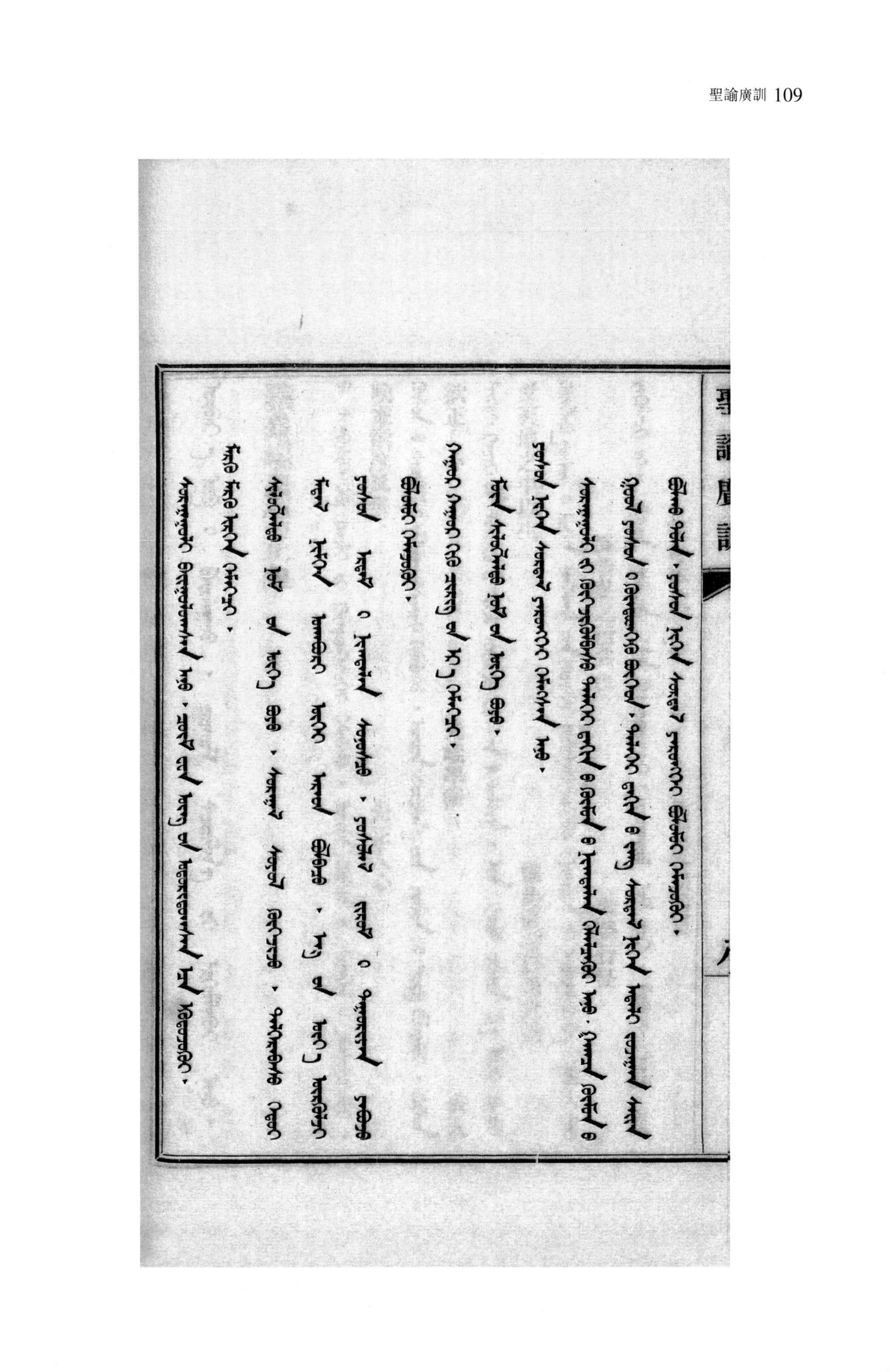

聖諭廣訓

[illegible]

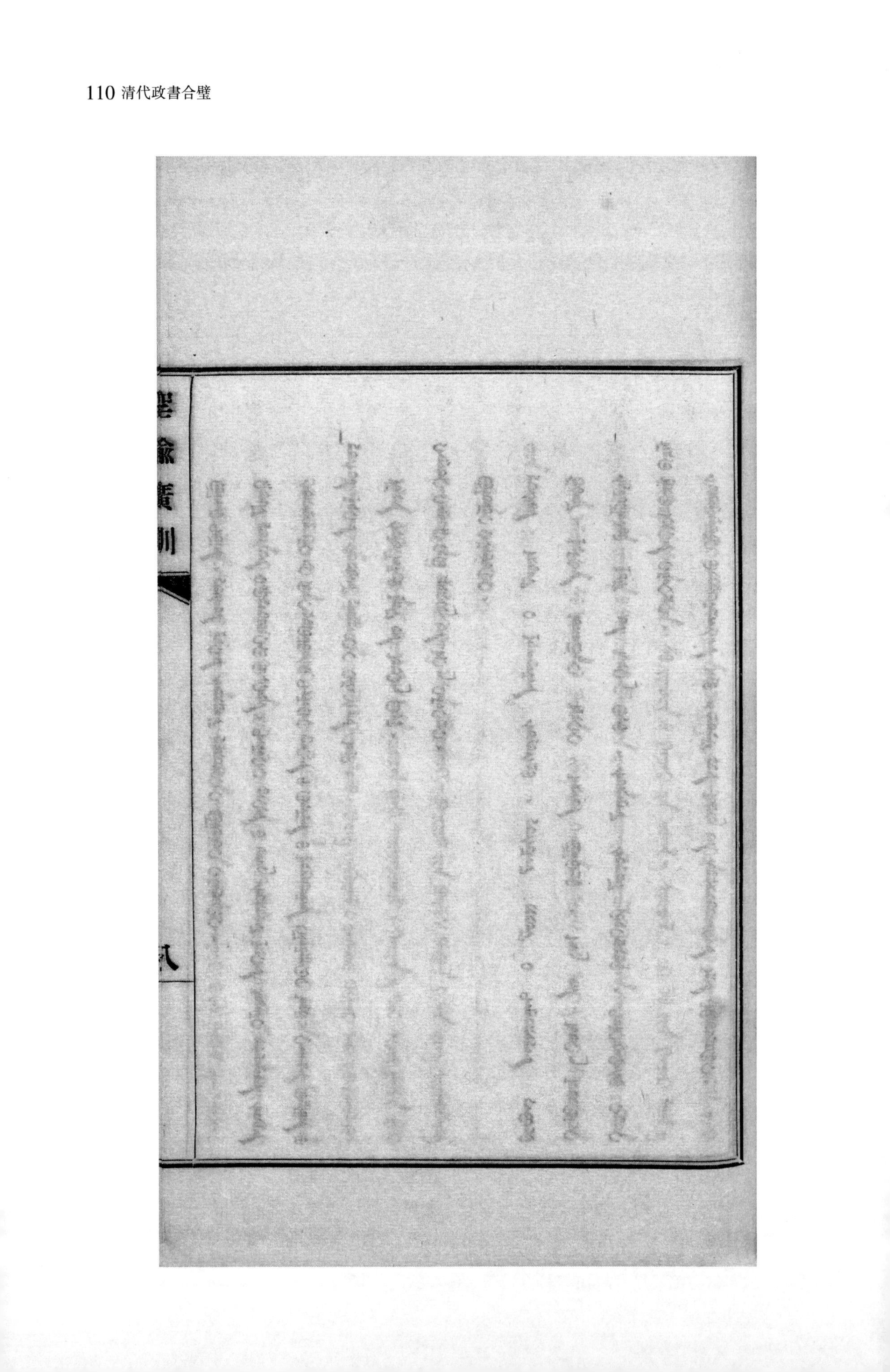

黜異端以崇正學

朕惟欲厚風俗　先正人心

欲正人心　先端學術　夫人

受天地之中以生　惟此倫常日用之道

為智愚之所共由　索隱行怪

聖賢不取　易言蒙以養正

聖諭廣訓

書言無偏無頗
無反無側
王道以之
聖功以之
聖功王道
悉本正學
至於非聖之書
不經之典
驚世駭俗
紛紛藉藉
起而爲民物之蠹者
皆爲異端
所宜屏絶
凡爾兵民
愿謹淳朴者固多

間或迷於他岐　以無知而罹罪戾
朕甚憫之　自古三教流傳　儒宗而
外　厥有仙釋　朱子曰　釋氏之
教　都不管天地四方　只是理會一個心
老氏之教　只是要存得一個神氣
此朱子持平之言　可知釋道之本指矣
自游食無藉之輩　陰竊其名　以壞其

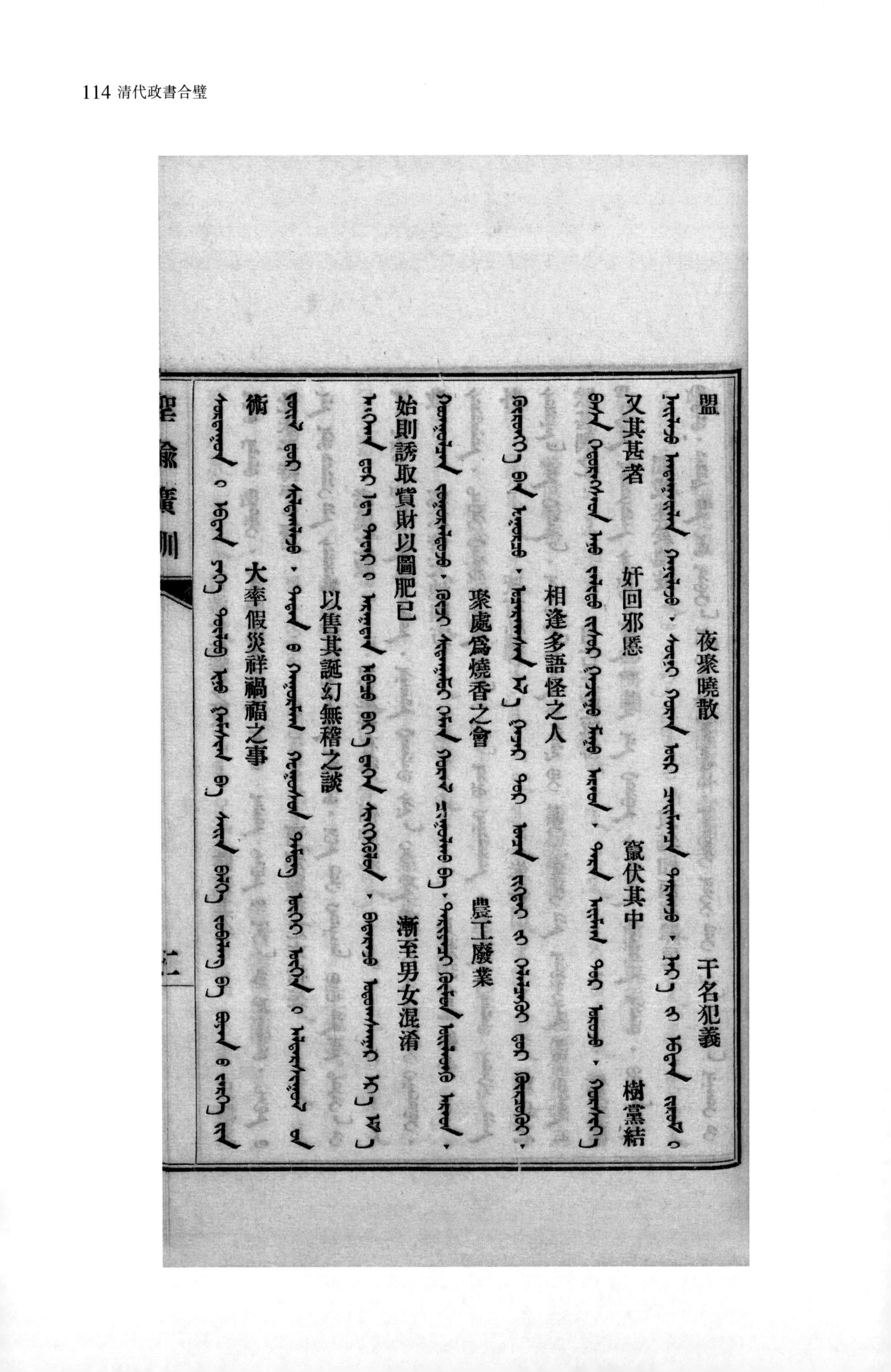

盟　夜聚曉散　干名犯義

又其甚者　奸回邪慝　竄伏其中　樹黨結

相逢多語怪之人

聚處爲燒香之會　農工廢業

始則誘取貲財以圖肥已　漸至男女混淆

以售其誕幻無稽之談

術　大率假災祥禍福之事

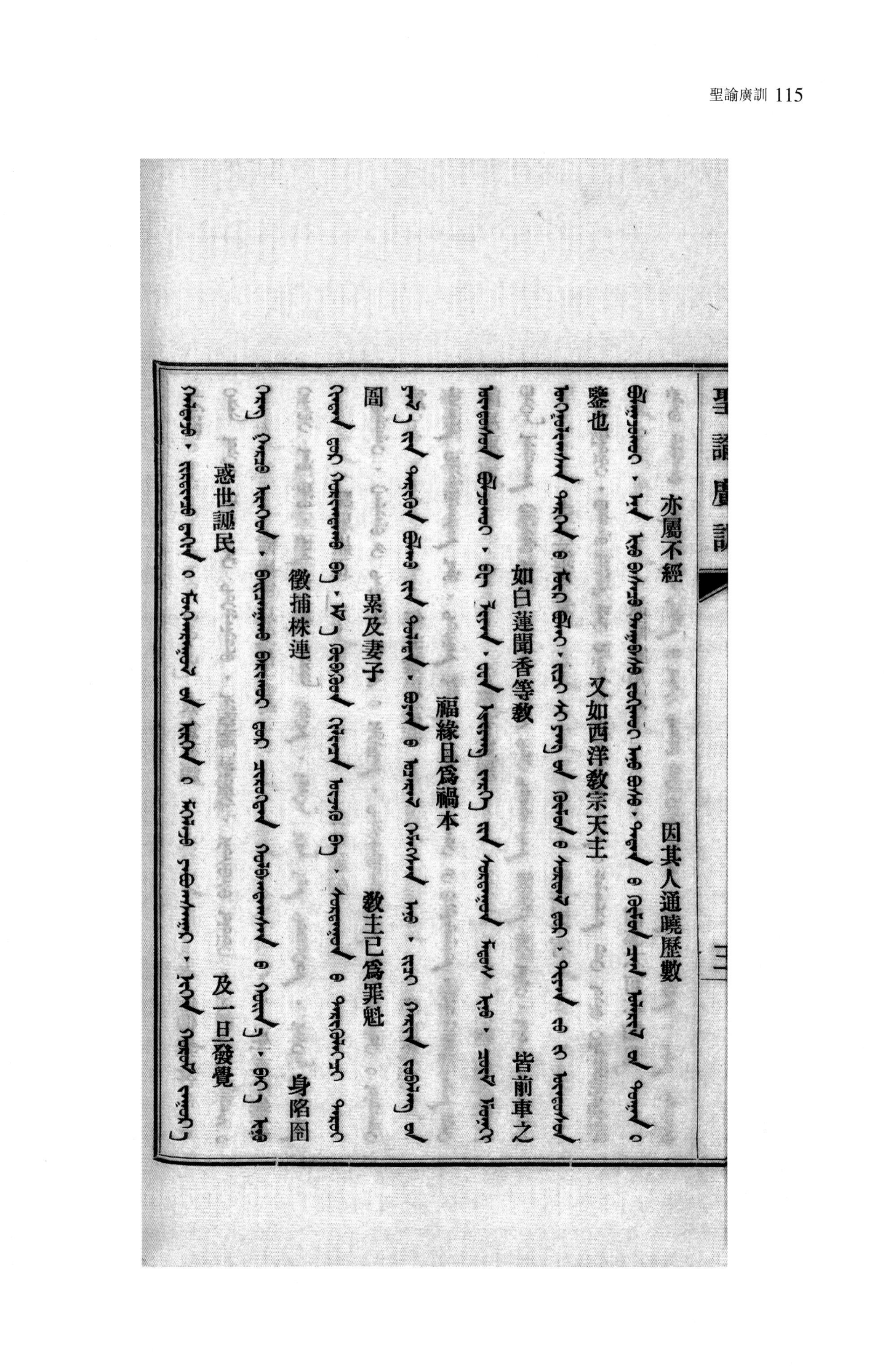

惑世誣民
及一旦發覺
徵捕株連
身陷囹
圄
累及妻子
教主已爲罪魁
福緣且爲禍本
如白蓮聞香等教
皆前車之
鑒也
又如西洋教宗天主
亦屬不經
因其人通曉歷數

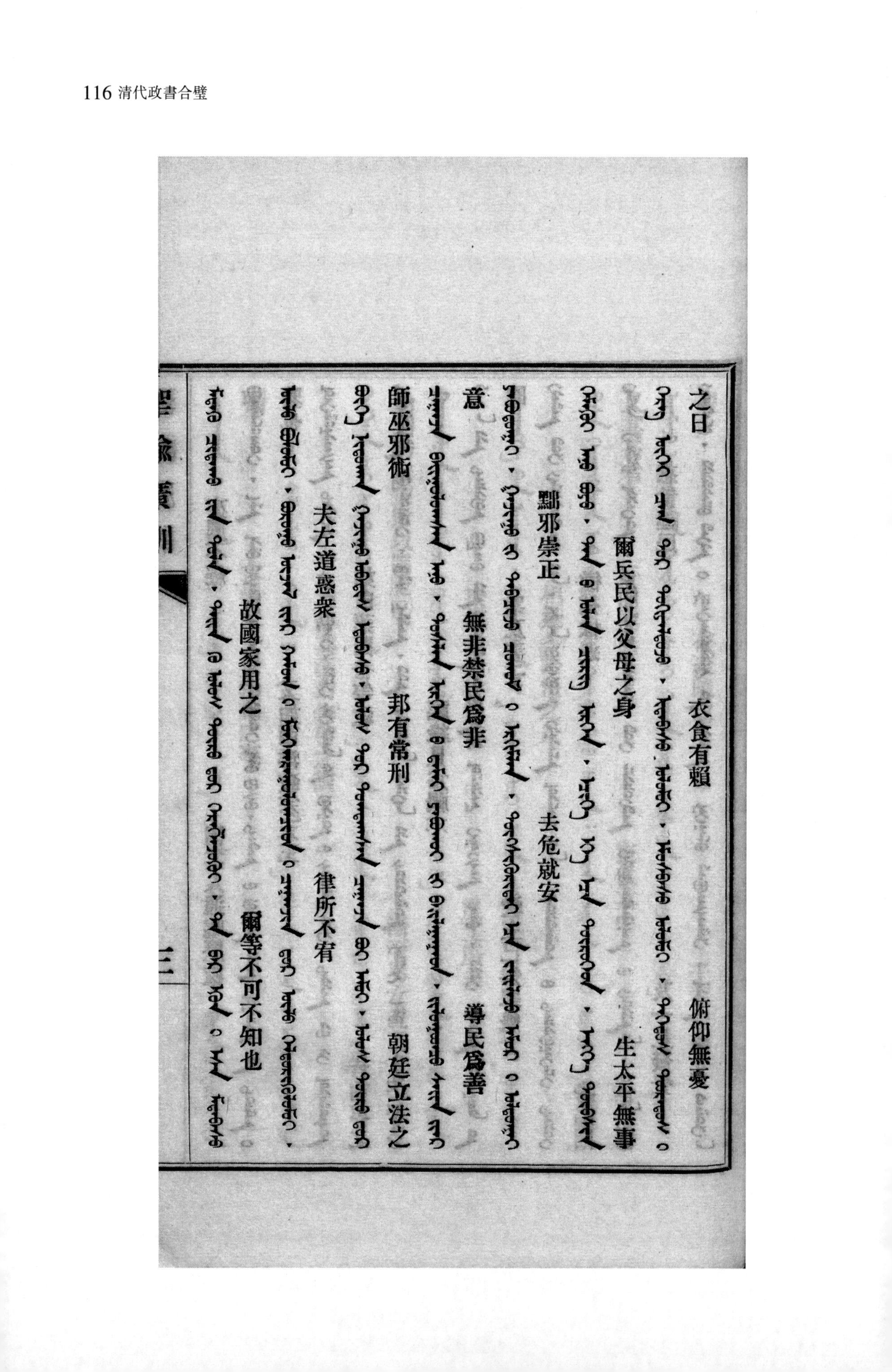

之日　衣食有賴　俯仰無憂

爾兵民以父母之身　生太平無事

黜邪崇正　去危就安

意　無非禁民爲非　導民爲善

師巫邪術　邦有常刑　朝廷立法之

夫左道惑衆　律所不宥

故國家用之　爾等不可不知也

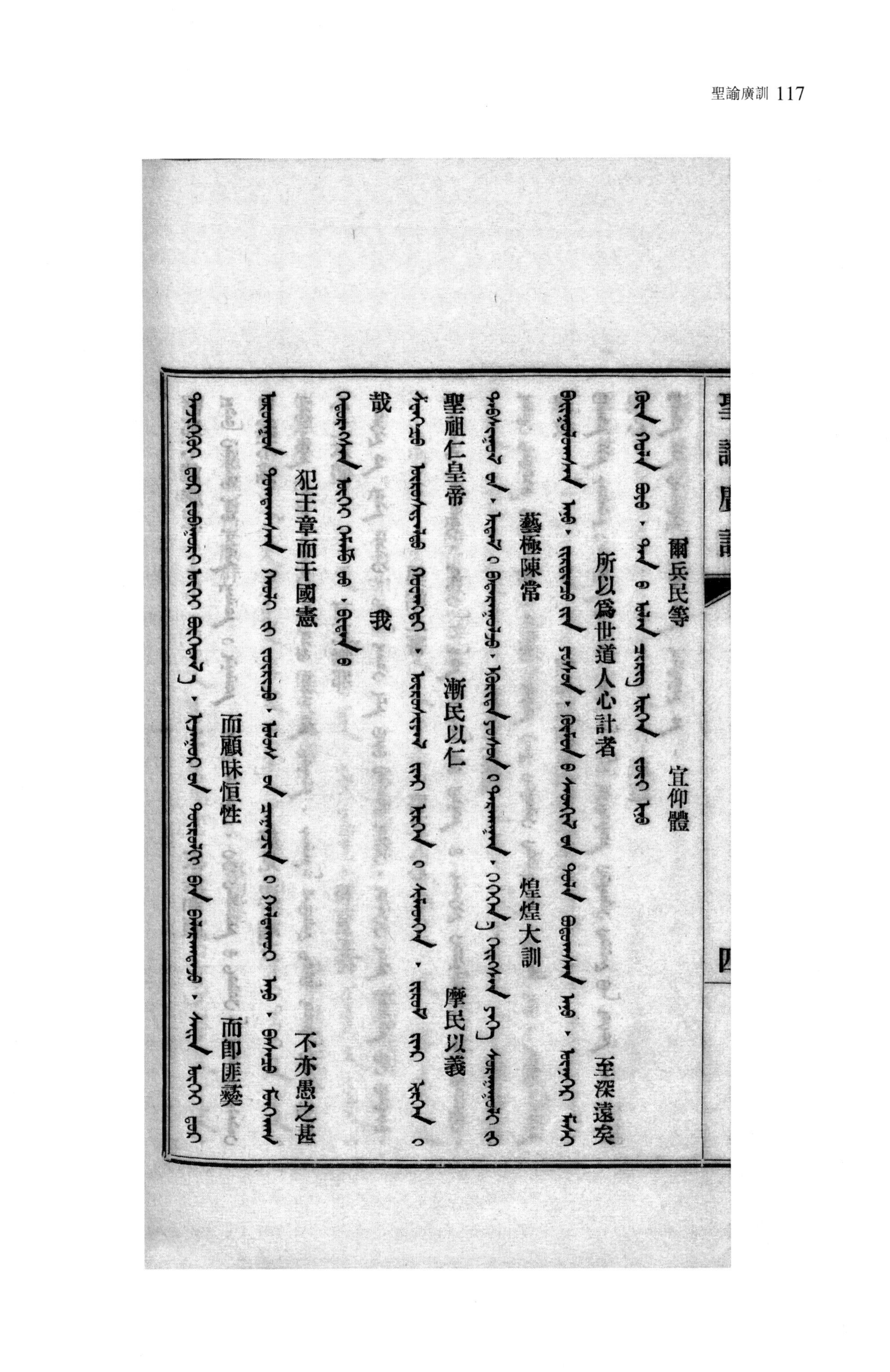

爾兵民等 宜仰體
所以爲世道人心計者 至深遠矣
藝極陳常 煌煌大訓
聖祖仁皇帝 漸民以仁 摩民以義
哉 我
犯王章而干國憲 不亦愚之甚
而顧昧恒性 而即匪彝

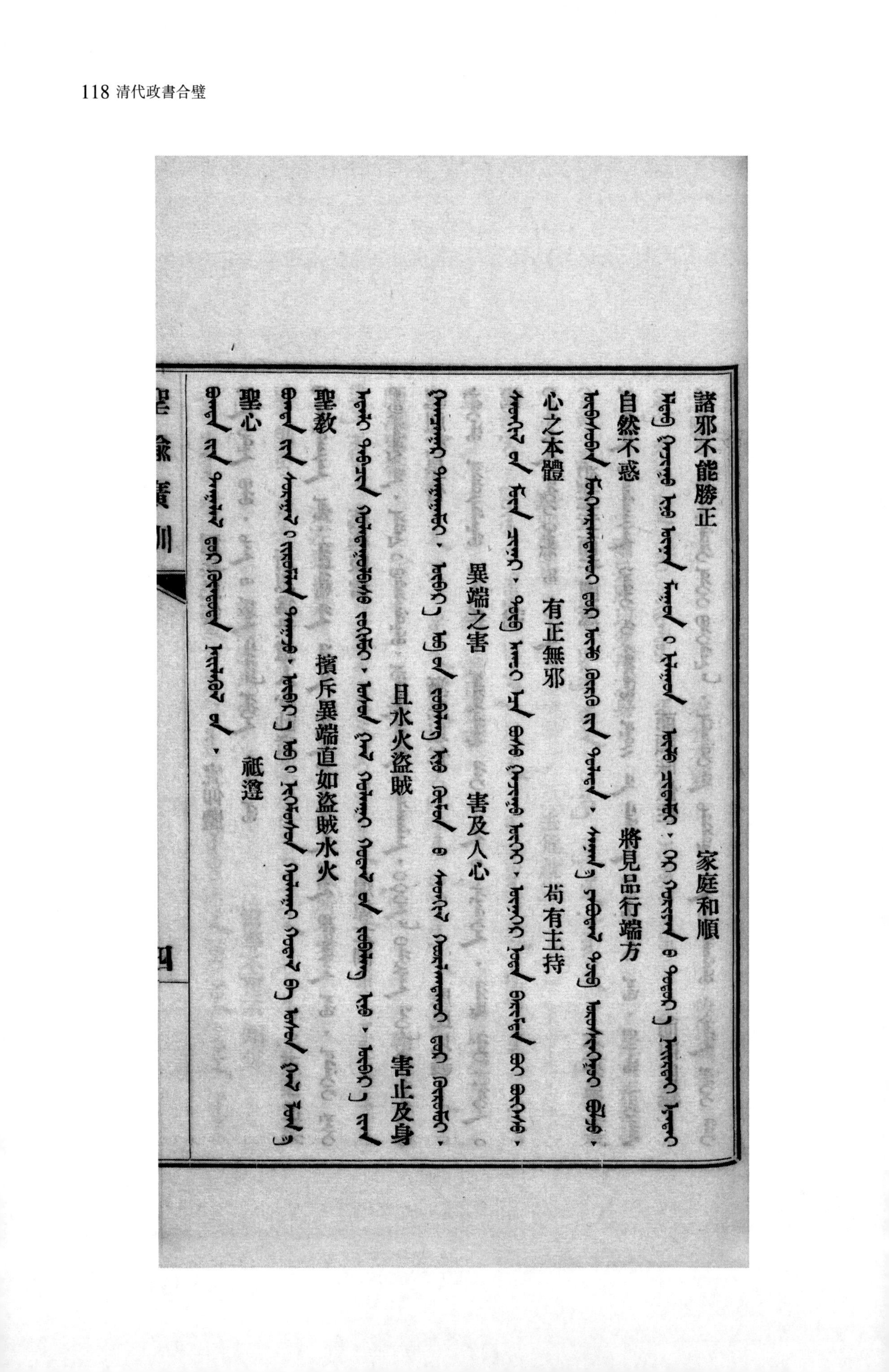

諸邪不能勝正　家庭和順

自然不惑　將見品行端方

心之本體　有正無邪　苟有主持

異端之害　害及人心

且水火盜賊　害止及身

聖教　擯斥異端直如盜賊水火

聖心　祗遵

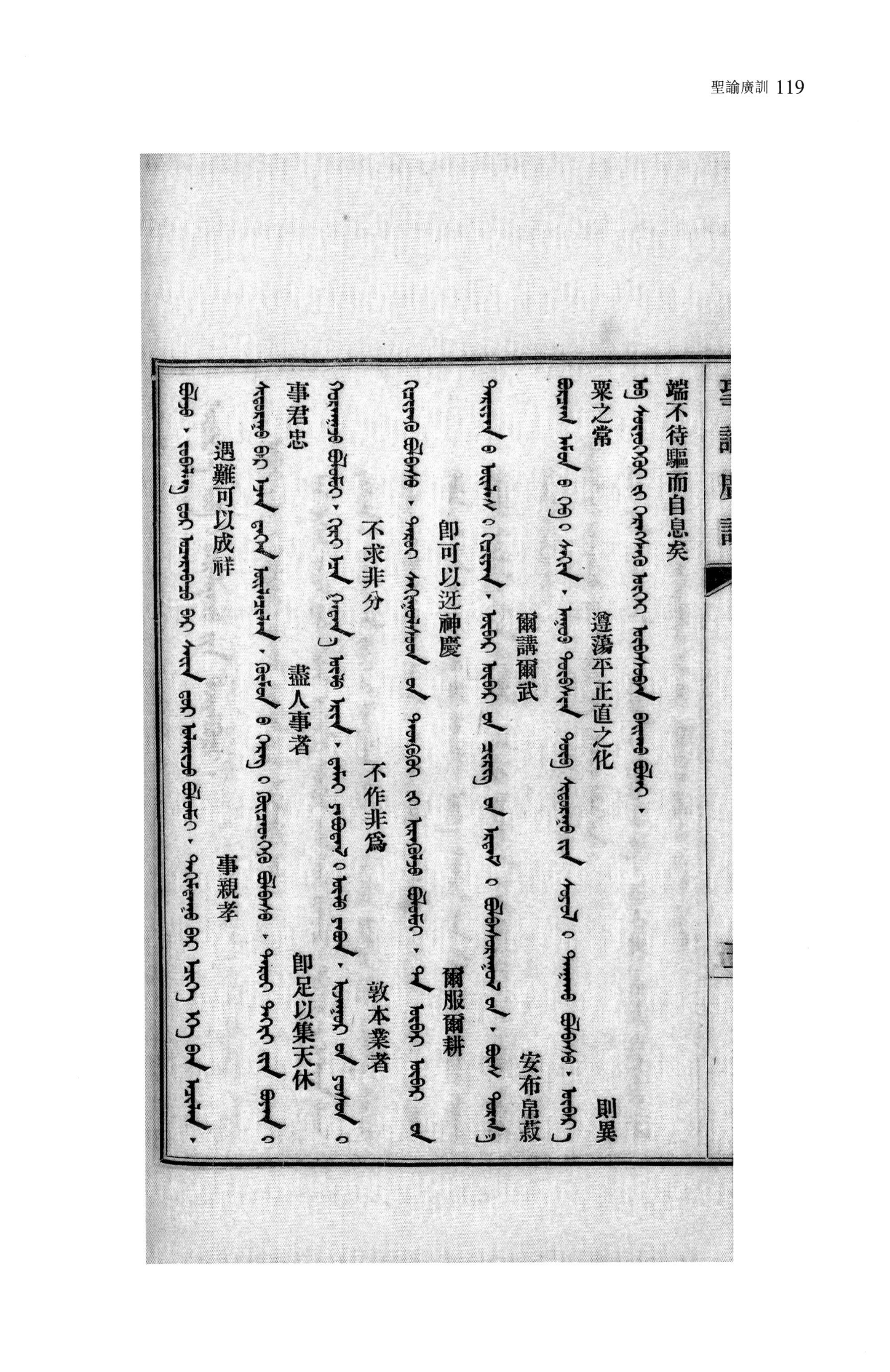

端不待驅而自息矣

粟之常 遵蕩平正直之化 則異

爾講爾武 安布帛菽

即可以迓神慶 爾服爾耕

不求非分 不作非爲 敦本業者

事君忠 盡人事者 即足以集天休

遇難可以成祥 事親孝

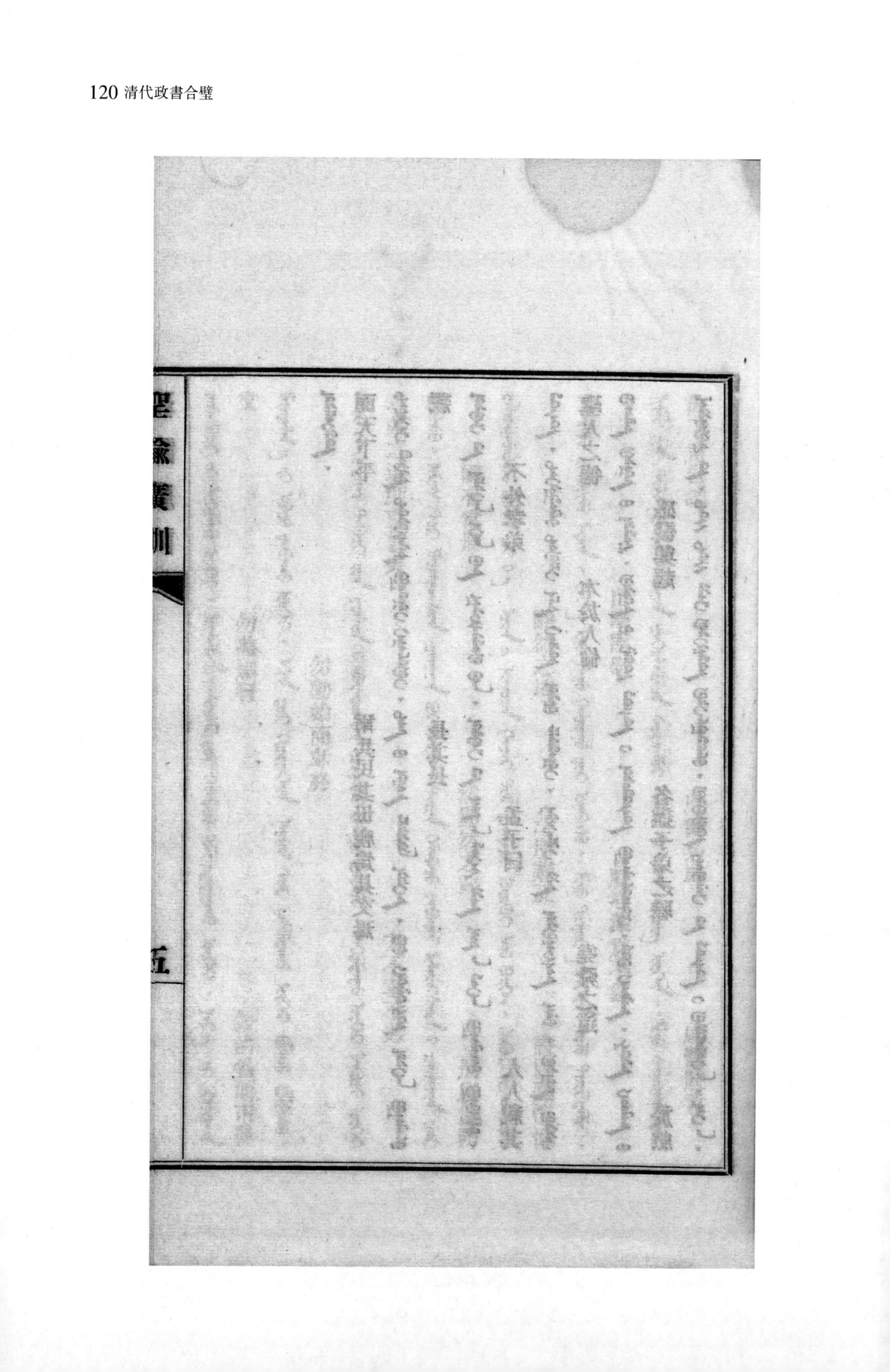

聖諭廣訓 六

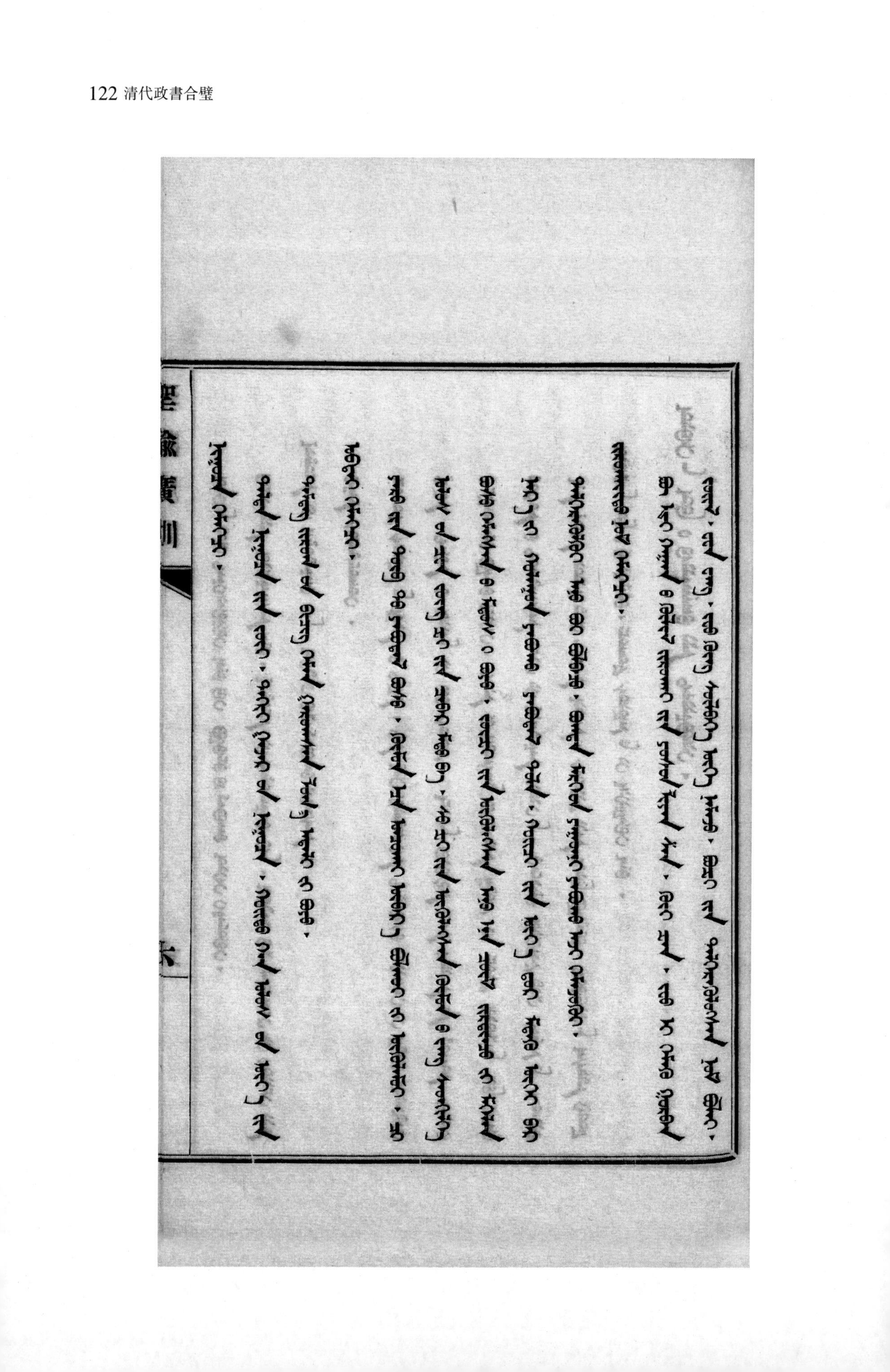

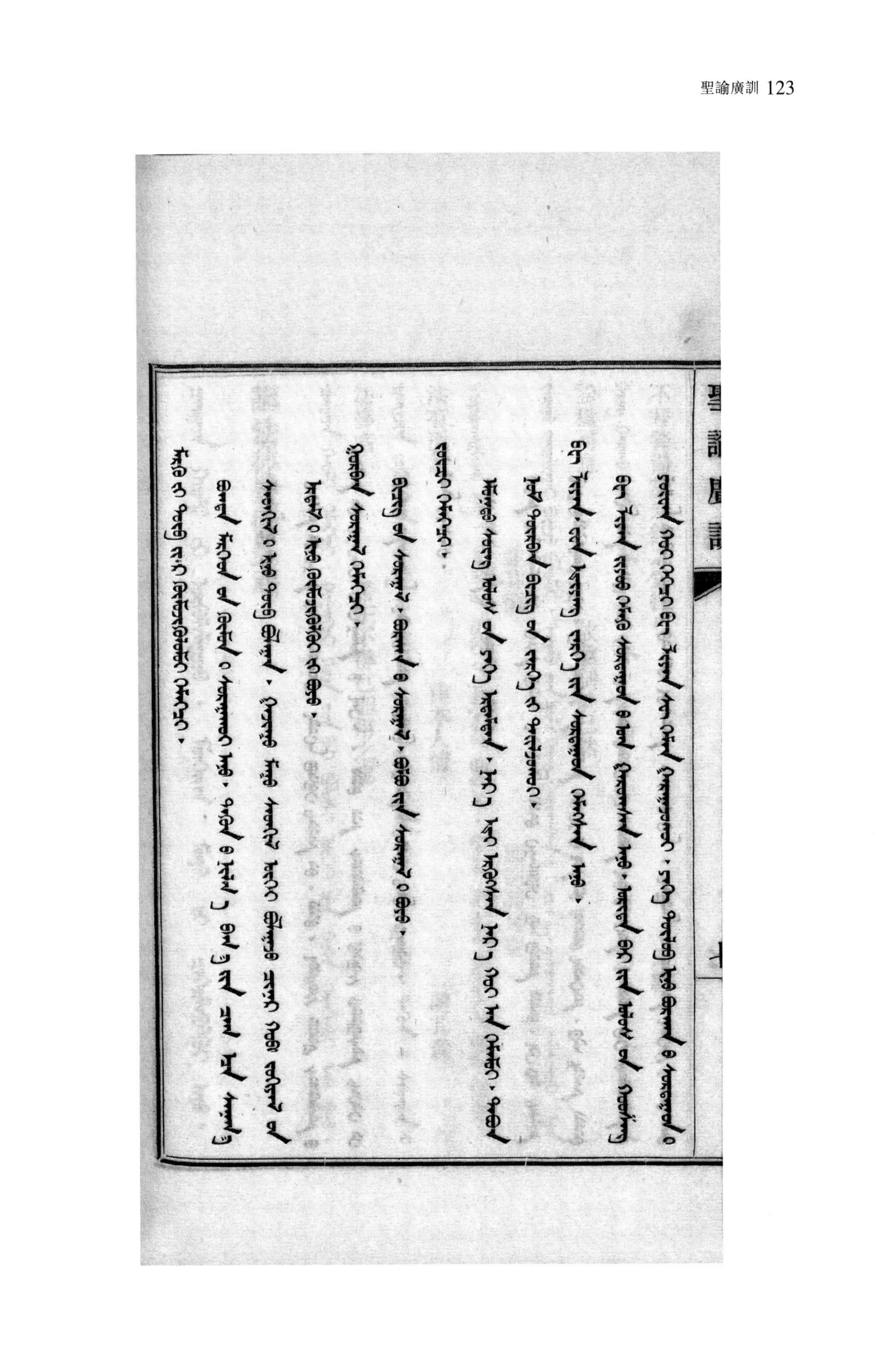

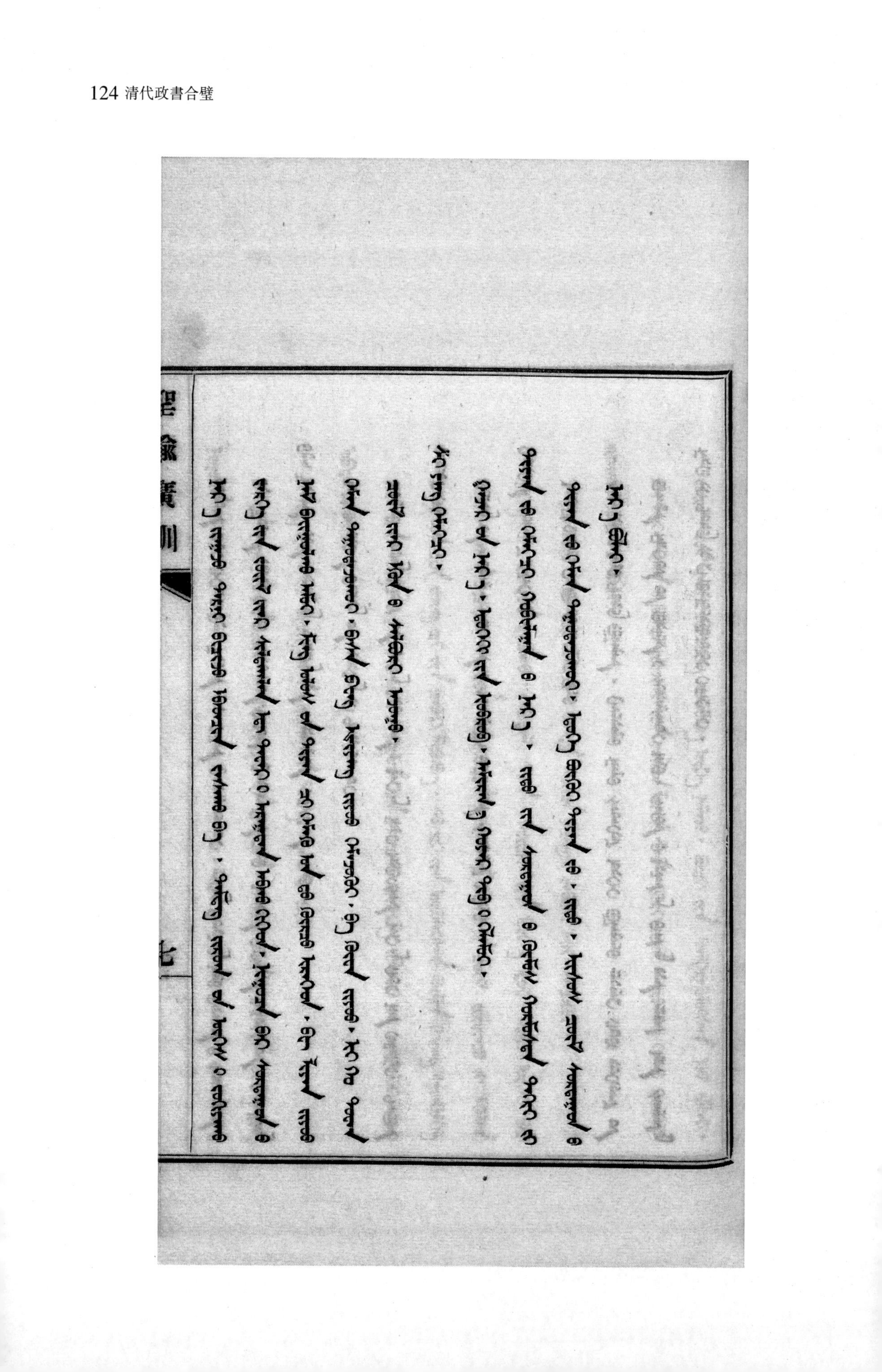

講法律以儆愚頑

法律者 帝王不得已而用之也

法有深意 律本人情 明其意

達其情 則囹圄可空

訟獄可息 故懲創於已然

不若警惕於未然之爲得也 周禮

意甚厚也

俾各凜成憲　遠於罪戾

委曲詳明　昭示兵民

向方　今國家酌定律例

法於象魏　使萬民觀之知所

屬其民而讀法　大司寇懸象刑之

州長黨正族師　皆於月吉

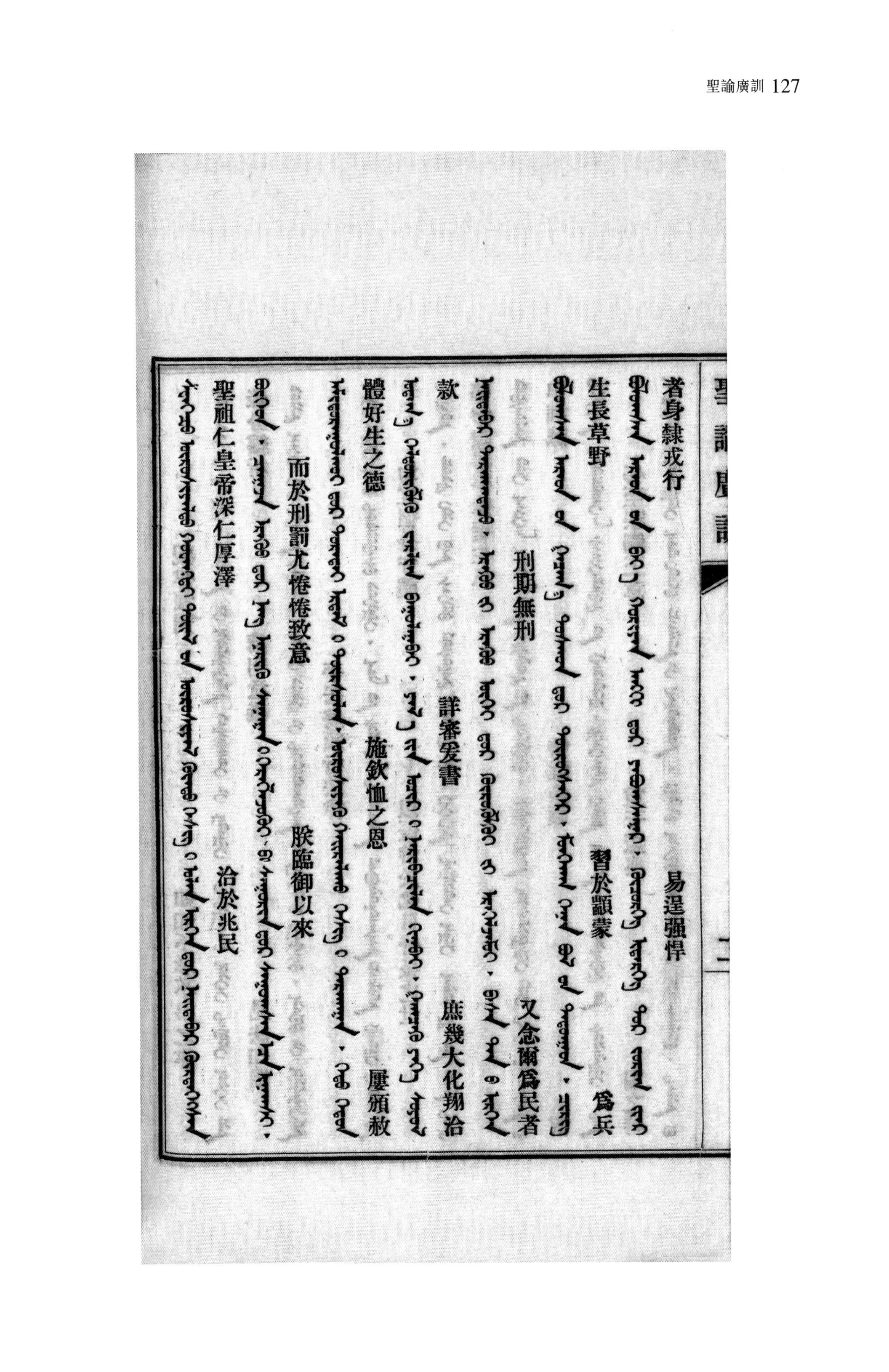

聖諭廣訓 二

者身隸戎行　易逞強悍

生長草野　習於顓蒙　爲兵

刑期無刑　又念爾爲民者

款　詳審爰書　庶幾大化翔洽

體好生之德　施欽恤之恩　屢頒赦

而於刑罰尤惓惓致意　朕臨御以來

聖祖仁皇帝深仁厚澤　洽於兆民

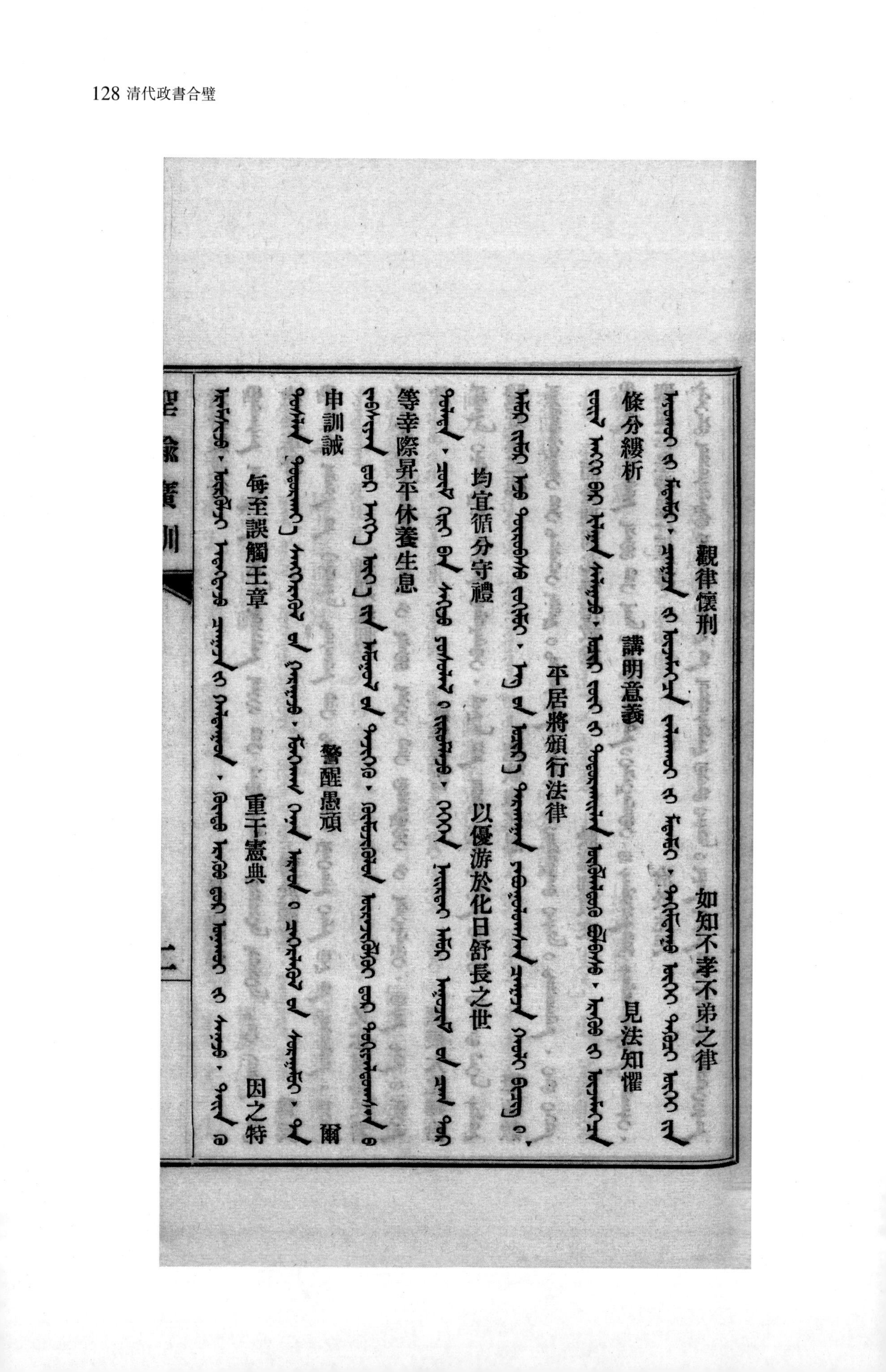

每至誤觸王章　重干憲典　因之特

申訓誡　警醒愚頑　爾

等幸際昇平休養生息

均宜循分守禮　以優游於化日舒長之世

平居將頒行法律

條分縷析　講明意義　見法知懼

觀律懷刑　如知不孝不弟之律

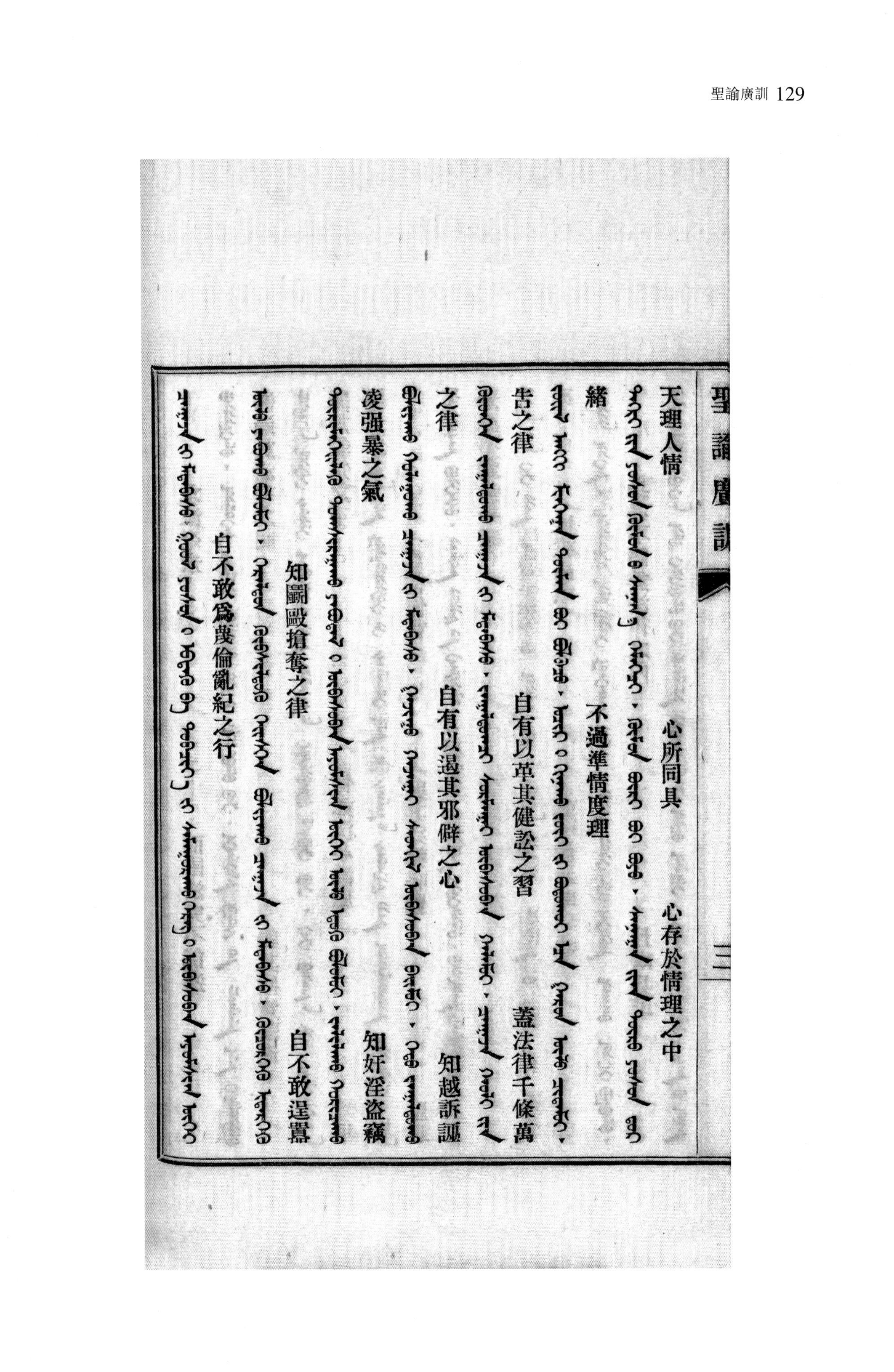

天理人情　心所同具　心存於情理之中

緒　不過準情度理

告之律　自有以革其健訟之習　蓋法律千條萬

之律　自有以遏其邪僻之心　知越訴誣

淩强暴之氣　知奸淫盜竊

知鬬毆搶奪之律　自不敢逞嚻

自不敢爲蔑倫亂紀之行

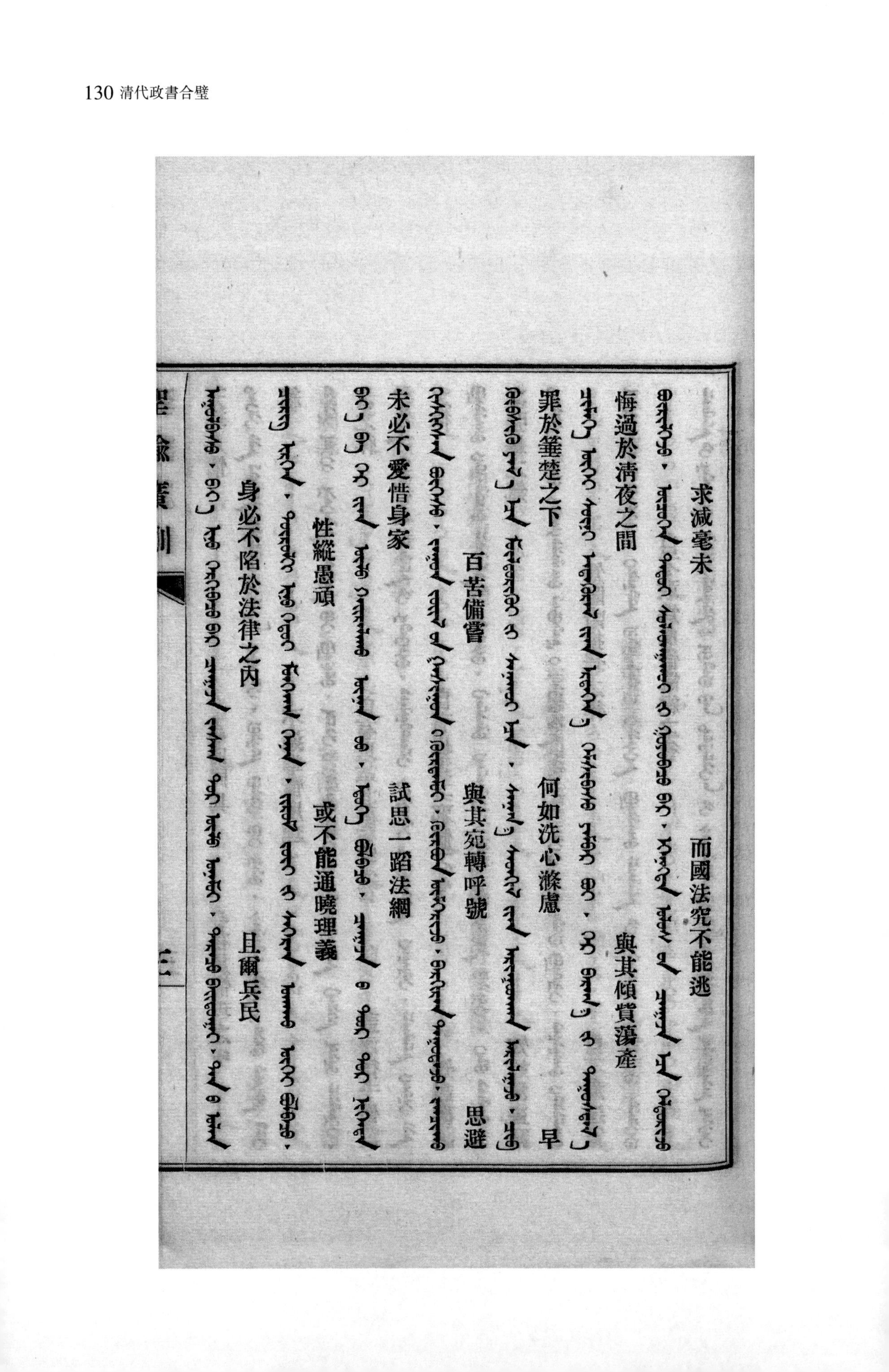

求減毫末　而國法究不能逃

悔過於淸夜之間　與其傾貲蕩産

罪於箠楚之下　何如洗心滌慮　早

百苦備嘗　與其宛轉呼號　思避

未必不愛惜身家　試思一蹈法網

性縱愚頑　或不能通曉理義

身必不陷於法律之內　且爾兵民

豈不晚哉　朕聞居家之道　爲善最

已不足比於人數　追悔前非

卽或邀恩倖免　而身敗行虧

鄉黨不我容　宗族不我齒

偶罹於法　上辱父母　下累妻孥

可以長保　倘不自警省

何如改惡遷善　不犯科條　而身家

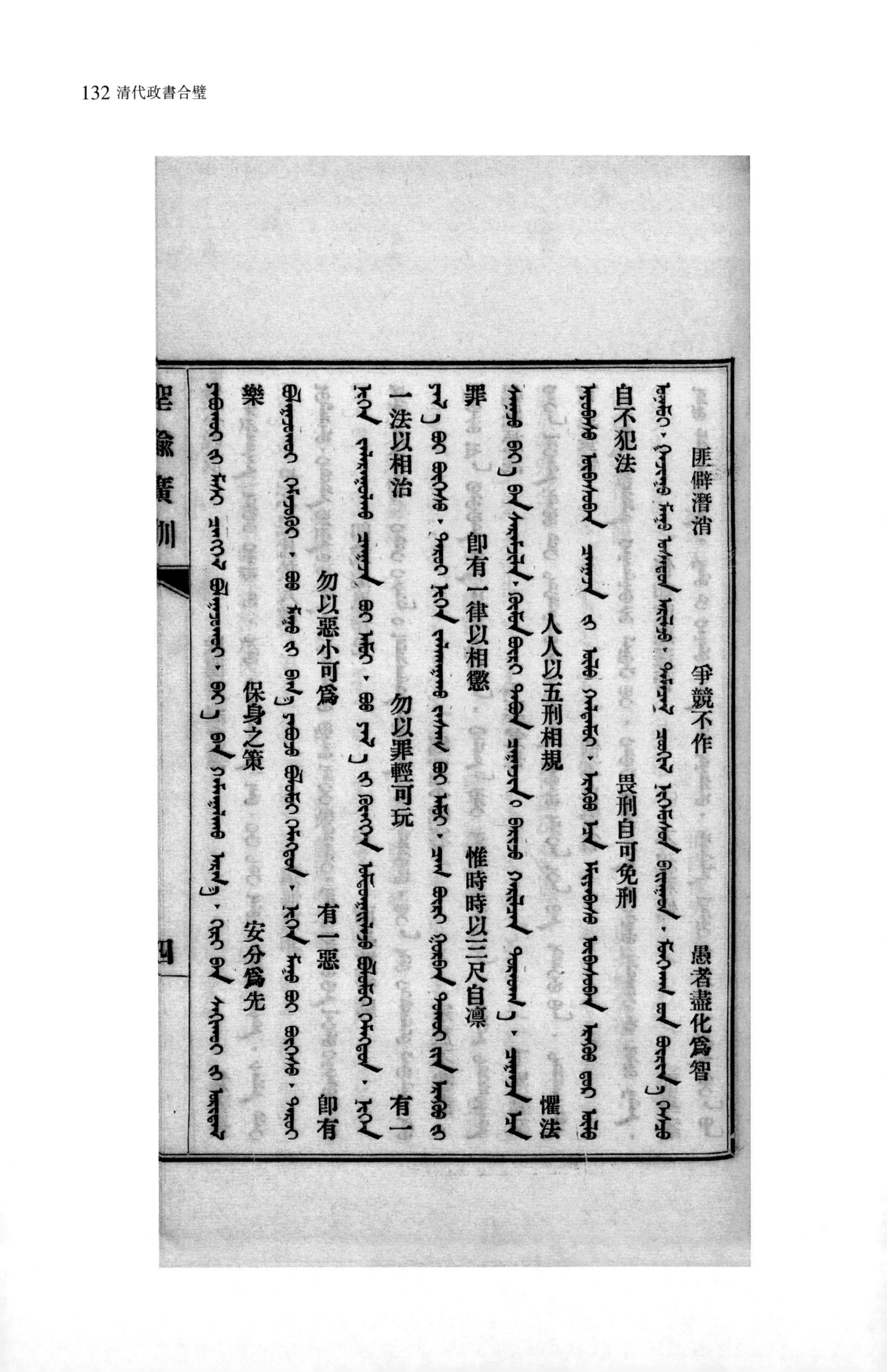

匪僻潛消　爭競不作　愚者盡化爲智

自不犯法　畏刑自可免刑

人人以五刑相規　懼法

罪　卽有一律以相懲　惟時時以三尺自凜

一法以相治　勿以罪輕可玩　有一

勿以惡小可爲　有一惡　卽有

樂　保身之策　安分爲先

兵安營伍
民樂田疇
頑者悉變爲良
用臻刑措之治不難矣

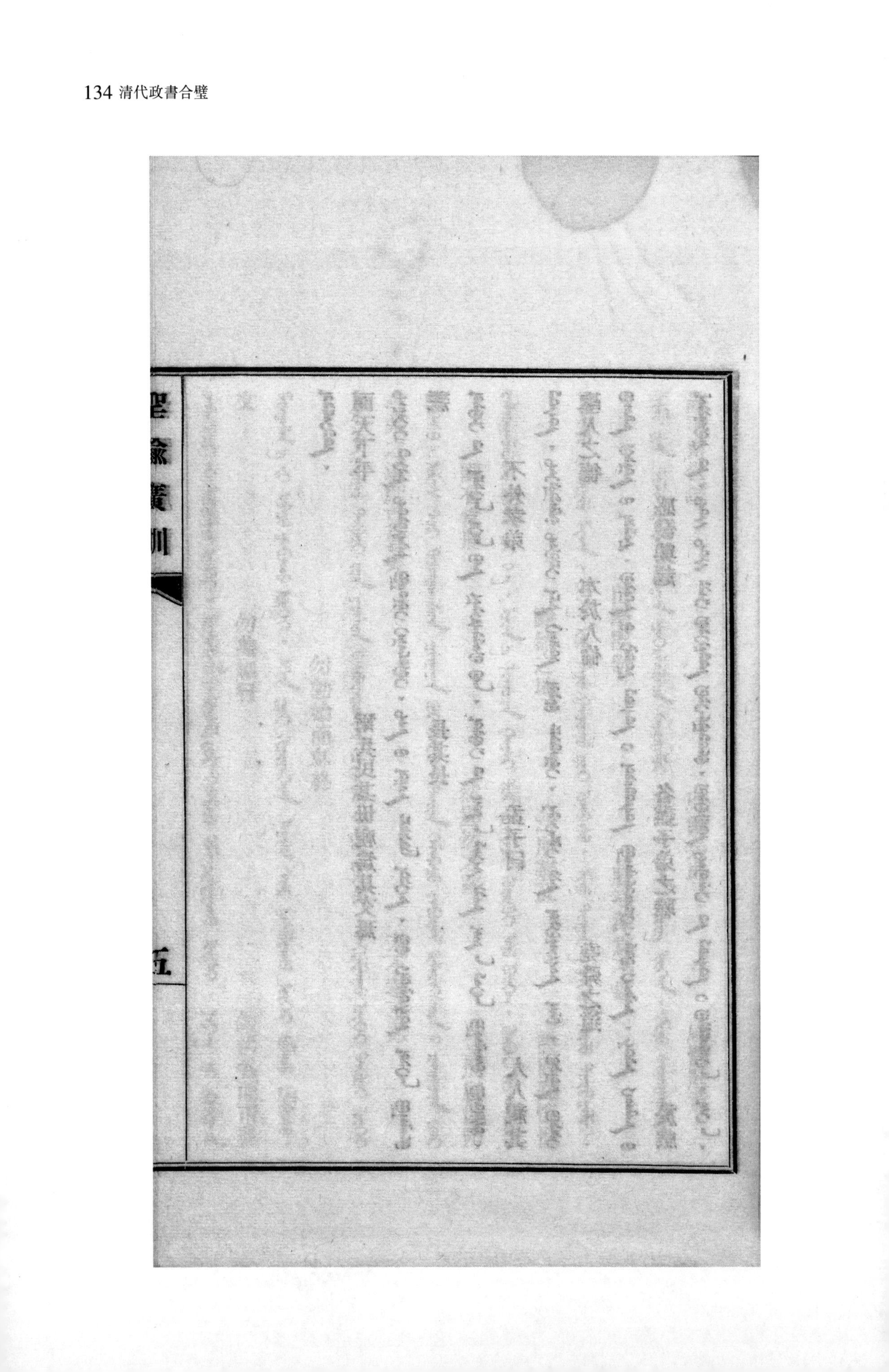

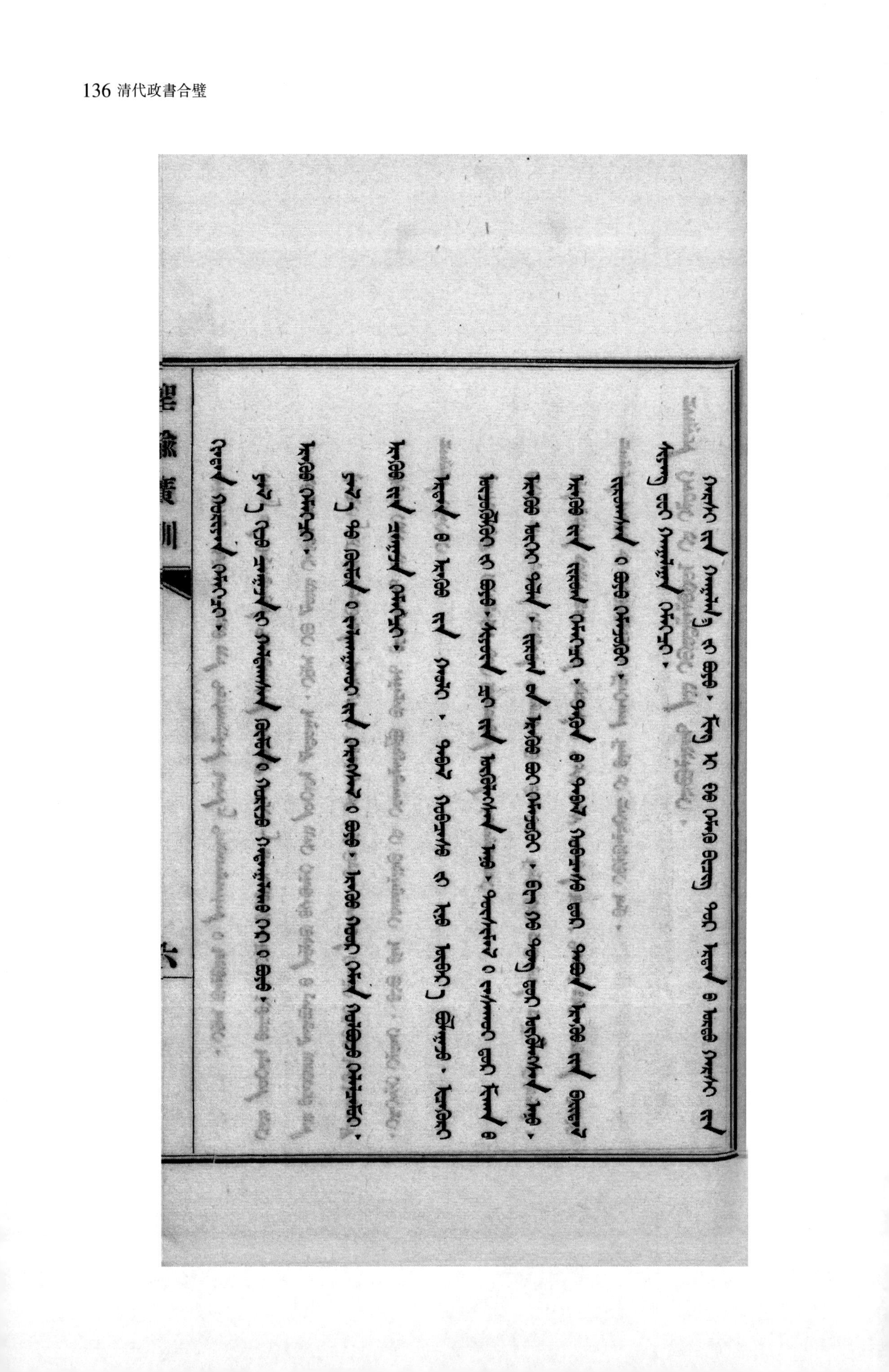

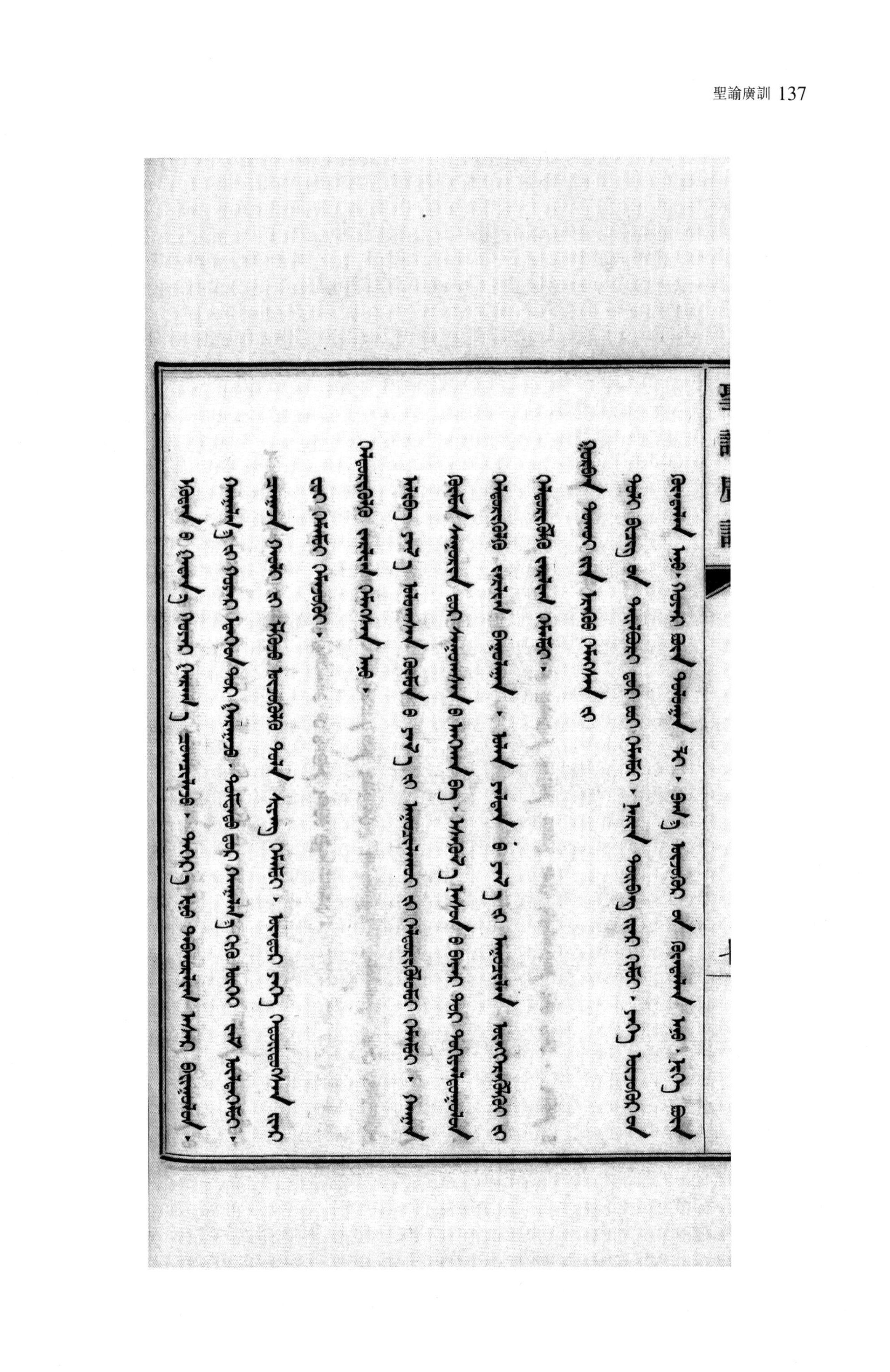

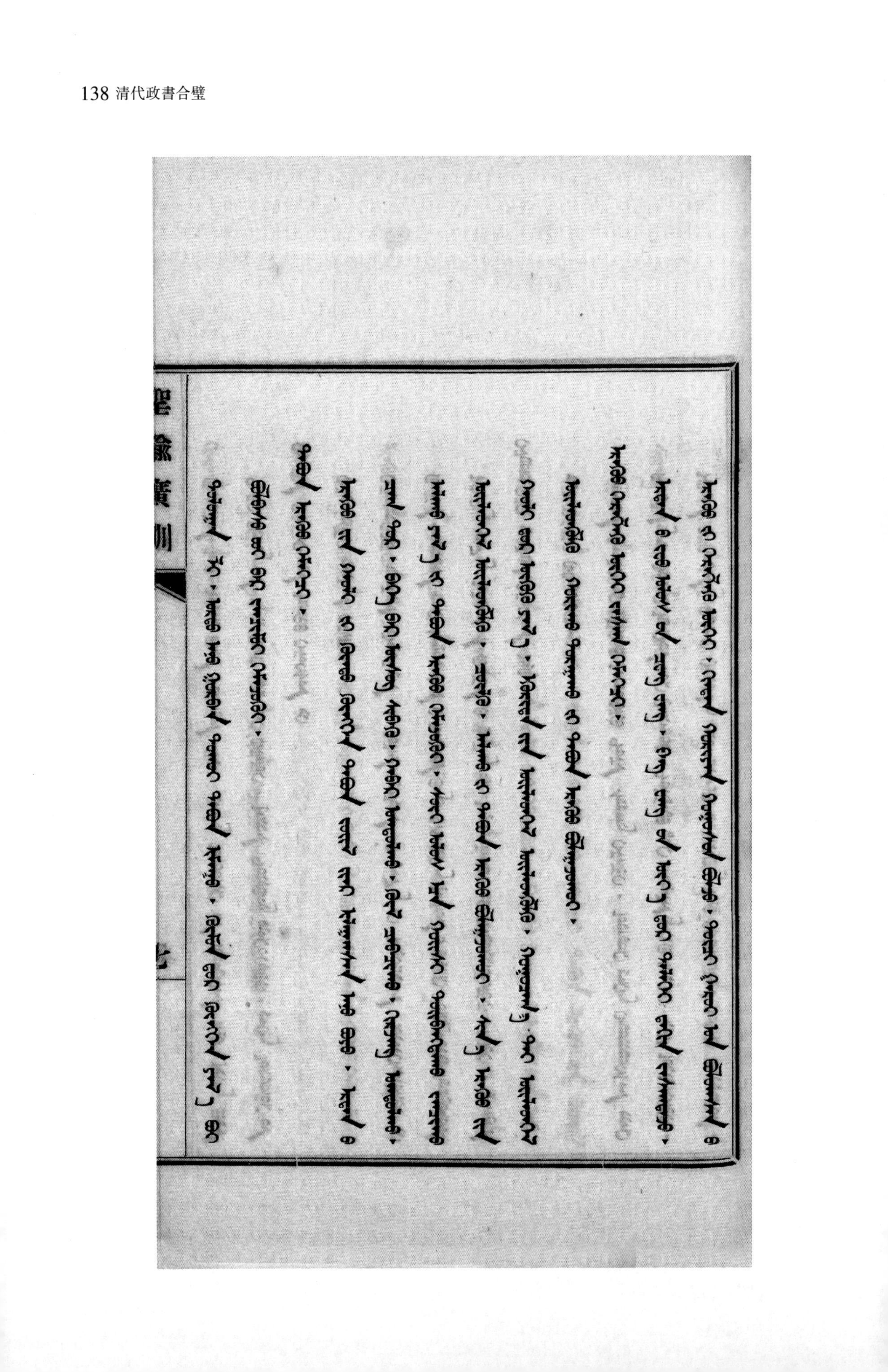

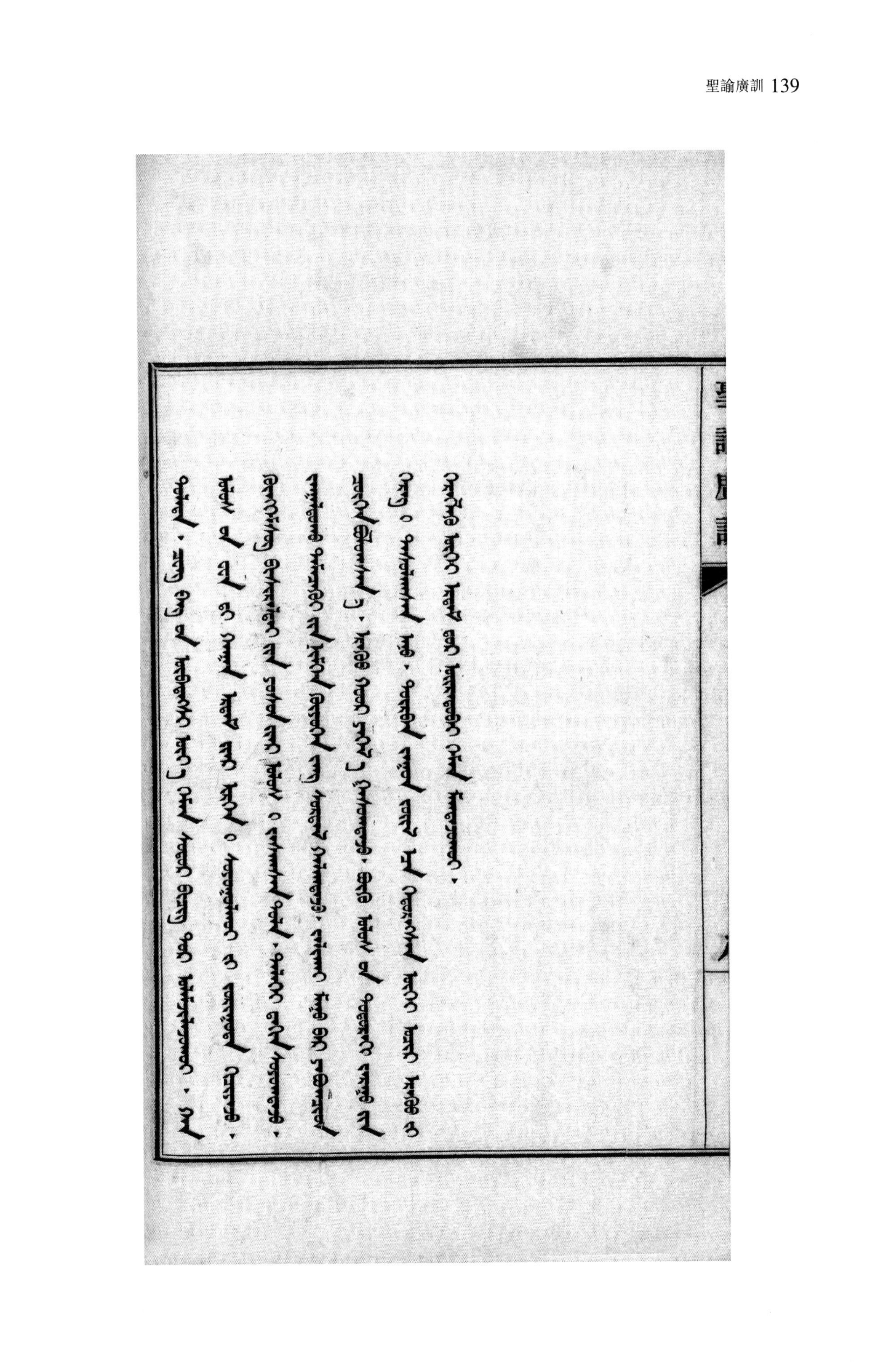

[illegible]

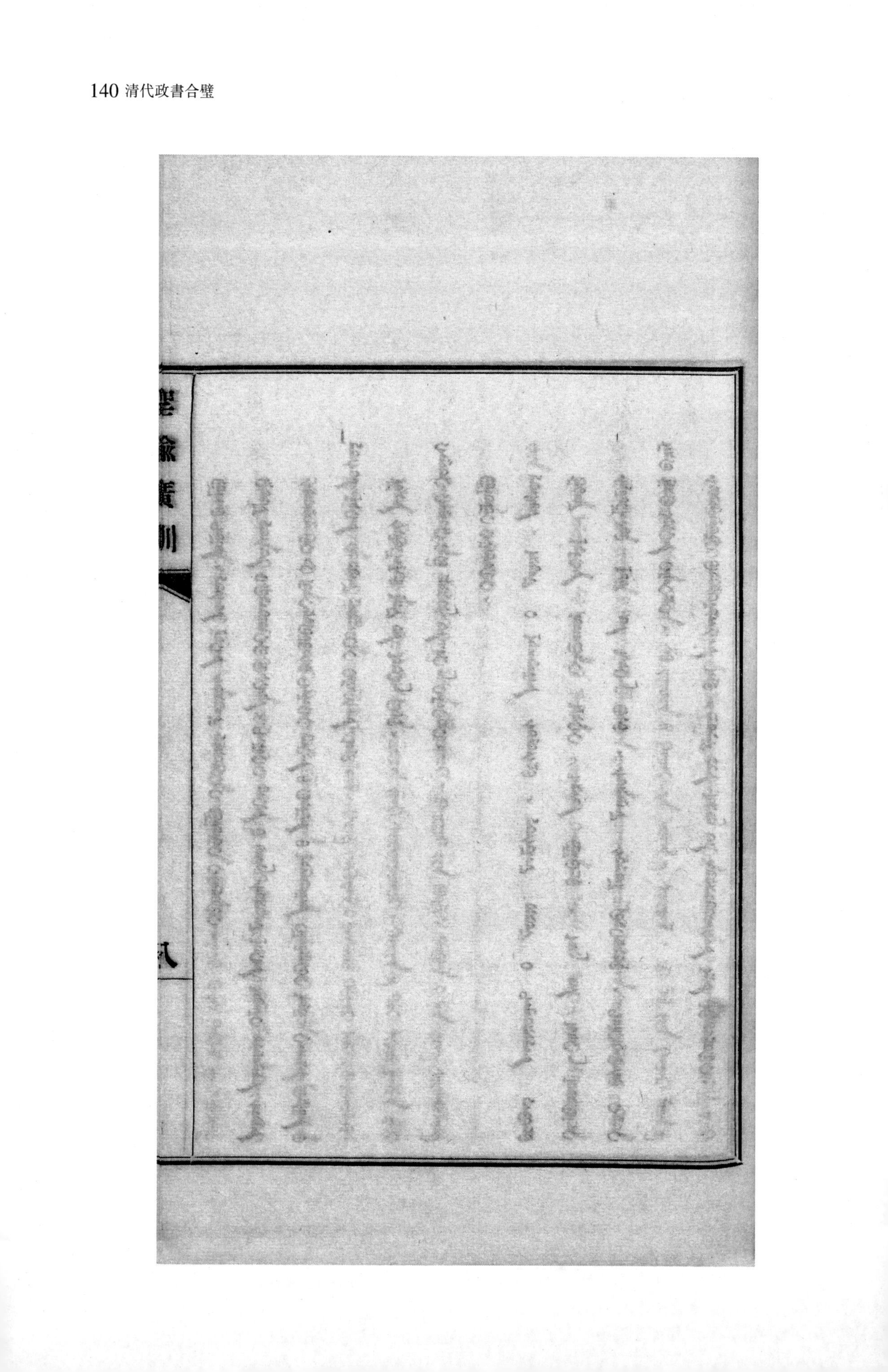

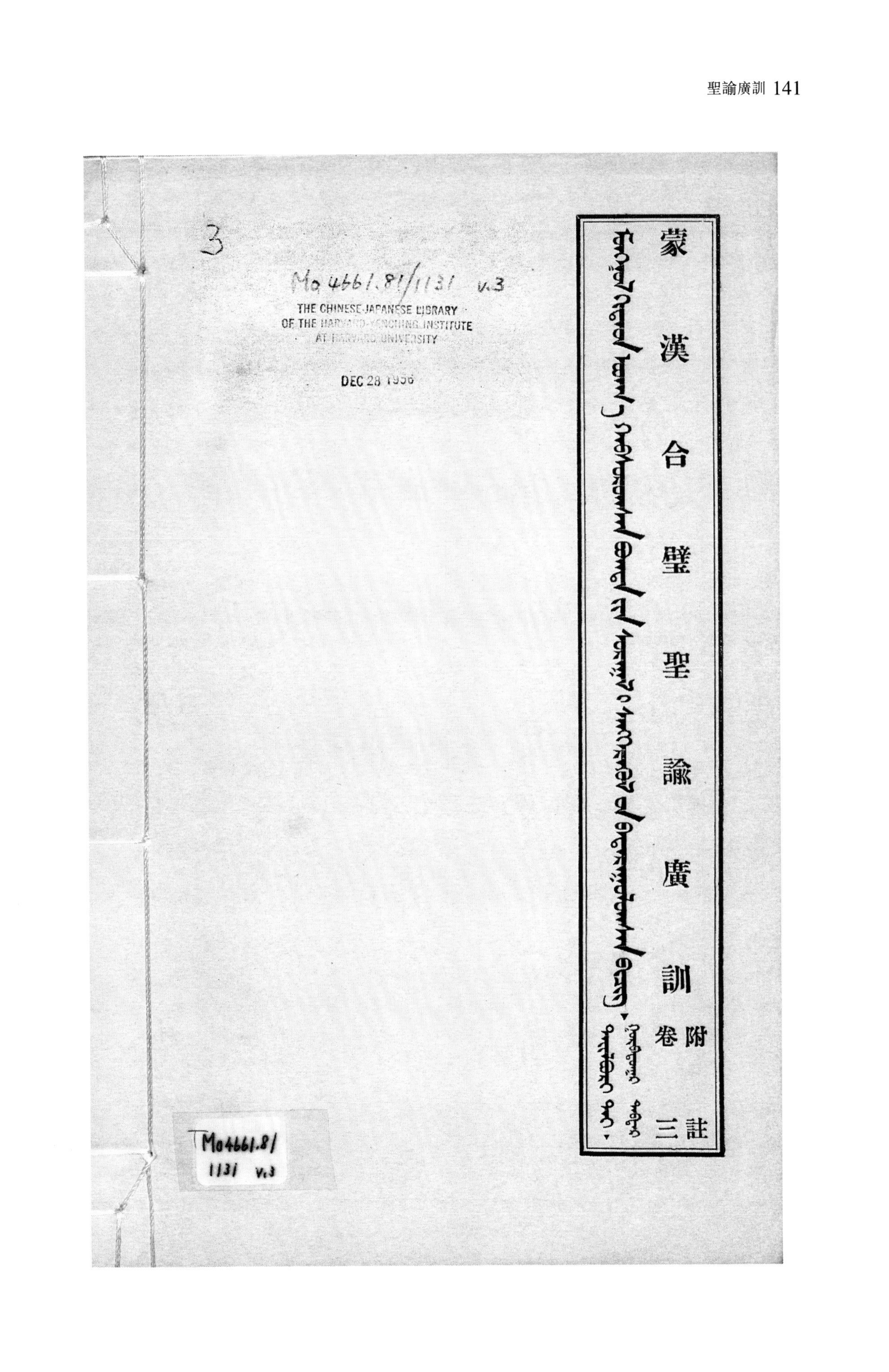

蒙漢合璧聖諭廣訓

附註 卷三

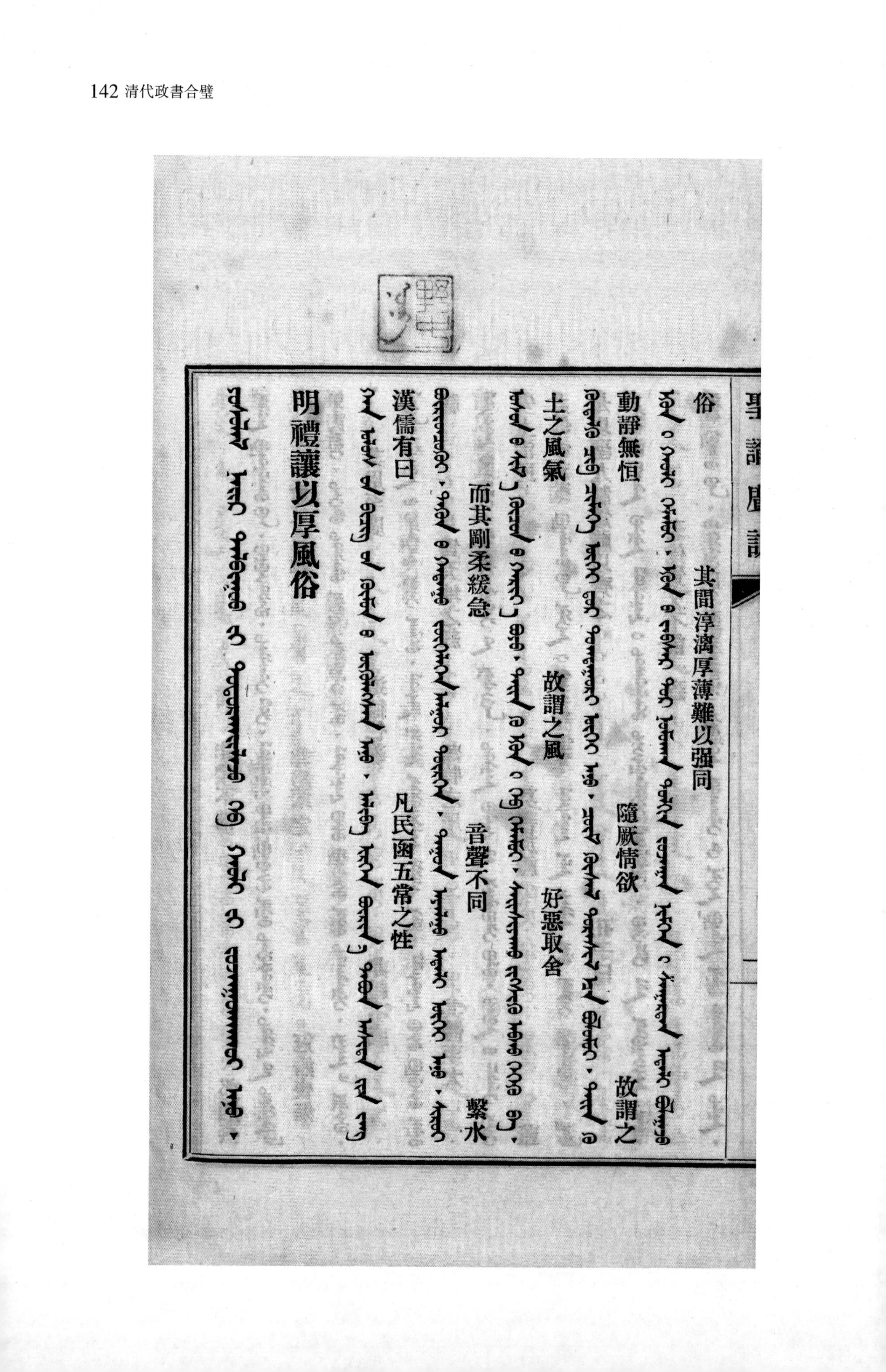

俗　其間淳漓厚薄難以强同

動靜無恒　隨厥情欲　故謂之

土之風氣　故謂之風　好惡取舍

而其剛柔緩急　音聲不同　繫水

漢儒有曰　凡民函五常之性

明禮讓以厚風俗

非禮不備　郊廟燕

尊卑貴賤　非禮不定　冠婚喪祭

其用至廣　道德仁義　非禮不成

禮　為天地之經　萬物之序　其體至大

安上治民　莫善於禮　蓋

是以聖人制為禮以齊之　孔子曰

奢儉質文不能一致

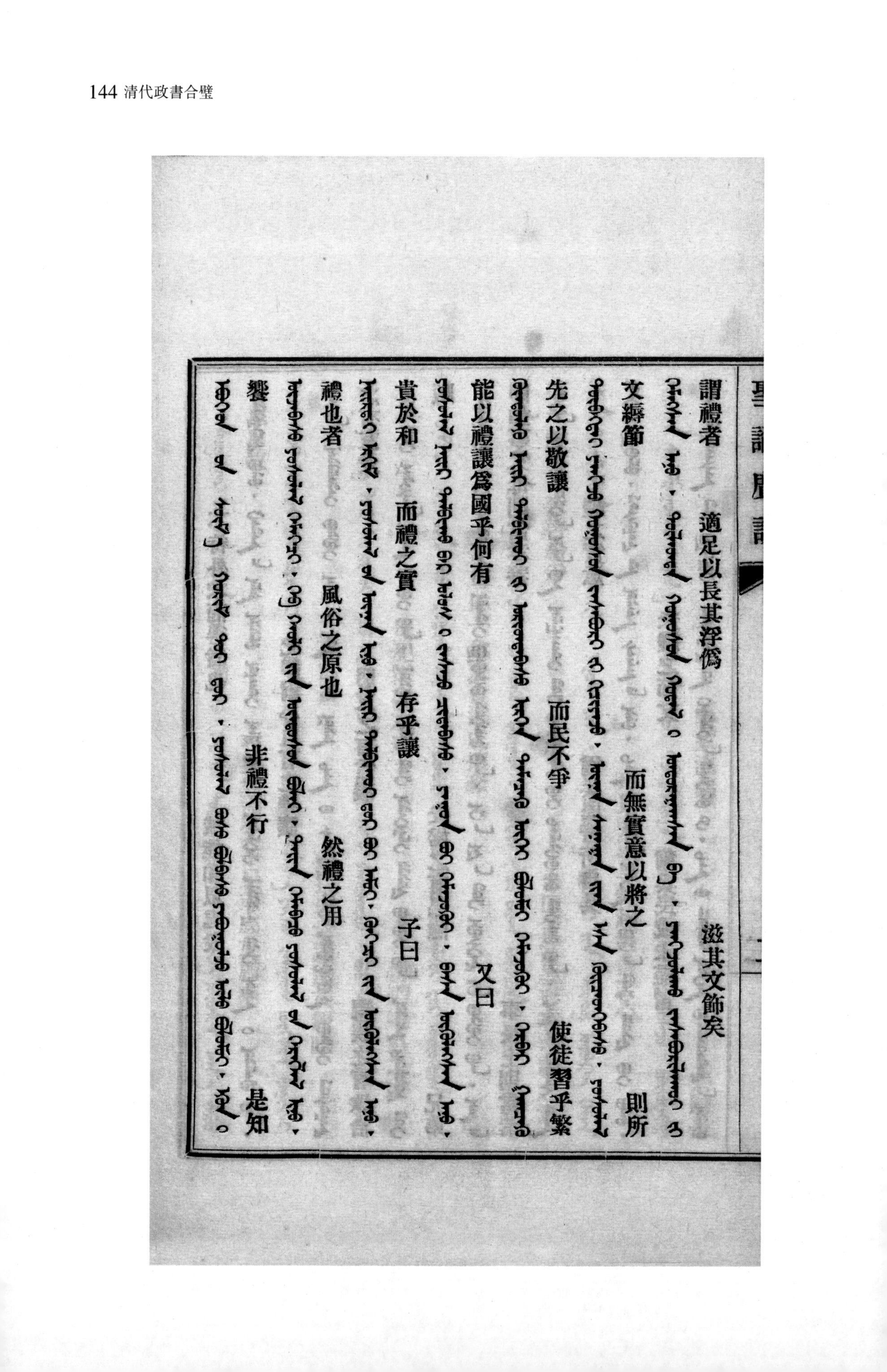

饗　非禮不行　是知

禮也者　風俗之原也　然禮之用

貴於和　而禮之實　存乎讓　子曰

能以禮讓爲國乎何有　又曰

先之以敬讓　而民不爭　使徒習乎繁

文縟節　而無實意以將之　則所

謂禮者　適足以長其浮僞　滋其文飾矣

不待外求而得者也
誠能和以處衆
此即爾心自有之禮讓
親族之有歎治
朋友之有信義
之有友愛
兄弟
夫婦之有倡隨
順
即如事父母則當孝養
事長上則當恭
禮之實意
爾兵民皆所自具
夫禮之節文
爾兵民或未盡習

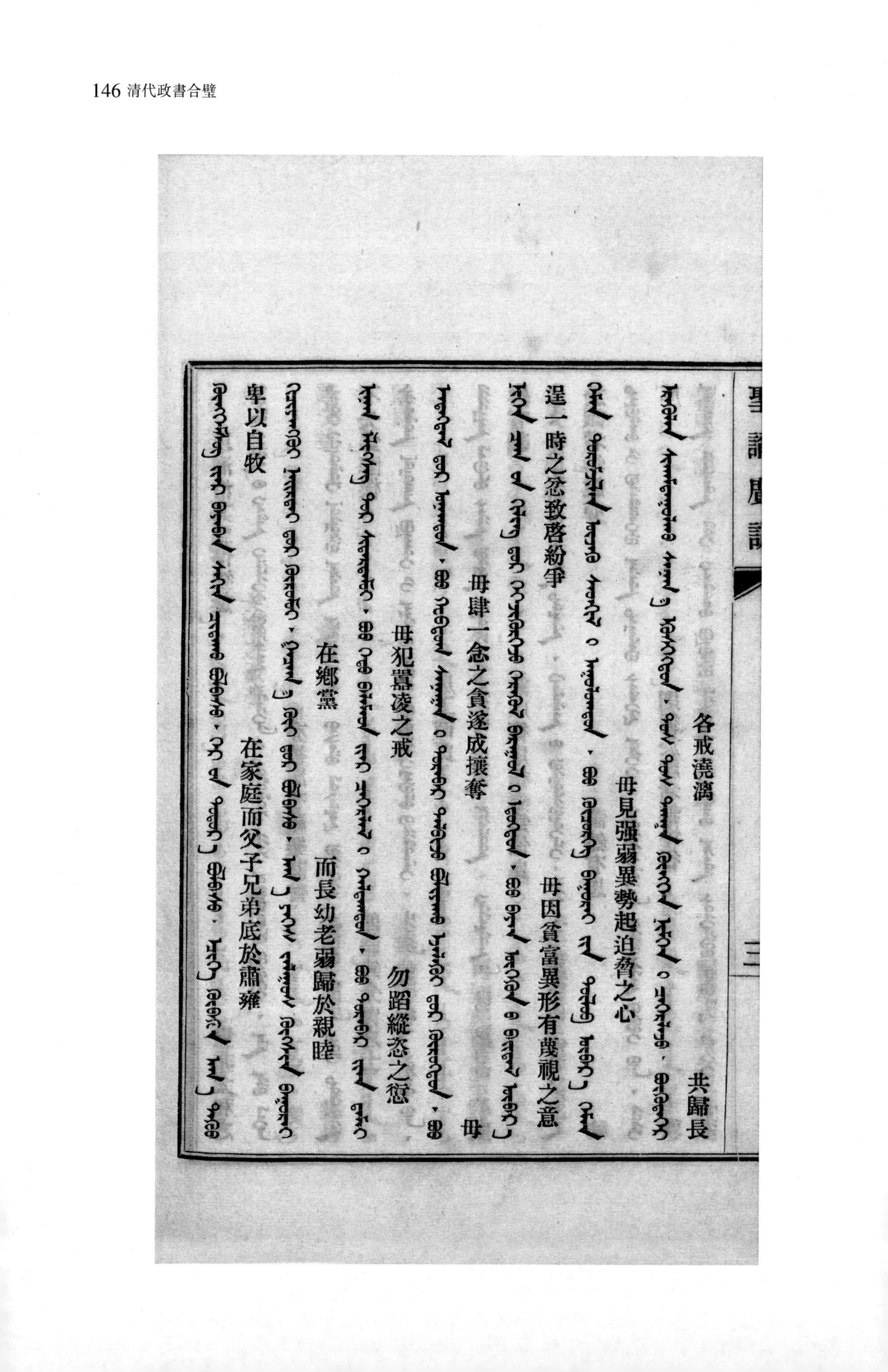

各戒澆漓 共歸長
毋見強弱異勢起迫脅之心
逞一時之忿致啓紛爭 毋因貧富異形有蔑視之意
毋肆一念之貪遂成攘奪 毋
毋犯囂凌之戒 勿蹈縱恣之愆
在鄉黨 而長幼老弱歸於親睦
卑以自牧 在家庭而父子兄弟底於肅雍

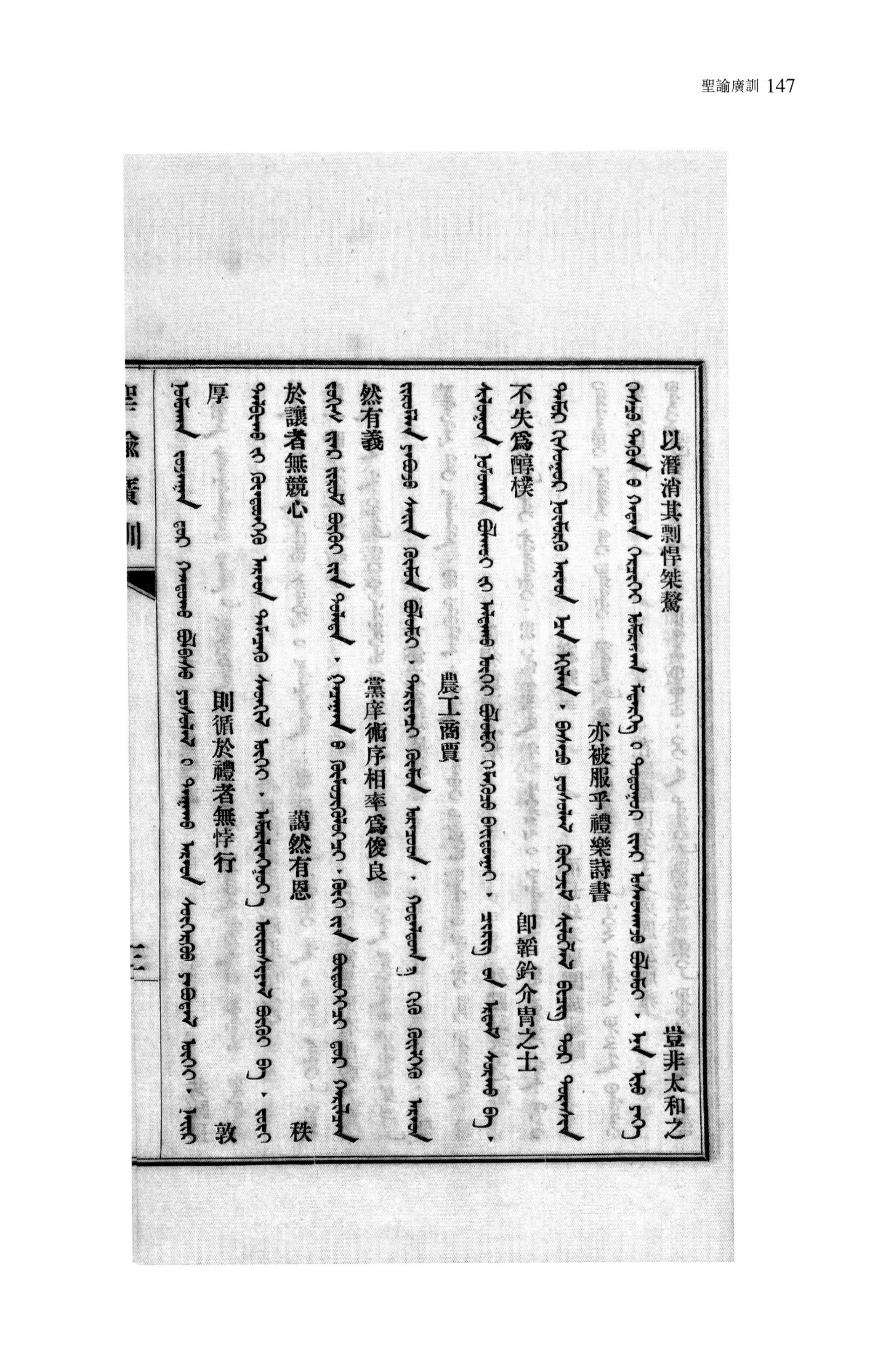

厚
則循於禮者無悖行
敦於讓者無競心
藹然有恩
秩然有義
黨庠術序相率爲俊良
農工商賈
不失爲醇樸
卽韜鈐介胄之士
亦被服乎禮樂詩書
以潛消其剽悍桀驁
豈非太和之

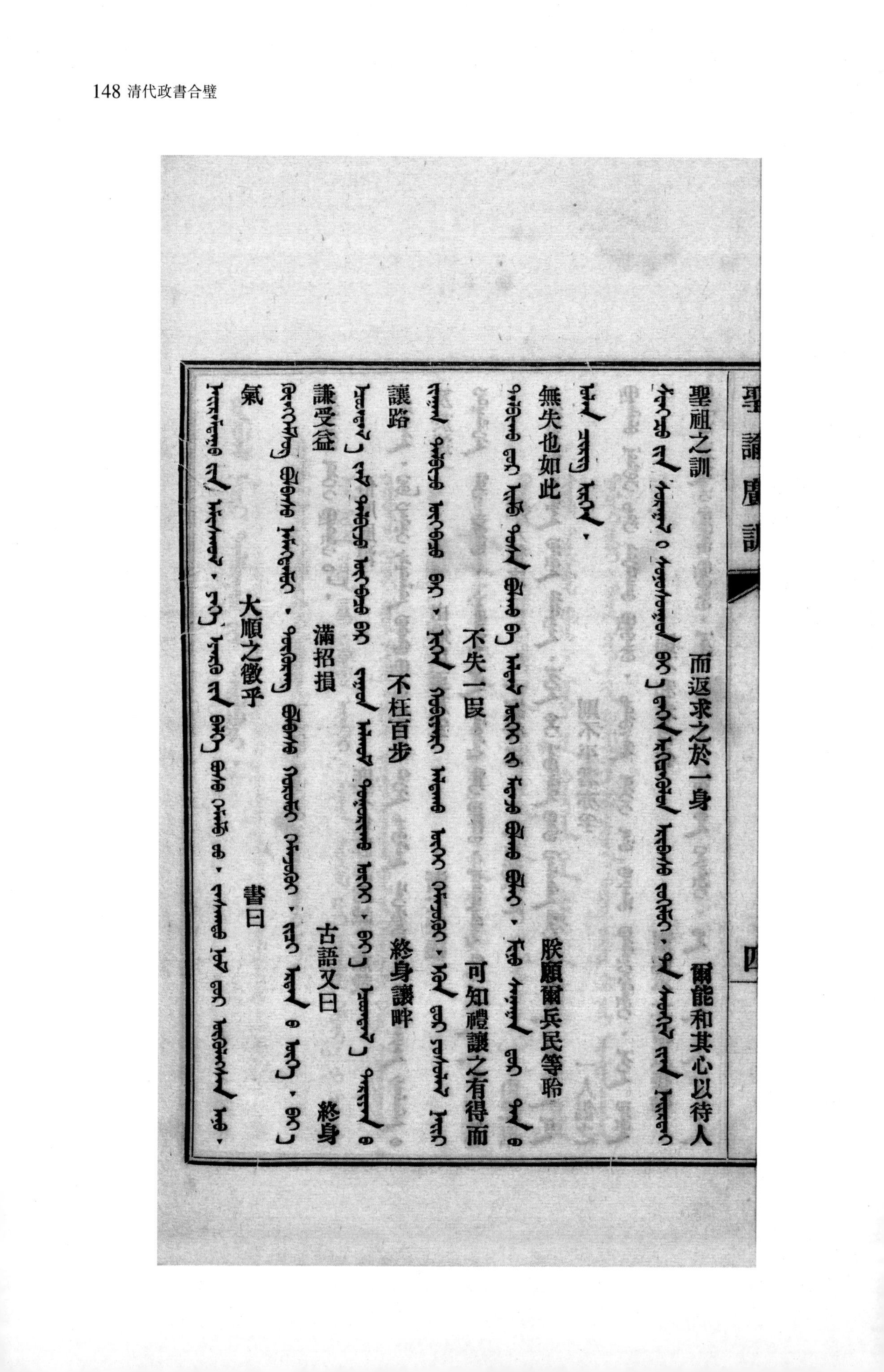

氣　大順之徵乎　書曰

謙受益　滿招損　古語又曰　終身

讓路　不枉百步　終身讓畔

不失一段　可知禮讓之有得而

無失也如此　朕願爾兵民等聆

聖祖之訓　而返求之於一身　爾能和其心以待人

俗厚風淳 庶不負諄諄誥誡之意哉

及於遠 由勉以至於安 漸仁摩義

衆人從之 一家行之 一里效之 由近以

則不平者亦孚 一人倡之

則不和者自化 爾能平其情以接物

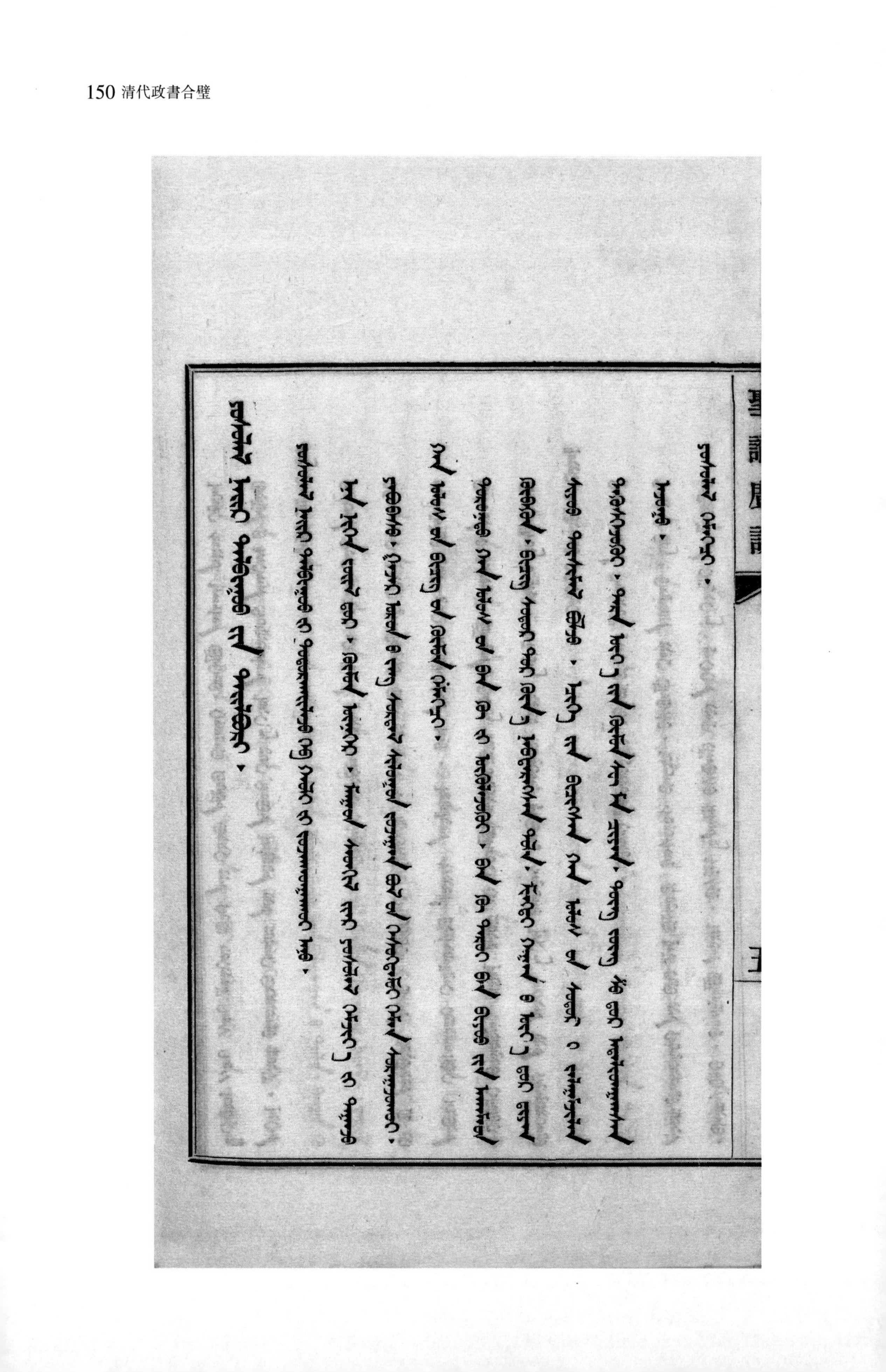

聖諭廣訓

五

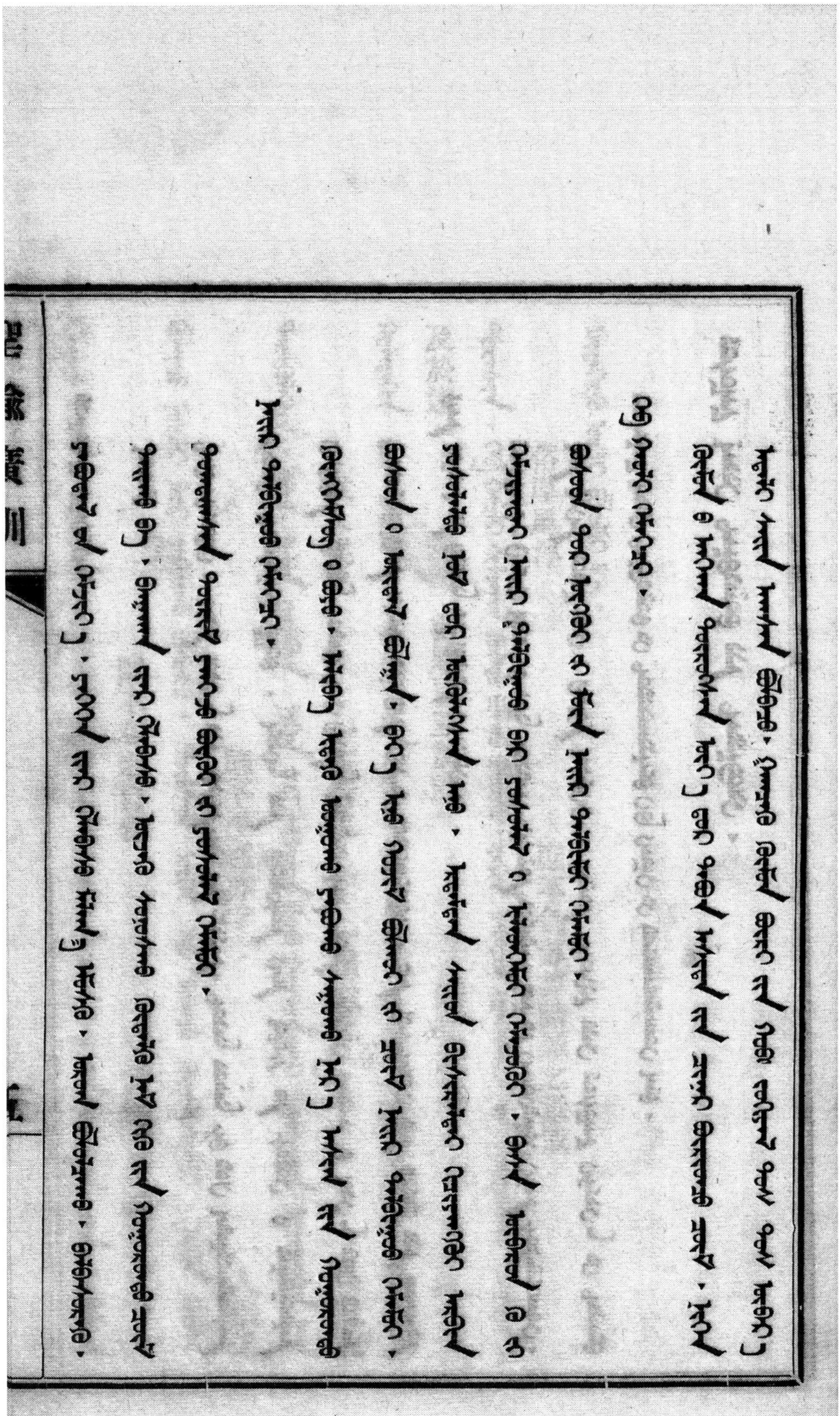
聖諭廣訓

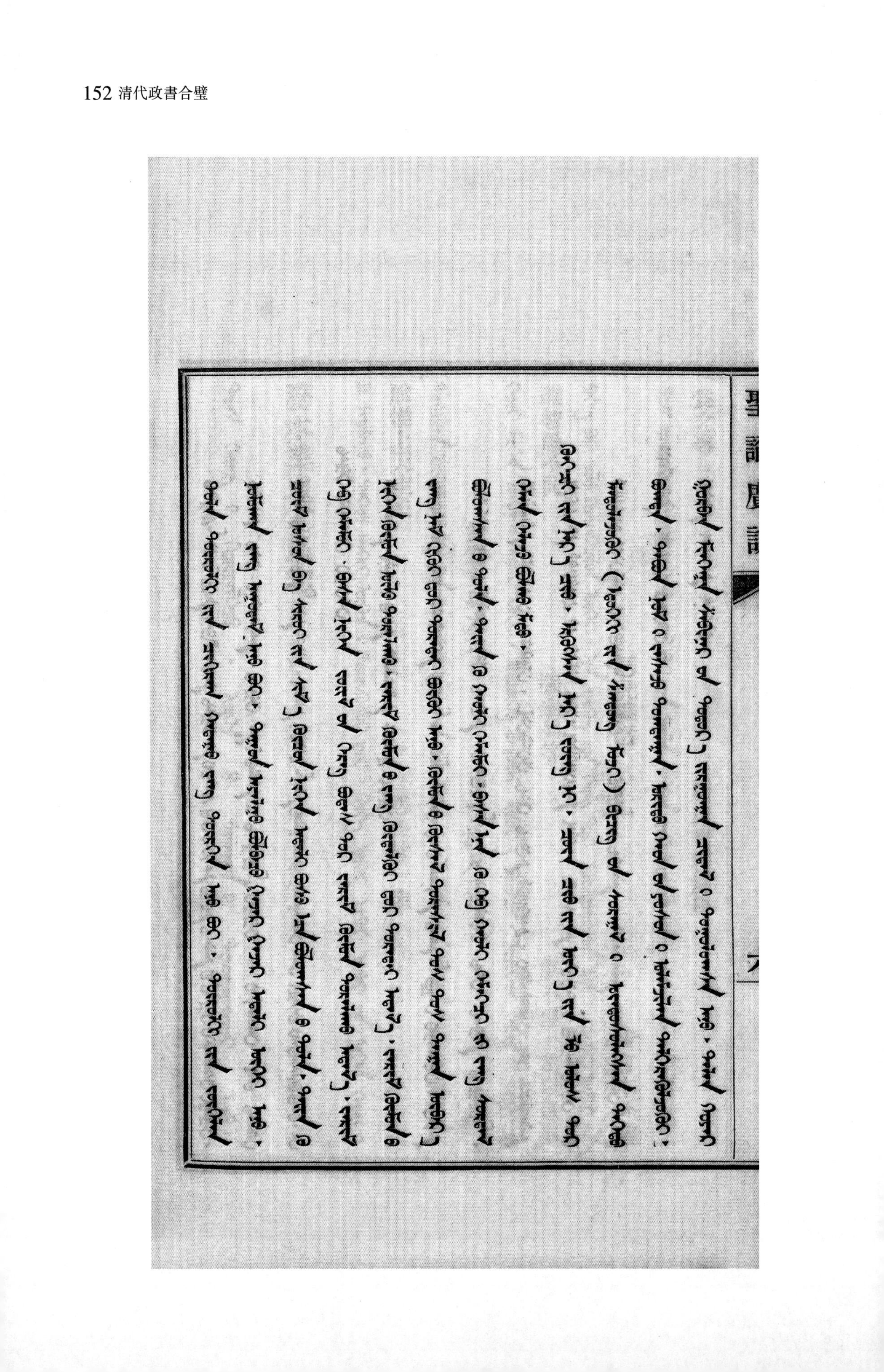

聖諭廣訓

[illegible]

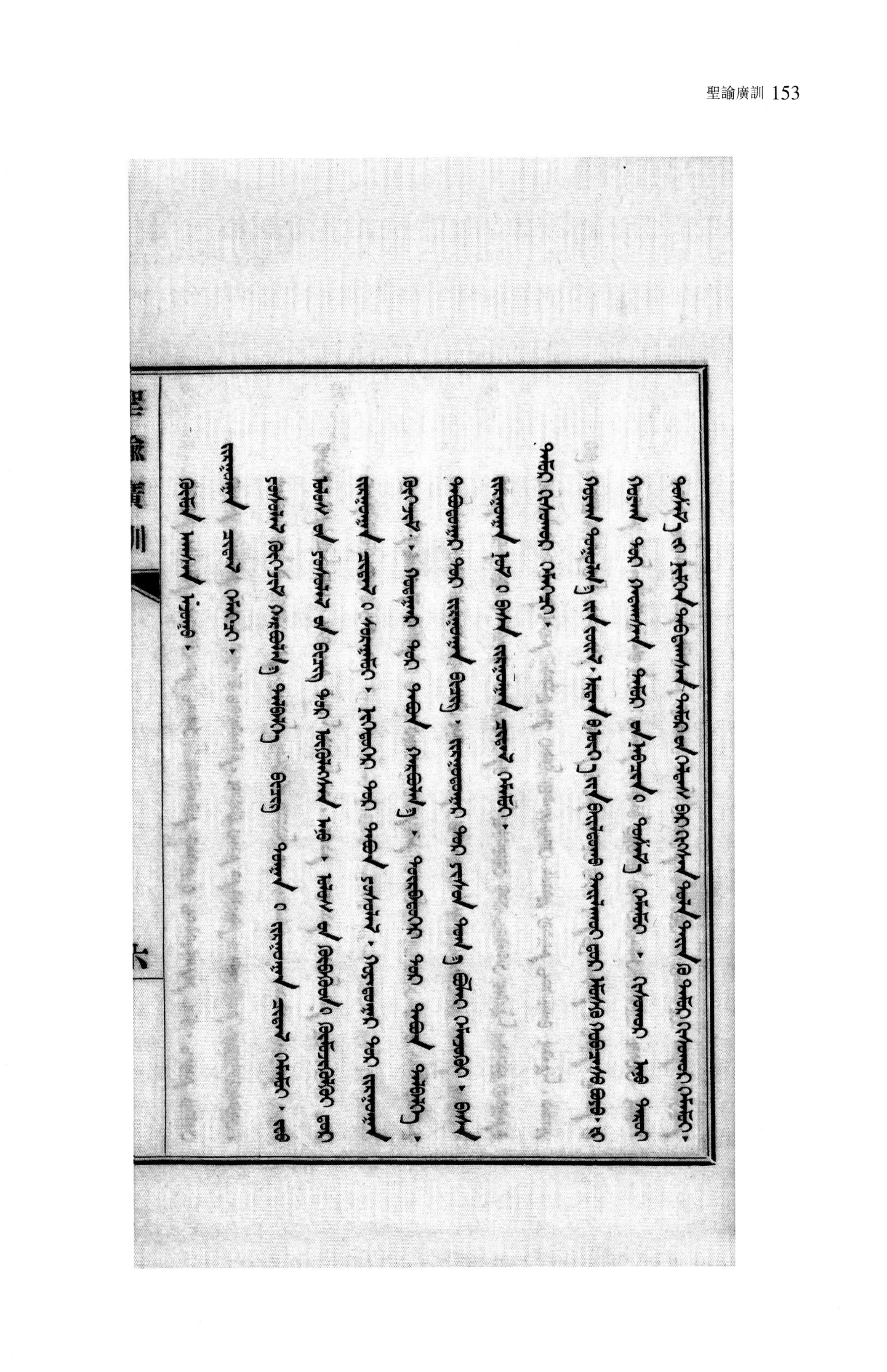

聖諭廣訓 六

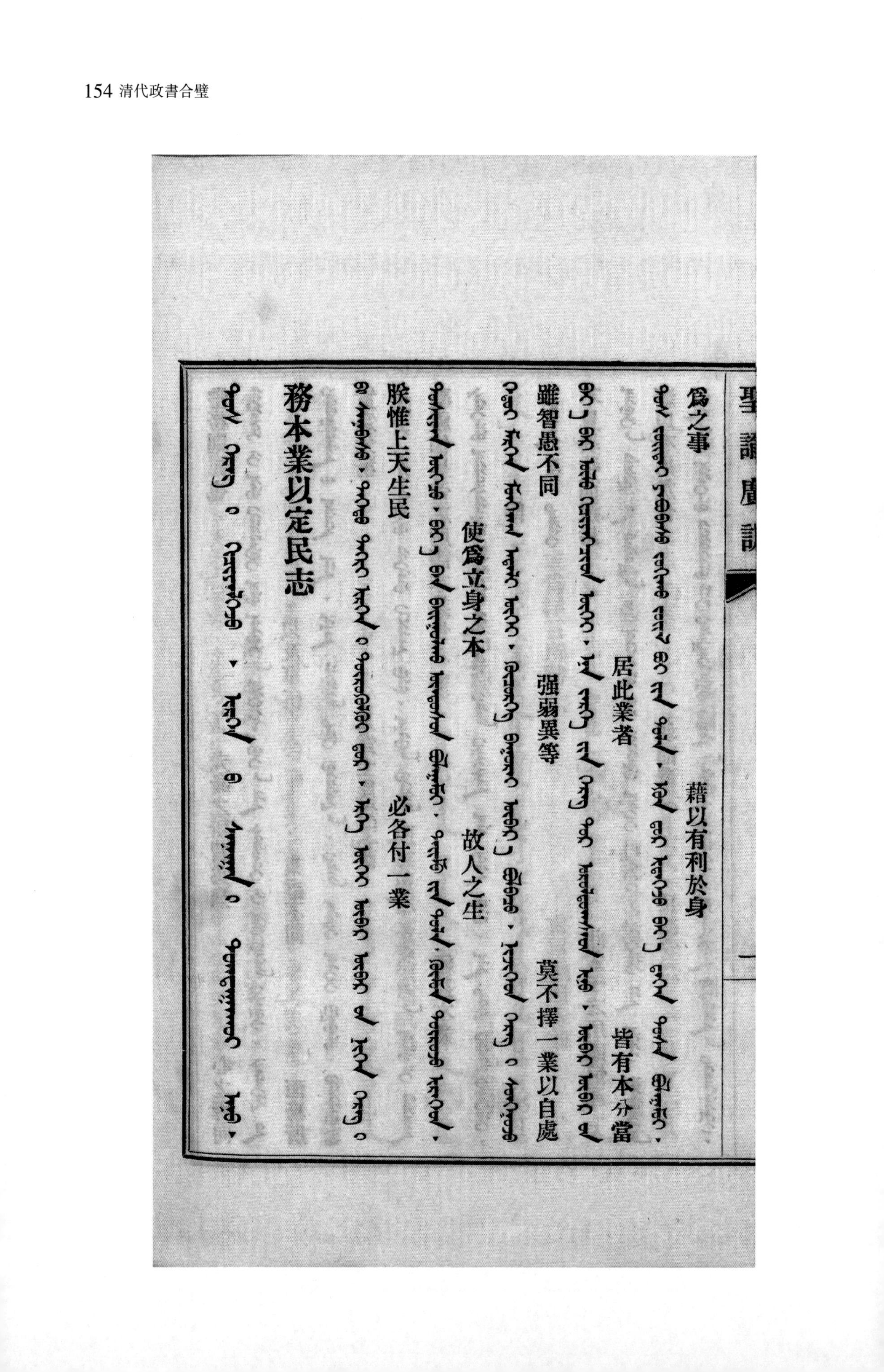

務本業以定民志

朕惟上天生民　必各付一業　使爲立身之本　故人之生　雖智愚不同　强弱異等　莫不擇一業以自處　居此業者　皆有本分當爲之事　藉以有利於身

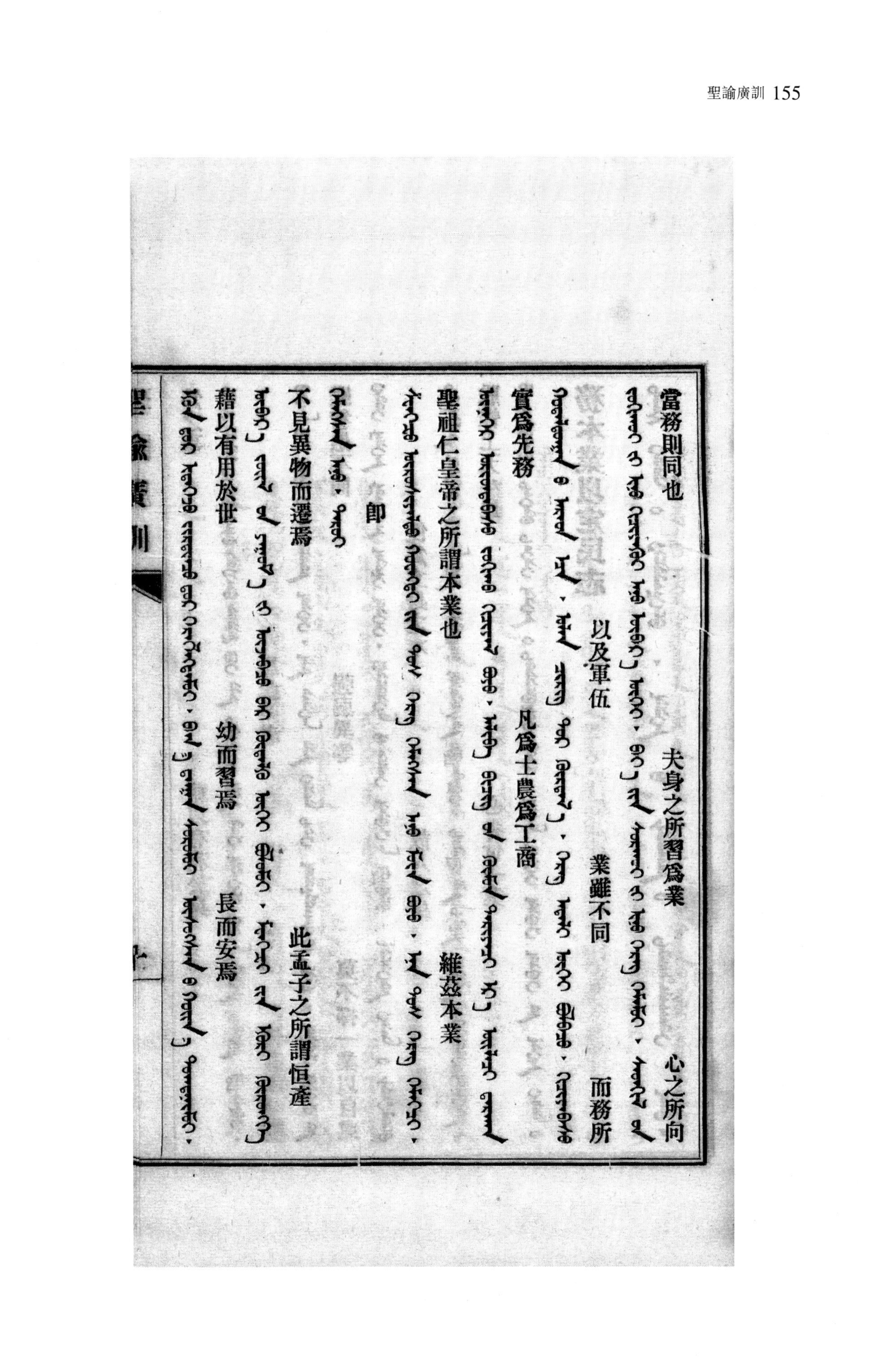

藉以有用於世 幼而習焉 長而安焉

不見異物而遷焉 此孟子之所謂恒產

即

聖祖仁皇帝之所謂本業也 維茲本業

實爲先務 凡爲士農爲工商

以及軍伍 業雖不同 而務所

當務則同也 夫身之所習爲業 心之所向

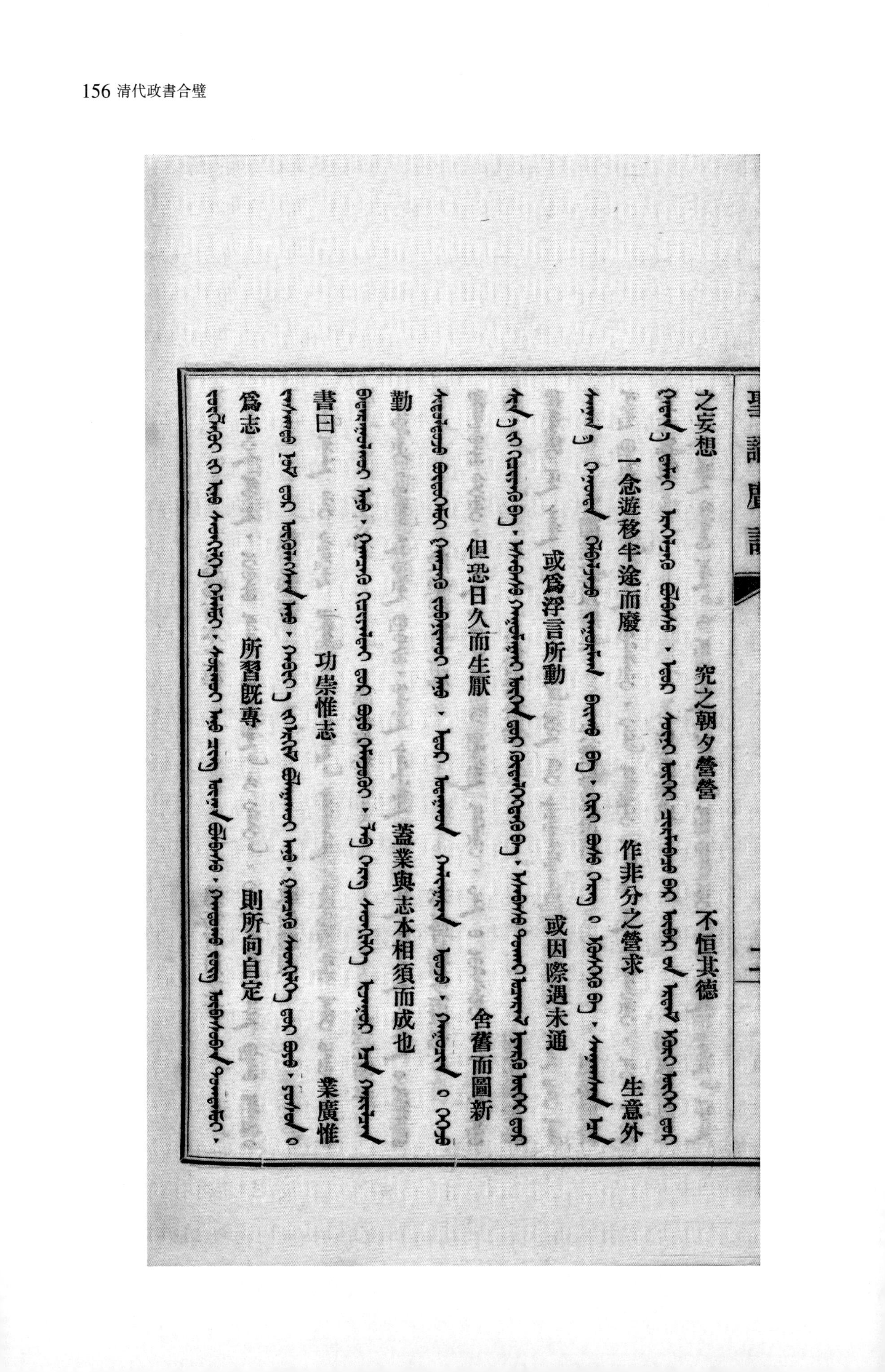

爲志　所習既專　則所向自定

書曰　功崇惟志　業廣惟

勤　蓋業與志本相須而成也

但恐日久而生厭　舍舊而圖新

或爲浮言所動　或因際遇未通

一念遊移半途而廢　作非分之營求　生意外

之妄想　究之朝夕營營　不恒其德

退爲有本之學 進爲有用之才

服習詩書 敦崇禮讓

爲士者 謹身修行 矻矻窮年

朕樂觀爾之成 不忍見爾之廢也

勤 志貴奮於始 而尤勵於終

而業遂以廢矣 夫業每荒於嬉 而必精於

資生寡策 歷久無成 而志遂以荒

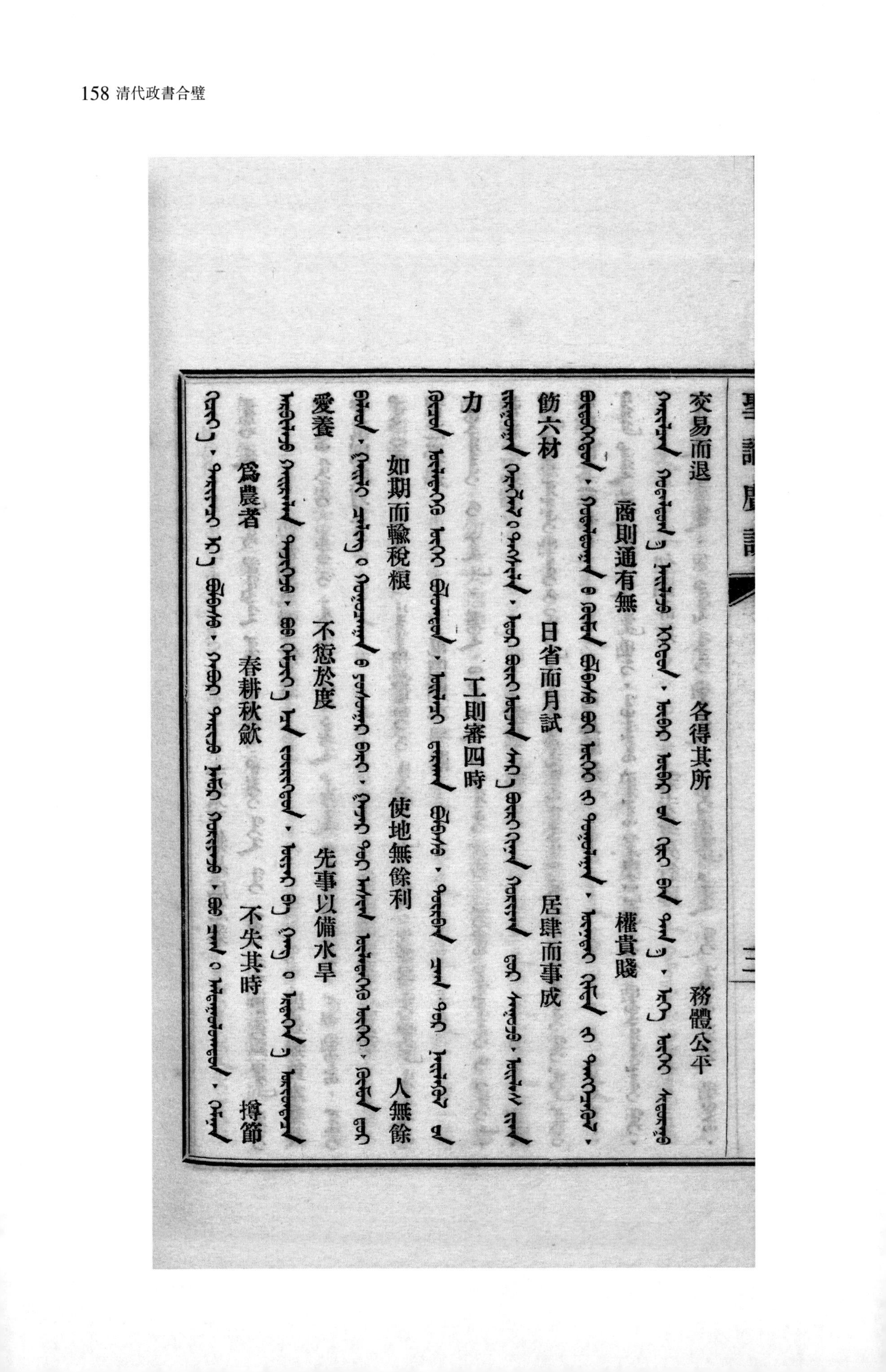

爲農者　春耕秋歛　不失其時　撙節

愛養　不愆於度　先事以備水旱

如期而輸稅粮　使地無餘利　人無餘

力　工則審四時

飭六材　日省而月試　居肆而事成

商則通有無　權貴賤

交易而退　各得其所　務體公平

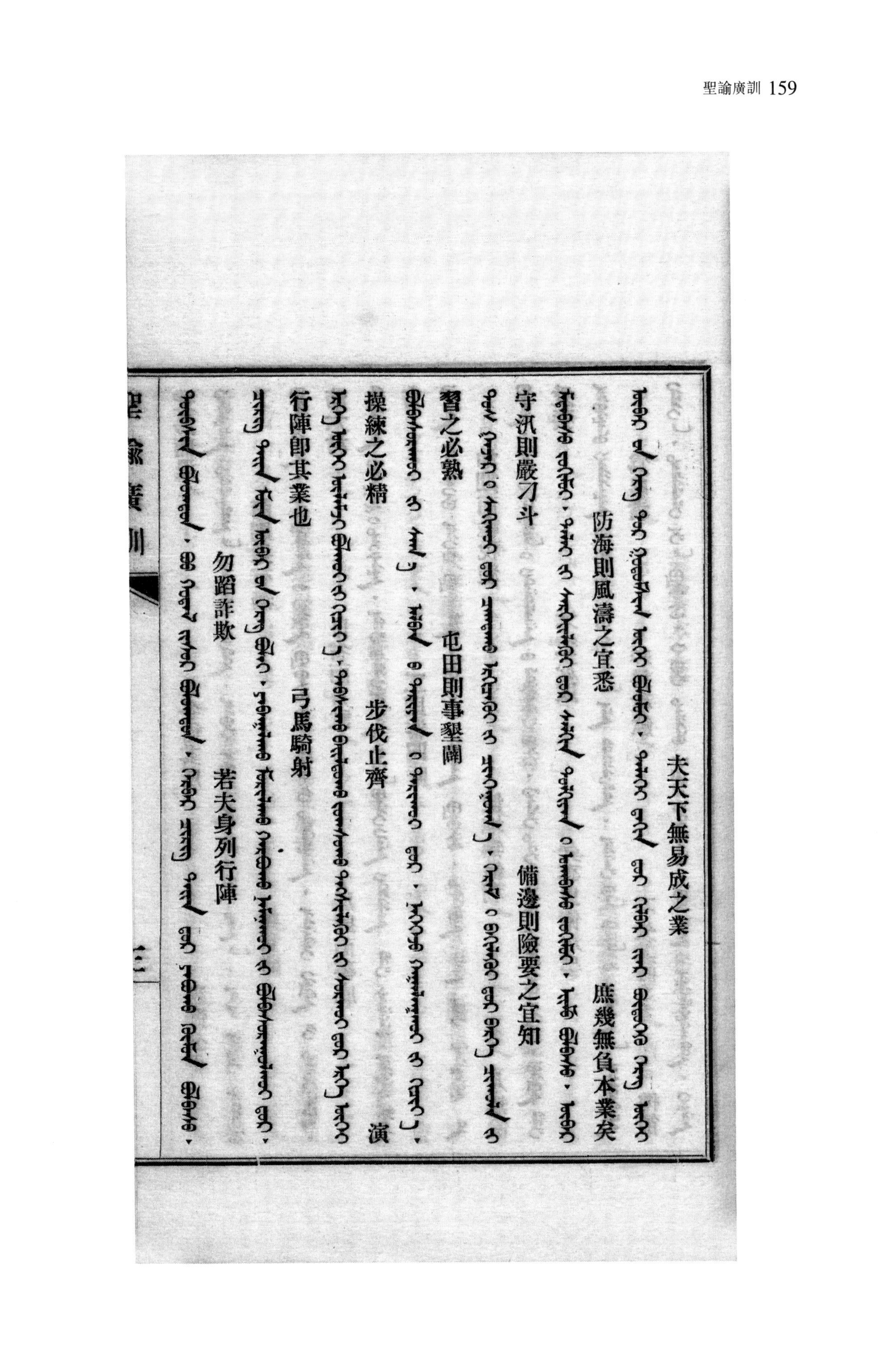

夫天下無易成之業

防海則風濤之宜悉　庶幾無負本業矣

守汛則嚴刁斗　備邊則險要之宜知

習之必熟　屯田則事墾闢

操練之必精　步伐止齊　演

行陣卽其業也　弓馬騎射

勿蹈詐欺　若夫身列行陣

聖諭廣訓　三

商通貨財　兵資捍衛

農服先疇　工利器用

事乎紛華　熙熙然士食舊德

勿貪夫逸樂　甯安於樸守　勿

毋相侵擾　毋敢怠荒　甯習於勤劬

各安其志　則志無旁騖

而亦無不可成之業　各守乃業　則業無不成

各盡乃職　各世其業　上以繼祖宗之

傳　下以貽子孫之緒

富庶豐亨　游於光天化日之下　以仰答

聖祖諄誡之殷懷　以克副朕休養

之至意　顧不共享其福歟

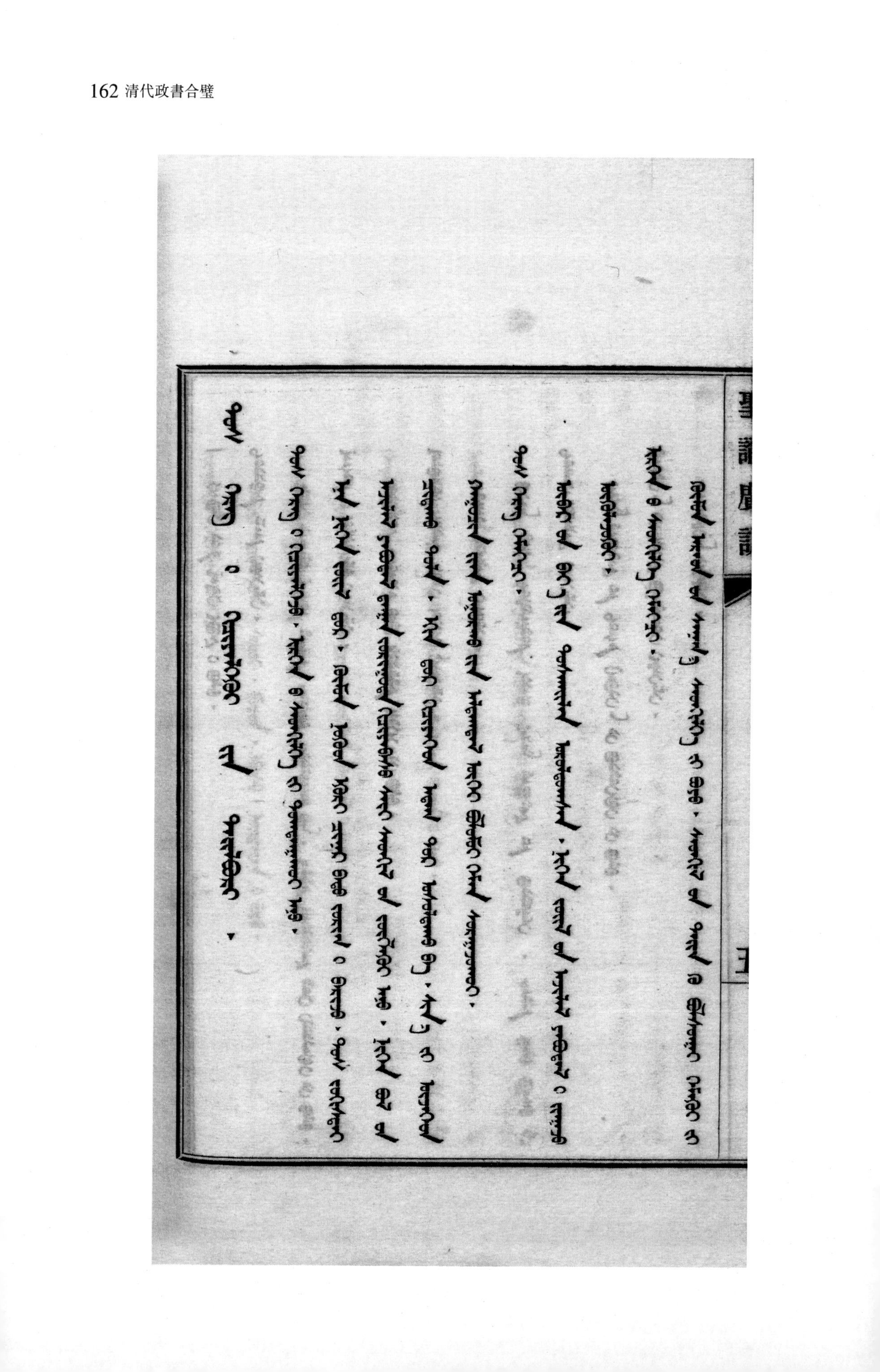

聖諭廣訓

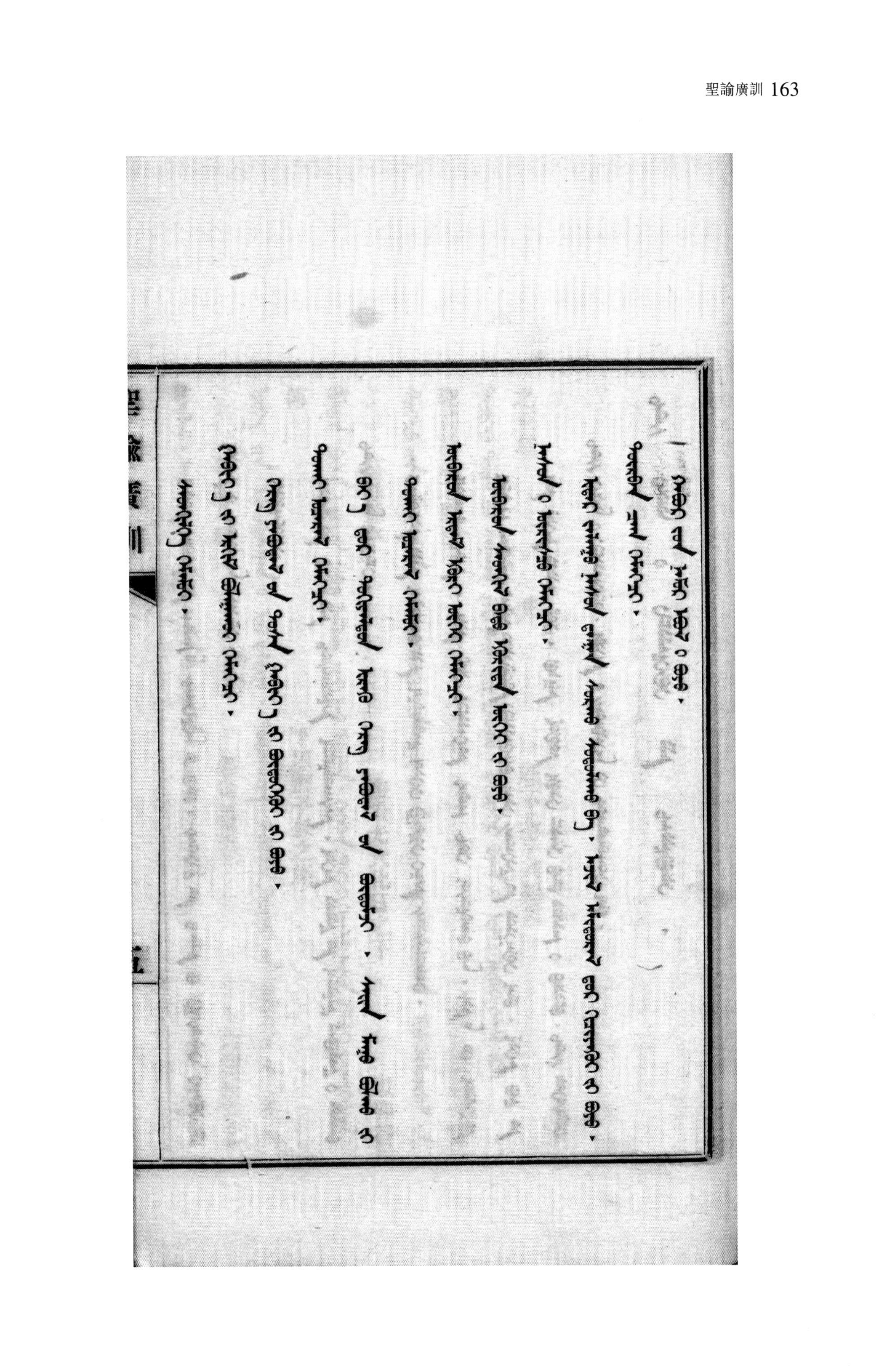

聖諭廣訓

五

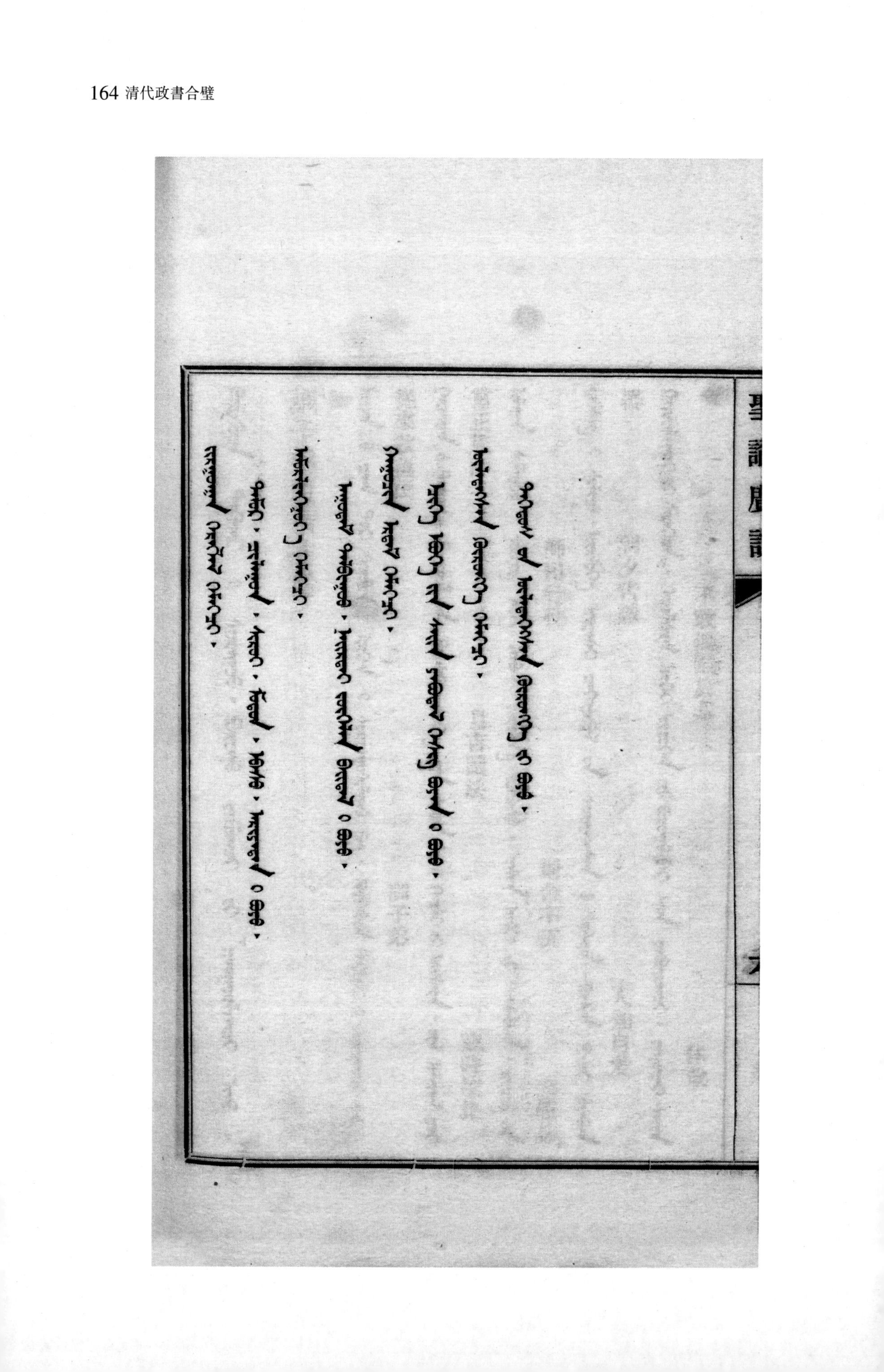

聖諭廣訓

[illegible]

[illegible]

[illegible]

[illegible]

[illegible]

[illegible]

聖諭廣訓

不敢偶蹈於非　休哉

器　朝夕告誡　人知自愛

師田行役　則合卒伍　而簡兵

黨正族師　月吉讀法　歲時校比

從來敎萬民　訓子弟

訓子弟以禁非爲

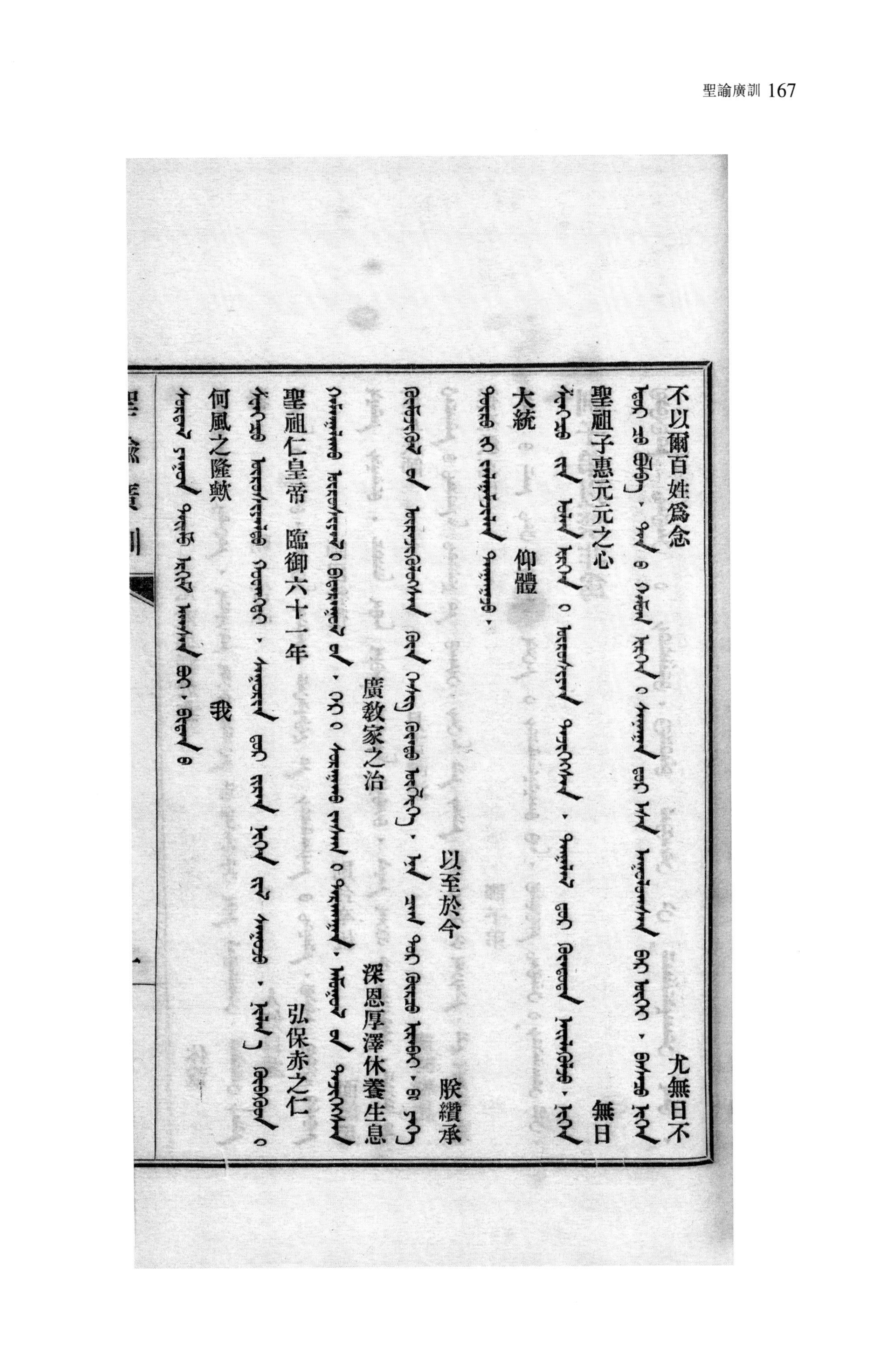

不以爾百姓爲念　尤無日不

聖祖子惠元元之心　無日

大統　仰體

以至於今　朕纘承

廣敎家之治　深恩厚澤休養生息

聖祖仁皇帝　臨御六十一年　弘保赤之仁

何風之隆歟　我

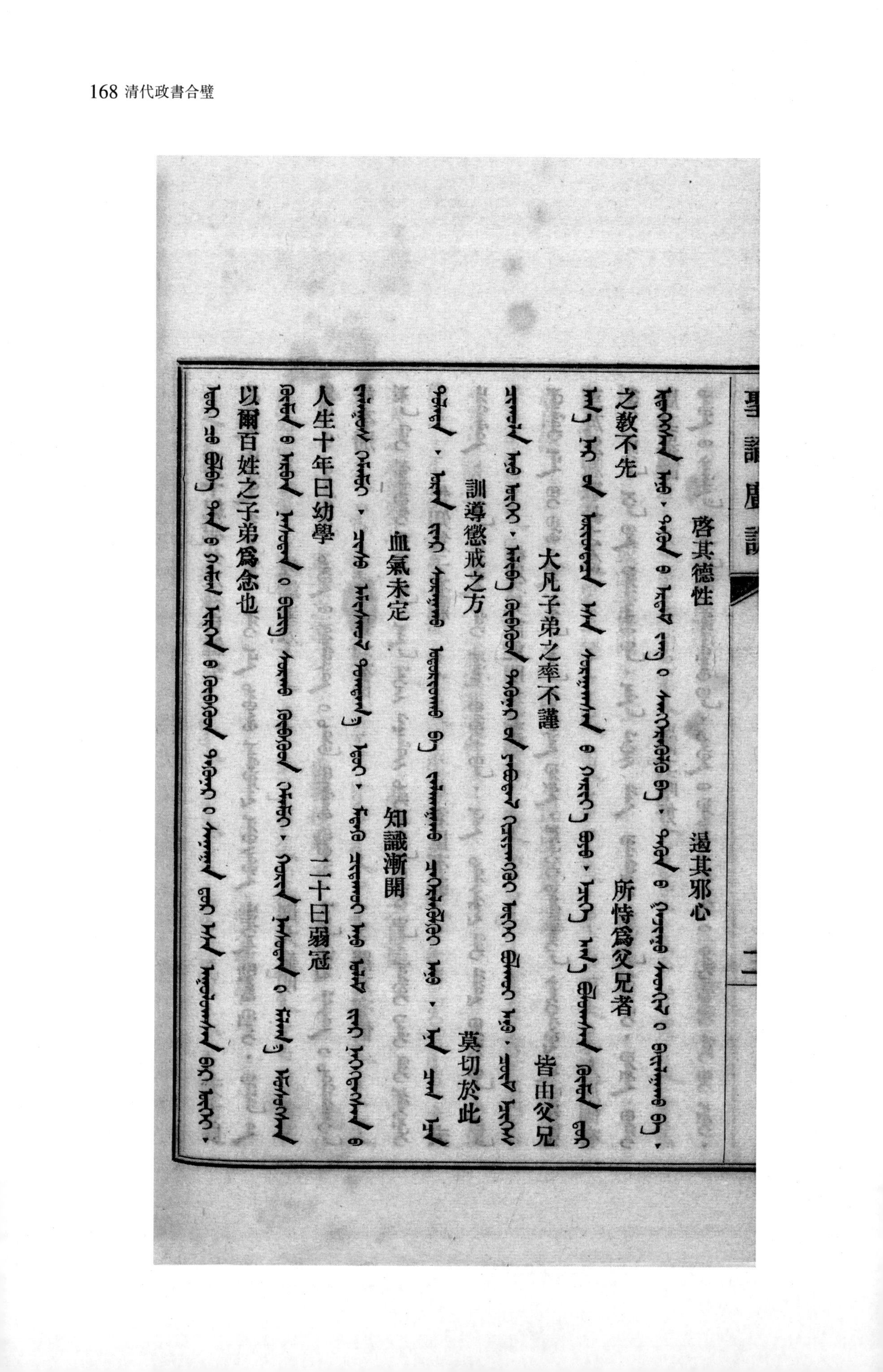

啓其德性　遏其邪心

之教不先　所恃爲父兄者

大凡子弟之率不謹　皆由父兄

訓導懲戒之方　莫切於此

血氣未定　知識漸開

人生十年曰幼學　二十日弱冠

以爾百姓之子弟爲念也

廣其器識　謹其嗜好

至於愛親敬長之念　人所固有

爾父兄誠能明示其訓

俾知父子有親　君臣有義　夫

婦有別　長幼有序　朋友有信

以端其本　則大倫明

而干紀犯分之咎自鮮矣　夫士農

或結納匪類　放辟邪侈

風　或游手好閑　博奕飲酒

成自然　民間非爲之事　漸漬成

語云　少成若天性　習慣

其人之淑慝邪正　必自爲子弟之日始

軍士之家　世習技勇

工商　各有傳業

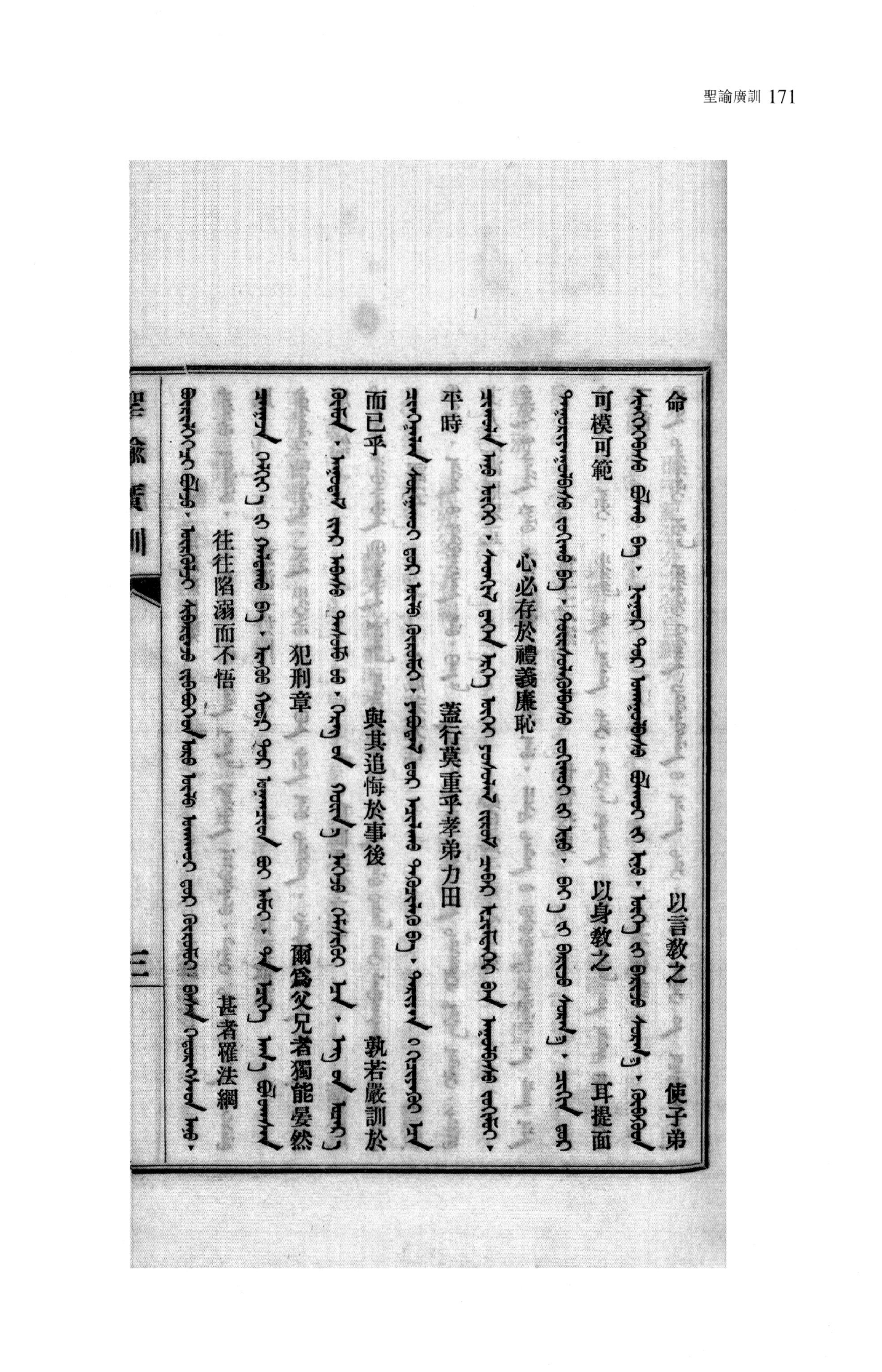

命　以言教之　使子弟

可模可範　以身教之　耳提面

心必存於禮義廉恥

平時　蓋行莫重乎孝弟力田

而已乎　與其追悔於事後　孰若嚴訓於

犯刑章　爾爲父兄者獨能晏然

往往陷溺而不悟　甚者罹法網

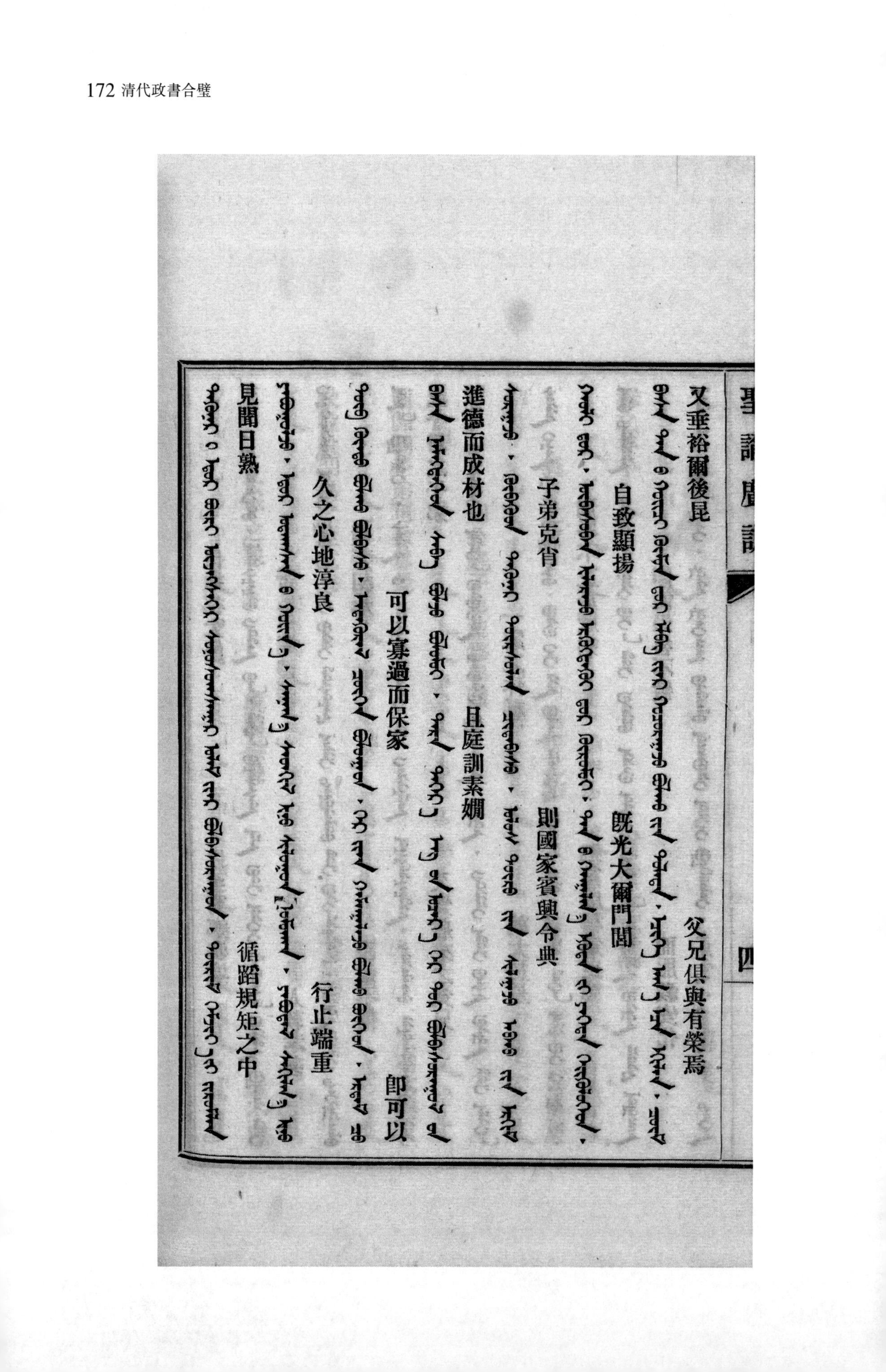

又垂裕爾後昆　父兄俱與有榮焉

自致顯揚　旣光大爾門閭

子弟克肖　則國家賓興令典

進德而成材也　且庭訓素嫻

可以寡過而保家　卽可以

久之心地淳良　行止端重

見聞日熟　循蹈規矩之中

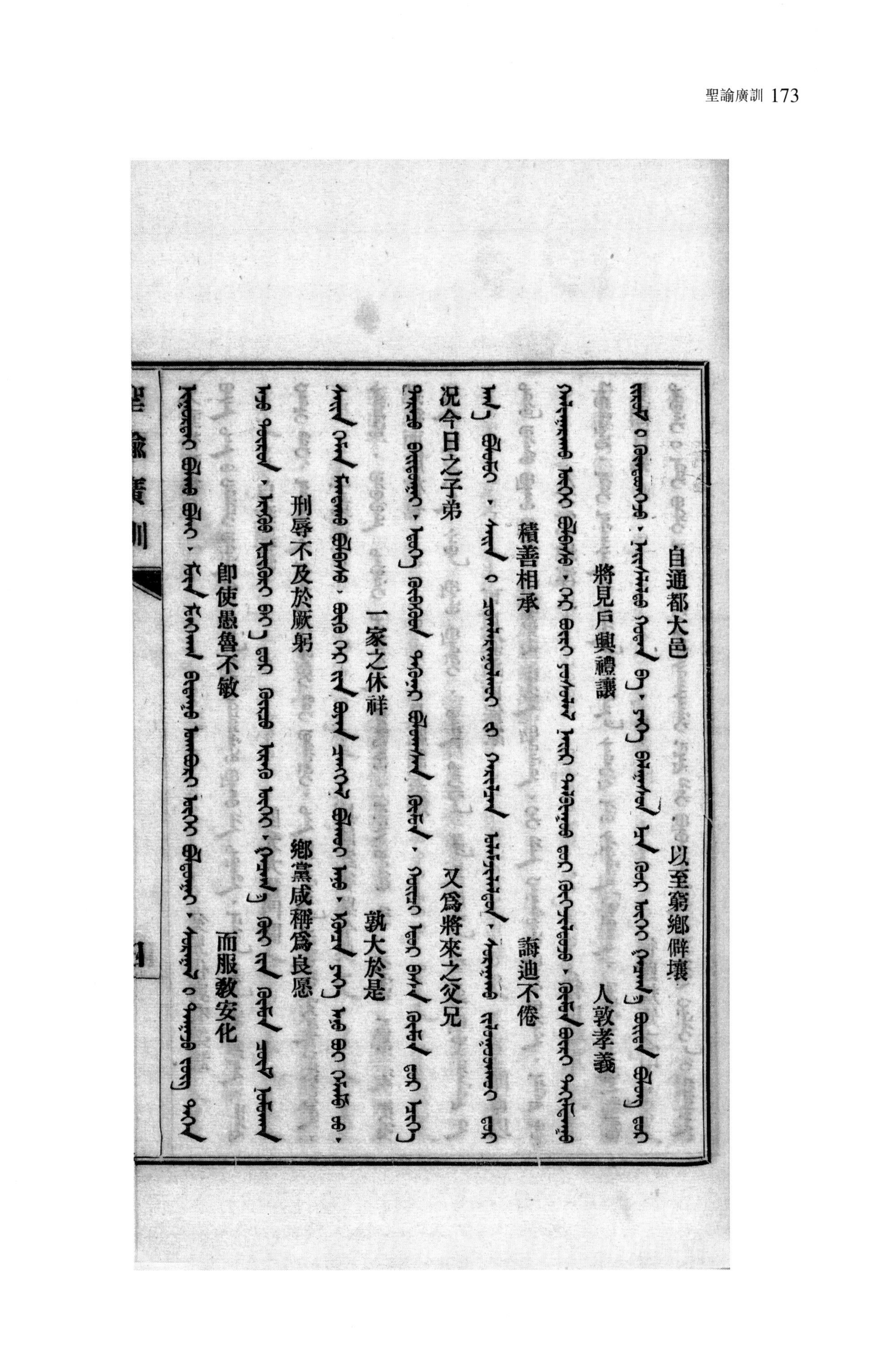

自通都大邑　以至窮鄉僻壤

將見戶興禮讓　人敦孝義

積善相承　誨迪不倦

況今日之子弟　又爲將來之父兄

一家之休祥　孰大於是

刑辱不及於厥躬　鄉黨咸稱爲良愿

即使愚魯不敏　而服教安化

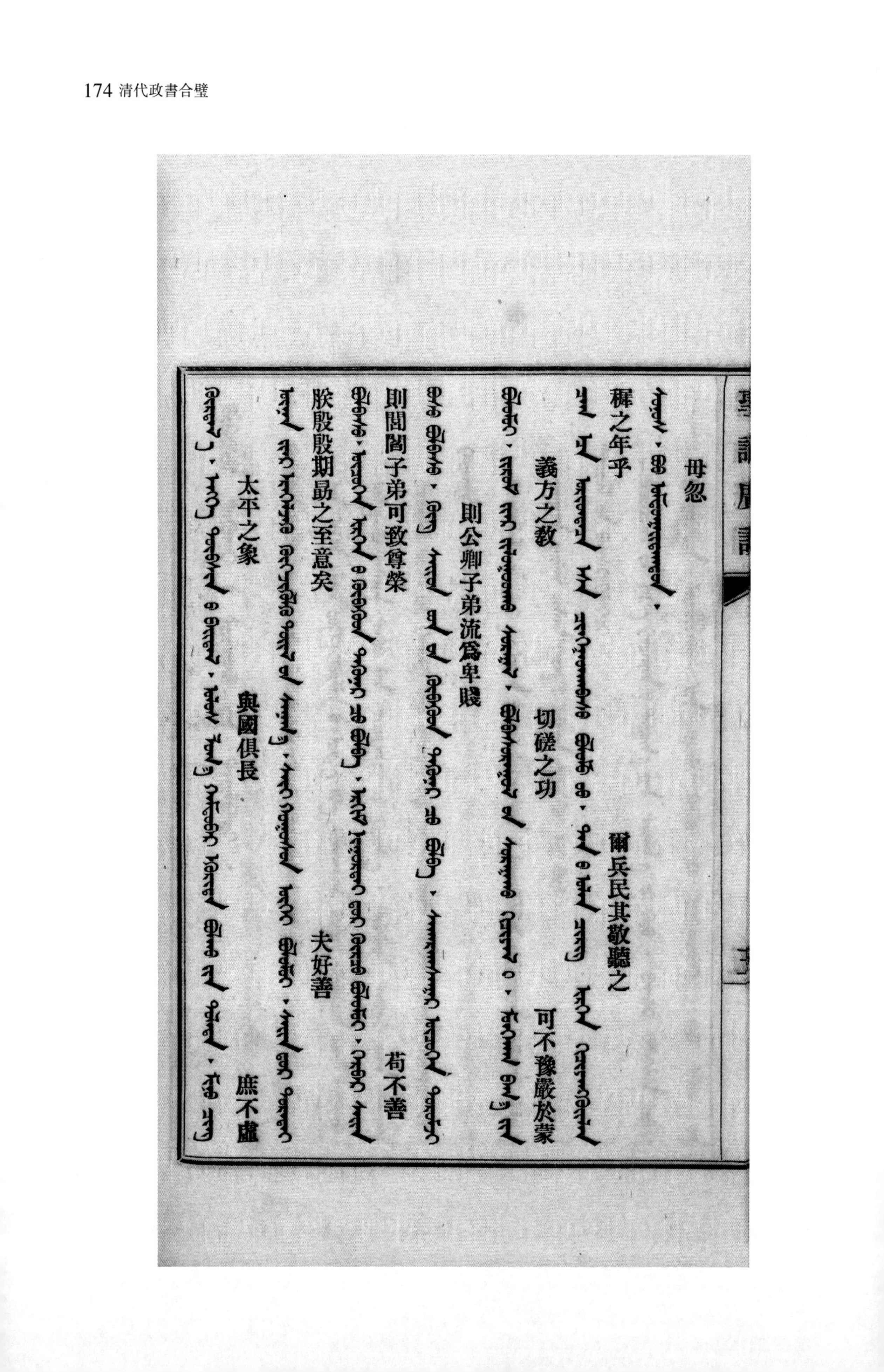

庶不虧太平之象，與國俱長，朕殷殷期勗之至意矣。夫好善則閭閻子弟可致尊榮，苟不善則公卿子弟流爲卑賤。義方之教，切磋之功，可不豫嚴於蒙穉之年乎。爾兵民其敬聽之毋忽。

聖諭廣訓

五

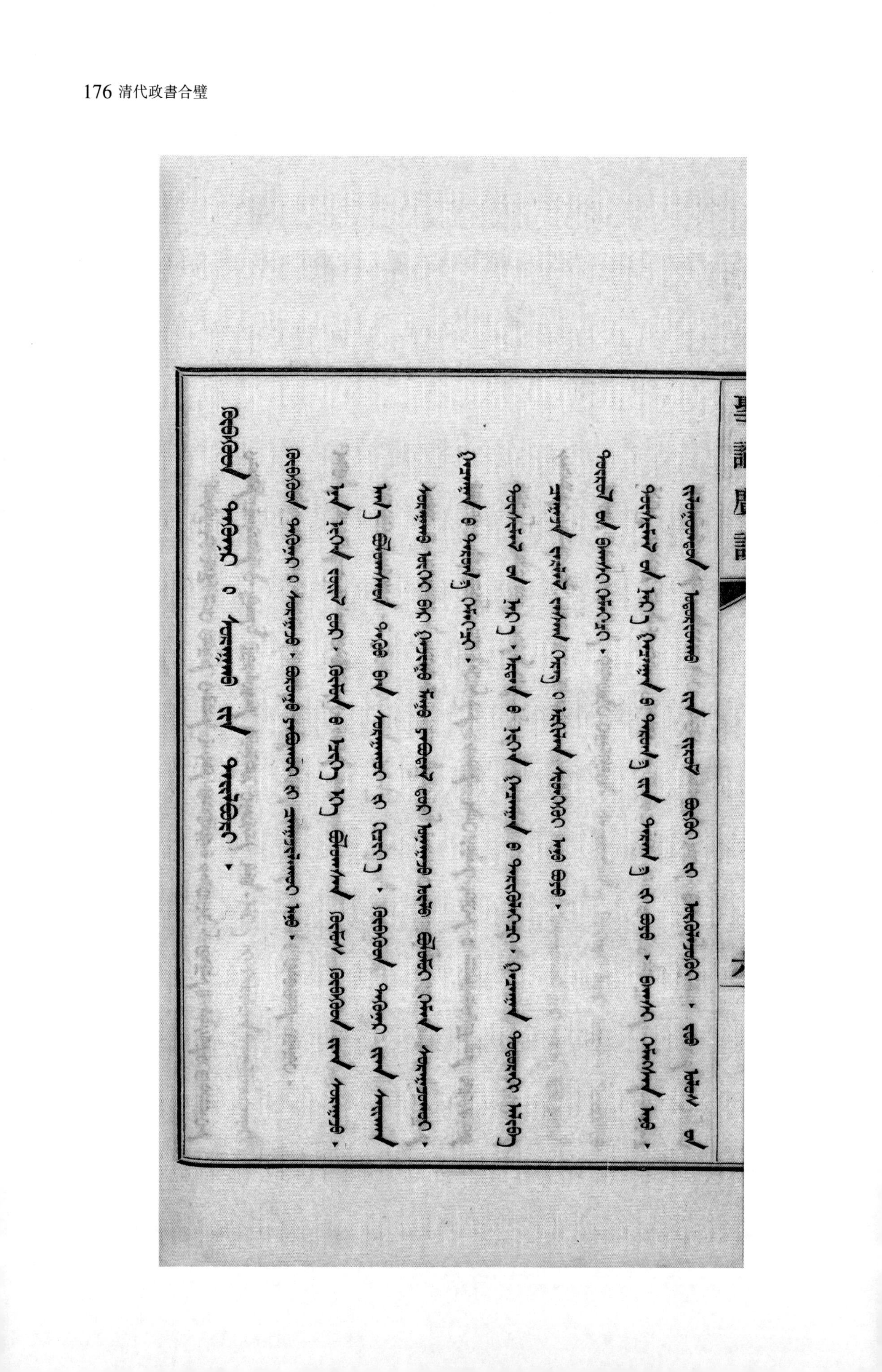

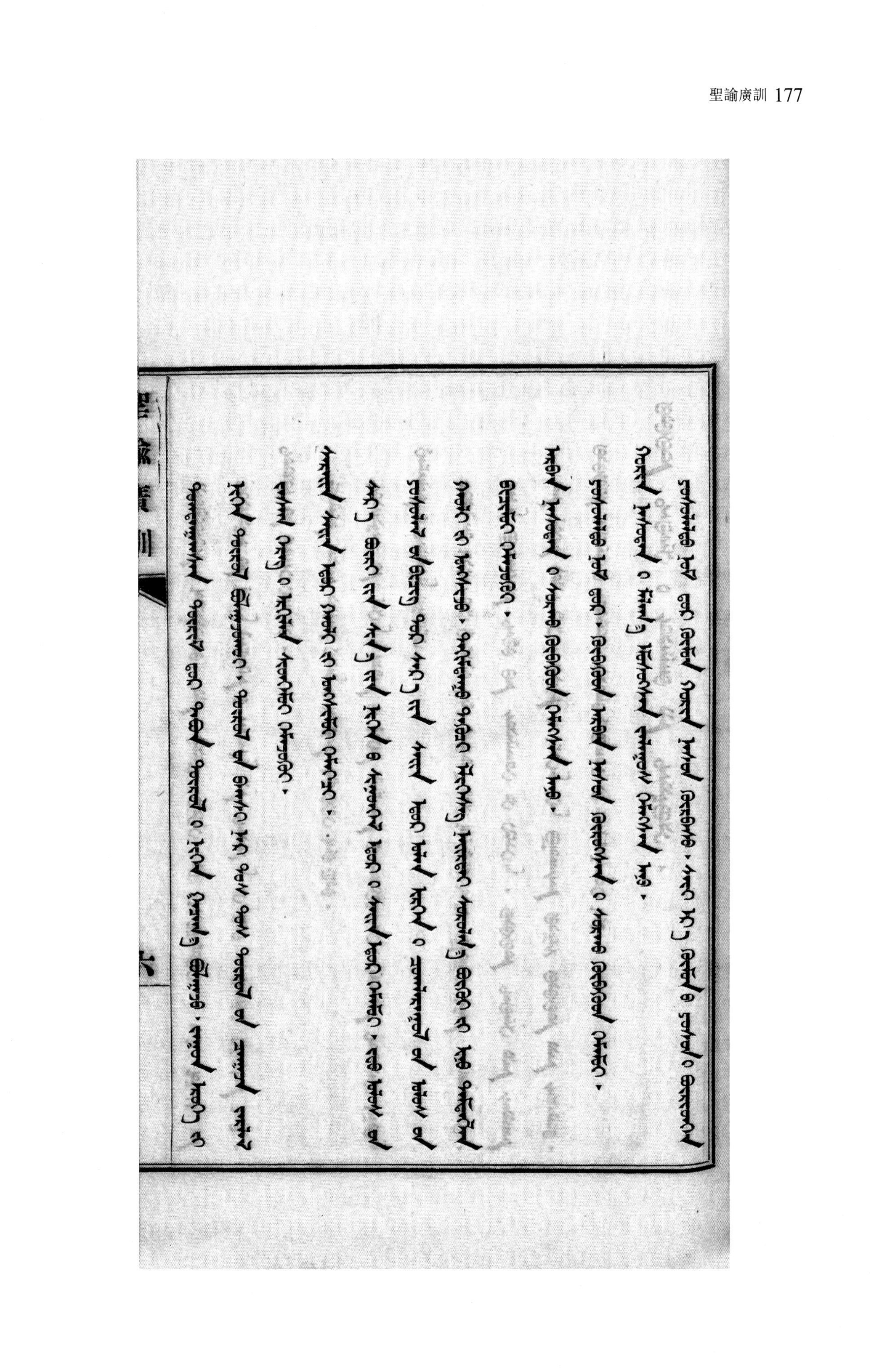

[illegible]

[illegible]

[illegible]

[illegible]

[illegible]

[illegible]

[illegible]

[illegible]

[illegible]

[illegible]

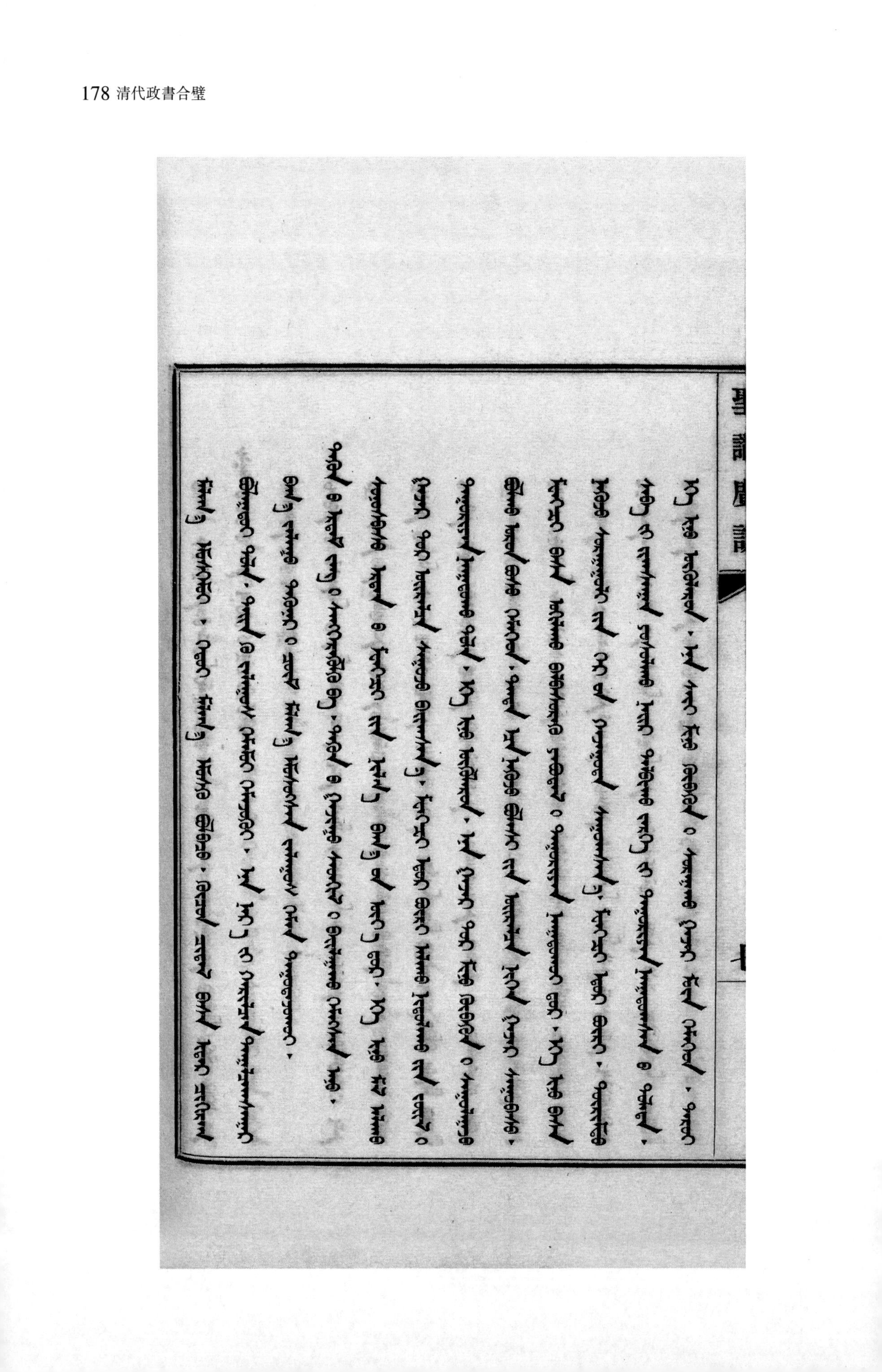

聖諭廣訓 七

[illegible]

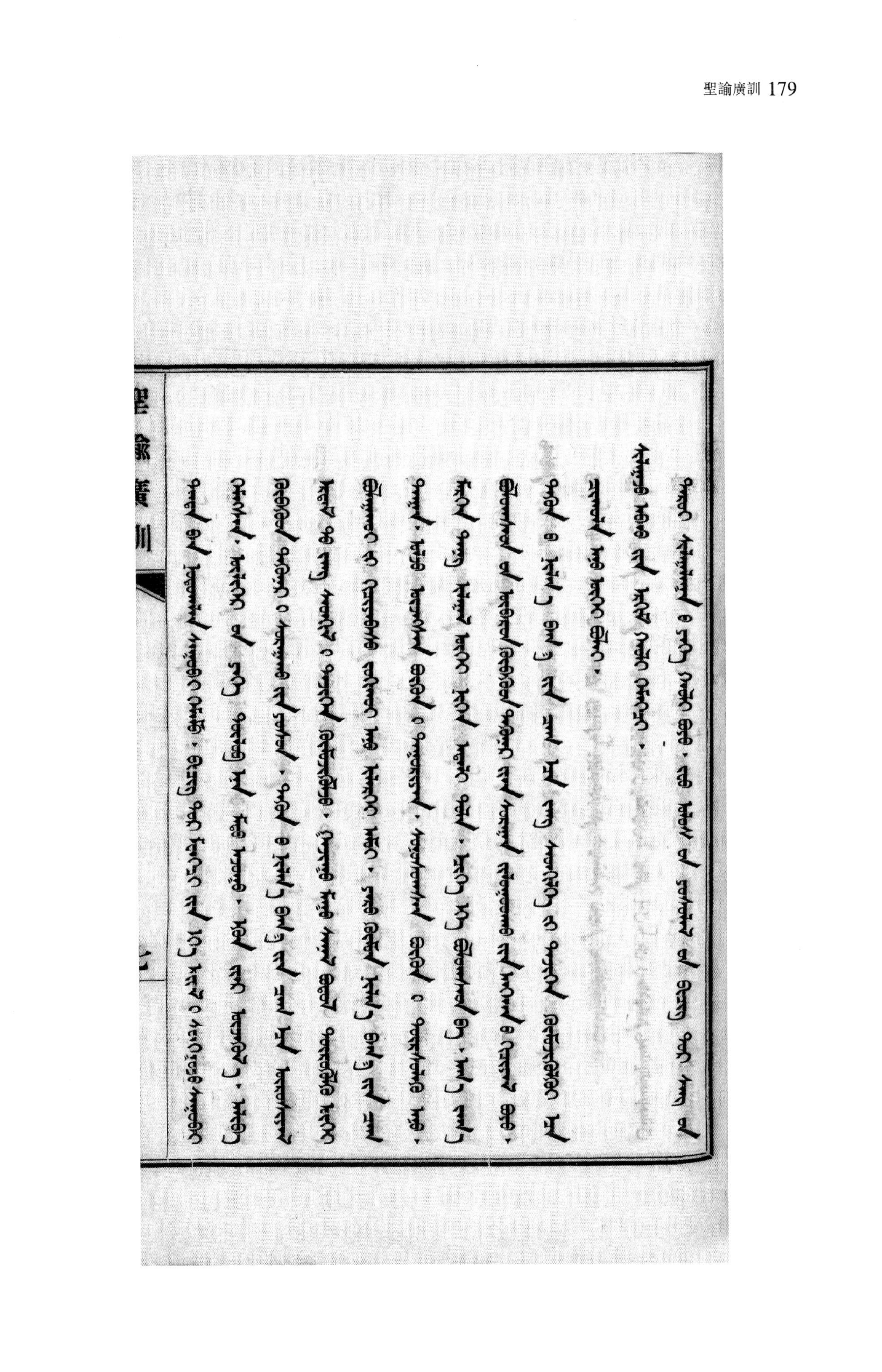

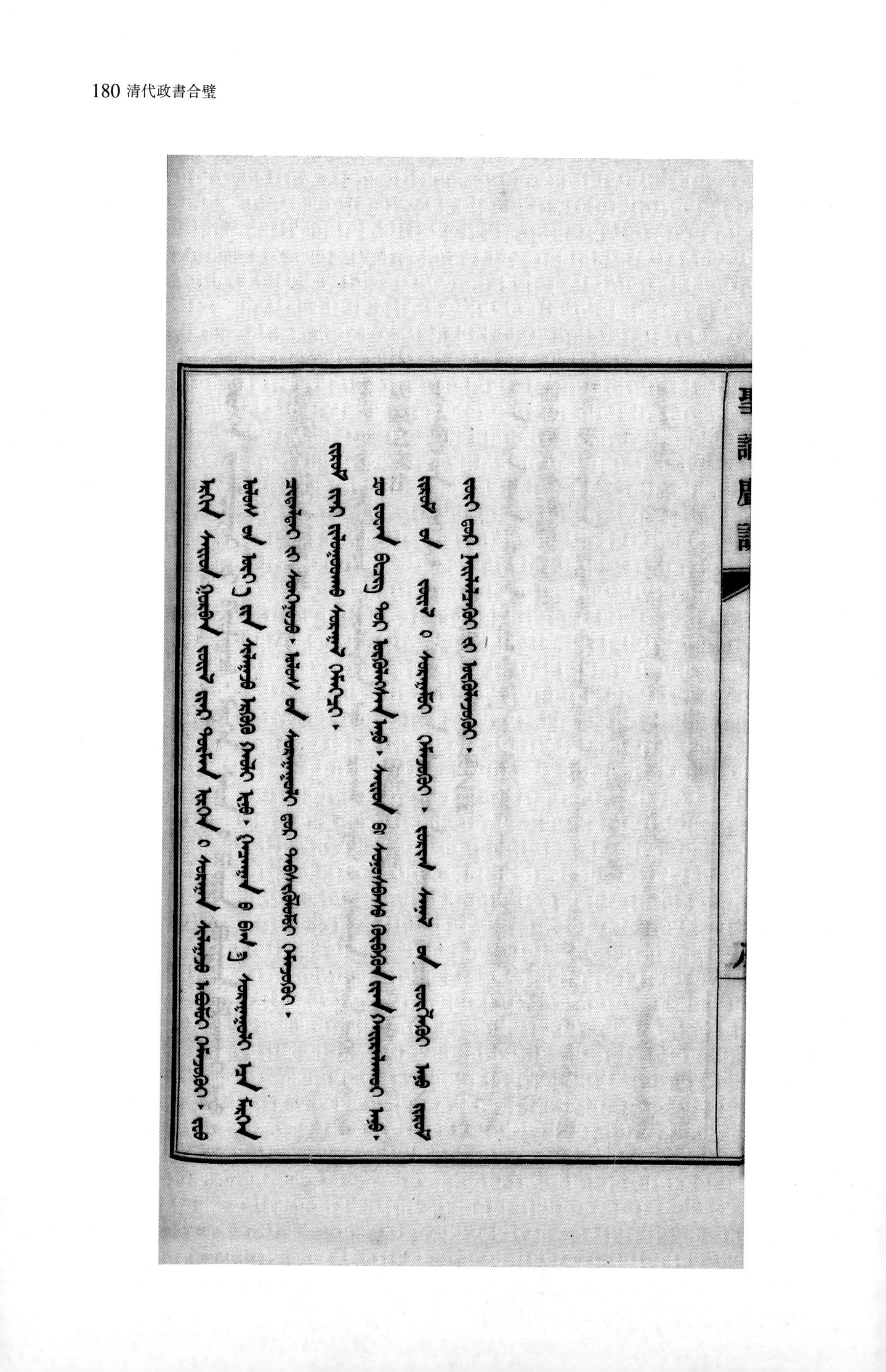

聖諭廣訓

[illegible]

[illegible]

[illegible]

[illegible]

[illegible]

[illegible]

[illegible]

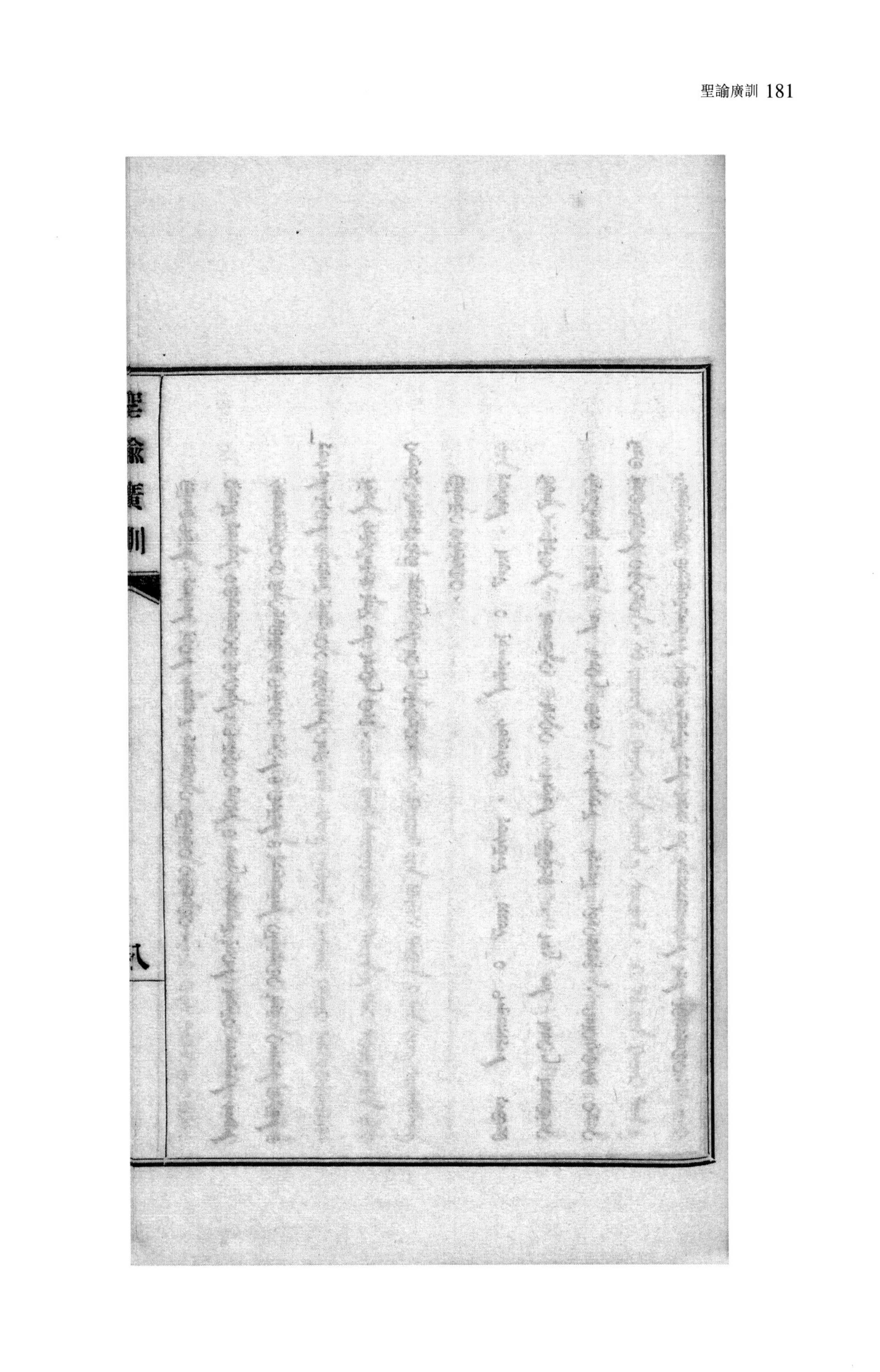

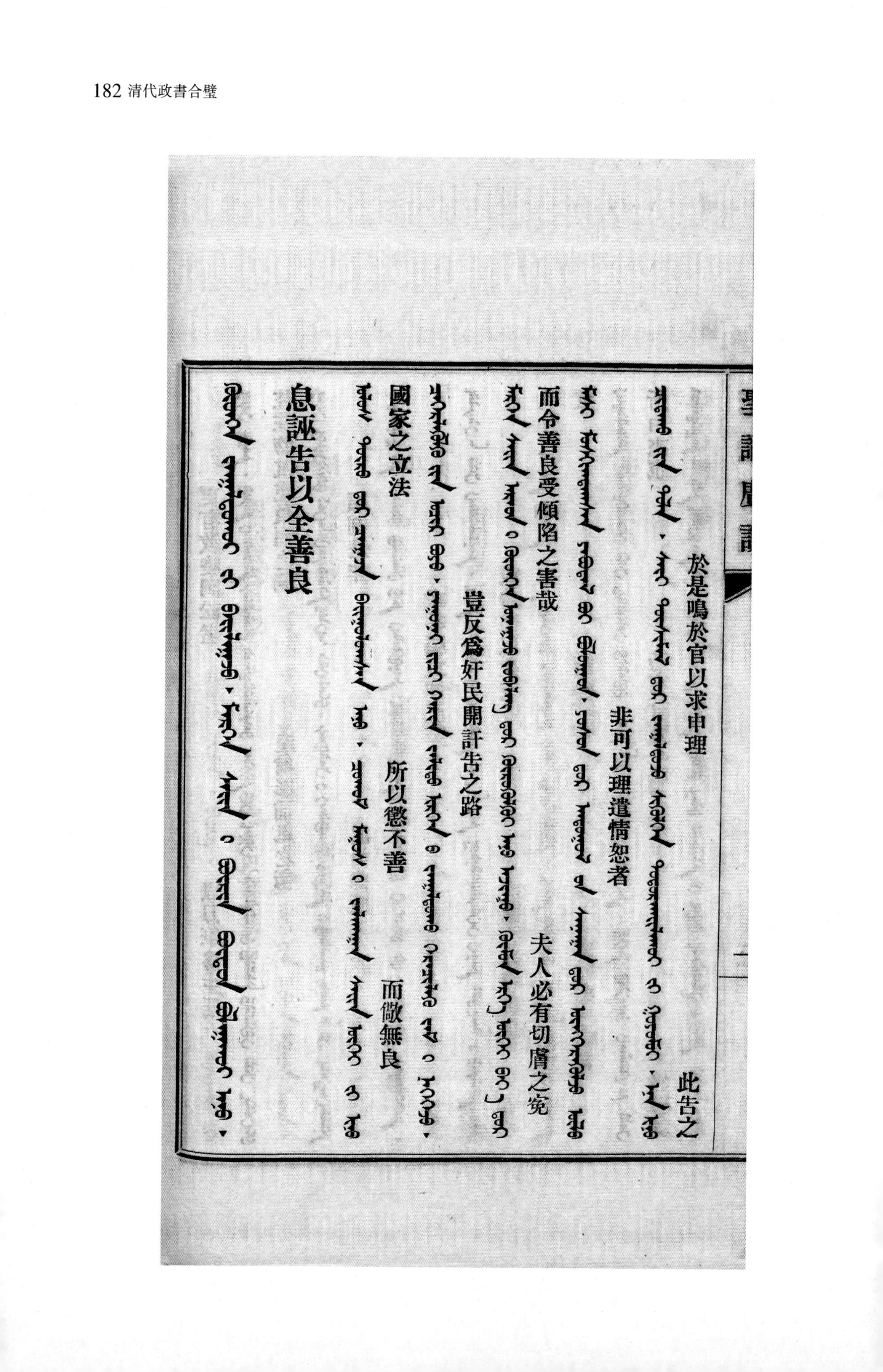

息誣告以全善良

國家之立法　所以懲不善　而儆無良

豈反爲奸民開訐告之路

而令善良受傾陷之害哉　夫人必有切膚之冤

非可以理遣情恕者

於是鳴於官以求申理　此告之

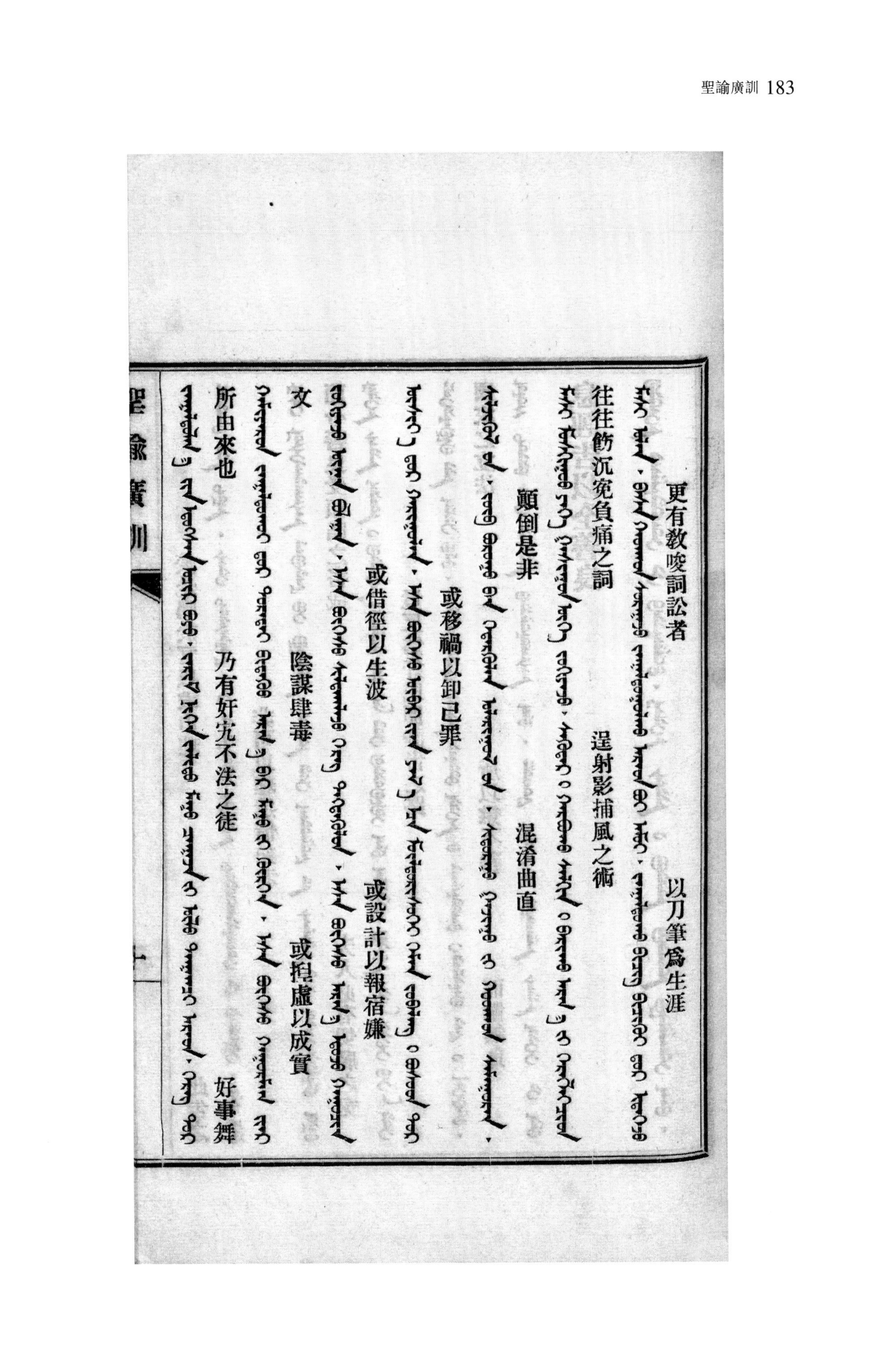

更有教唆詞訟者　以刀筆爲生涯　好事舞

往往飾沉冤負痛之詞　逞射影捕風之術

顚倒是非　混淆曲直

或移禍以卸己罪

或借徑以生波　或設計以報宿嫌

文　陰謀肆毒　或揑虛以成實

所由來也　乃有奸宄不法之徒

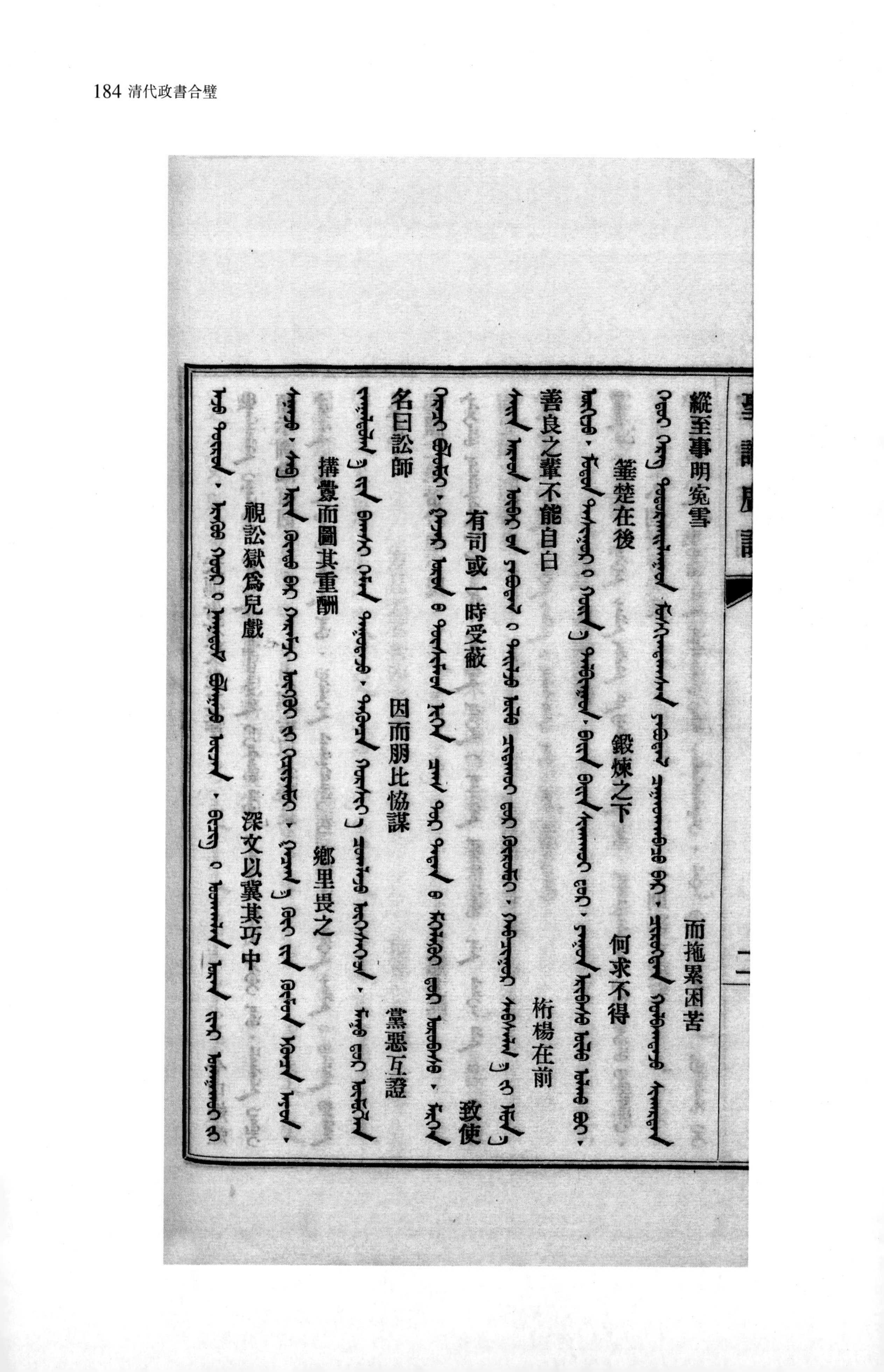

視訟獄爲兒戲，深文以冀其巧中，搆釁而圖其重酬，鄉里畏之，名曰訟師，因而朋比協謀，黨惡互證，有司或一時受蔽，致使善良之輩不能自白，桁楊在前，箠楚在後，鍛煉之下，何求不得，縱至事明寃雪，而掩累困苦

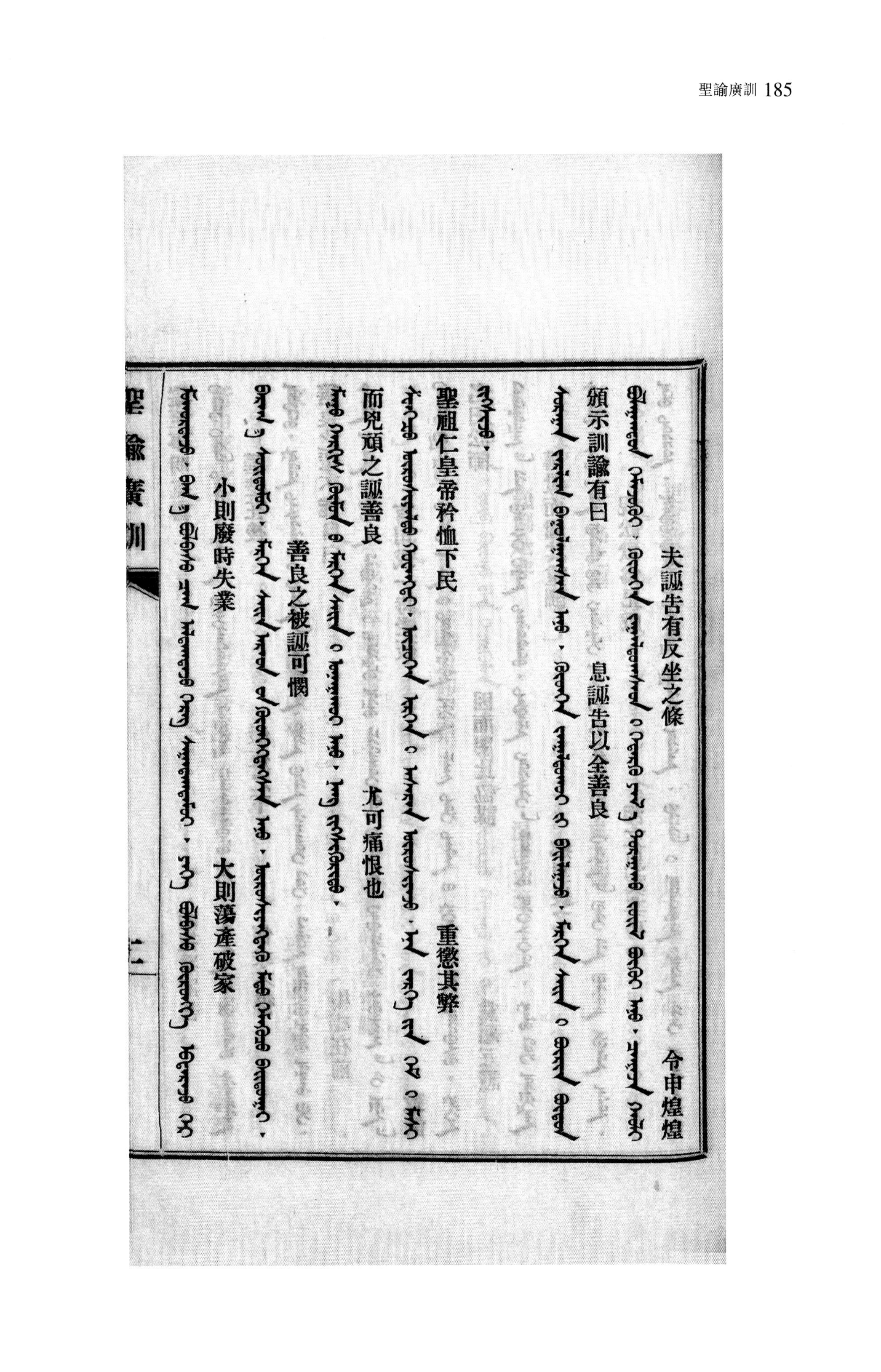

小則廢時失業　大則蕩產破家

善良之被誣可憫

而兇頑之誣善良　尤可痛恨也

聖祖仁皇帝矜恤下民　重懲其弊

頒示訓諭有曰　息誣告以全善良

夫誣告有反坐之條　令申煌煌

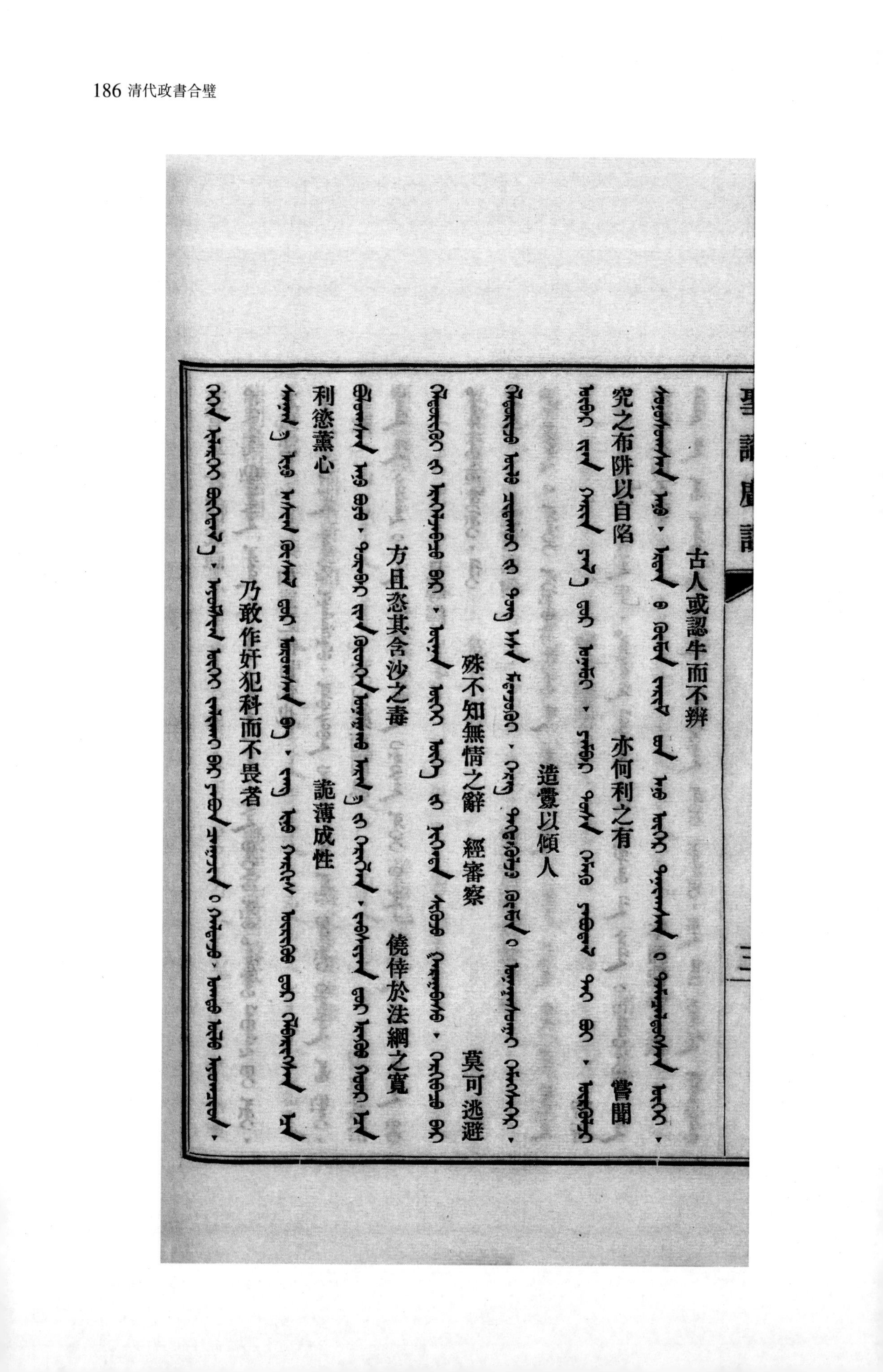

古人或認牛而不辨

究之布阱以自陷　亦何利之有　嘗聞

造蠱以傾人

殊不知無情之辭　經審察　莫可逃避

方且恣其含沙之毒　僥倖於法網之寬

利慾薰心　詭薄成性

乃敢作奸犯科而不畏者

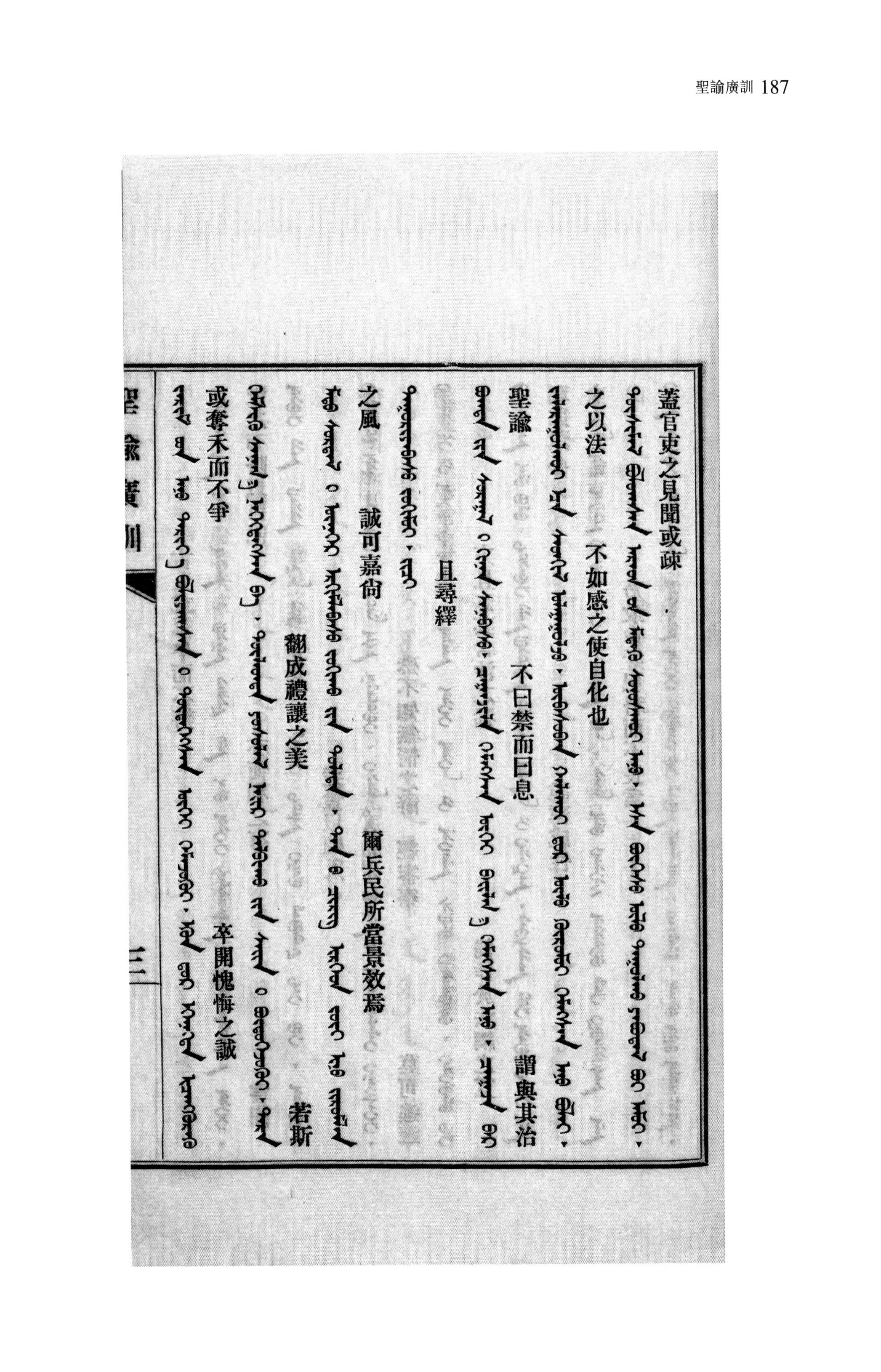

蓋官吏之見聞或疎

之以法　不如感之使自化也

聖諭　不曰禁而曰息　謂與其治

且尋繹

之風　誠可嘉尚　爾兵民所當景效焉

翻成禮讓之美　若斯

或奪禾而不爭　卒開愧悔之誠

揆諸本心 亦不忍誣

辭既非情實 迫於公論 則不敢誣

家素行 足以質之里閈而無愧 而誣告之人言

成於有意者 危言以誠之 彼善良之

窮其黨類 出於無心者 緩語以曉之

近則素所稔知 爲之抉其根株

疎則猶煩揣測 鄉鄰之耳目最近

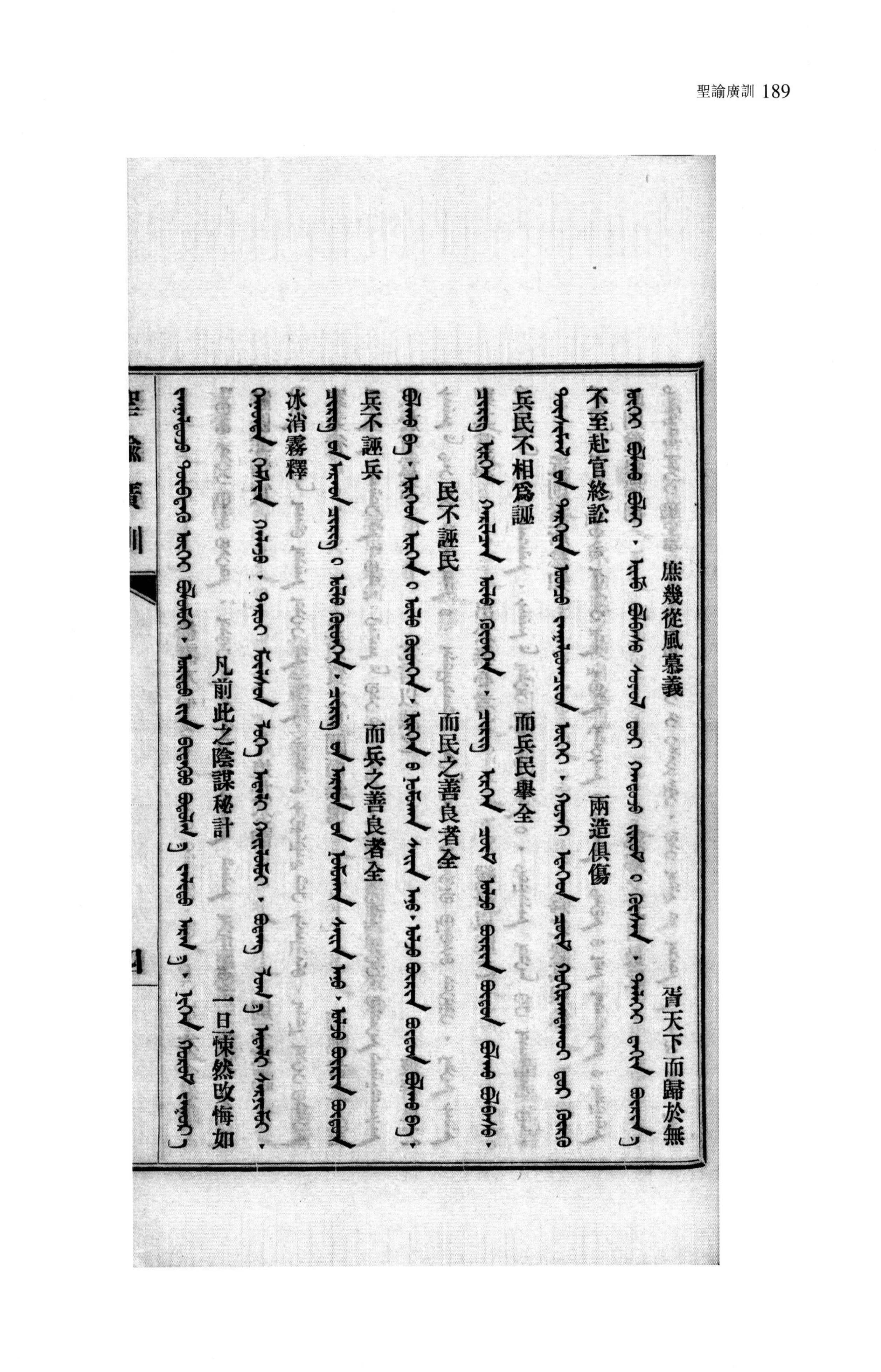

凡前此之陰謀秘計 一日悚然改悔如

冰消霧釋

兵不誣兵 而兵之善良者全

民不誣民 而民之善良者全

兵民不相爲誣 而兵民舉全

不至赴官終訟 兩造俱傷

庶幾從風慕義 背天下而歸於無

而凛遵焉

訟

豈不休哉

尚其咸喻

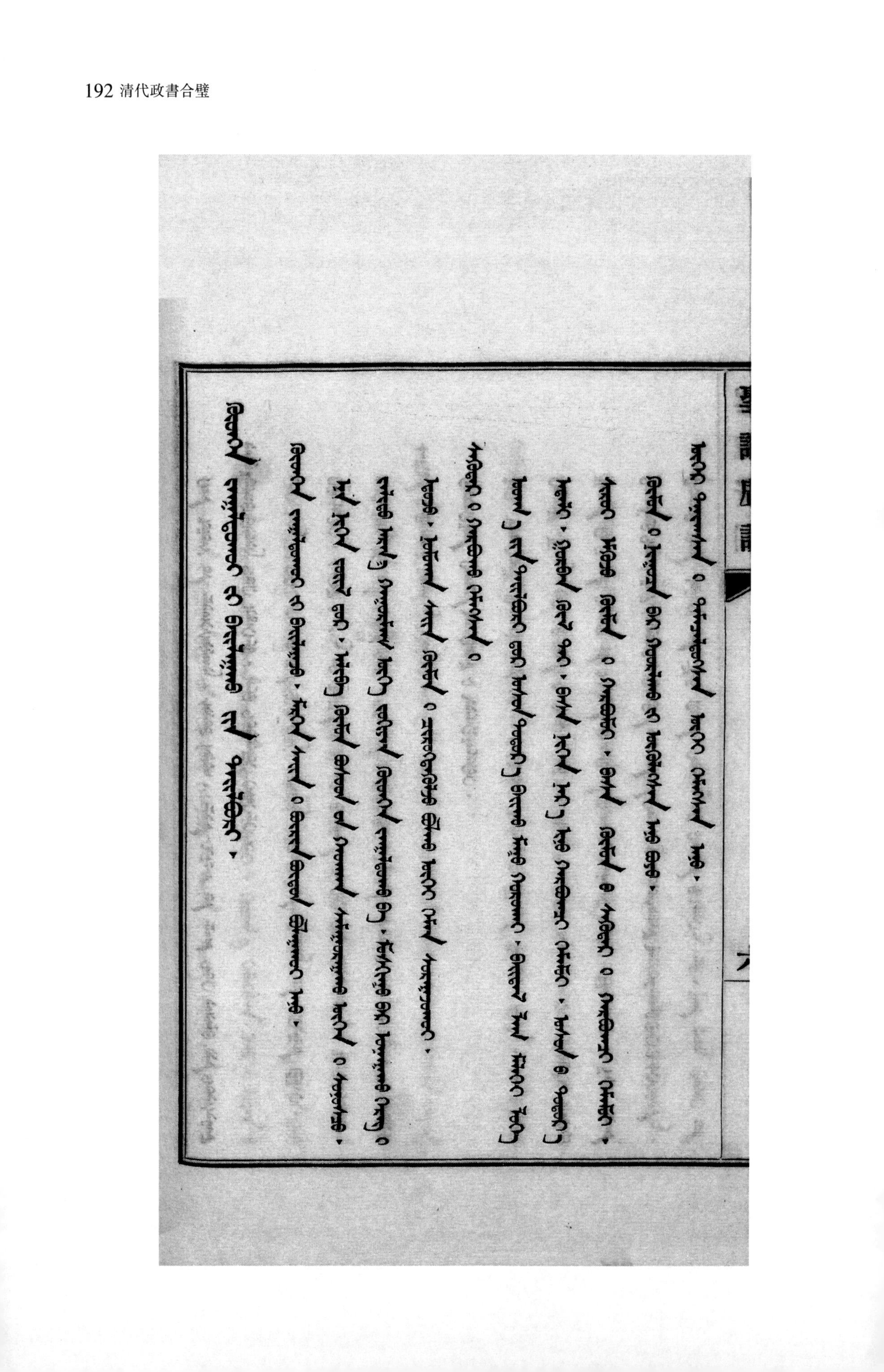

[illegible]

[illegible]

[illegible]

[illegible]

[illegible]

[illegible]

[illegible]

[illegible]

[illegible]

[illegible]

[illegible]

[illegible]

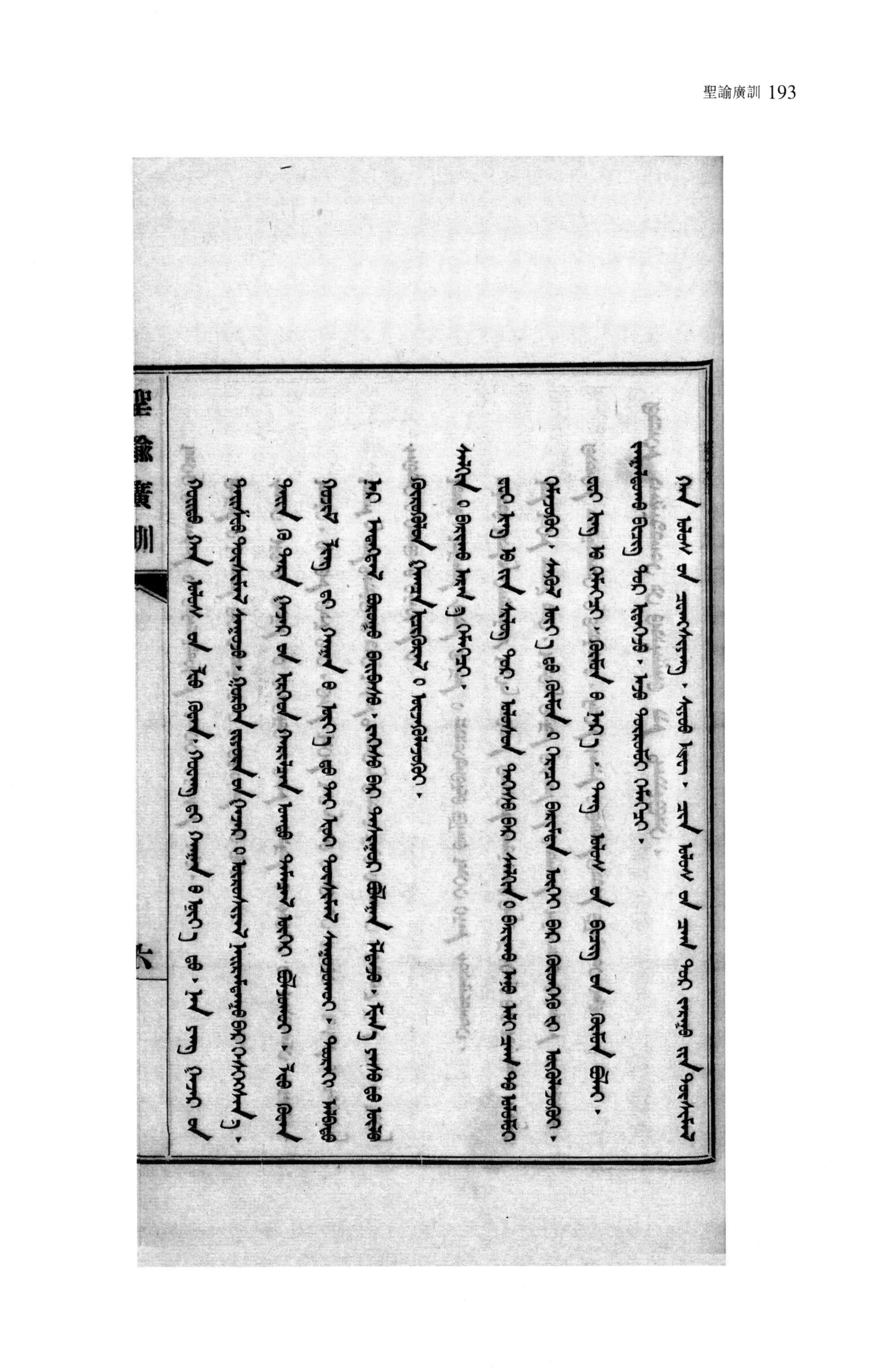

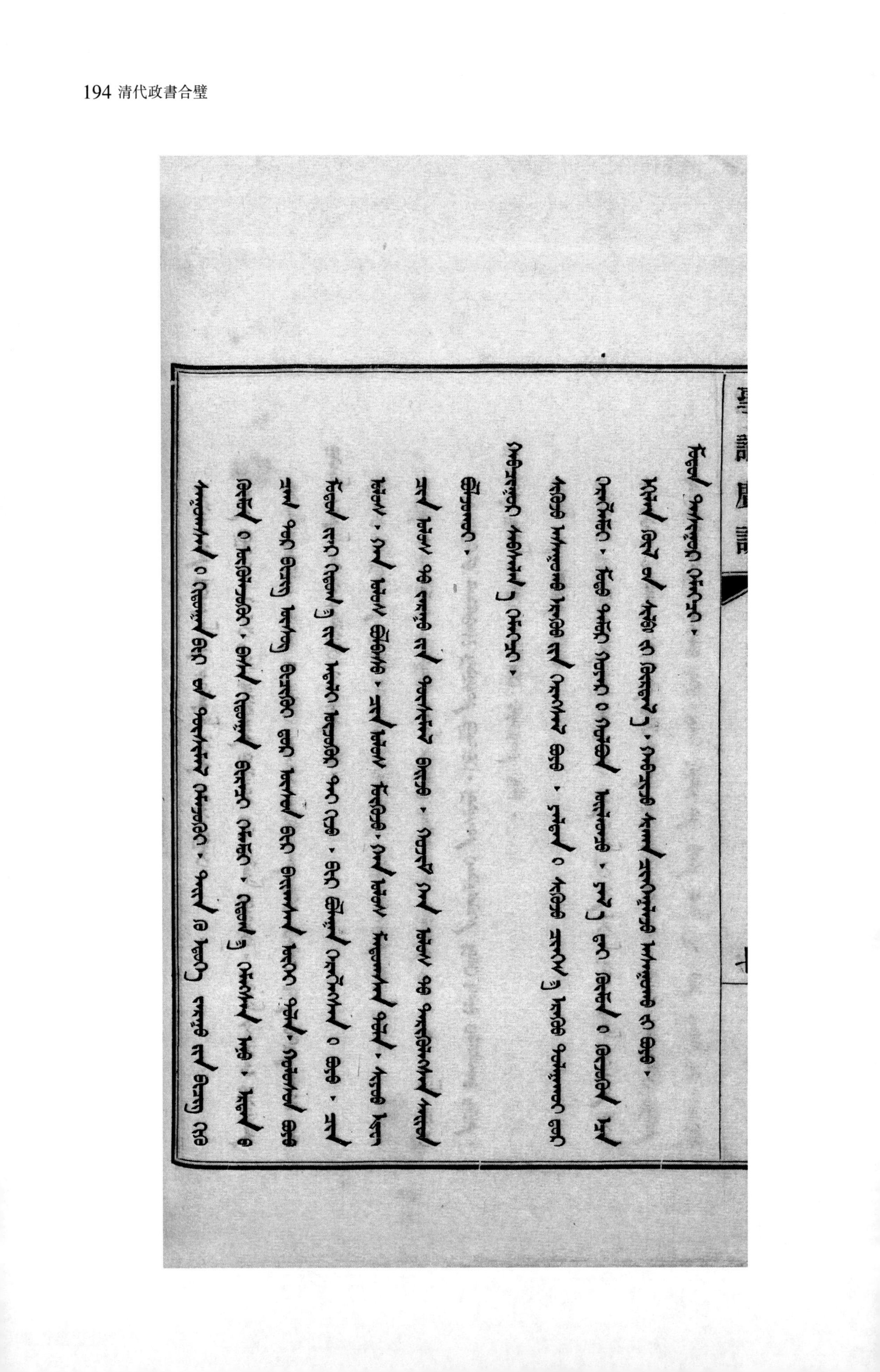

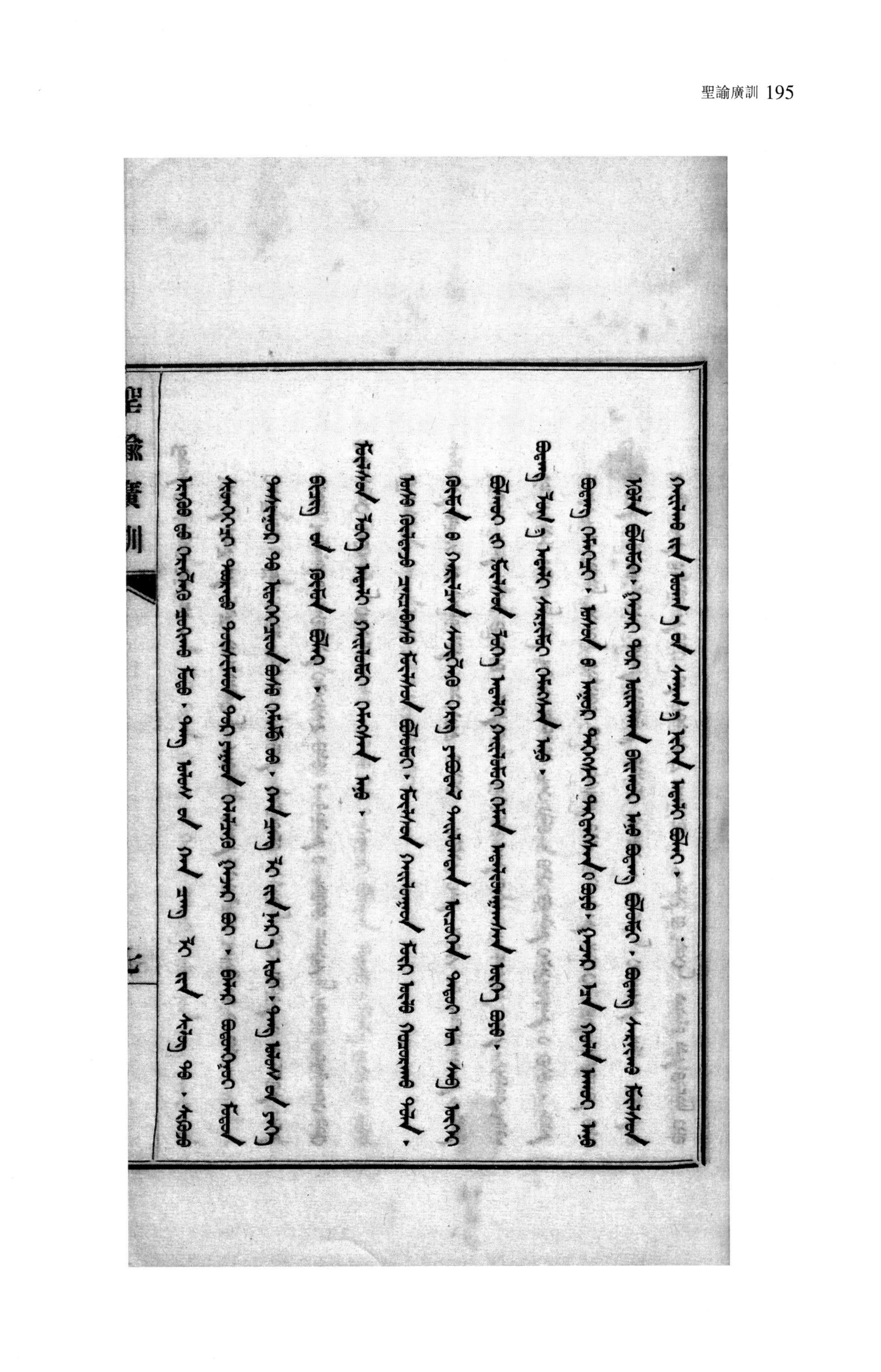

聖諭廣訓

[illegible]

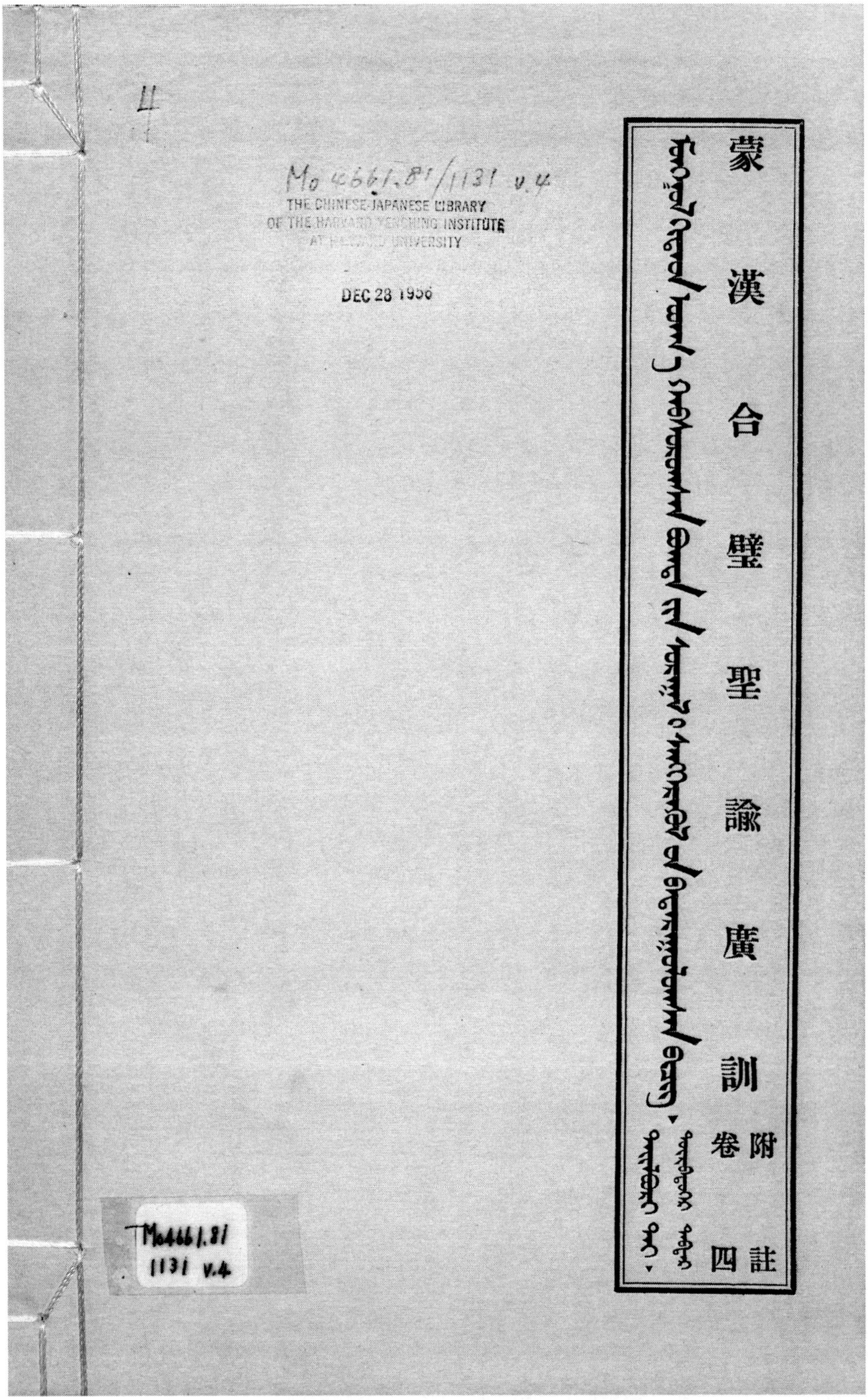

4

蒙漢合璧聖諭廣訓

附註
卷四

聖諭廣訓

在外則駐防各省　如有不奉使令潛往他方者

人員　在內則拱衛京師

第以國初定制　八旗

姓爲一體　中外旗民本無異視

朕撫臨億兆　合四海爲一家　聯萬

誠匿逃以免株連

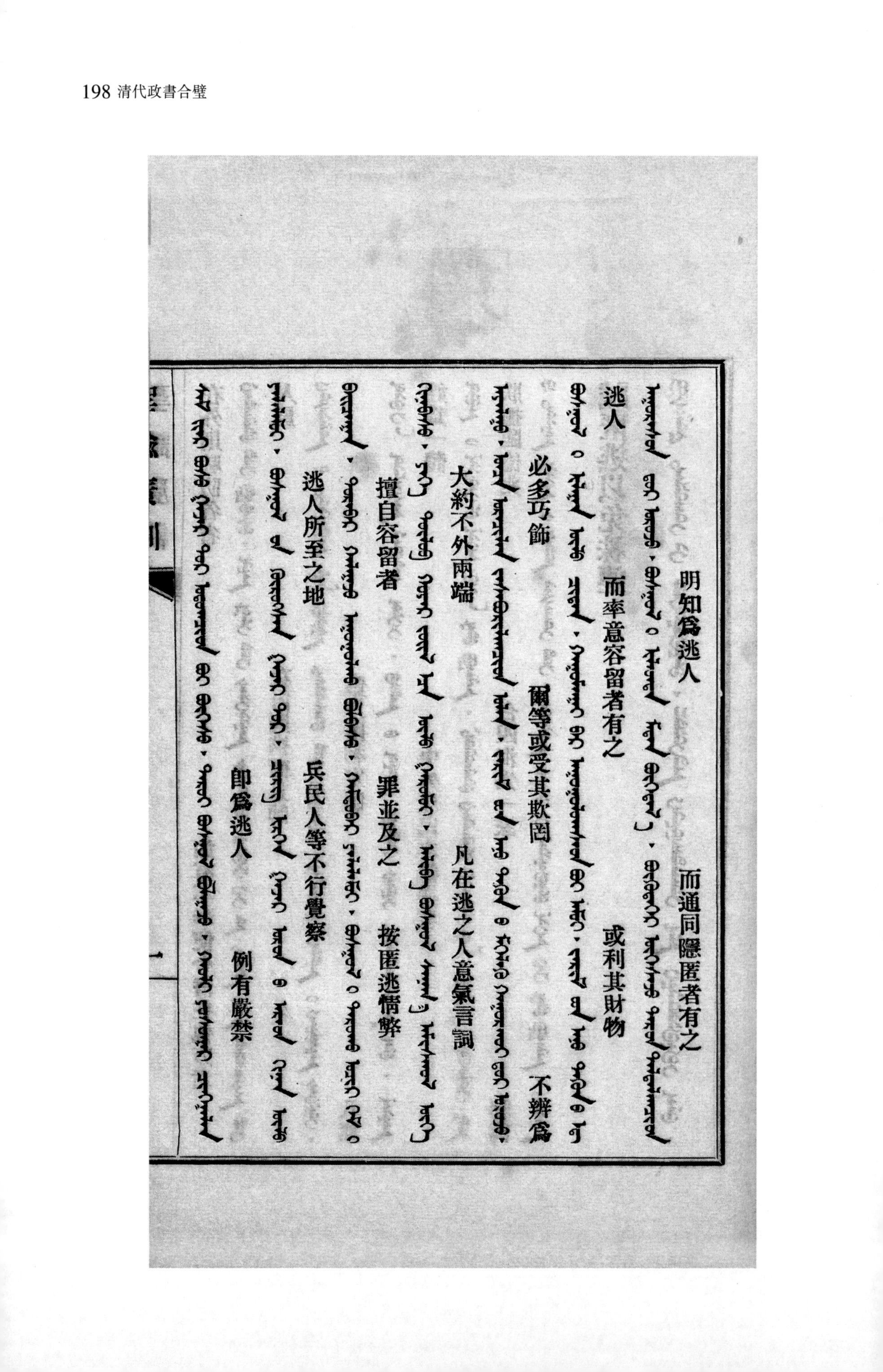

明知爲逃人　而通同隱匿者有之

逃人　而率意容留者有之　或利其財物

必多巧飾　爾等或受其欺罔　不辨爲

大約不外兩端　凡在逃之人意氣言詞

擅自容留者　罪並及之　按匿逃情弊

逃人所至之地　兵民人等不行覺察

卽爲逃人　例有嚴禁

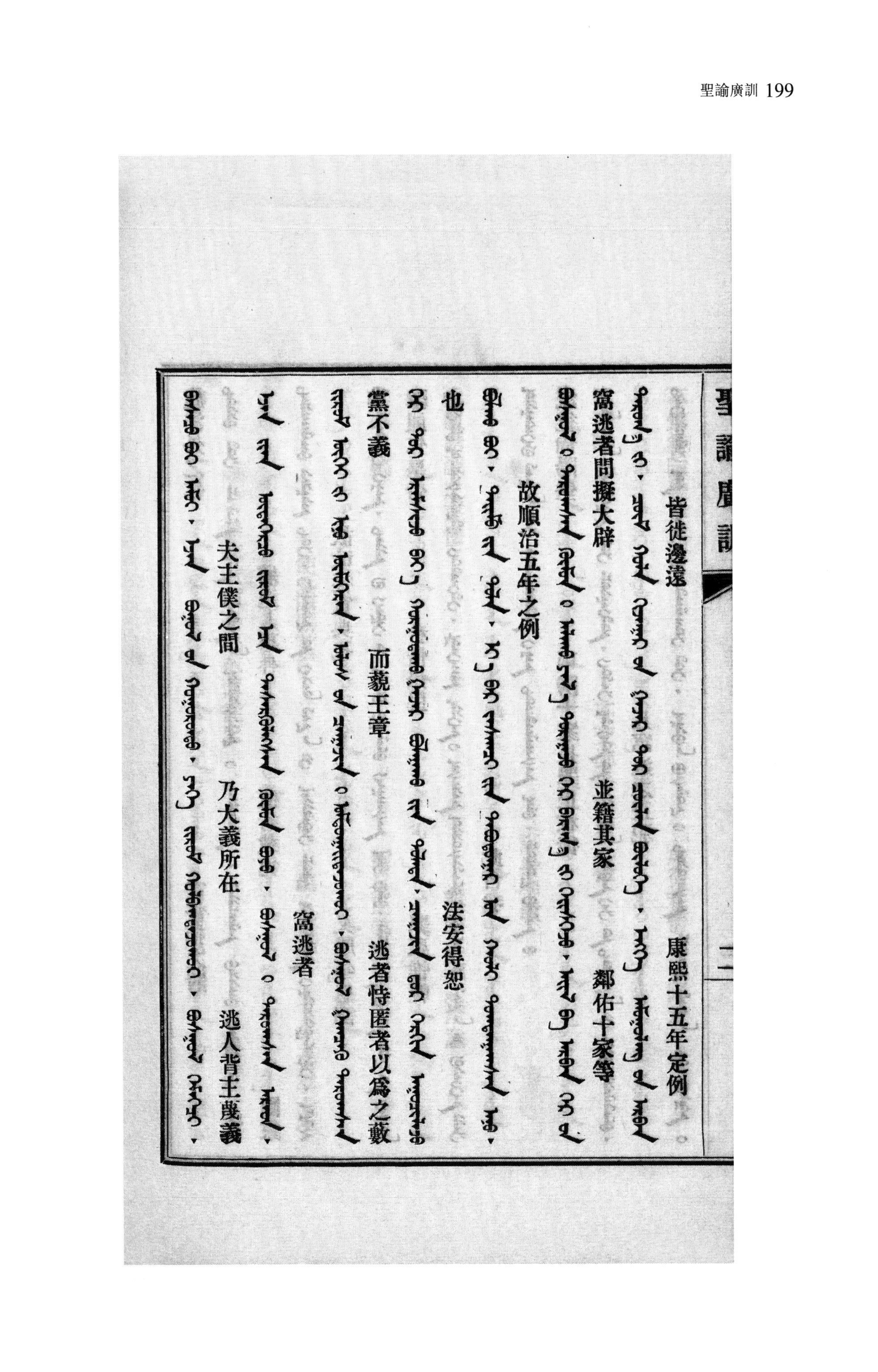

聖諭廣訓

皆徙邊遠 康熙十五年定例

窩逃者問擬大辟 並籍其家 鄰佑十家等

故順治五年之例

也 法安得恕

黨不義 而藐王章 逃者恃匿者以爲之藪

窩逃者

夫主僕之間 乃大義所在 逃人背主蔑義

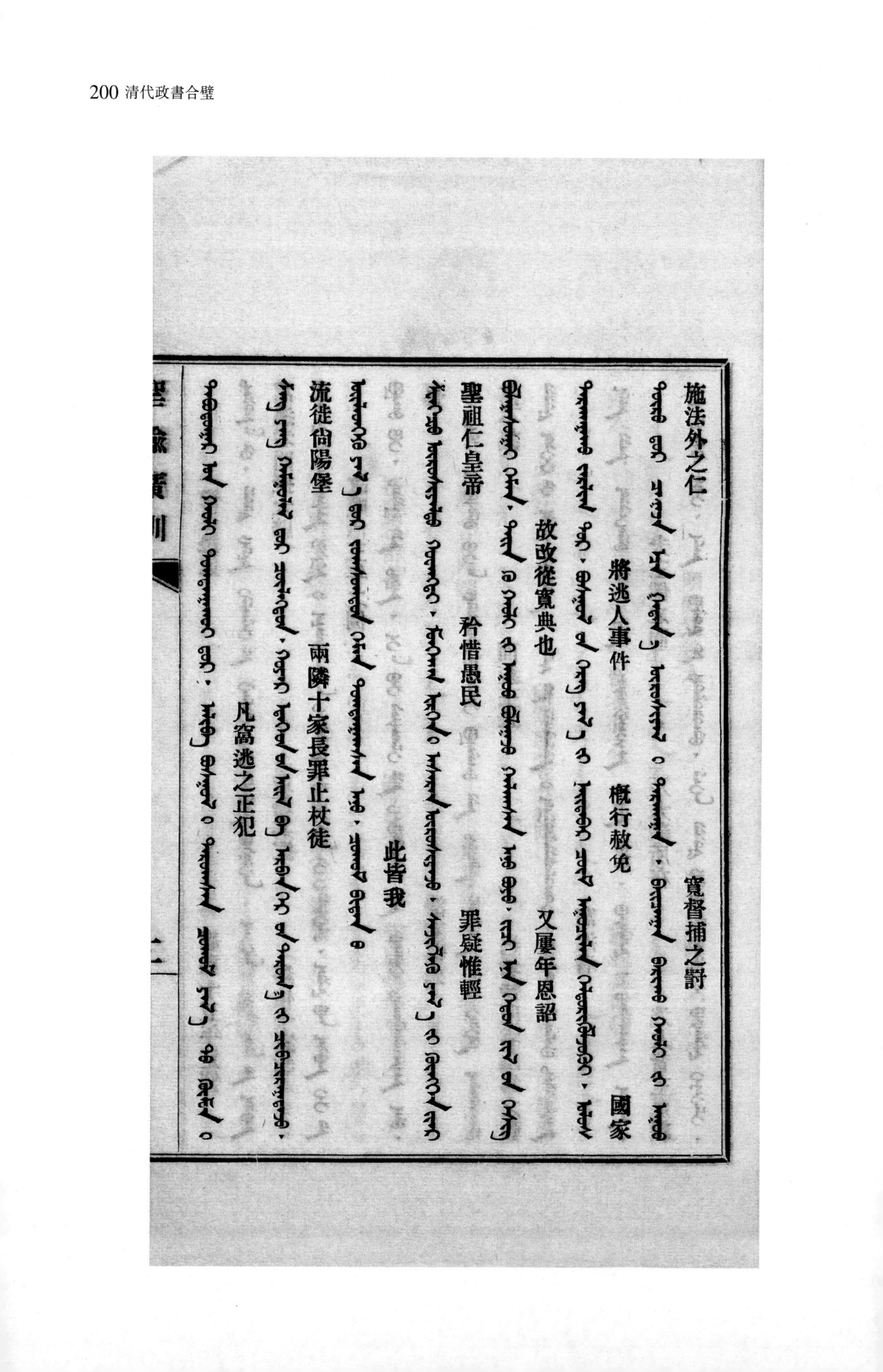

凡窩逃之正犯
流徙尚陽堡 兩鄰十家長罪止杖徙
此皆我
聖祖仁皇帝 矜惜愚民 罪疑惟輕
故改從寬典也 又屢年恩詔
將逃人事件 概行赦免 國家
施法外之仁 寬督捕之討

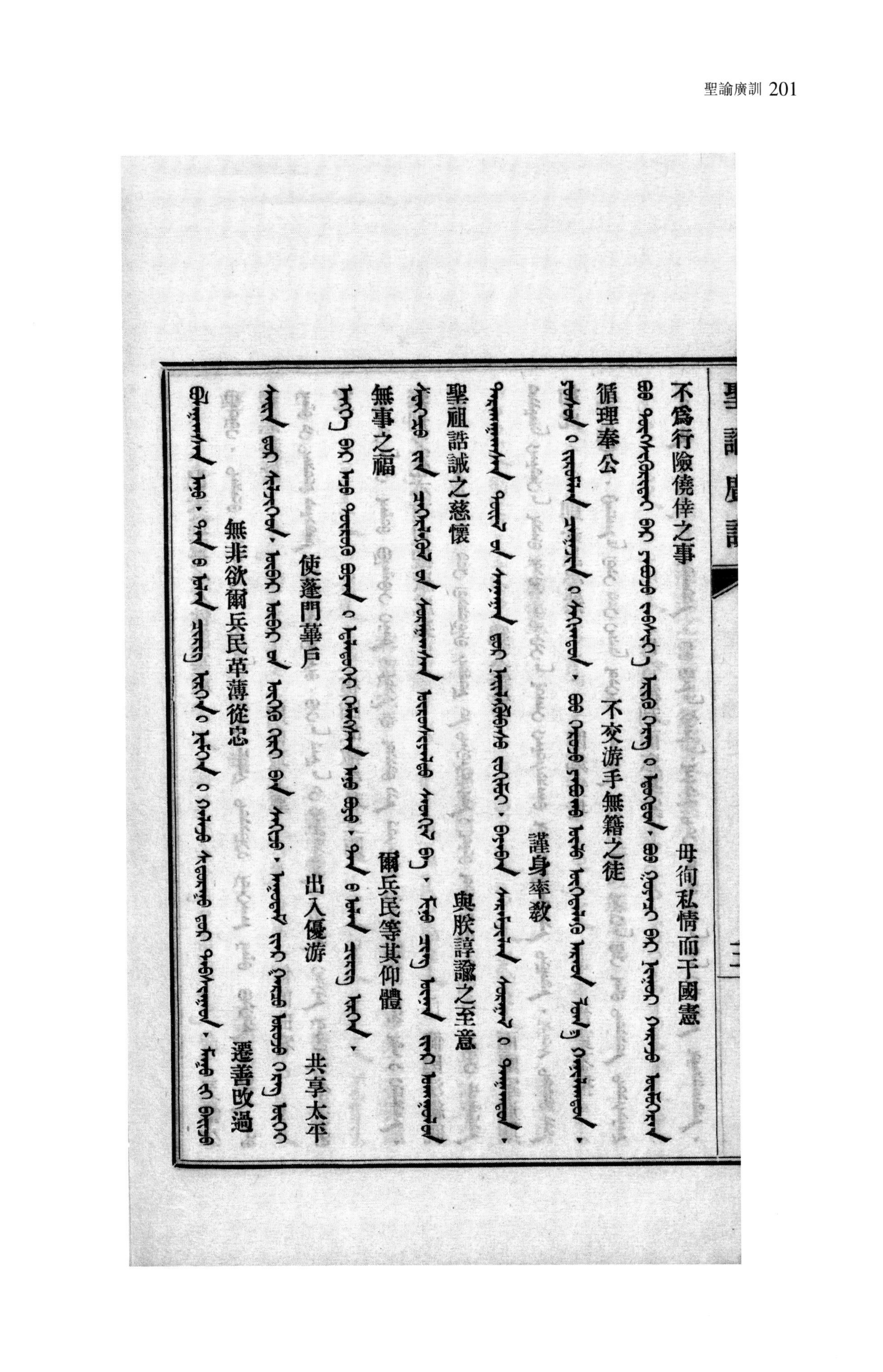

無非欲爾兵民革薄從忠　遷善改過

使蓬門華戶　出入優游　共享太平

無事之福

爾兵民等其仰體

聖祖誥誡之慈懷　與朕諄諭之至意

謹身率教

循理奉公　不交游手無籍之徒

不爲行險僥倖之事　毋徇私情而干國憲

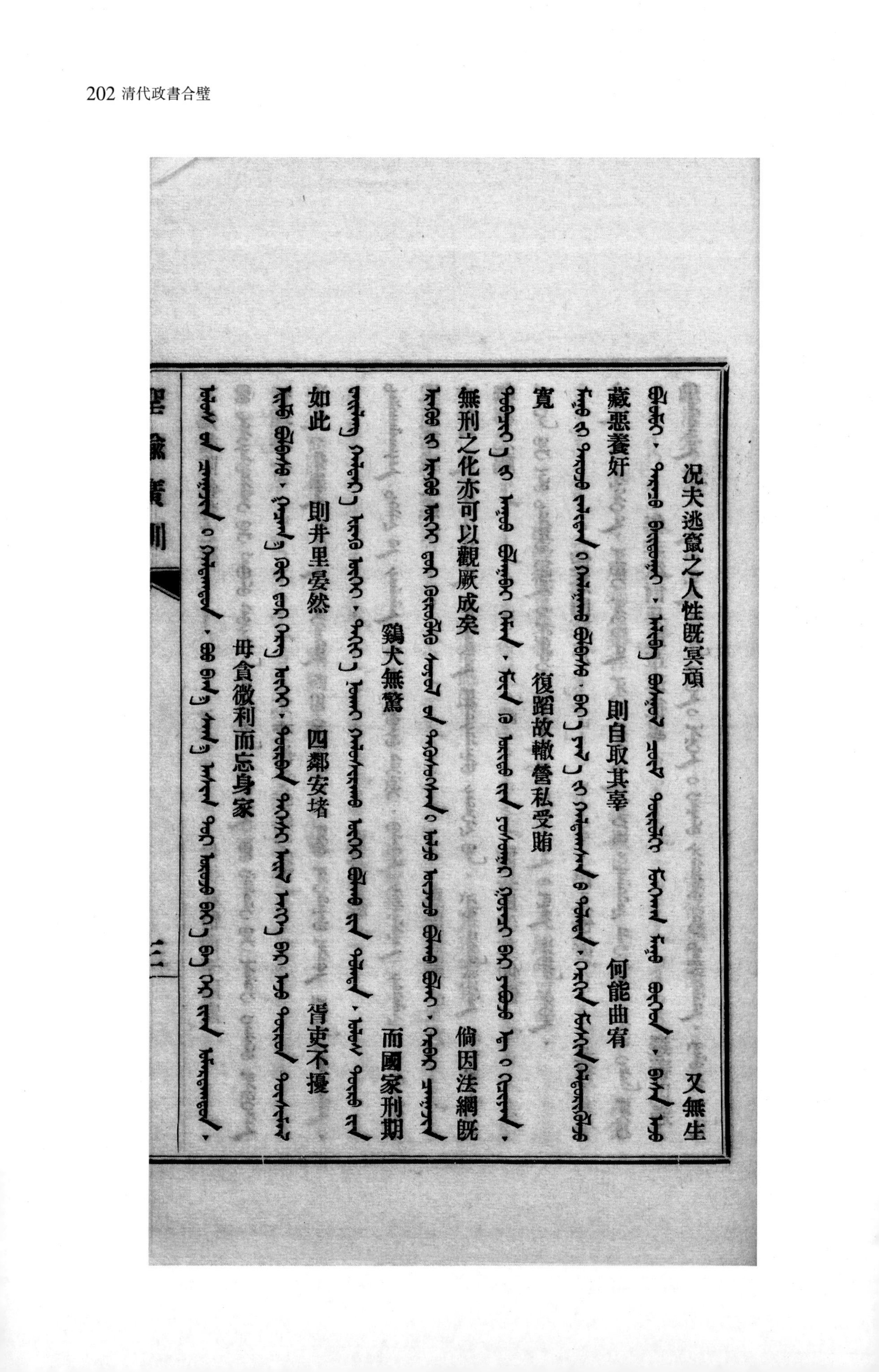

況夫逃竄之人性既冥頑　又無生

藏惡養奸　則自取其辜　何能曲宥

寬　復蹈故轍營私受賄

無刑之化亦可以觀厥成矣　倘因法網既

鷄犬無驚　而國家刑期

如此　則井里晏然　四鄰安堵　胥吏不擾

毋貪微利而忘身家

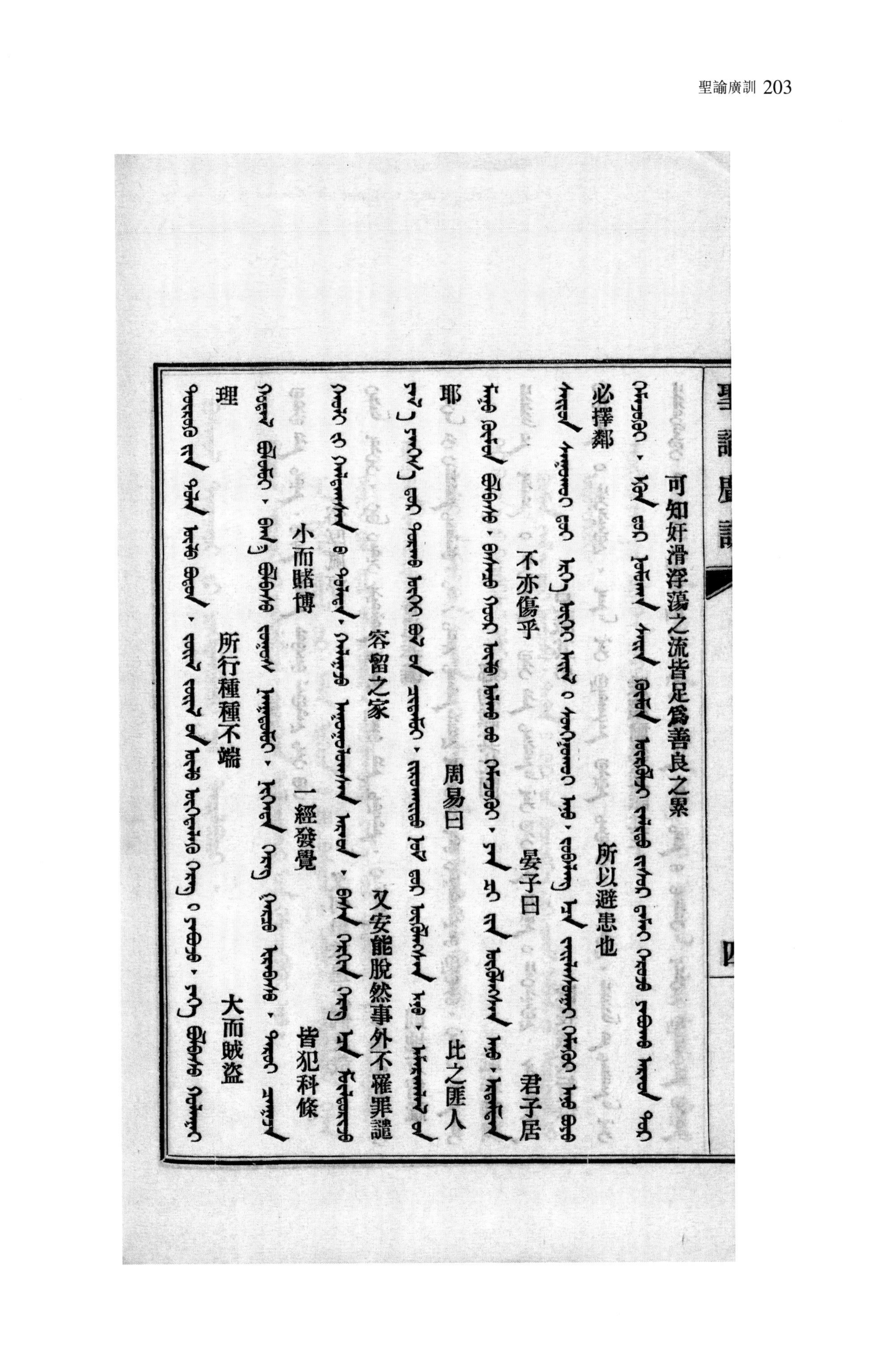

可知奸滑浮蕩之流皆足爲善良之累　所以避患也

必擇鄰

不亦傷乎　晏子曰　君子居

耶　周易曰　比之匪人

容留之家　又安能脫然事外不罹罪譴

小而賭博　一經發覺　皆犯科條

理　所行種種不端　大而賊盜

朕願爾等父誡其子 兄誡其弟 隊長誡其行伍 鄉約誡其比閭 祗奉訓詞 各遠非義 則地方寧謐 俗厚風淳 又何患株連之偶及哉

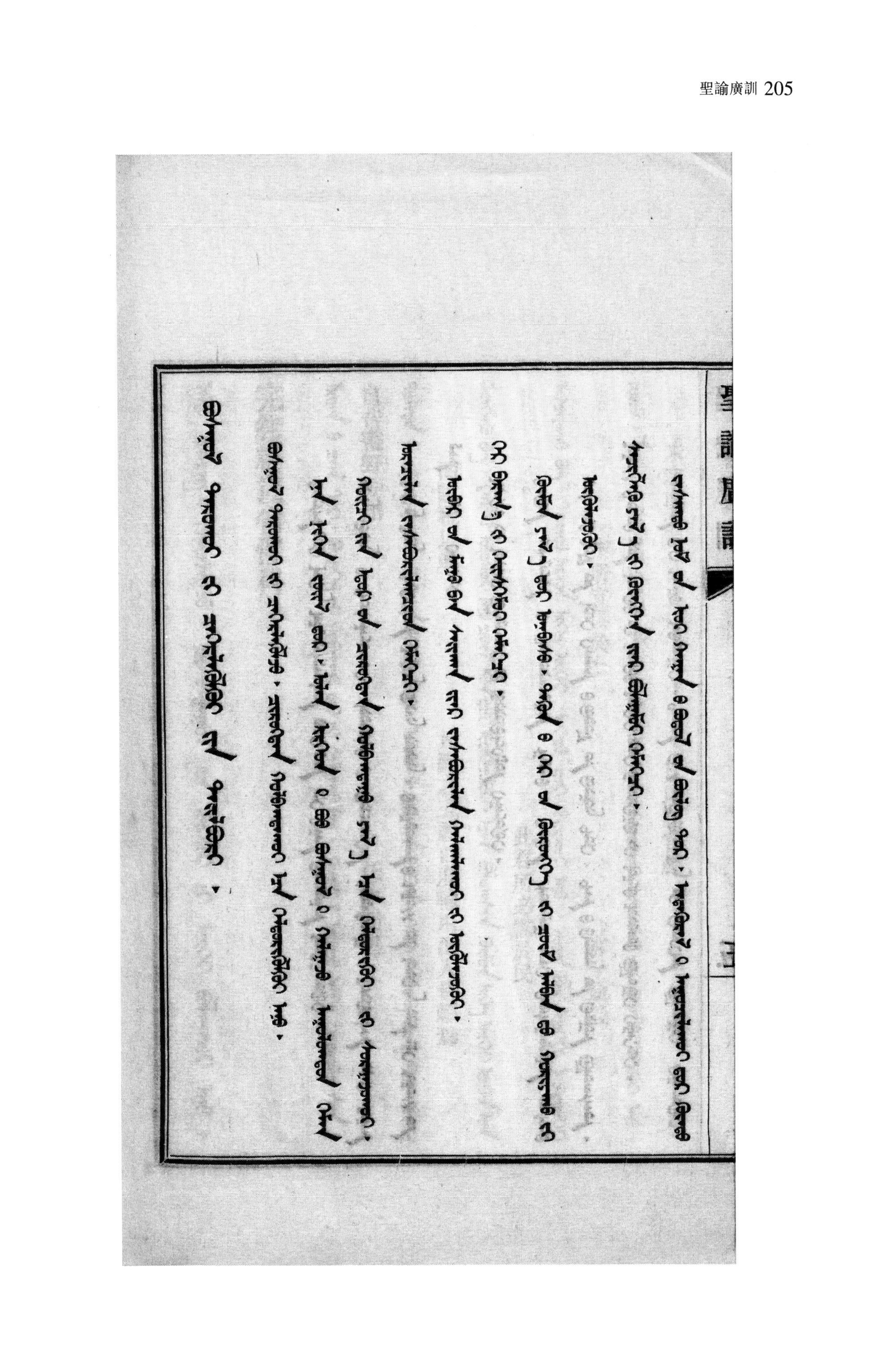

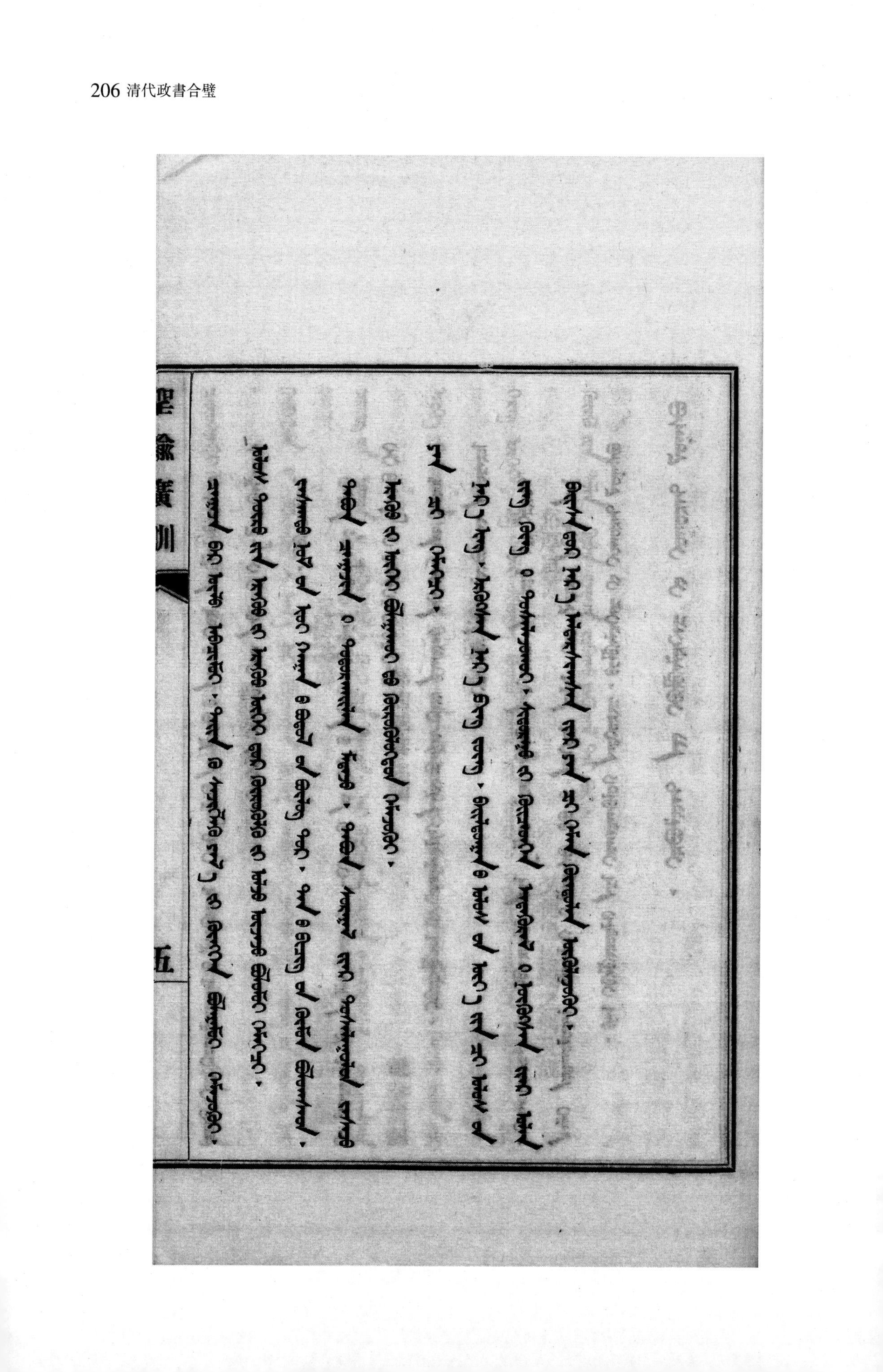

聖諭廣訓

未之或改　且以制官祿

下所宜供於上　古今通義

此君所必需於民

而賦稅以興　凡國之五禮百度輸用出入皆賴焉

自昔畫野分州　任土作貢

完錢糧以省催科

毫多取於民　溯

且橫征私派一切革除　未嘗絲

賦額悉準經制

豈厲民而以自養耶　我朝自定鼎以來

天下用之　人主之倉廩府庫

以備荒歉　所以養我民　取諸天下　還爲

所以治我民　以給兵餉　所以衛我民

聖諭廣訓

民之職也　屬在兵民　宜喻此意　勿
以下奉上　先公後私
薄斂加惠元元　君之德也
固已淪肌浹髓矣　夫綏征
所蠲免錢糧何止百千萬億　遐邇之霑被
時以閭閻豐裕爲念
聖祖仁皇帝深仁厚澤　豢養斯民六十餘年

村巷無夜呼之吏

給朝夕　供伏臘　縣庭有臥治之官

以其所餘養父兄　畢婚嫁

依限而納　毋待追呼　然後

勿轉委輸將致彼豪猾之中飽

勿逡巡觀望冀邀賜復之殊恩

惰而嬉荒其本業　勿奢而費耗其貲財

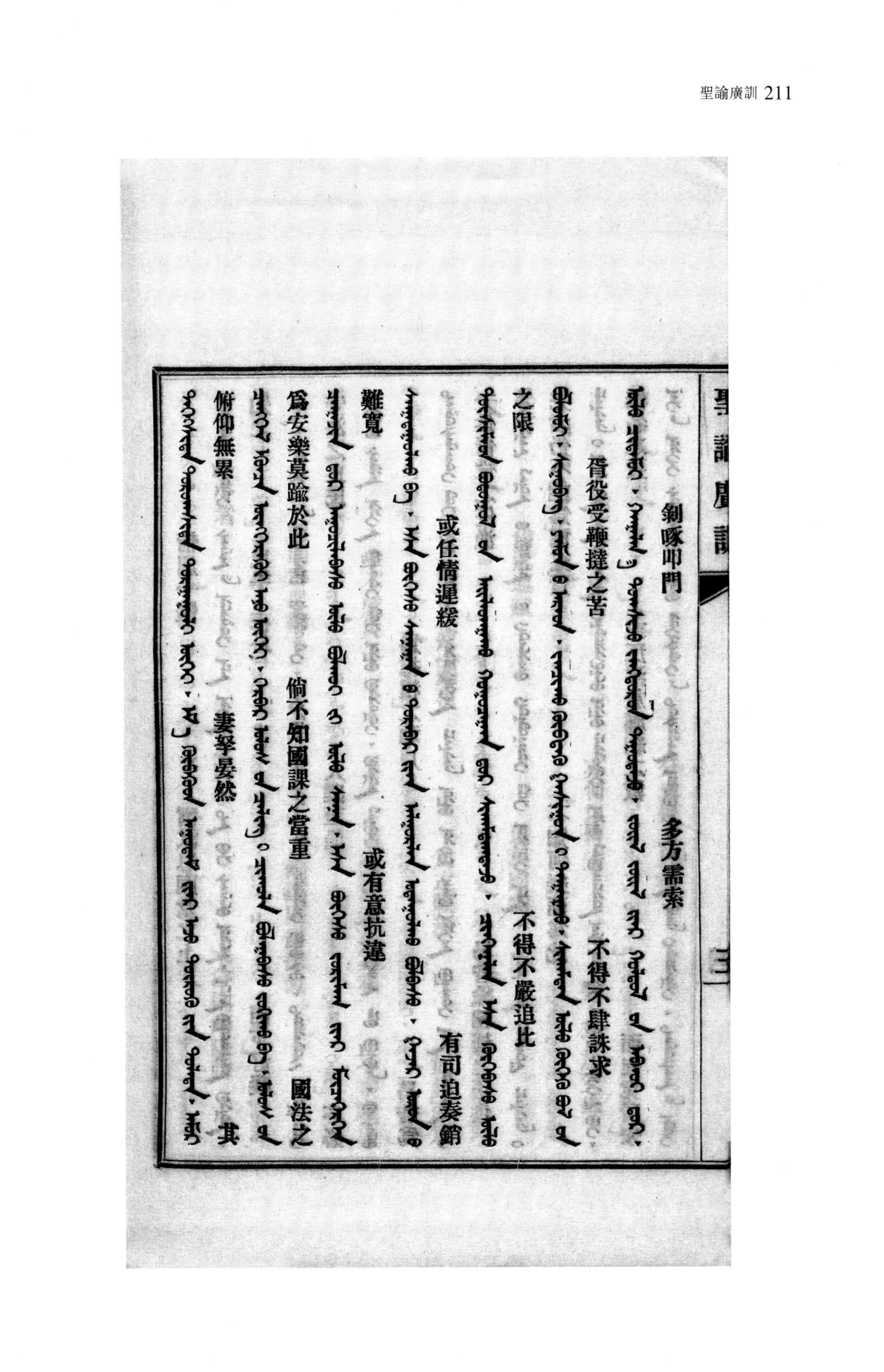

俯仰無累 妻孥晏然 其
爲安樂莫踰於此 倘不知國課之當重 國法之
難寬 或有意抗違
或任情遲緩 有司迫奏銷
之限 不得不嚴追比
胥役受鞭撻之苦 不得不肆誅求
剝啄叩門 多方需索

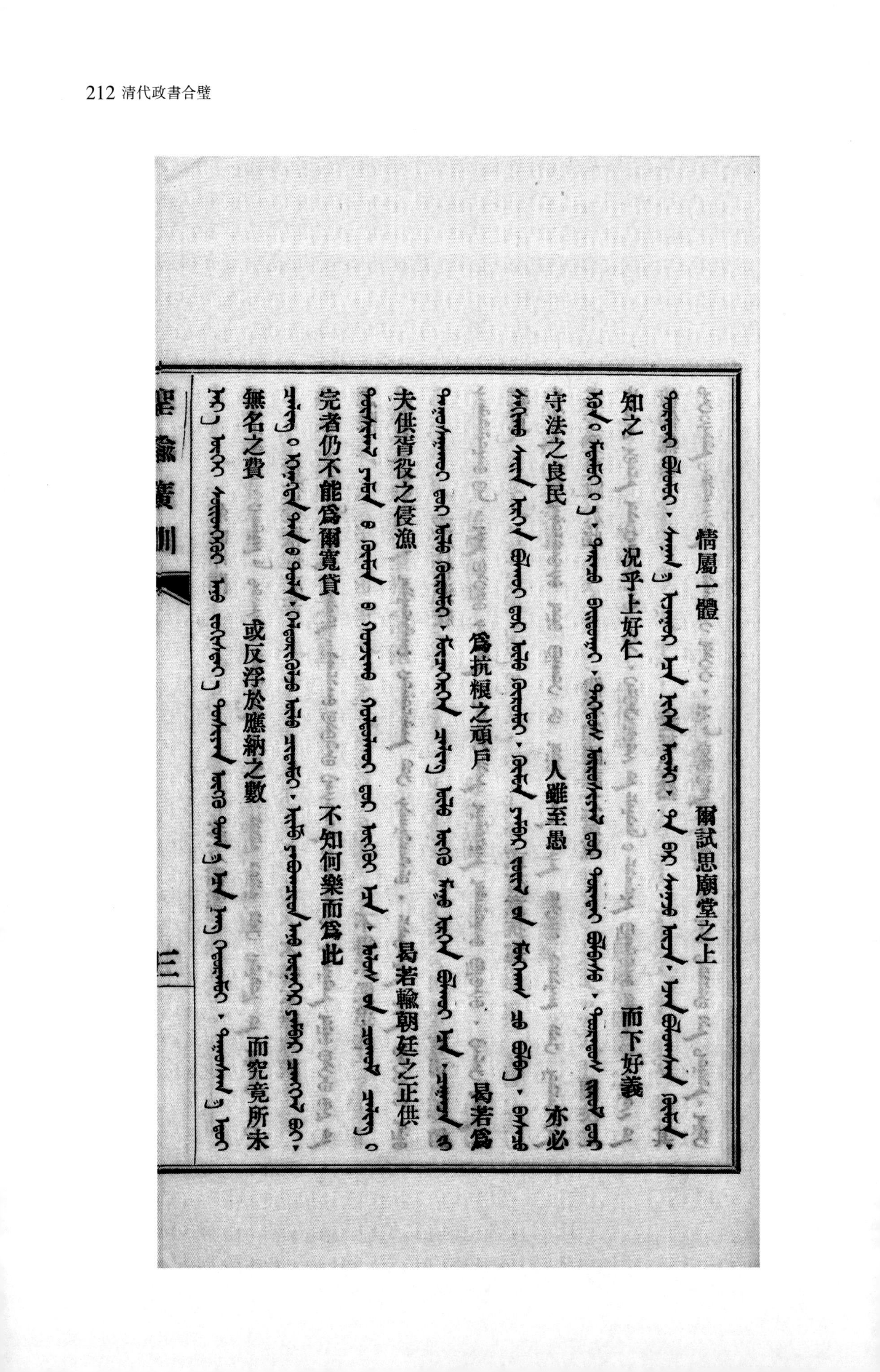

情屬一體　爾試思廟堂之上

知之　況乎上好仁　而下好義

守法之良民　人雖至愚　亦必

為抗糧之頑戶　曷若為

夫供胥役之侵漁　曷若輸朝廷之正供

完者仍不能為爾寬貸　不知何樂而為此

無名之費　或反浮於應納之數　而究竟所未

聖諭廣訓　四

所日夜憂勞者　在於民事　水溢則爲隄防

旱魃則爲虔禱　蝗蝻則爲撲滅

幸不成災　則爾等享其利　不幸成災

則又爲之蠲租　爲之賑濟　如此而爲

民者　尚忍逋賦　以誤國需

問之於心　亦何以自安　譬人子於父母

分產授業以後

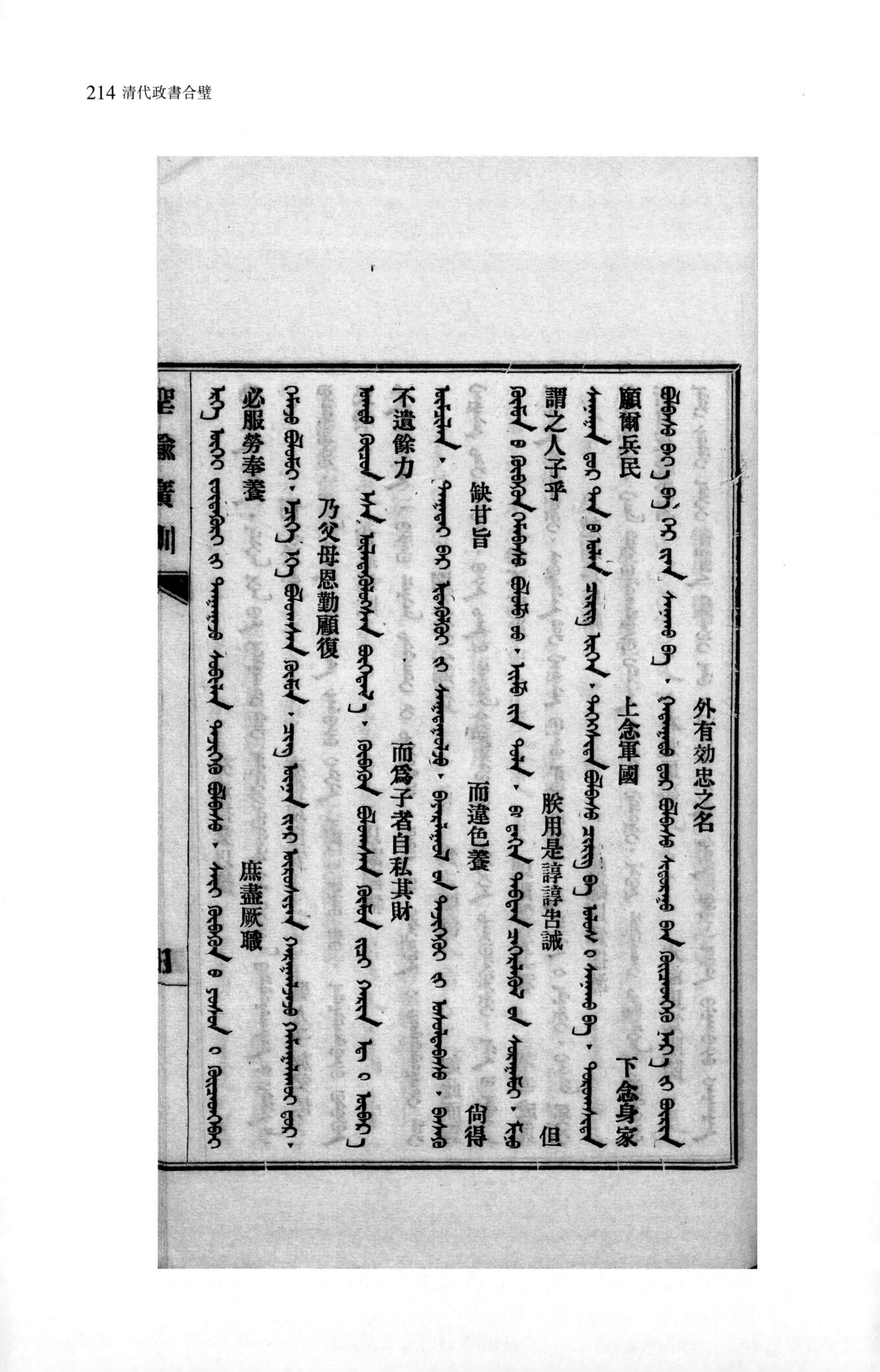

外有効忠之名

顧爾兵民　上念軍國　下念身家

謂之人子乎　朕用是諄諄告誡　但

缺甘旨　而違色養　倘得

不遺餘力　而爲子者自私其財

乃父母恩勤顧復

必服勞奉養　庶盡厥職

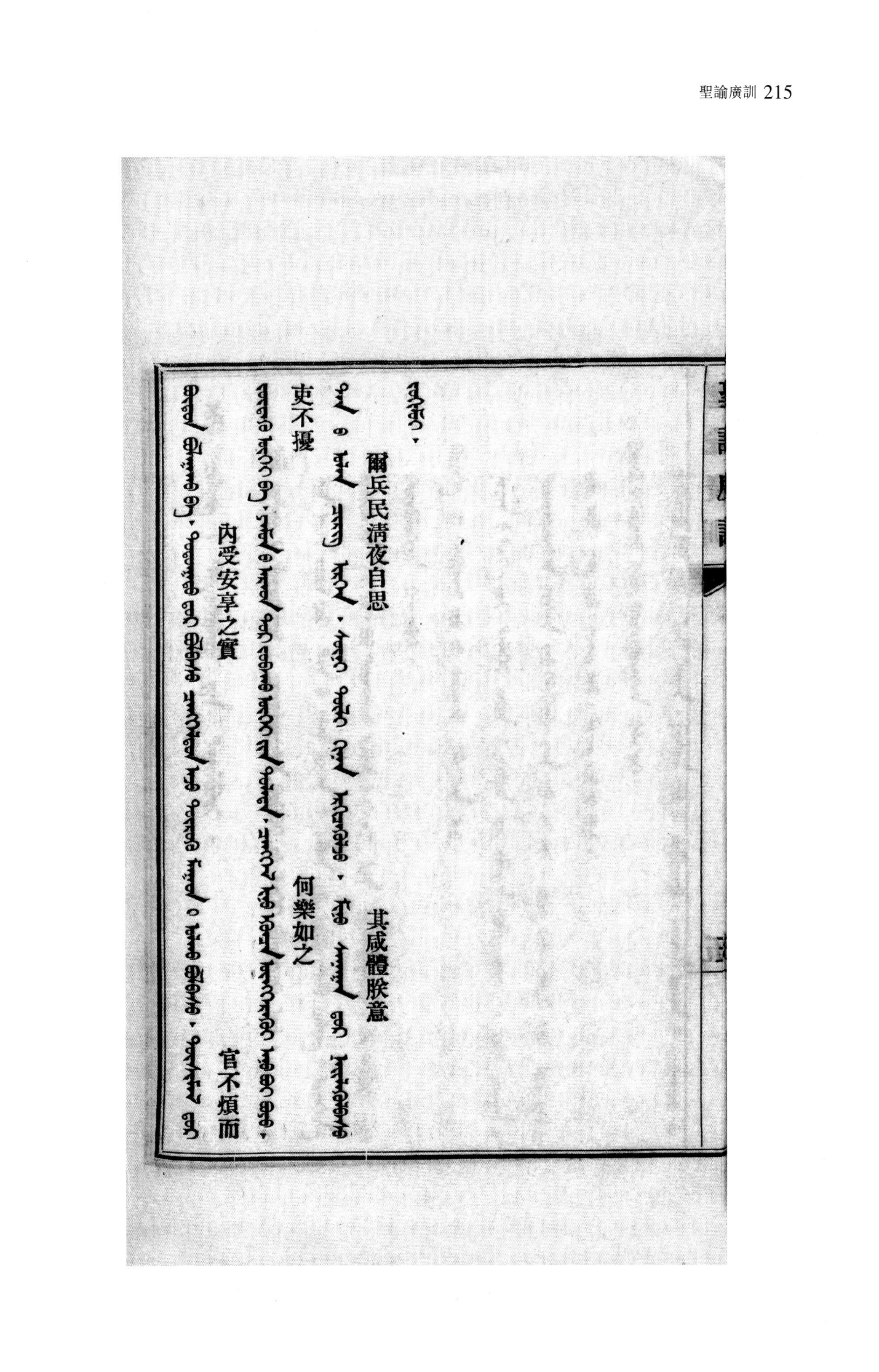

[illegible]

爾兵民清夜自思　其咸體朕意

吏不擾　何樂如之

內受安亨之實　官不煩而

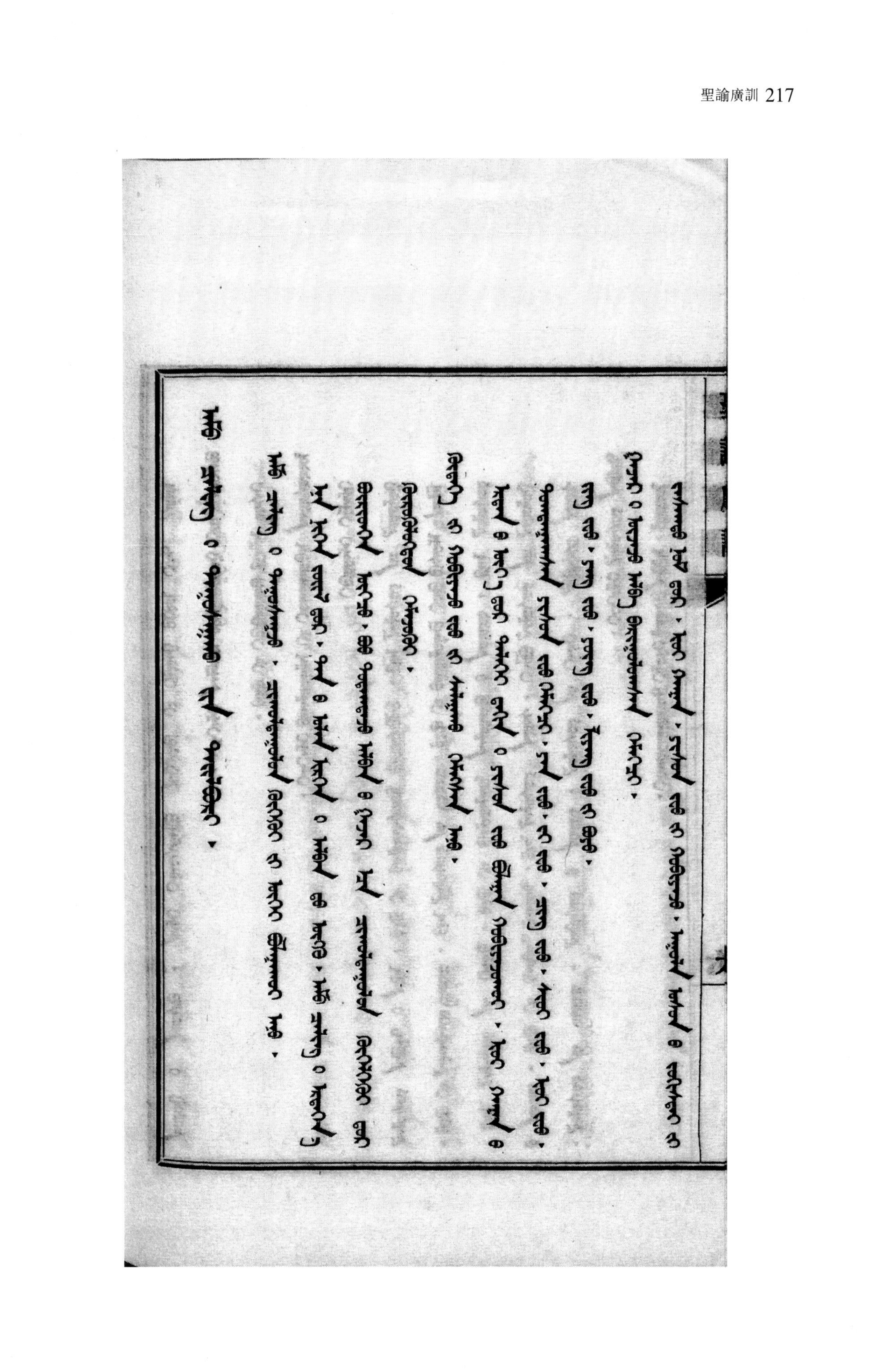

[illegible]

[illegible]

[illegible]

[illegible]

[illegible]

[illegible]

[illegible]

[illegible]

[illegible]

[illegible]

[illegible]

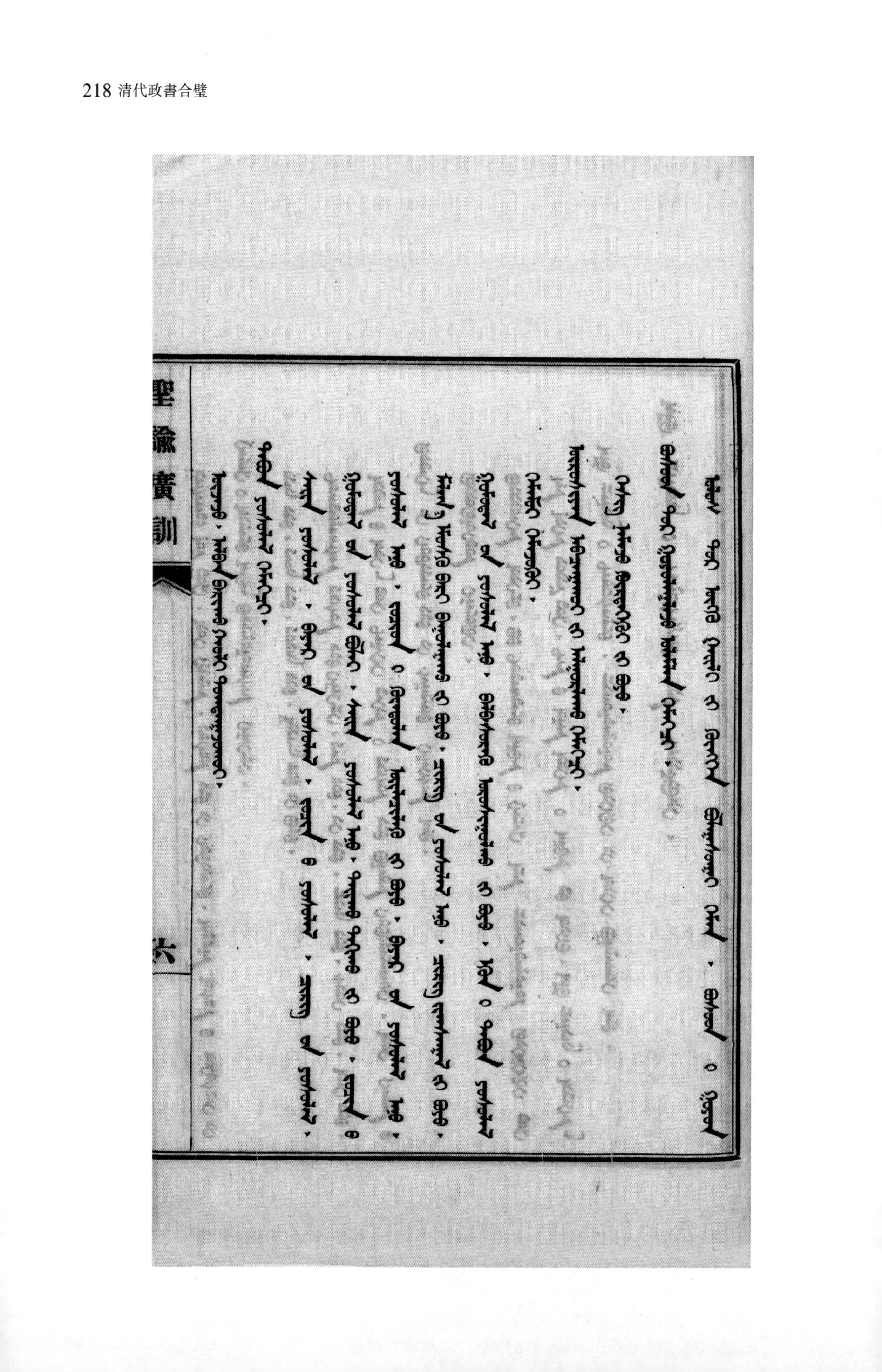

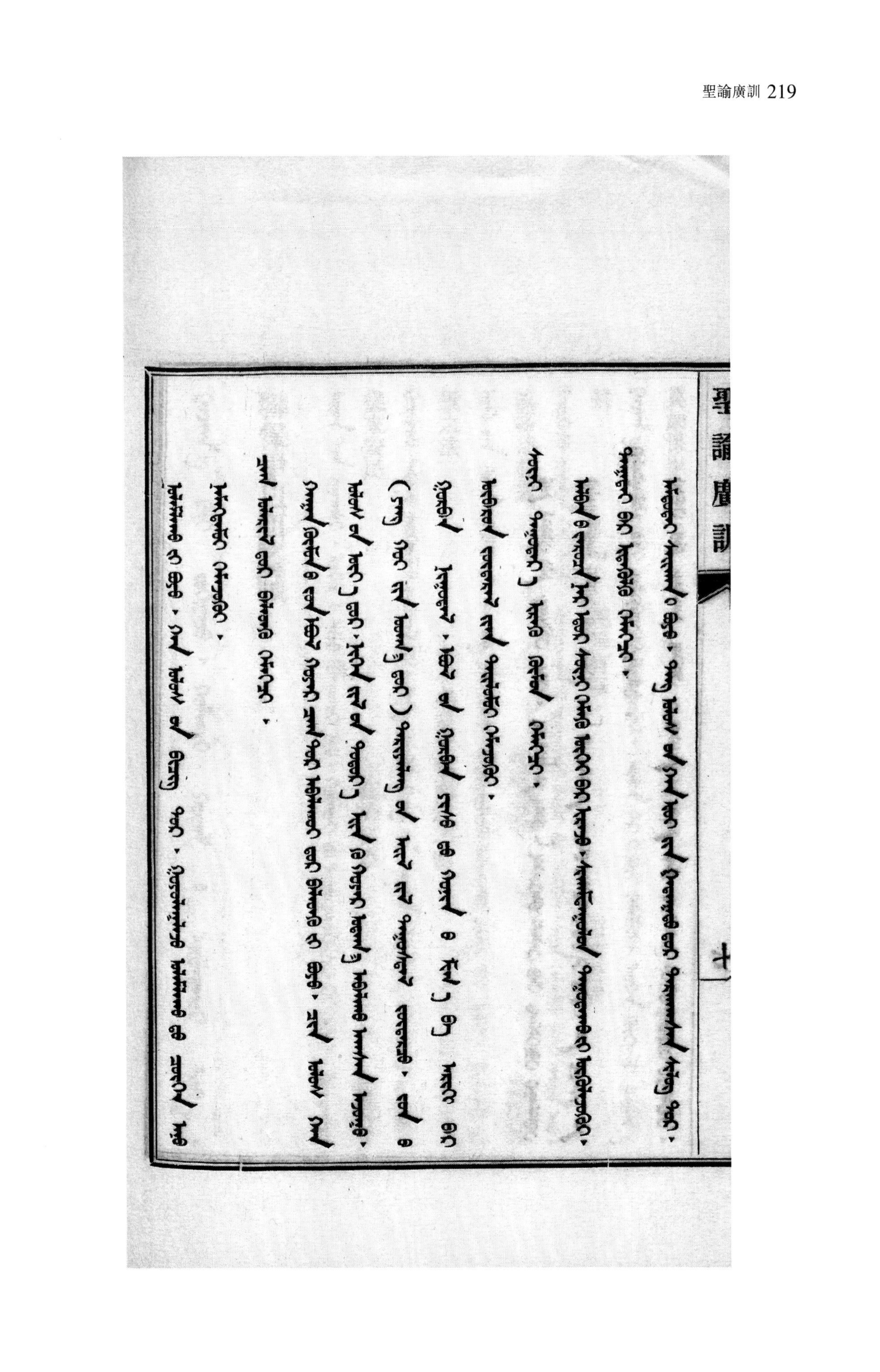

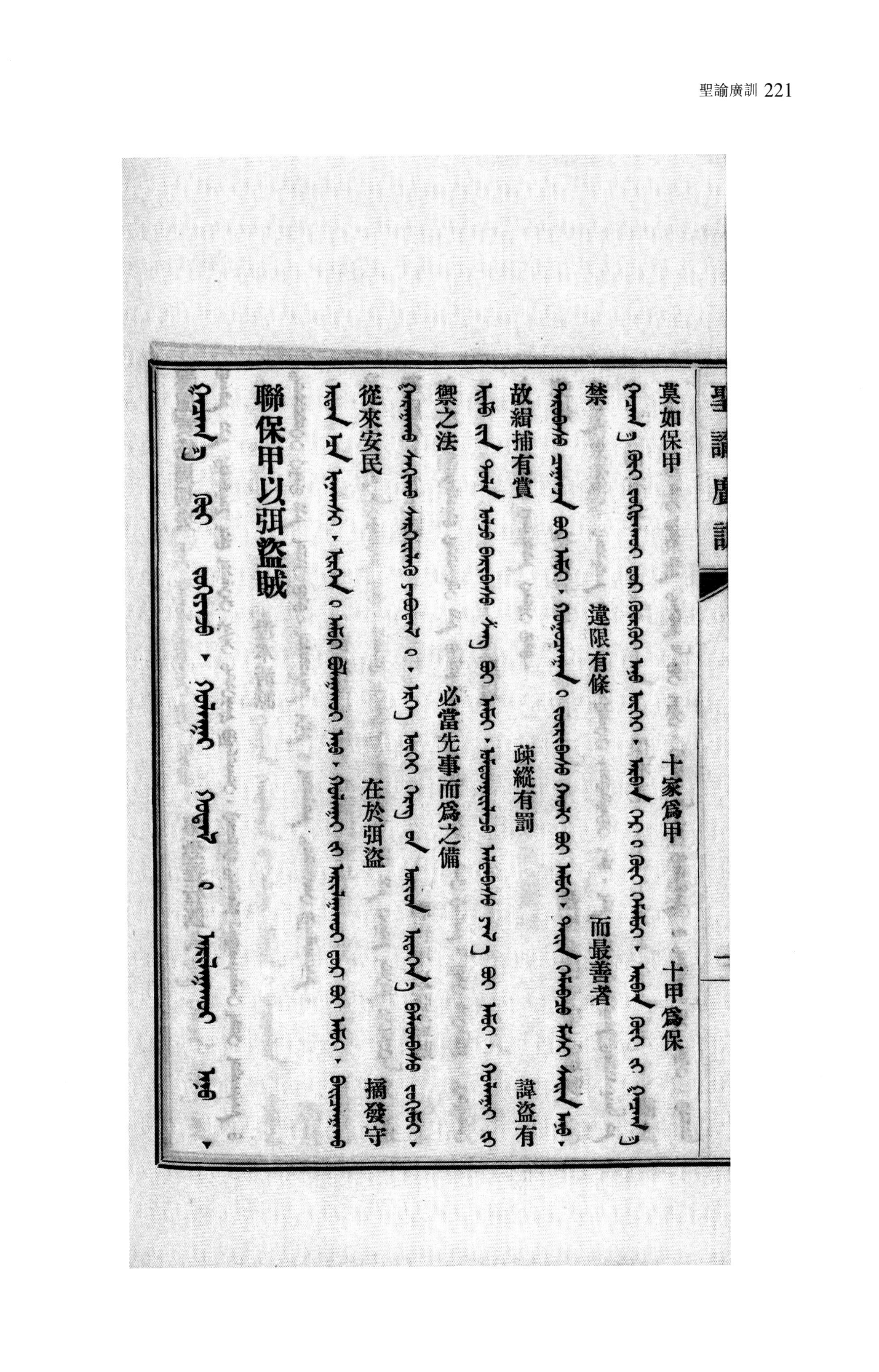

聯保甲以弭盜賊

從來安民　在於弭盜　摘發守

禦之法　必當先事而爲之備

故緝捕有賞　疎縱有罰　諱盜有

禁　違限有條　而最善者

莫如保甲　十家爲甲　十甲爲保

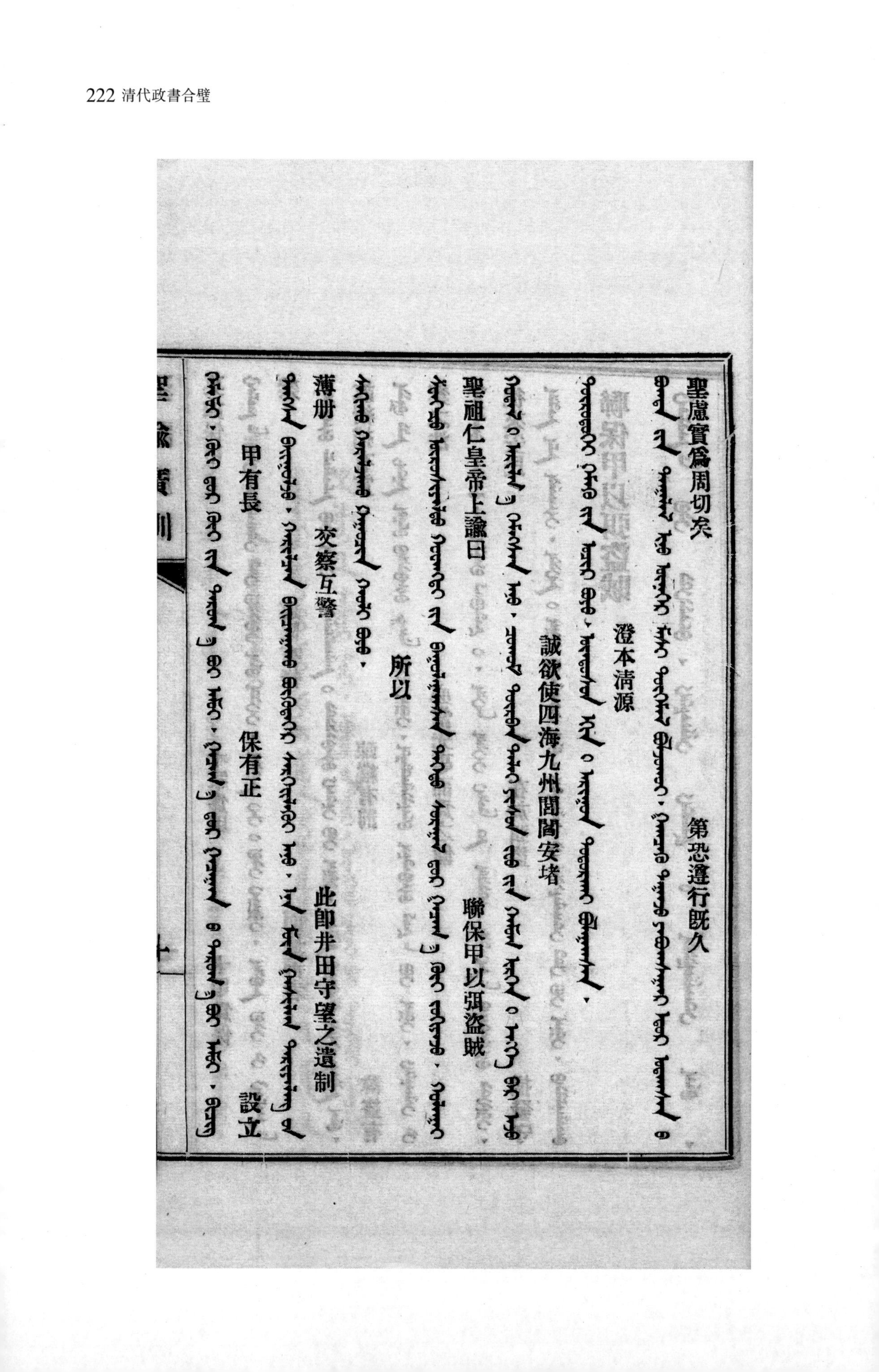

甲有長　保有正　設立

薄册　交察互警　此即井田守望之遺制

所以

聖祖仁皇帝上諭曰　聯保甲以弭盜賊

誠欲使四海九州閭閻安堵

澄本清源

聖慮實爲周切矣　第恐遵行既久

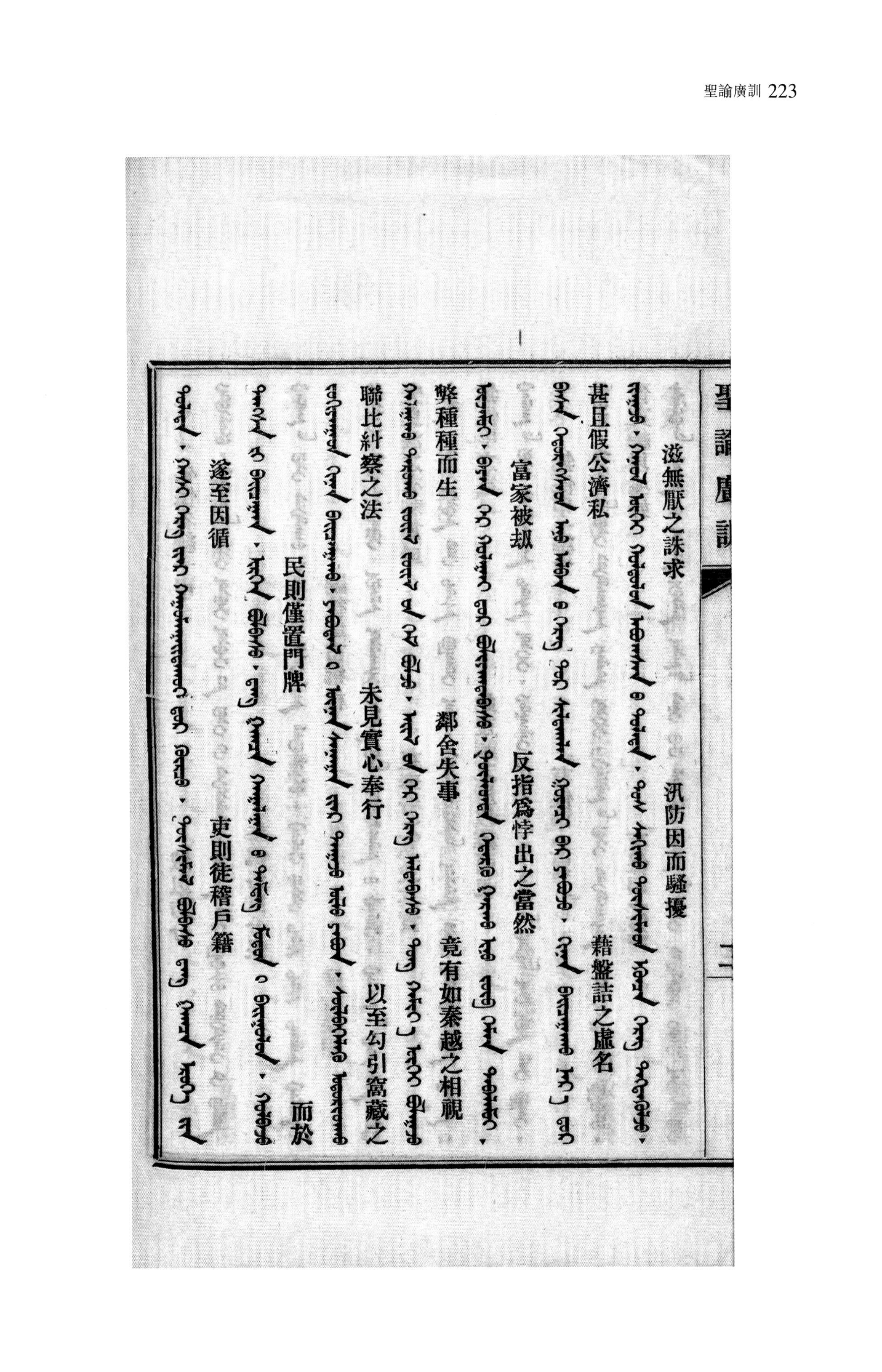

滋無厭之誅求　汛防因而騷擾　藉盤詰之虛名

甚且假公濟私

富家被刦　反指爲悖出之當然

弊種種而生　鄰舍失事　竟有如秦越之相視

聯比糾察之法　未見實心奉行　以至勾引窩藏之

民則僅置門牌　而於

遂至因循　吏則徒稽戶籍

每保各統十甲　城以坊分

每處各自分保

嗣後城市鄉村　嚴行保甲

夫良法之有利於民　在奉行之必求其實

無保甲之益　此盜賊之所以難弭也

無保甲之實　有保甲之累

胥吏緣以生奸　有保甲之名

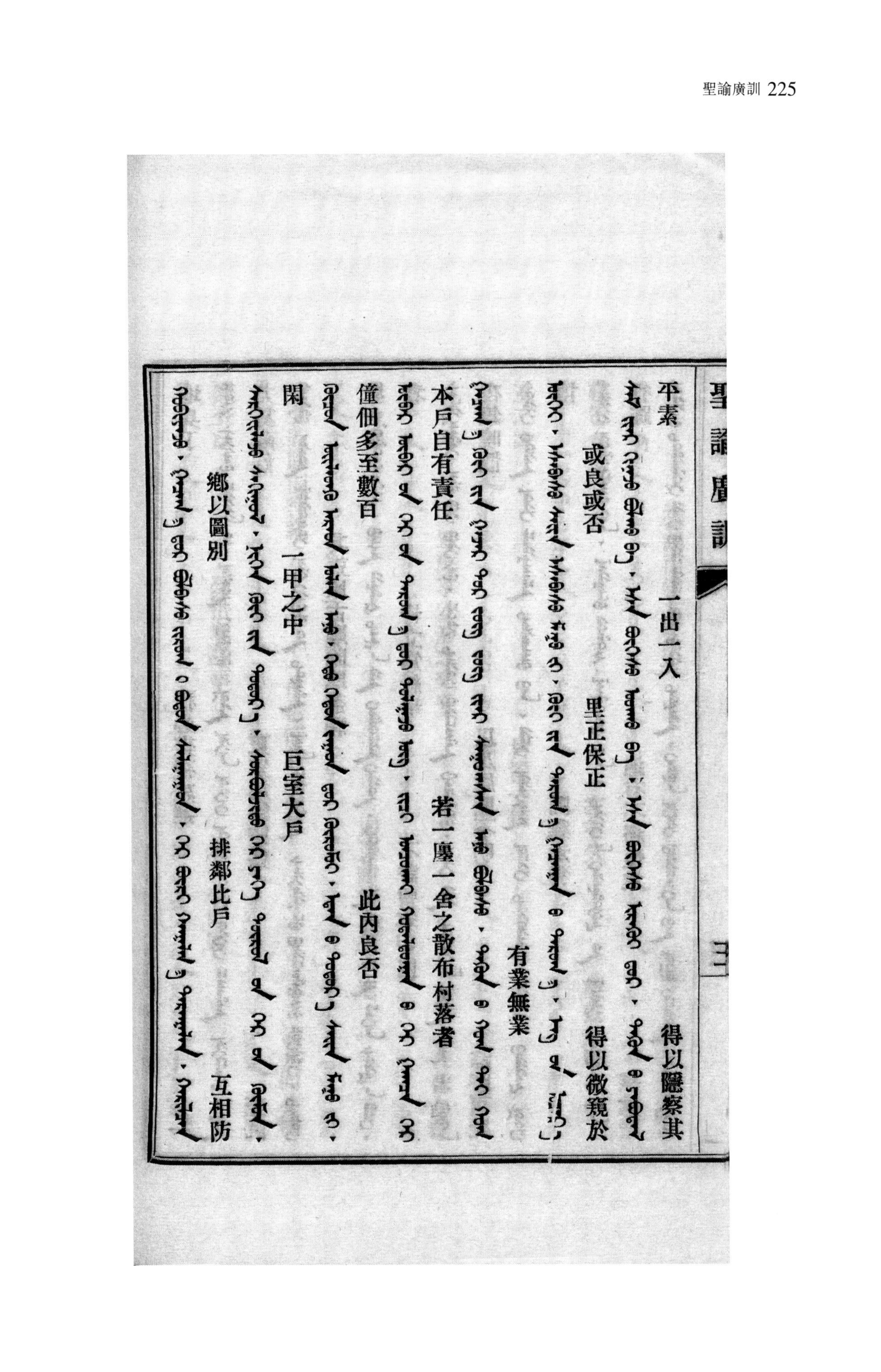

聖諭廣訓

平素　一出一入　得以隱察其

或良或否　里正保正　得以微窺於

有業無業

本戶自有責任　若一廛一舍之散布村落者

僮佃多至數百　此內良否

閑　一甲之中　巨室大戶

鄉以圖別　排鄰比戶　互相防

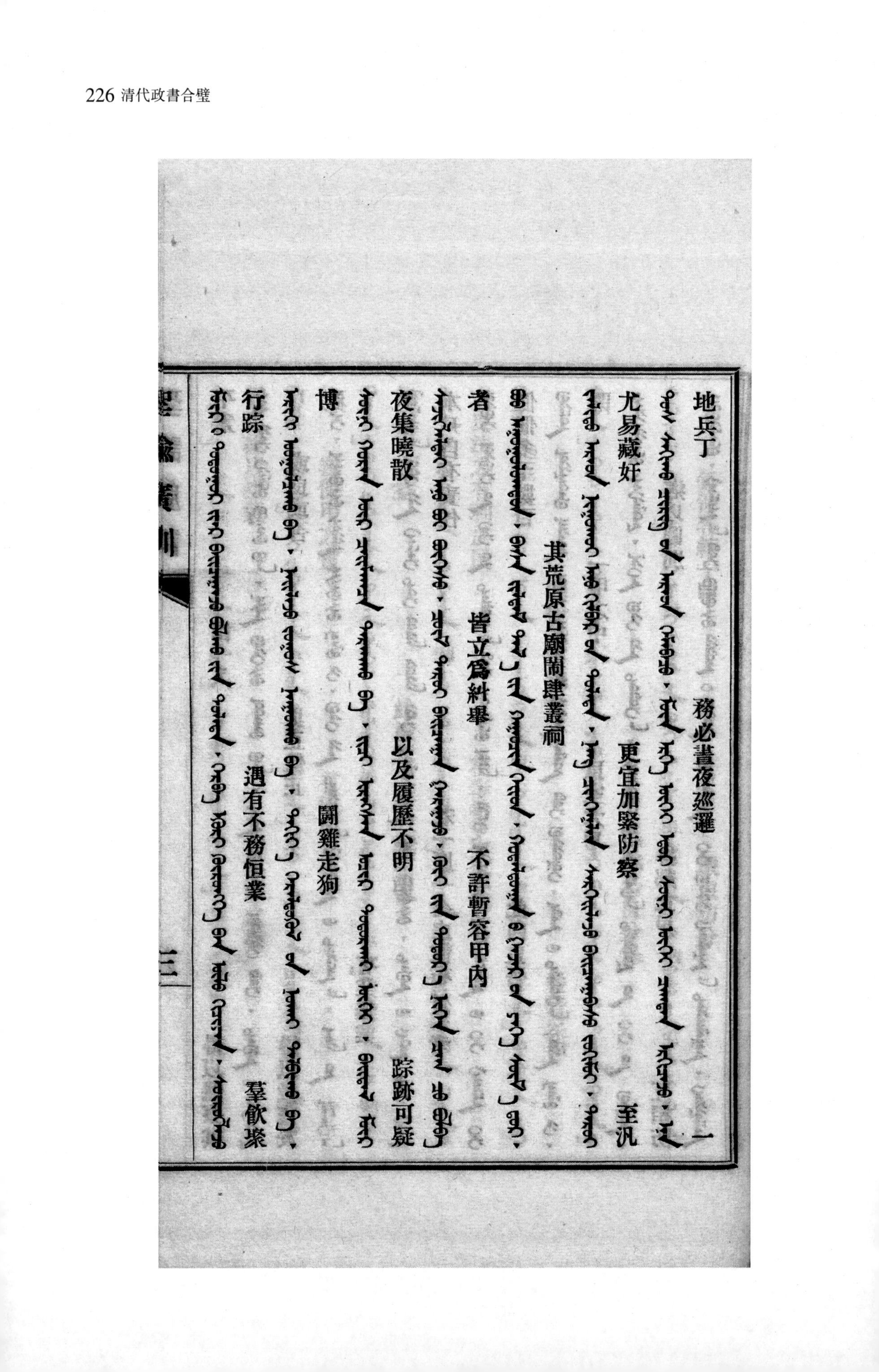

地兵丁　務必晝夜巡邏　一

尤易藏奸　更宜加緊防察　至汎

其荒原古廟閙肆叢祠

者　皆立爲糾舉　不許暫容甲内

夜集曉散　以及履歷不明　踪跡可疑

博　鬭雞走狗

行踪　遇有不務恒業　羣飲聚

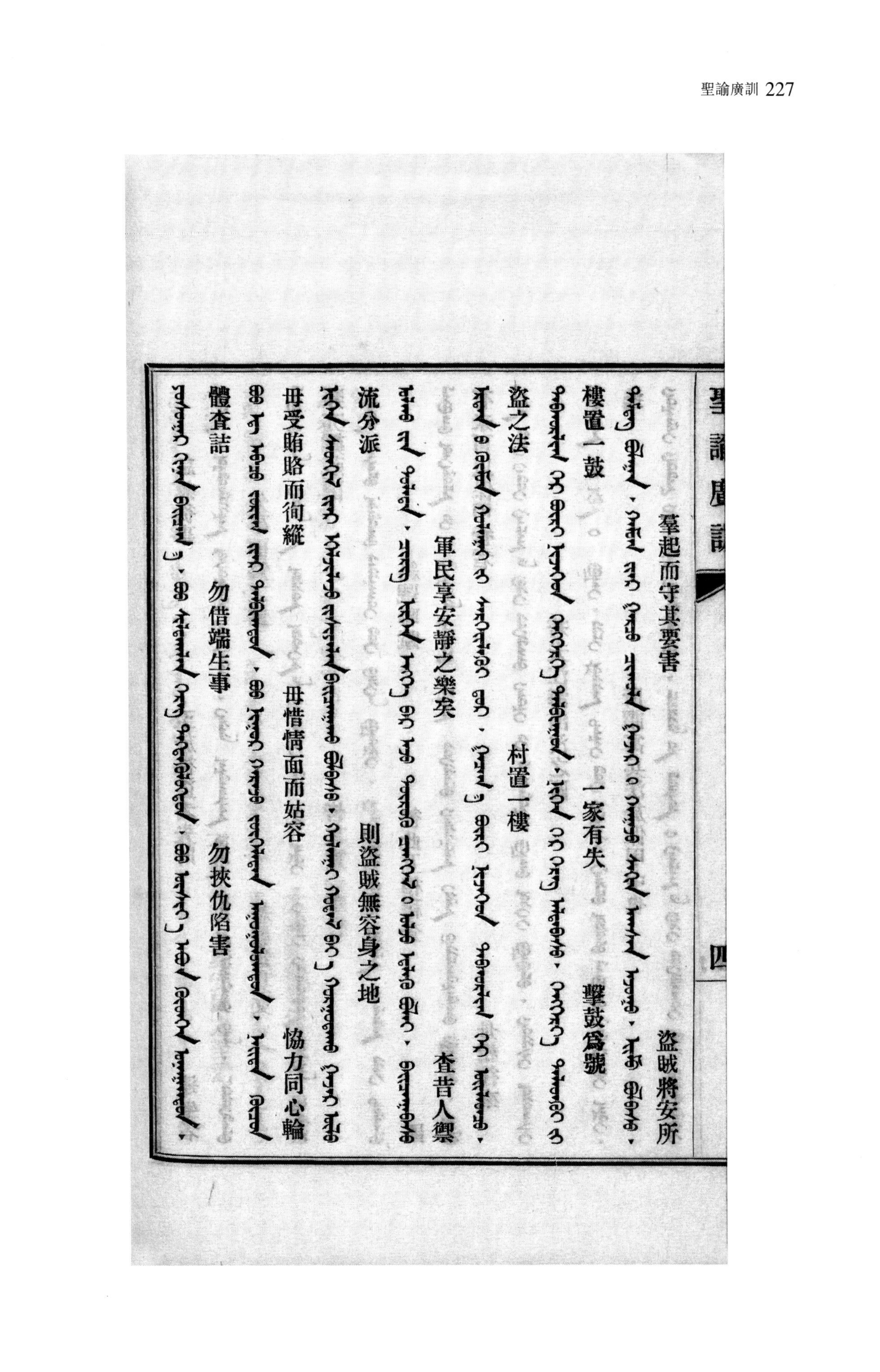

體査詰 勿借端生事 勿挾仇陷害 毋受賄賂而徇縱 毋惜情面而姑容 協力同心輪流分派 則盜賊無容身之地 軍民享安靜之樂矣 查昔人禦盜之法 村置一樓 樓置一鼓 一家有失 擊鼓爲號 羣起而守其要害 盜賊將安所

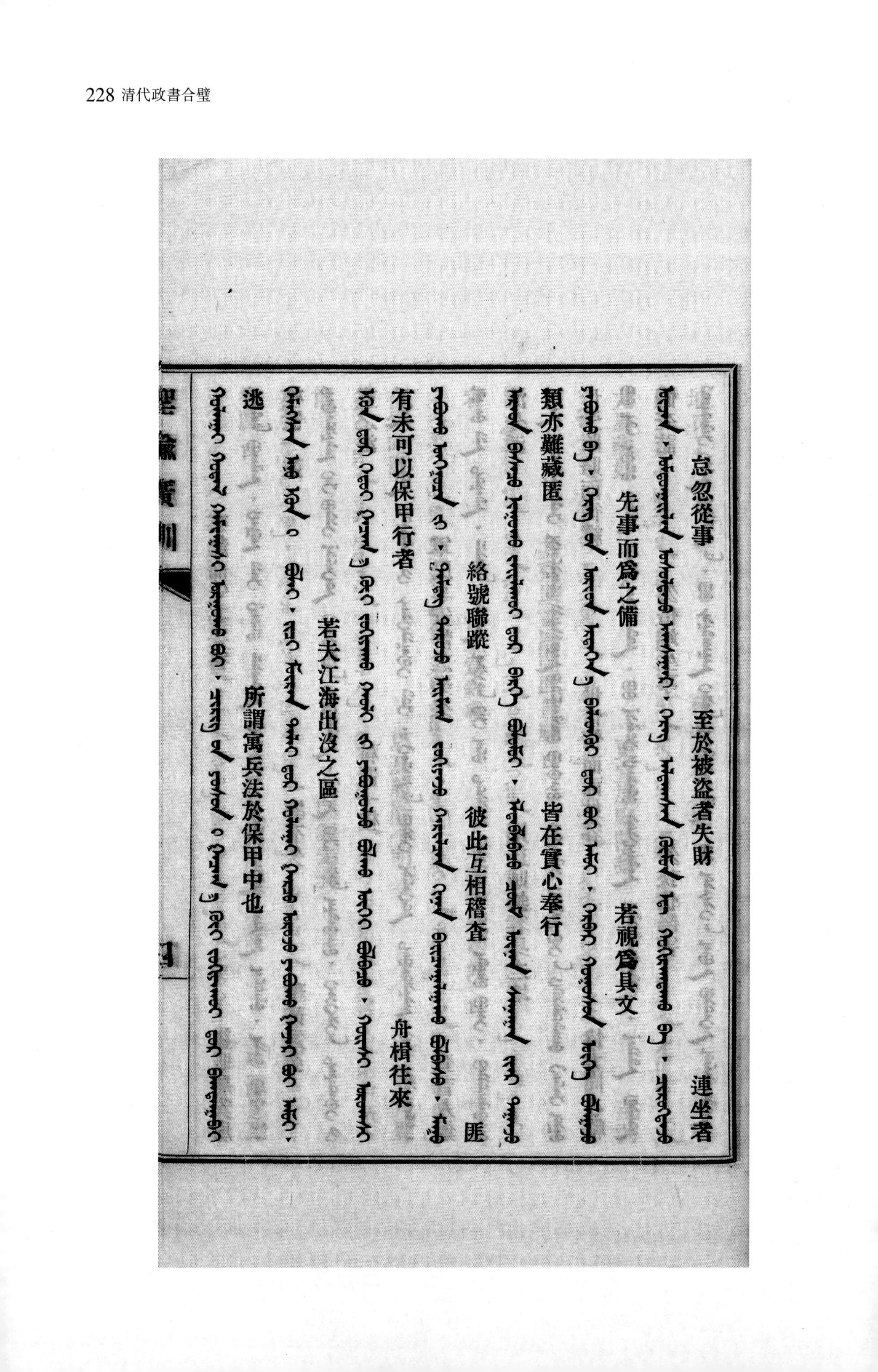

逃 所謂寓兵法於保甲中也

若夫江海出沒之區

有未可以保甲行者 舟楫往來

絡號聯蹤 彼此互相稽查 匪

類亦難藏匿 皆在實心奉行

先事而爲之備 若視爲具文

忘忽從事 至於被盜者失財 連坐者

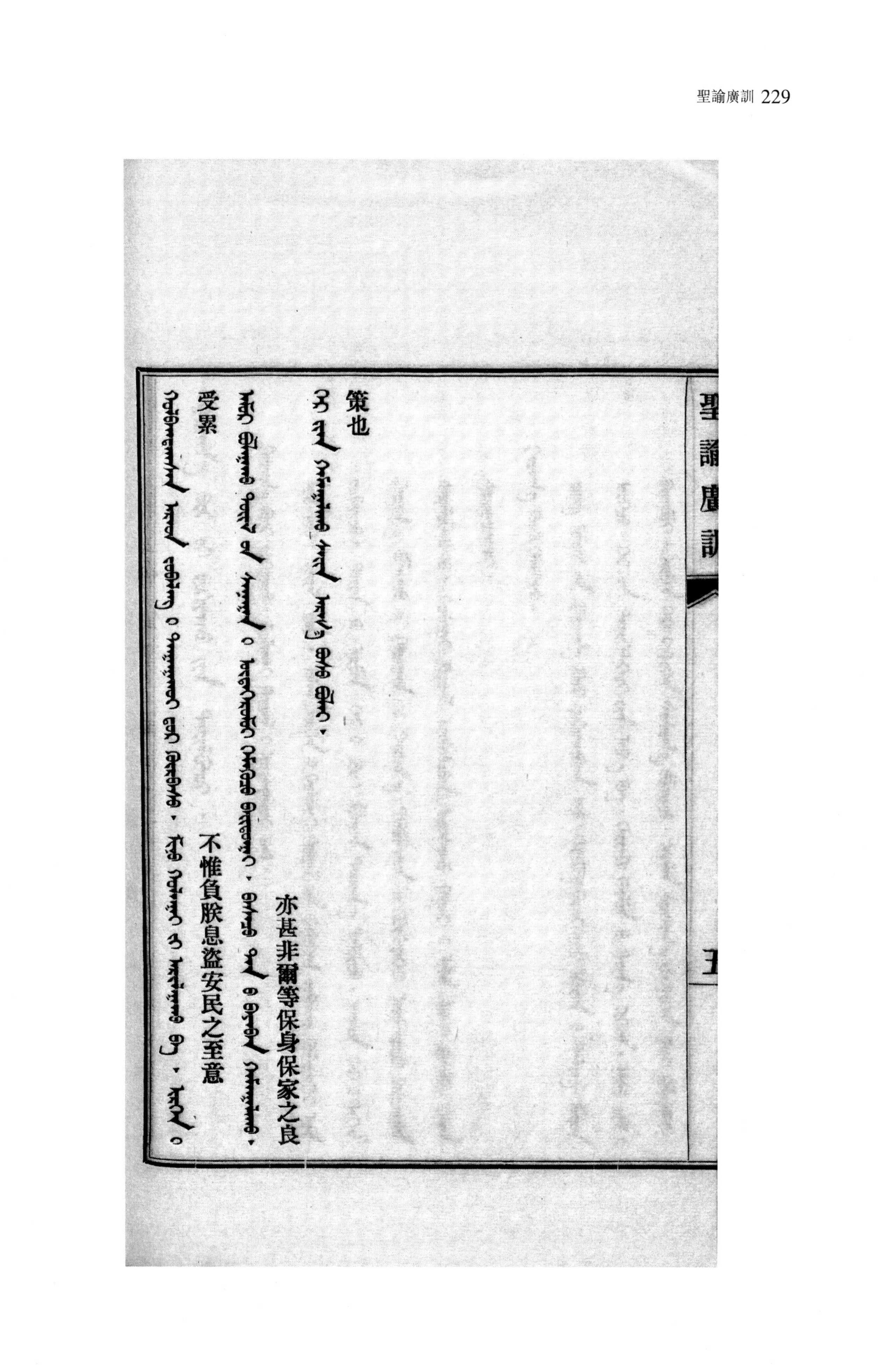

策也

亦甚非爾等保身保家之良

受累

不惟負朕息盜安民之至意

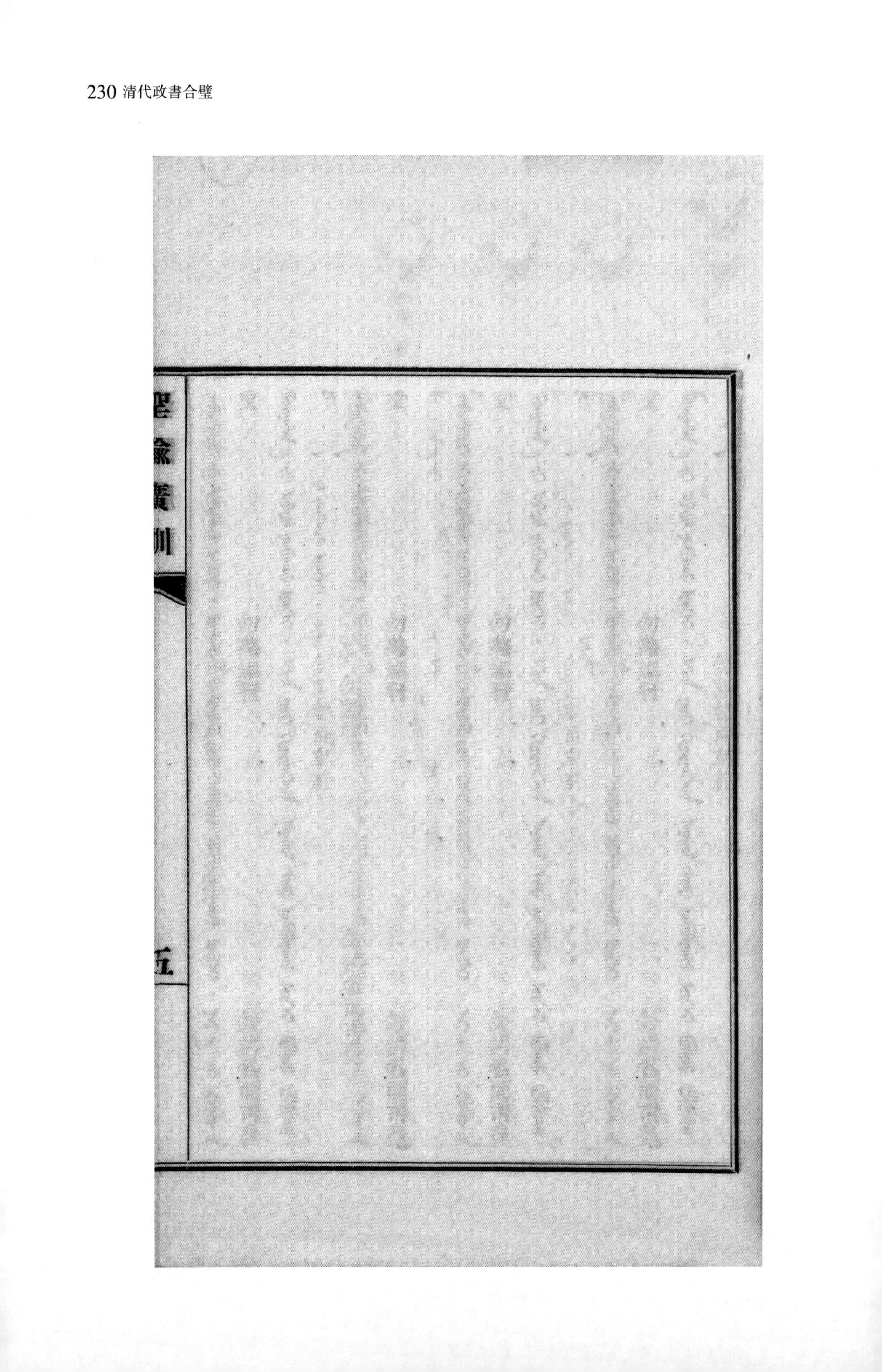

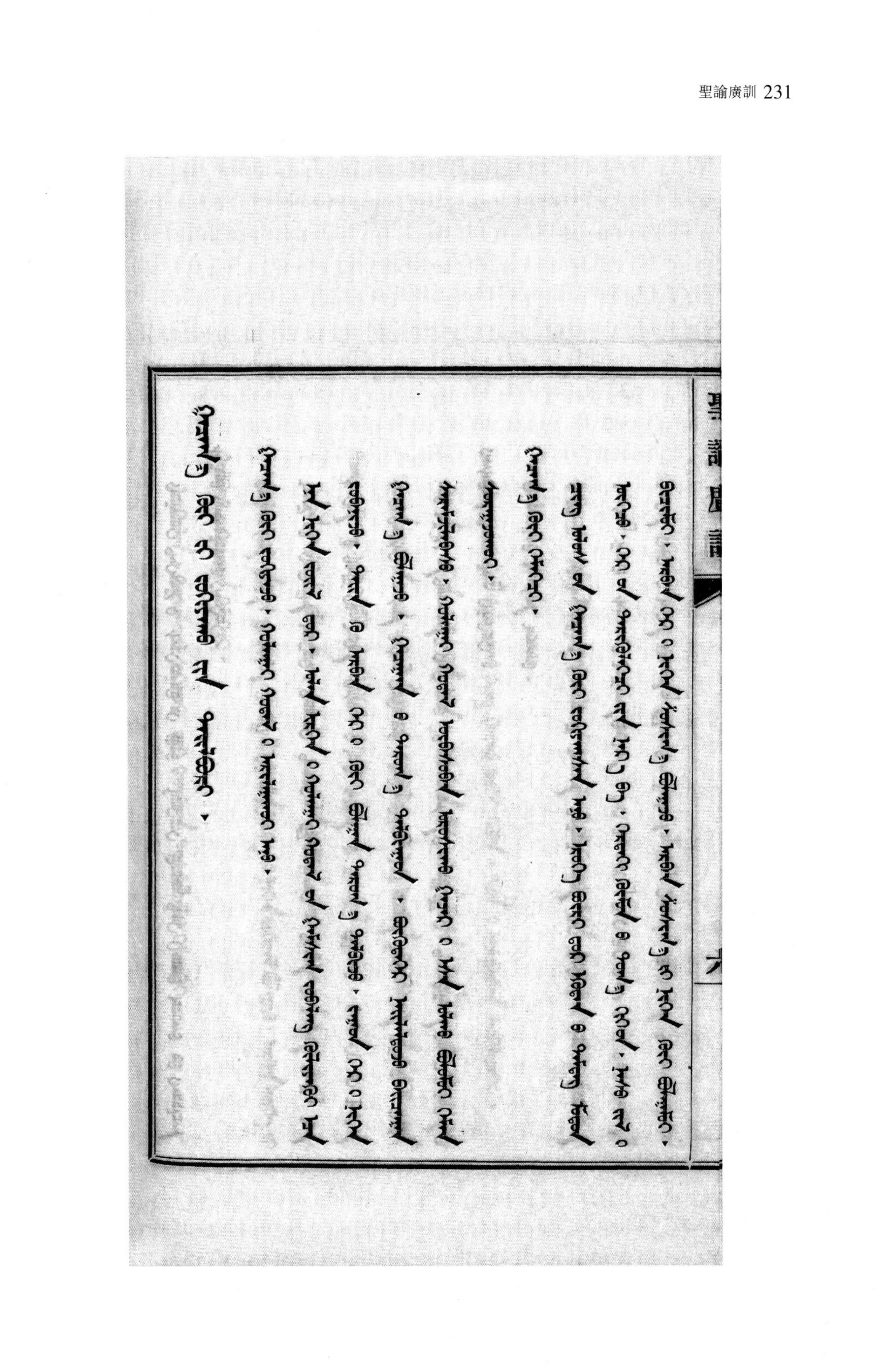

[illegible]

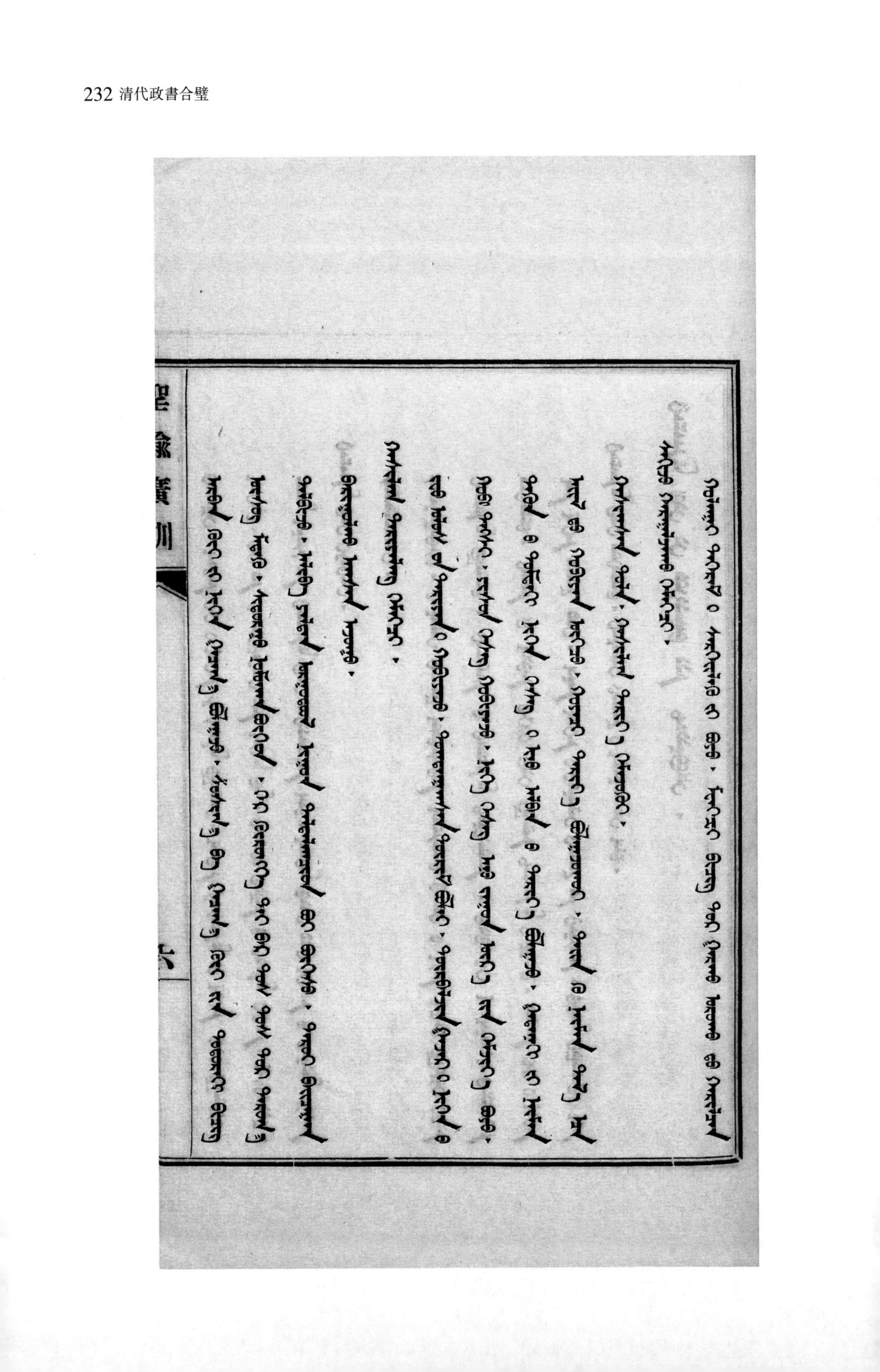

聖諭廣訓

六

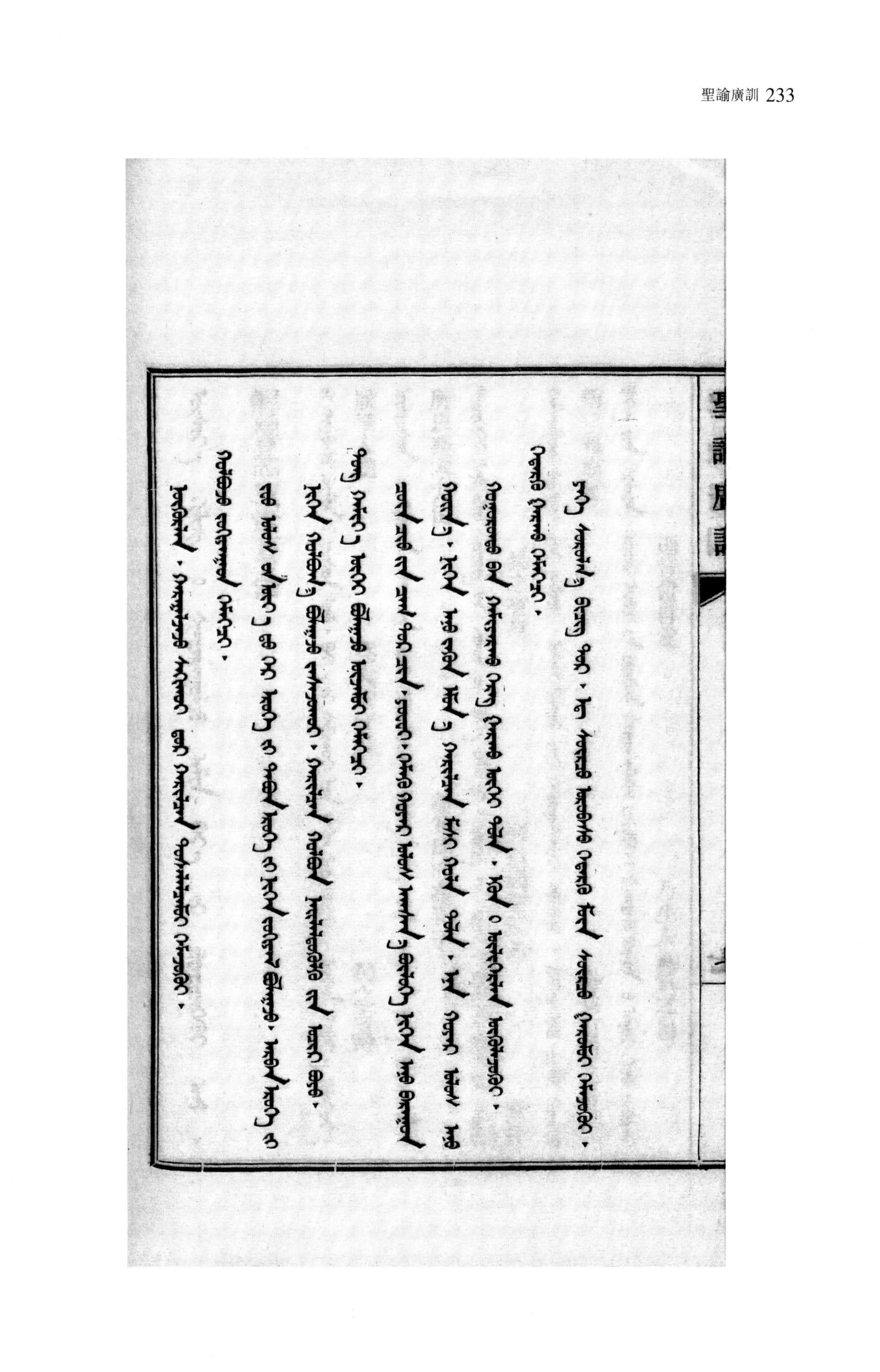

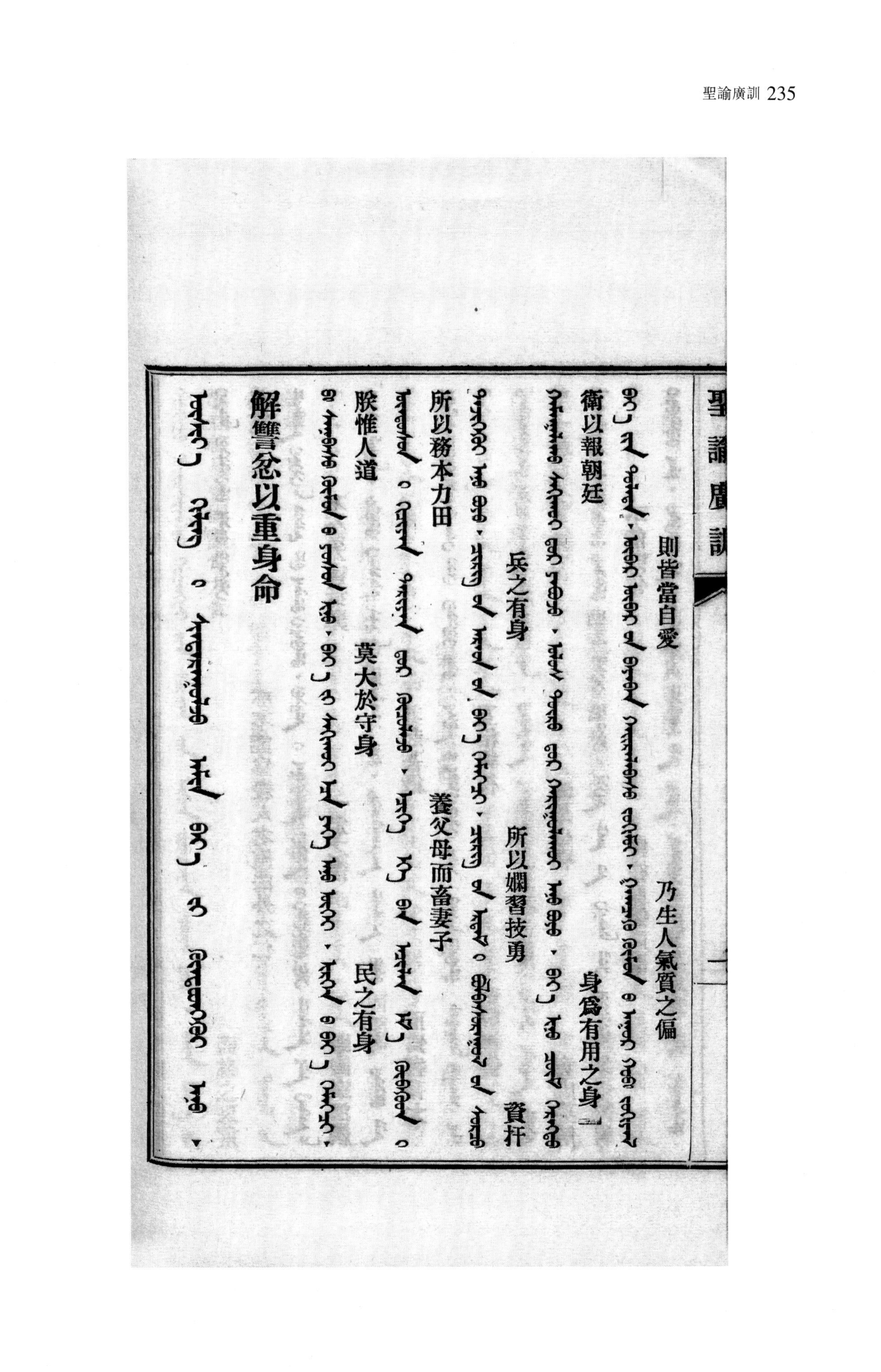

解讐忿以重身命

朕惟人道　莫大於守身　民之有身

所以務本力田　養父母而畜妻子

兵之有身　所以嫻習技勇　資扞

衛以報朝廷　身爲有用之身

則皆當自愛　乃生人氣質之偏

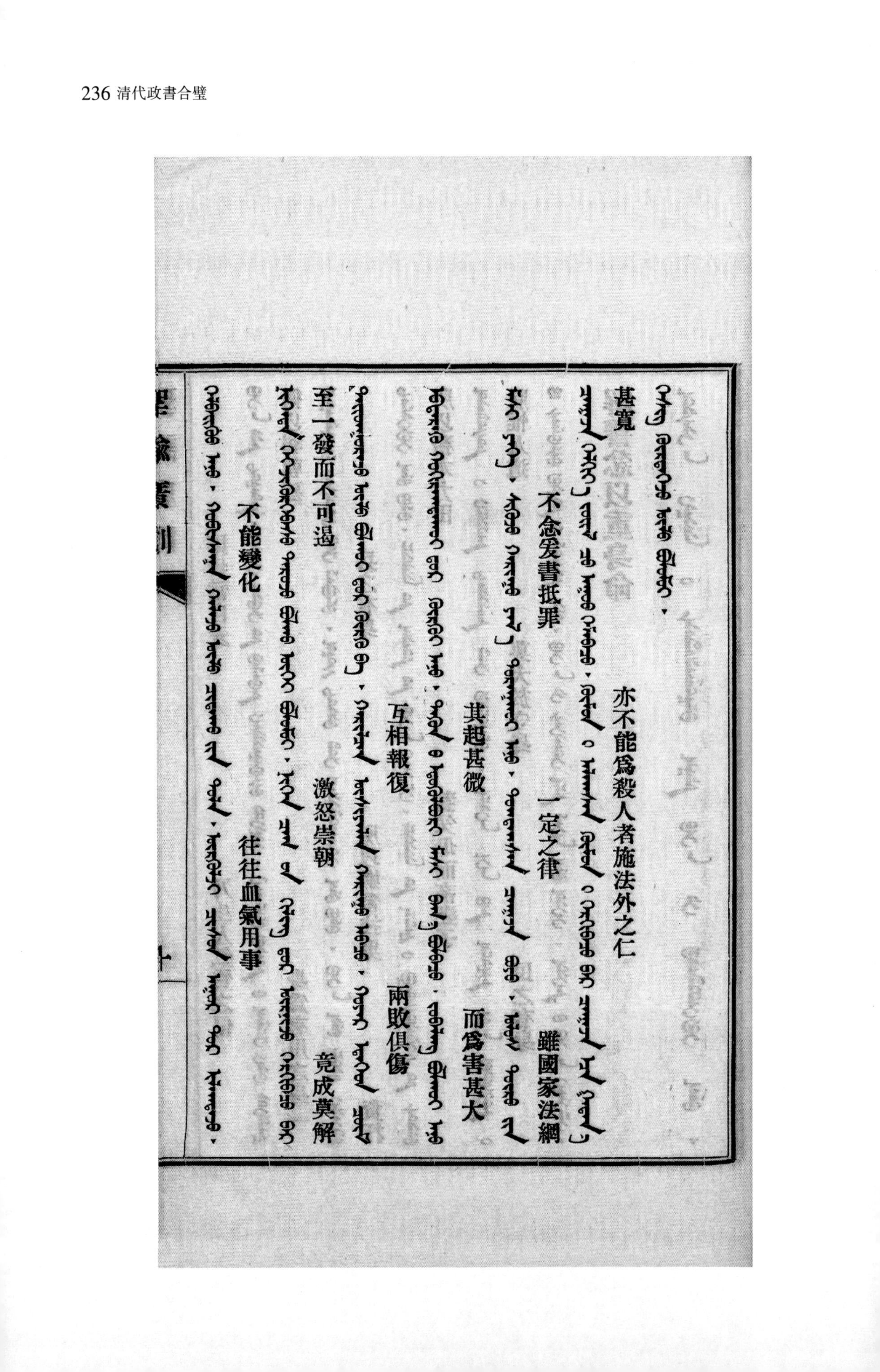

雖國家法網甚寬
亦不能爲殺人者施法外之仁
不念爰書抵罪一定之律
其起甚微
而爲害甚大
互相報復
兩敗俱傷
激怒崇朝
竟成莫解
至一發而不可遏
往往血氣用事
不能變化

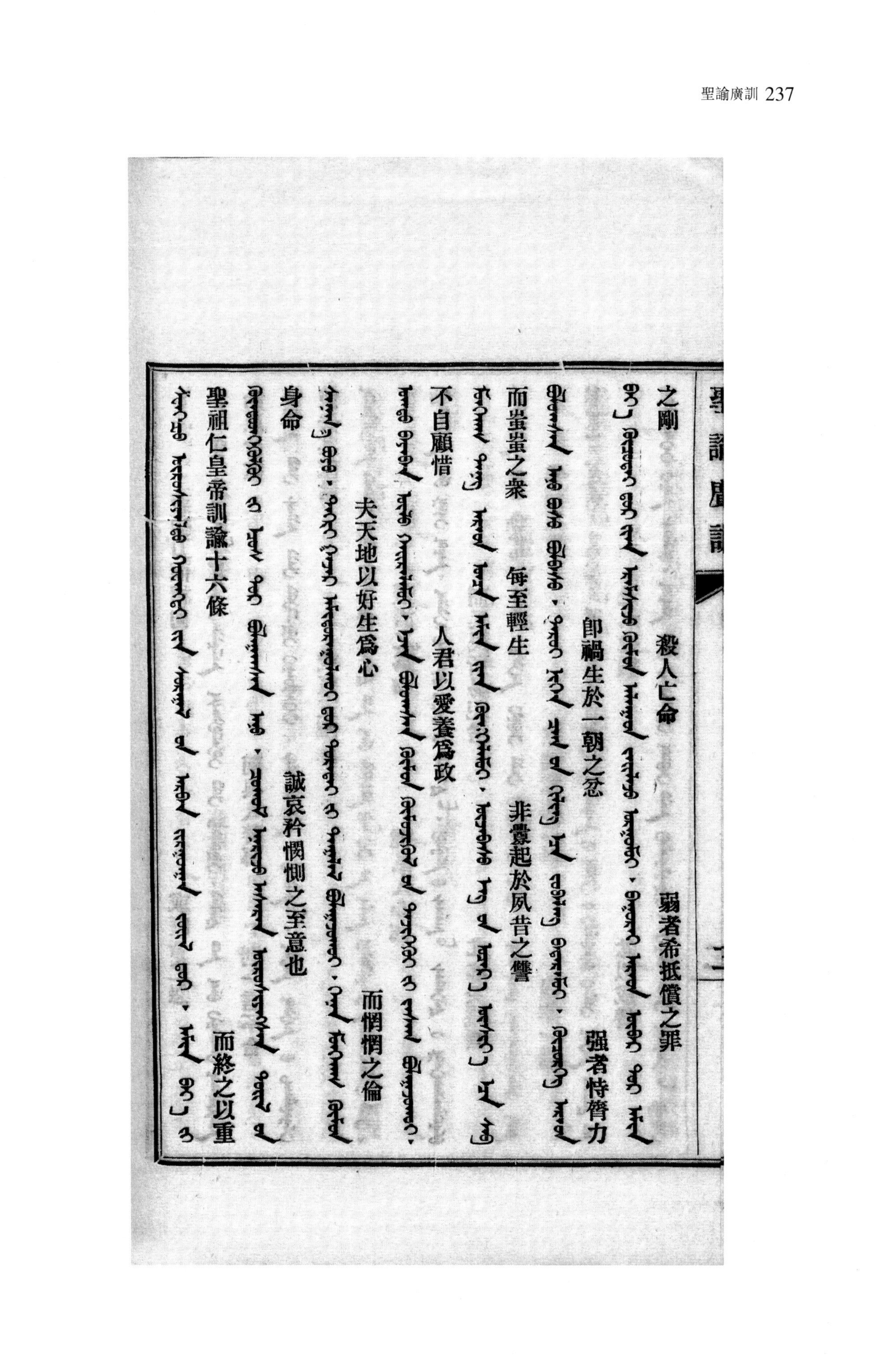

殺人亡命　非釁起於夙昔之讐　卽禍生於一朝之忿　弱者希抵償之罪　強者恃膂力之剛　而蚩蚩之衆　每至輕生　不自顧惜　夫天地以好生爲心　人君以愛養爲政　而惘惘之倫　誠哀矜惘惻之至意也　聖祖仁皇帝訓諭十六條　而終之以重身命

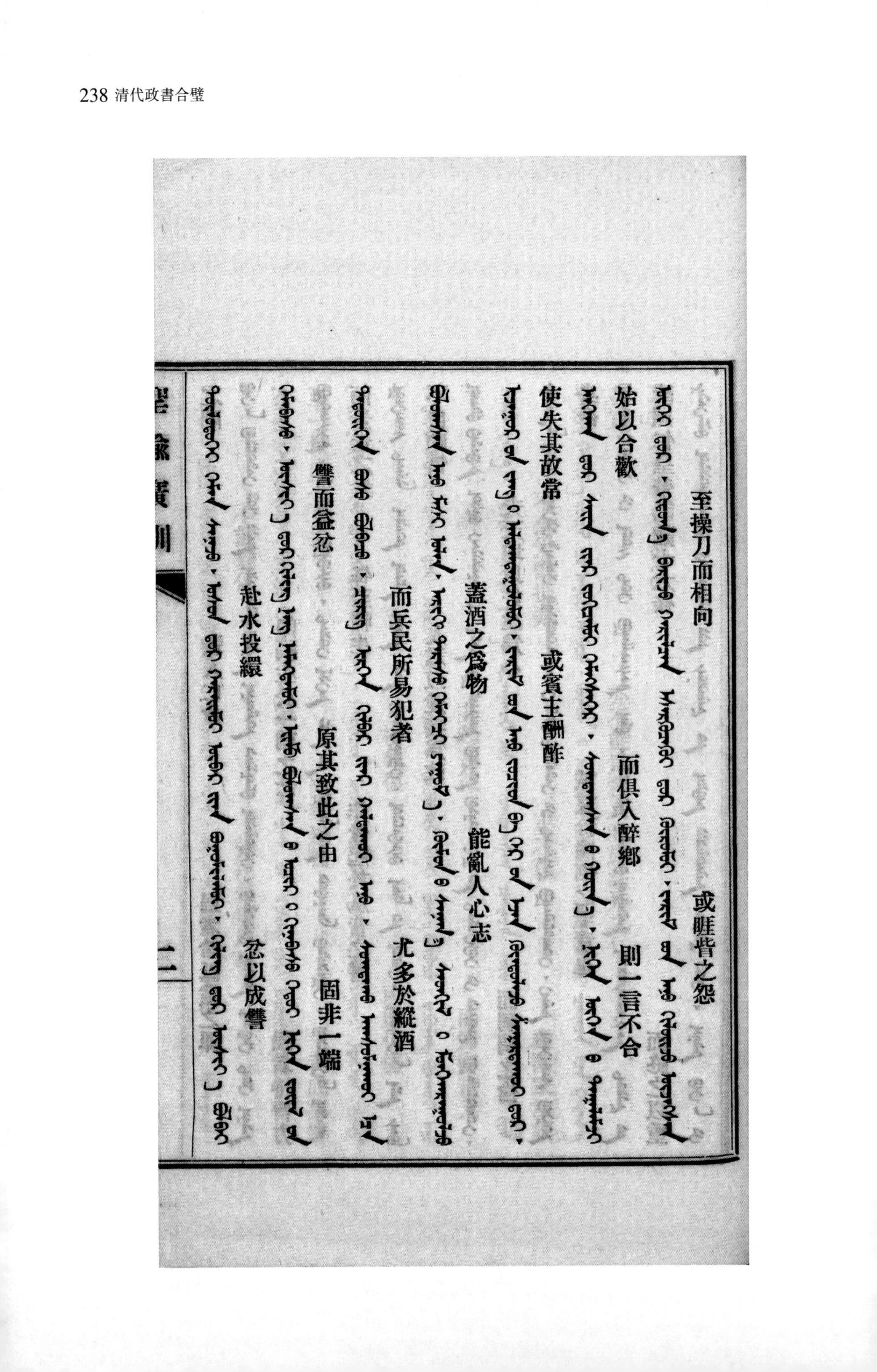

或睚眥之怨 至操刀而相向

或賓主酬酢 始以合歡 而俱入醉鄉 則一言不合 使失其故常

蓋酒之爲物 能亂人心志 而兵民所易犯者 尤多於縱酒

原其致此之由 固非一端

讐而益忿 忿以成讐 赴水投繯

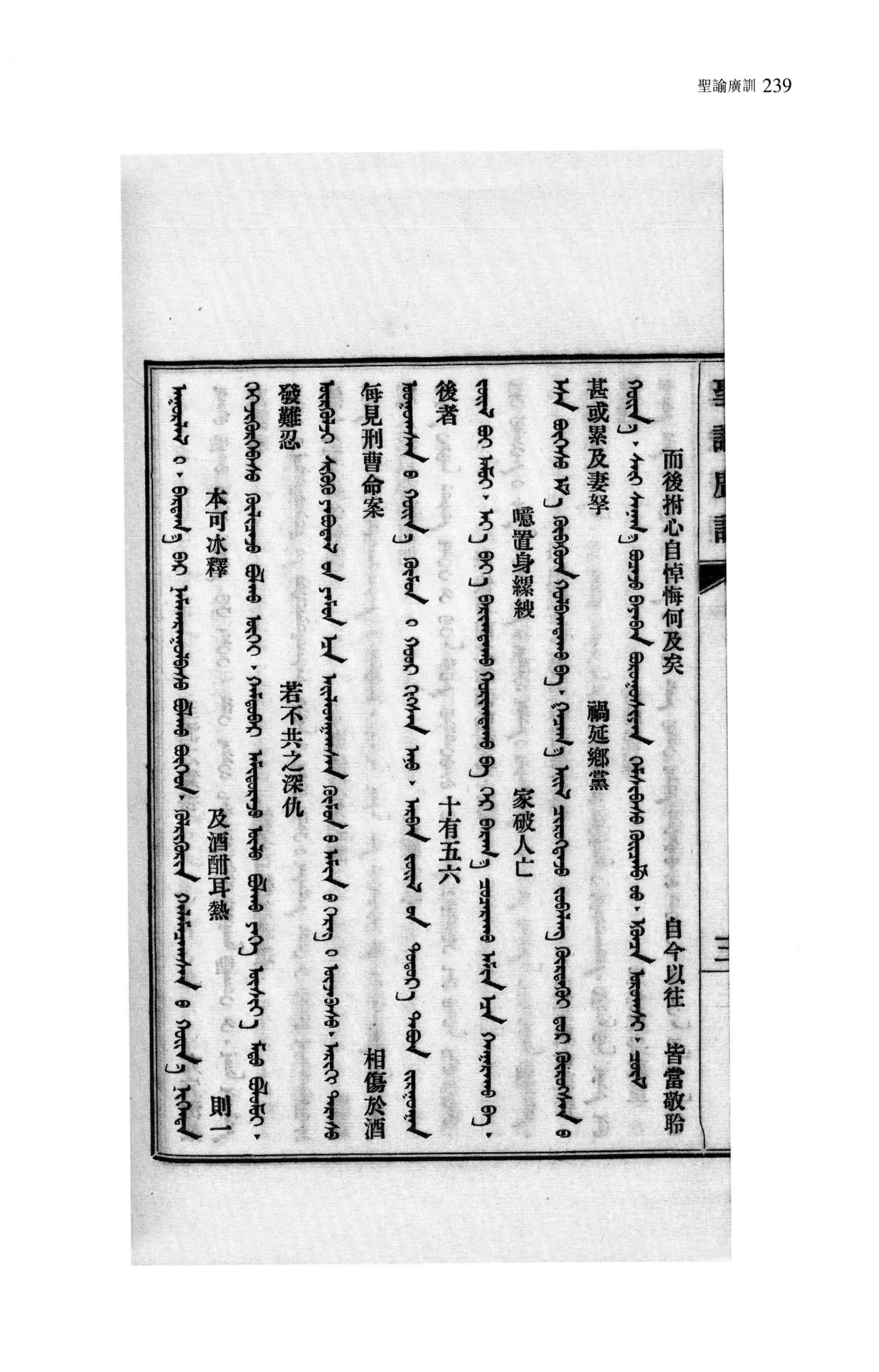

而後捫心自悼悔何及矣　自今以往　皆當敬聆

甚或累及妻孥　禍延鄉黨

噫置身縲絏　家破人亡

後者　十有五六

每見刑曹命案　相傷於酒

發難忍　若不共之深仇

本可冰釋　及酒酣耳熱　則一

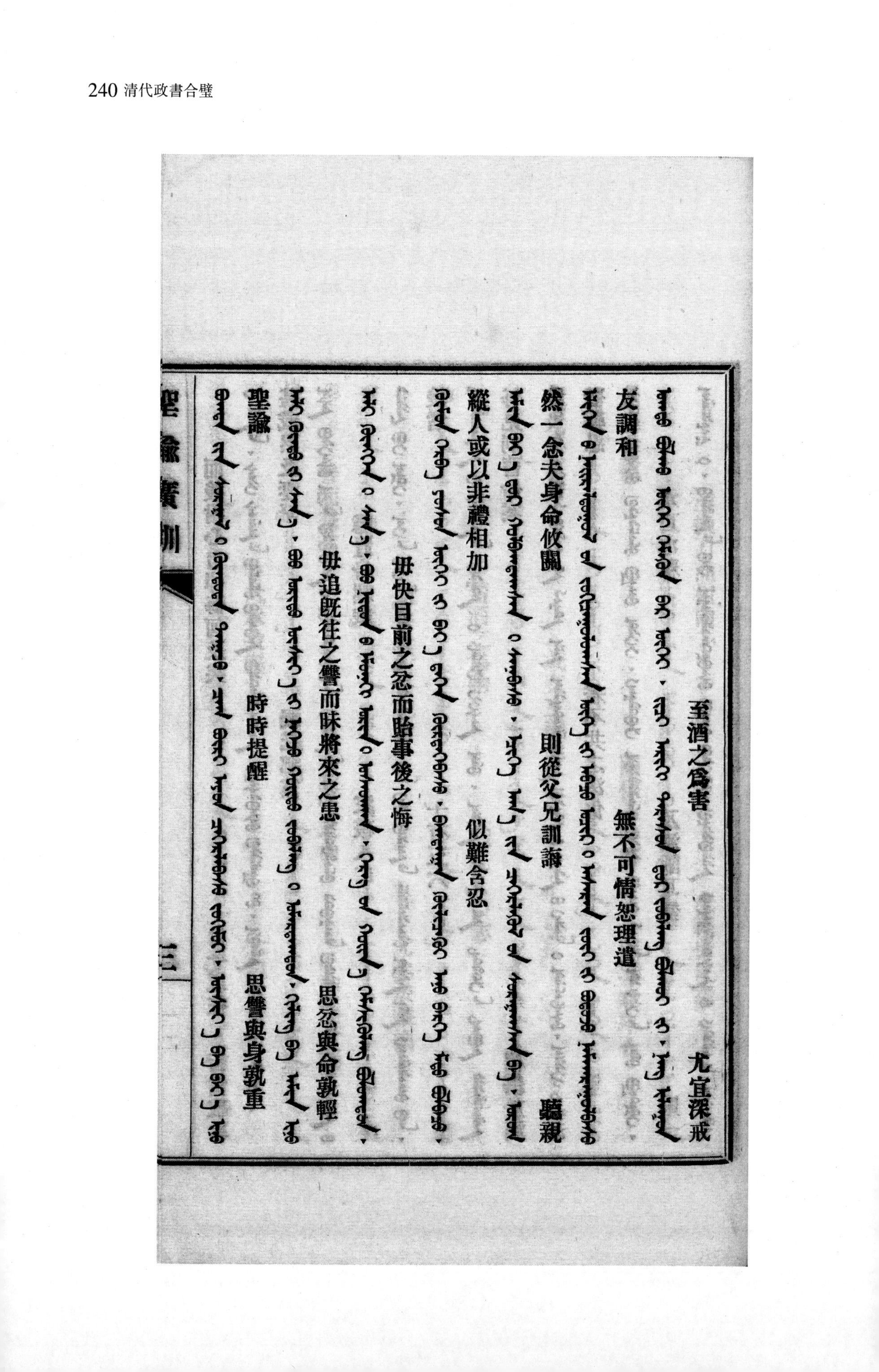

聖諭　時時提醒　思讐與身孰重

毋追既往之讐而昧將來之患　思忿與命孰輕

毋快目前之忿而貽事後之悔

縱人或以非禮相加　似難含忍

然一念夫身命攸關　則從父兄訓誨　聽親

友調和　無不可情恕理遣

至酒之爲害　尤宜深戒

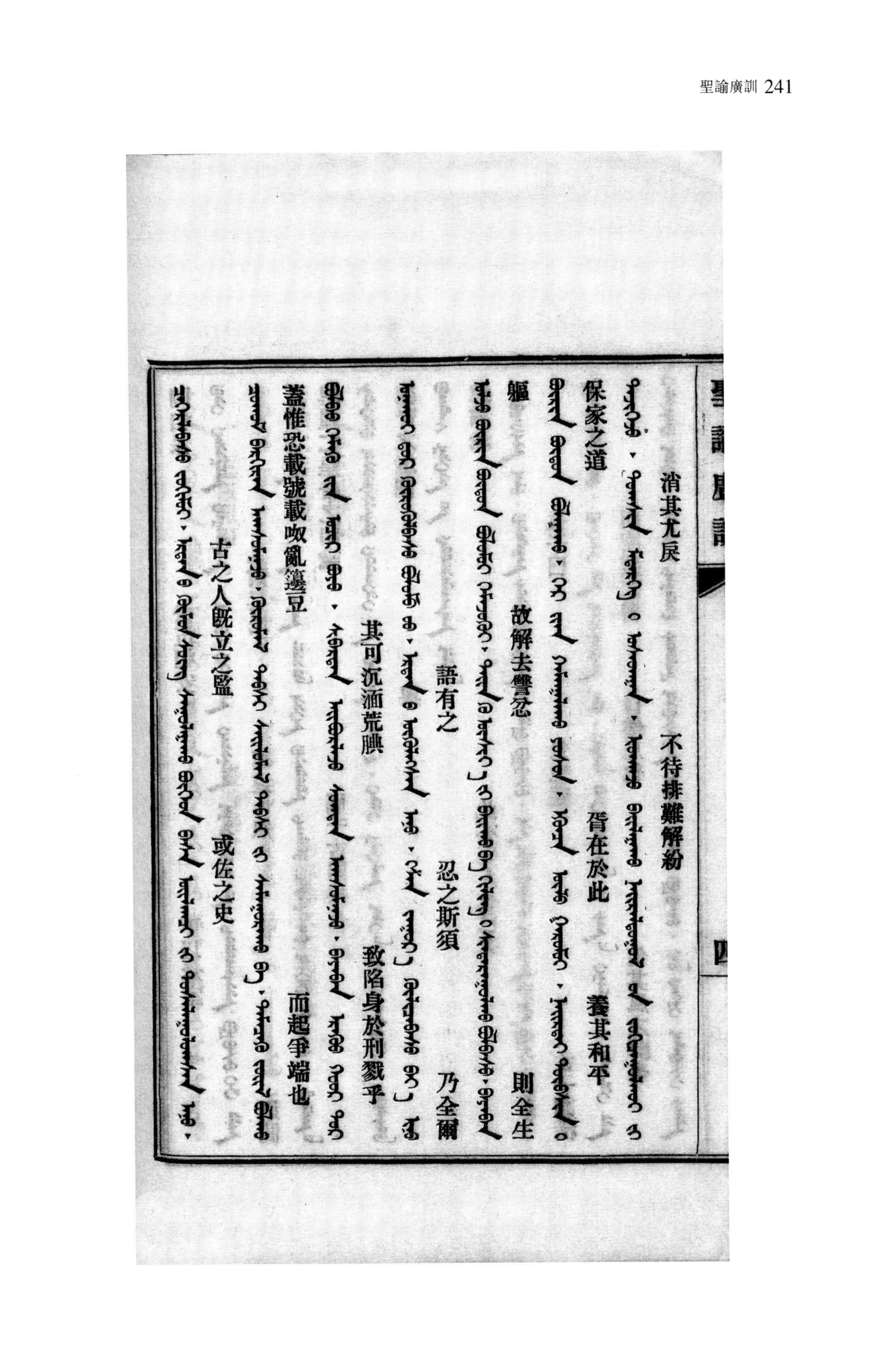

消其尤戾　不待排難解紛

保家之道　胥在於此　養其和平

軀　故解去讐忿　則全生

語有之　忍之斯須　乃全爾

其可沉湎荒腆　致陷身於刑戮乎

蓋惟恐載號載呶亂籩豆　而起爭端也

古之人既立之監　或佐之史

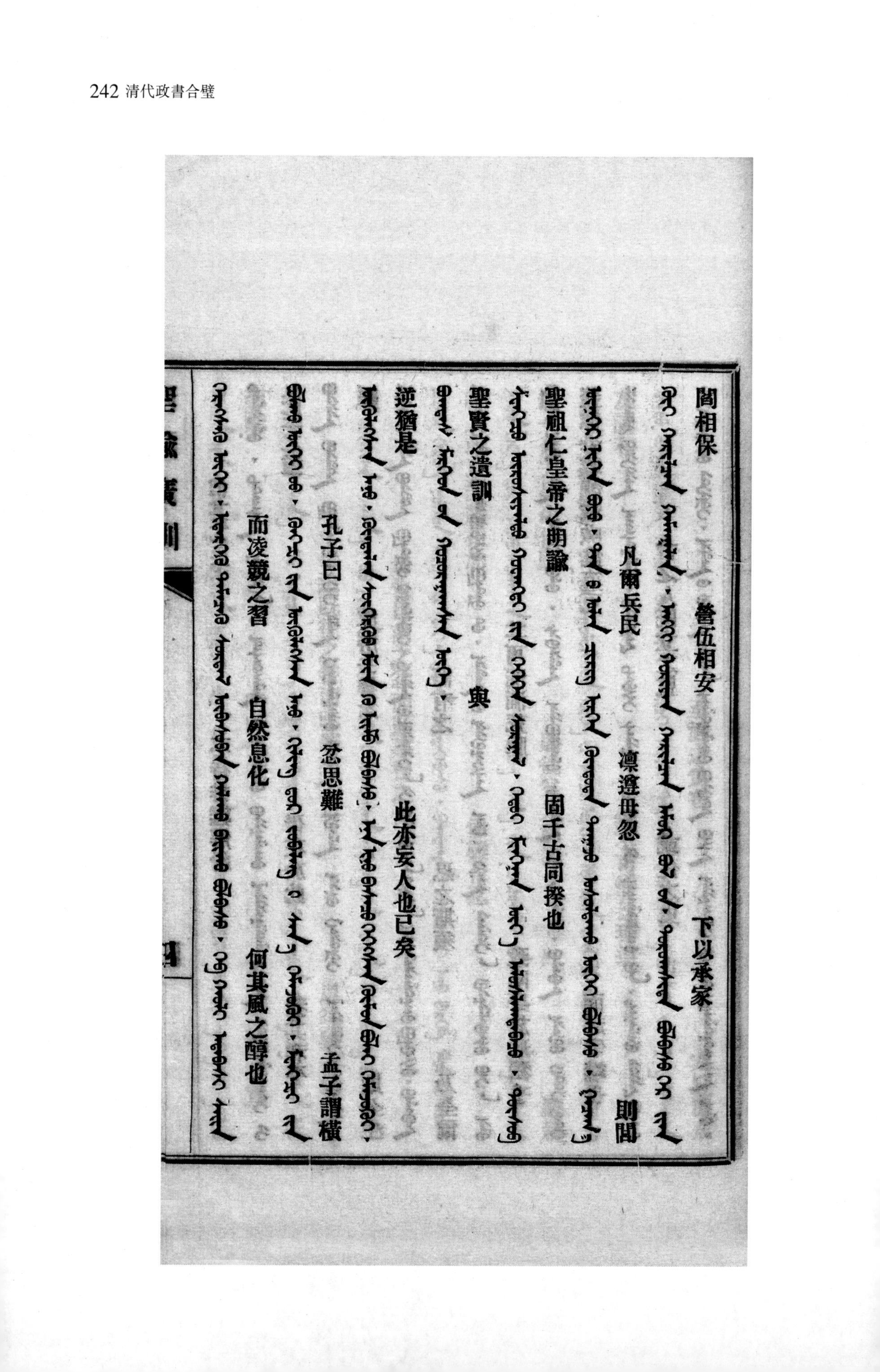

閭相保　謷伍相安　下以承家

凡爾兵民　凜遵毋忽　則閭

聖祖仁皇帝之明諭　固千古同揆也

聖賢之遺訓　與

逆猶是　此亦妄人也已矣

孔子曰　忿思難　孟子謂橫

而凌競之習　自然息化　何其風之醇也

共躋仁壽之域　非解讐忿之明效歟

上以報國　優游盛世

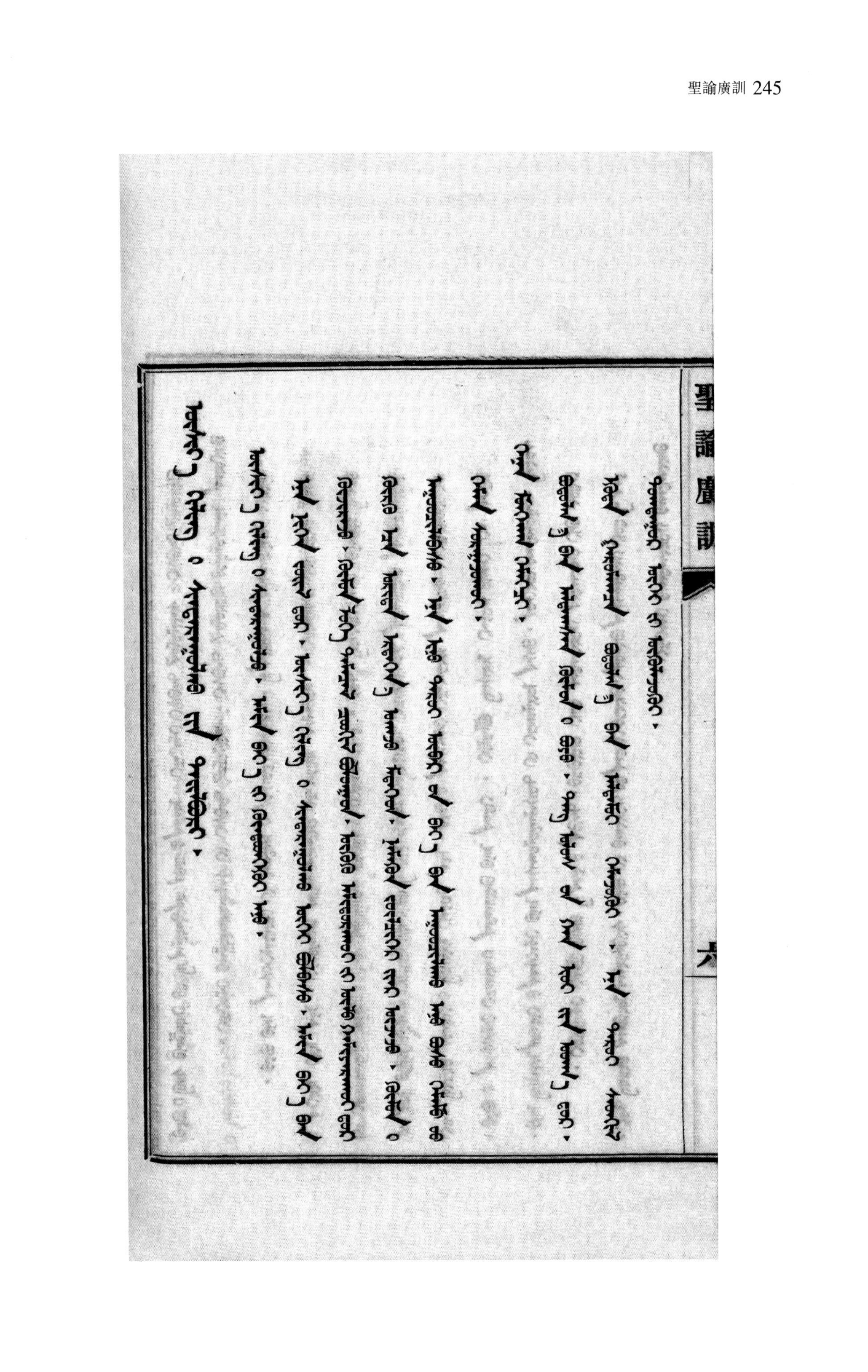

[illegible]

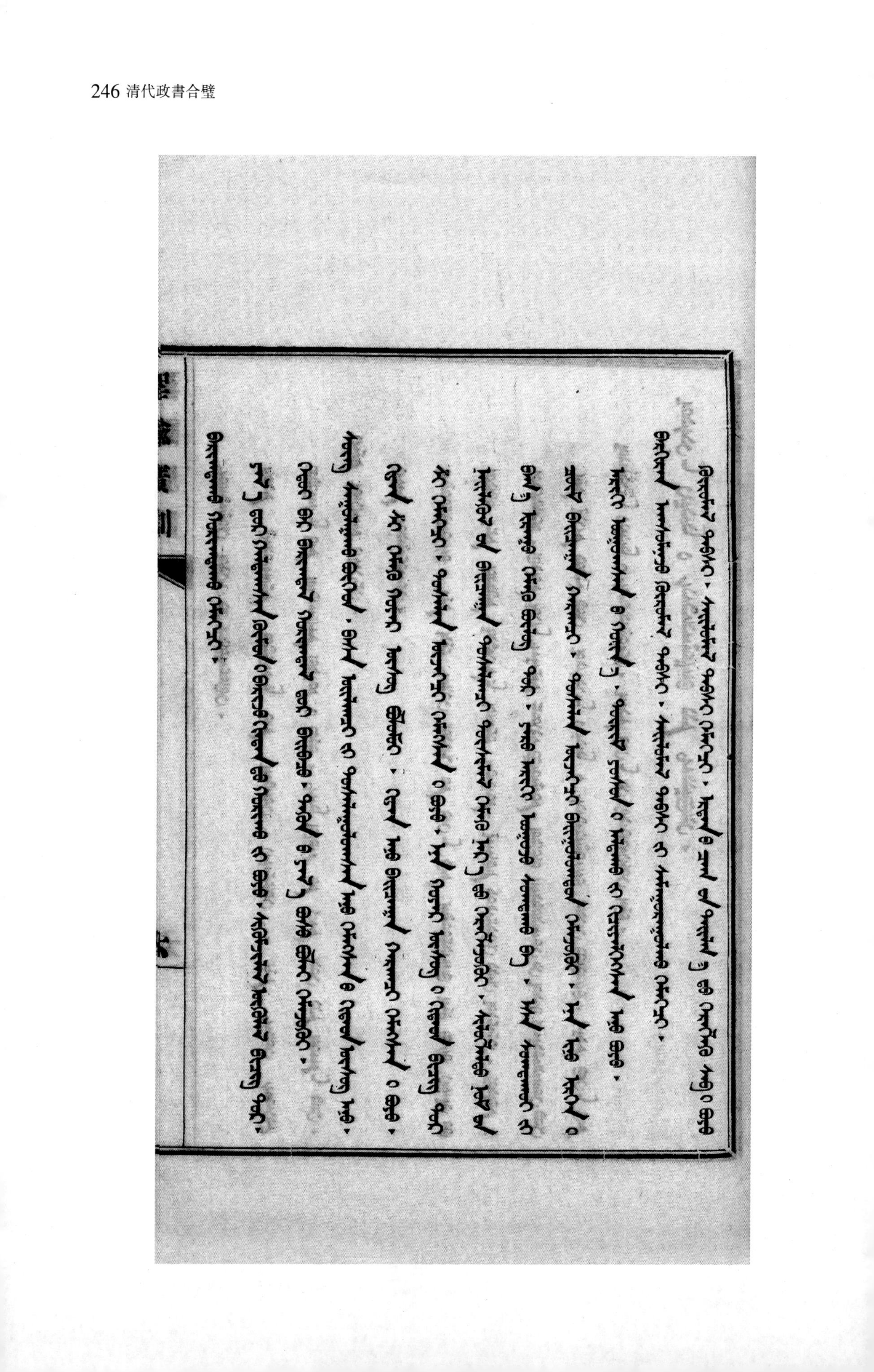

聖諭廣訓 六

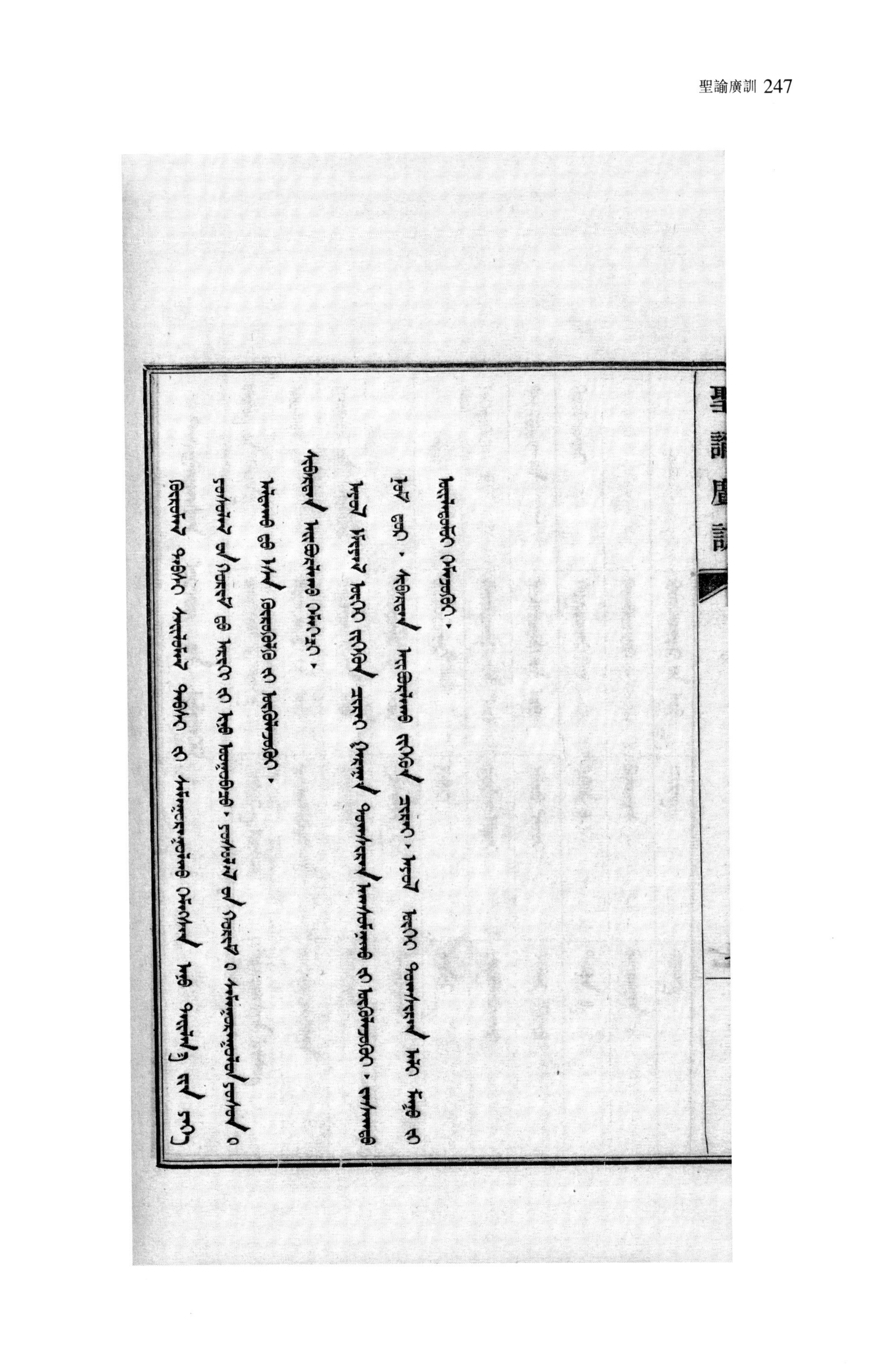

聖諭廣訓

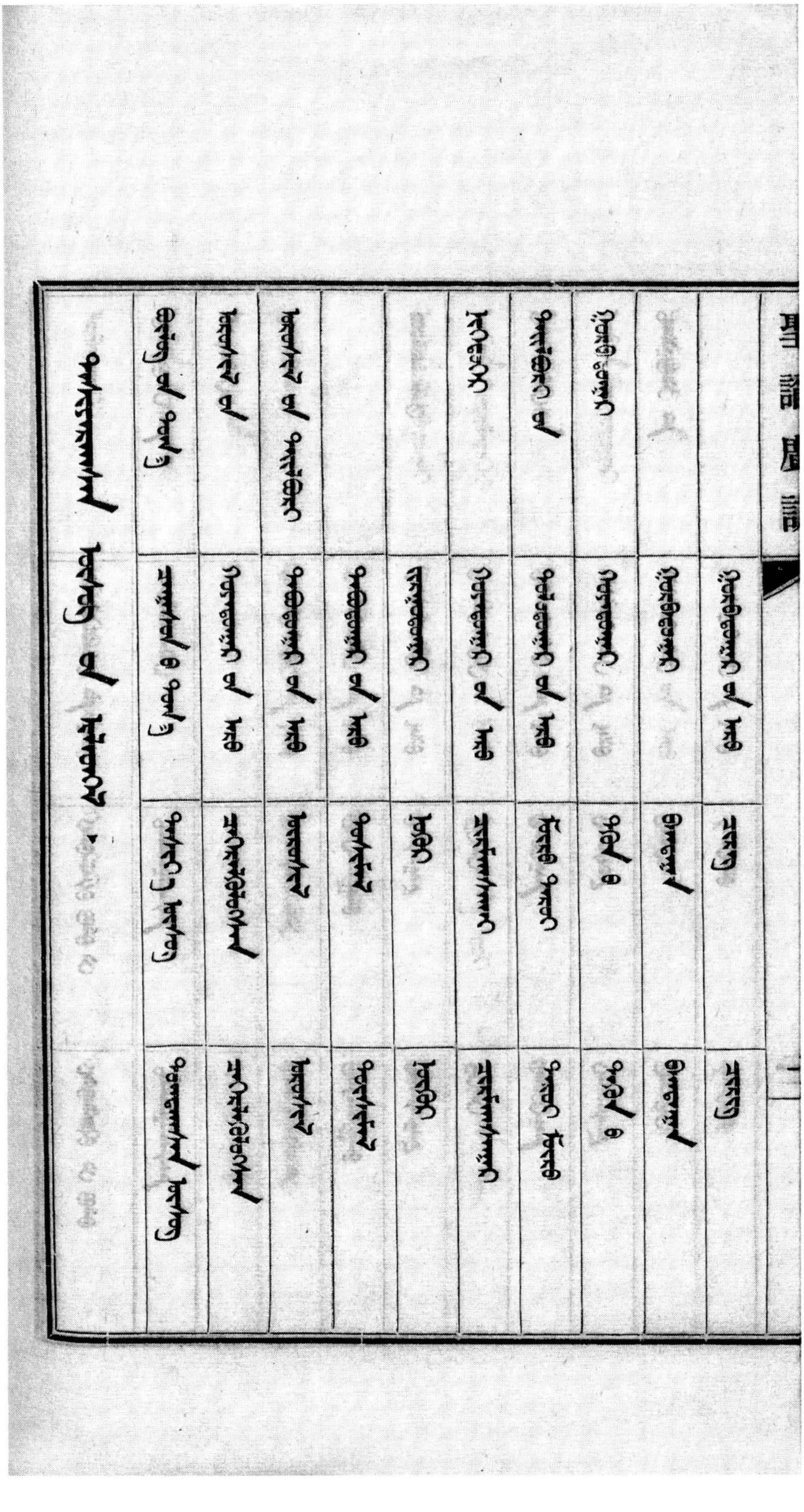
聖諭廣訓

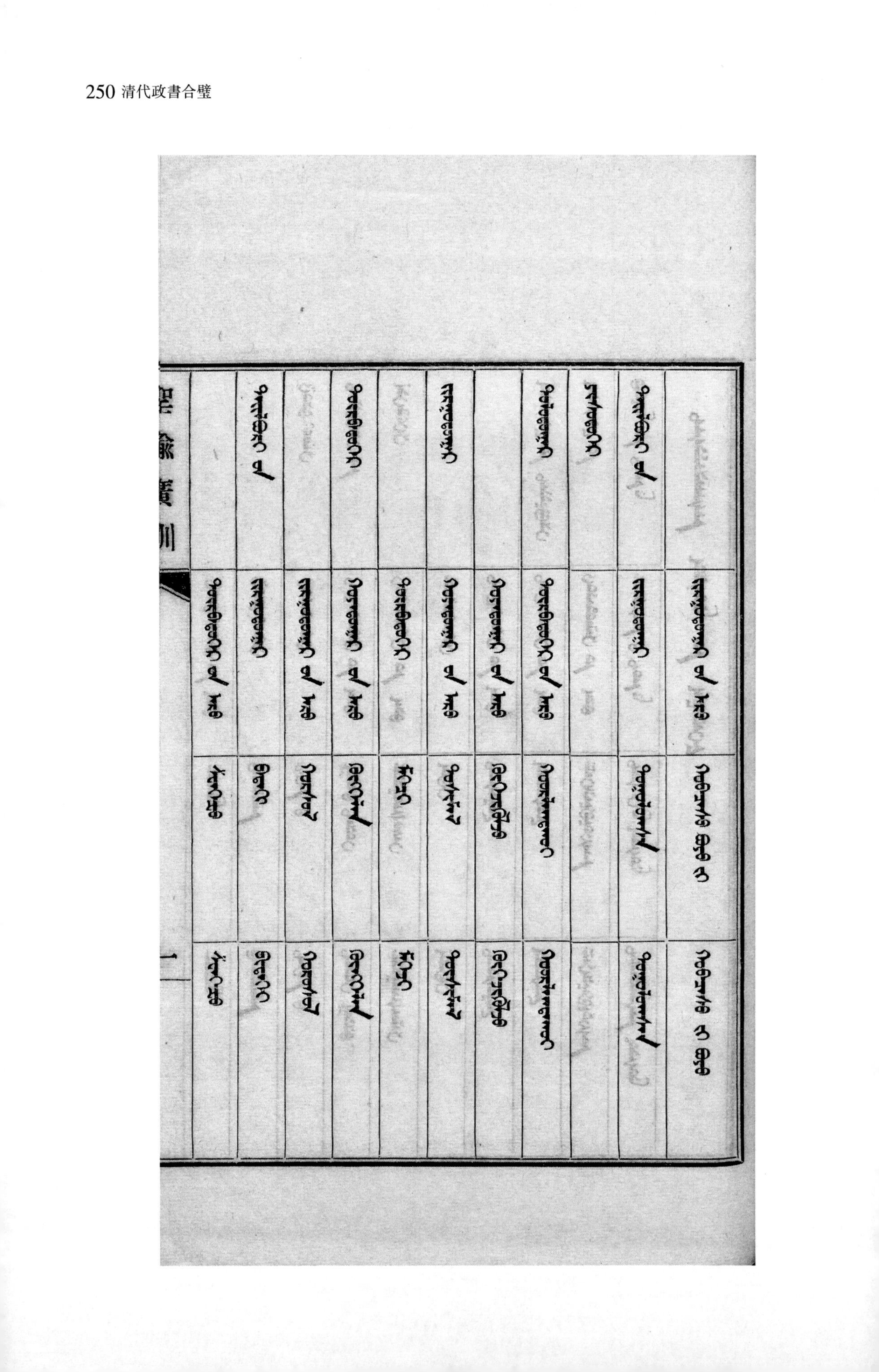

	[illegible]	[illegible]	[illegible]
[illegible]	[illegible]	[illegible]	[illegible]
[illegible]			
[illegible]	[illegible]	[illegible]	[illegible]
	[illegible]	[illegible]	[illegible]
[illegible]	[illegible]	[illegible]	[illegible]
	[illegible]	[illegible]	[illegible]
[illegible]	[illegible]	[illegible]	[illegible]
	[illegible]	[illegible]	[illegible]
[illegible]	[illegible]	[illegible]	[illegible]
	[illegible]	[illegible]	[illegible]

呈錄賞則　一

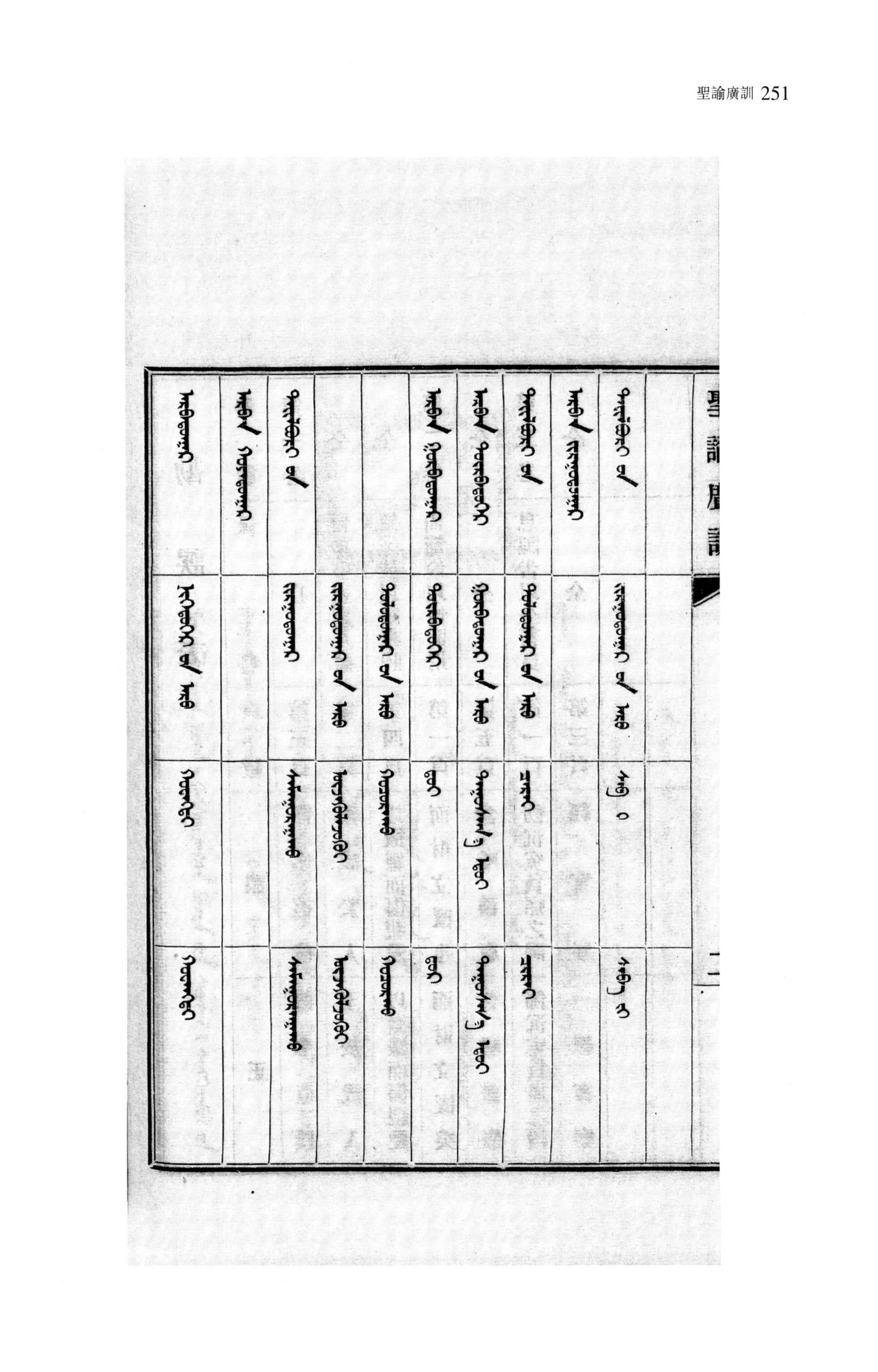

聖諭廣訓

二

勘誤表

卷數	條名	頁數	誤	正
第一卷	序	第三頁	語多直僕	語多直樸
仝	敦孝弟以重人倫	第二頁	至成於人	至於成人
仝	篤宗族以昭雍睦	第四頁	以徵嫌而傷親愛	以微嫌而傷親愛
第二卷	尚節儉以惜財用	第一頁	而財立匱也	而財立匱矣
仝	仝	第五頁	畣哺鼓腹	含哺鼓腹
第三卷	息誣告以全善良	第一頁	飭沉寃負痛之詞	飾沉寃負痛之詞
仝	仝	第三頁	經審察	一經審察

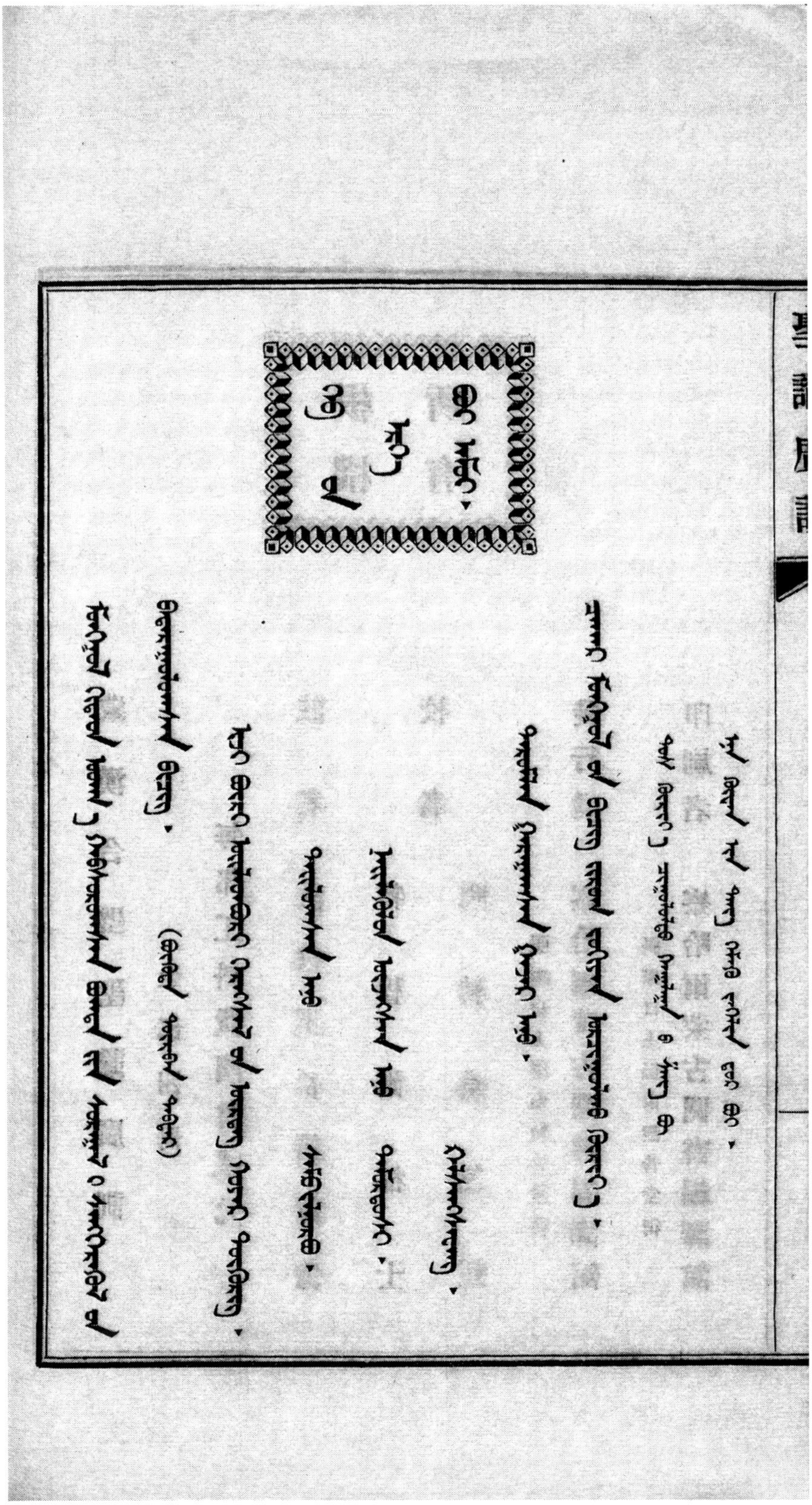

板權所有

蒙漢合璧聖諭廣訓

全部四册

每部工料費國幣貳元

註者 薩穆丕勒諾爾佈

校者 特穆爾都士 噶勒桑色旺

發行者 察哈爾蒙古圖書編譯館 張家口上堡南觀音堂街

印刷者 察哈爾蒙古圖書編譯館 張家口上堡南觀音堂街

吏治輯要

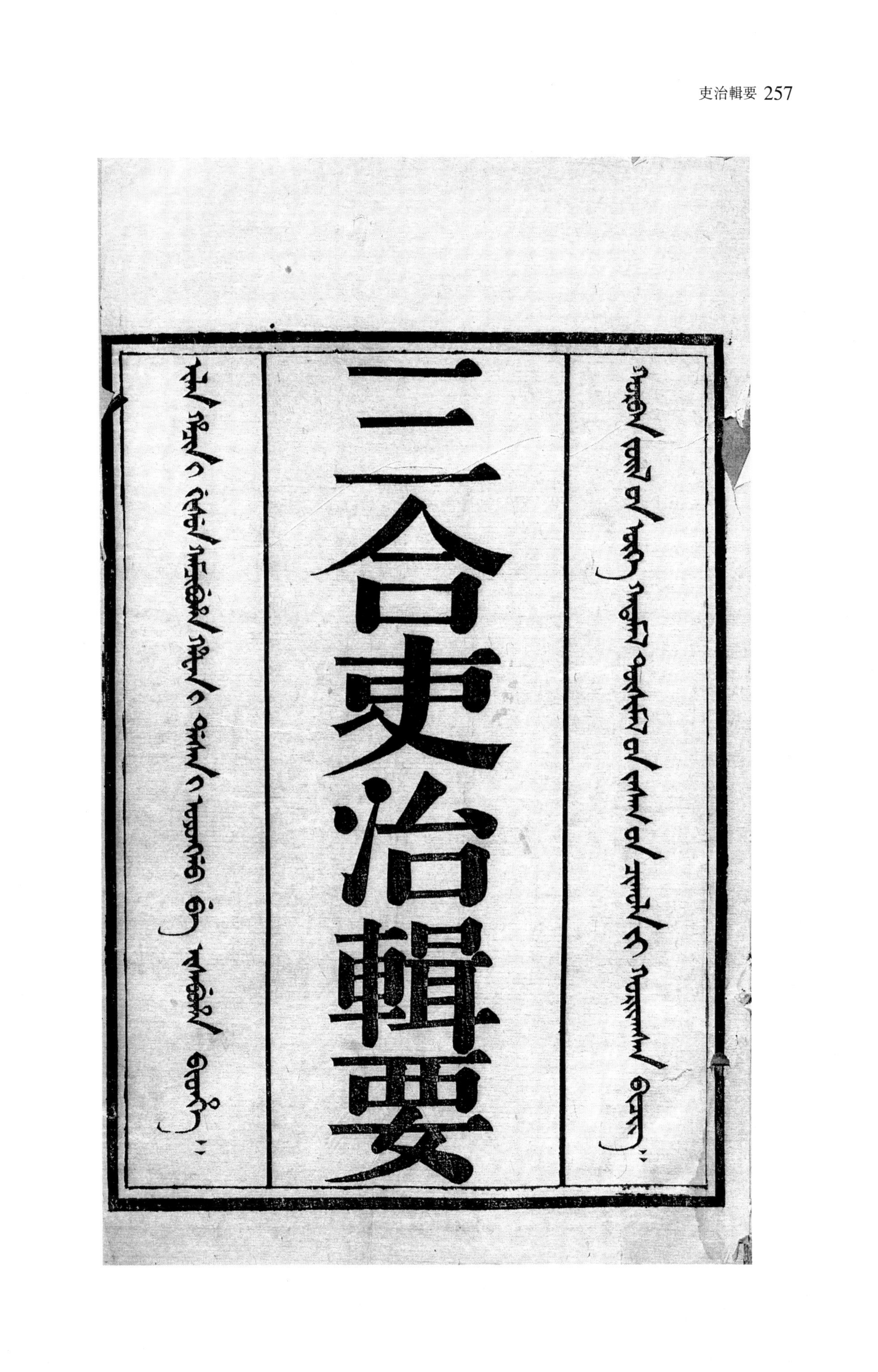

三合吏治輯要

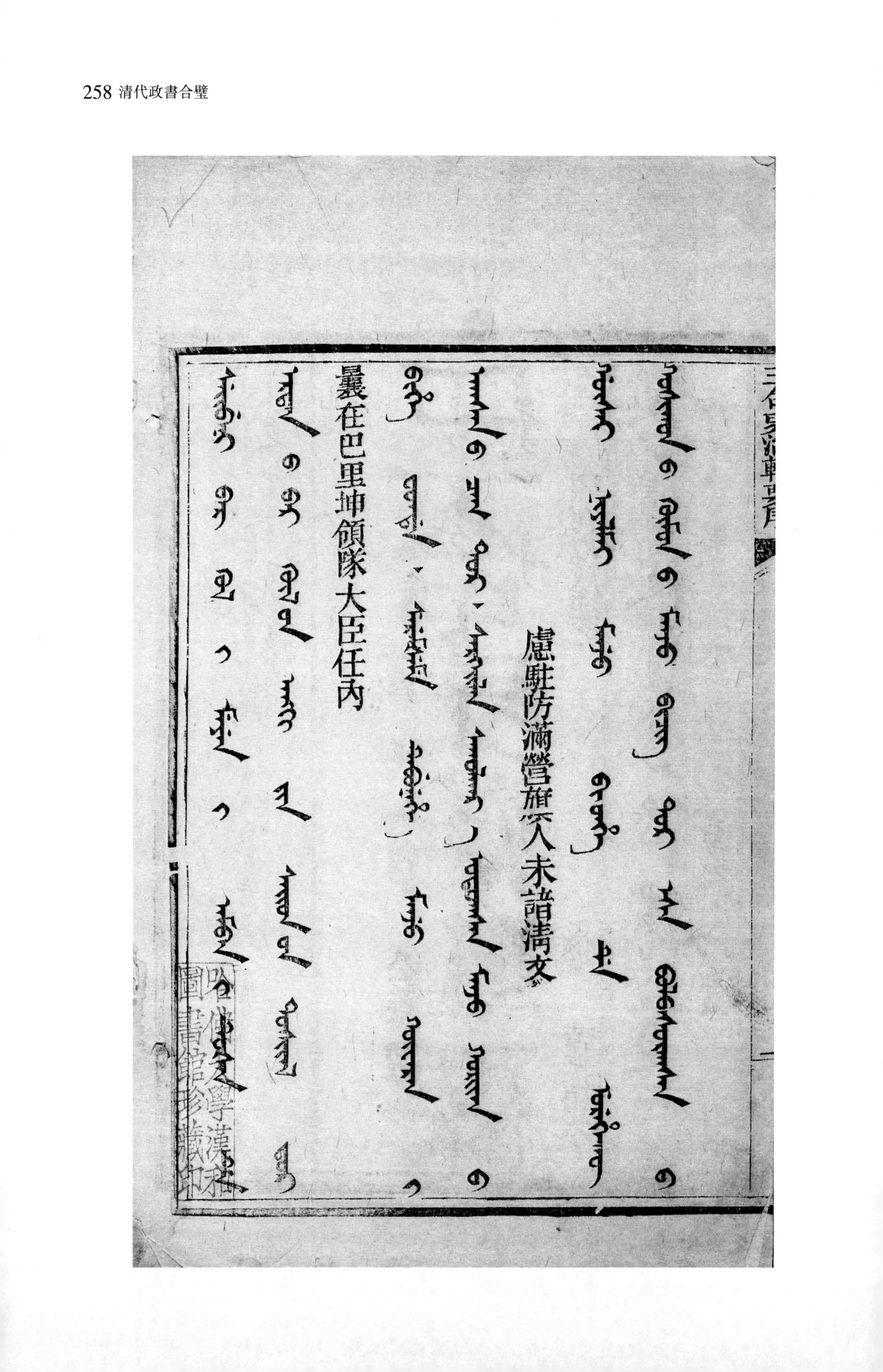

慮駐防滿營旗人未諳清文

纂在巴里坤領隊大臣任內

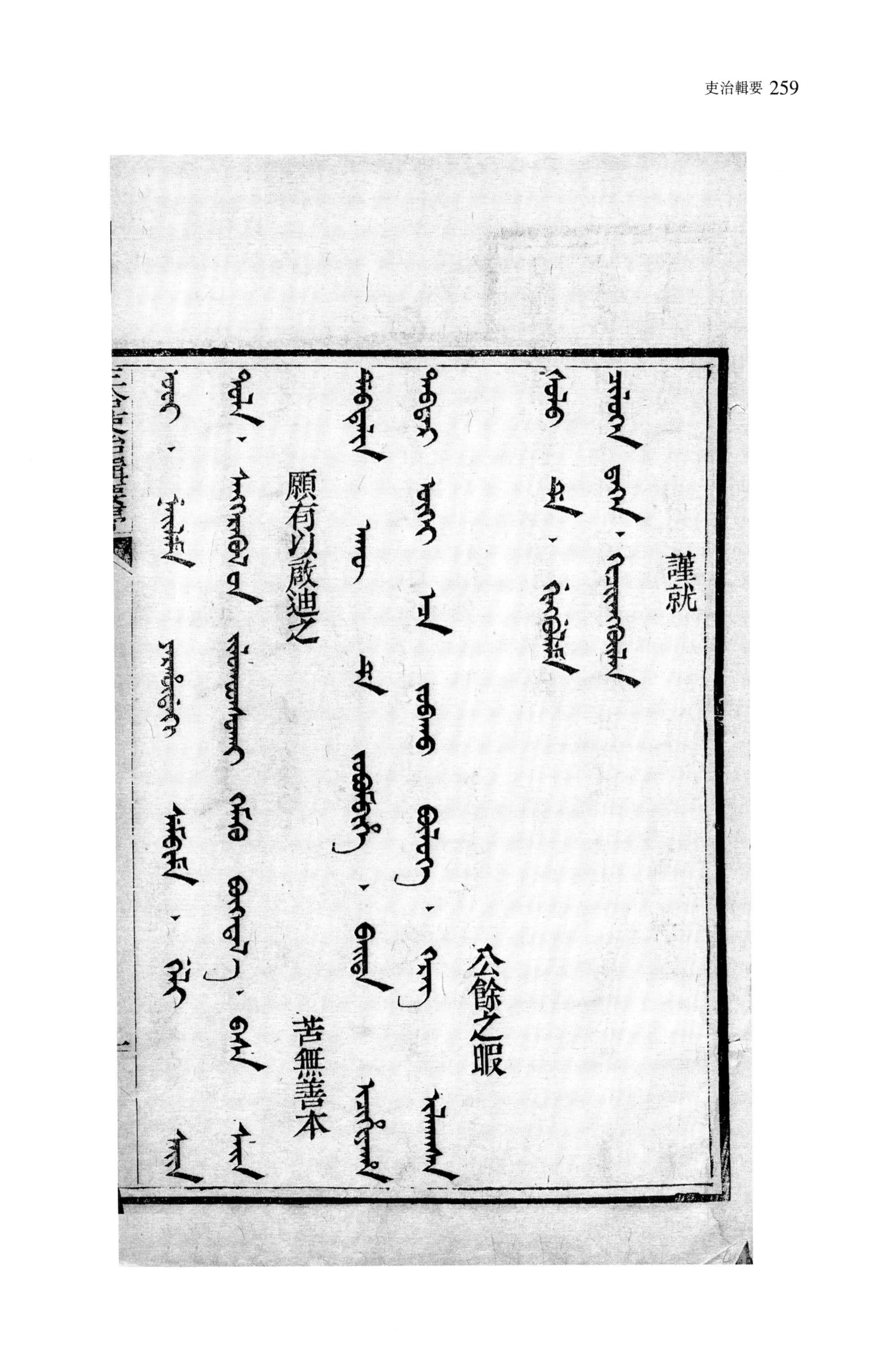

謹就

公餘之暇

顧有以啟迪之

苦無善本

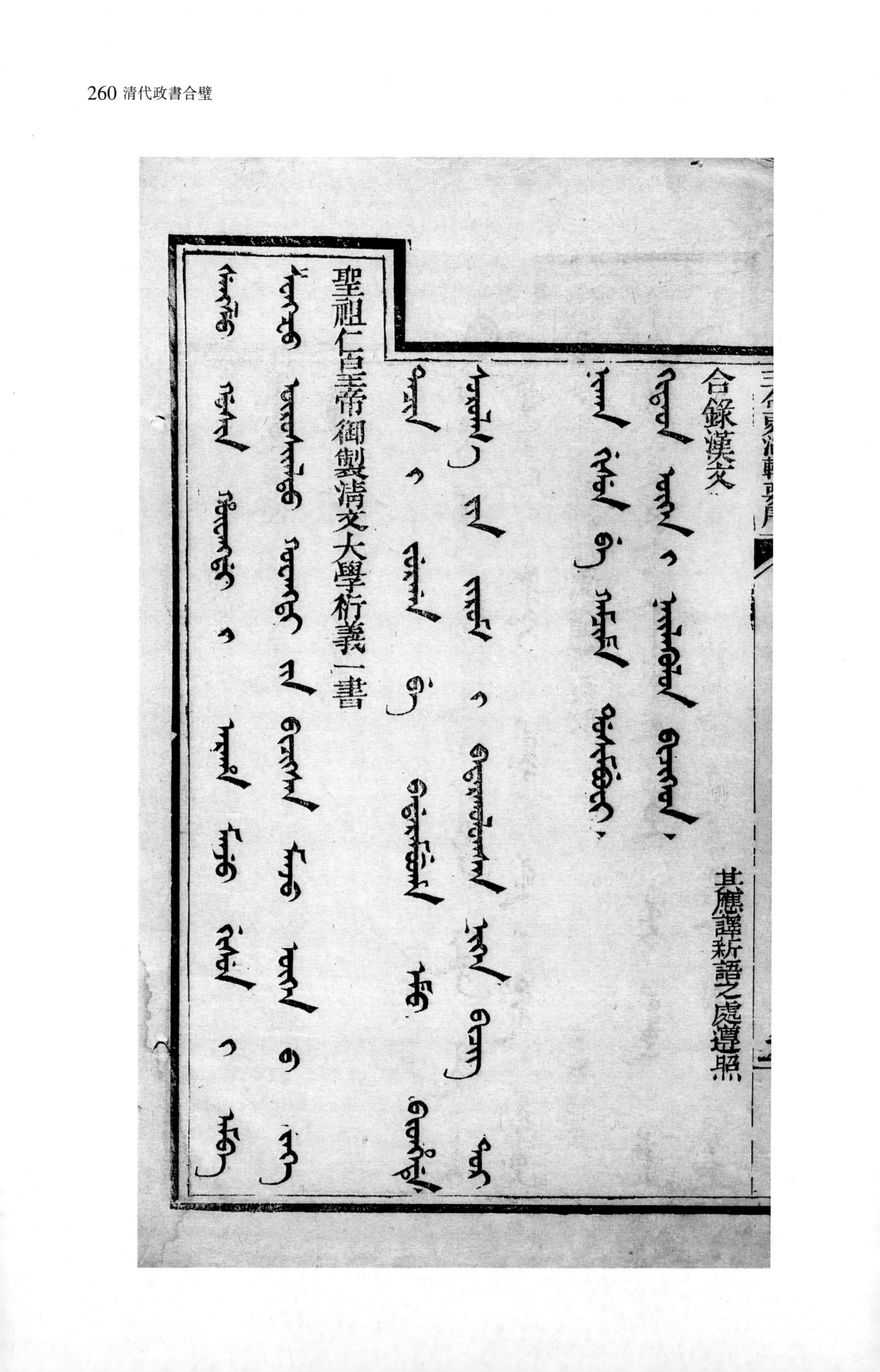

其應譯新語之處遵照

合錄漢文

聖祖仁皇帝御製清文大學衍義一書

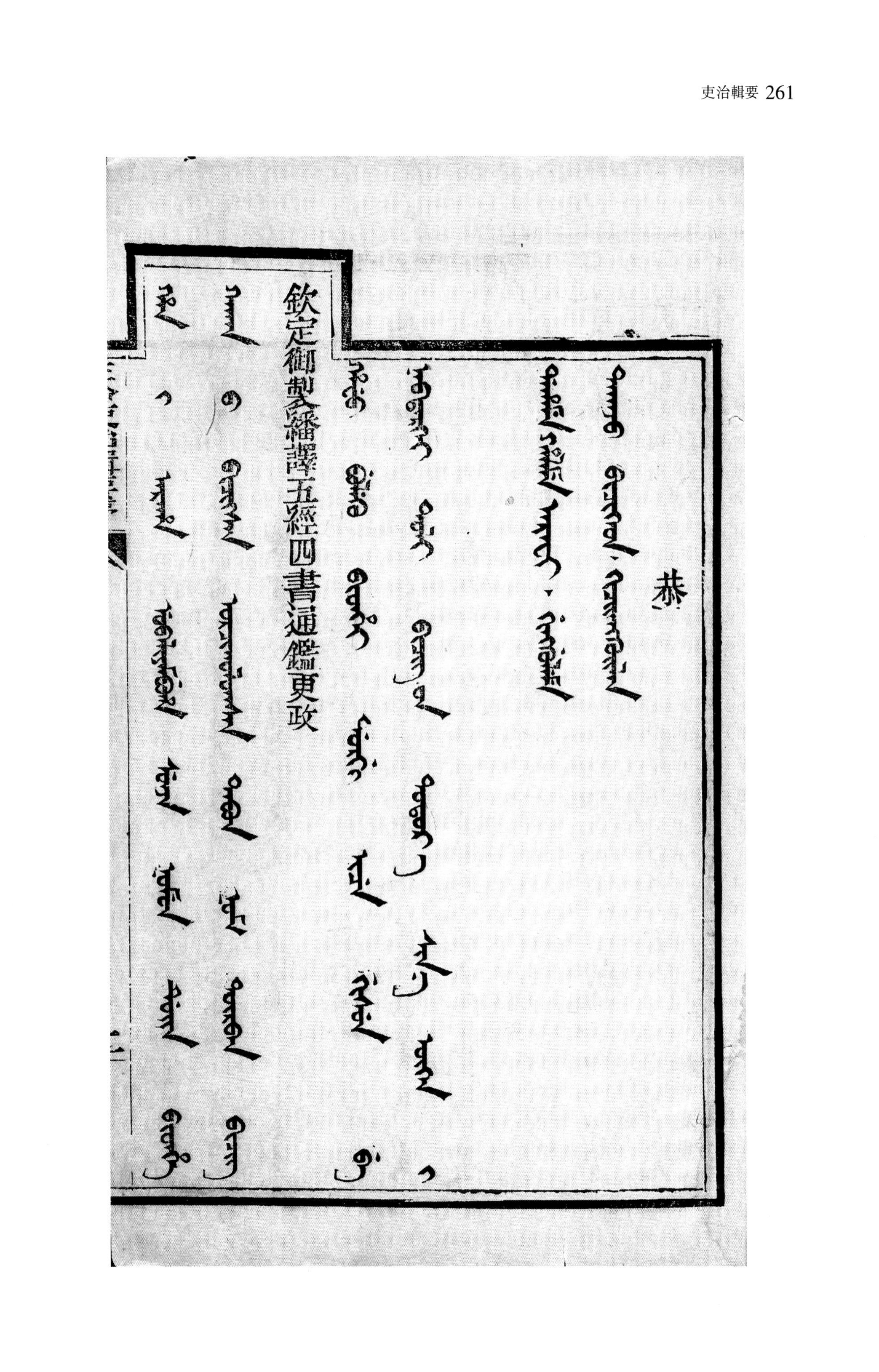

恭

欽定御製繙譯五經四書通鑑吏政

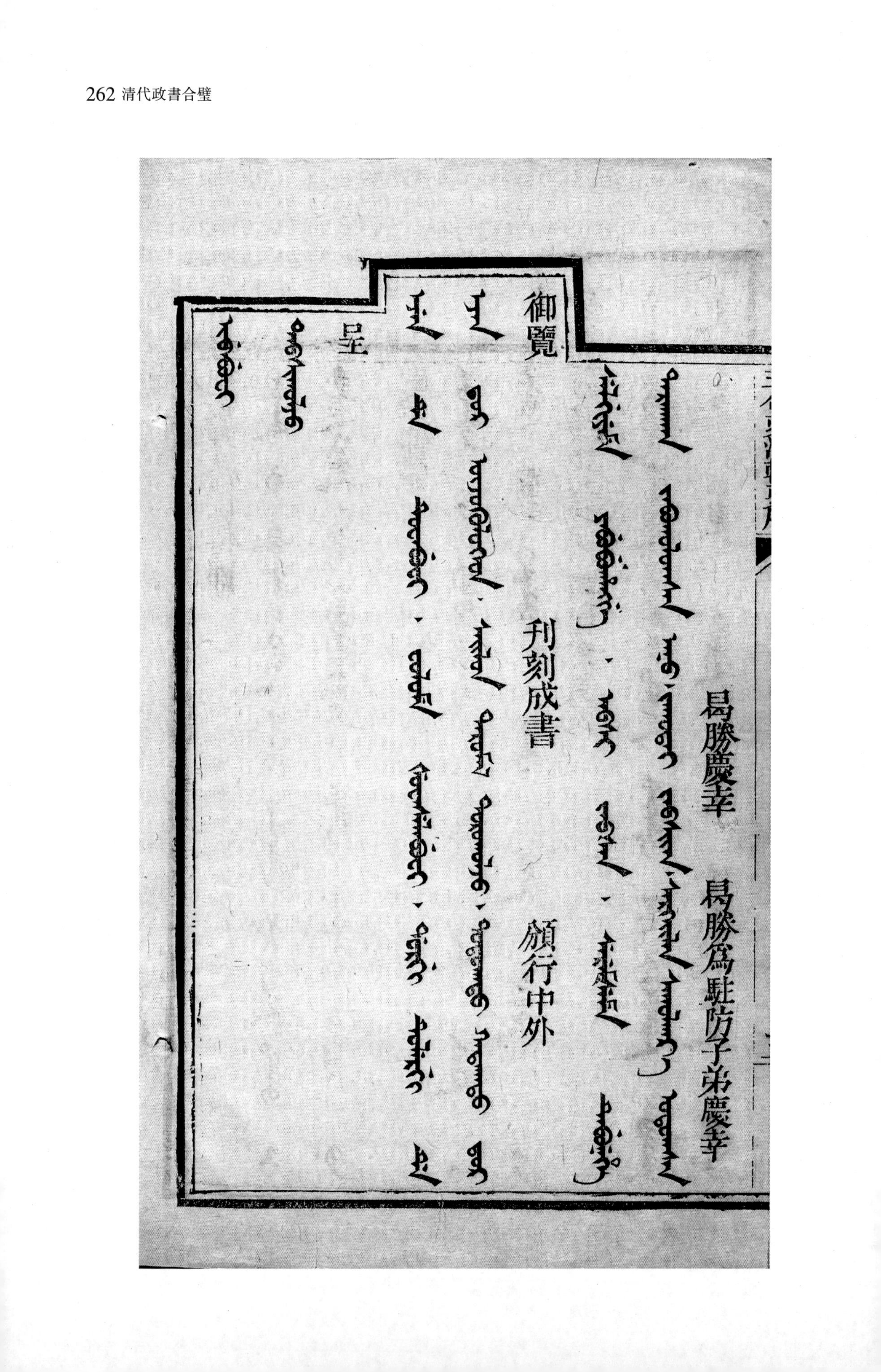

曷勝慶幸　曷勝爲駐防子弟慶幸

御覽

刊刻成書　頒行中外

呈

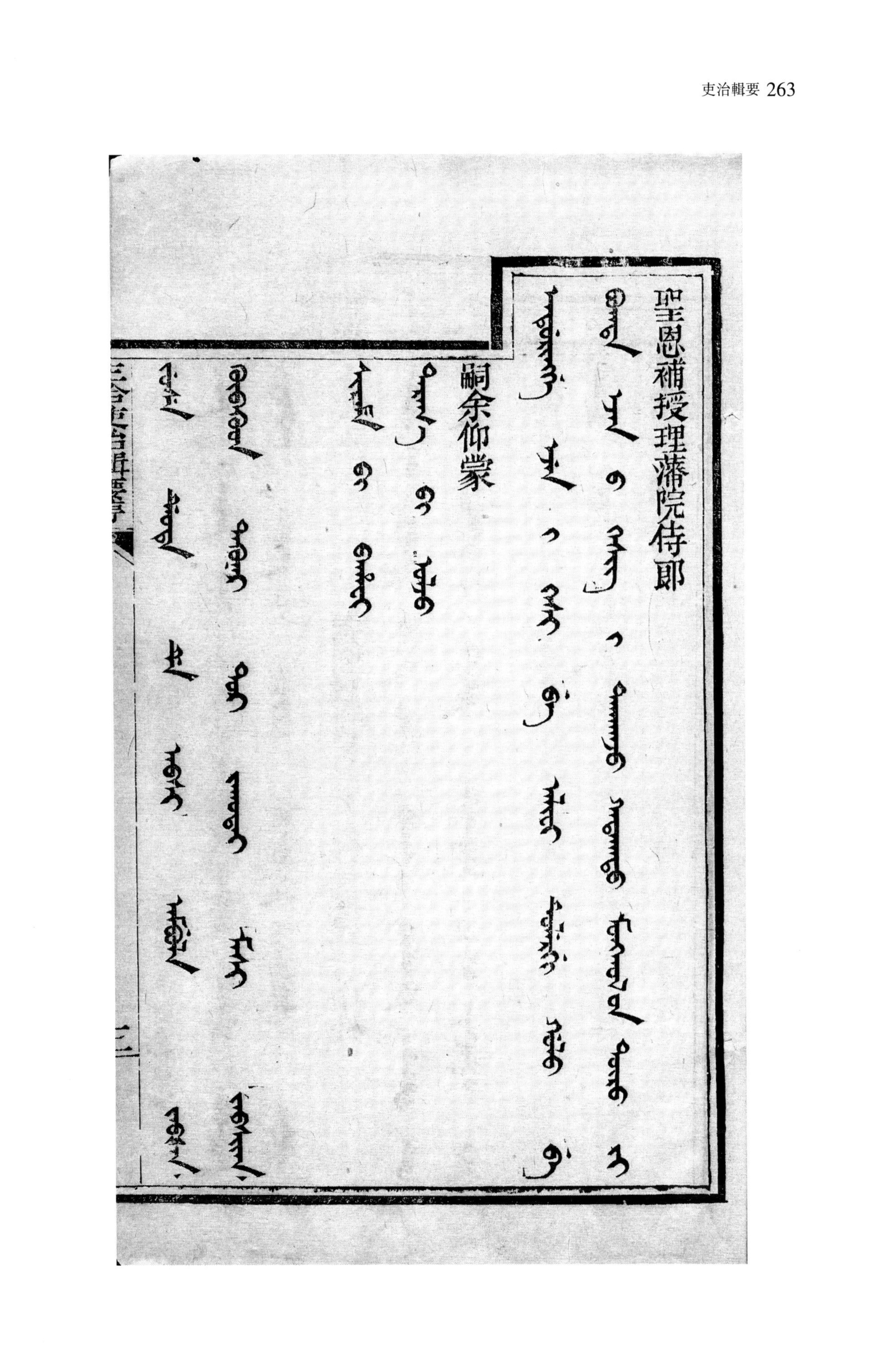

聖恩補授理藩院侍郎

嗣余仰蒙

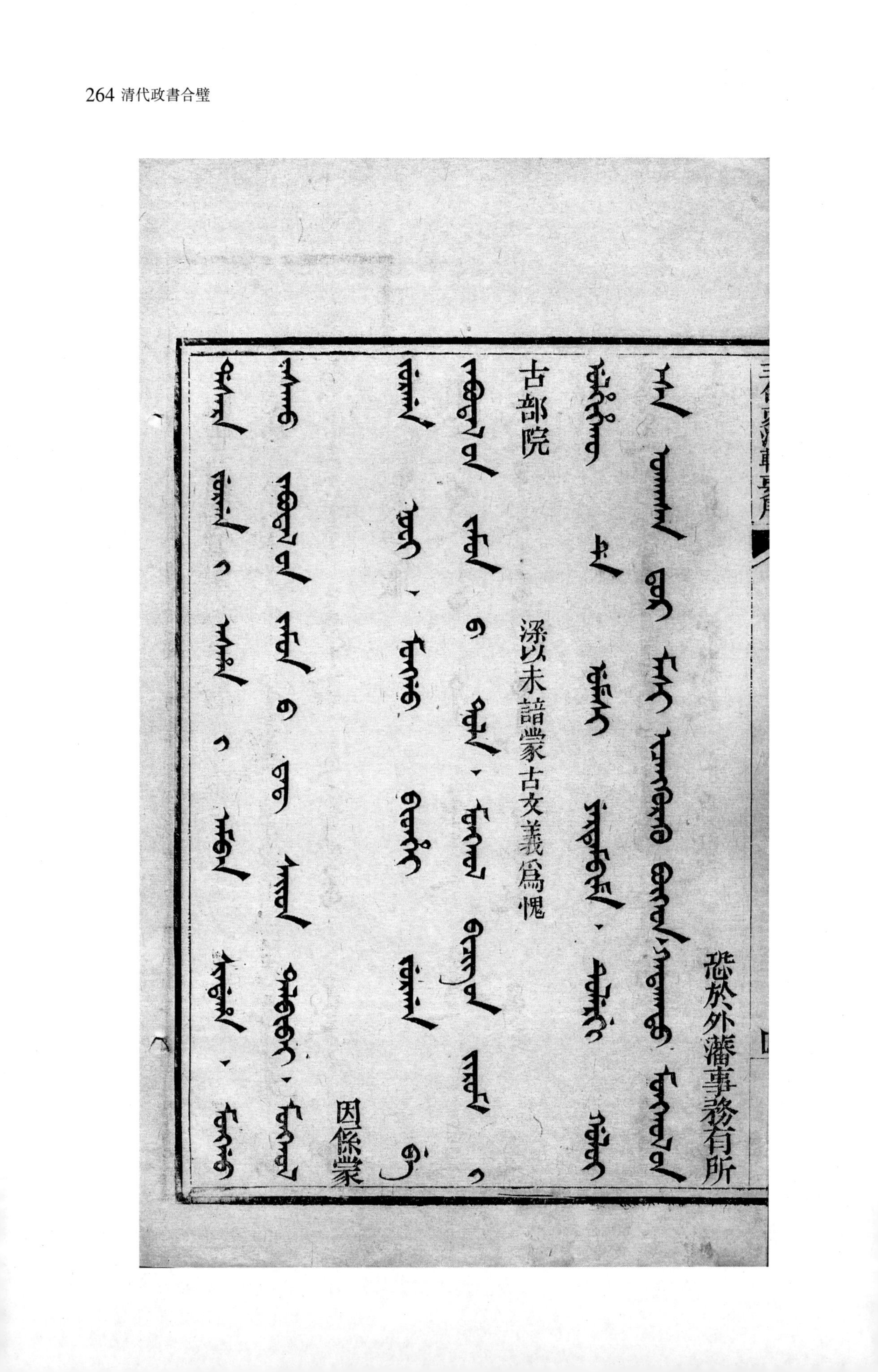

恐於外藩事務有所

因係蒙

古部院

深以未諳蒙古文義爲愧

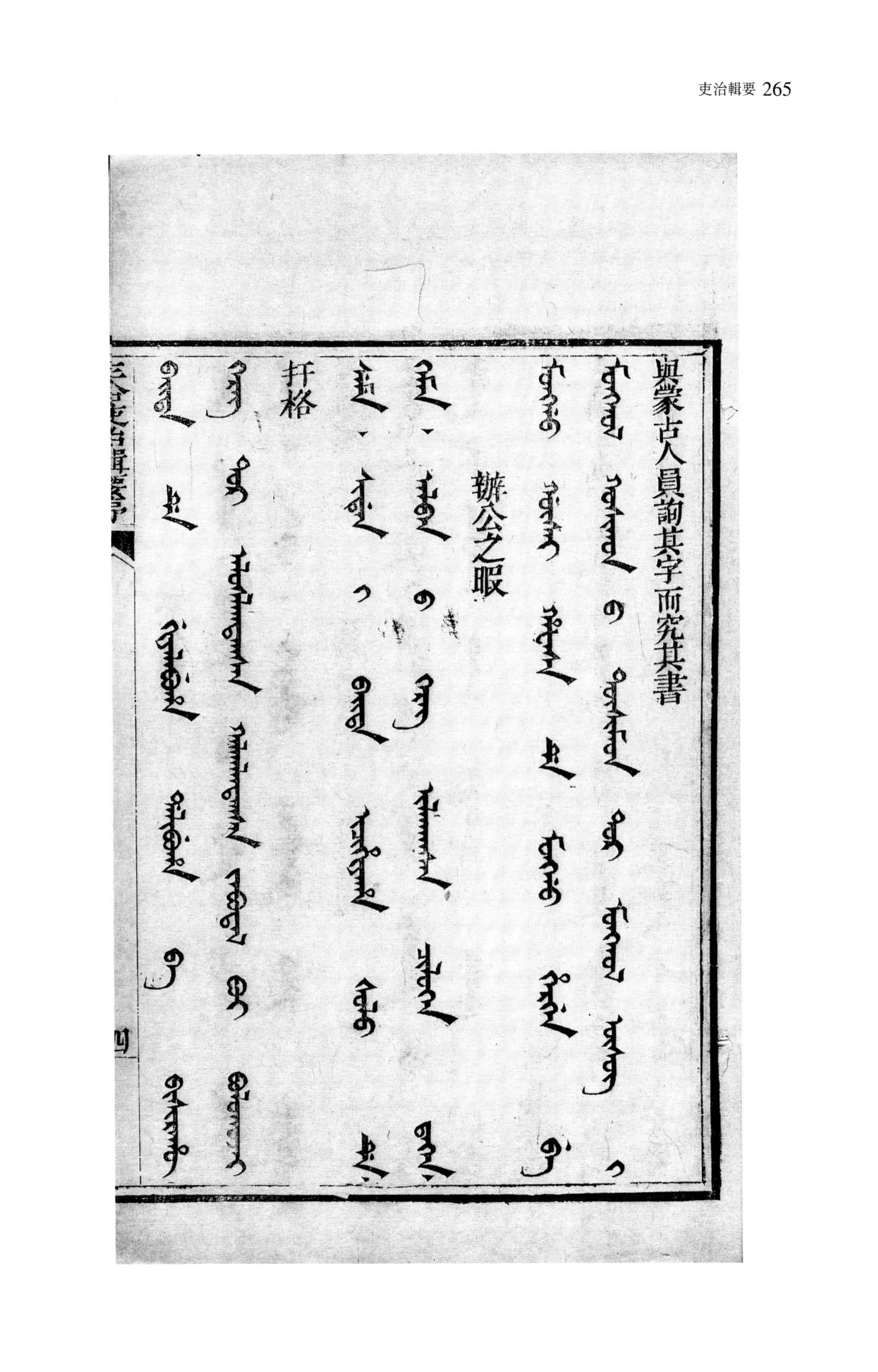

與蒙古人員詢其字而究其書

辦公之暇

扞格

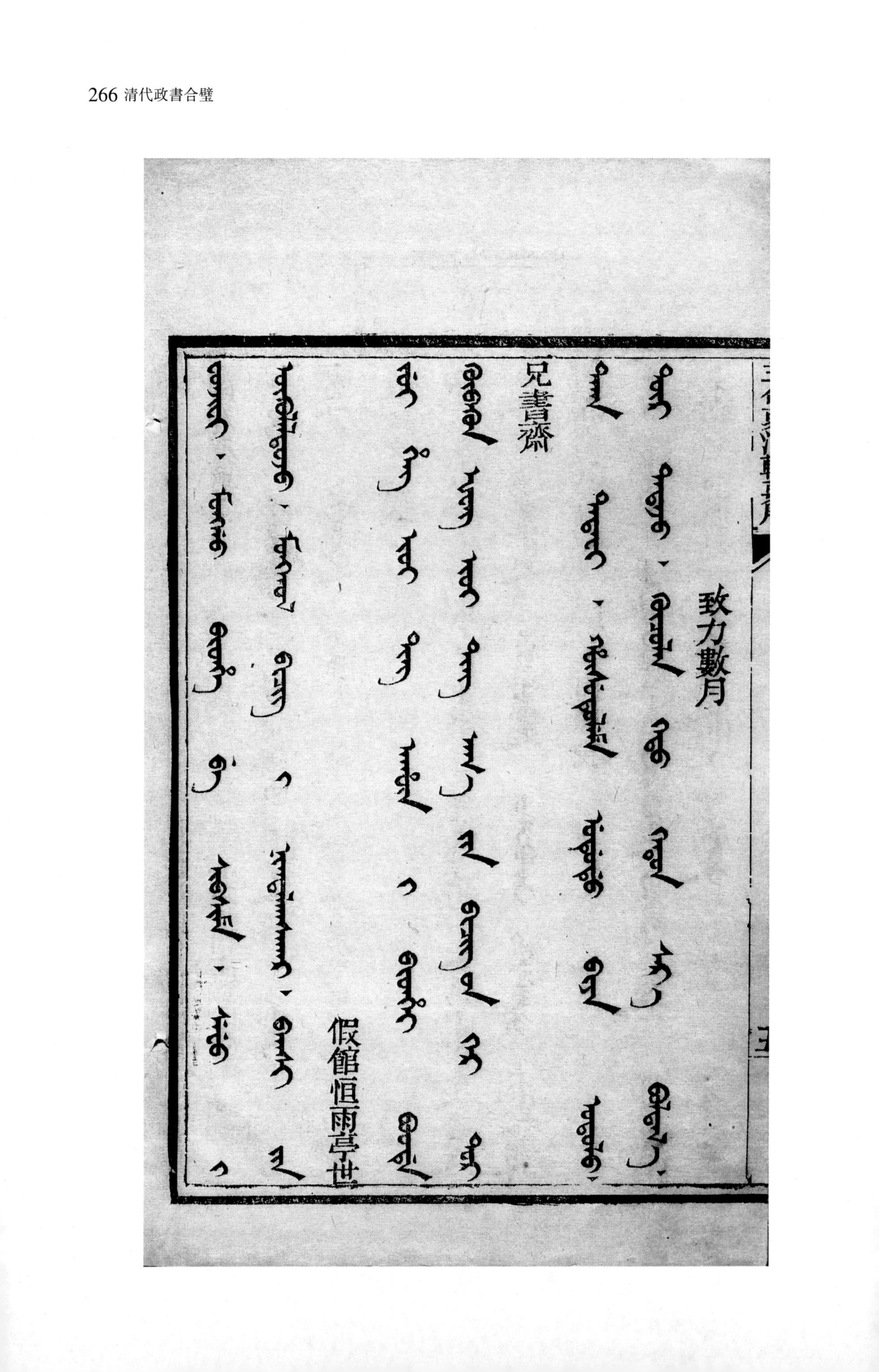

致力數月

兄書齋

假館恒雨亭世

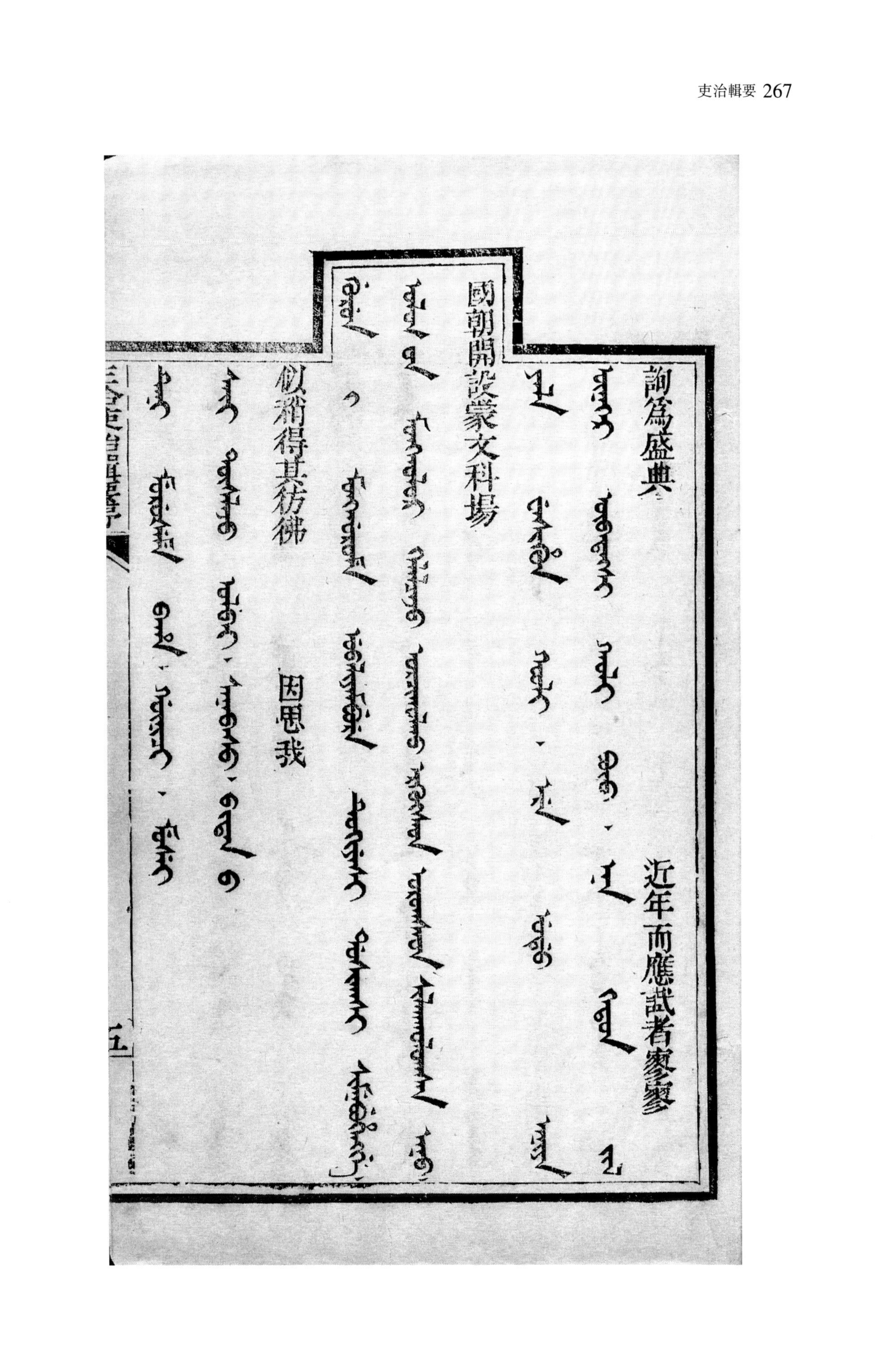

詢爲盛典

近年而應試者寥寥

國朝開設蒙文科場

似稍得其彷彿

因思我

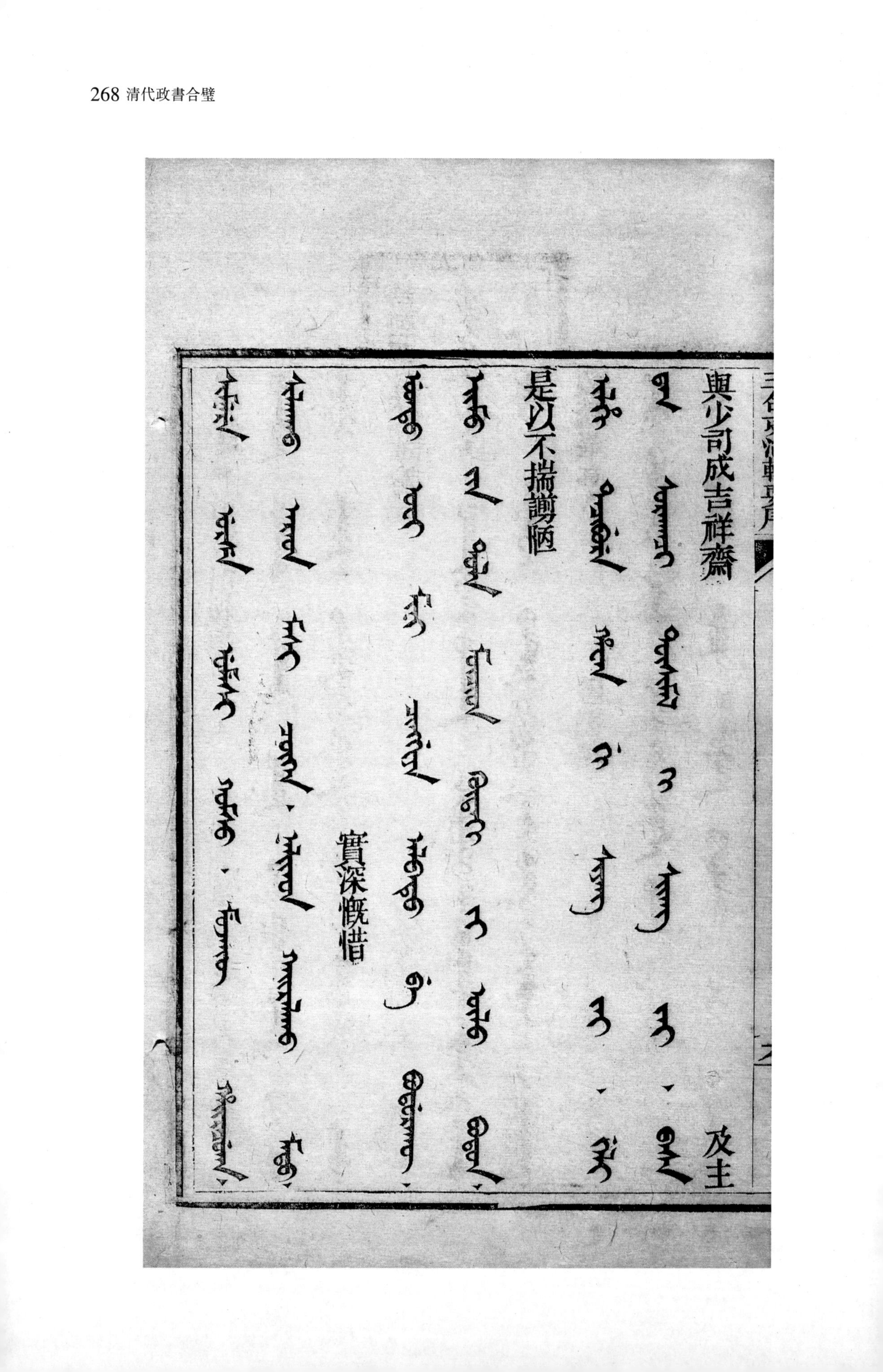

與少司成吉祥齋

及主

是以不揣謭陋

實深慨惜

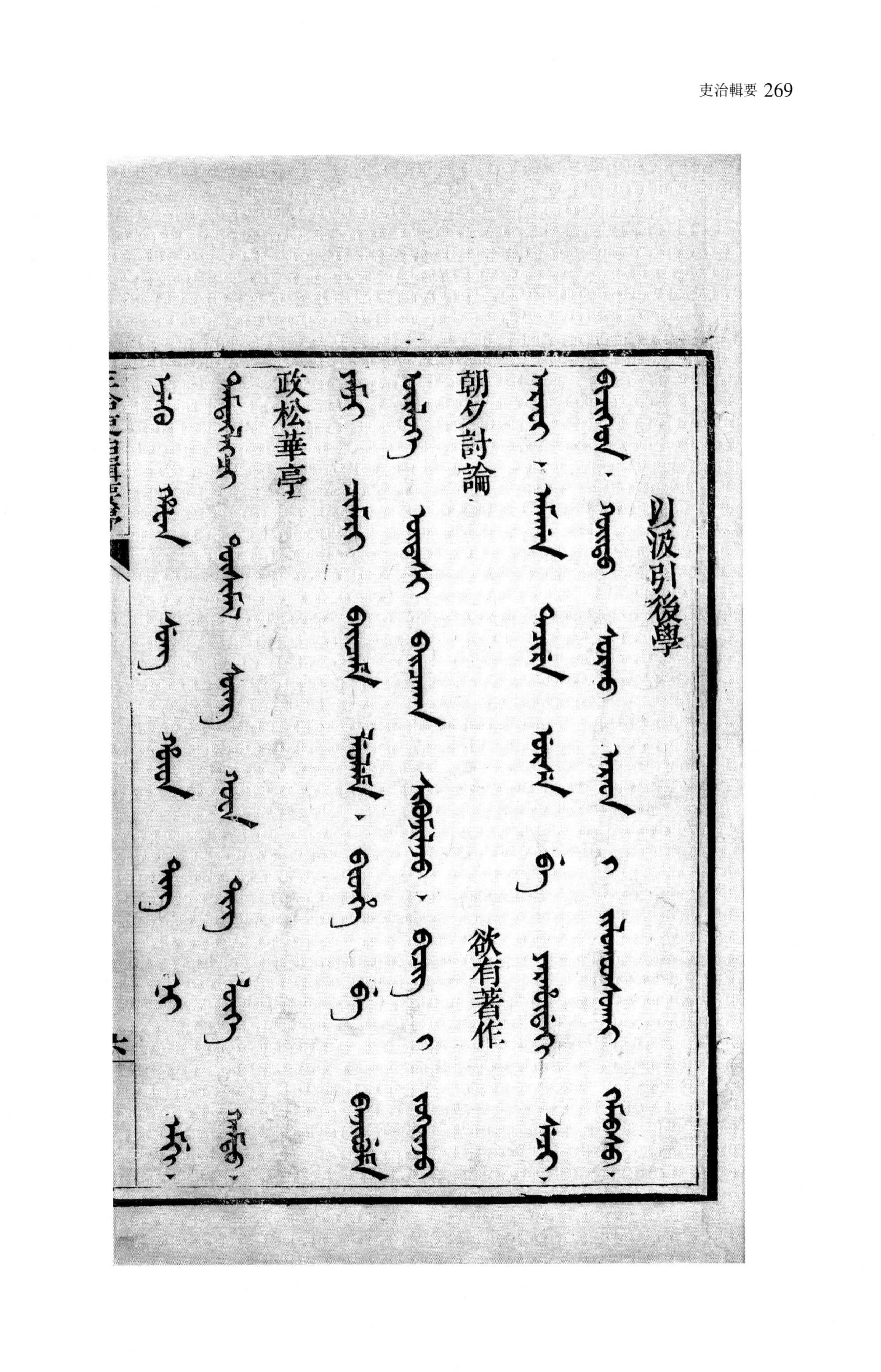

政松華亭

朝夕討論

欲有著作

以汲引後學

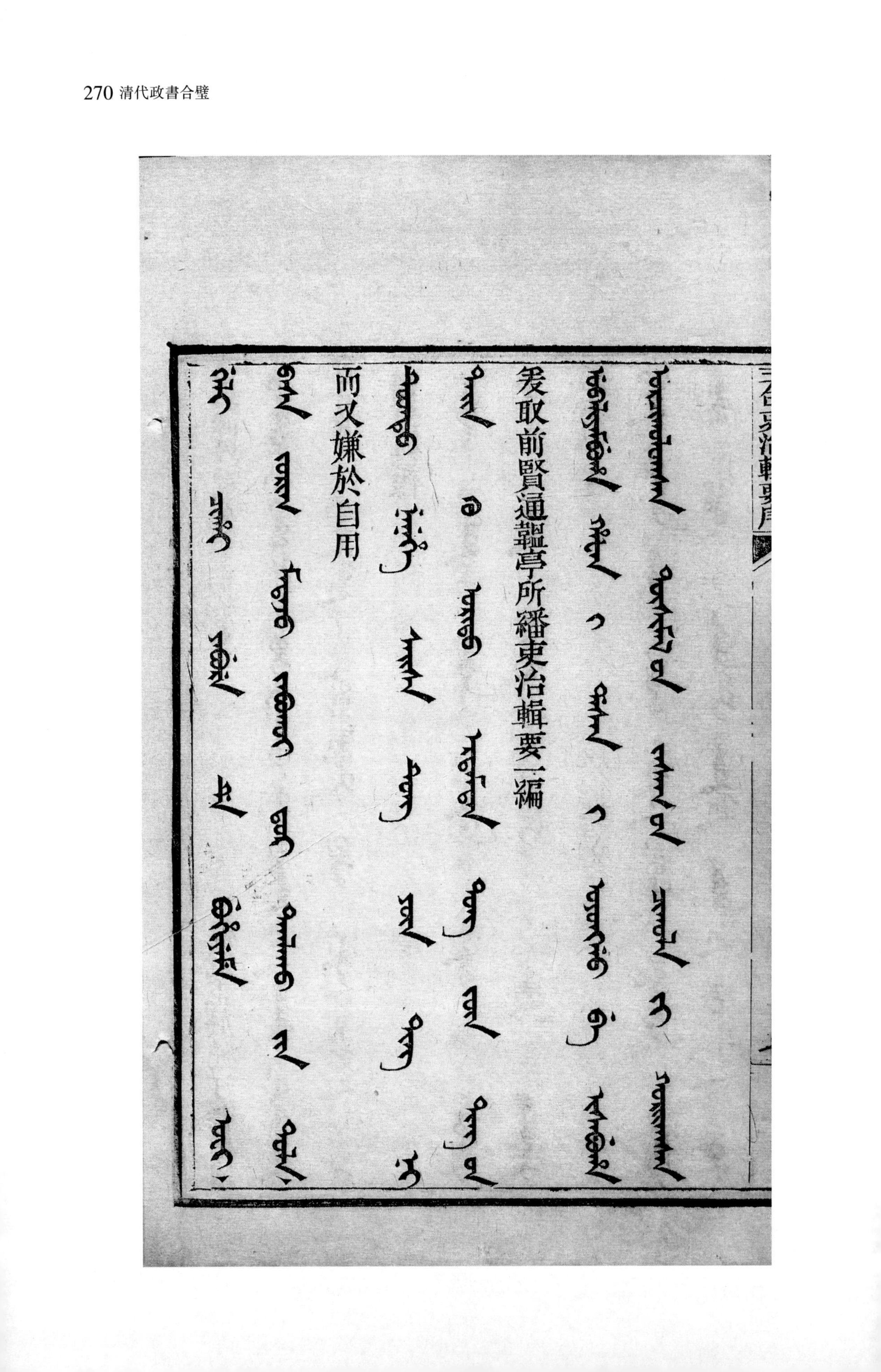

爰取前賢通韞亭所繙吏治輯要一編

而又嫌於自用

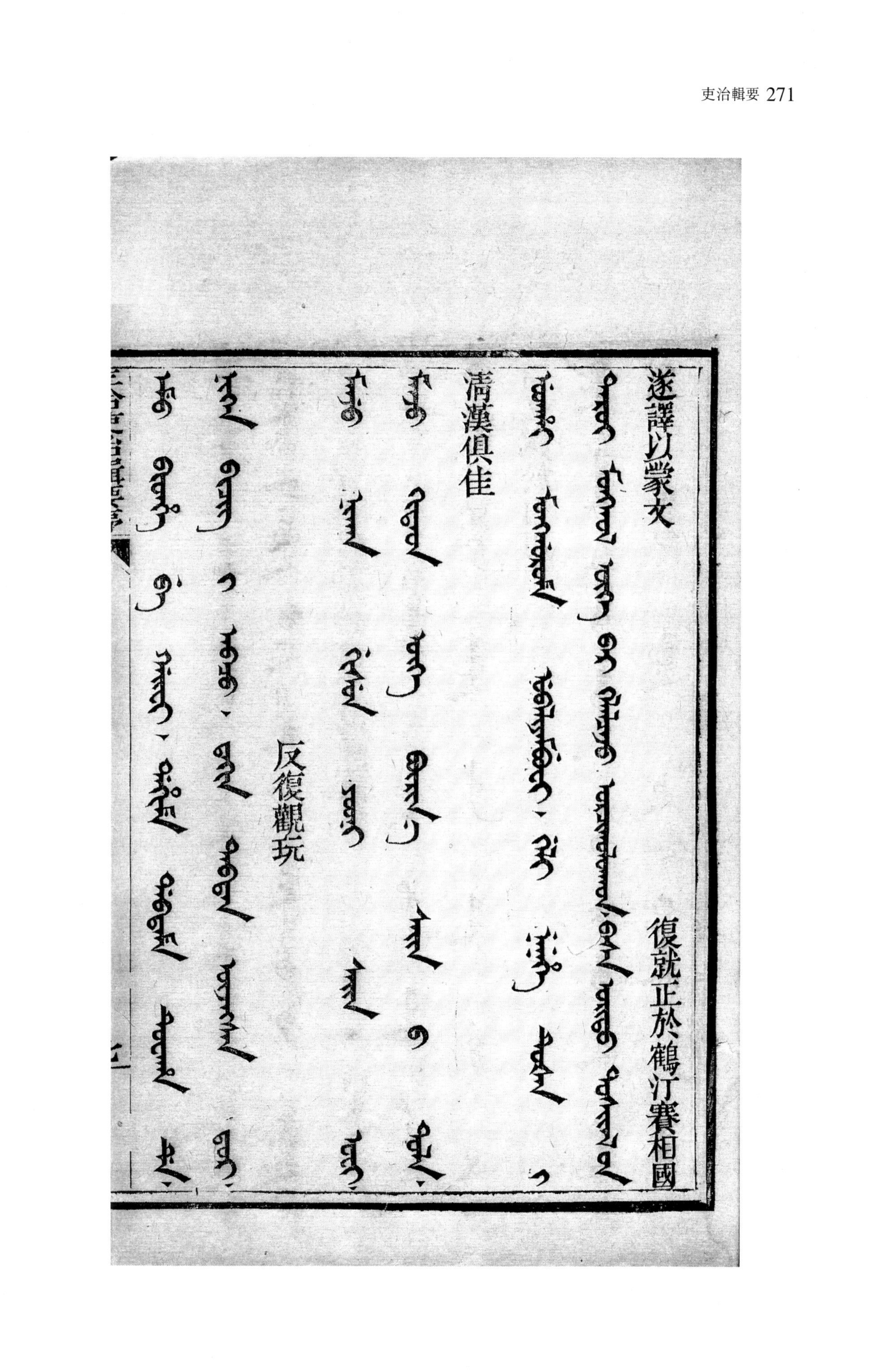

遂譯以蒙文

復就正於鶴汀賽相國

清漢俱佳

反復觀玩

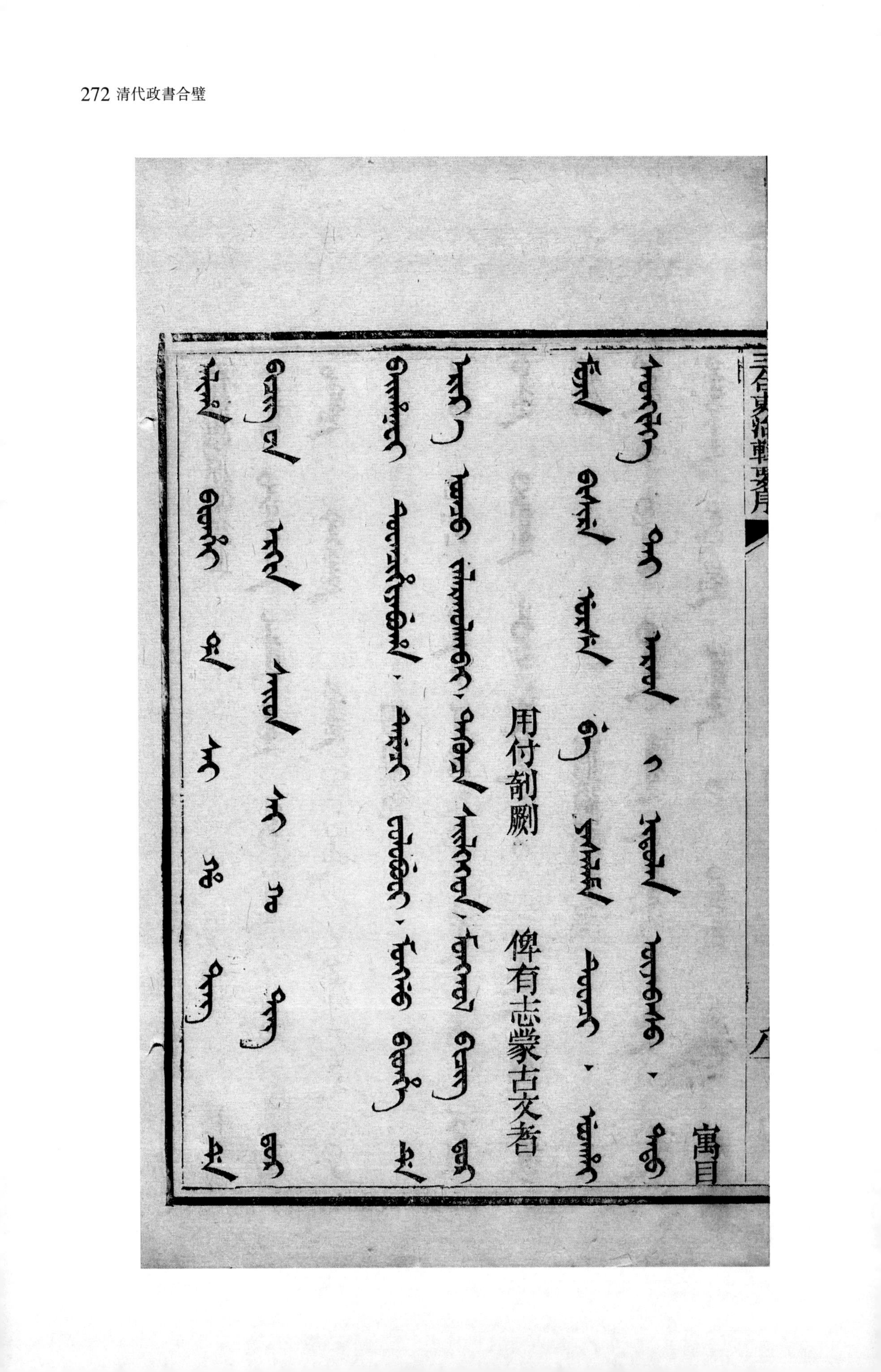

寓目

[illegible]

[illegible]

用付剞劂　俾有志蒙古文者

[illegible]

[illegible]

[illegible]

[illegible]

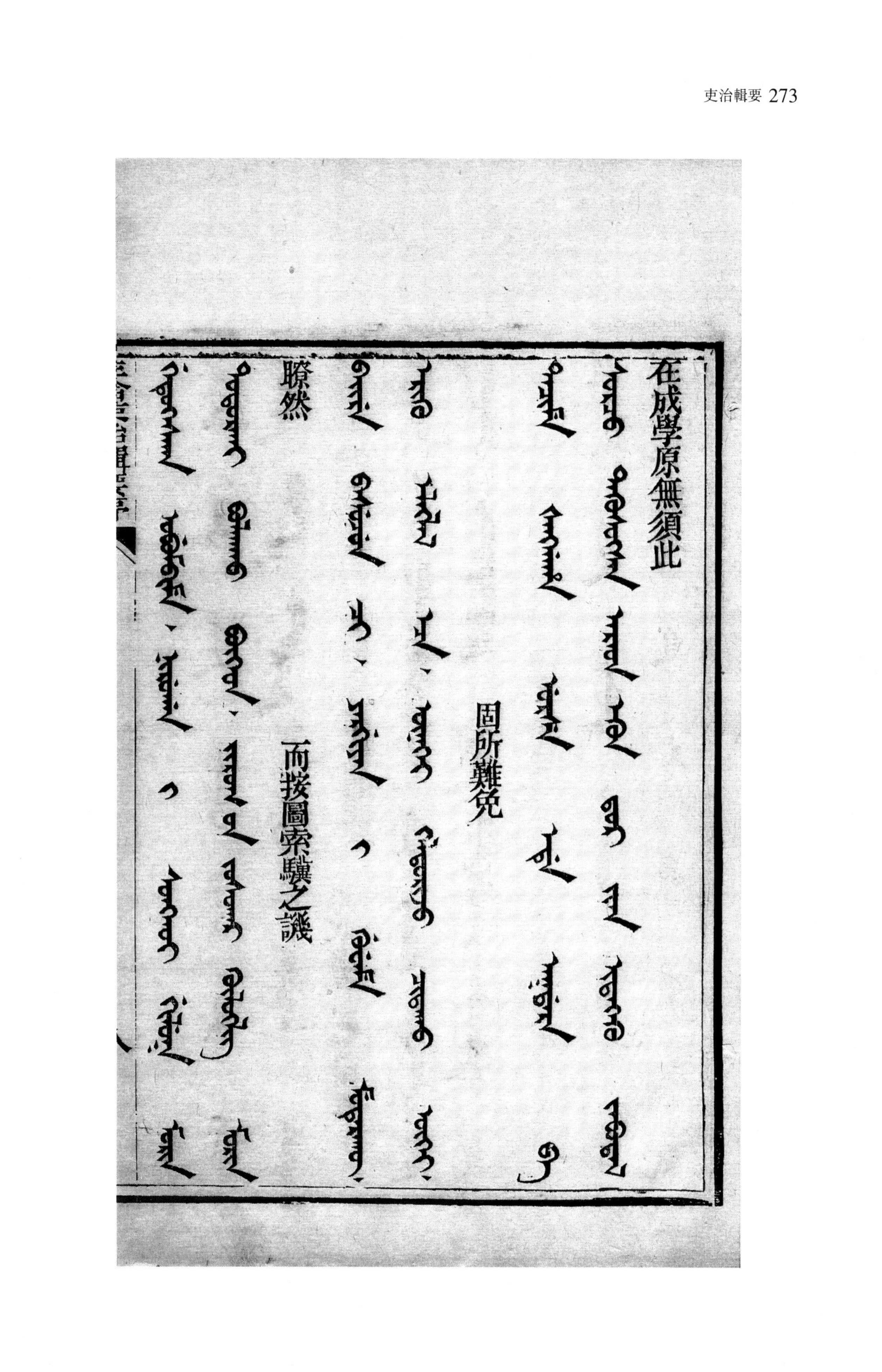

在成學原無須此

固所難免

而援圖索驥之譏

瞭然

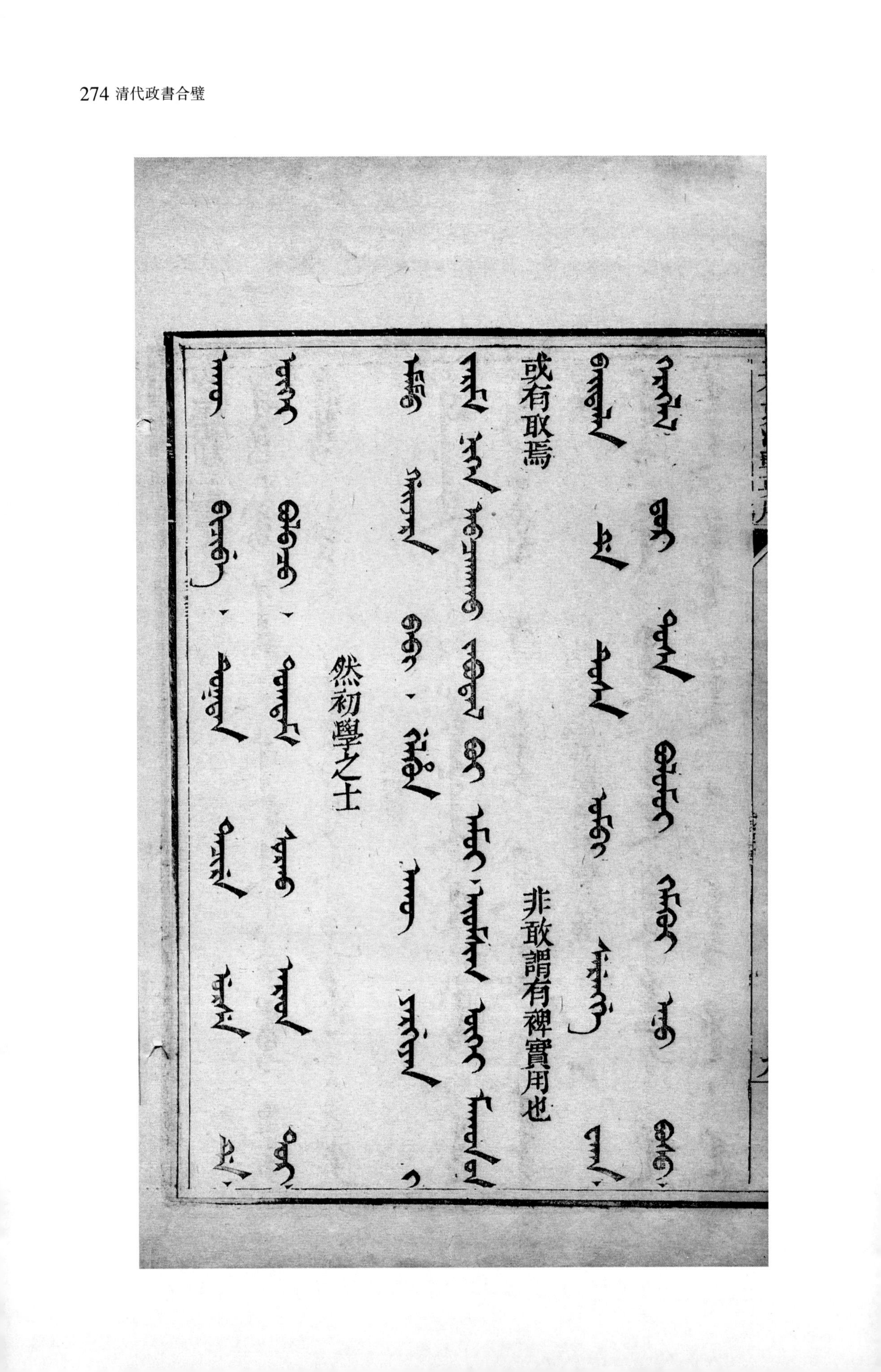

非敢謂有裨實用也

然初學之士

或有取焉

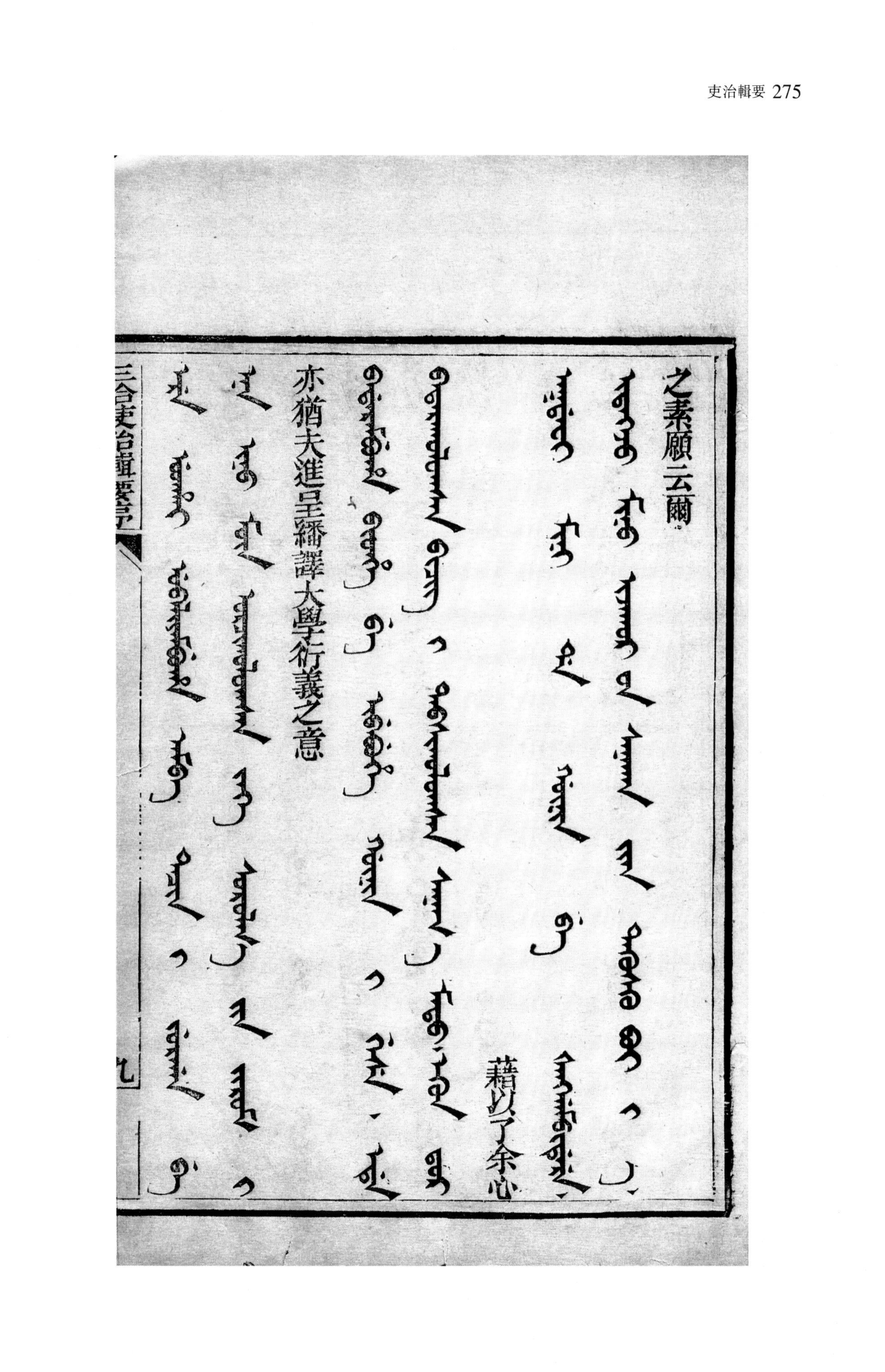

之素願云爾

藉以了余心

亦猶夫進呈繙譯大學衍義之意

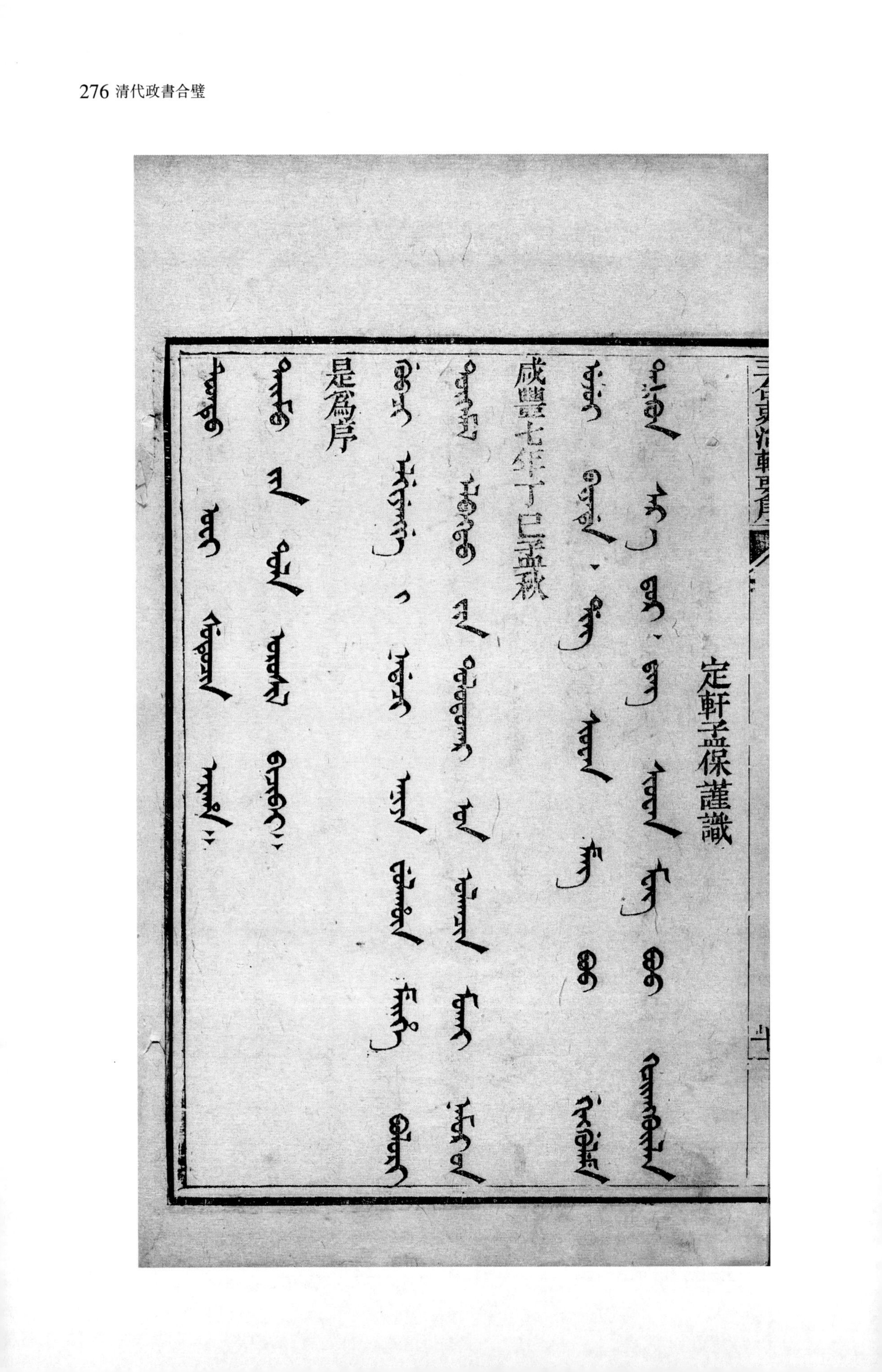

定軒孟保謹識

咸豐七年丁巳孟秋

是爲序

[illegible]

[illegible]

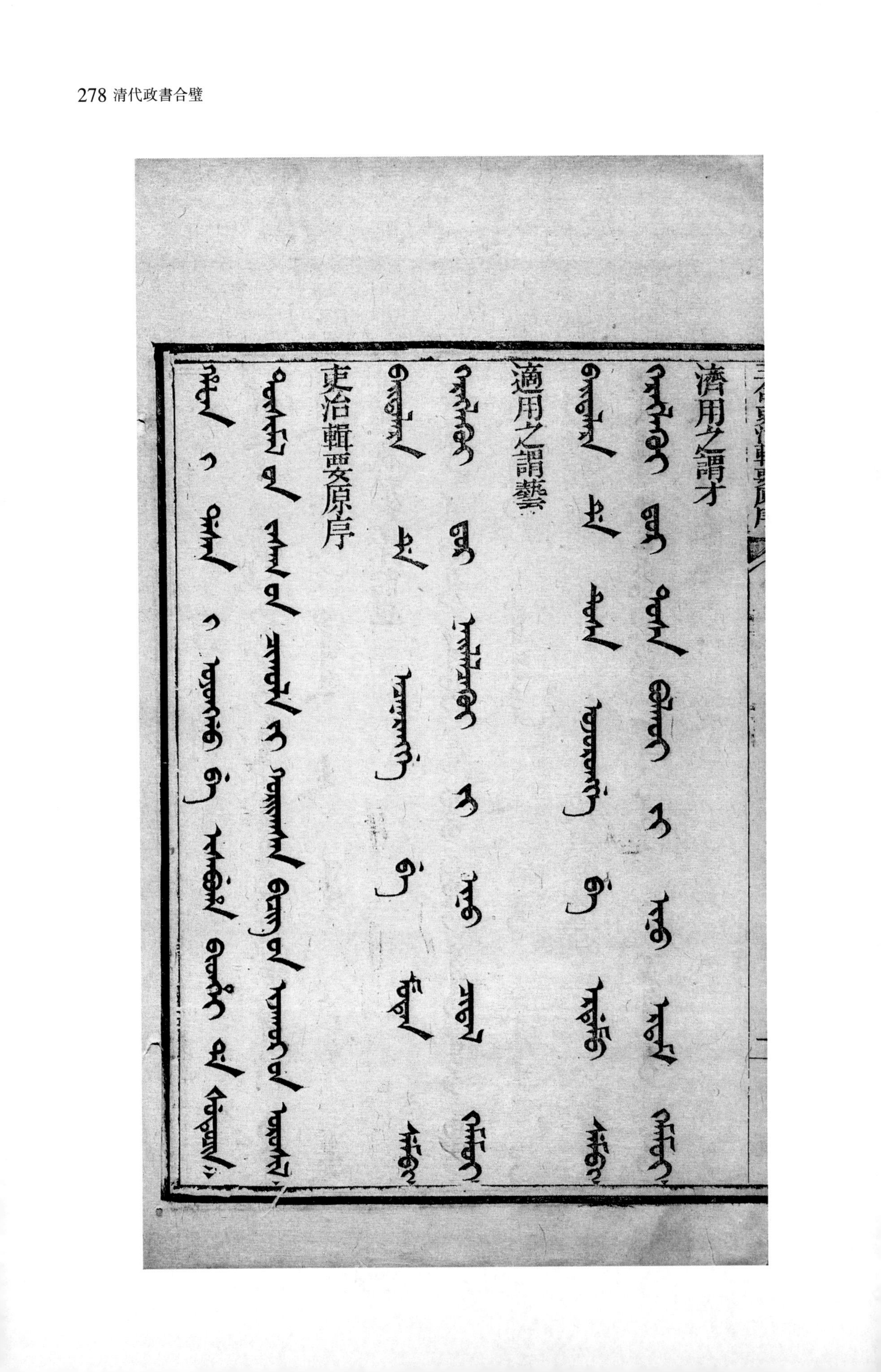

濟用之謂才

適用之謂藝

吏治輯要原序

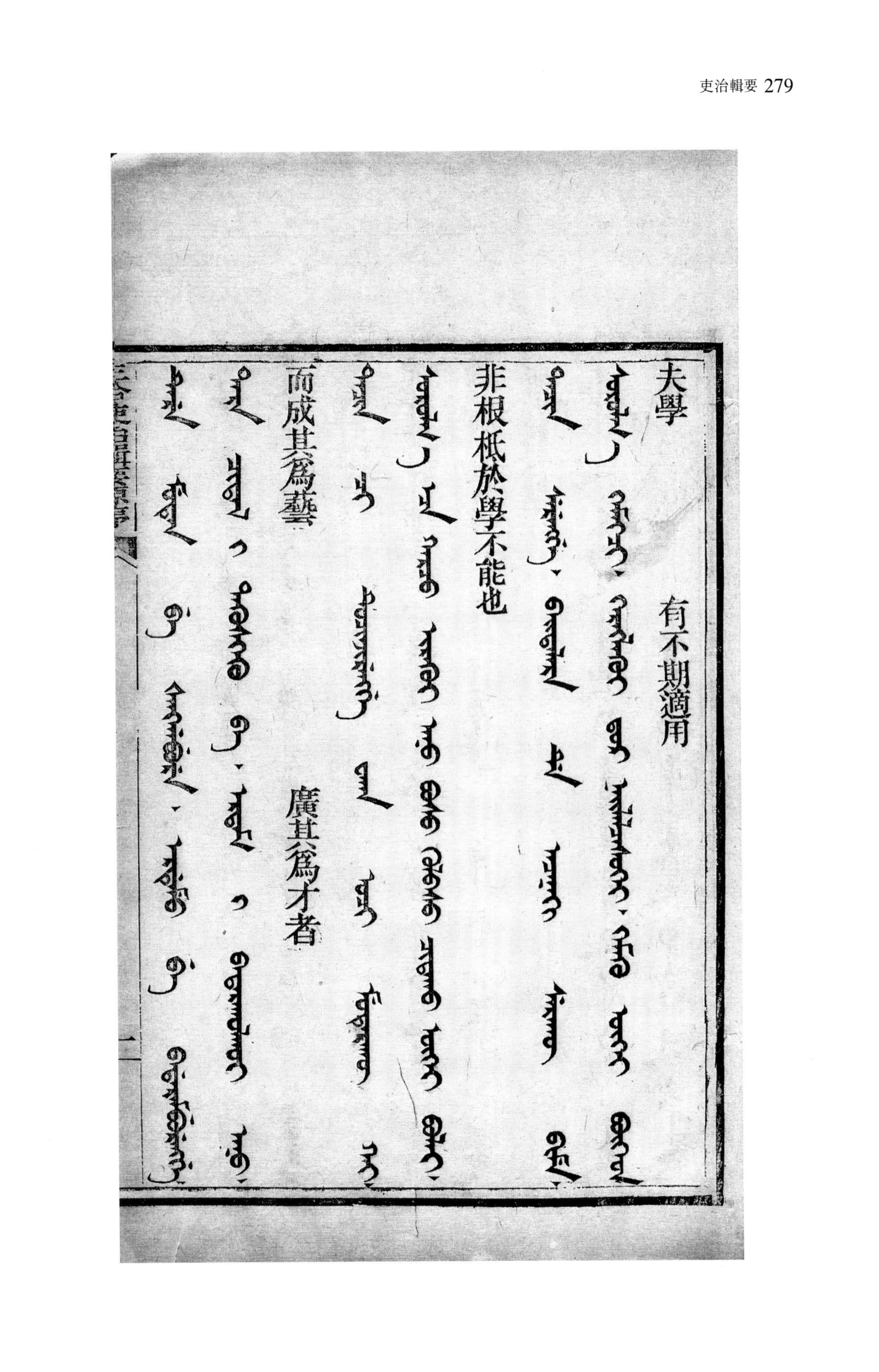

夫學有不期適用

非根柢於學不能也

而成其爲藝廣其爲才者

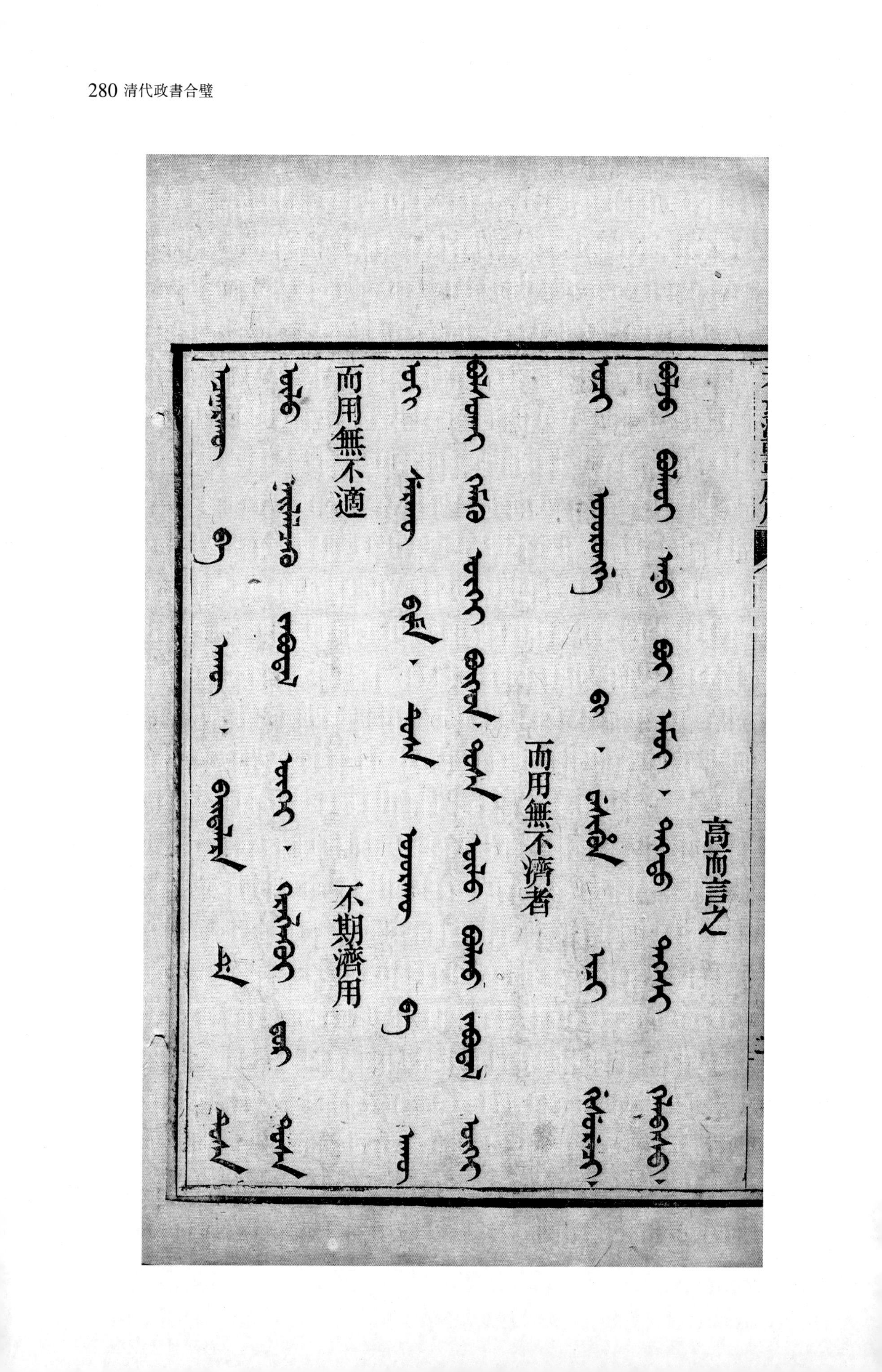

高而言之

而用無不濟者

而用無不適

不期濟用

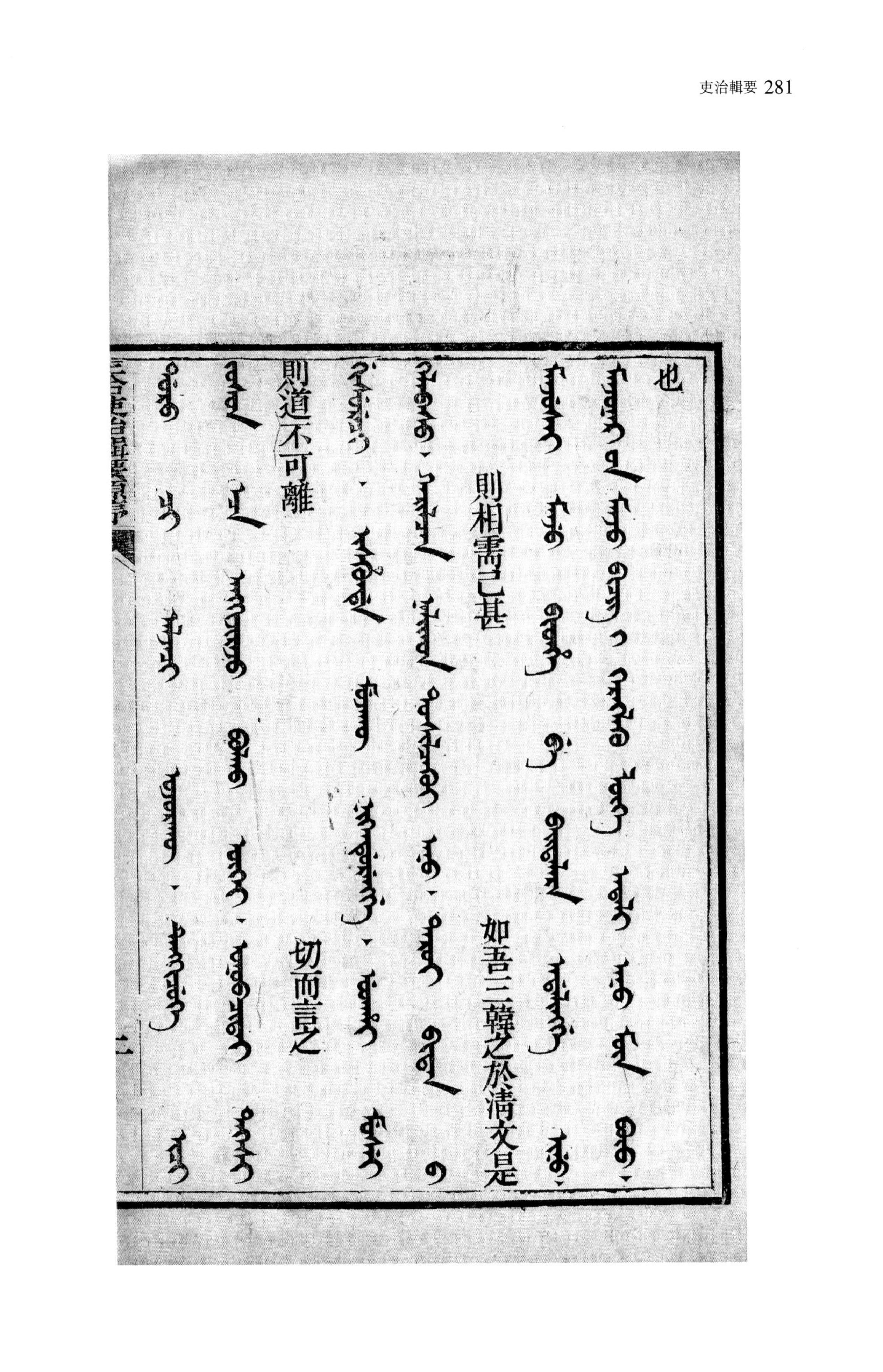

也

則相需已甚

如吾三韓之於清文是

則道不可離

切而言之

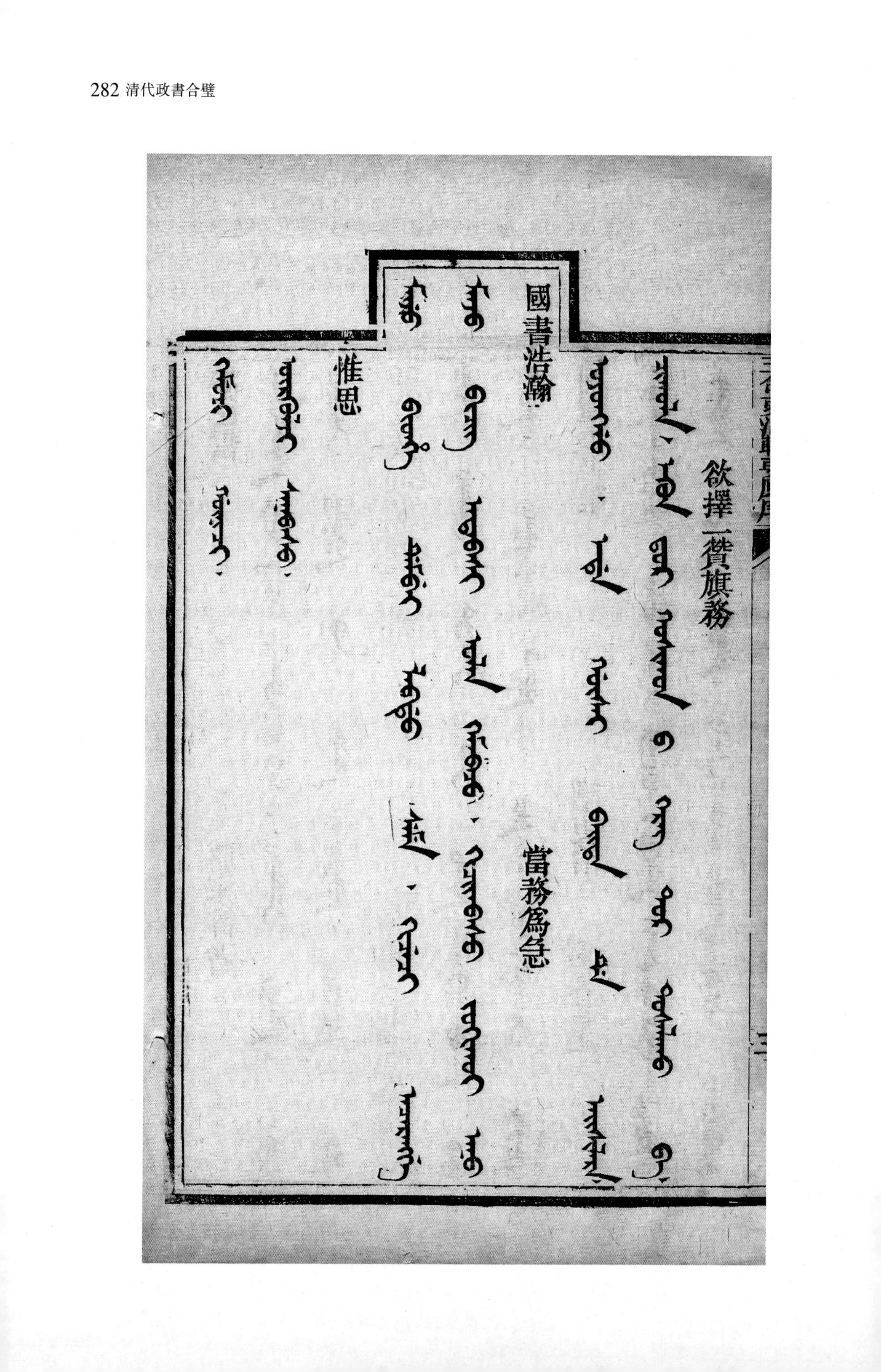

欲擇一賛旗務

國書浩瀚

嘗務爲急

惟思

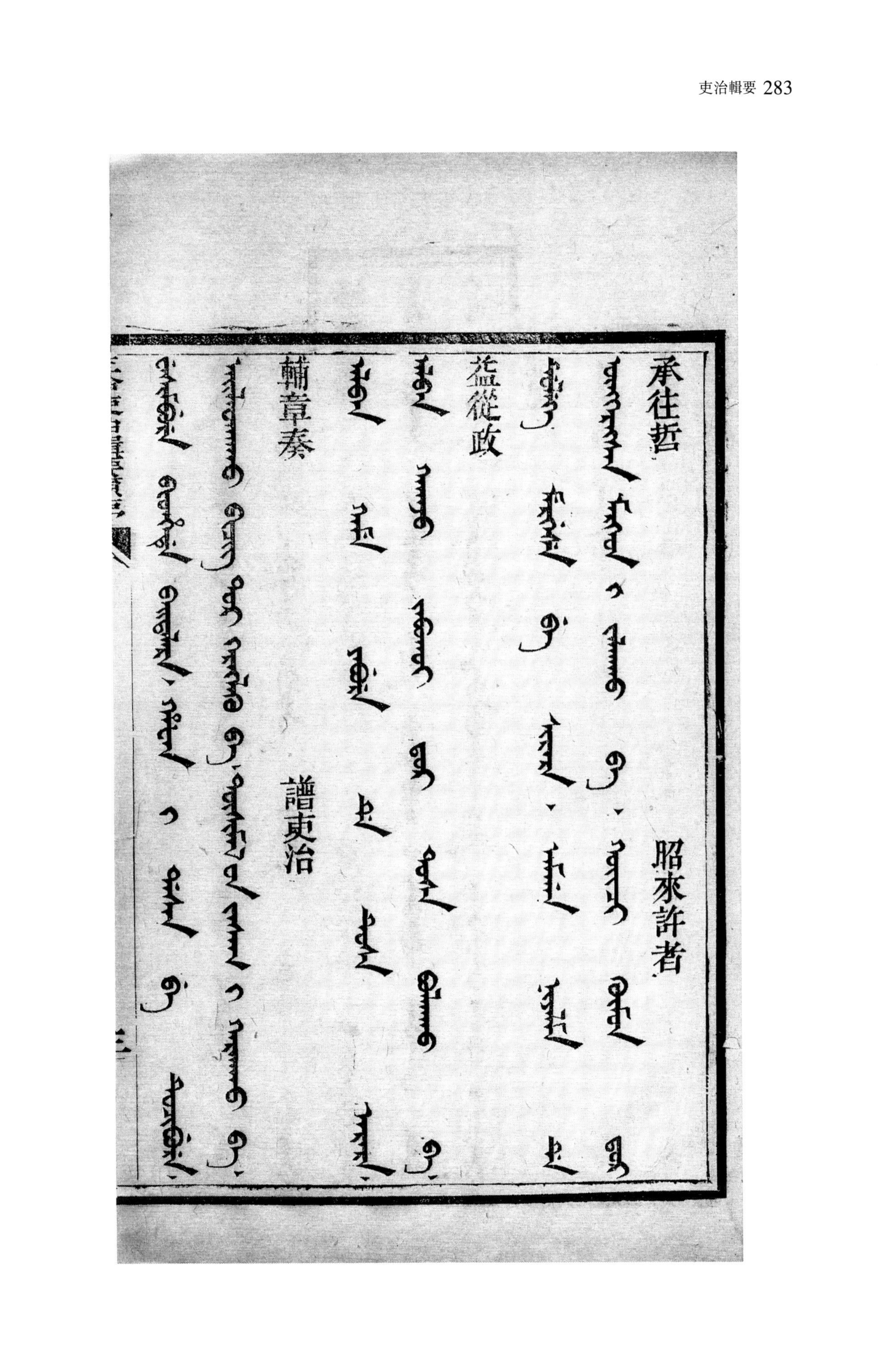

承往哲　昭來許者

益從政

輔章奏　譜吏治

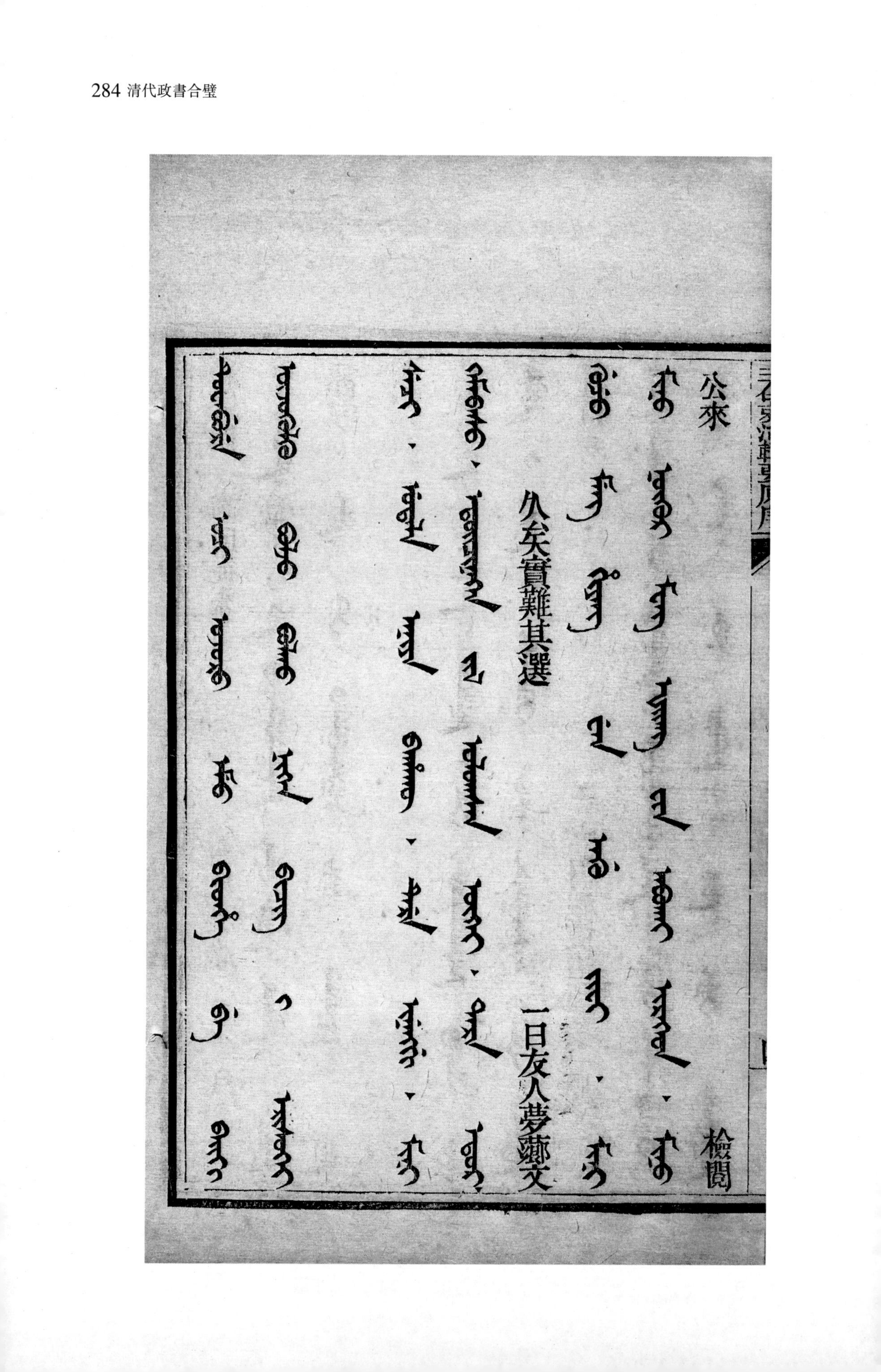

公來　　檢閱

久矣實難其選　　一日友人夢麟文

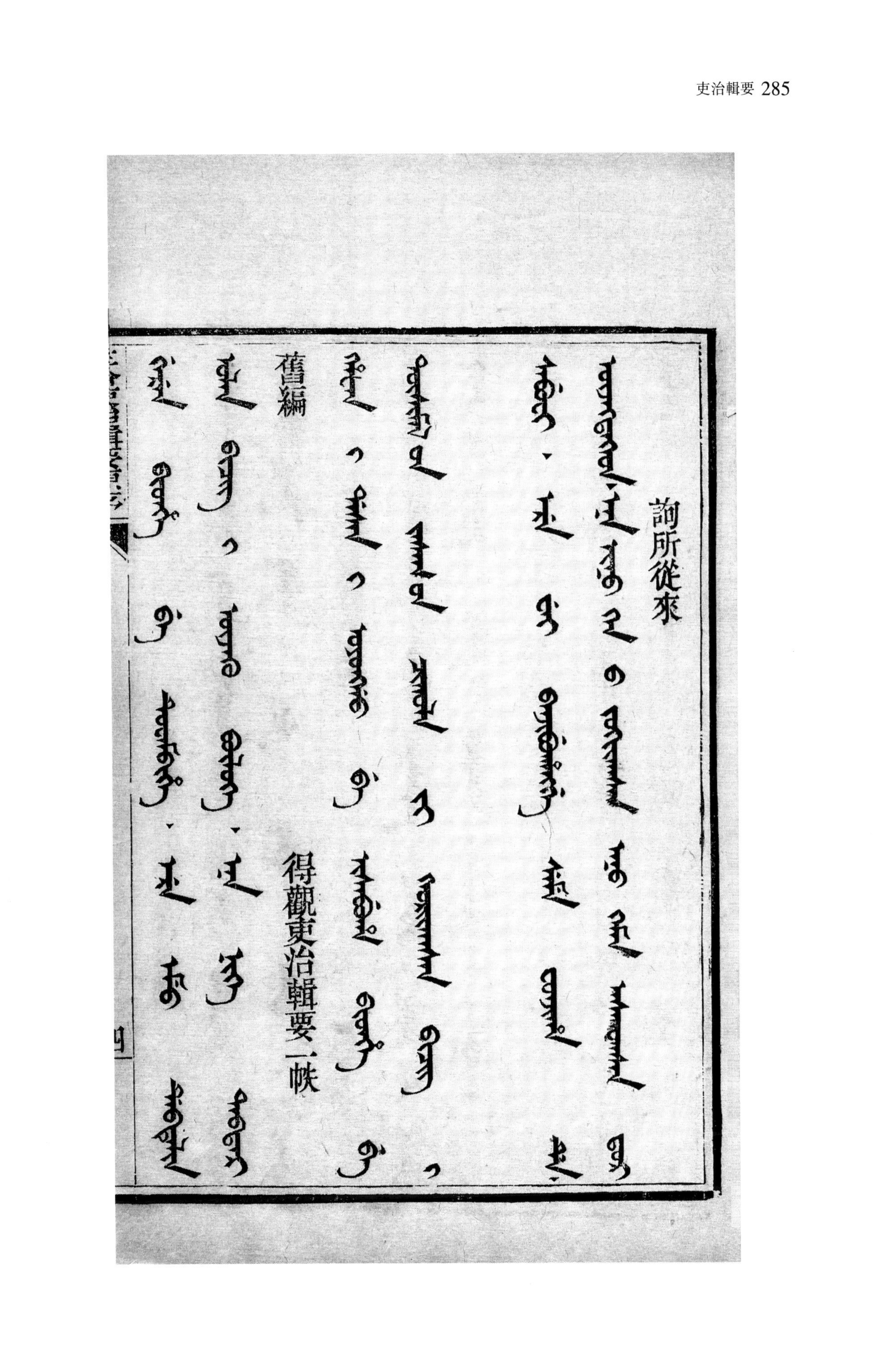

詢所從來

舊編

得觀吏治輯要一帙

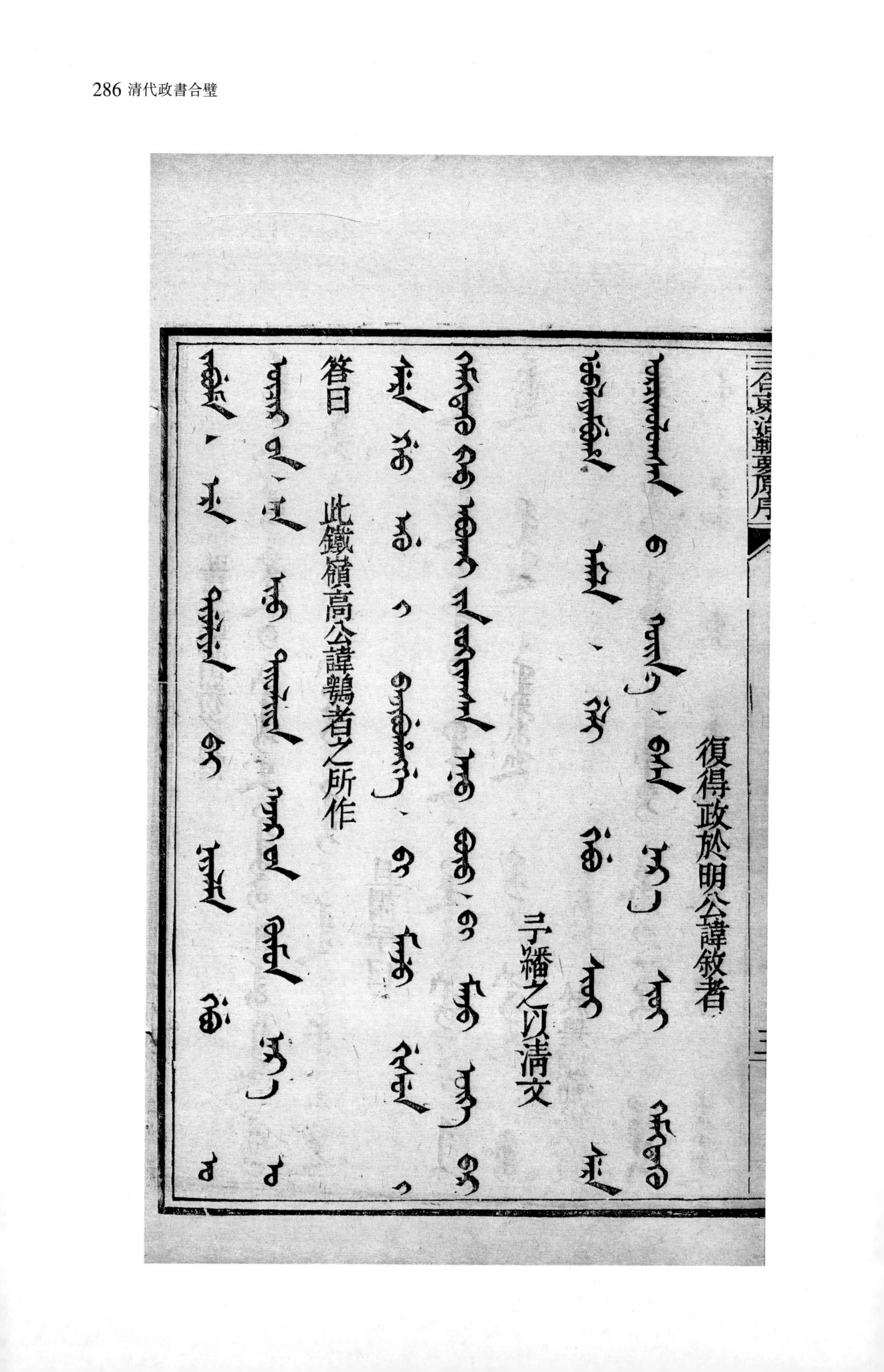

復得政於明公諱敘者

予繙之以清文

答曰 此鐵嶺高公諱鶚者之所作

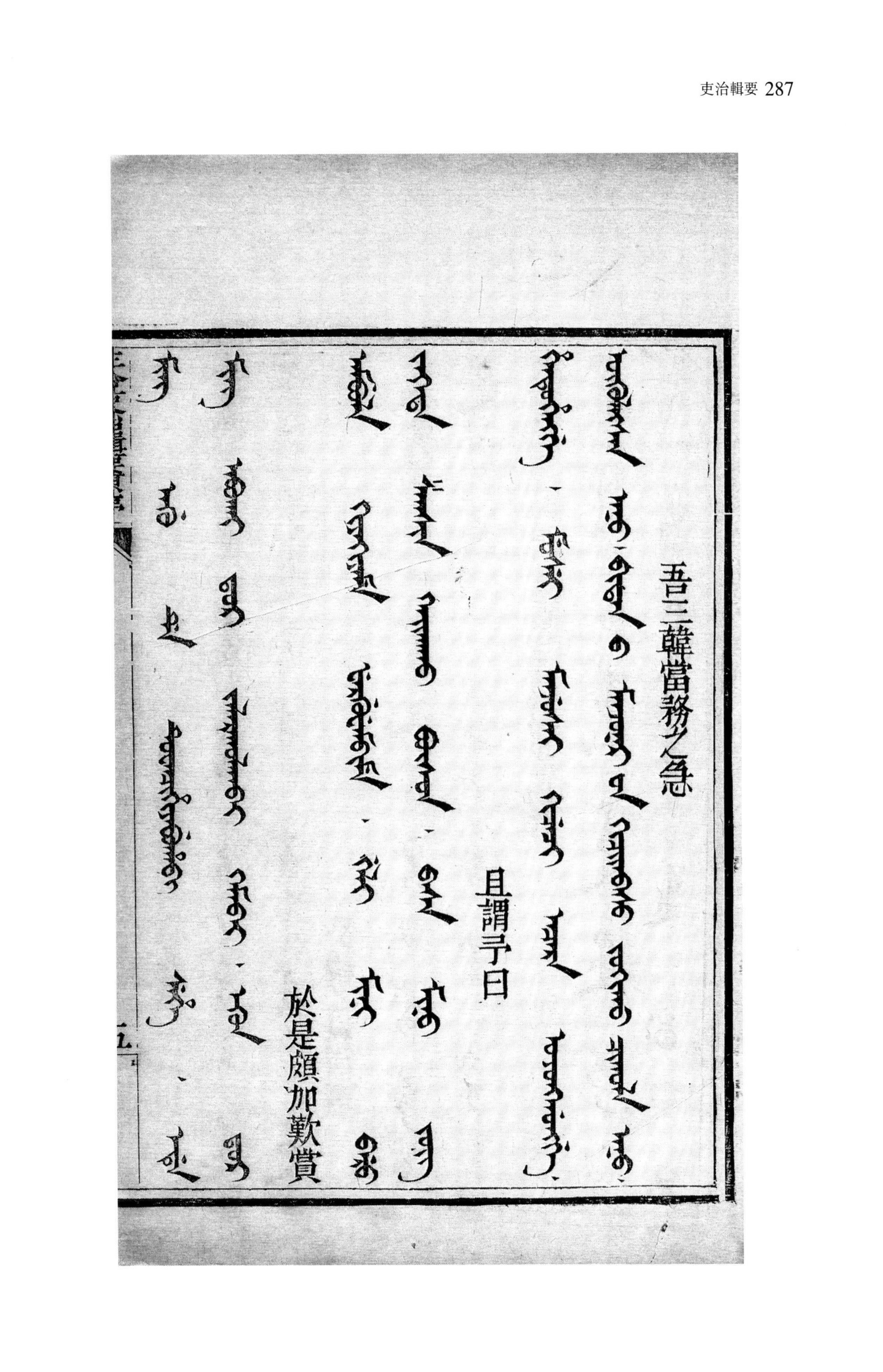

吾三韓當務之急

且謂予曰

於是頗加歎賞

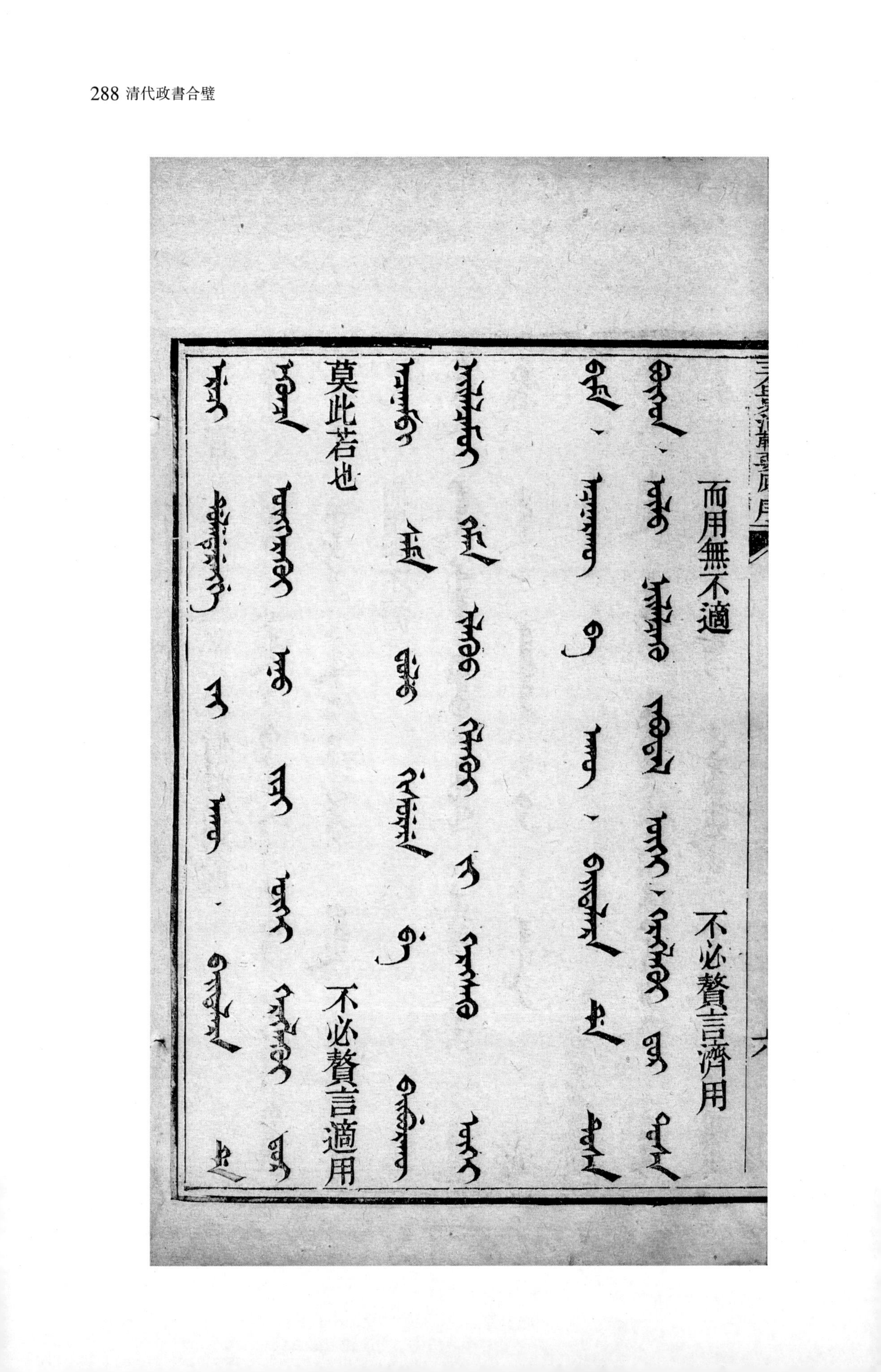

而用無不適

不必贅言濟用

莫此若也

不必贅言適用

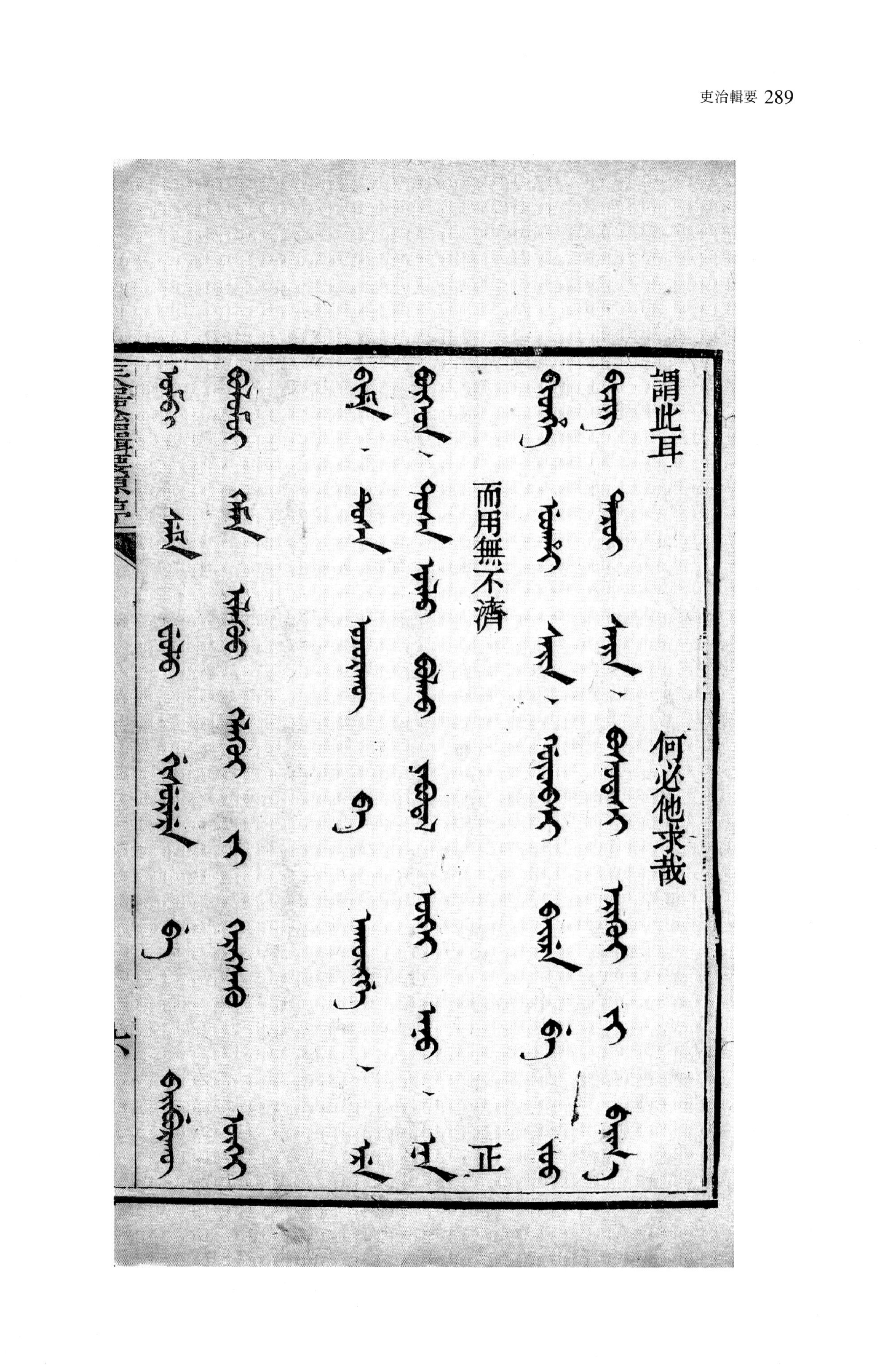

謂此耳

何必他求哉

而用無不濟

正

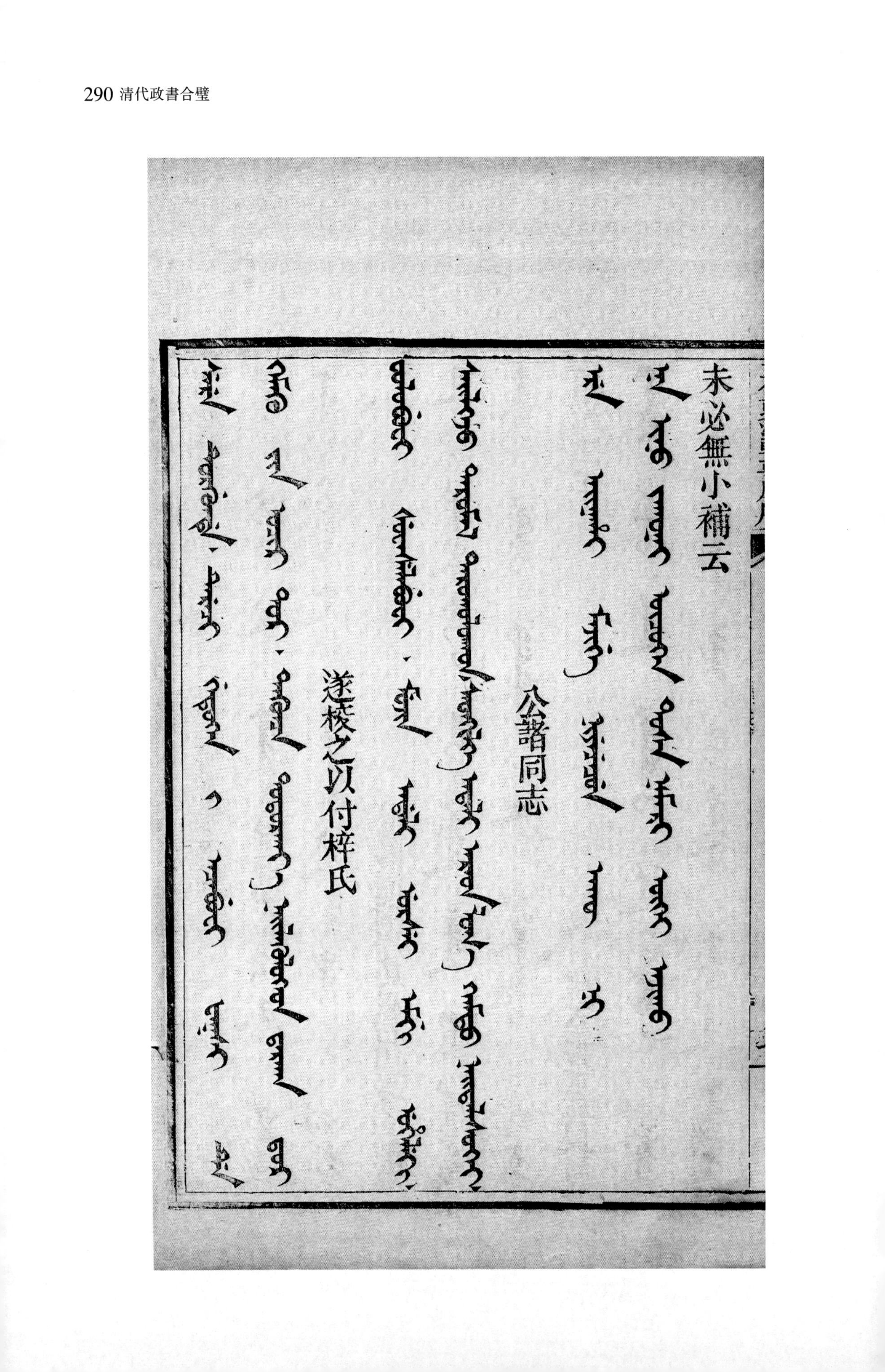

未必無小補云

公諸同志

遂校之以付梓氏

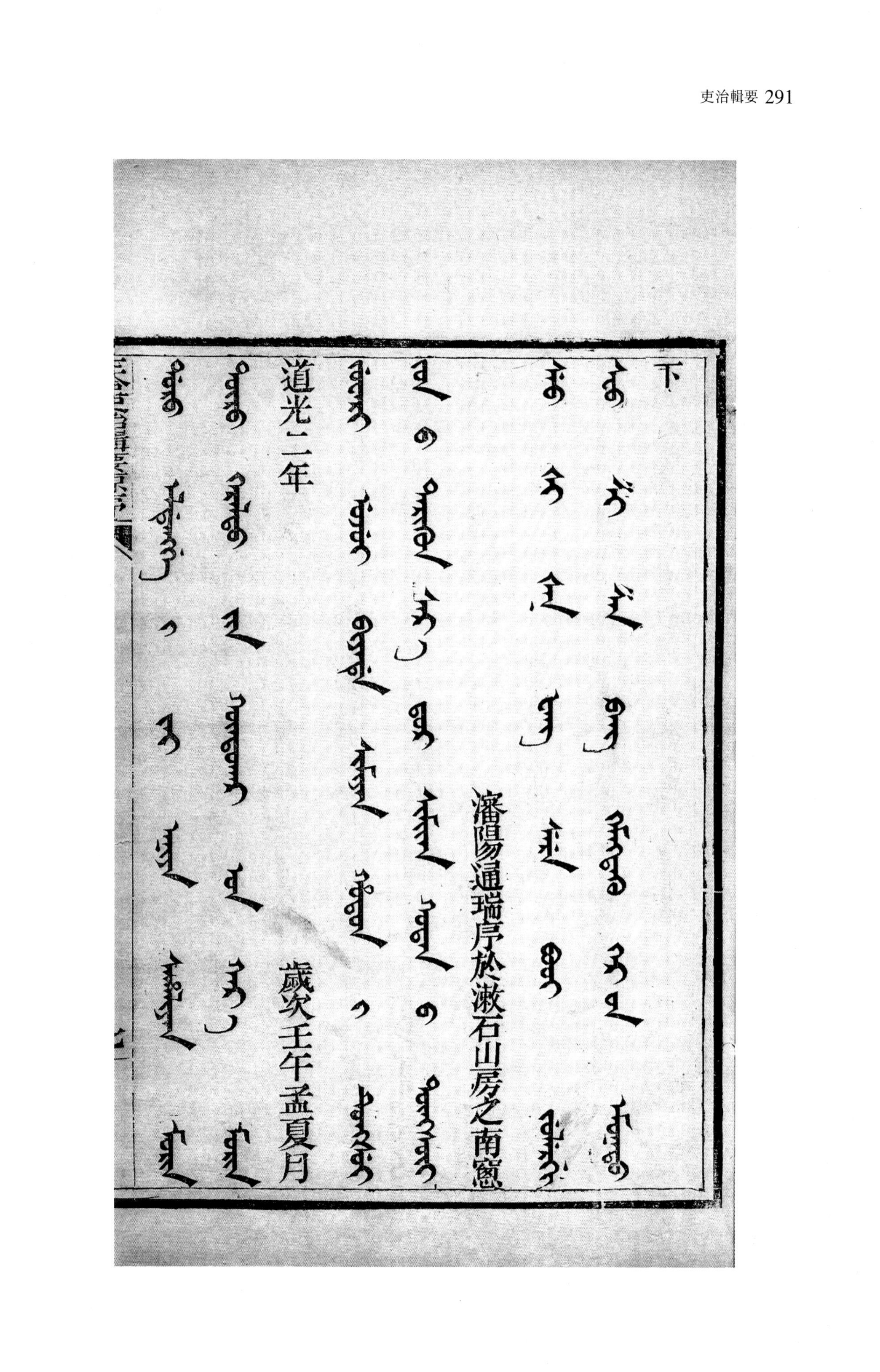

下

瀋陽通瑞序於漱石山房之南窗

道光二年 歲次壬午孟夏月

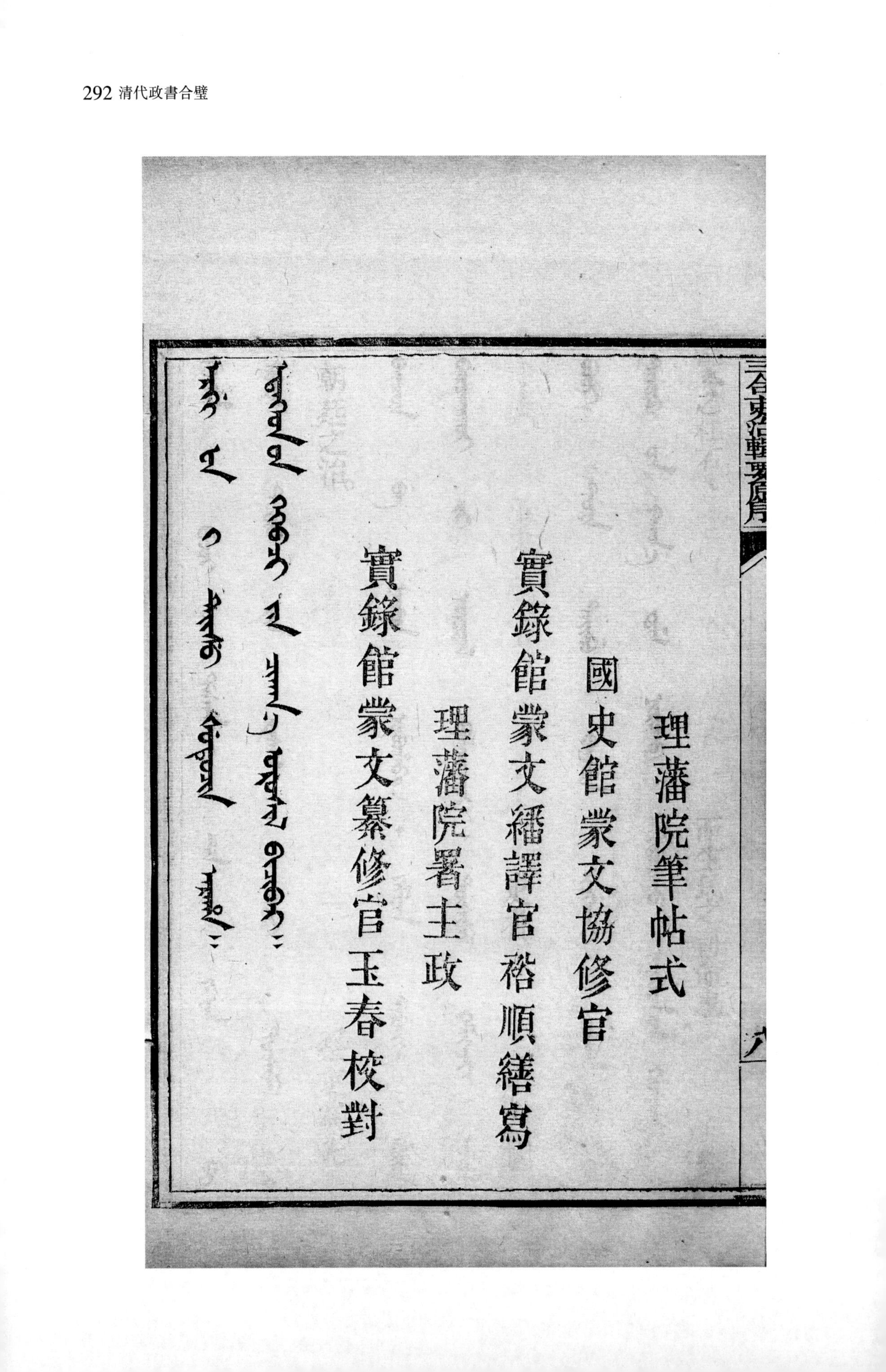

理藩院筆帖式

國史館蒙文協修官

實錄館蒙文繙譯官裕順繕寫

理藩院署主政

實錄館蒙文纂修官玉春校對

實錄館滿文纂修官王春林譯

監翻譯主政

實錄館滿文繙譯官裕順繕寫

國史館滿文協修官

理藩院筆帖式

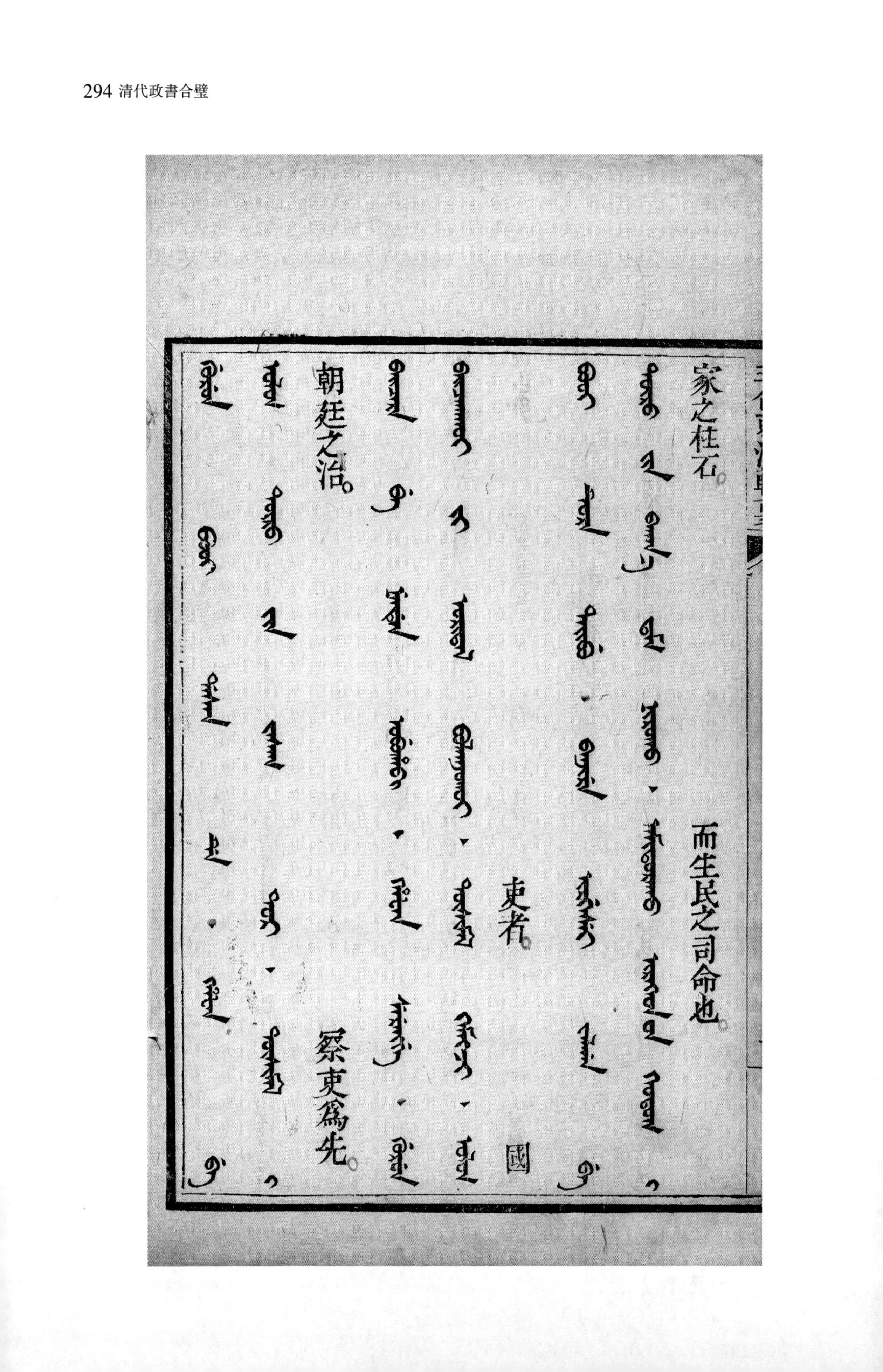

家之柱石。而生民之司命也。

吏者

國

朝廷之治。察吏爲先。

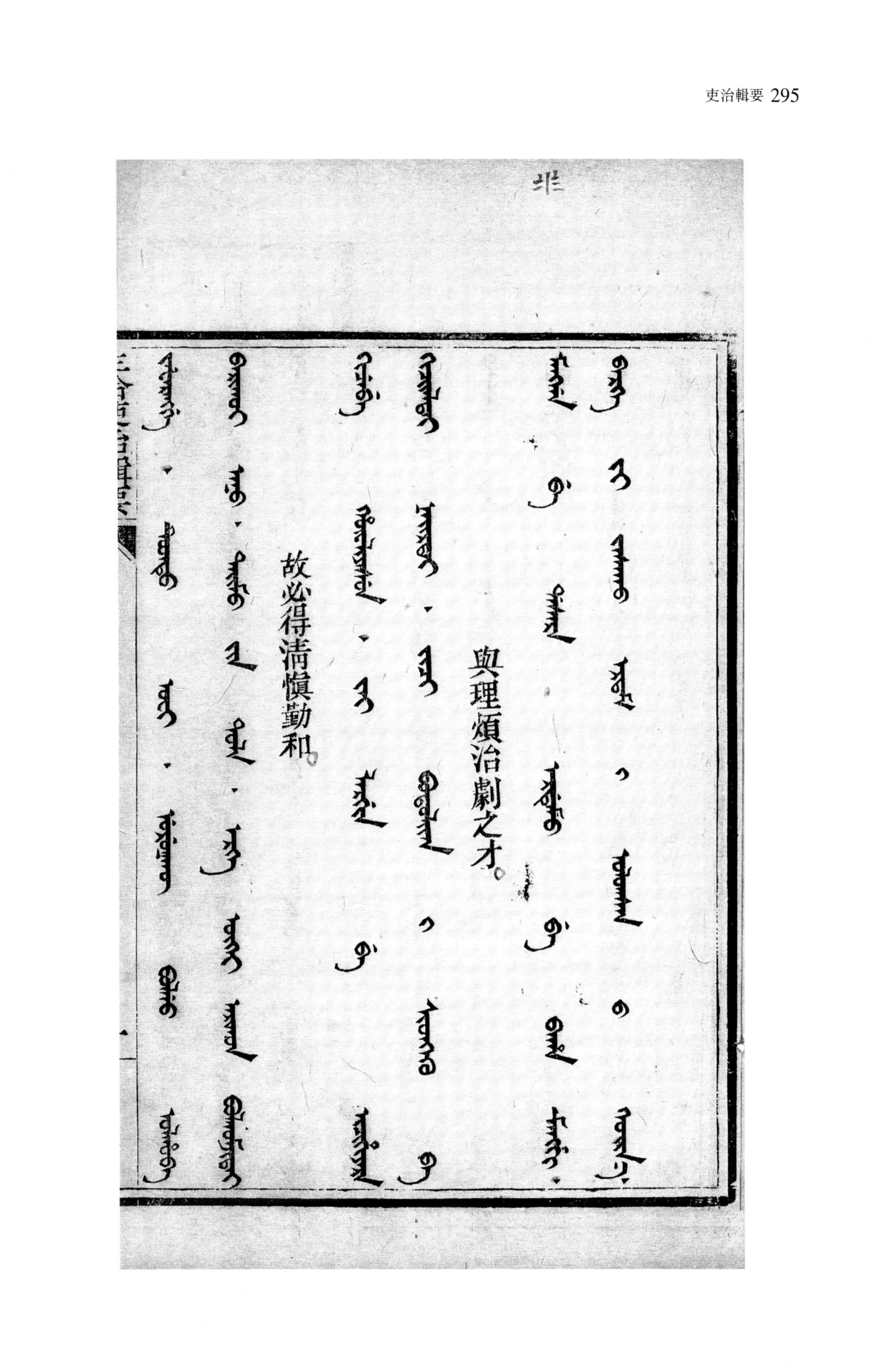

與理煩治劇之才。

故必得清慎勤和。

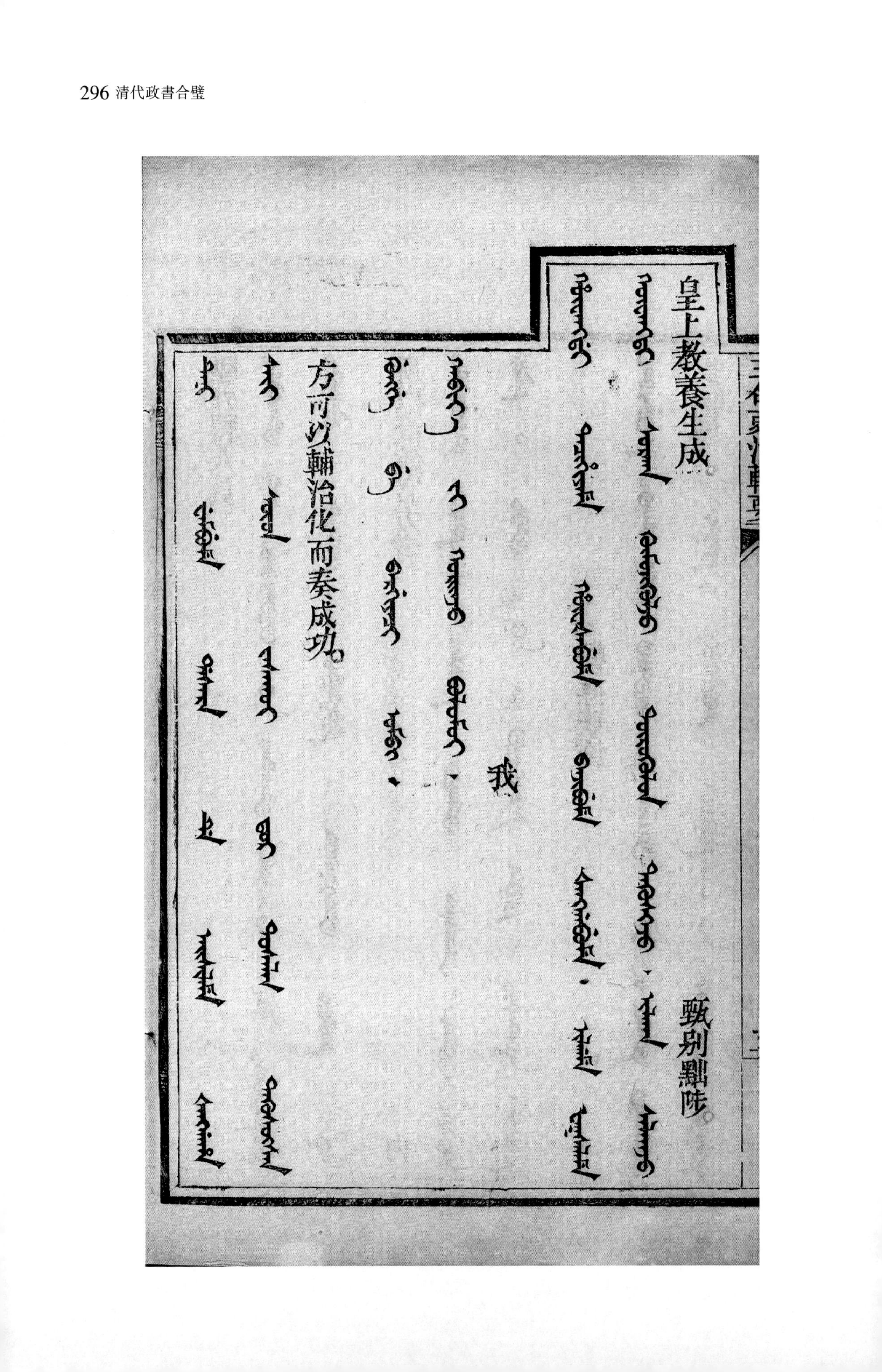

皇上教養生成。甄別黜陟。

我

方可以輔治化而奏成功。

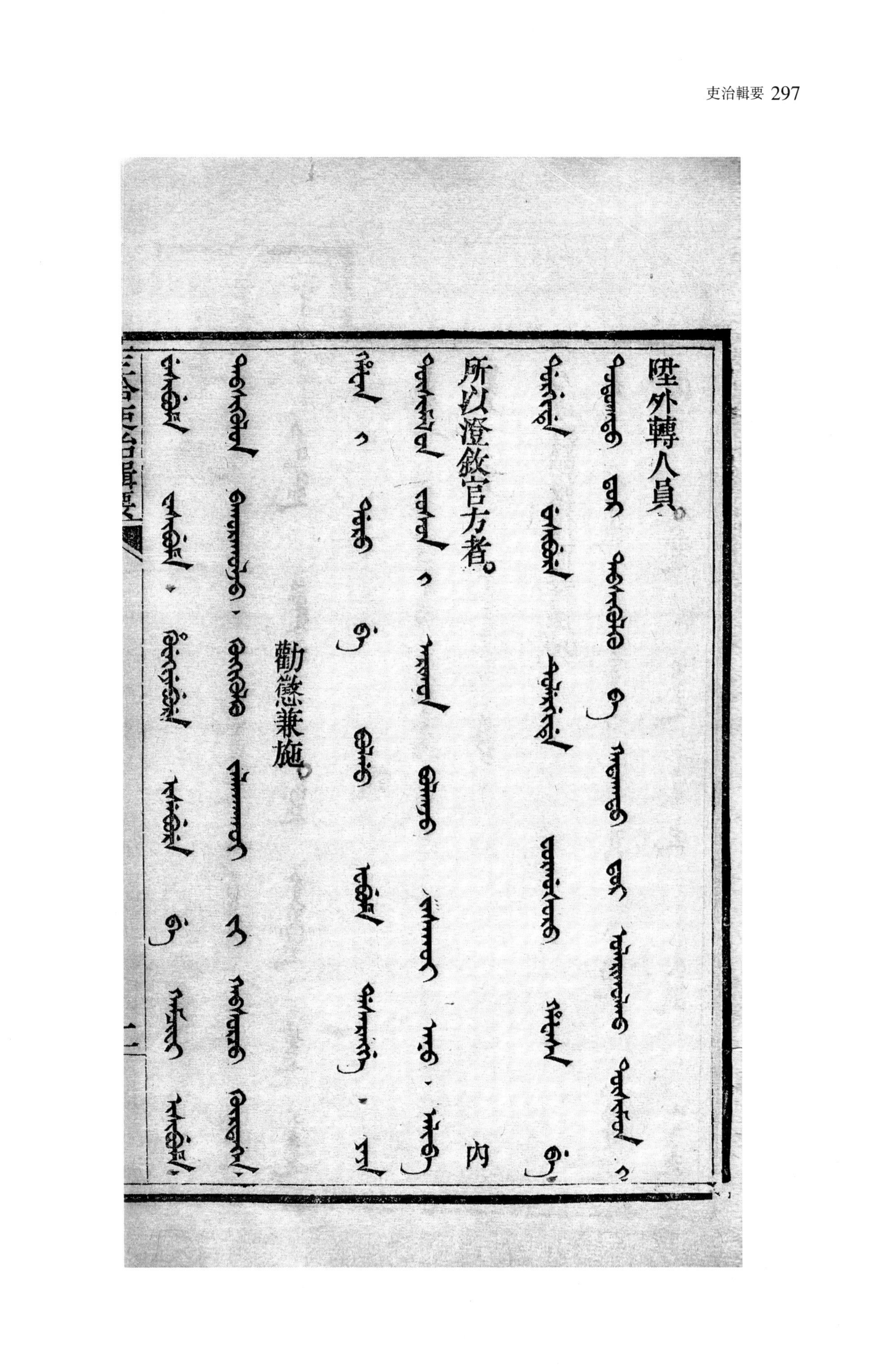

勸懲兼施。

所以澄斂官方者。內

陞外轉人員。

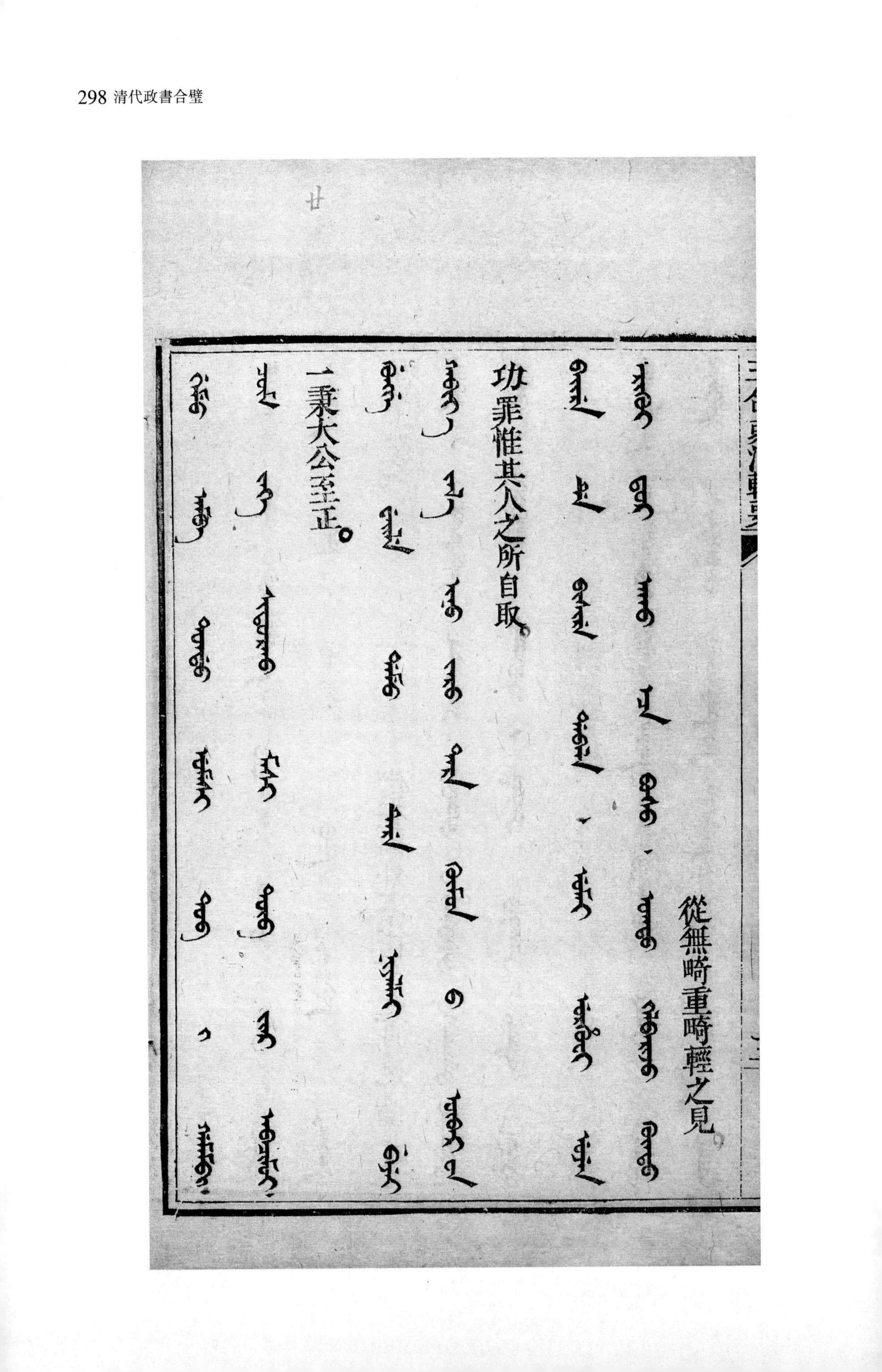

廿

從無畸重畸輕之見

功罪惟其人之所自取。

一秉大公至正。

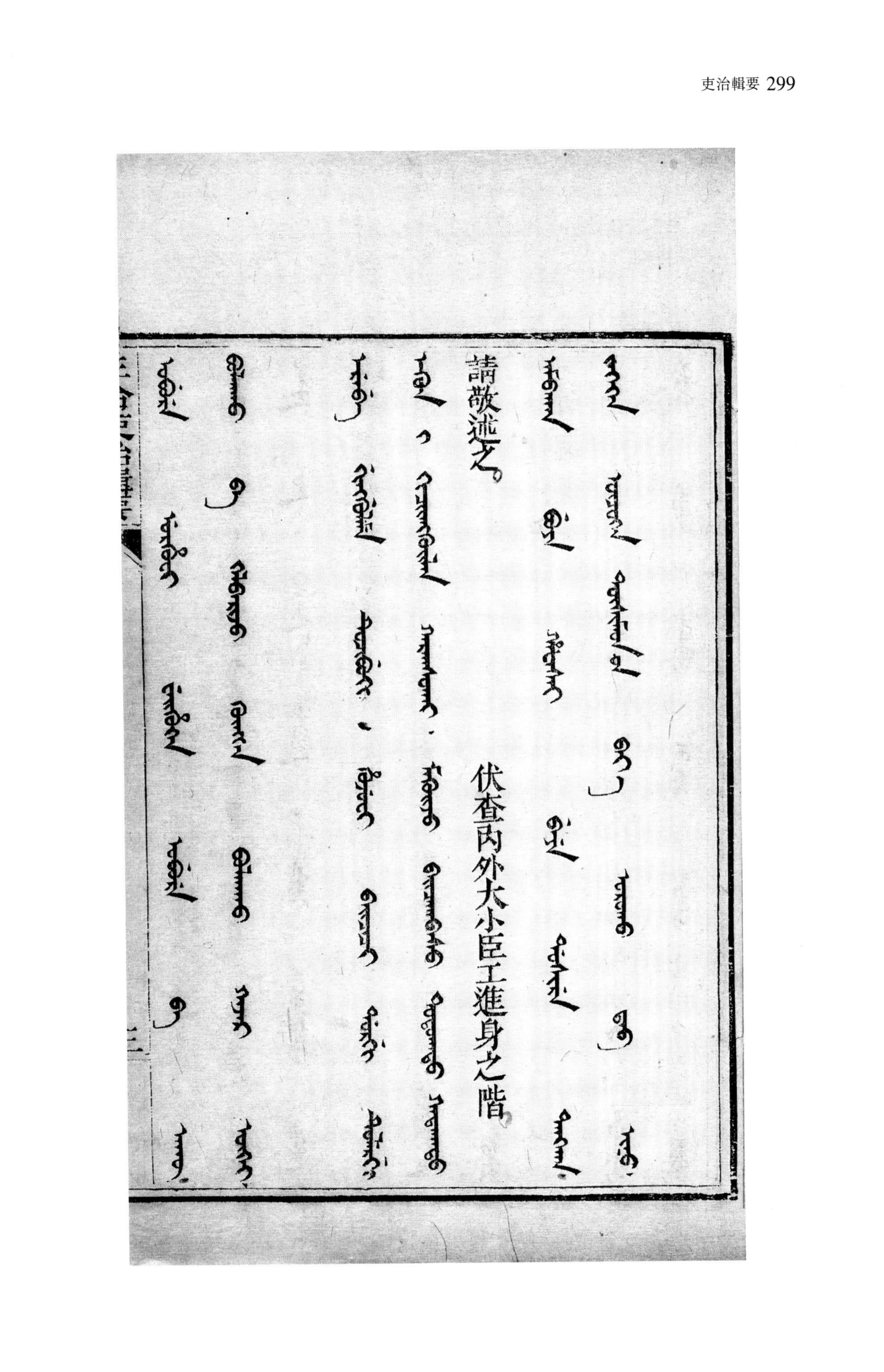

請敬述之

伏查內外大小臣工進身之階

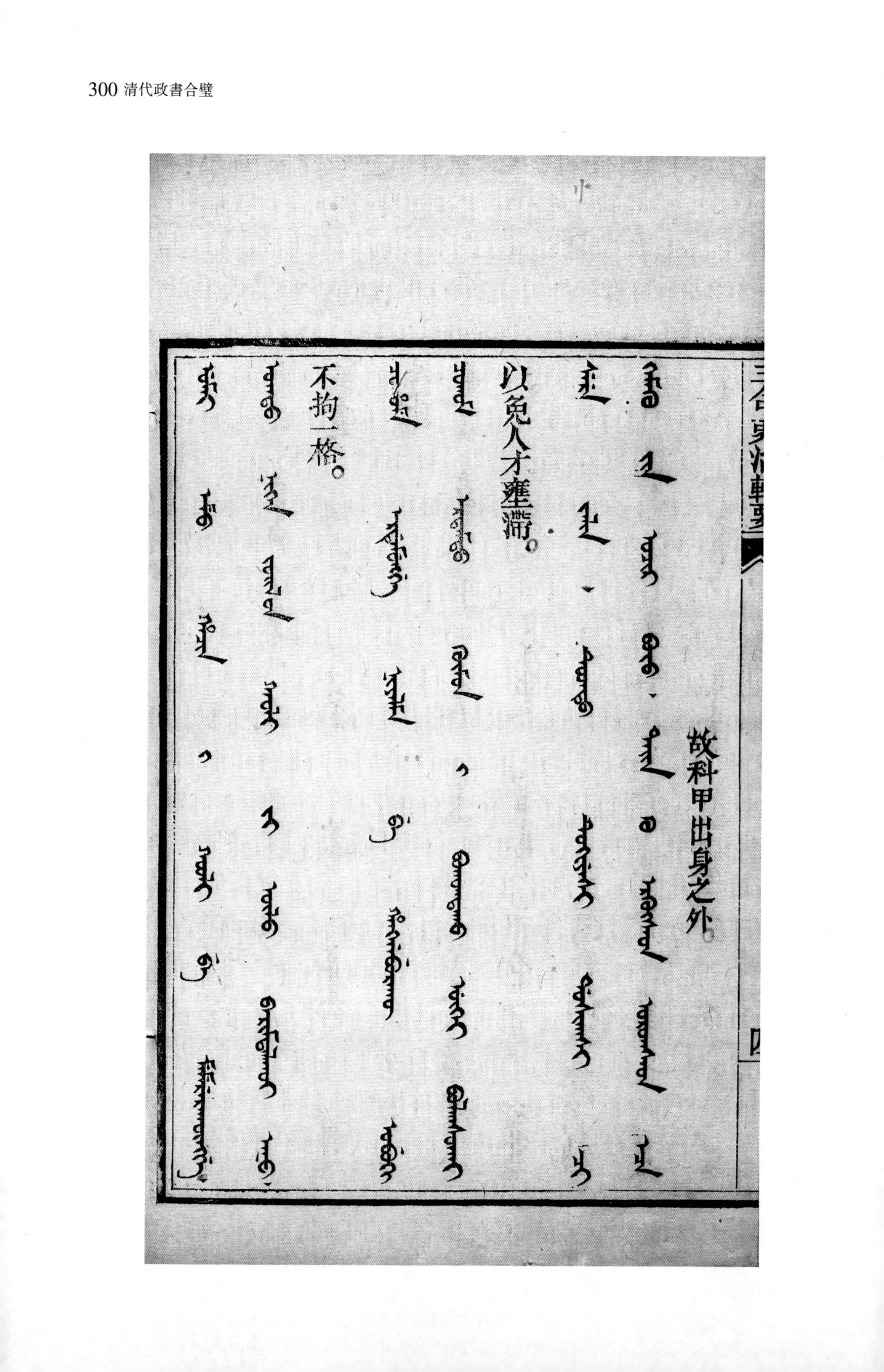

故科甲出身之外。

以免人才壅滯。

不拘一格。

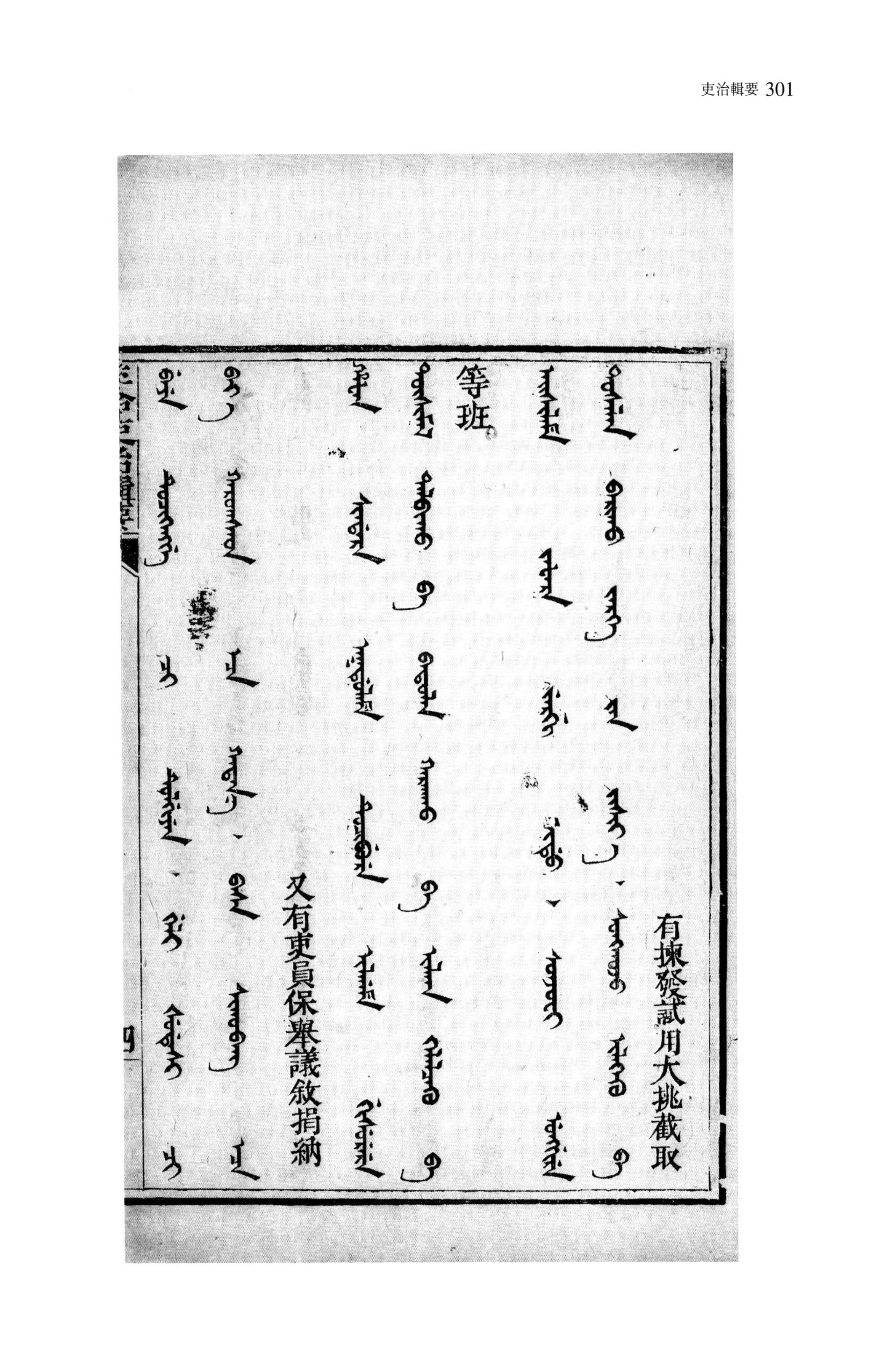

有揀發試用大挑截取

等班

又有吏員保舉議敘捐納

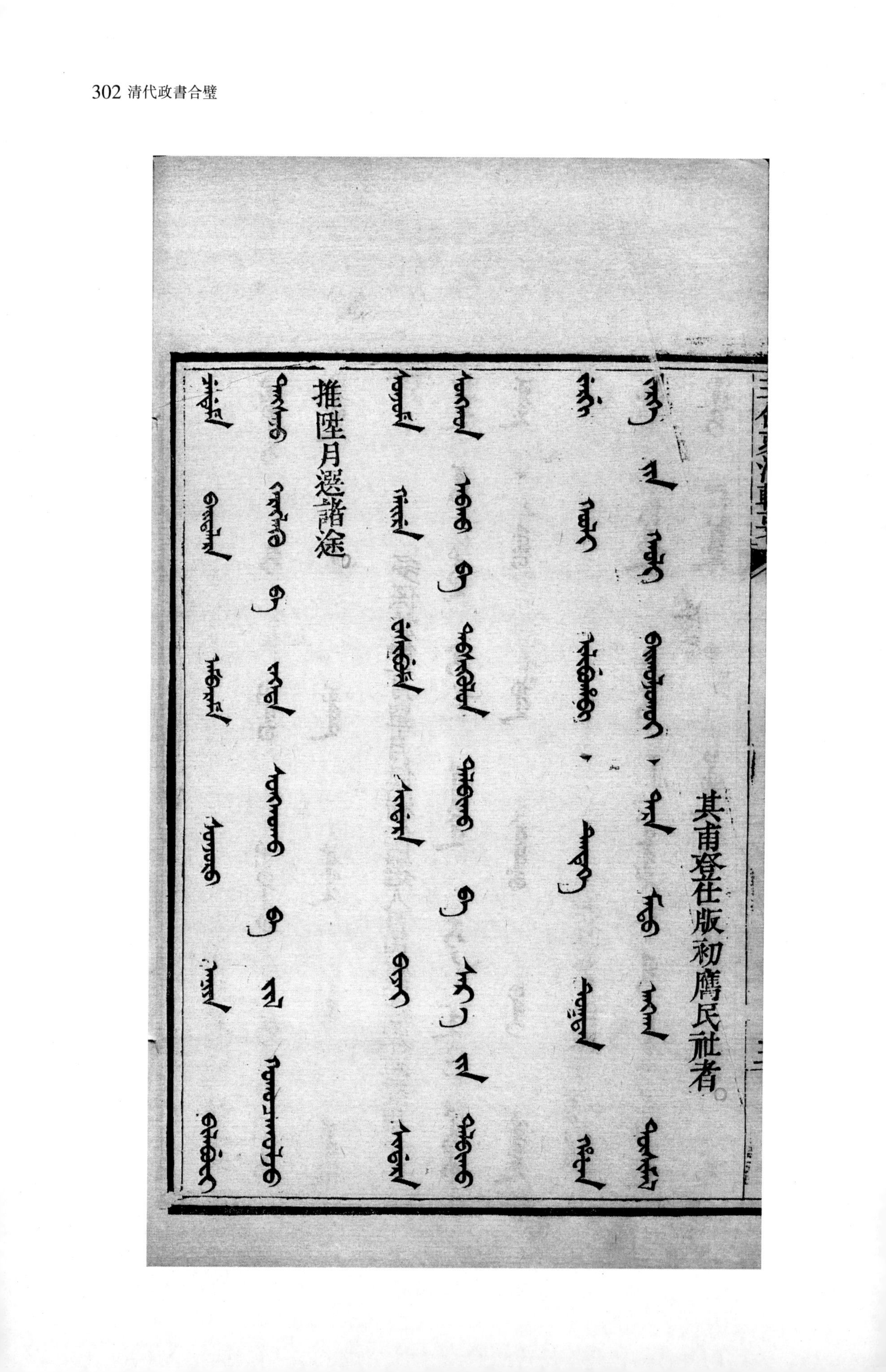

其甫登仕版初膺民社者

推陞月選諸途

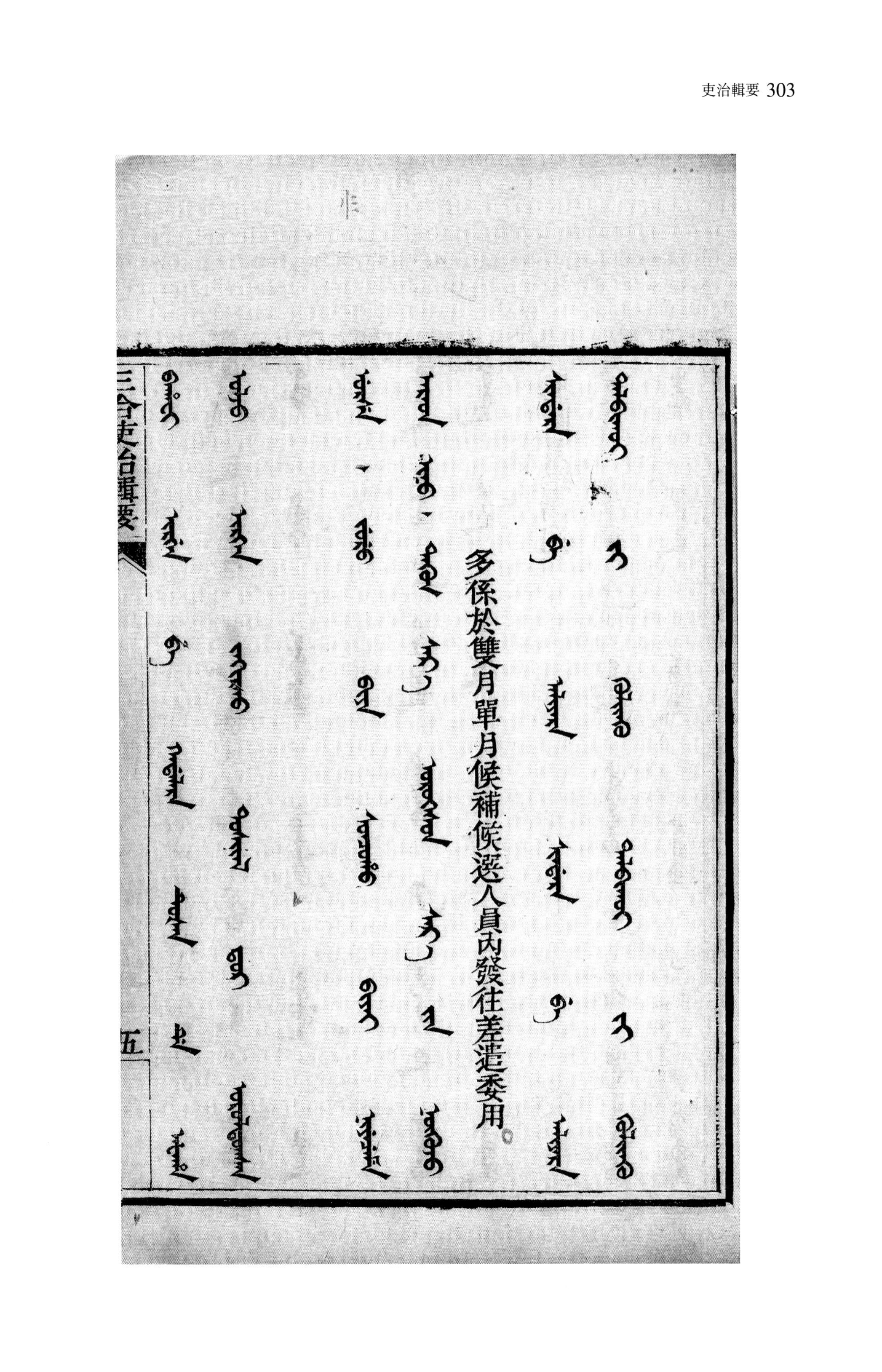

多係於雙月單月候補候選人員內發往差遣委用。

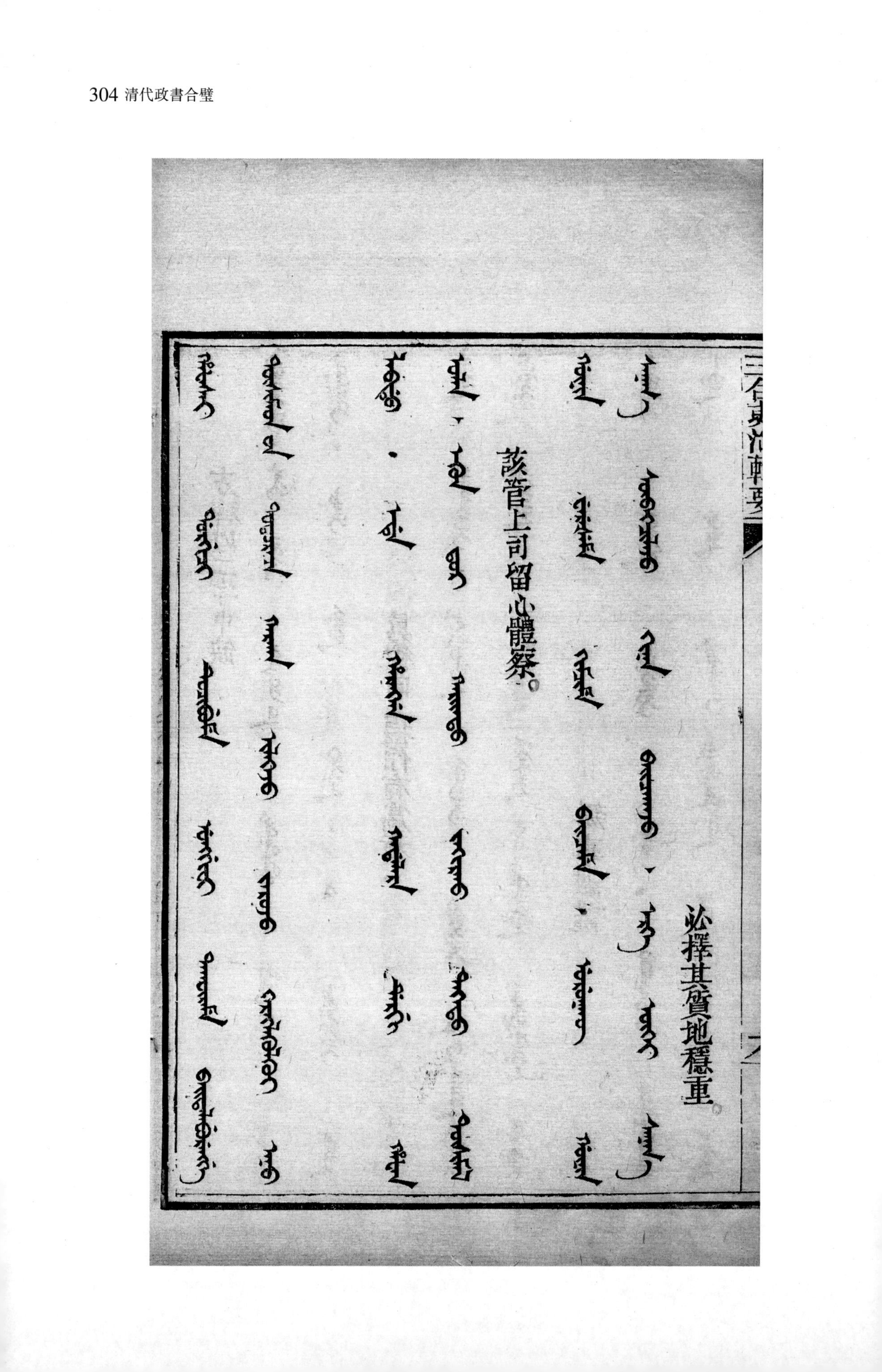

必擇其質地穩重。

該管上司留心體察。

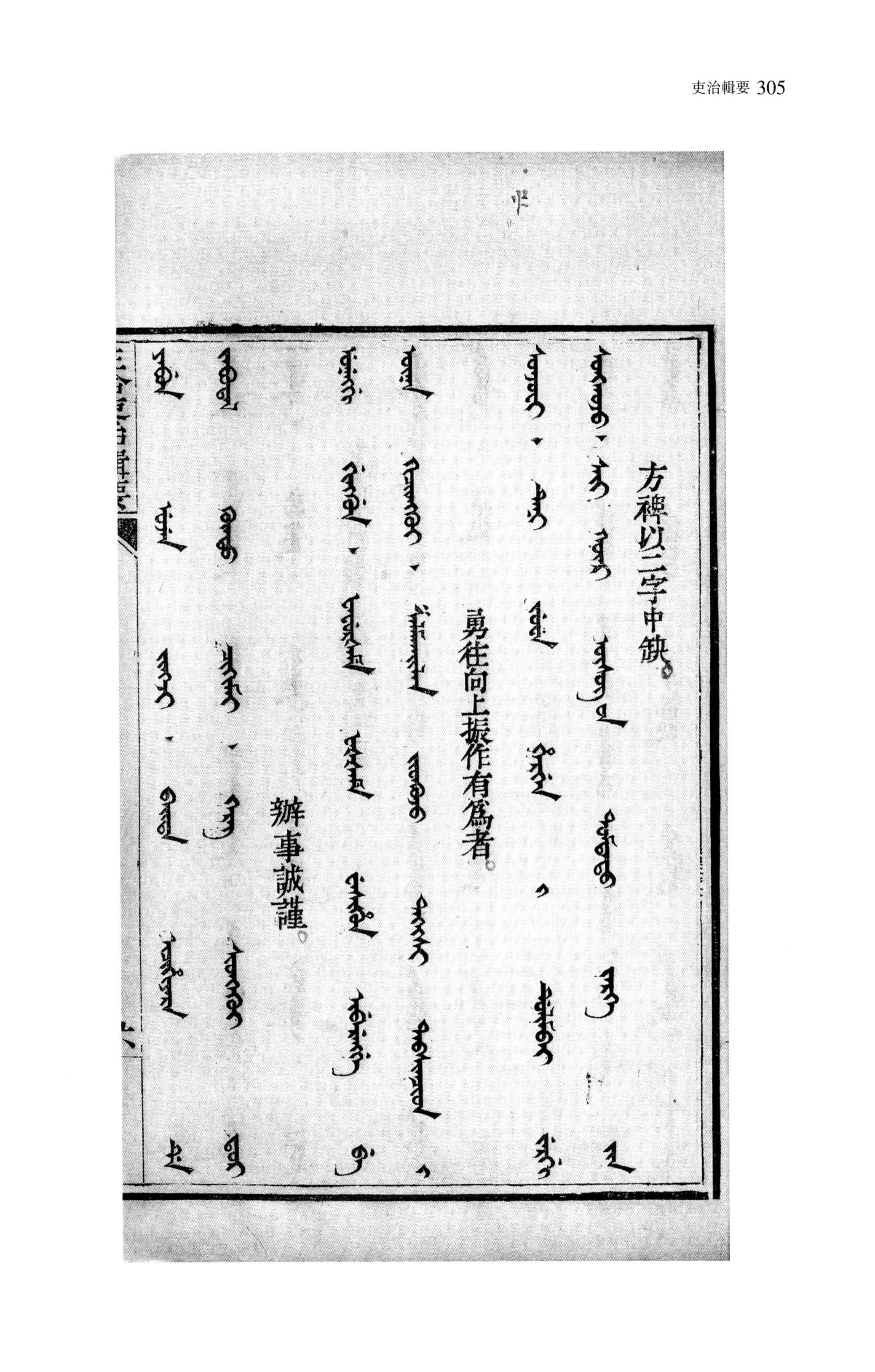

方裨以二字中缺。

勇往向上振作有爲者。

辦事誠謹。

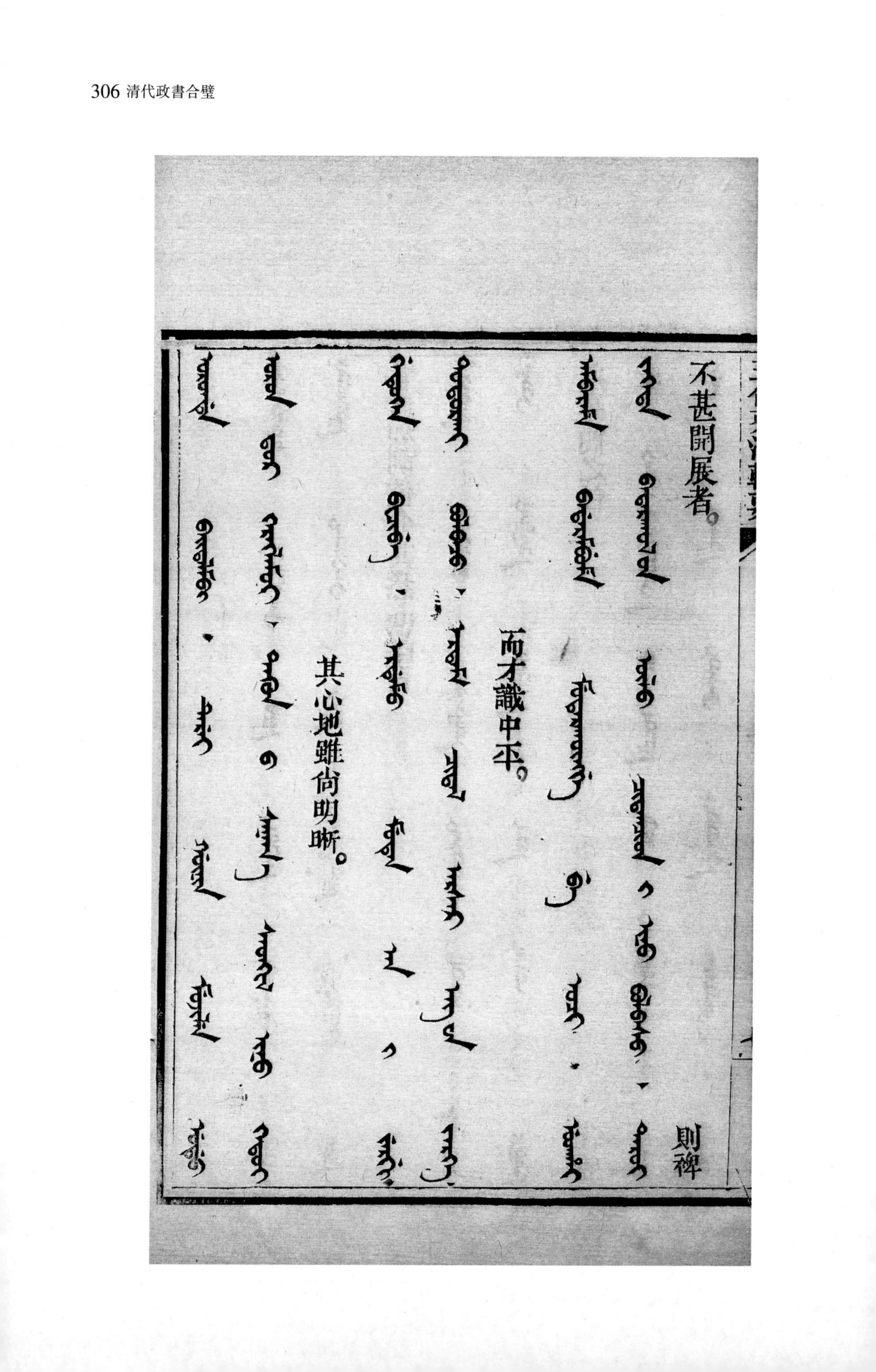

不甚開展者。則裨

而才識中平。

其心地雖尚明晰。

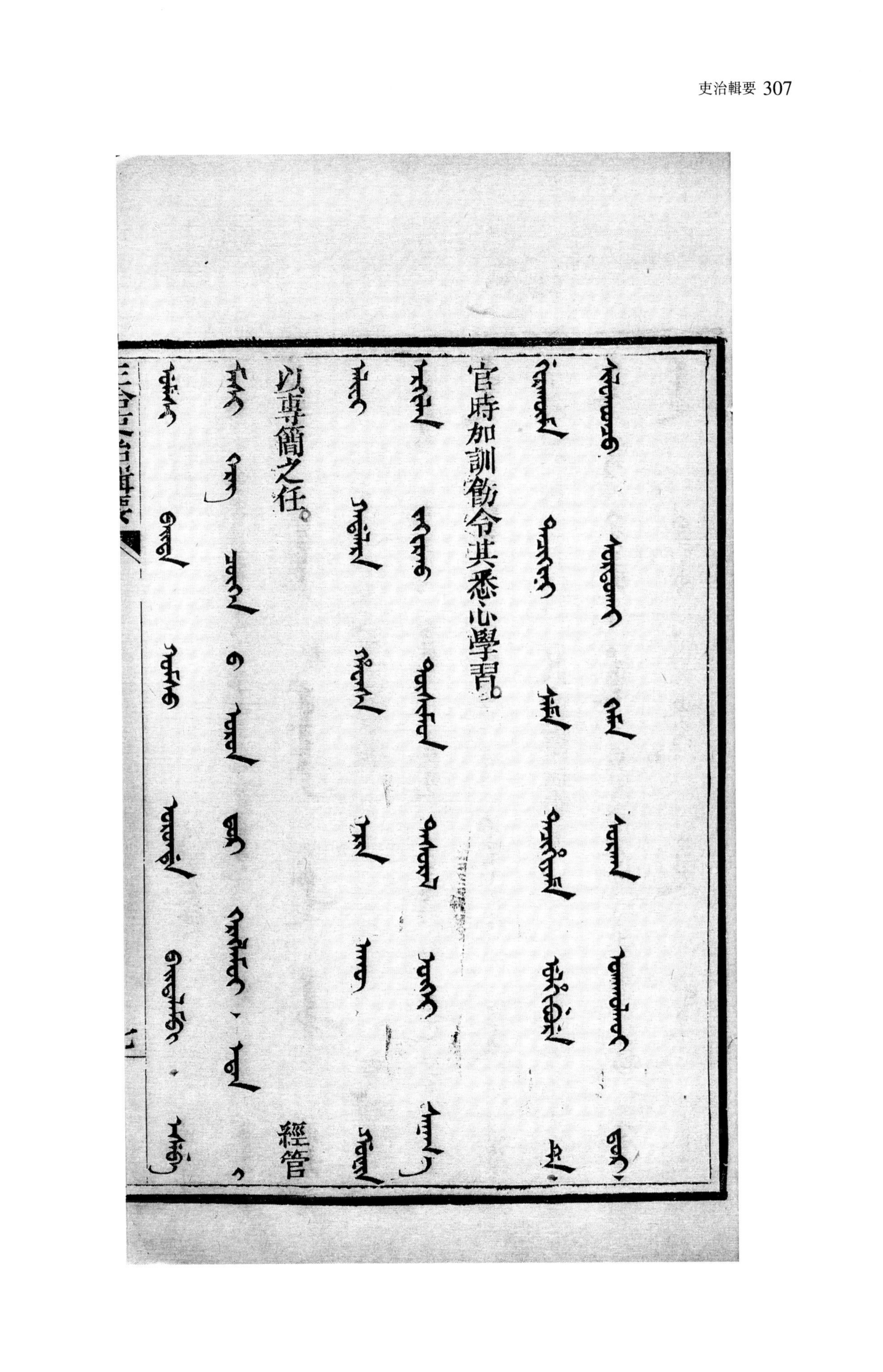

官時加訓飭令其悉心學習

以專簡之任

經管

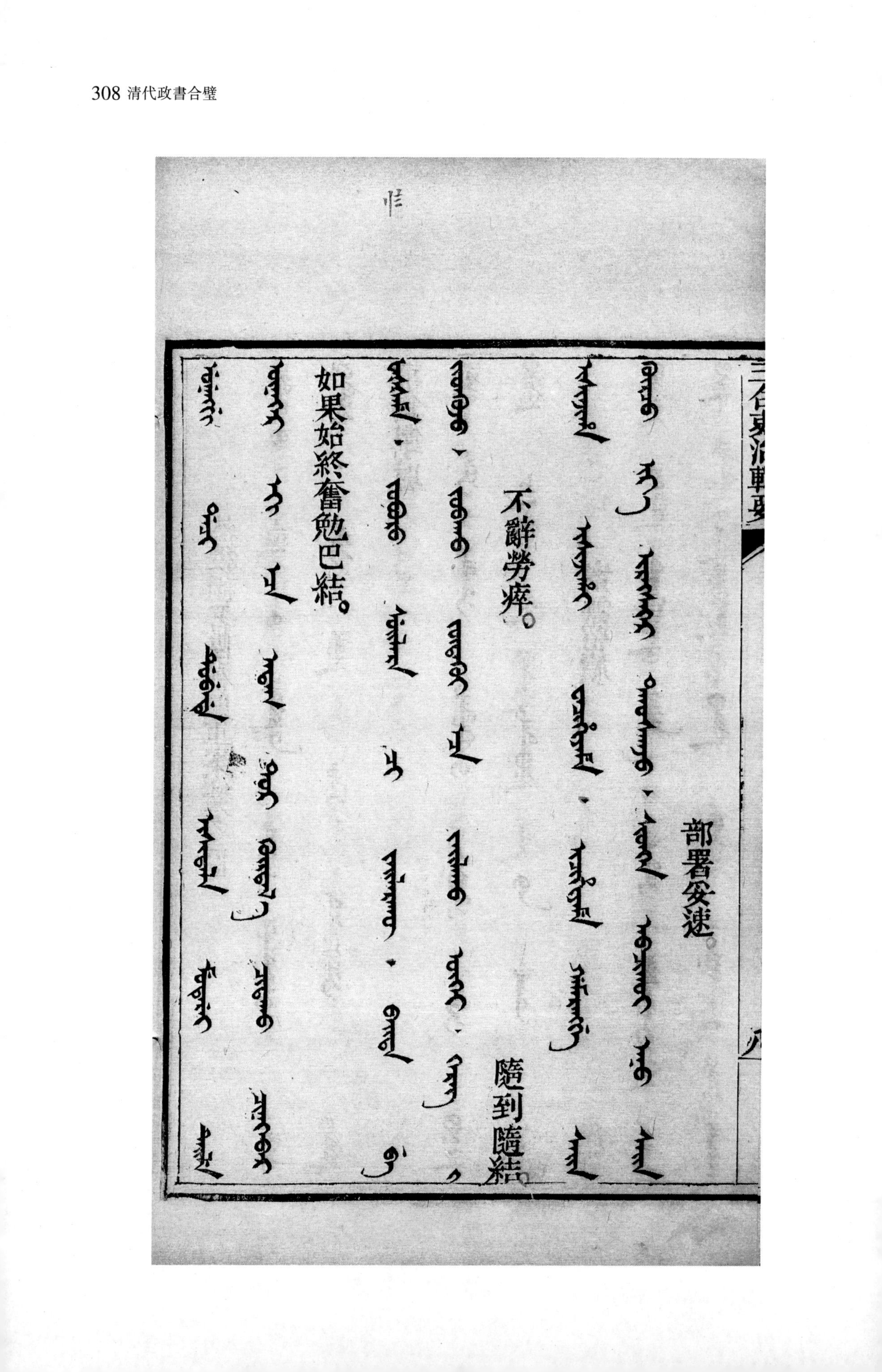

部署妥速

不辭勞瘁。

隨到隨結

如果始終奮勉巴結。

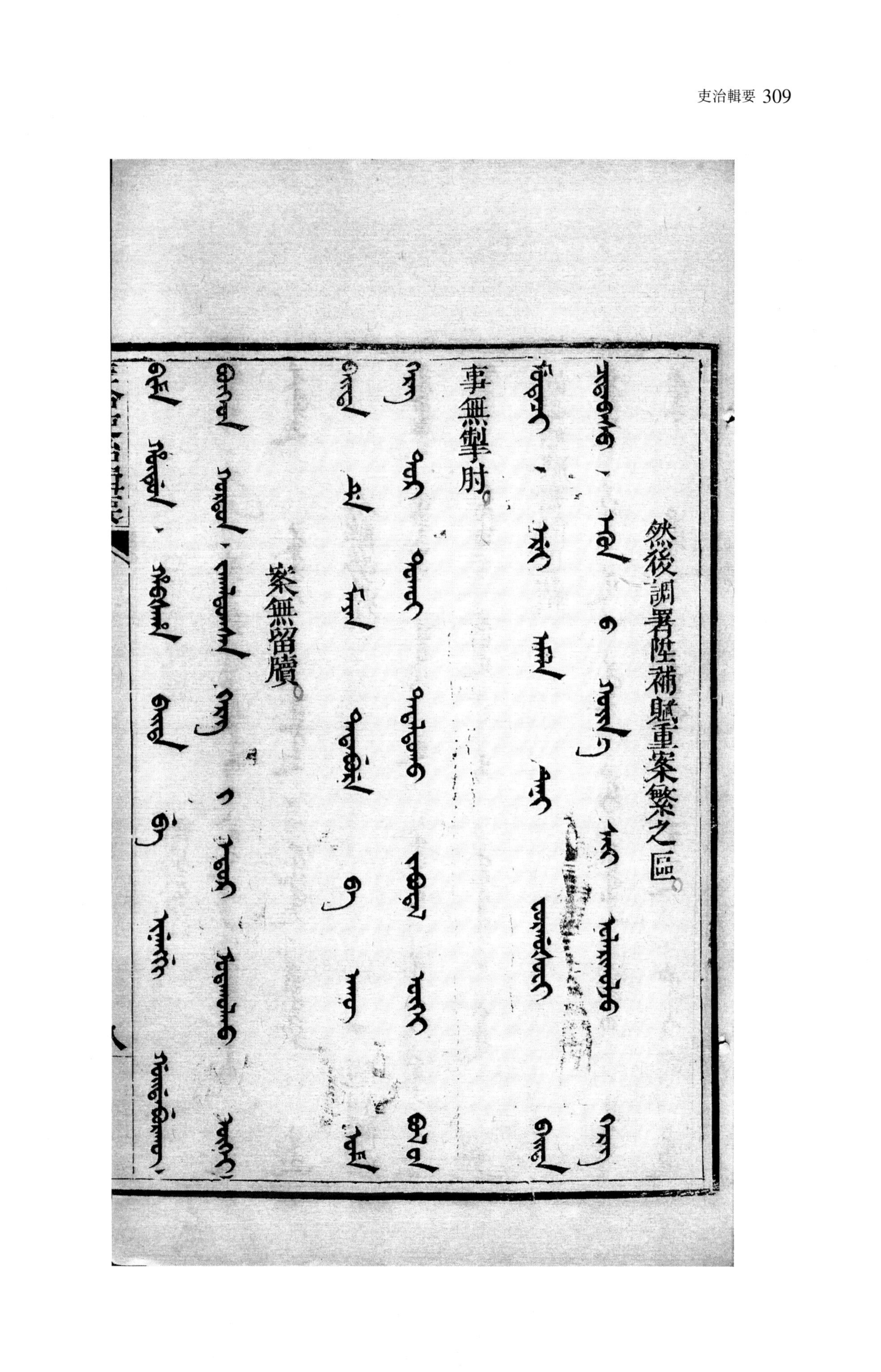

然後調署陞補賦重案繁之區

事無掣肘

案無留牘

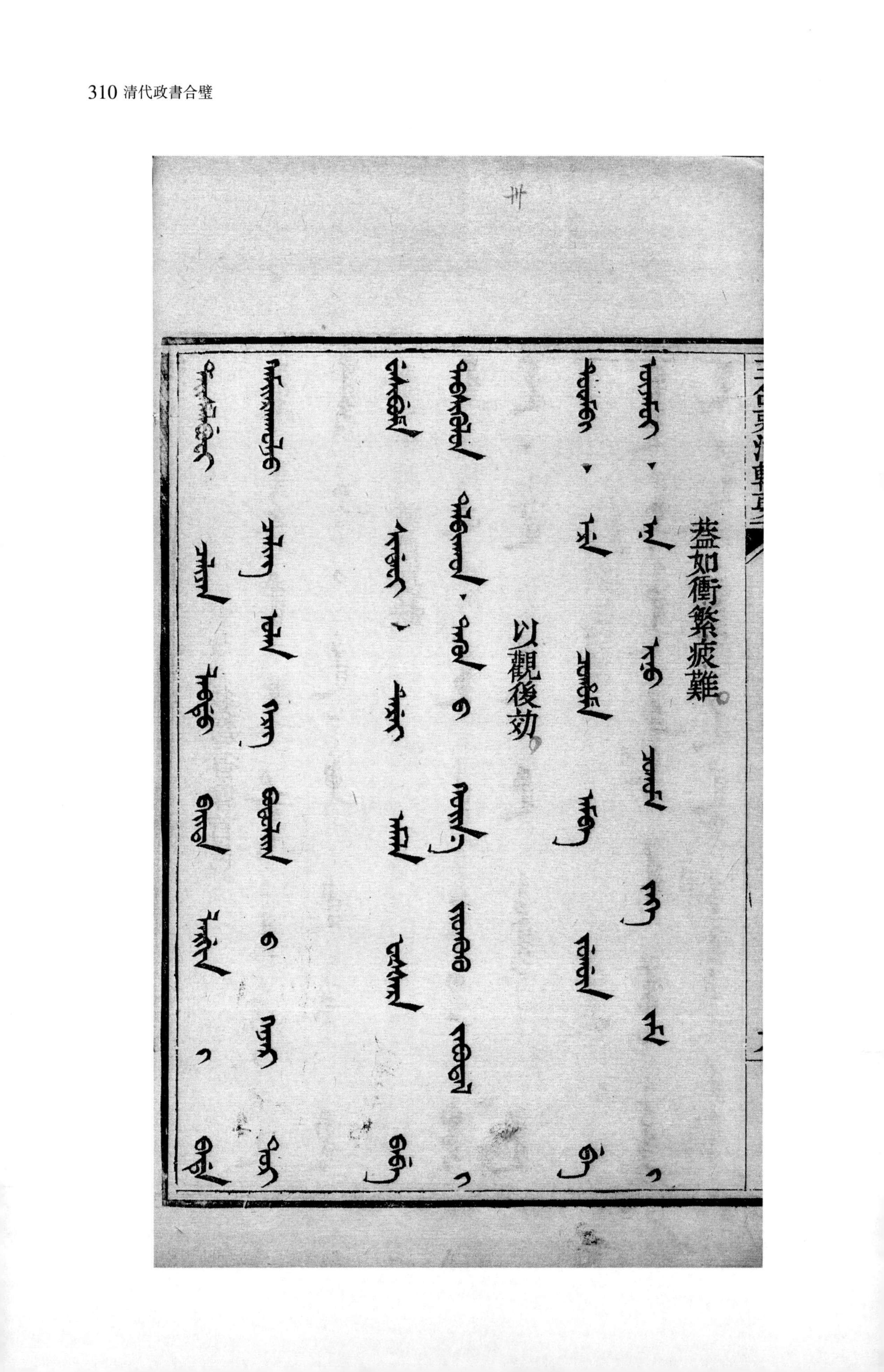

卅

蓋如衡繁疲難

以觀後効

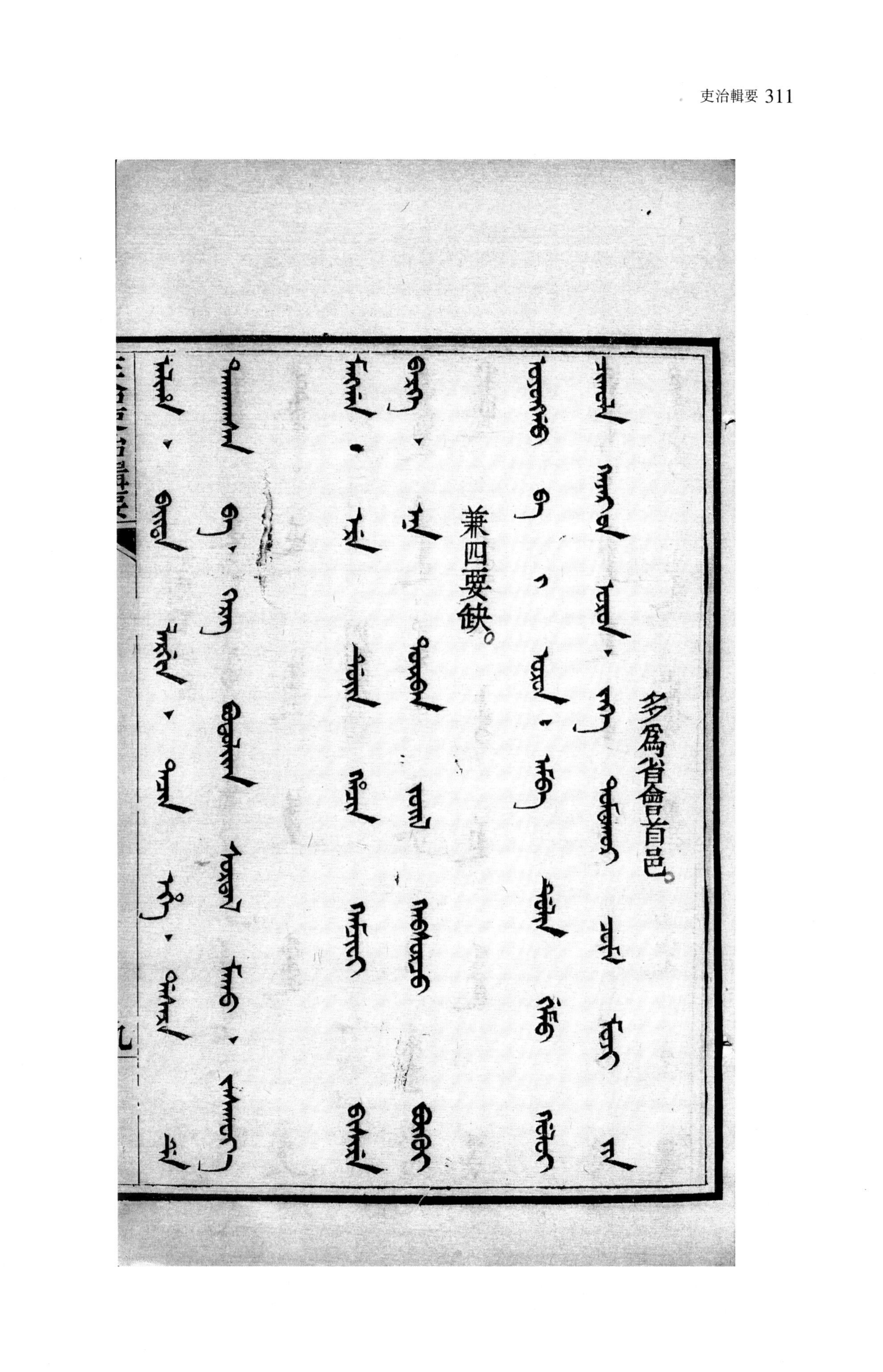

多爲省會首邑。

兼四要缺。

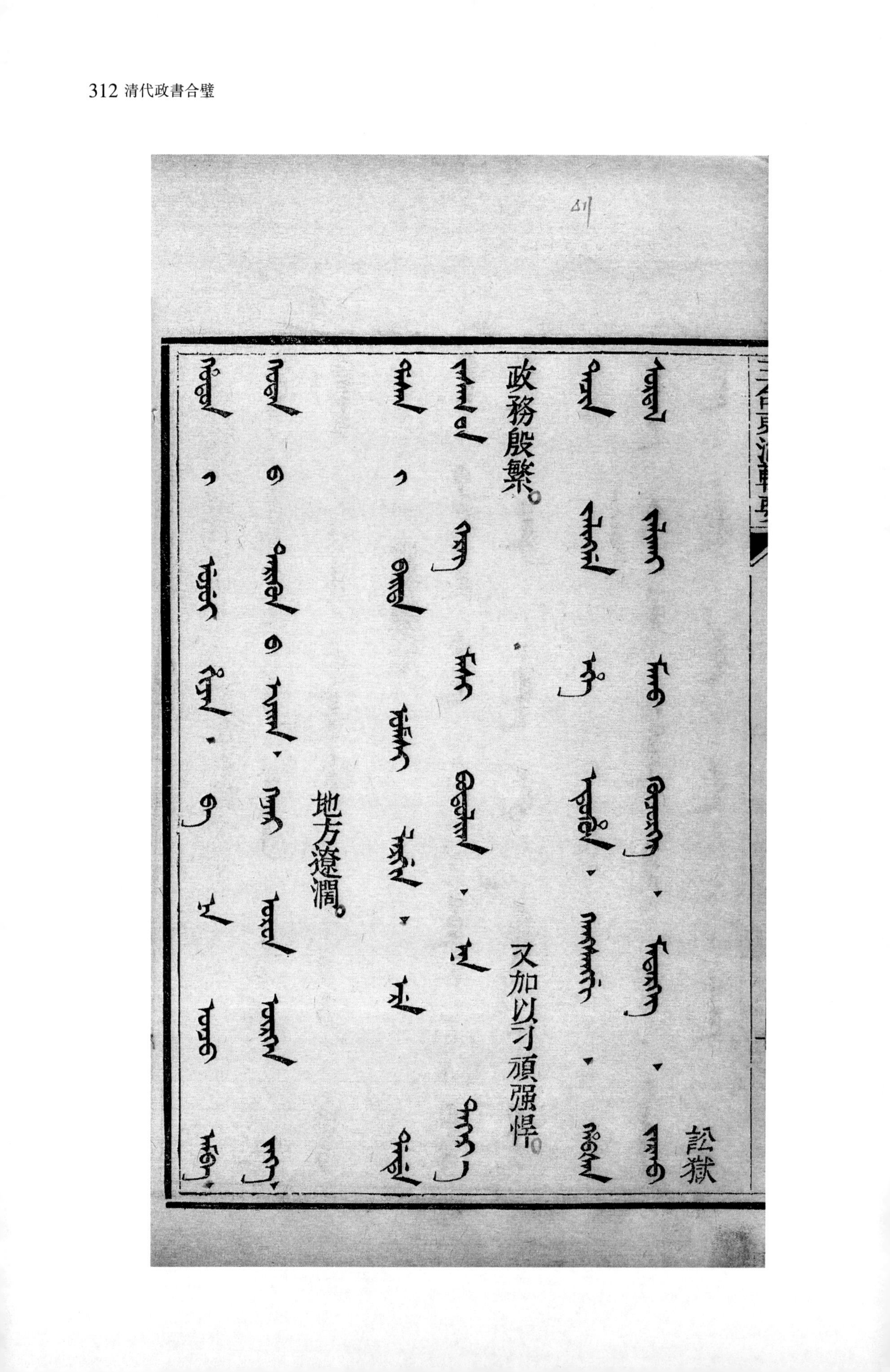

訟獄

政務殷繁。

又加以刁頑强悍。

地方遼濶。

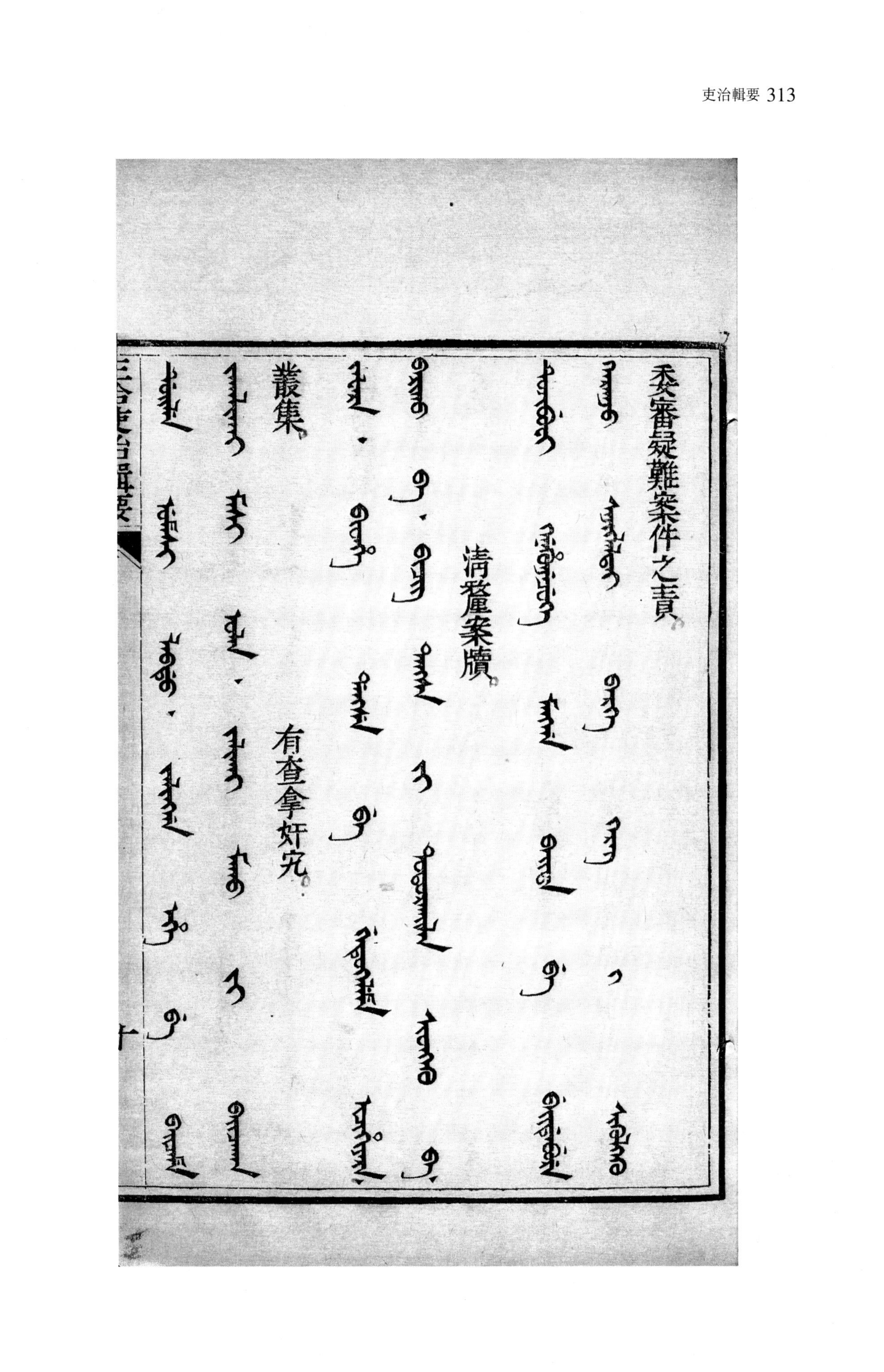

委審疑難案件之責

清釐案牘

叢集

有查拿奸宄

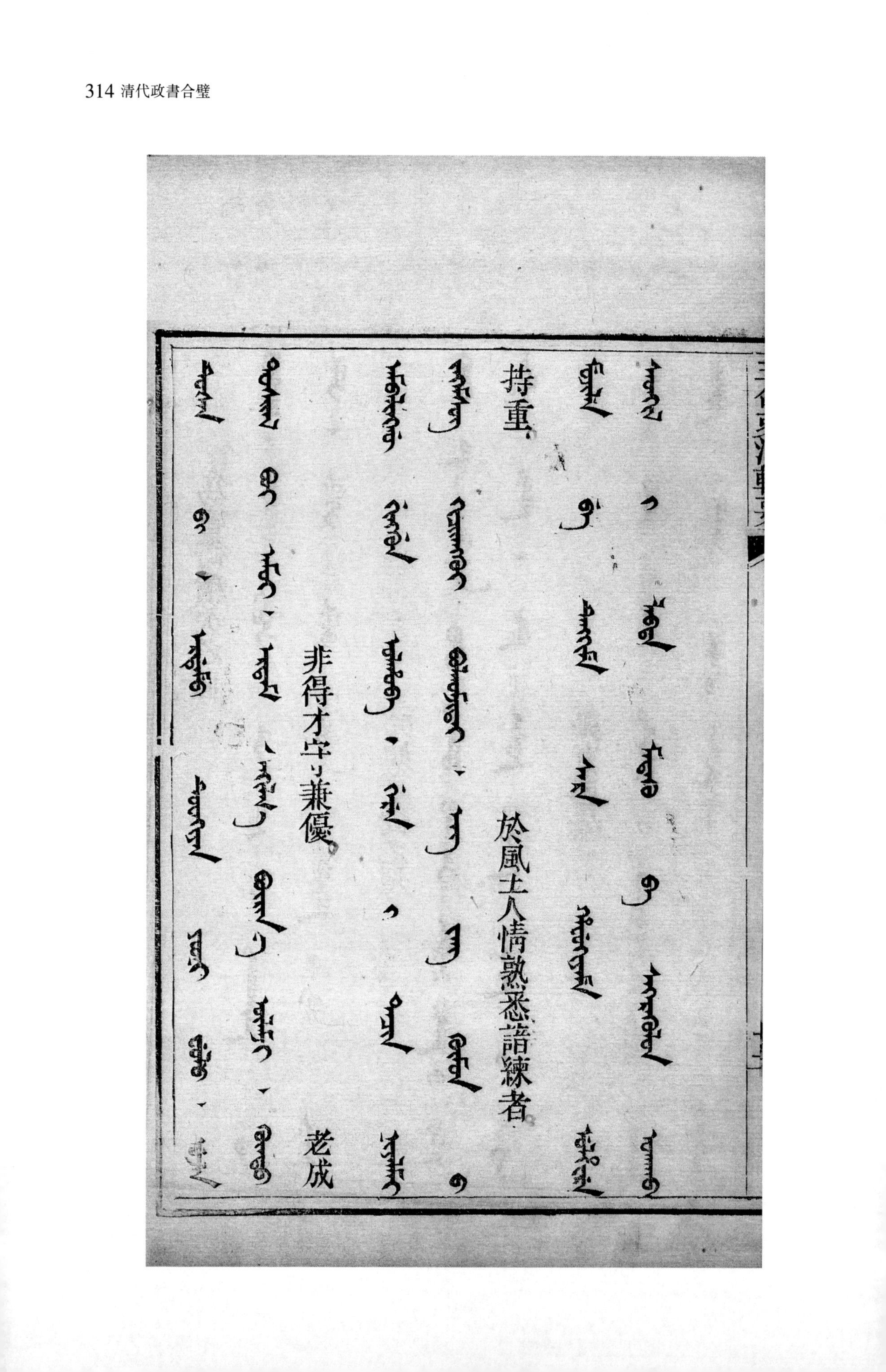

持重。

於風土人情熟悉諳練者。

非得才守兼優。

老成

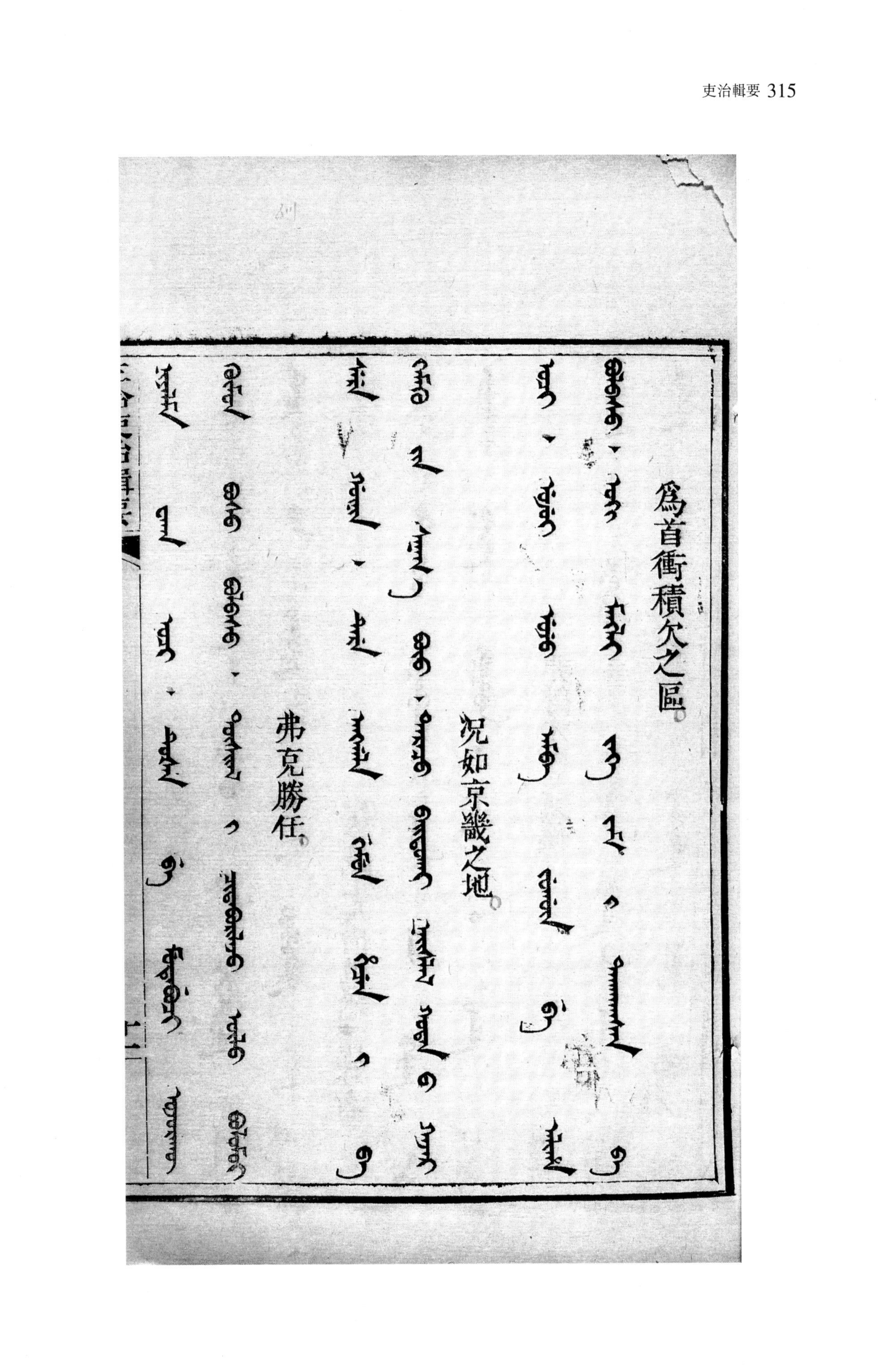

爲首銜積欠之區

況如京畿之地

弗克勝任

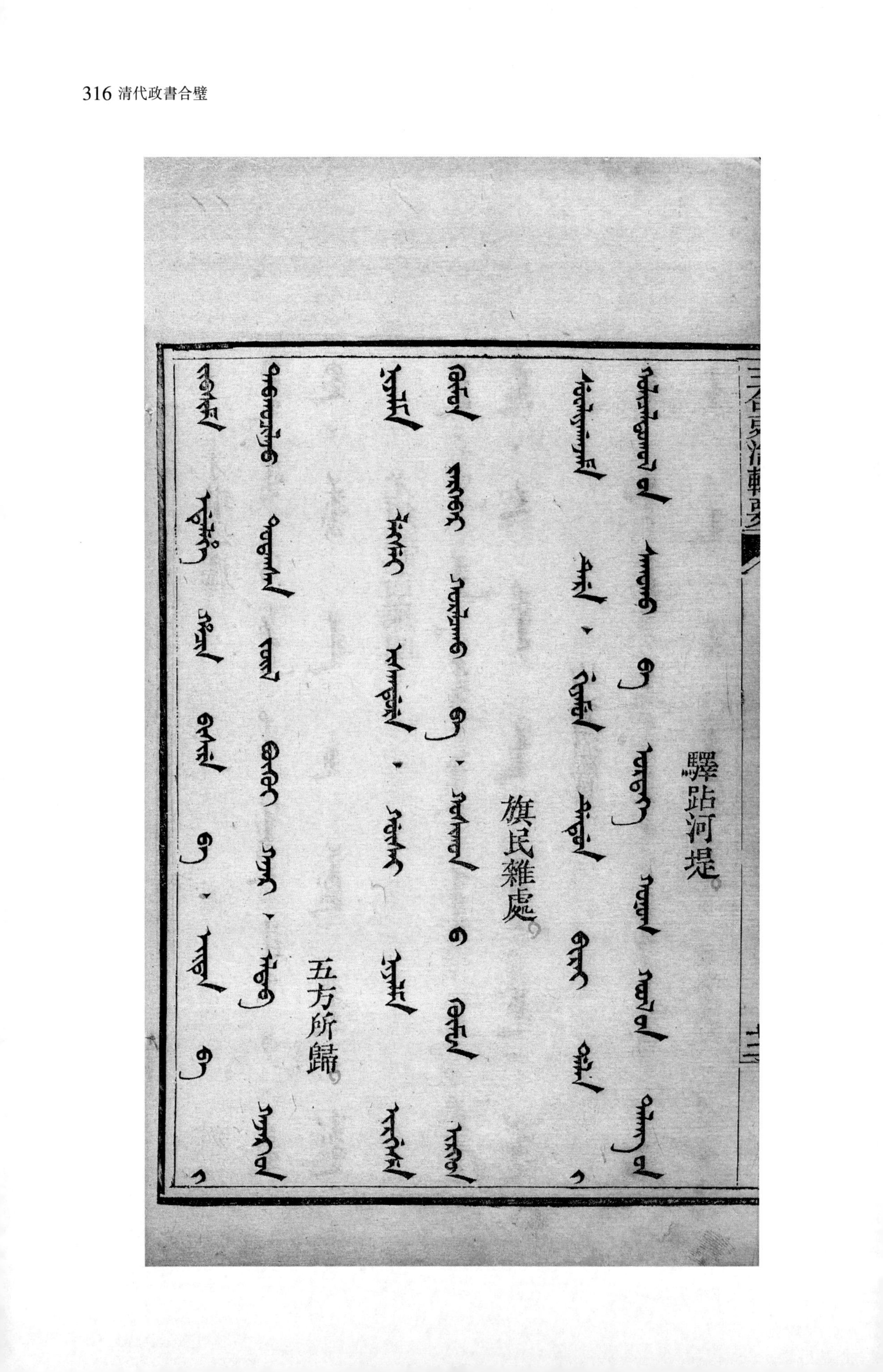

驛站河堤

旗民雜處

五方所歸

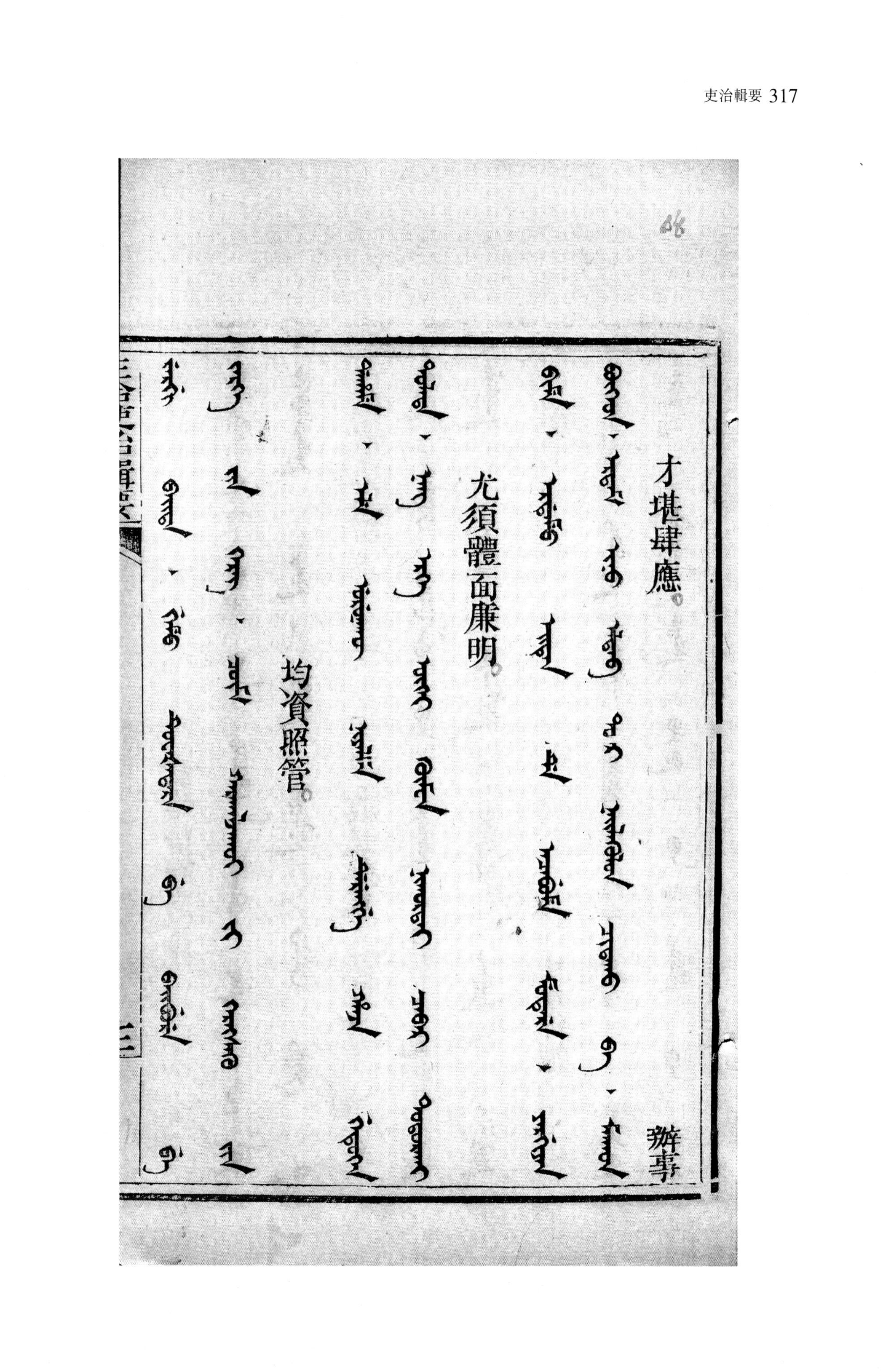

辦事
才堪肆應
尤須體面廉明
均資照管

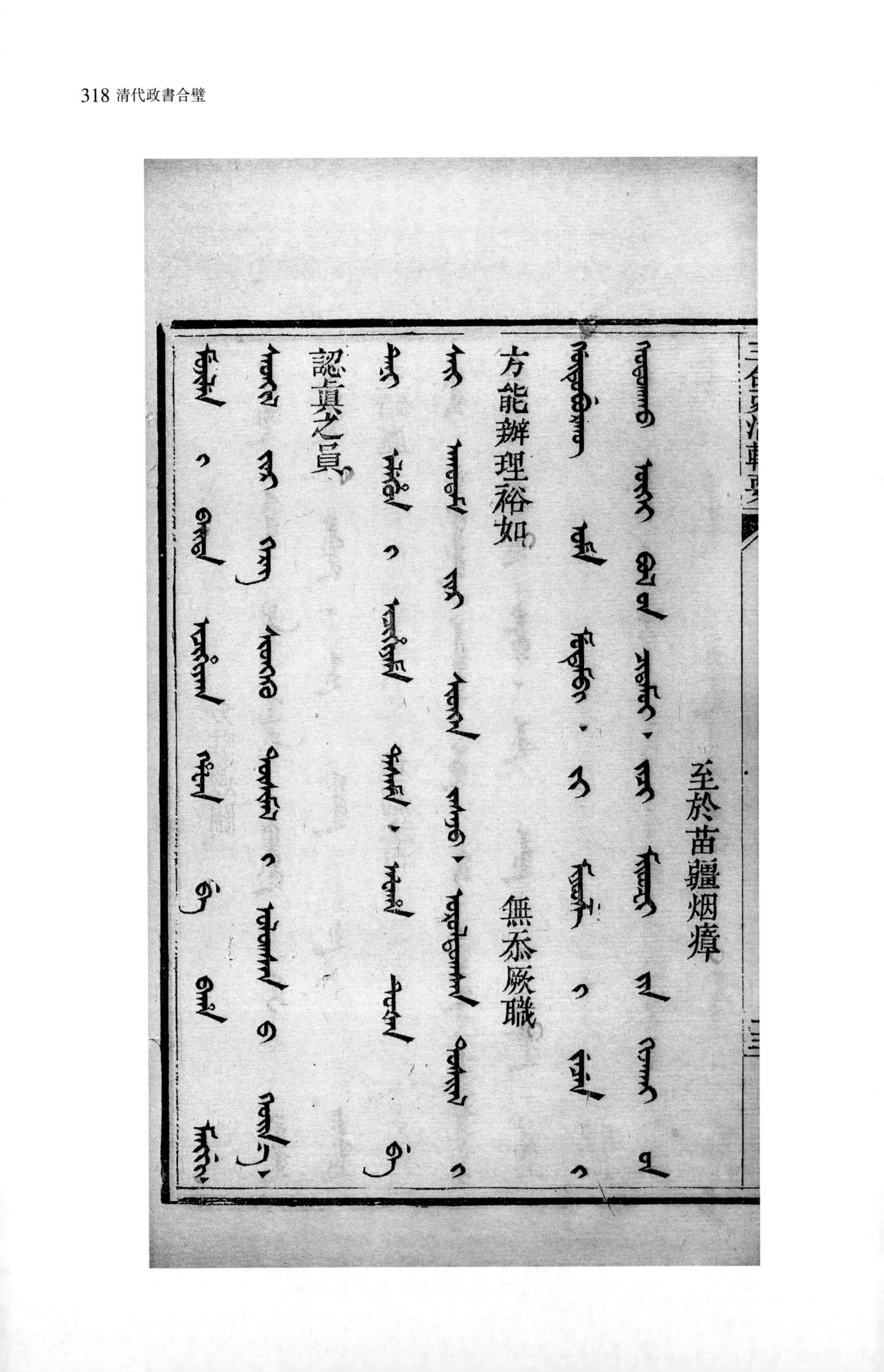

至於苗疆烟瘴

方能辦理裕如

無忝厥職

認眞之員

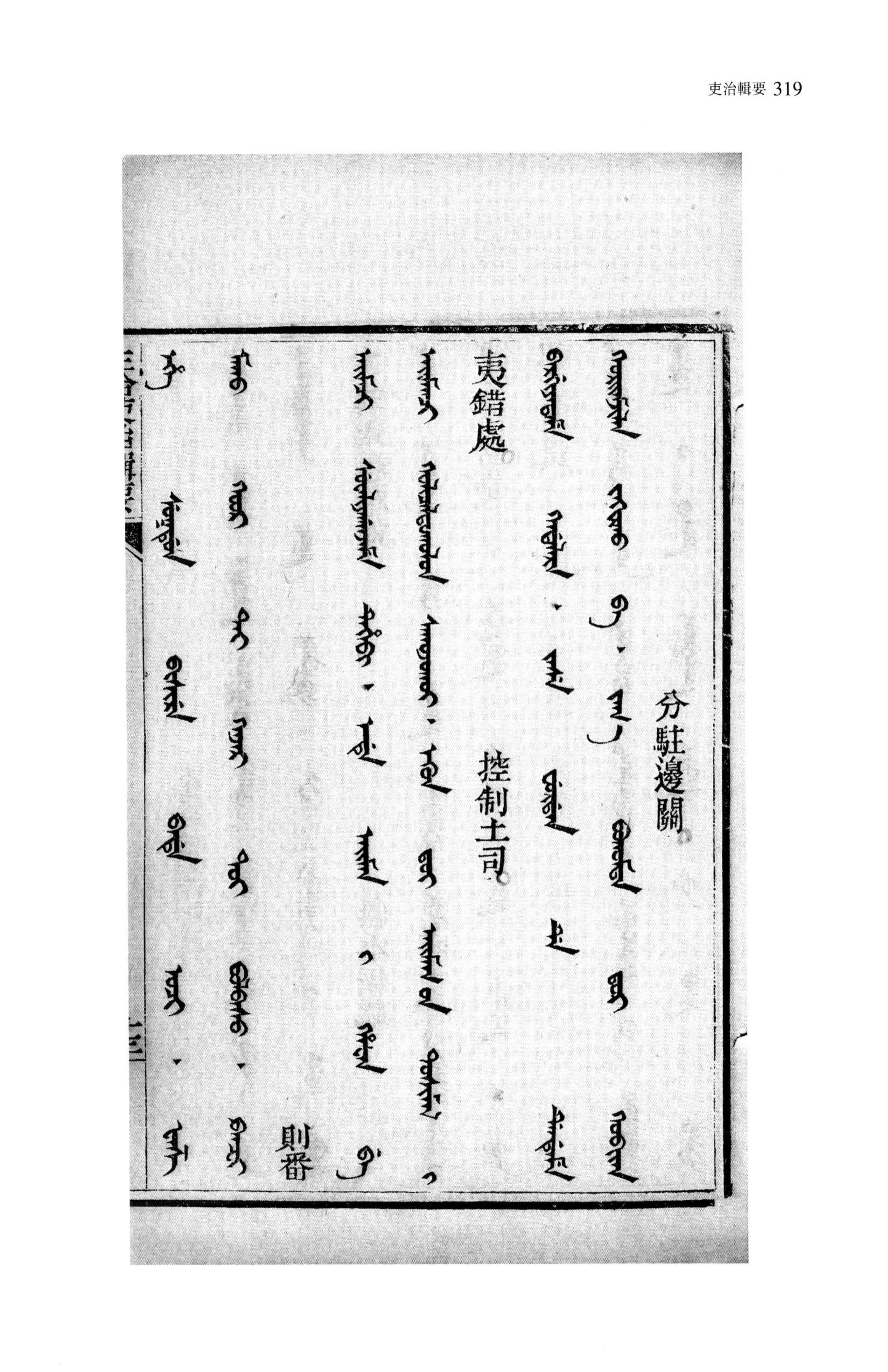

分駐邊關

控制土司

夷錯處

則番

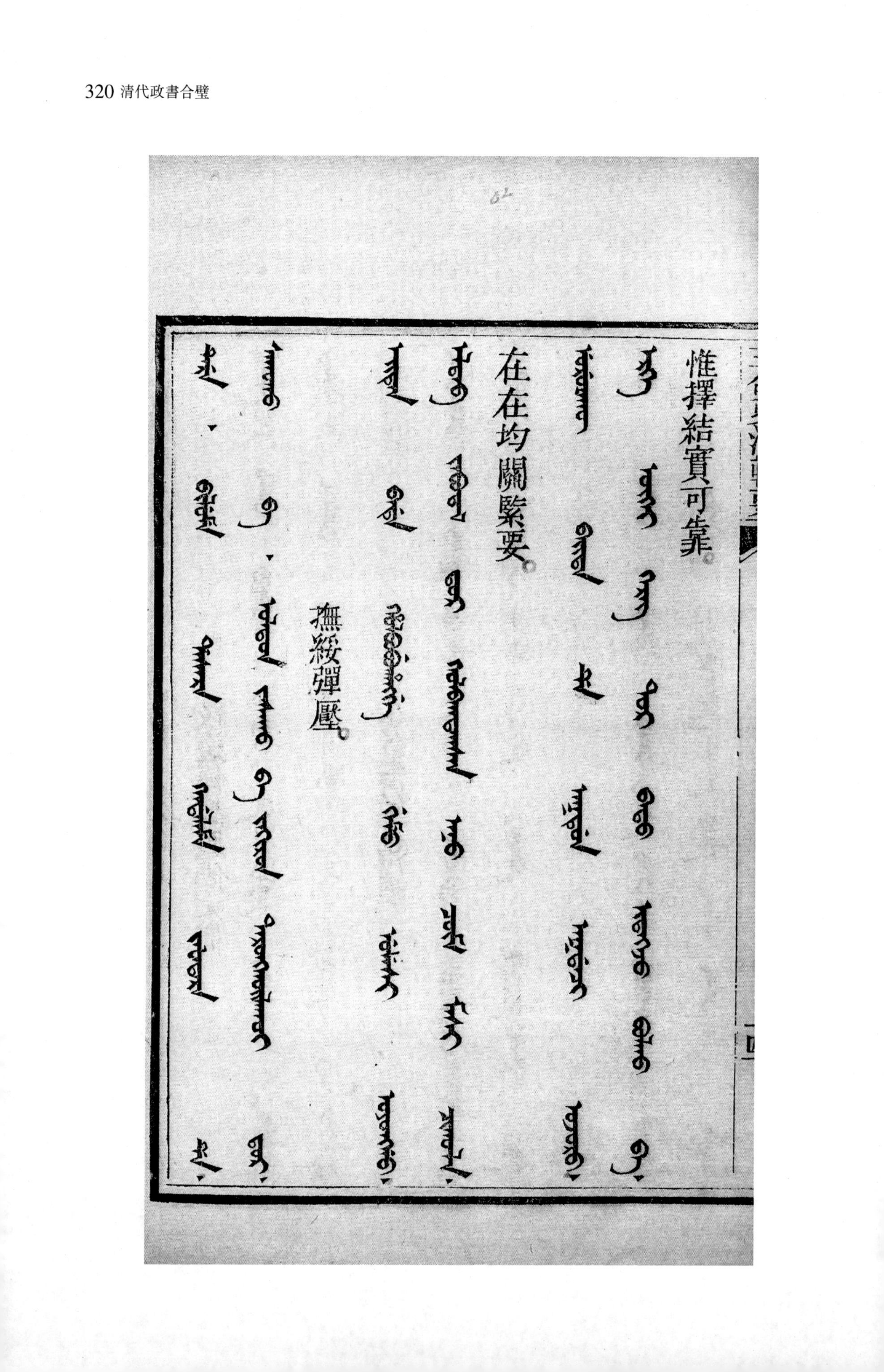

惟擇結實可靠。

在在均關緊要。

撫綏彈壓。

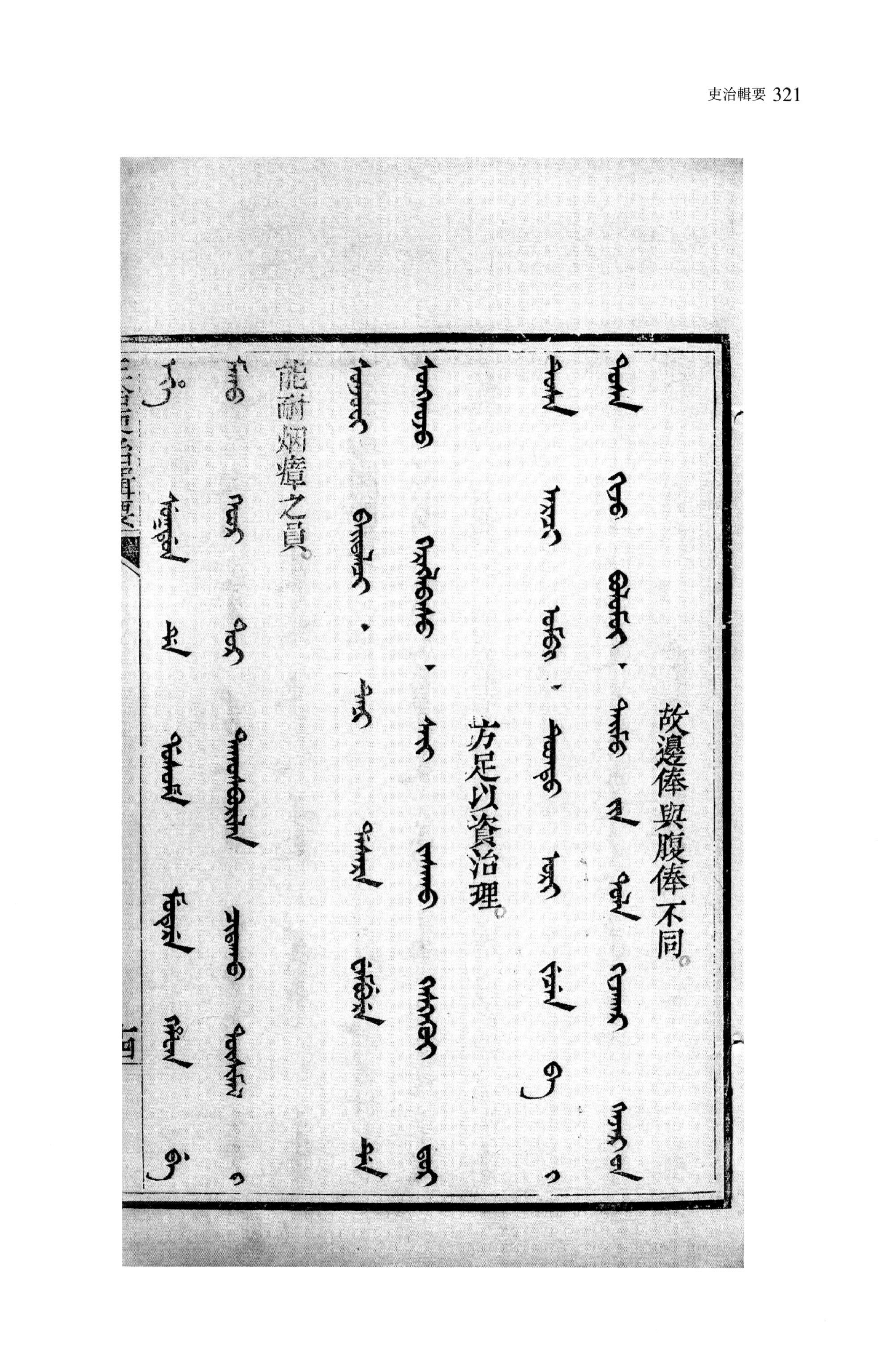

故邊俸與腹俸不同。

方足以資治理。

能耐烟瘴之員。

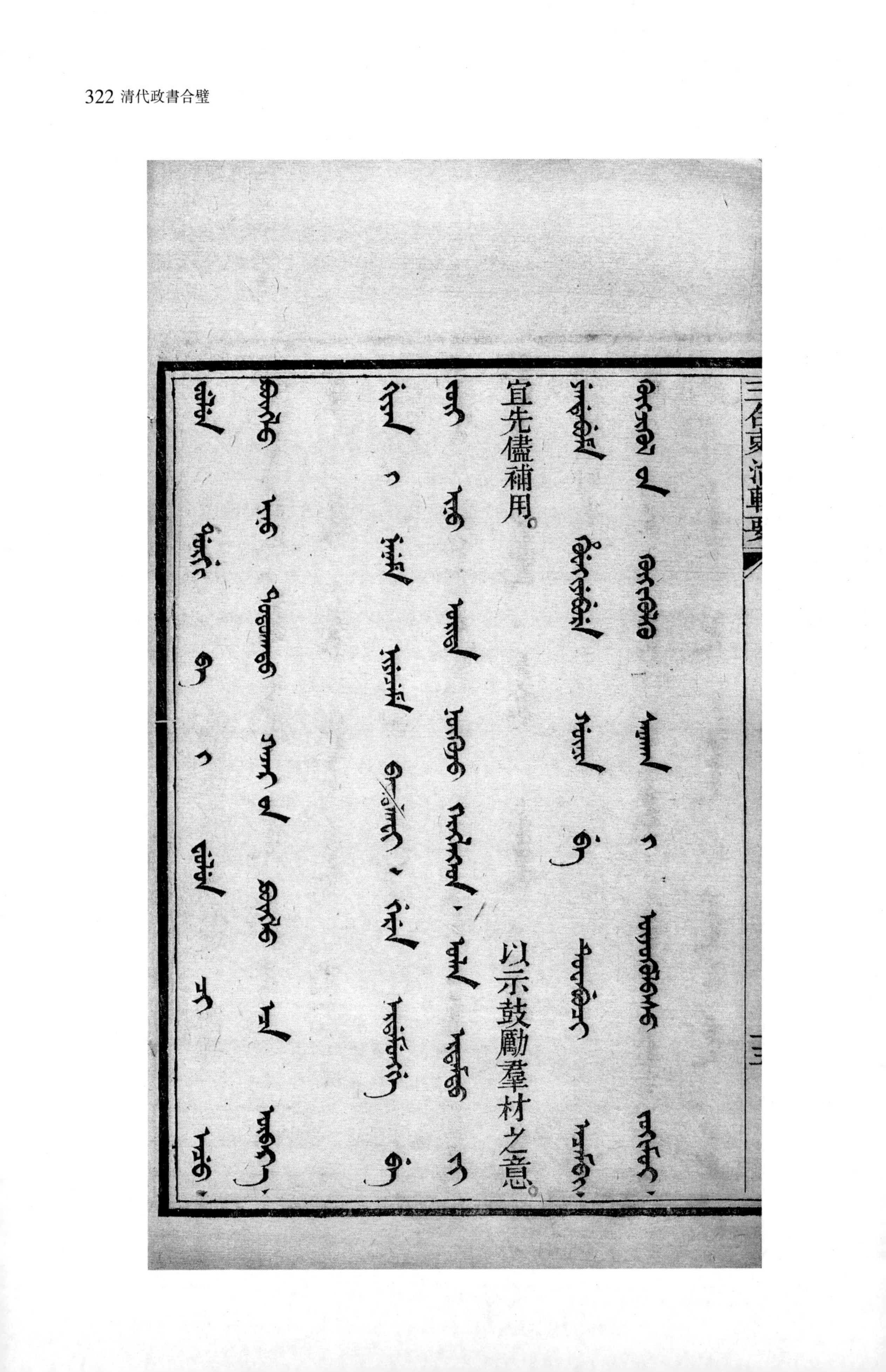

宜先儘補用。以示鼓勵羣材之意。

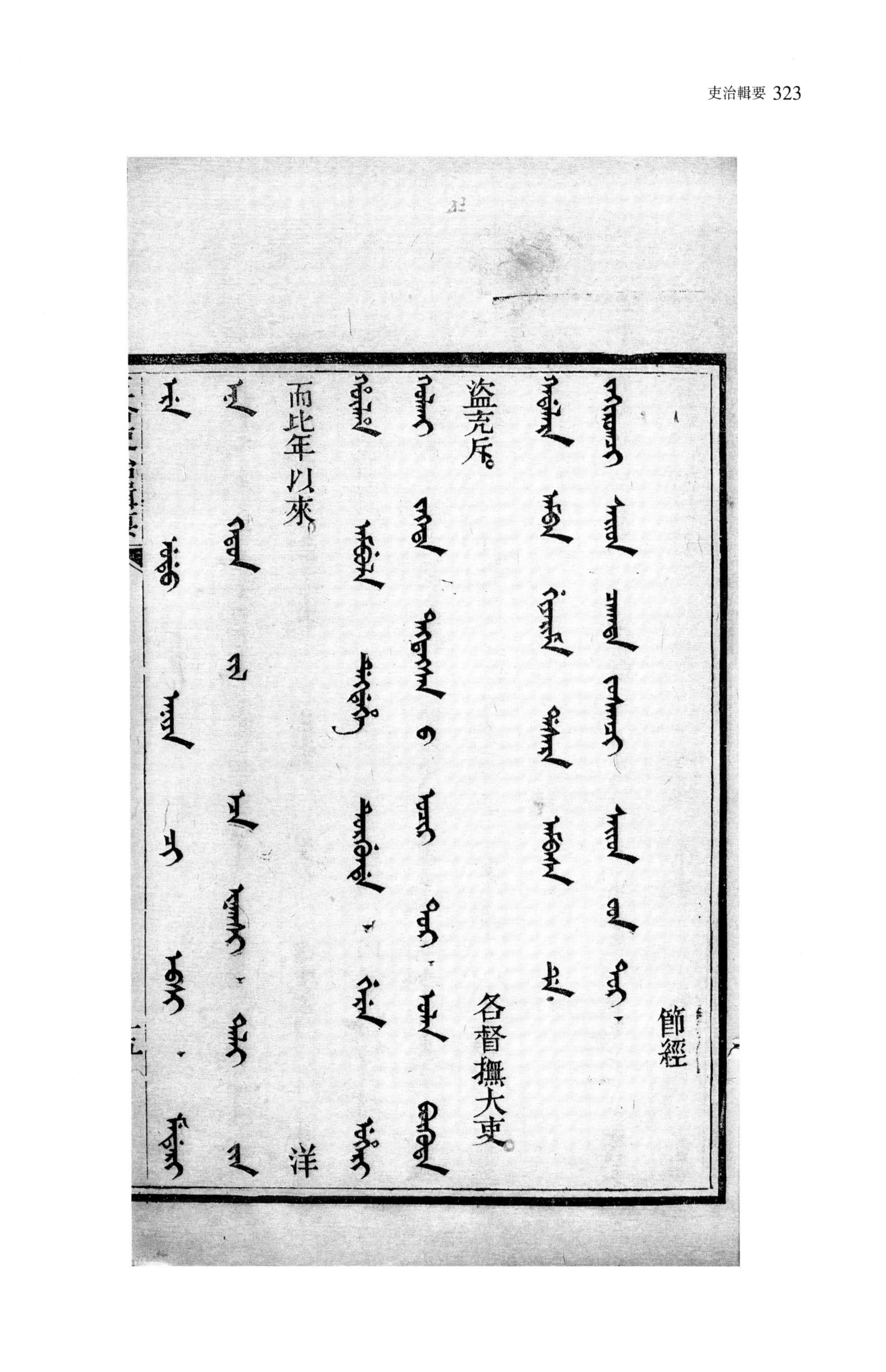

節經

盜充斥。各督撫大吏。

而比年以來。洋

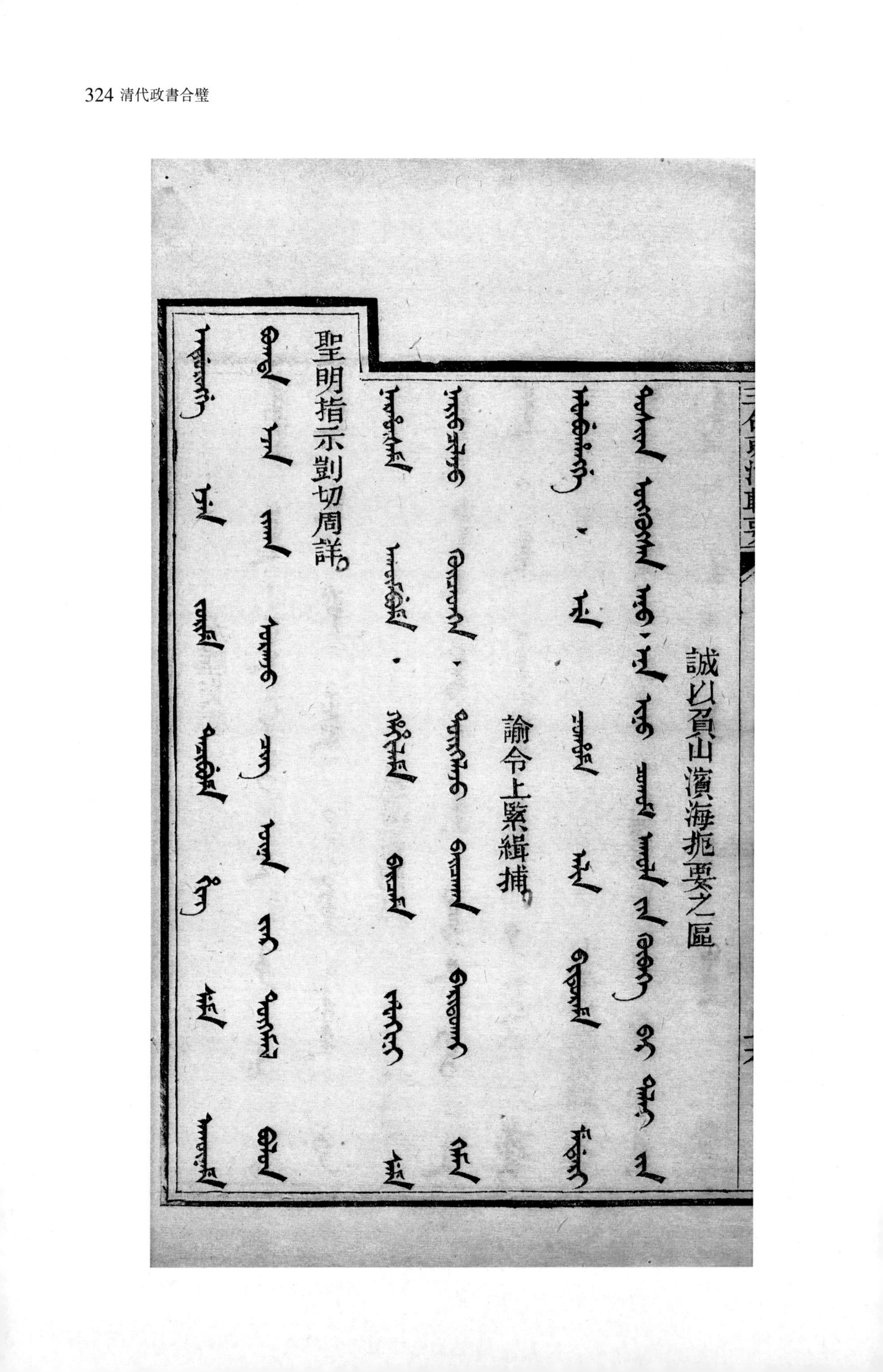

誠以頁山濱海扼要之區

諭令上緊緝捕

聖明指示剴切周詳

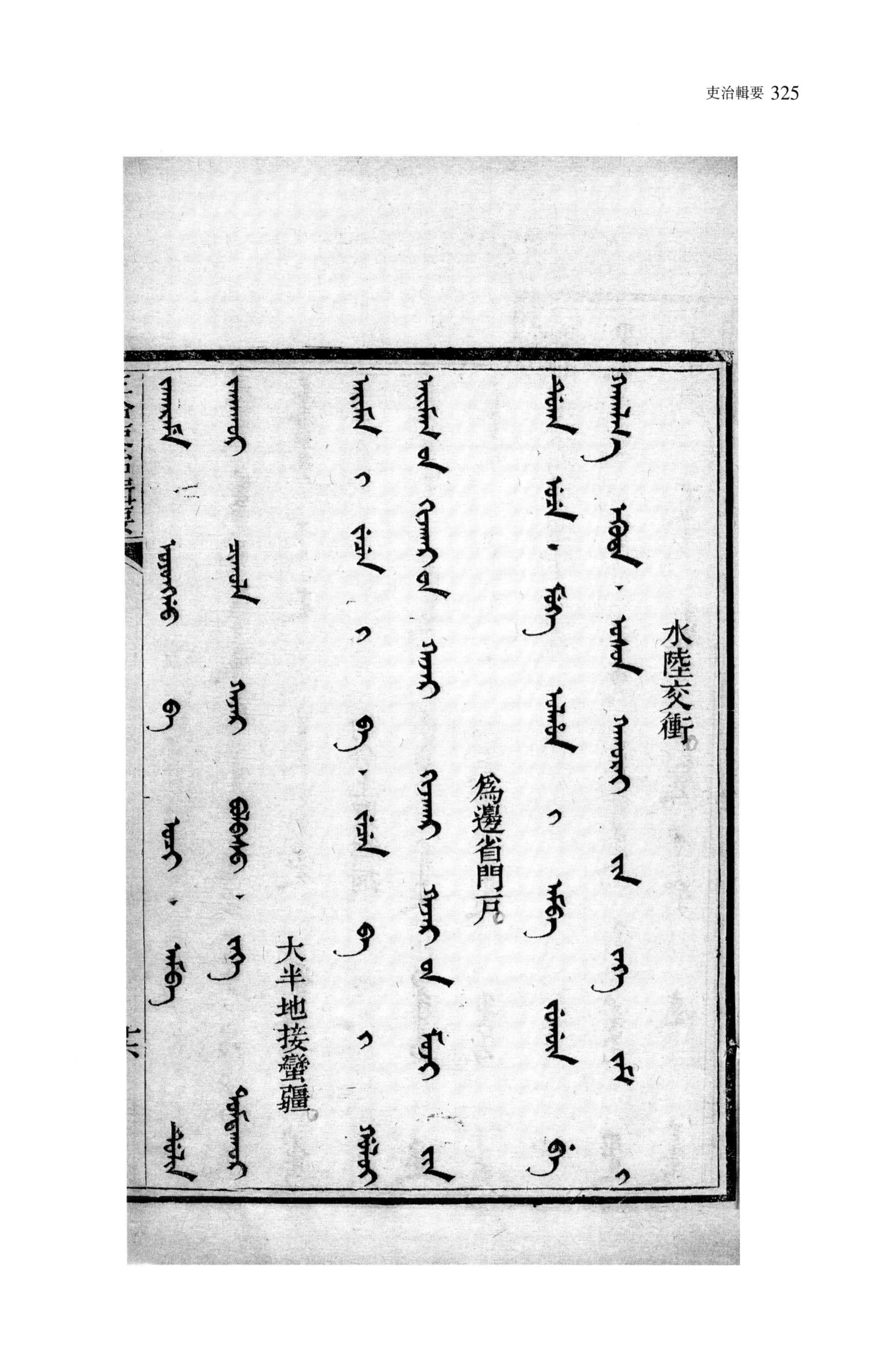

水陸交衝

爲邊省門戶

大半地接蠻疆

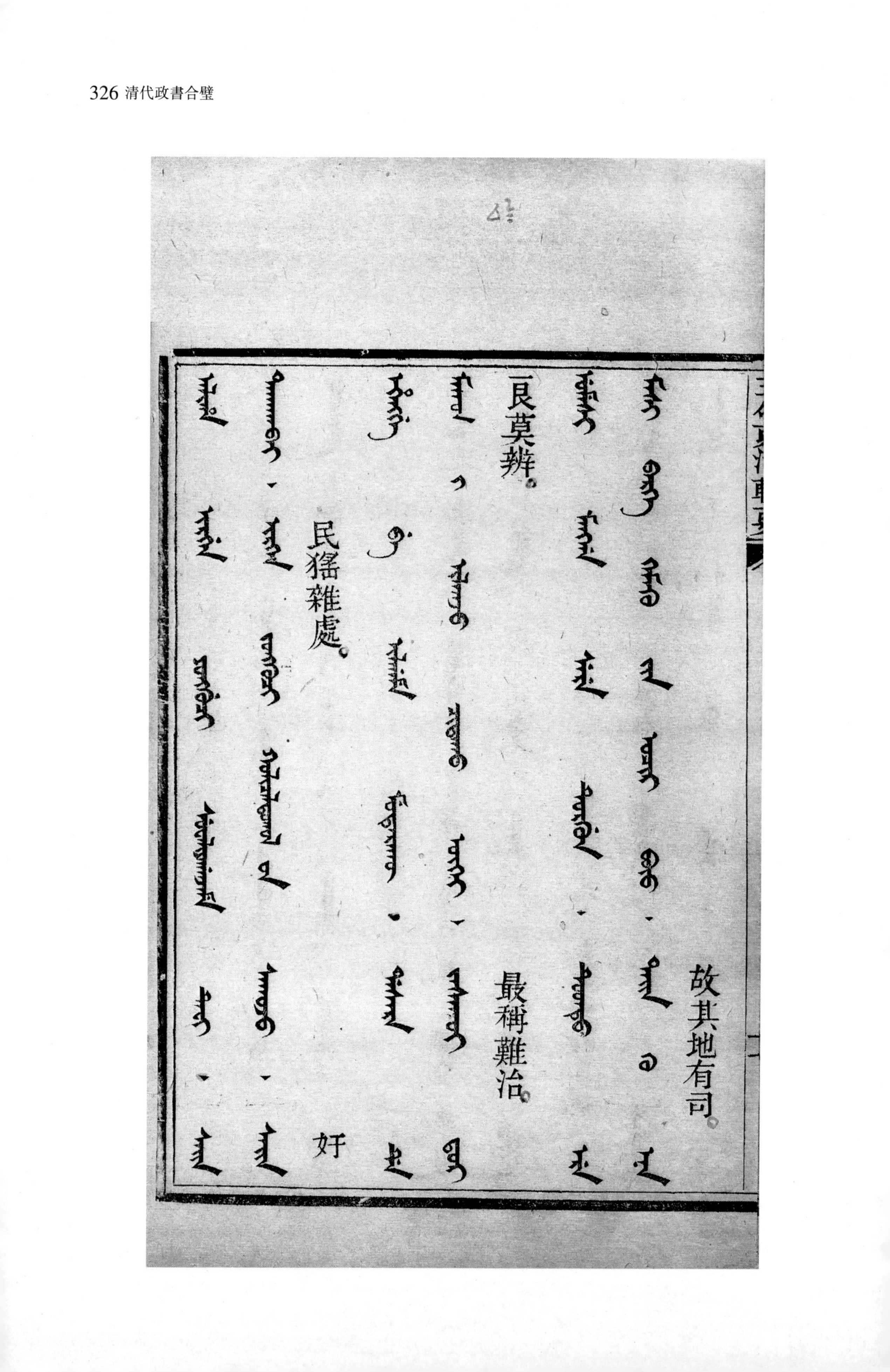

故其地有司。

良莫辨。最稱難治。

民猺雜處。好

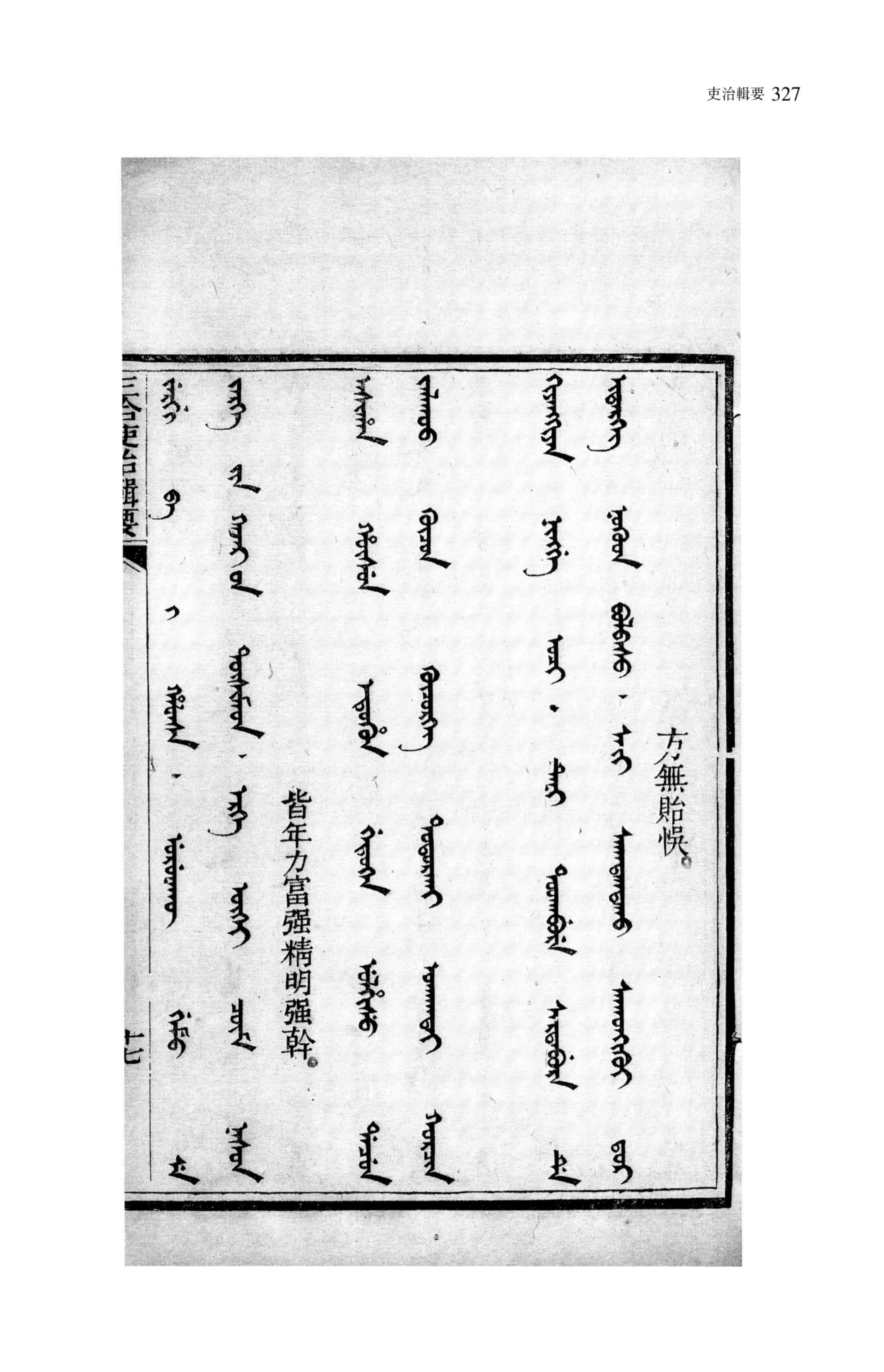

方無貽悞

皆年力富強精明強幹

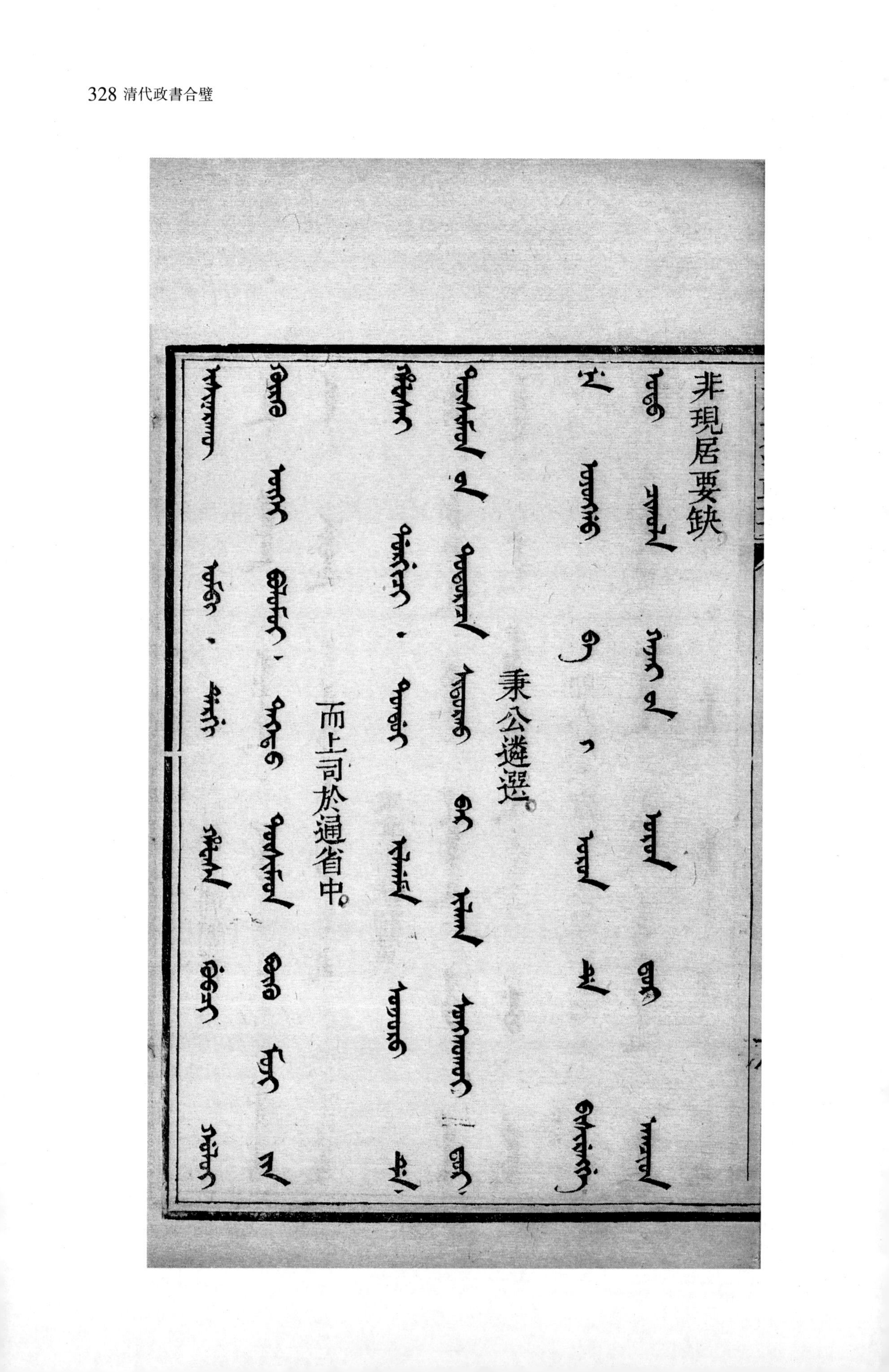

非現居要缺

兼公遴選

而上司於通省中

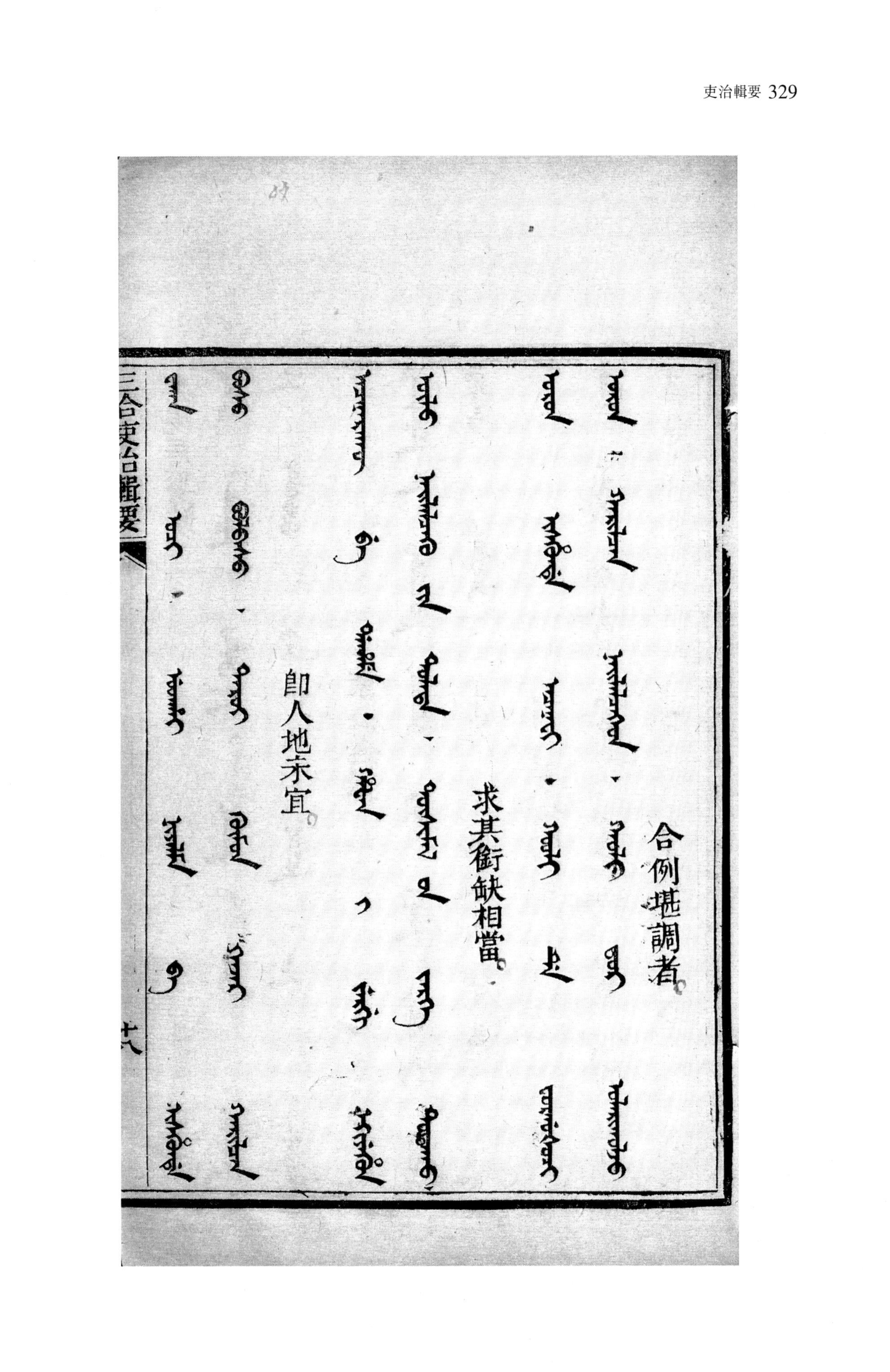

合例堪調者

求其銜缺相當

即人地未宜

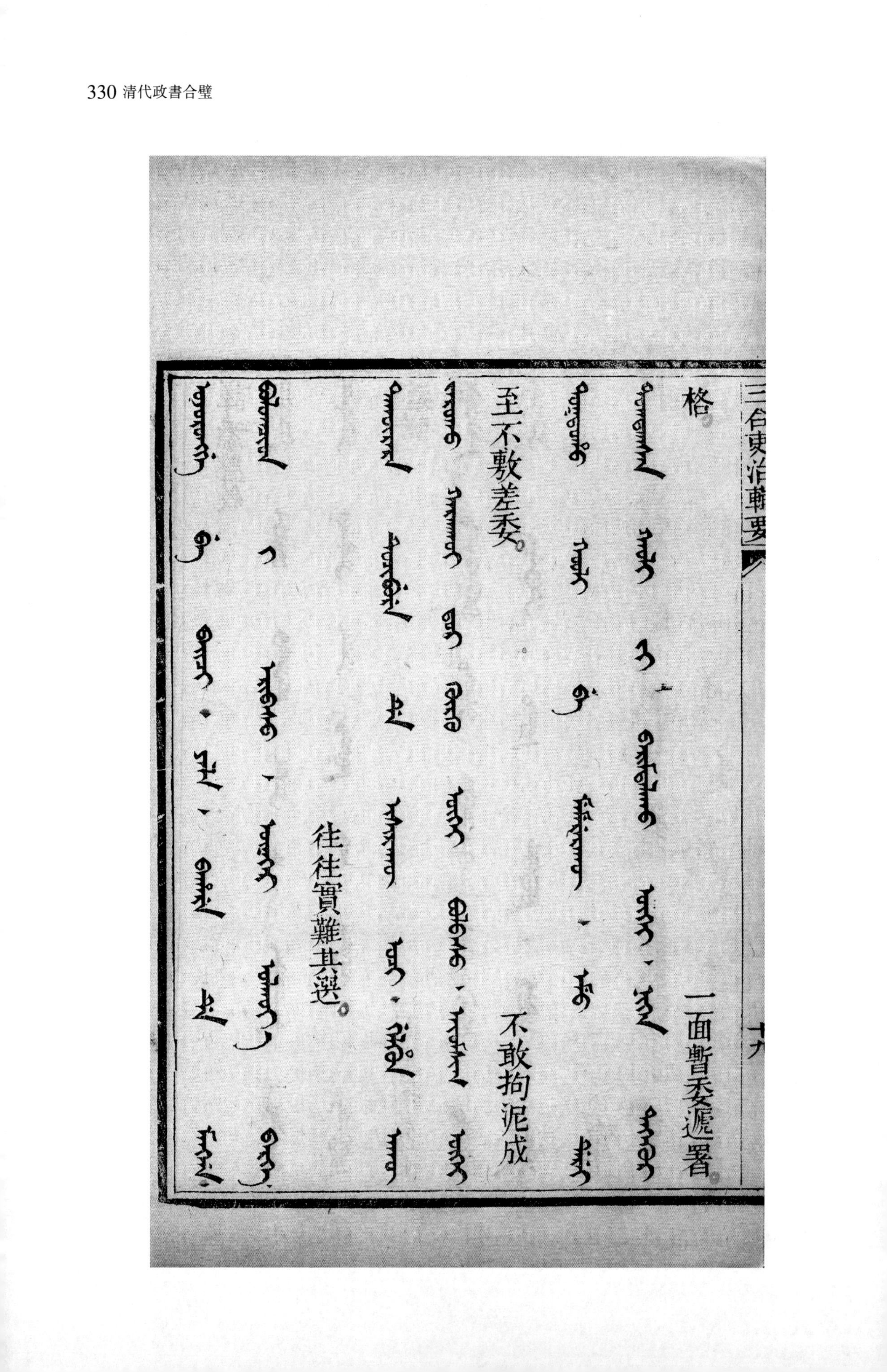

格

一面暫委遞署

至不敷差委

不敢拘泥成

往往實難其選

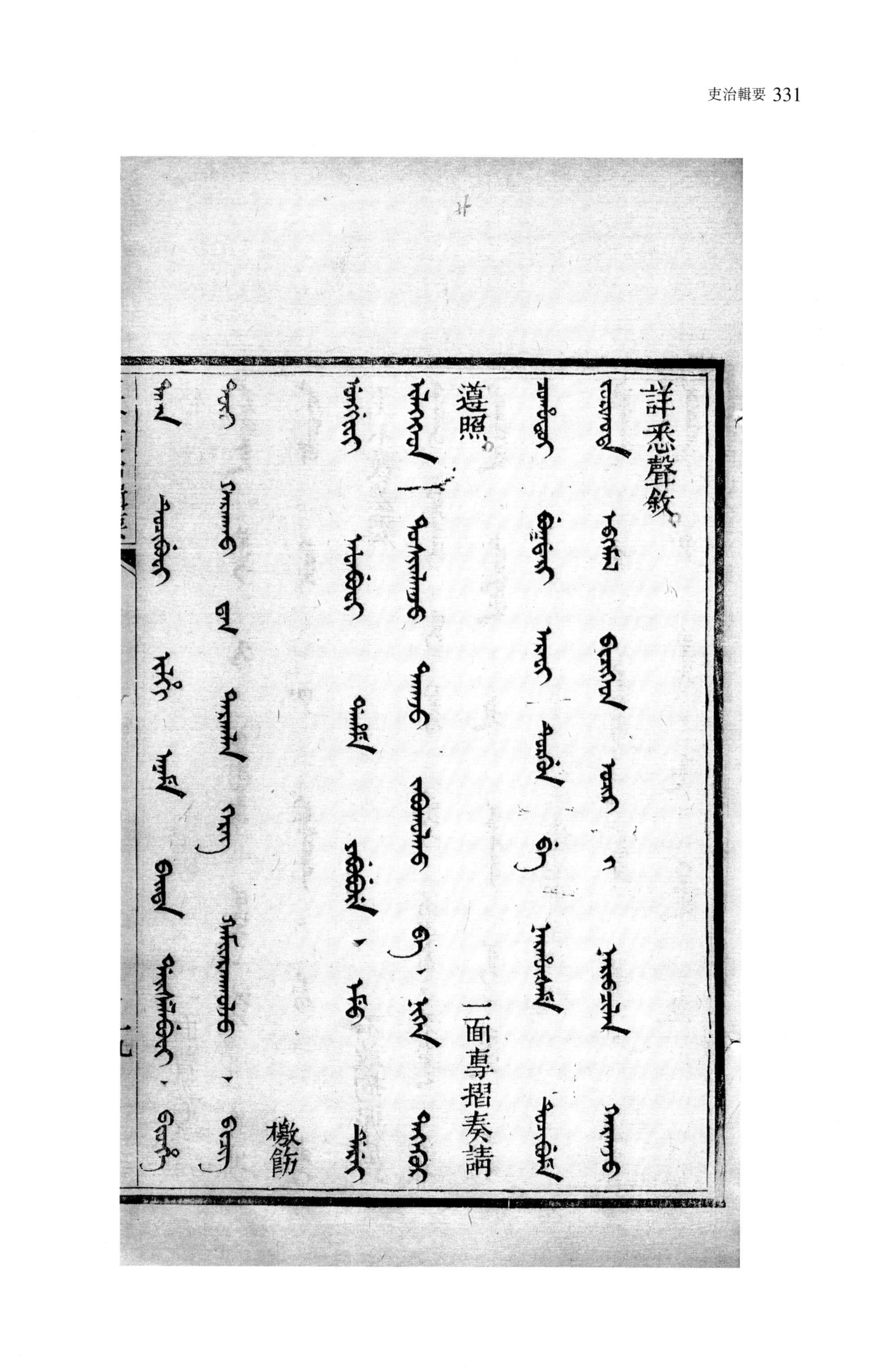

[illegible]

[illegible]

檄飭

[illegible]

[illegible]

遵照 [illegible] 一面專摺奏請

[illegible]

詳悉聲敘 [illegible]

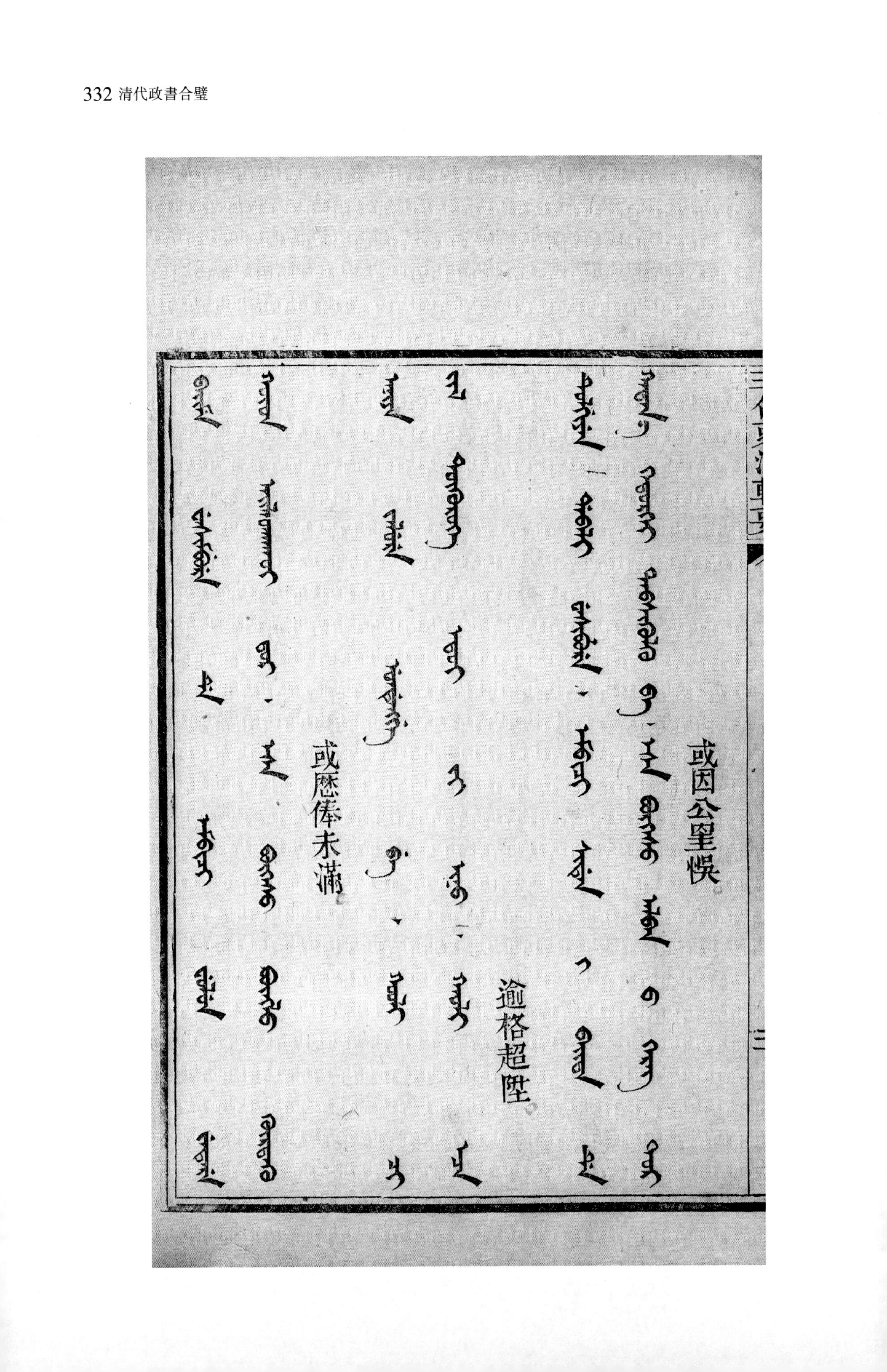

或因公罣悞

逾格超陞

或歷俸未滿

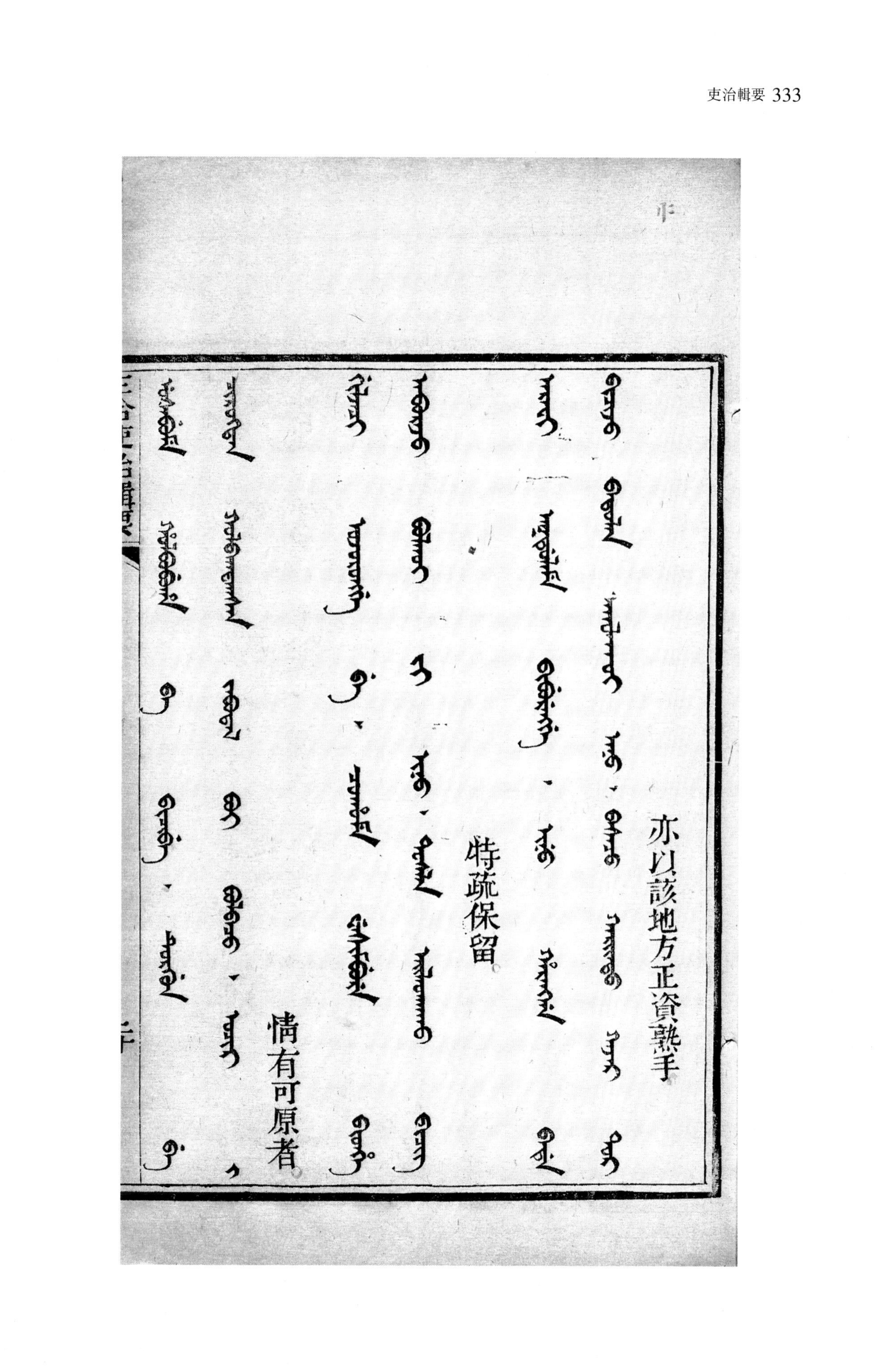

亦以該地方正資熟手

特疏保留

情有可原者

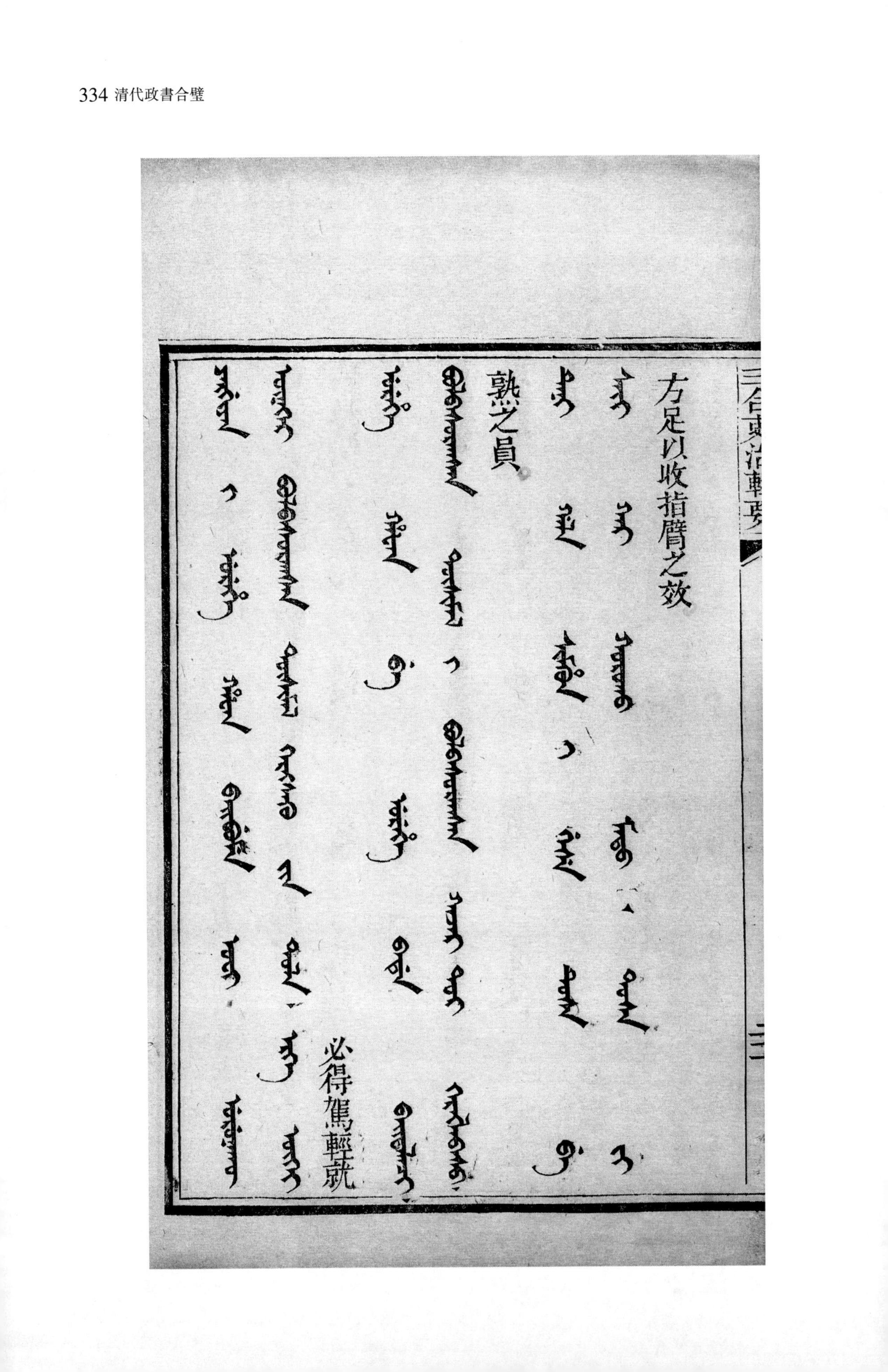

方足以收指臂之效

熟之員

必得駕輕就

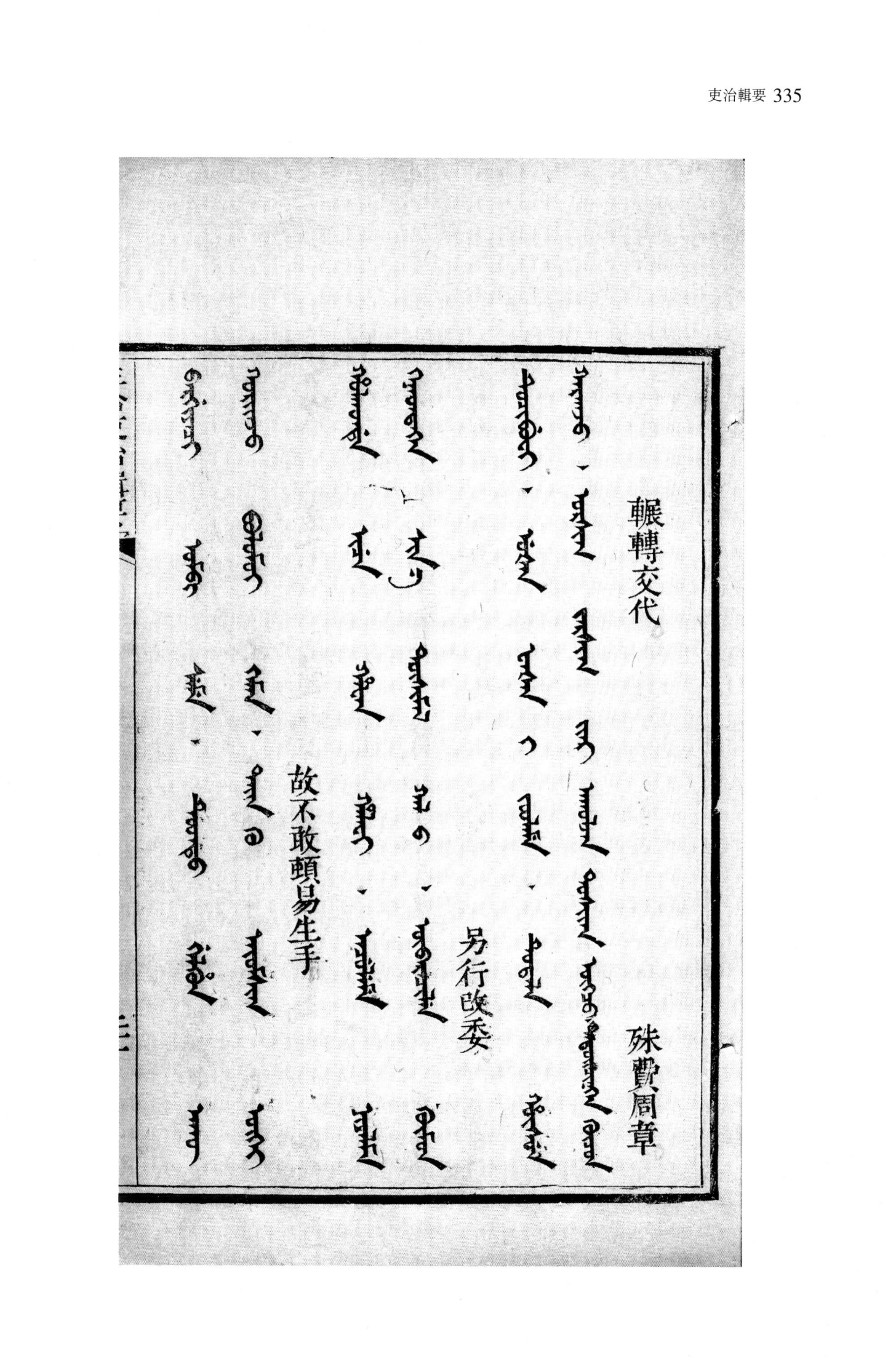

輾轉交代

殊費周章

另行改委

故不敢頓易生手

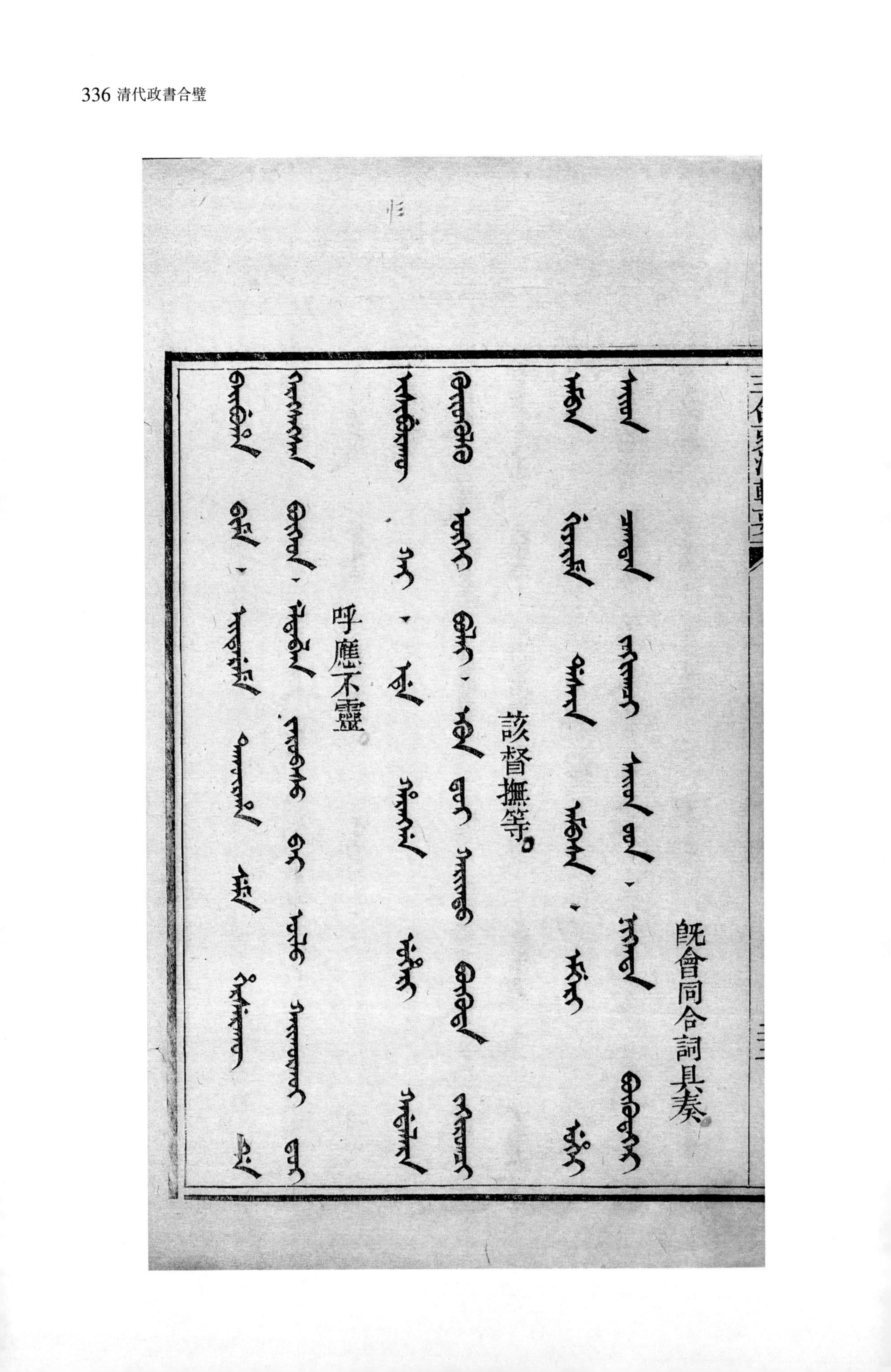

既會同合詞具奏

該督撫等

呼應不靈

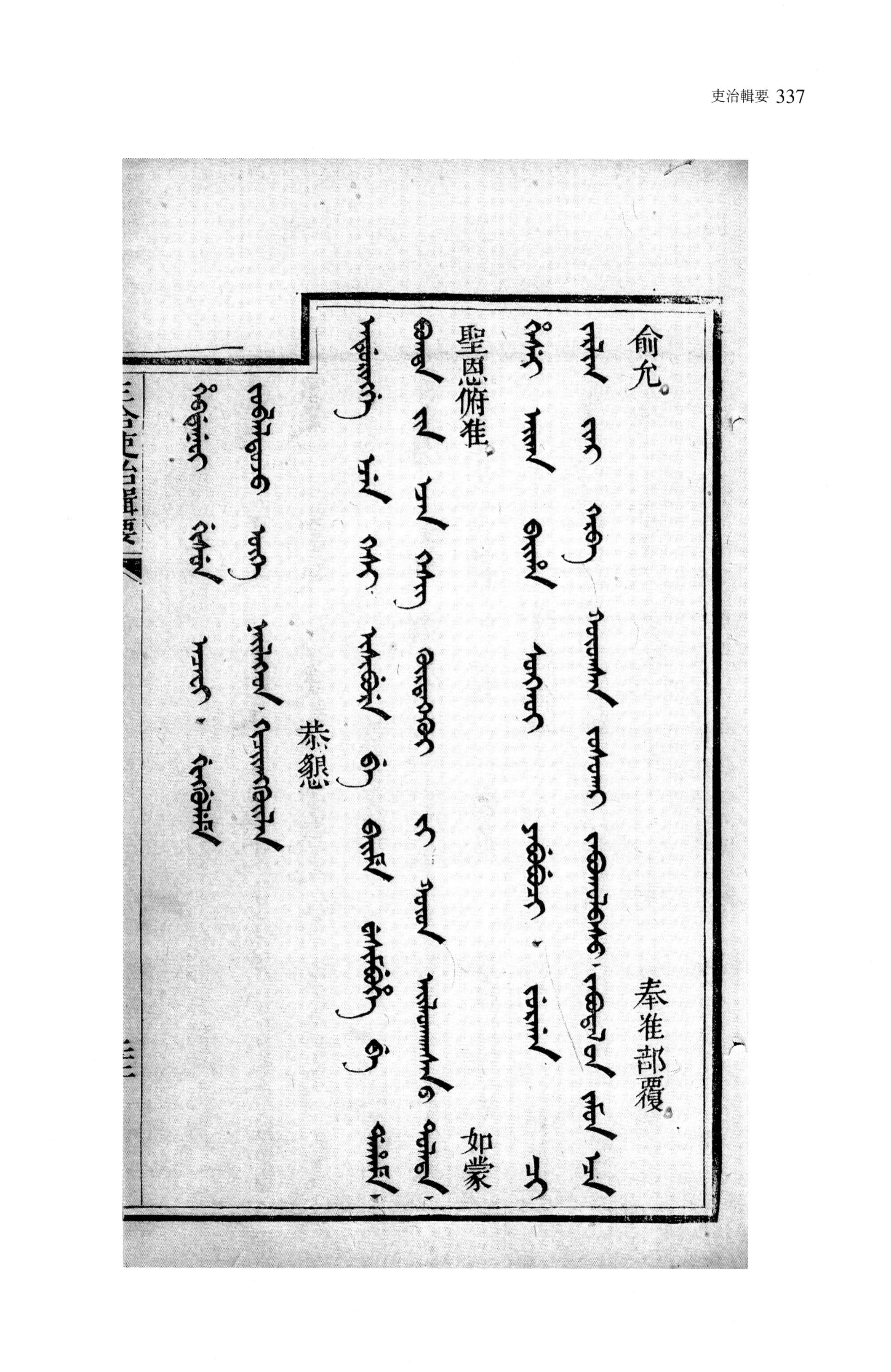

俞允

奉准部覆

聖恩俯准

如蒙

恭懇

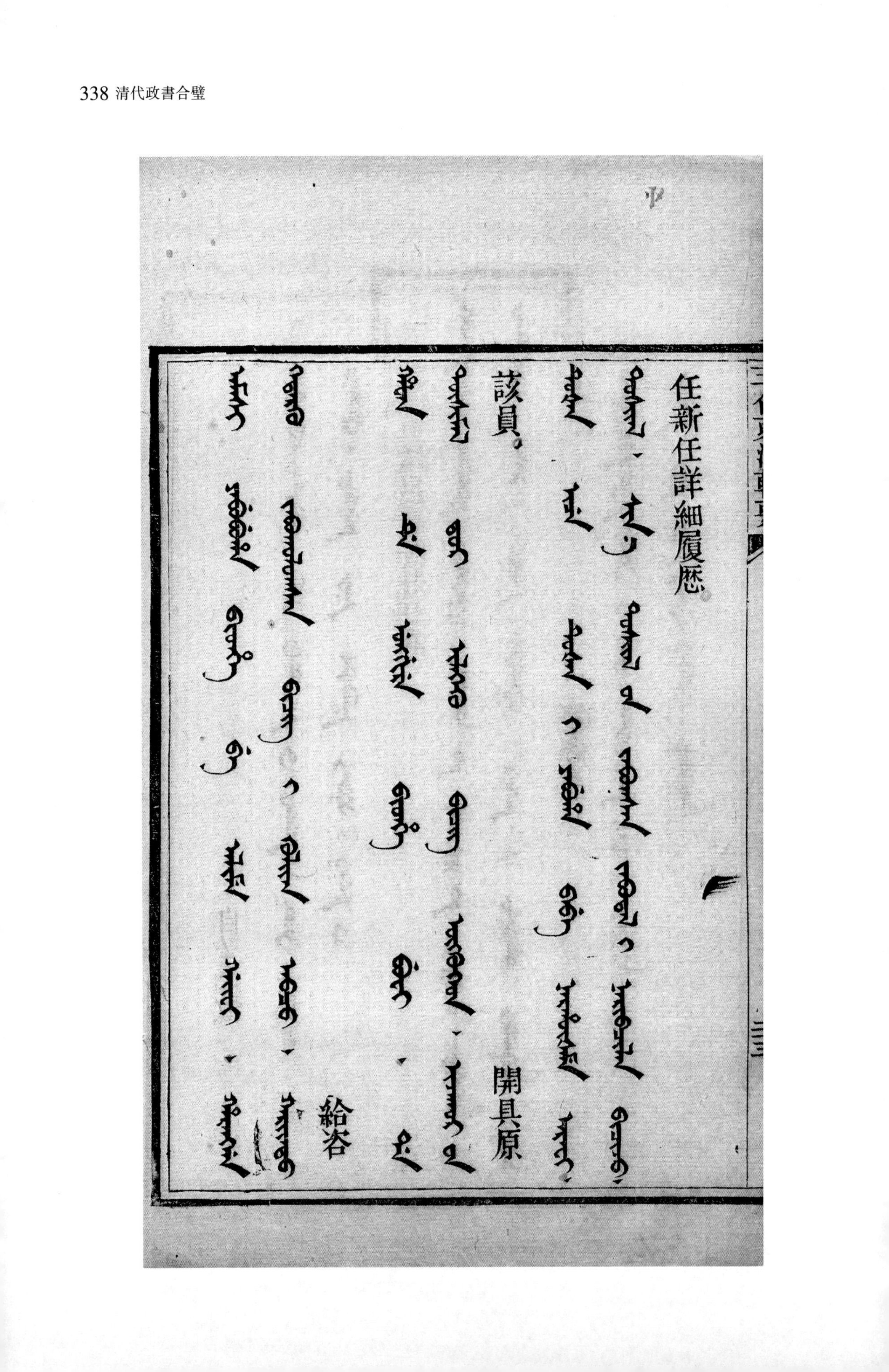

任新任詳細履歷

該員

開具原

給咨

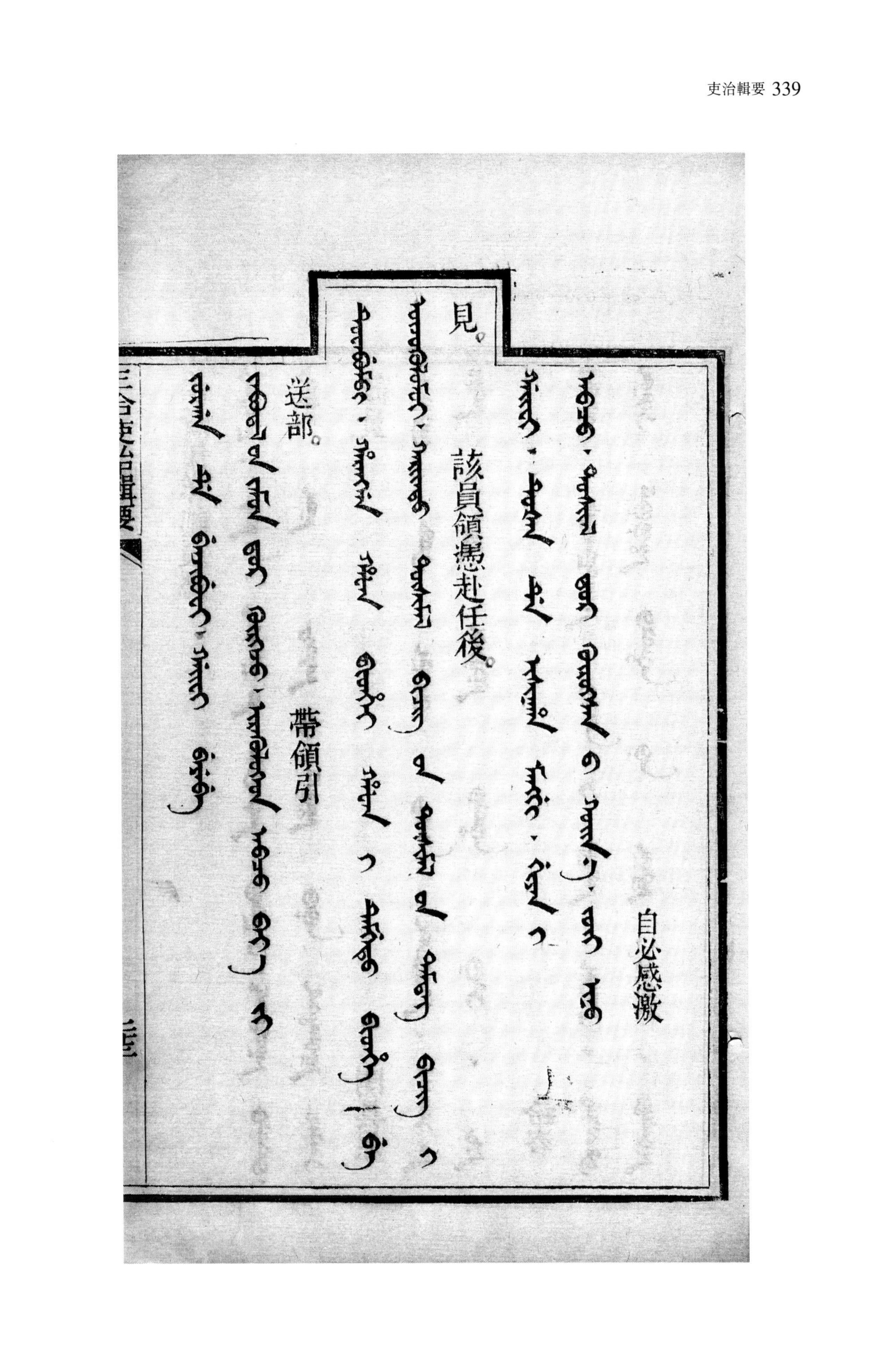

送部。帶領引見。

該員領憑赴任後。

自必感激

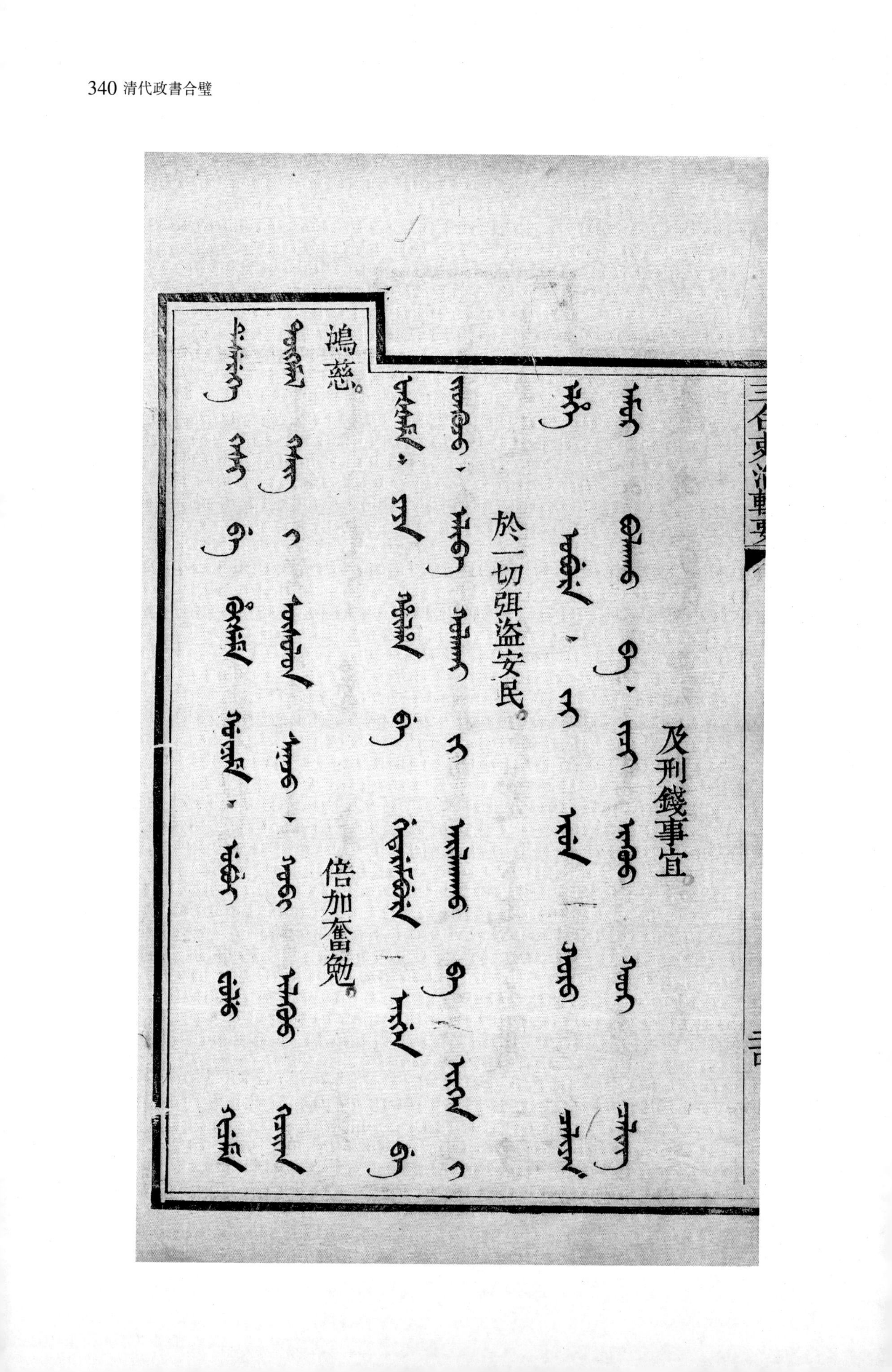

及刑錢事宜

於一切弭盜安民

倍加奮勉

鴻慈。

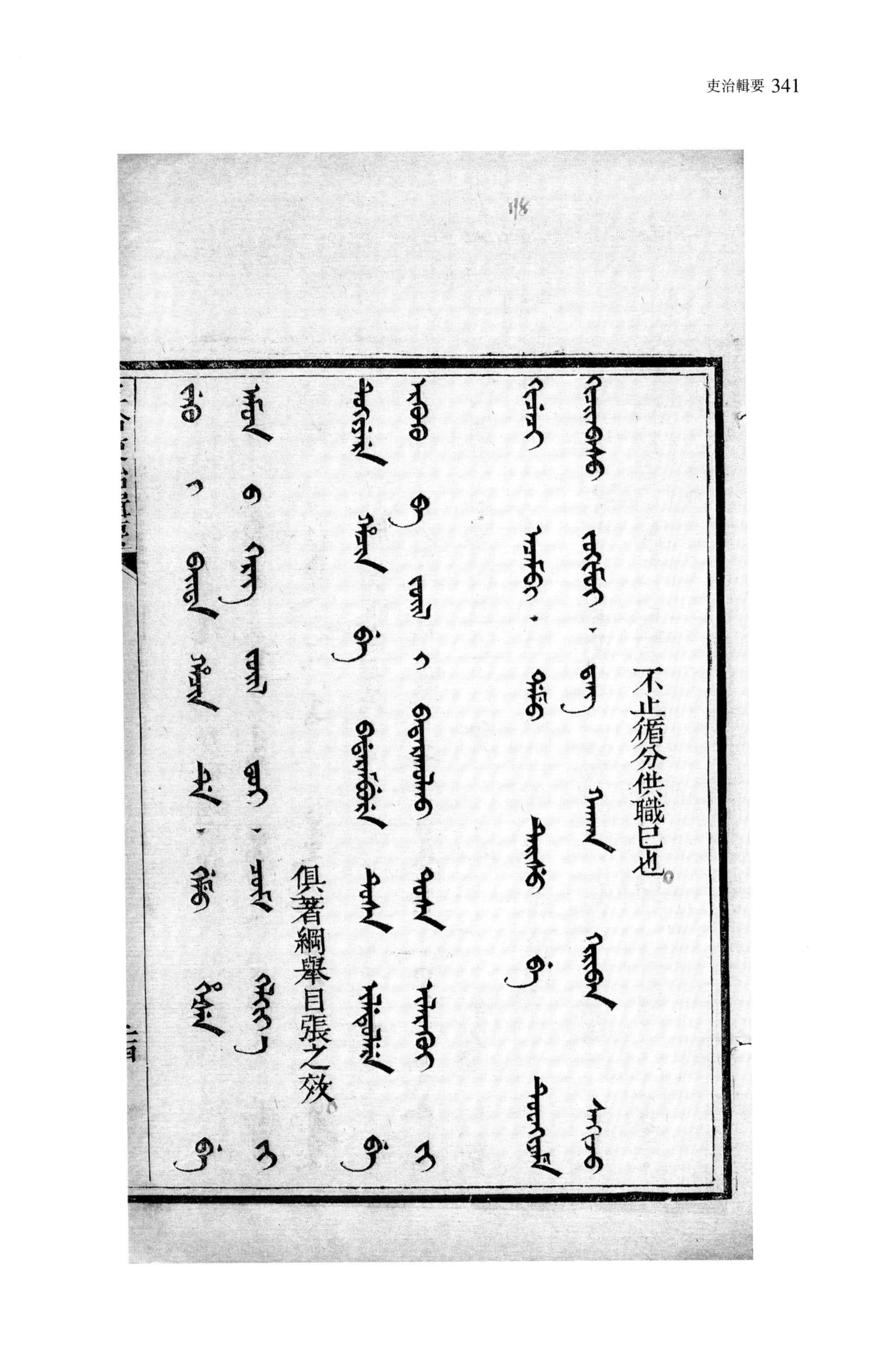

不止循分供職已也。

俱著綱舉目張之效

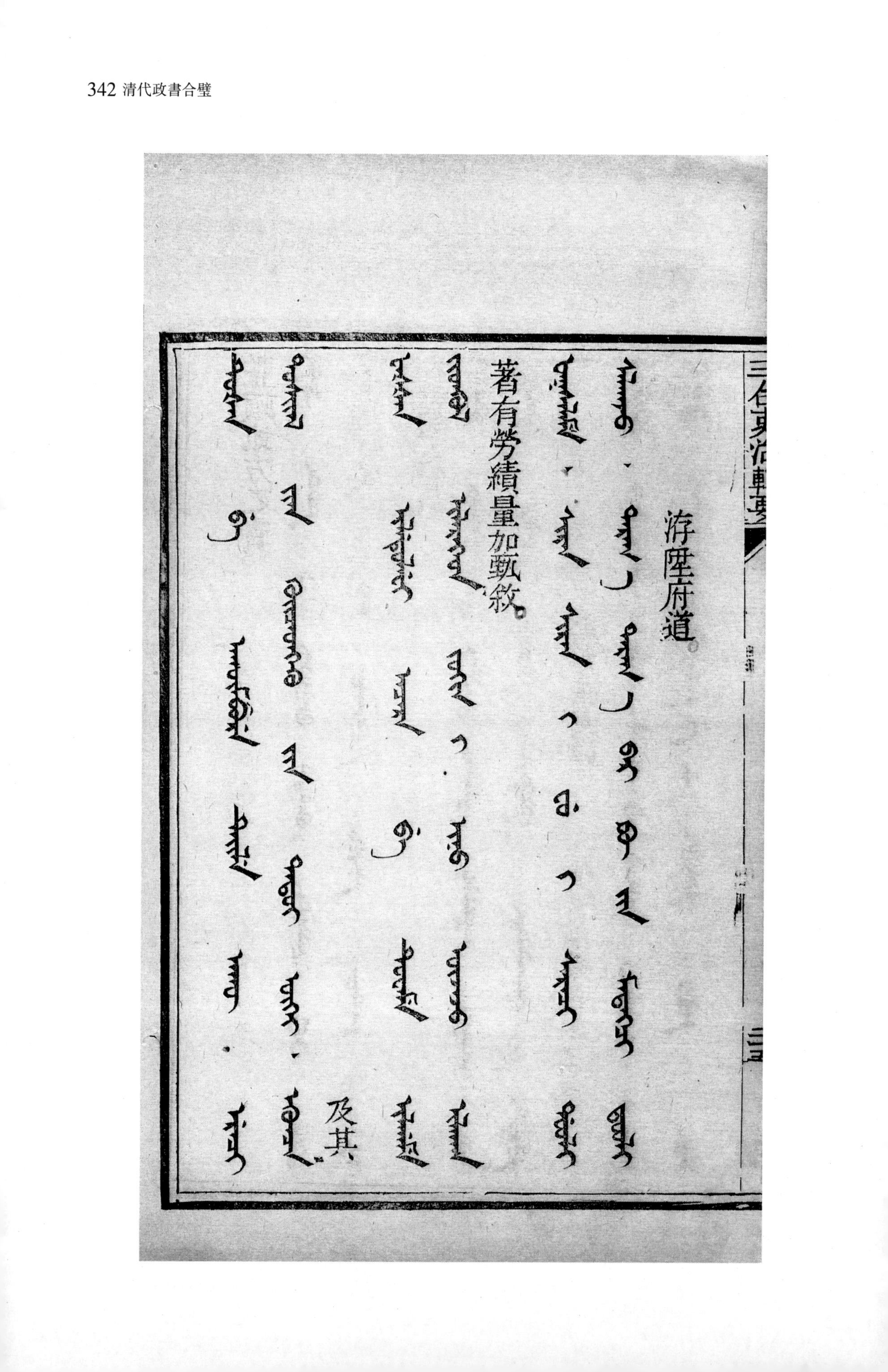

游歷府道

著有勞績量加甄敘

及其

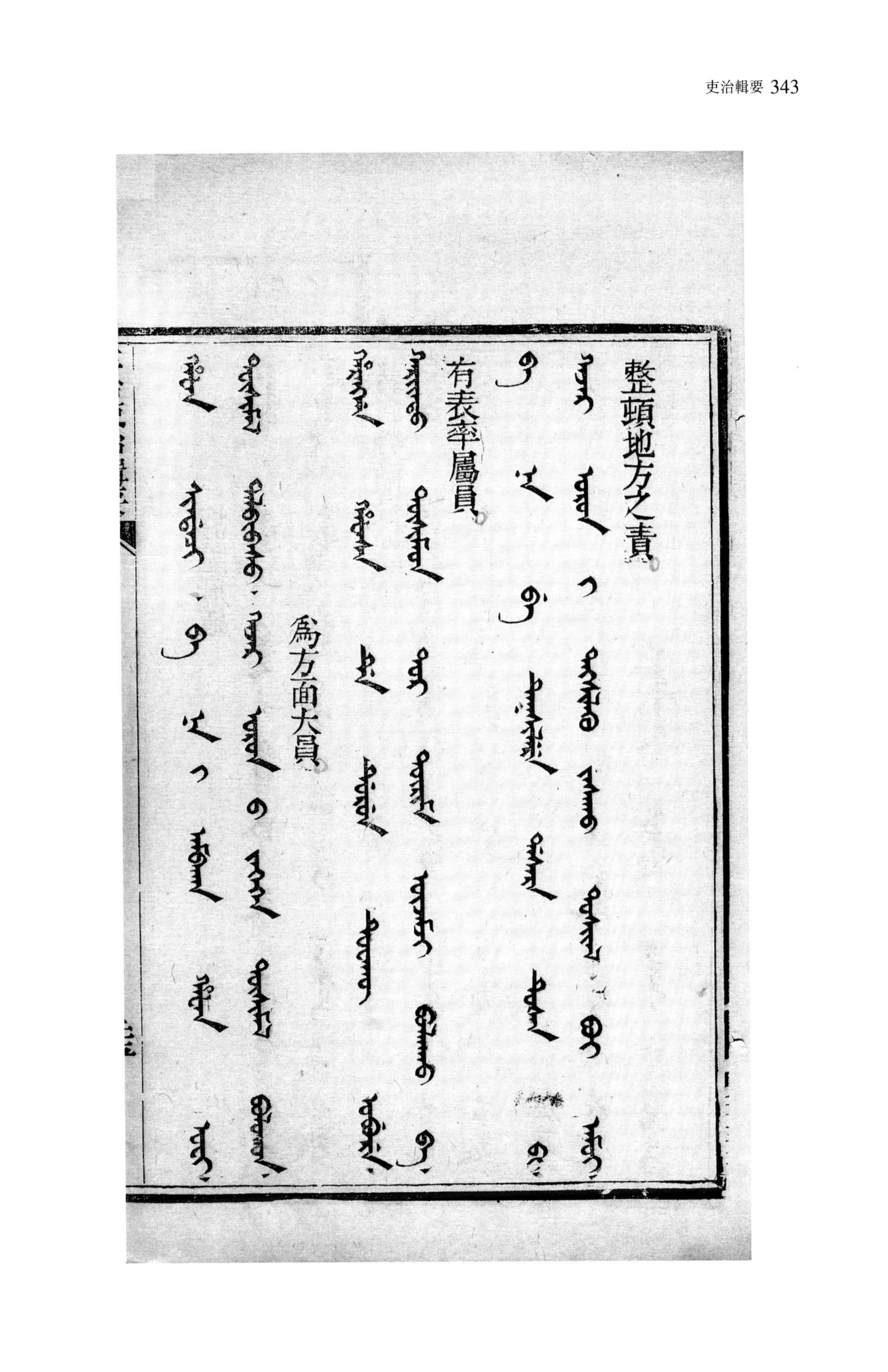

整頓地方之責

有表率屬員

爲方面大員

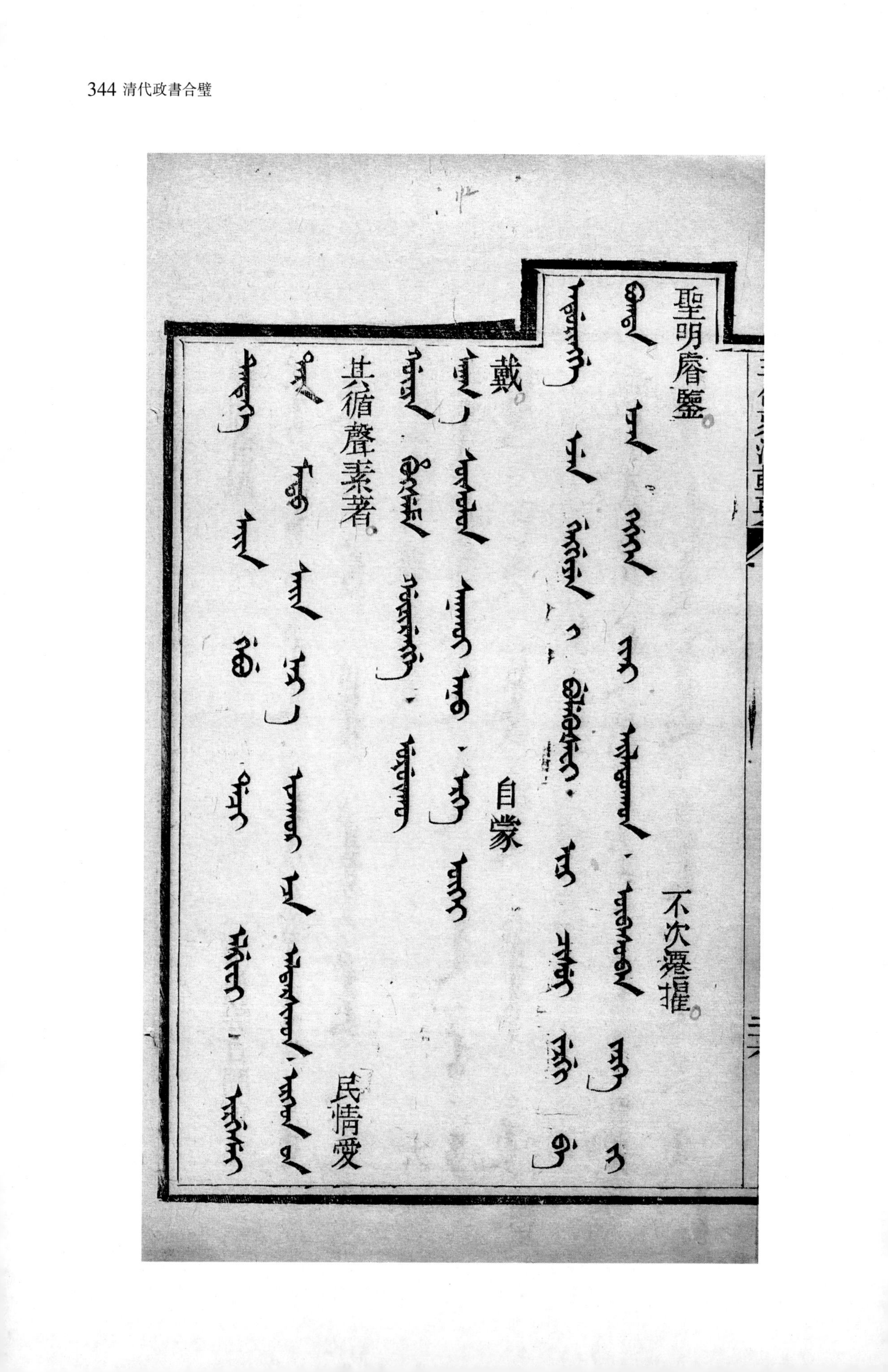

其循聲素著

民情愛

戴

自蒙

聖明睿鑒

不次遷擢

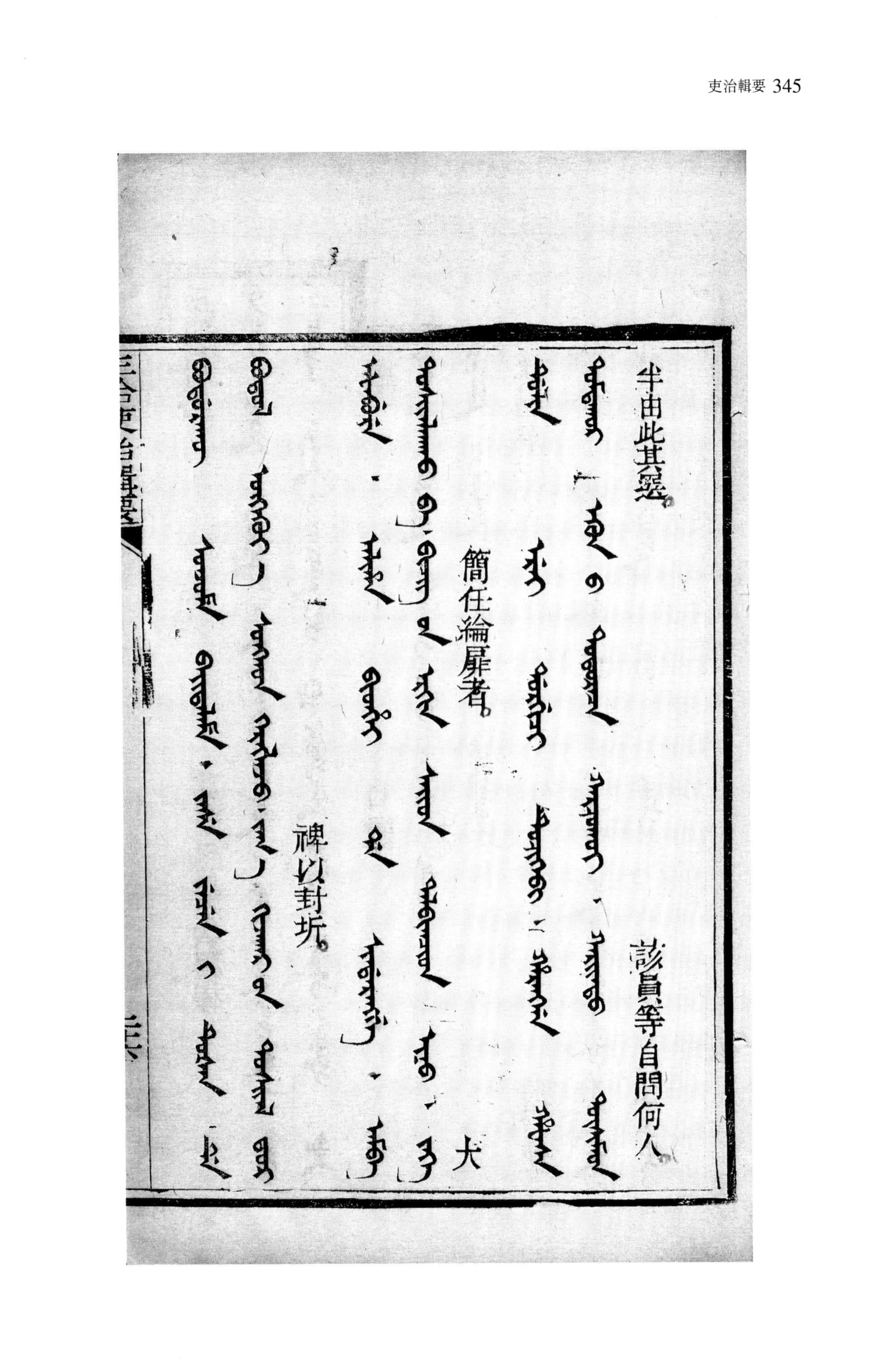

半由此其選。該員等自問何人

簡任綸扉者。大

稗以封圻。

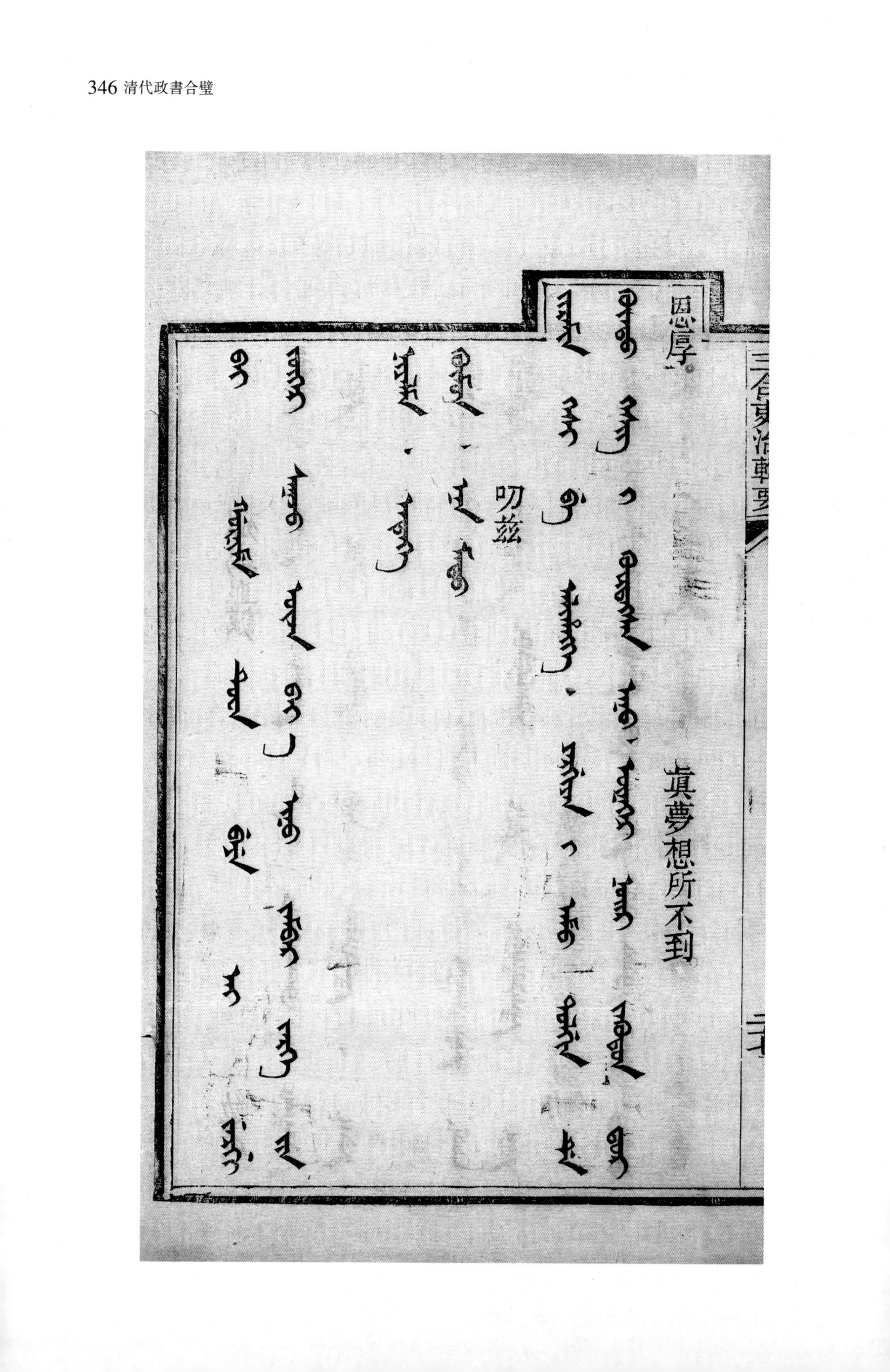

恩厚

眞夢想所不到

叨茲

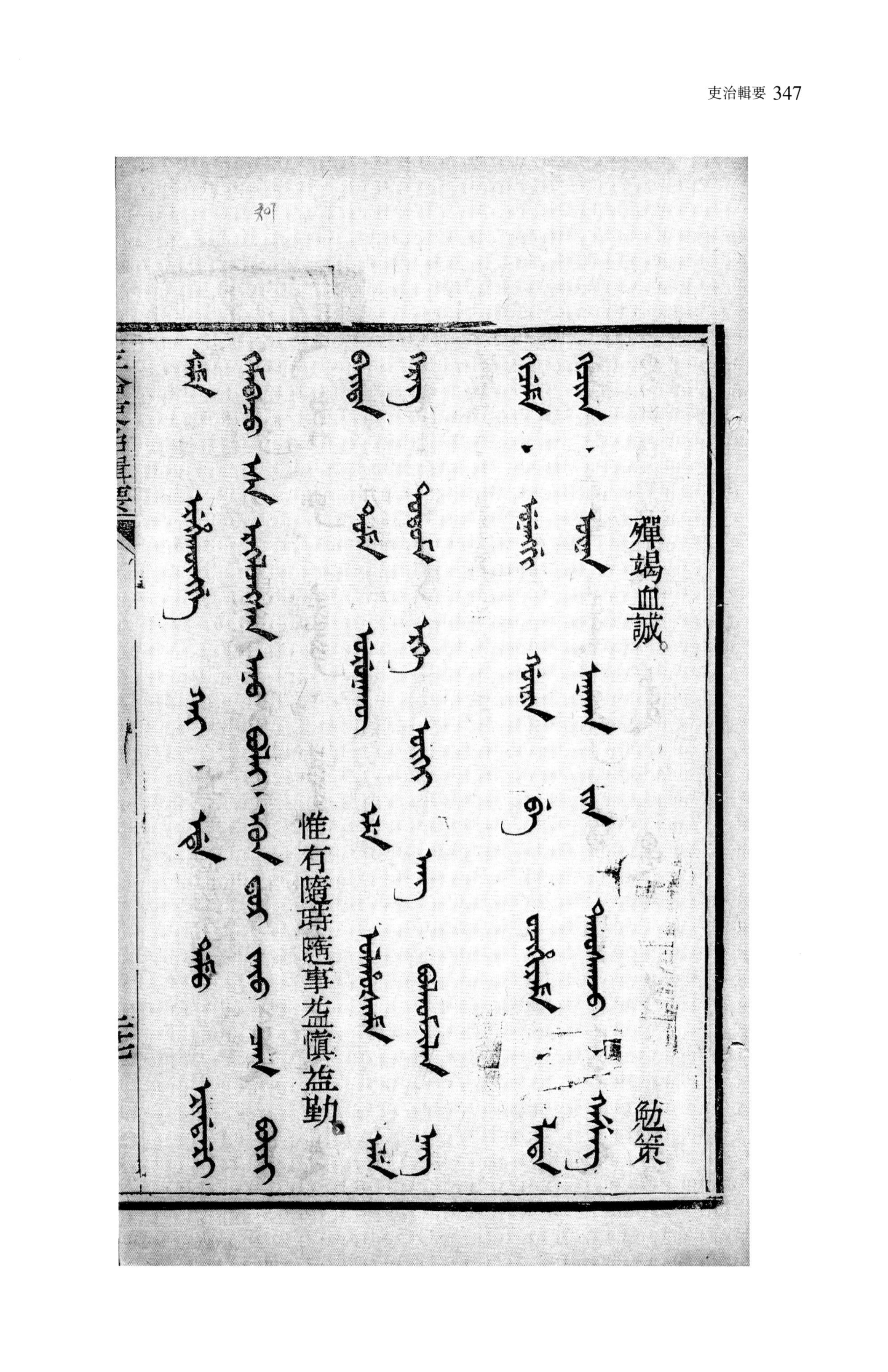

殫竭血誠。

勉策

惟有隨時隨事益慎益勤。

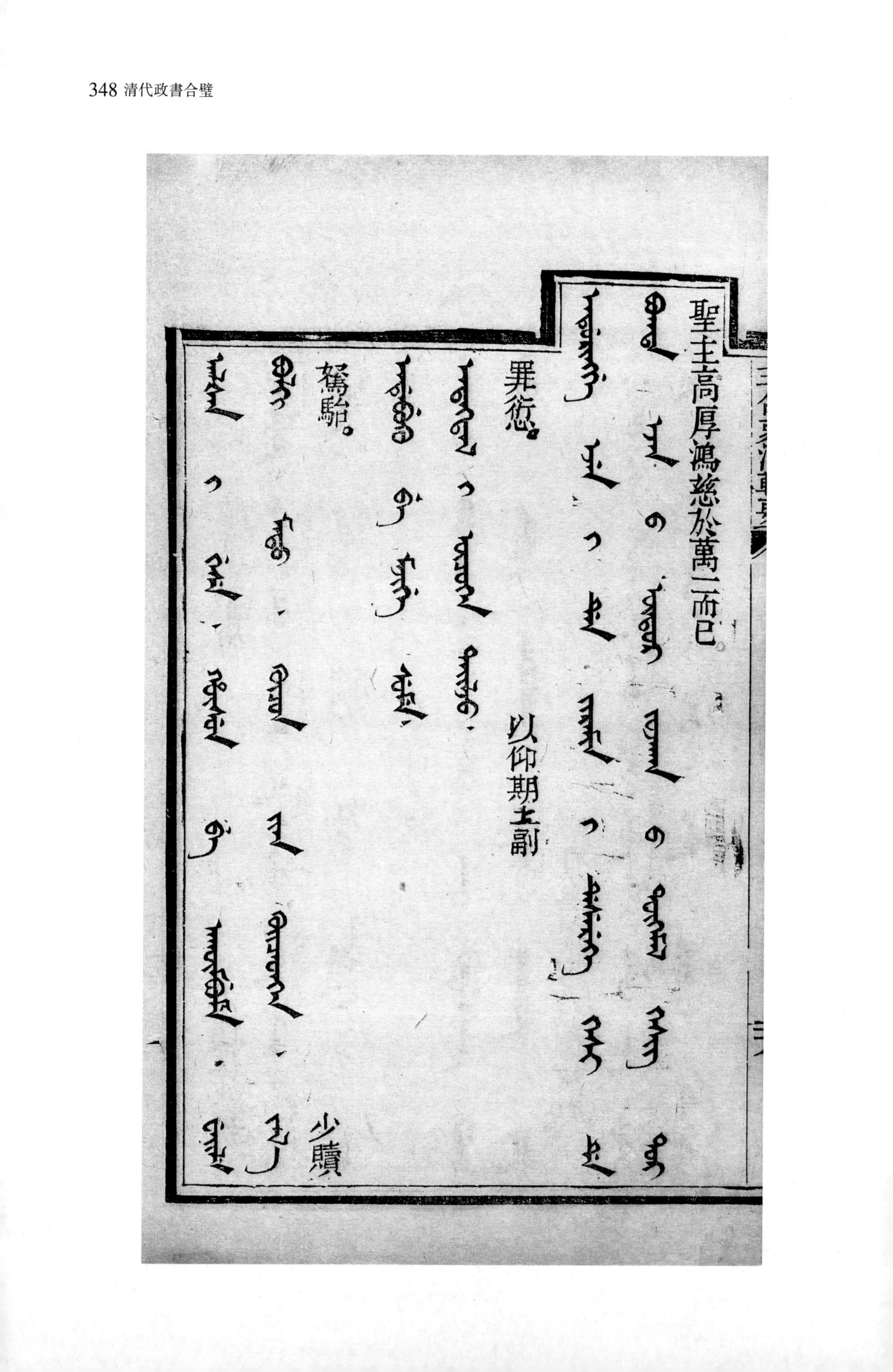

聖主高厚鴻慈於萬一而已。

畀御。以仰期上副

駑駘。少贖

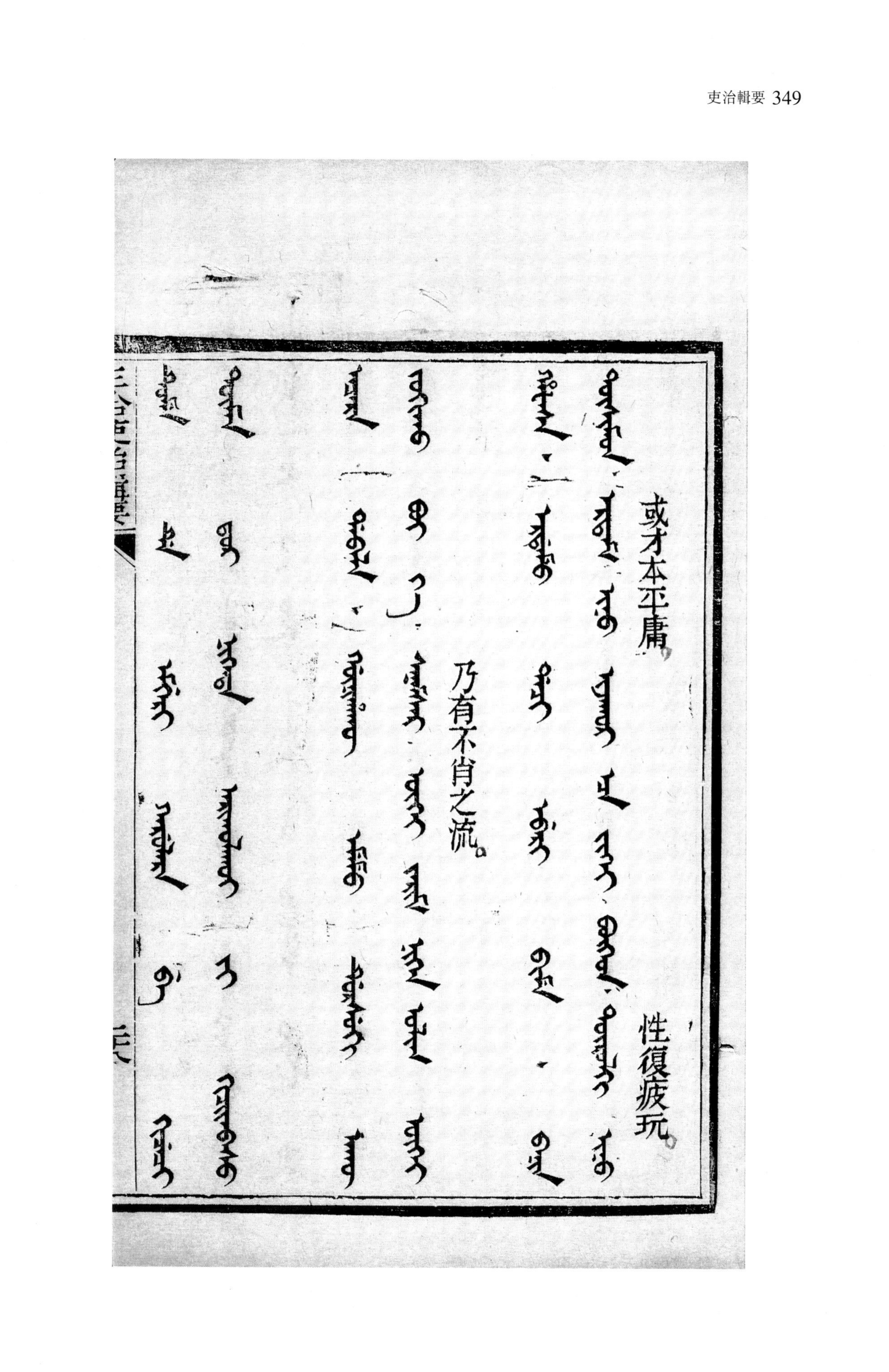

或才本平庸。性復疲玩。

乃有不肖之流。

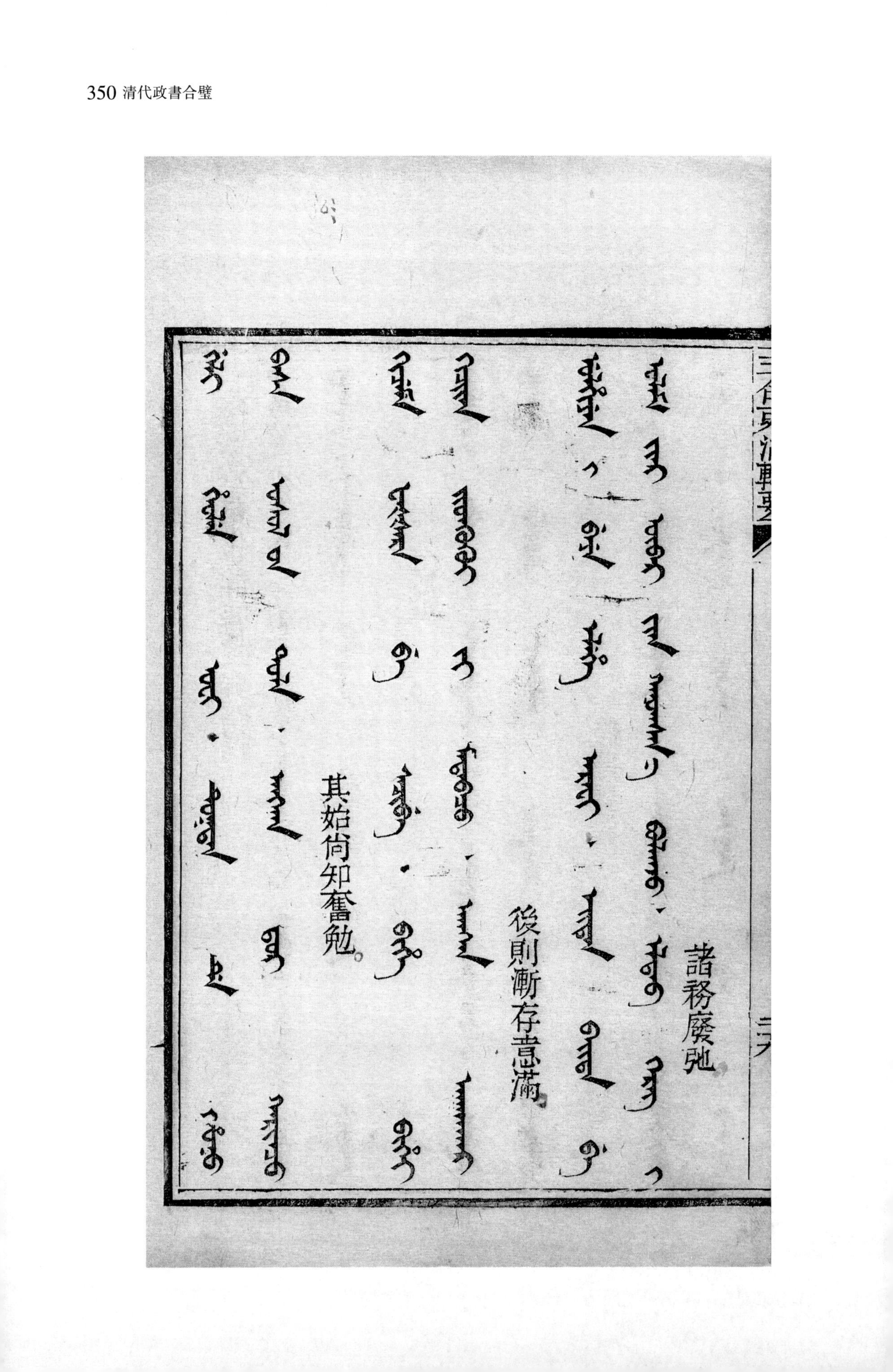

其始尚知奮勉

後則漸存意滿

諸務廢弛

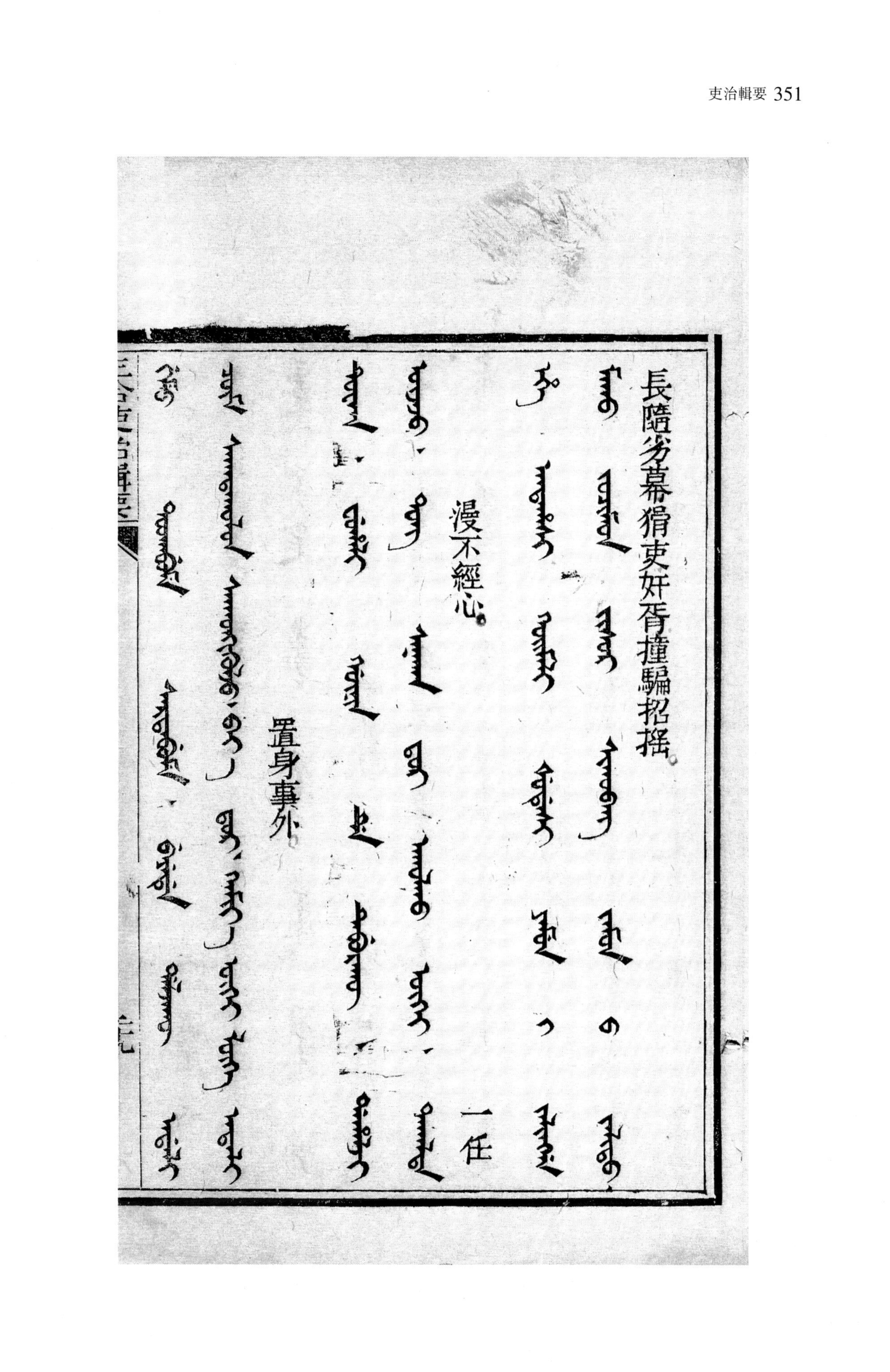

長隨劣幕猾吏奸胥撞騙招摇

漫不經心

一任

置身事外

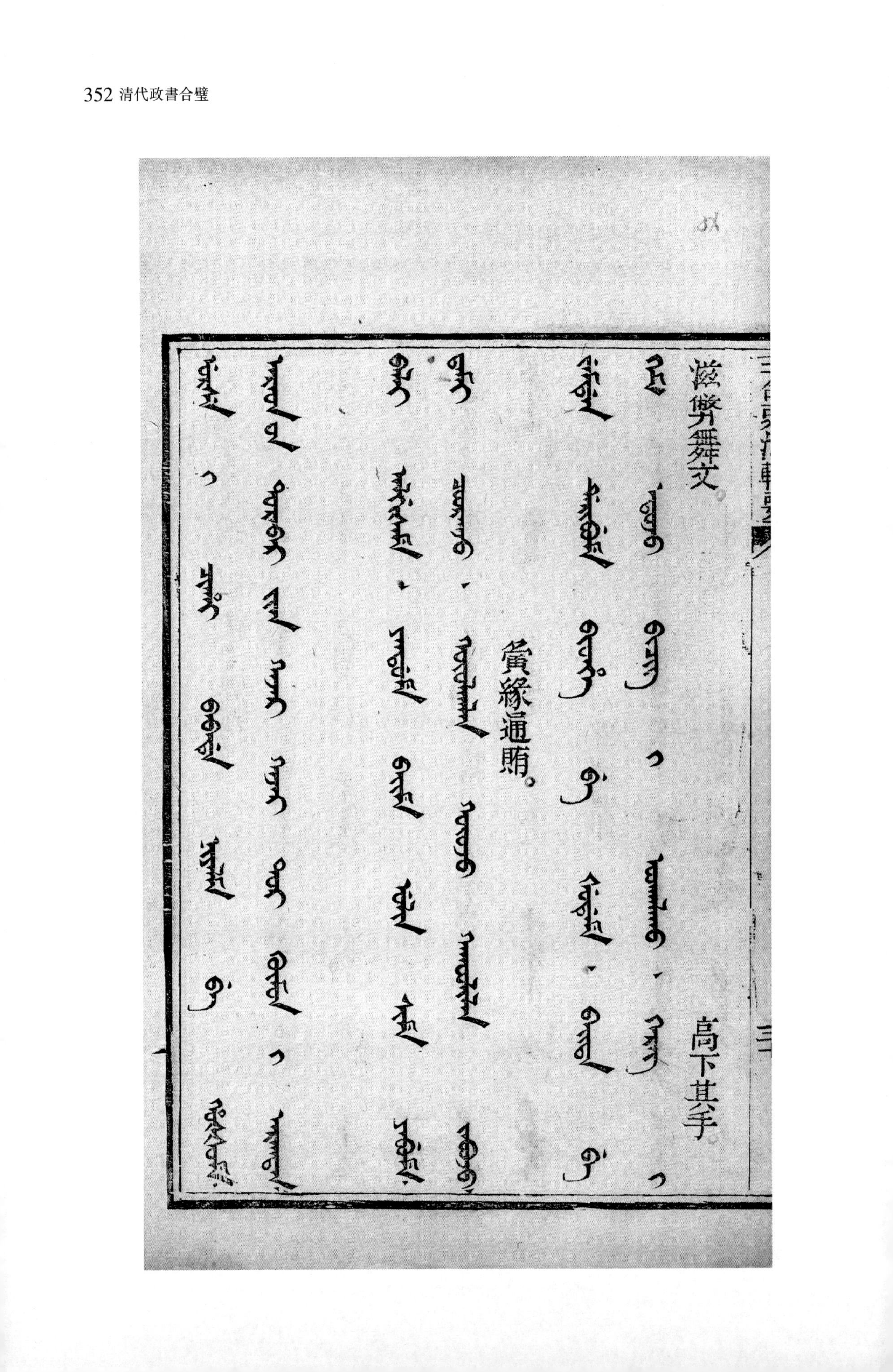

滋弊舞文。高下其手。

賓緣通賄。

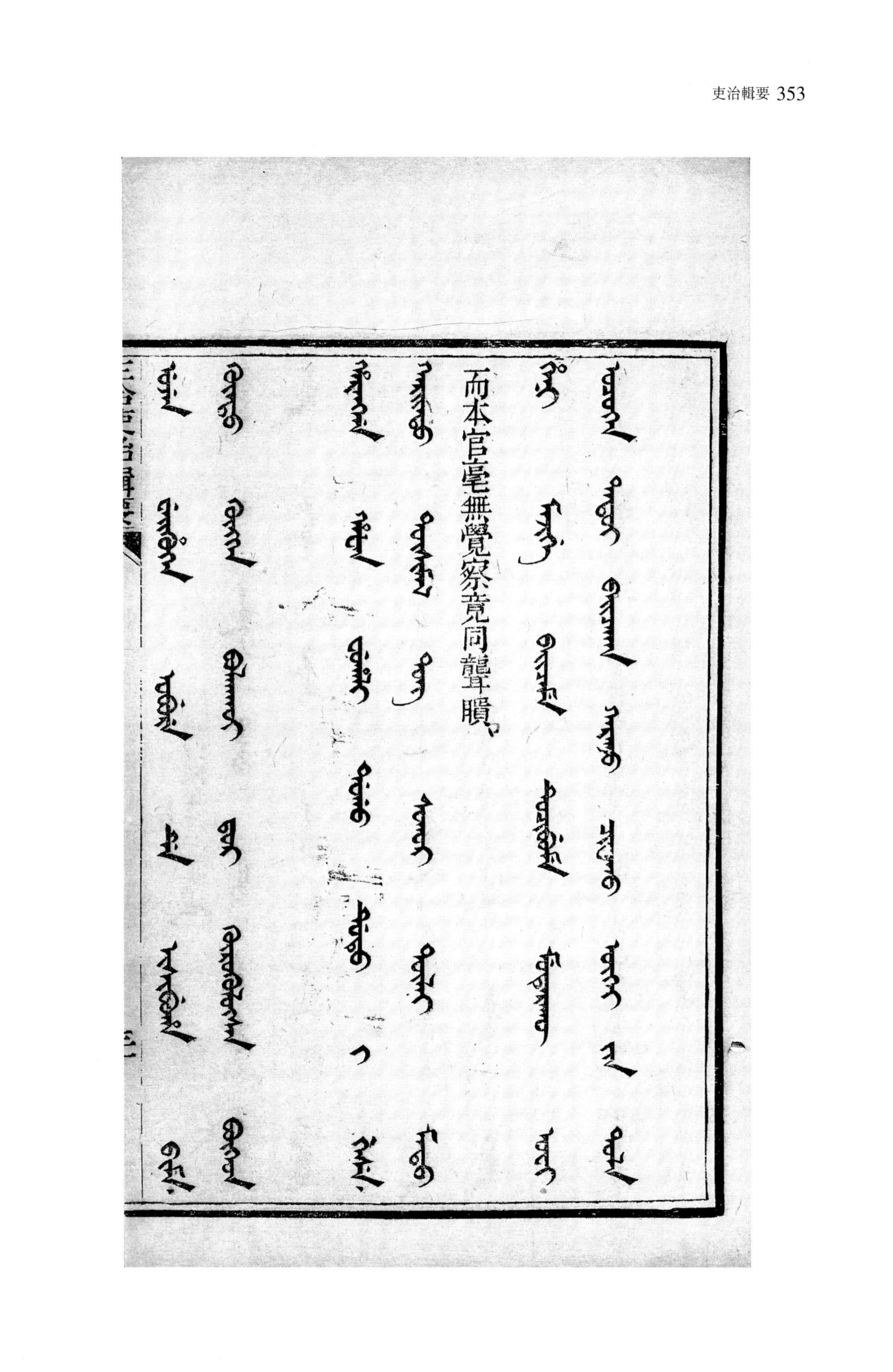

而本官毫無覺察竟同聾瞶

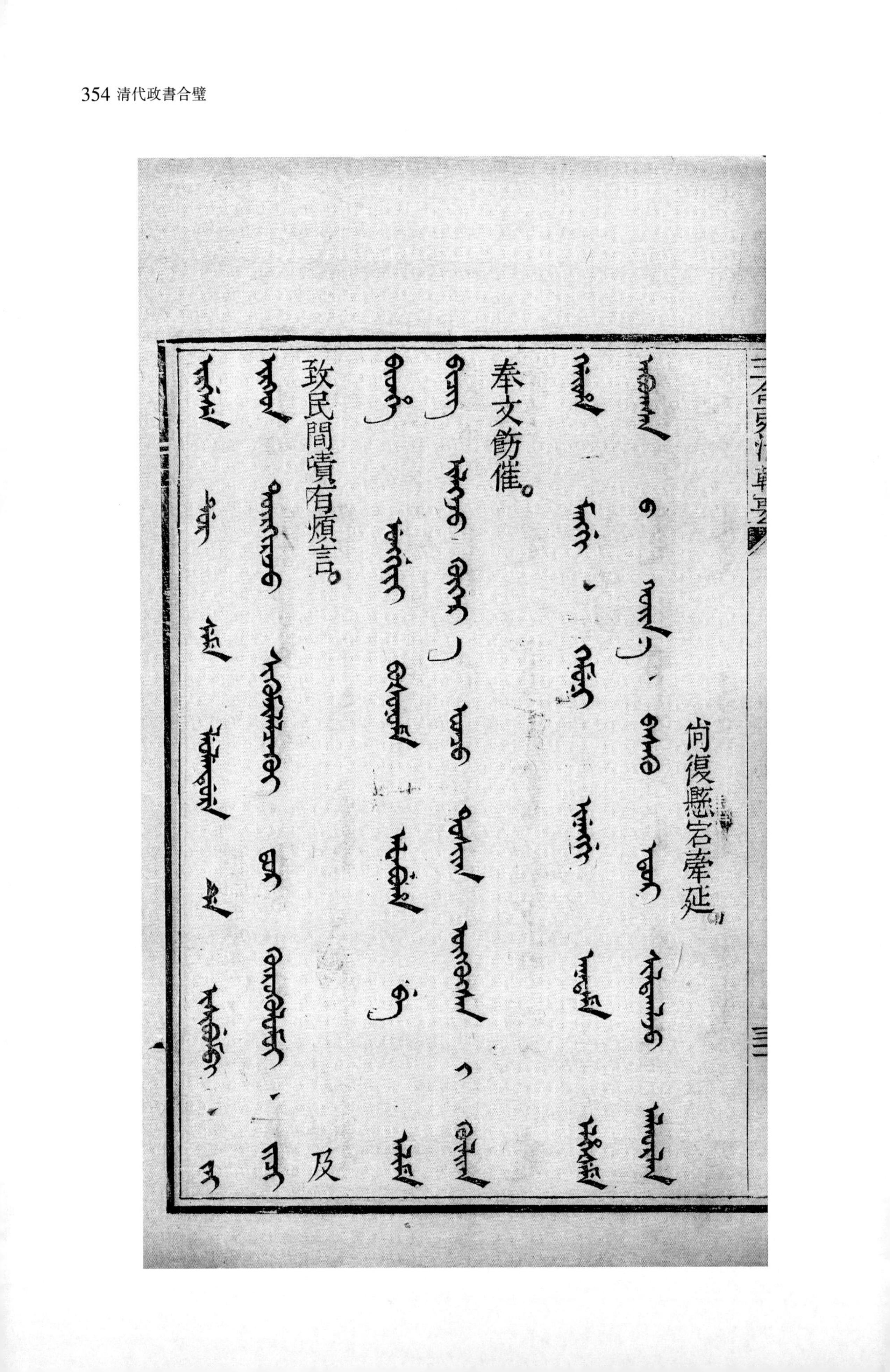

尚復懸宕牽延

奉文飭催。

致民間嘖有煩言。

及

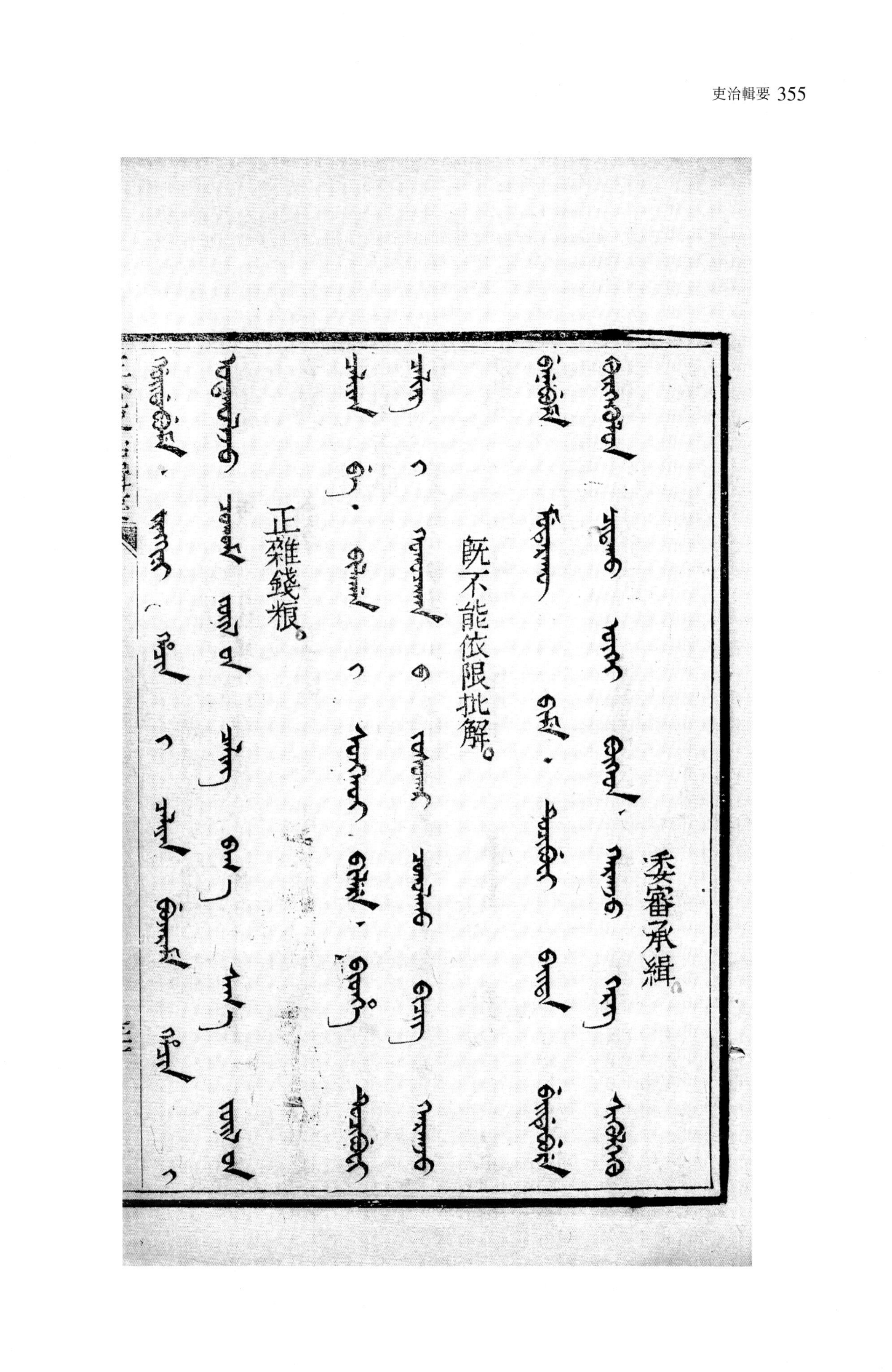

委審承緝。

既不能依限批解。

正雜錢糧。

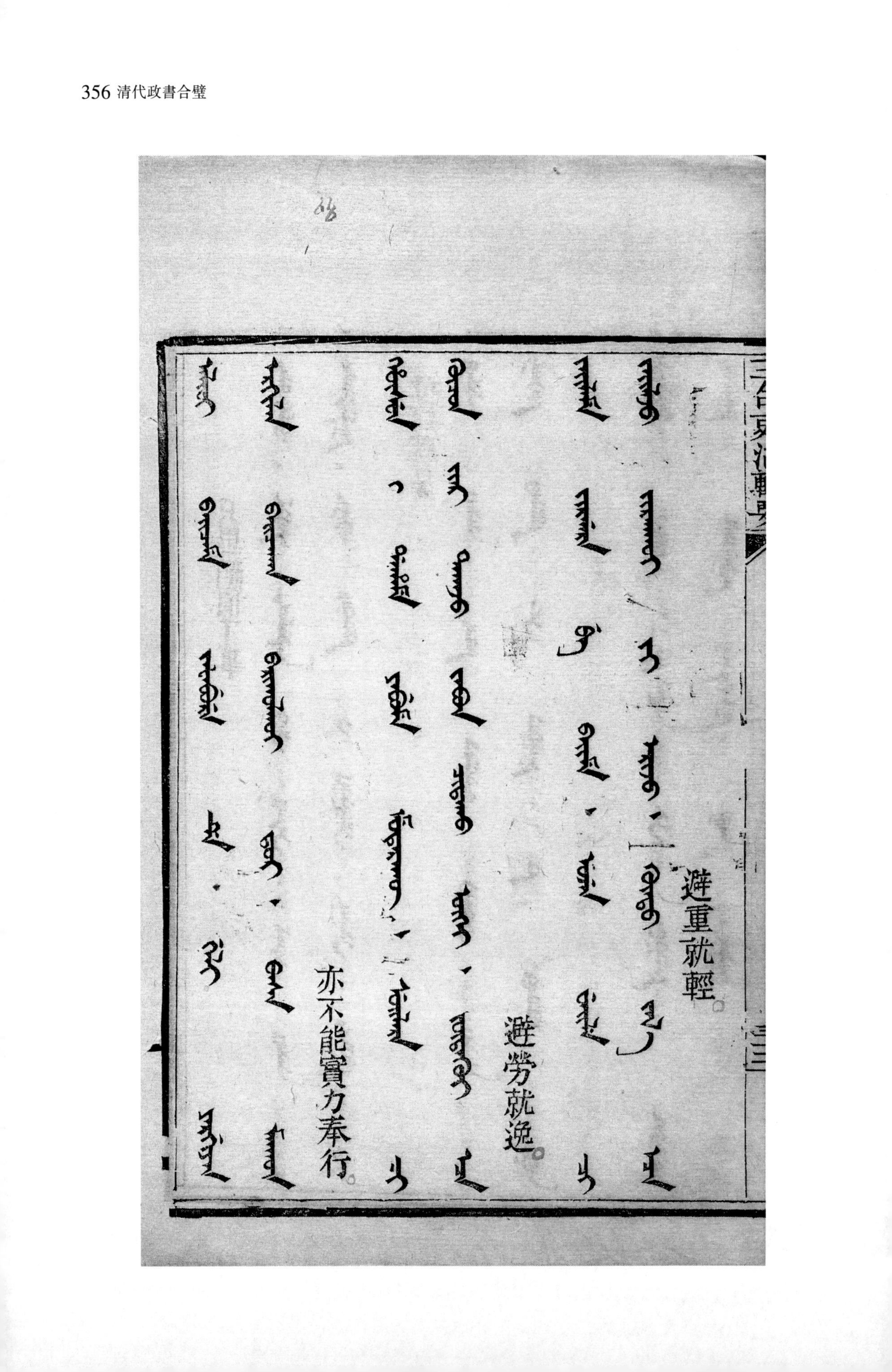

避重就輕

避勞就逸

亦不能實力奉行

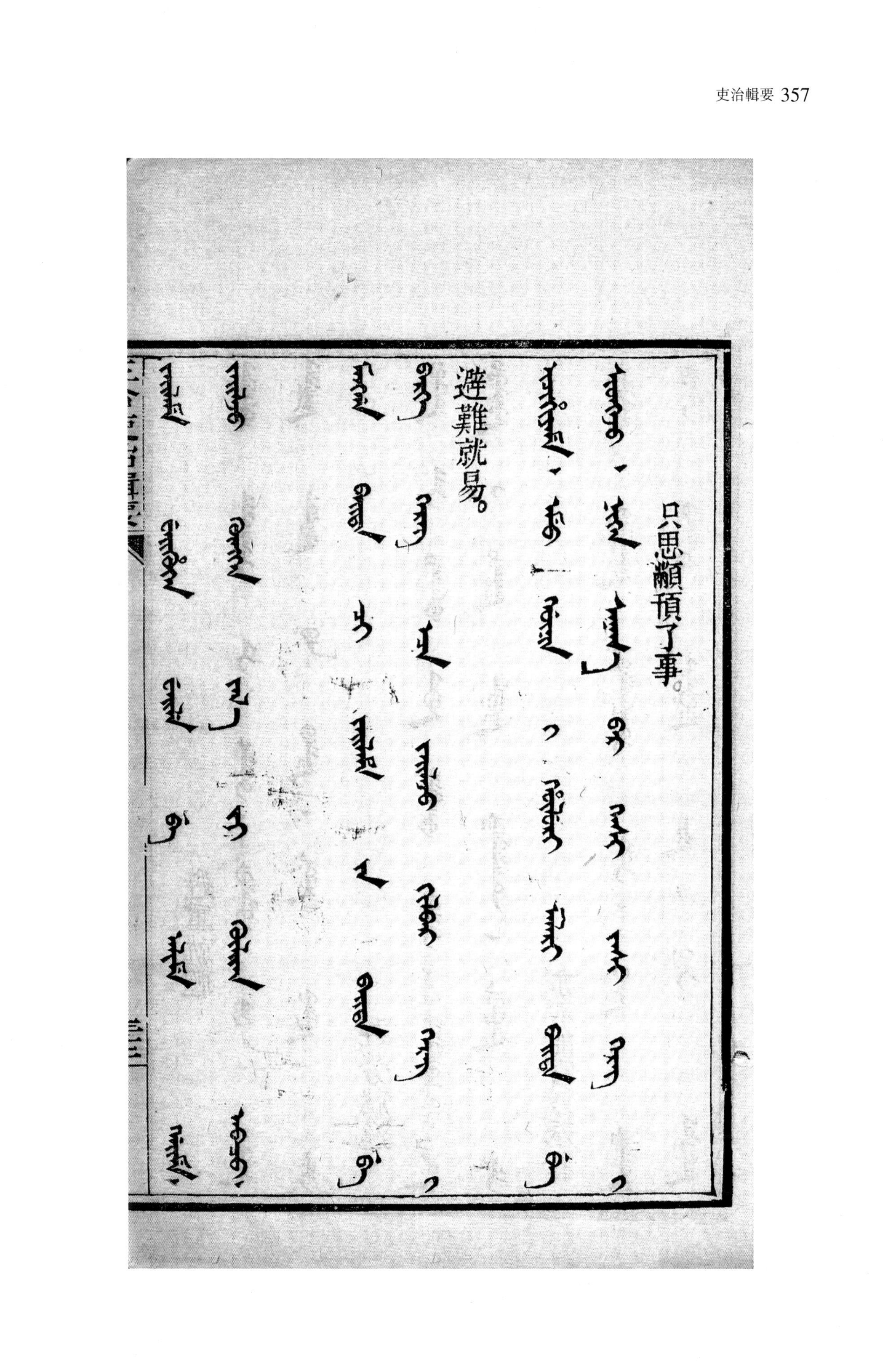

只思顢頇了事。

避難就易。

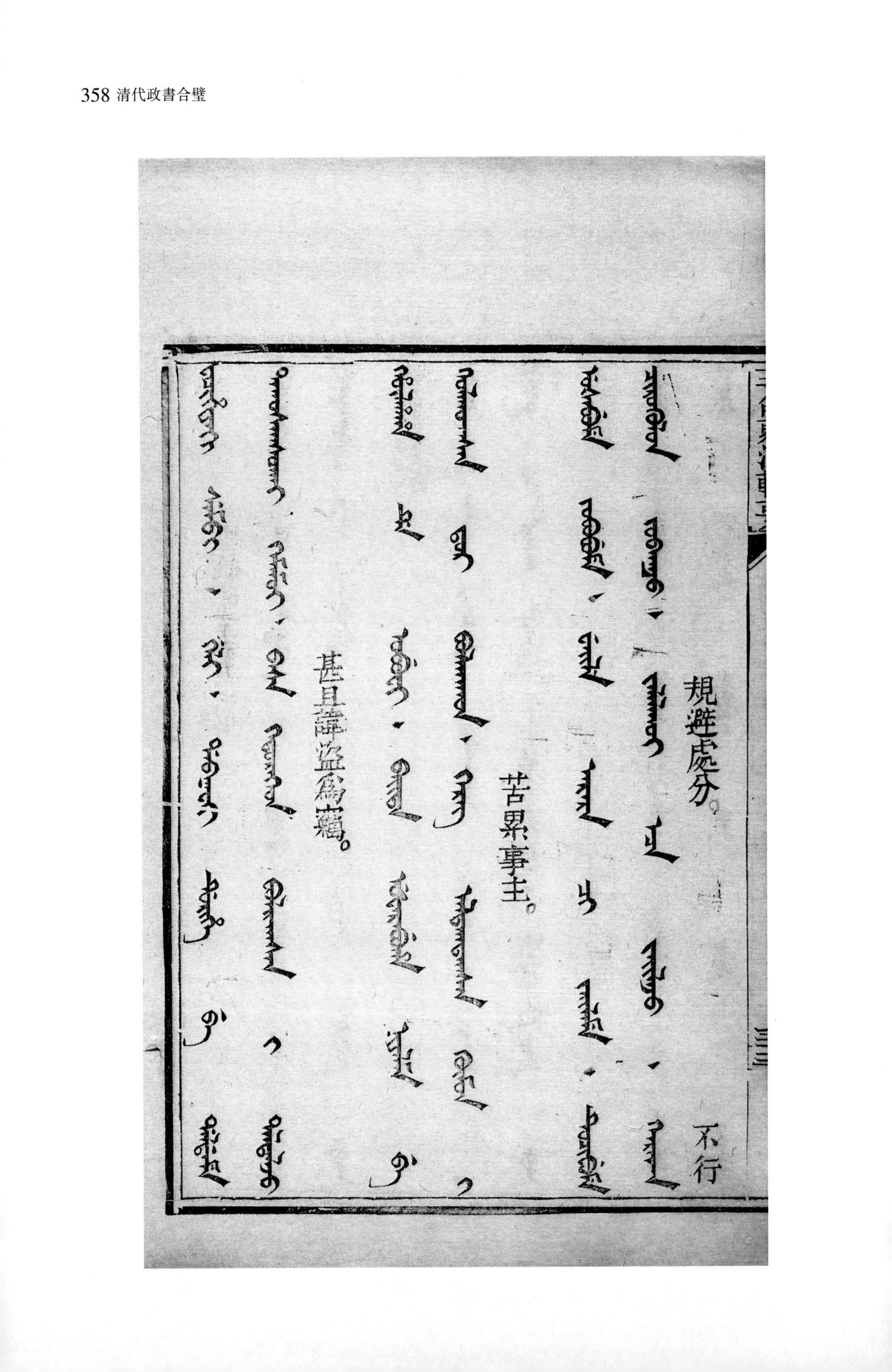

規避處分。不行

苦累事主。

甚且諱盜爲竊。

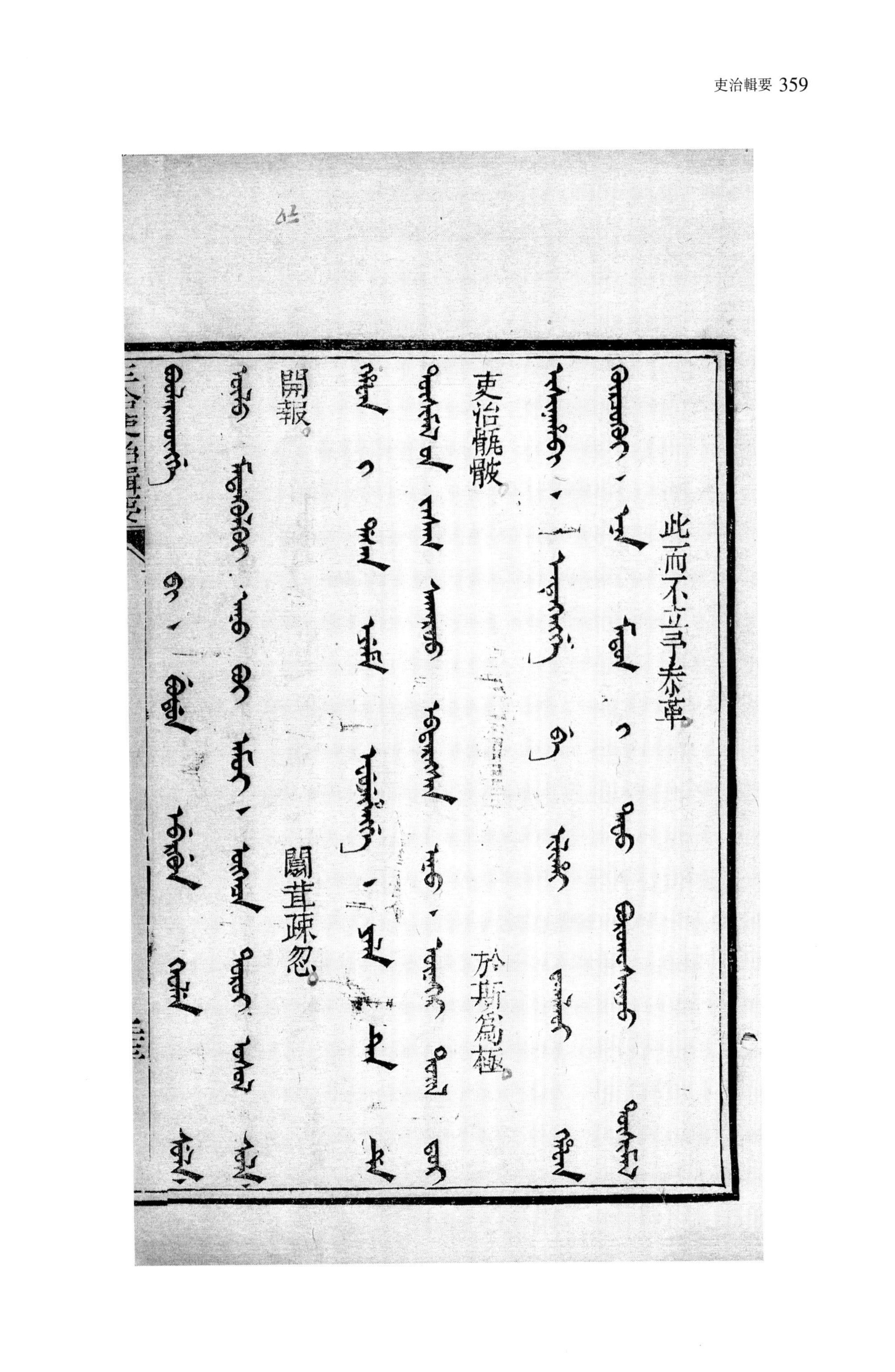

開報

闒茸疏忽

吏治骫骳

於斯爲極

此而不立予參革

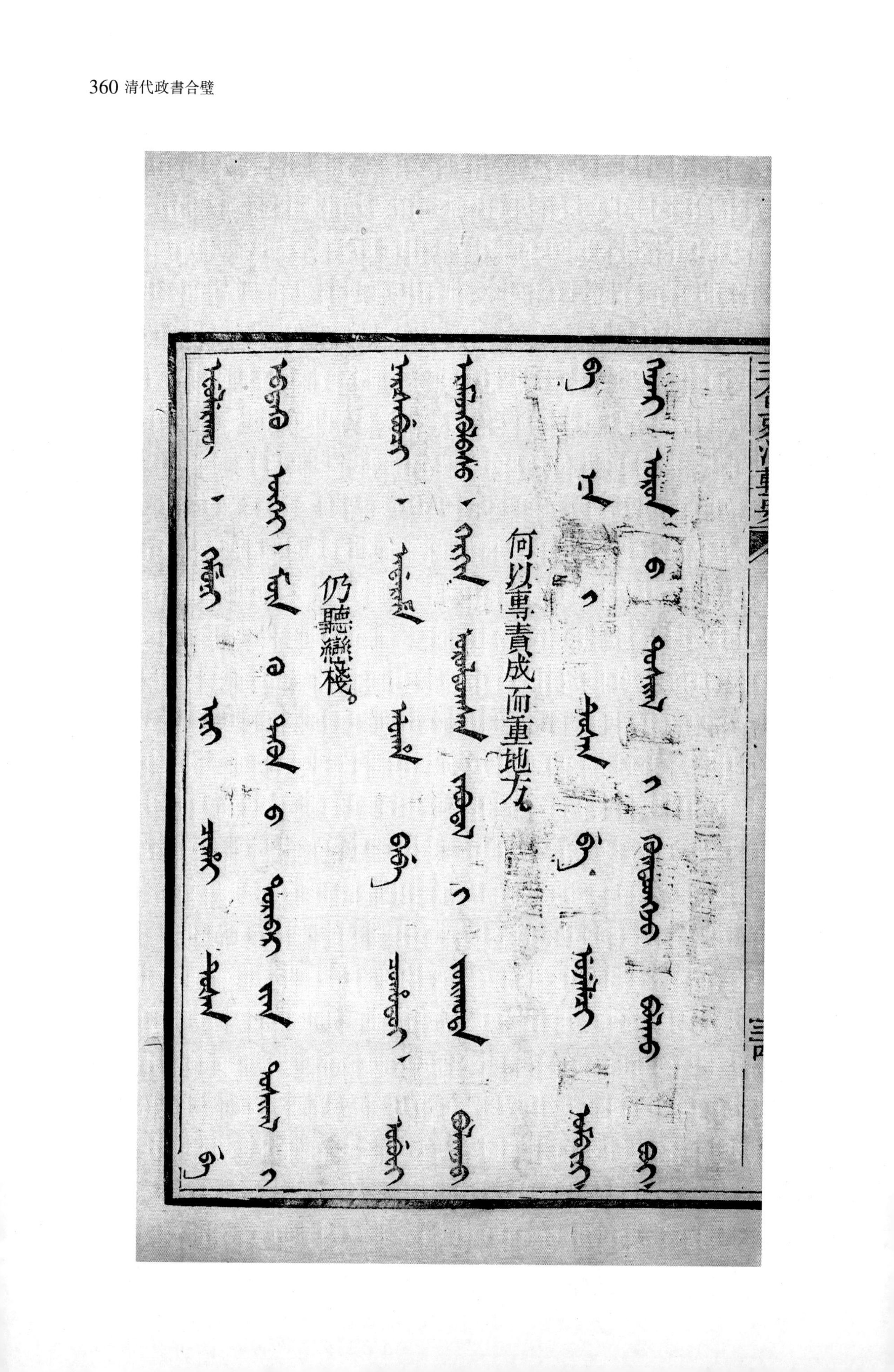

何以專責成而重地方。

仍聽繼棧。

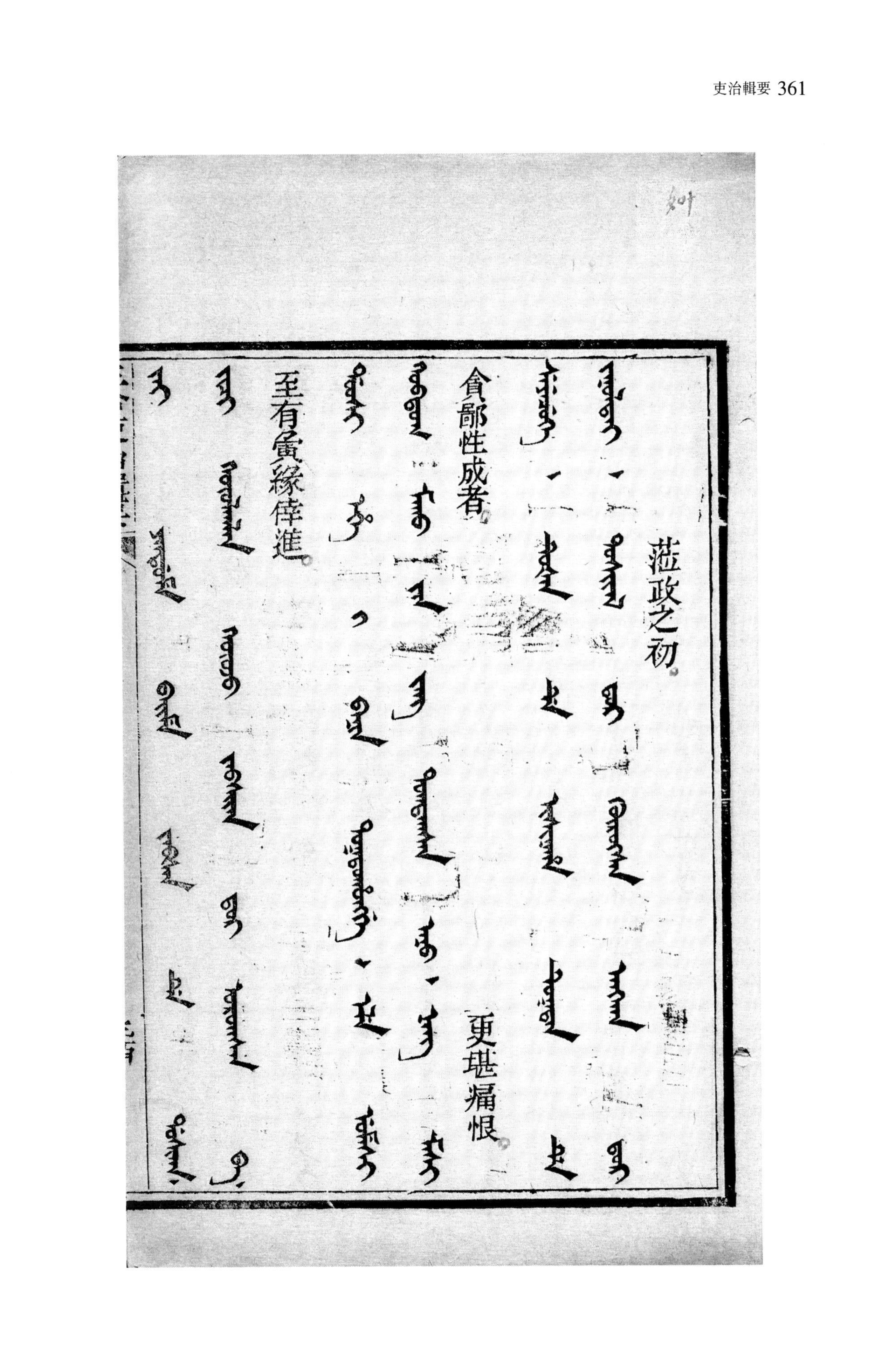

蒞政之初

貪鄙性成者

更堪痛恨

至有夤緣倖進

科歛民間　　需索商賈

收受陋規

即巧立名色

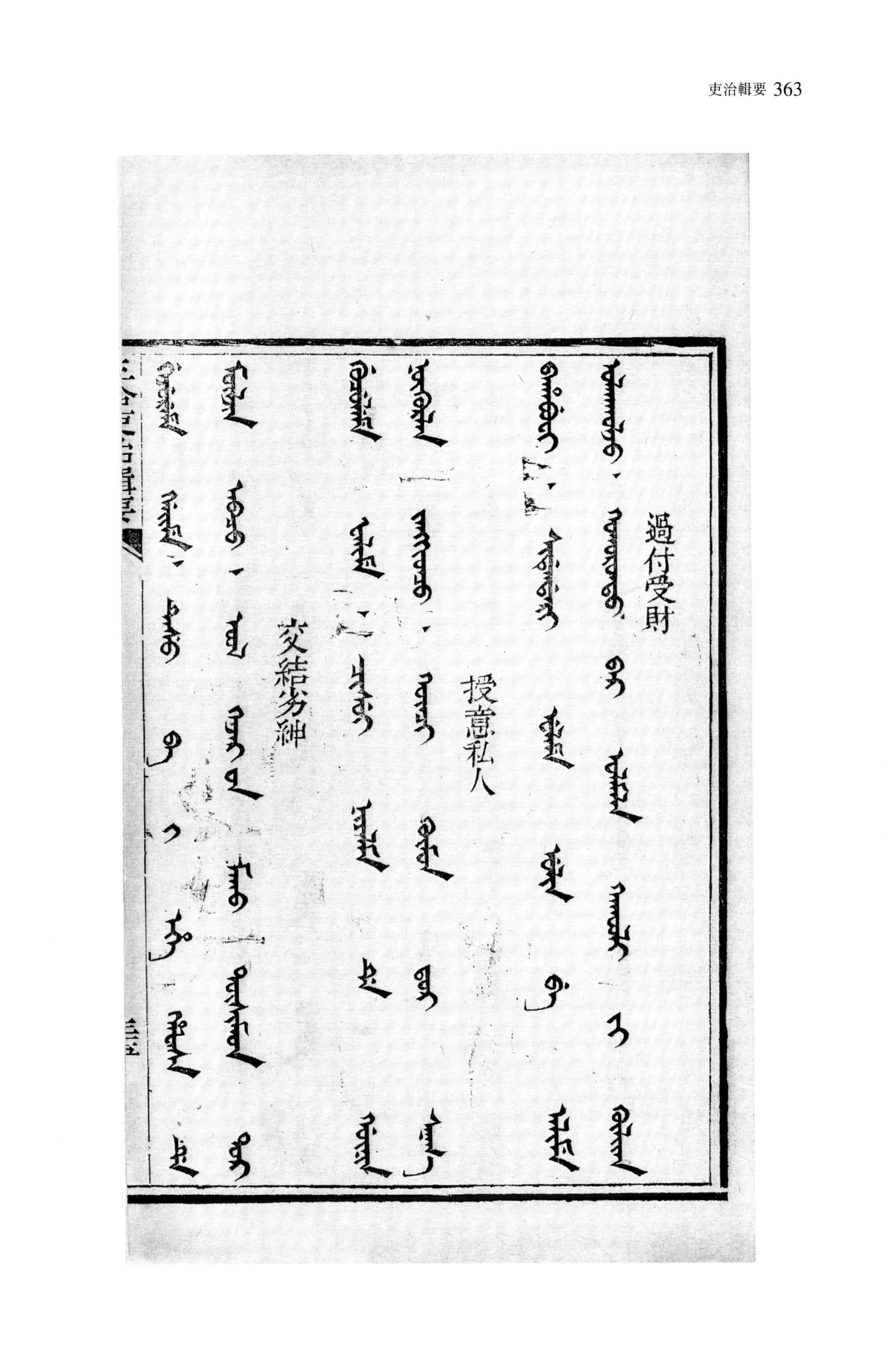

過付受財

授意私人

交結劣紳

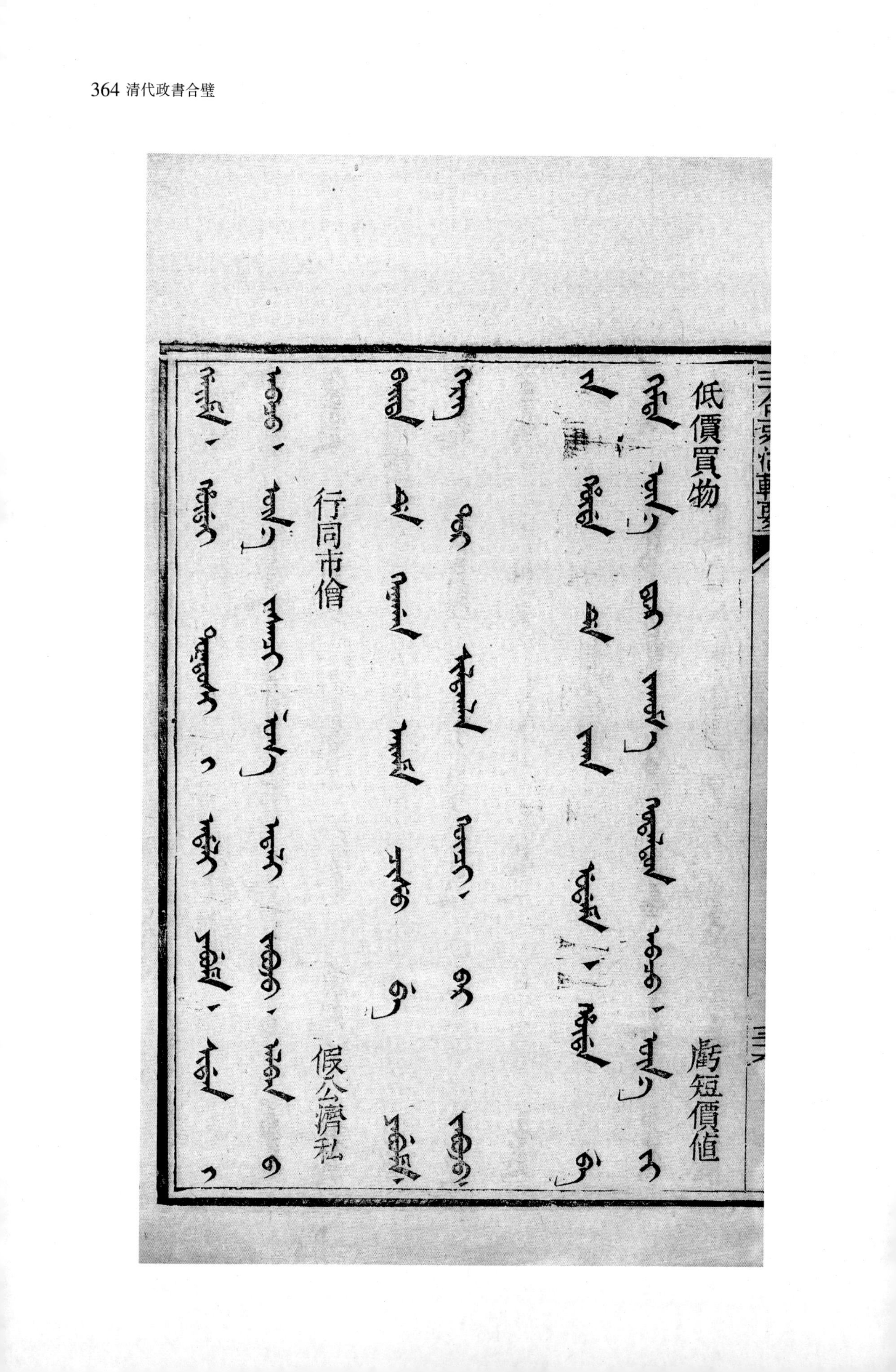

低價買物　虧短價值

行同市儈　假公濟私

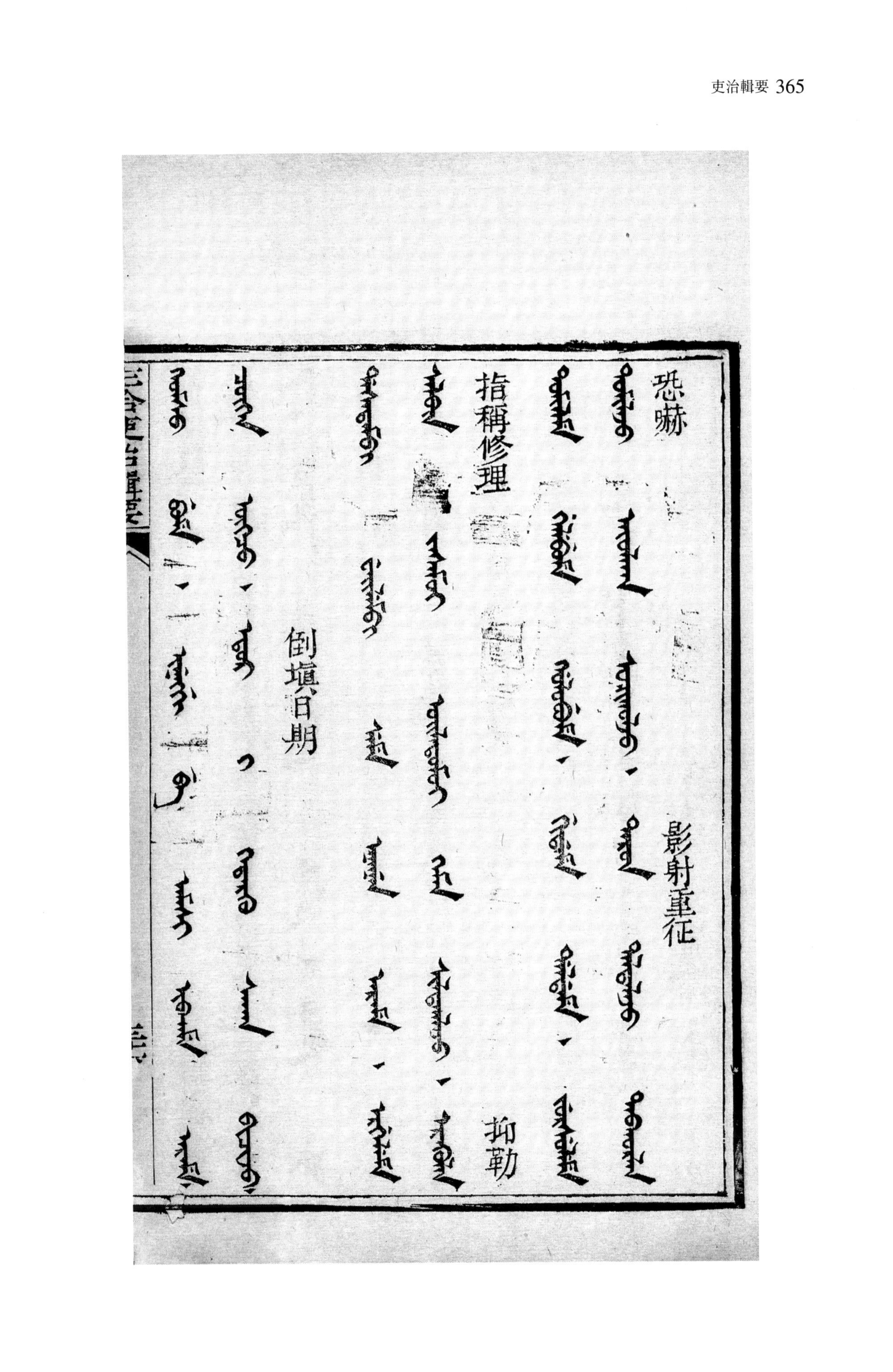

恐嚇

影射重征

指稱修理

抑勒

倒塡日期

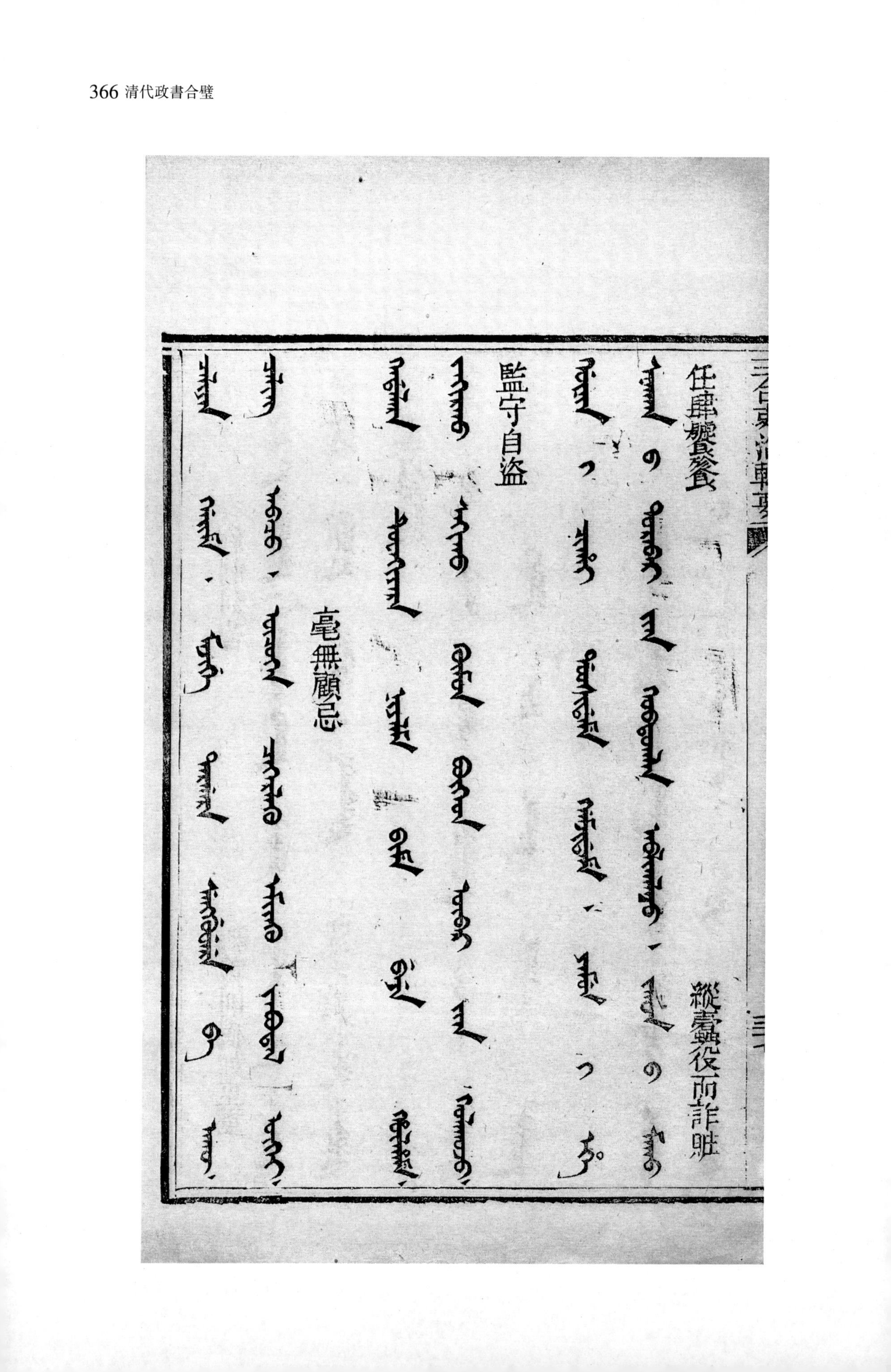

縱蠹役而詐贓

任肆饕餮

監守自盜

毫無顧忌

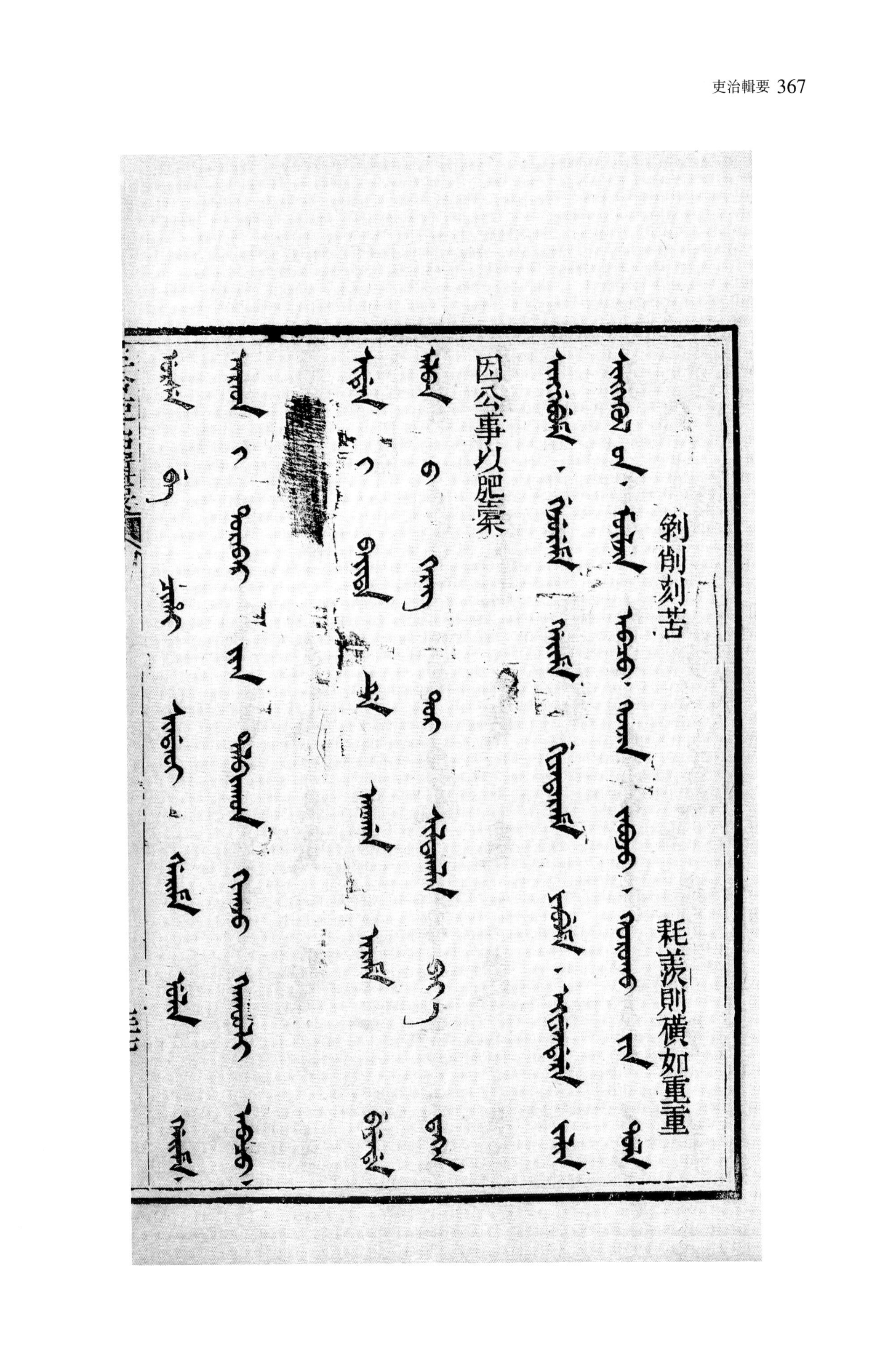

剝削刻苦

耗羨則横如重重

因公事以肥槖

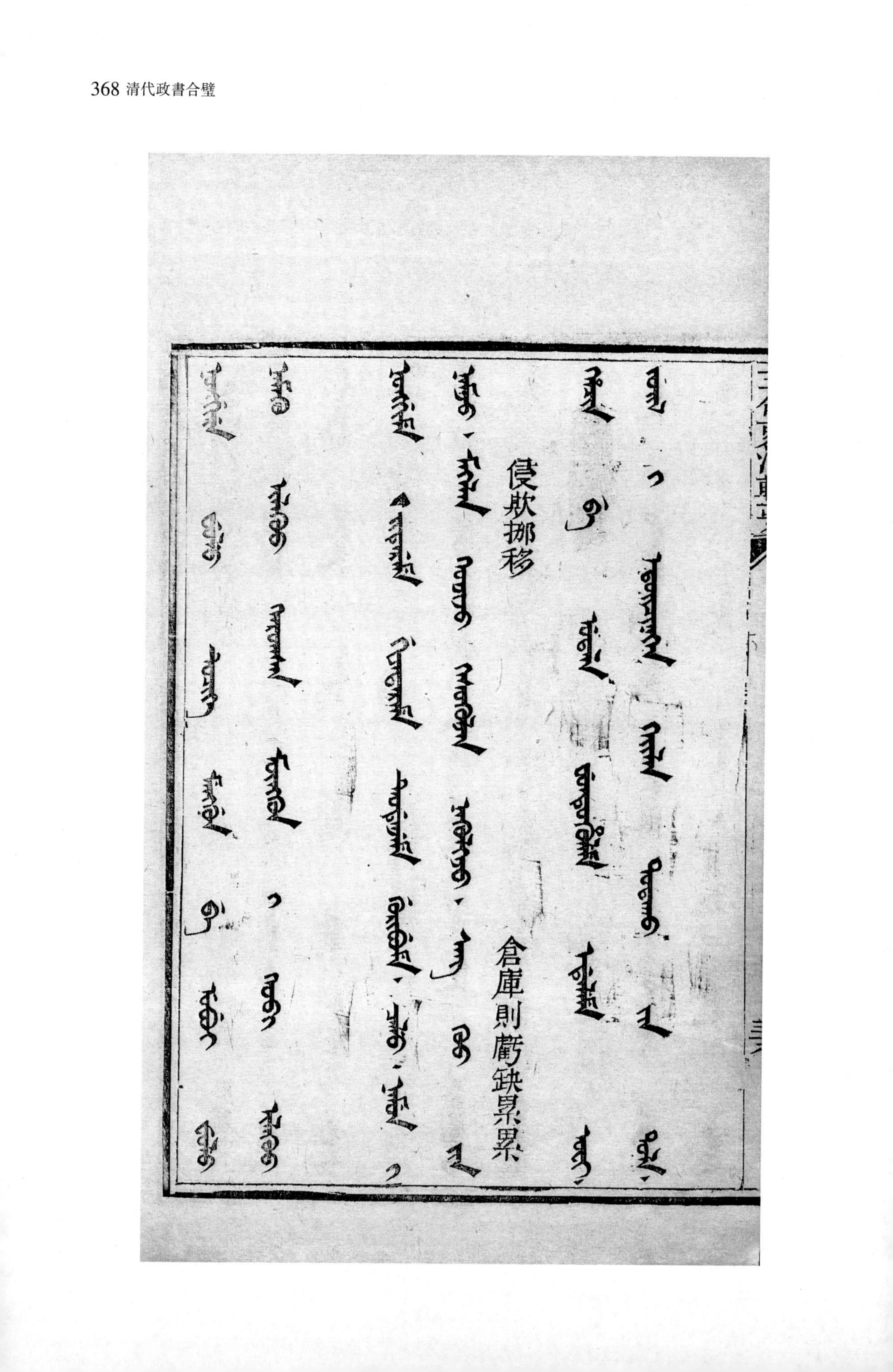

侵欺挪移

倉庫則虧缺累累

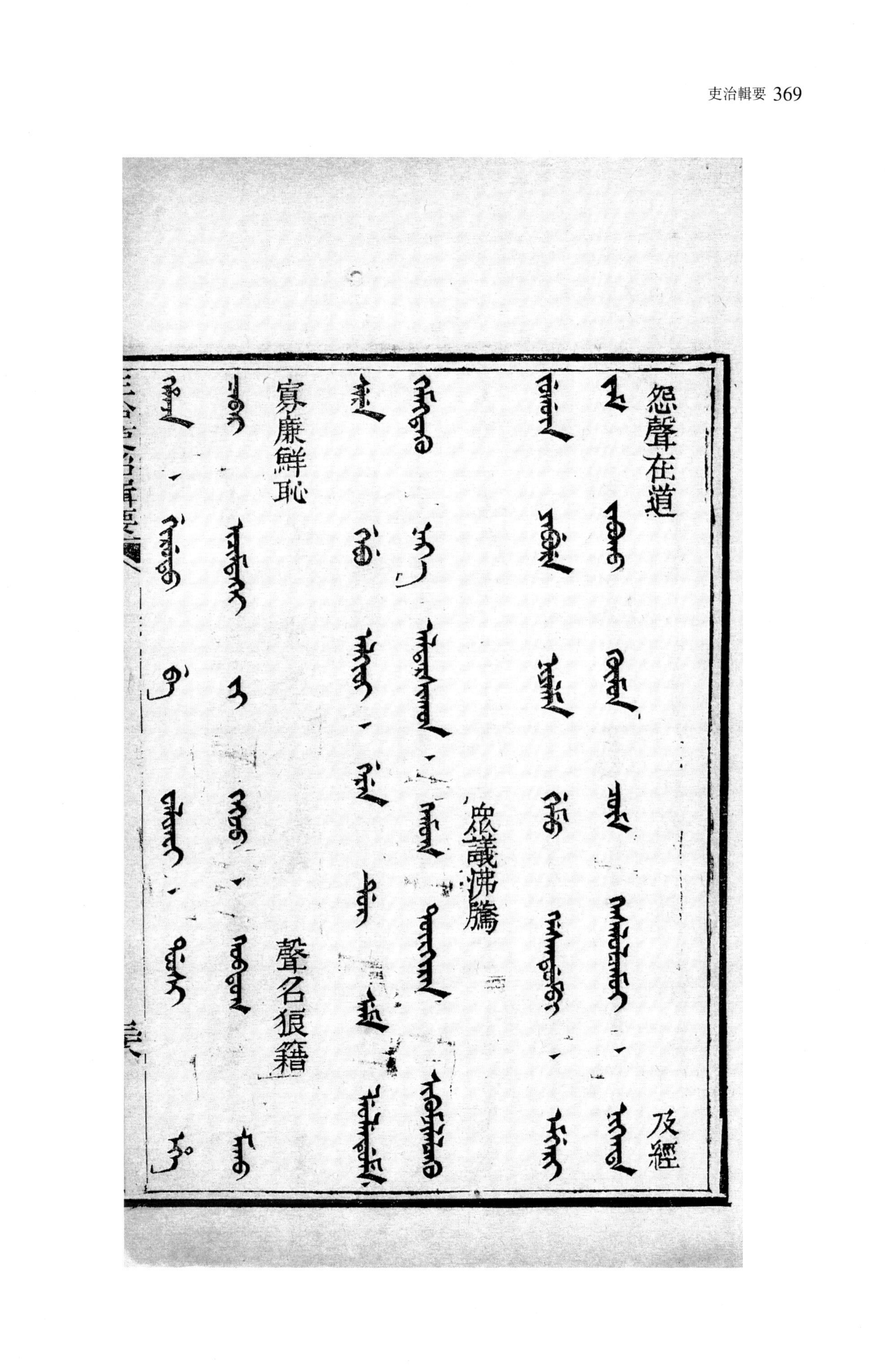

怨聲在道

及經

衆議沸騰

寡廉鮮恥

聲名狼籍

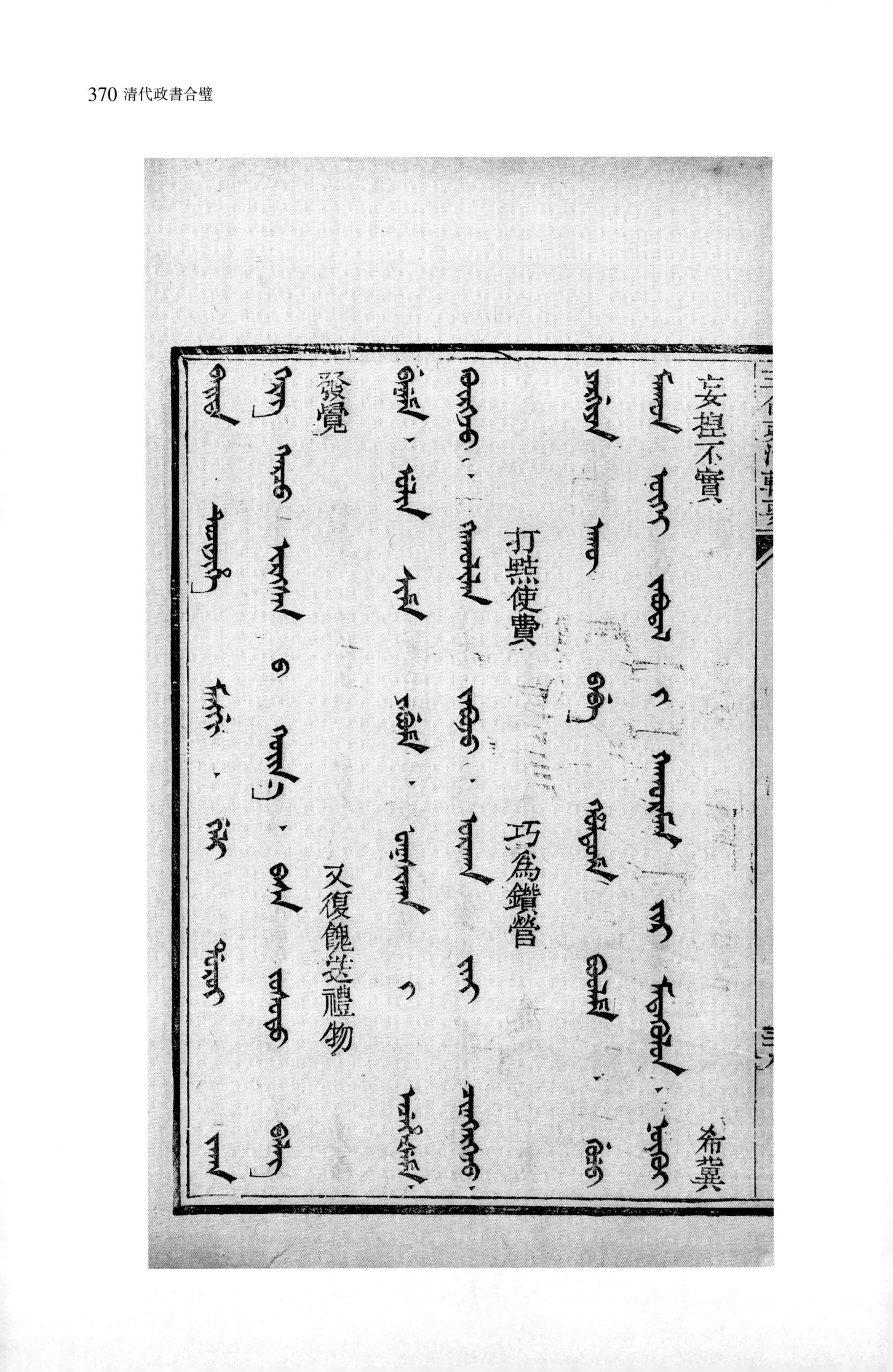

妄捏不實

希冀

打點使費

巧爲鑽營

發覺

又復餽送禮物

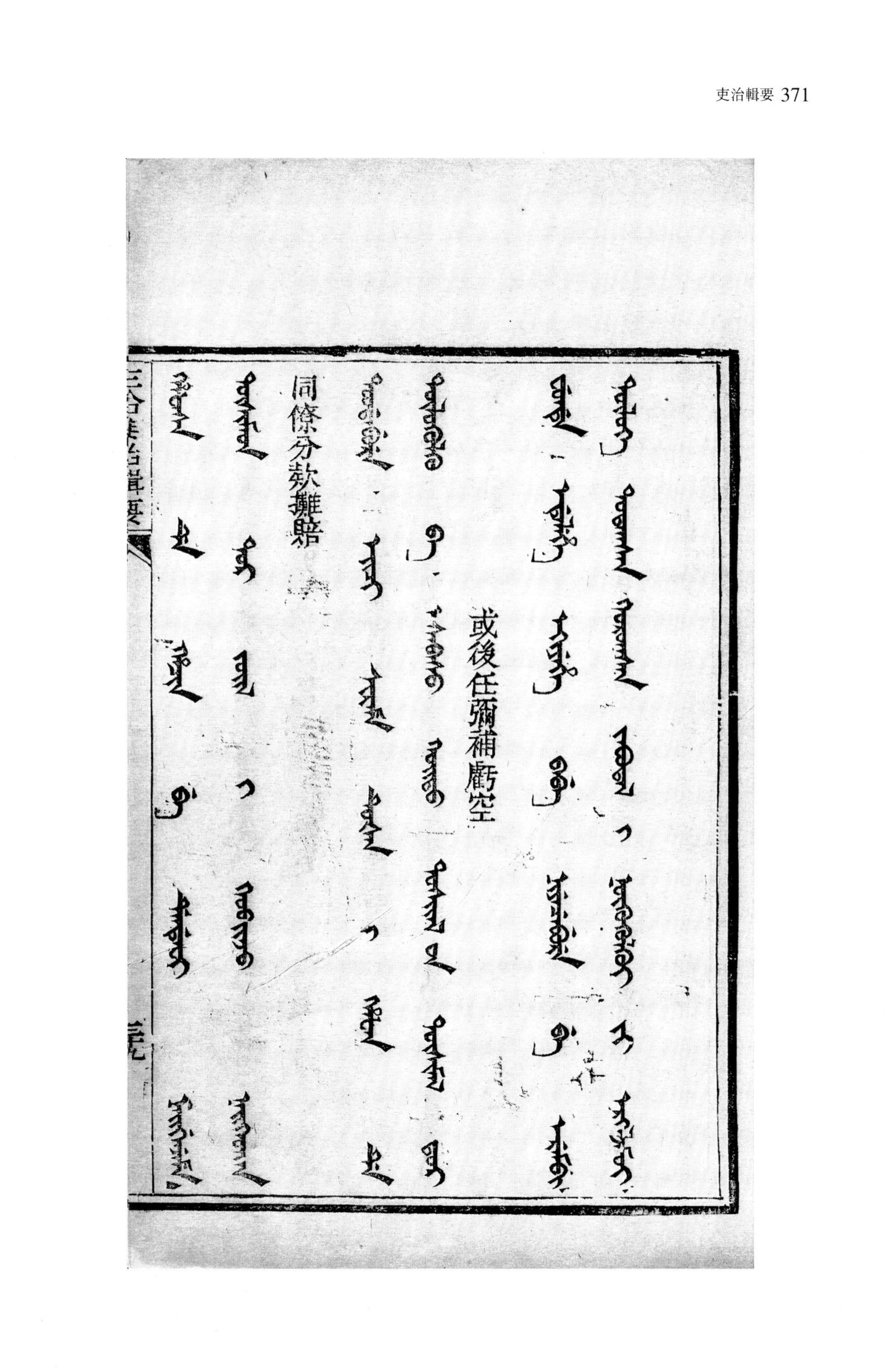

或後任彌補虧空

同僚分款攤賠

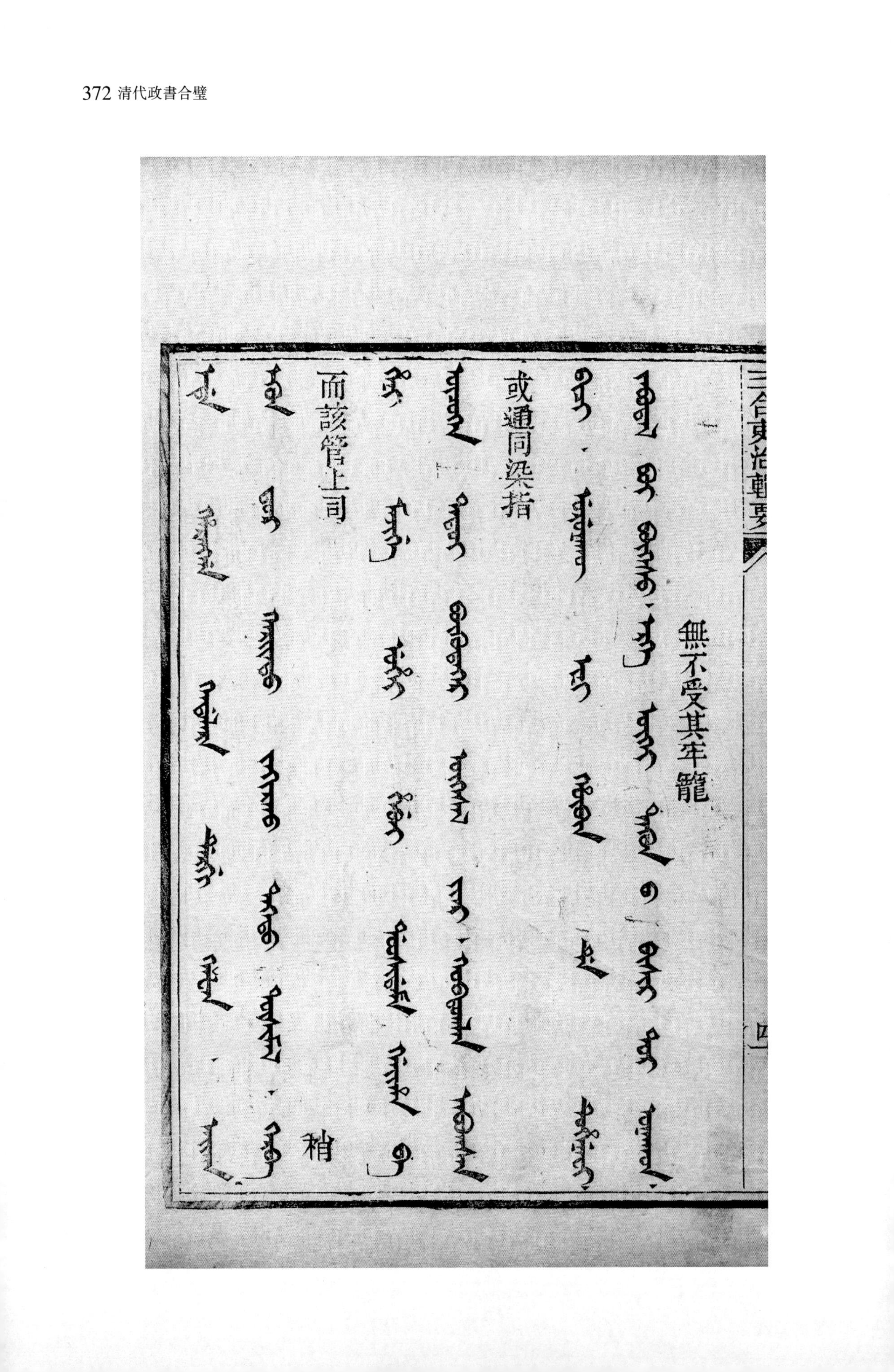

無不受其牢籠

或通同染指

而該管上司

稍

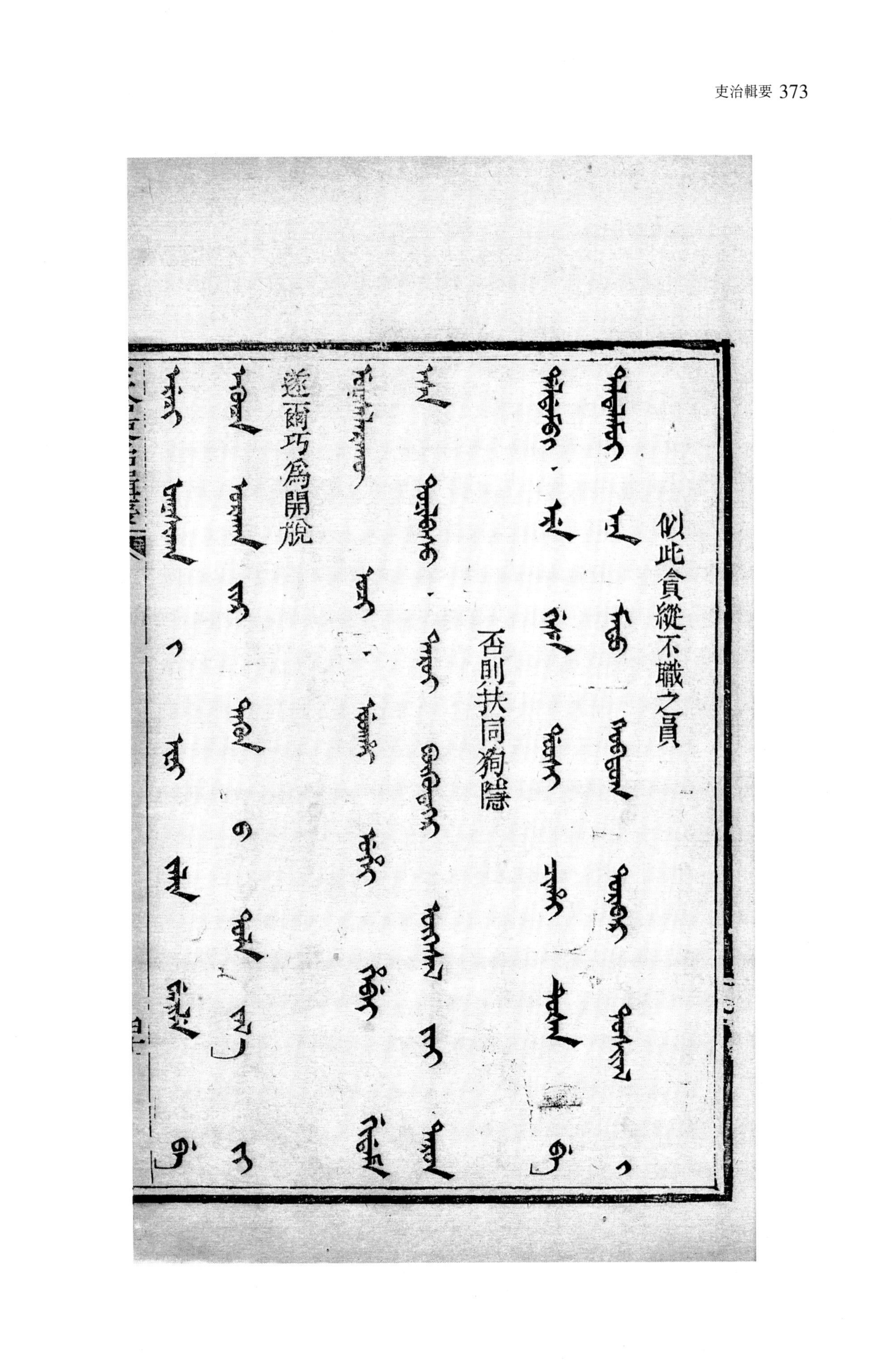

似此貪縱不職之員

否則扶同狥隱

遂爾巧爲開脫

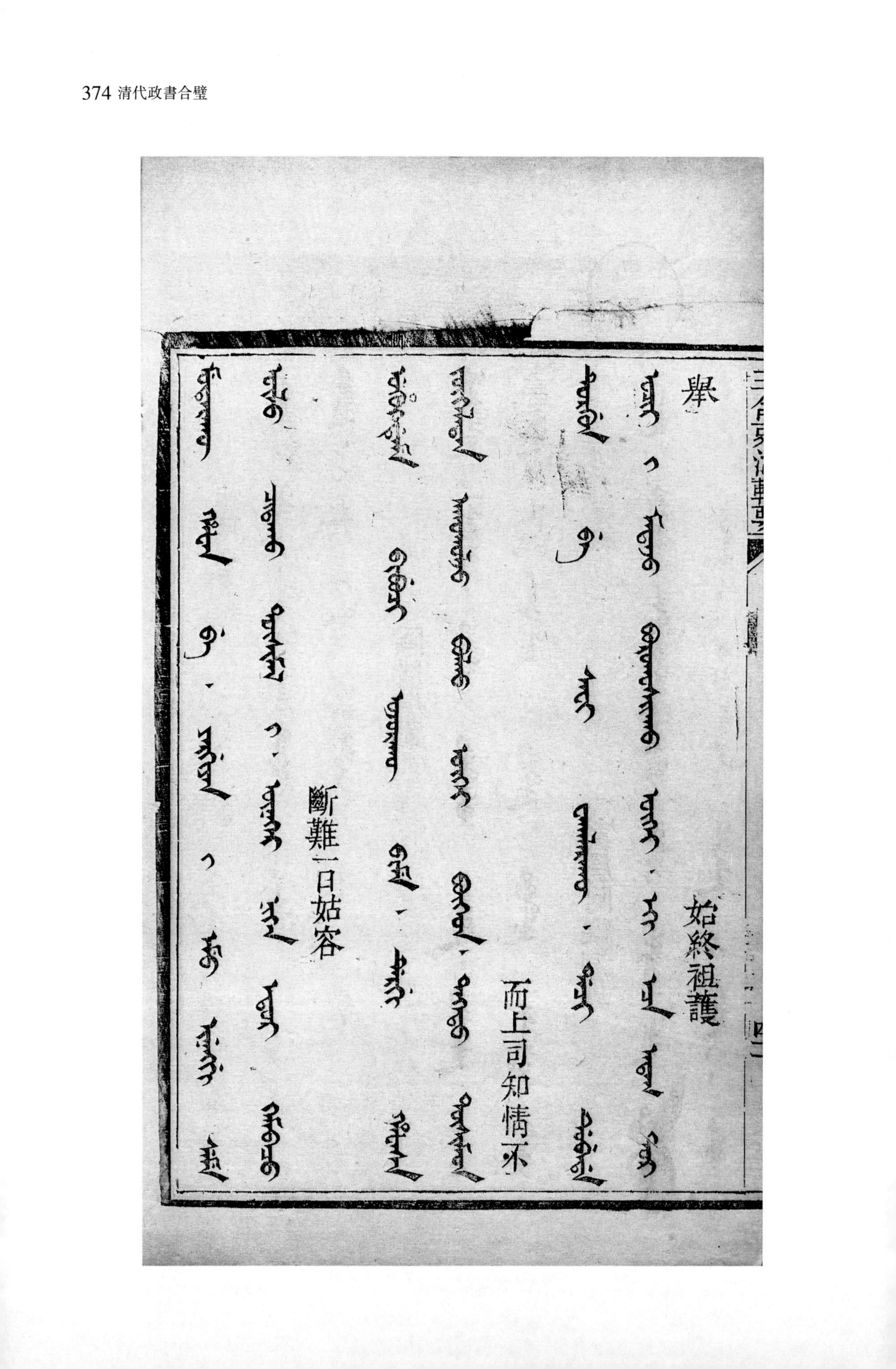

舉

始終袒護

而上司知情不

斷難一日姑容

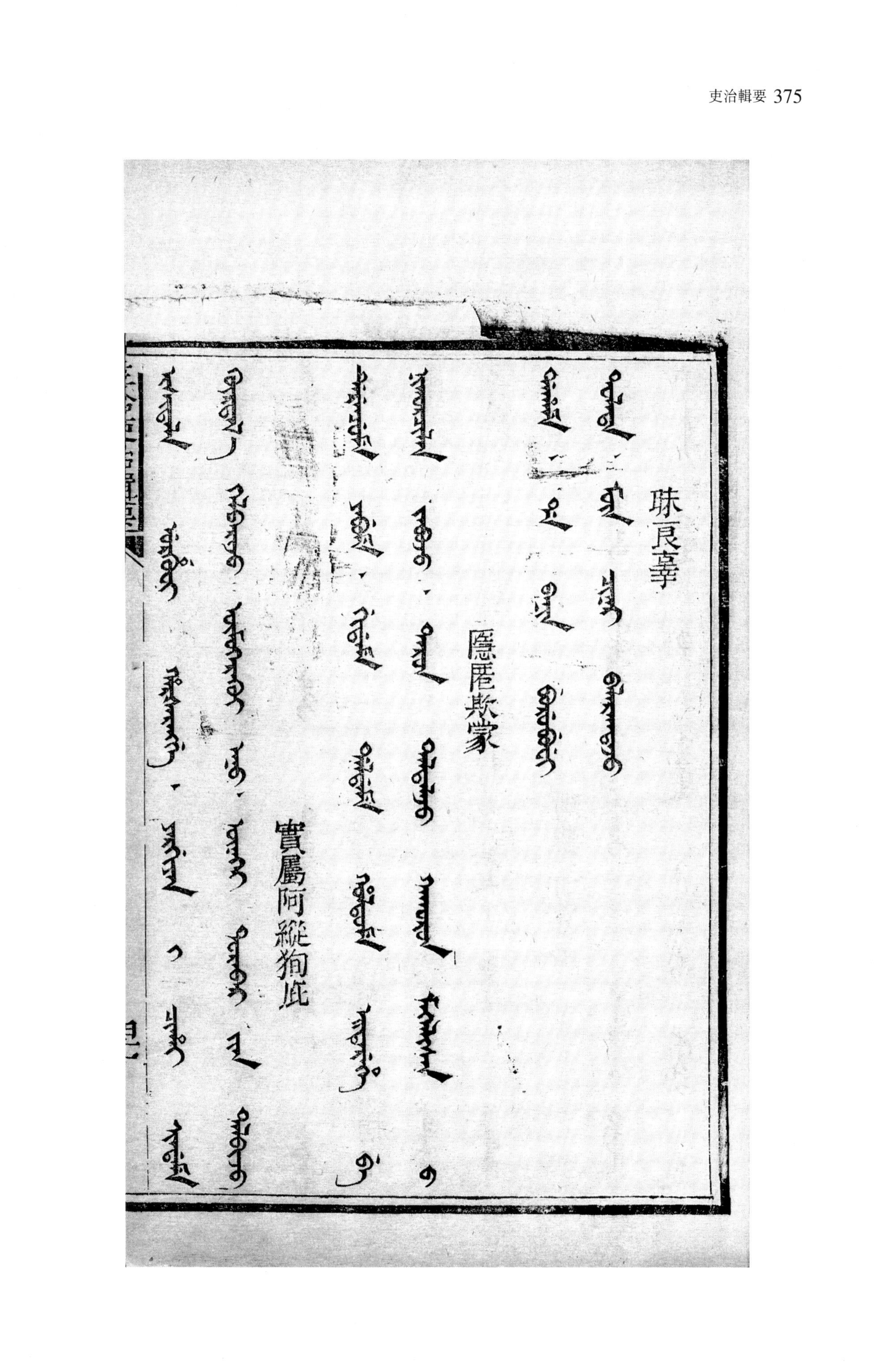

昧良辜

隱匿欺蒙

實屬阿縱狥庇

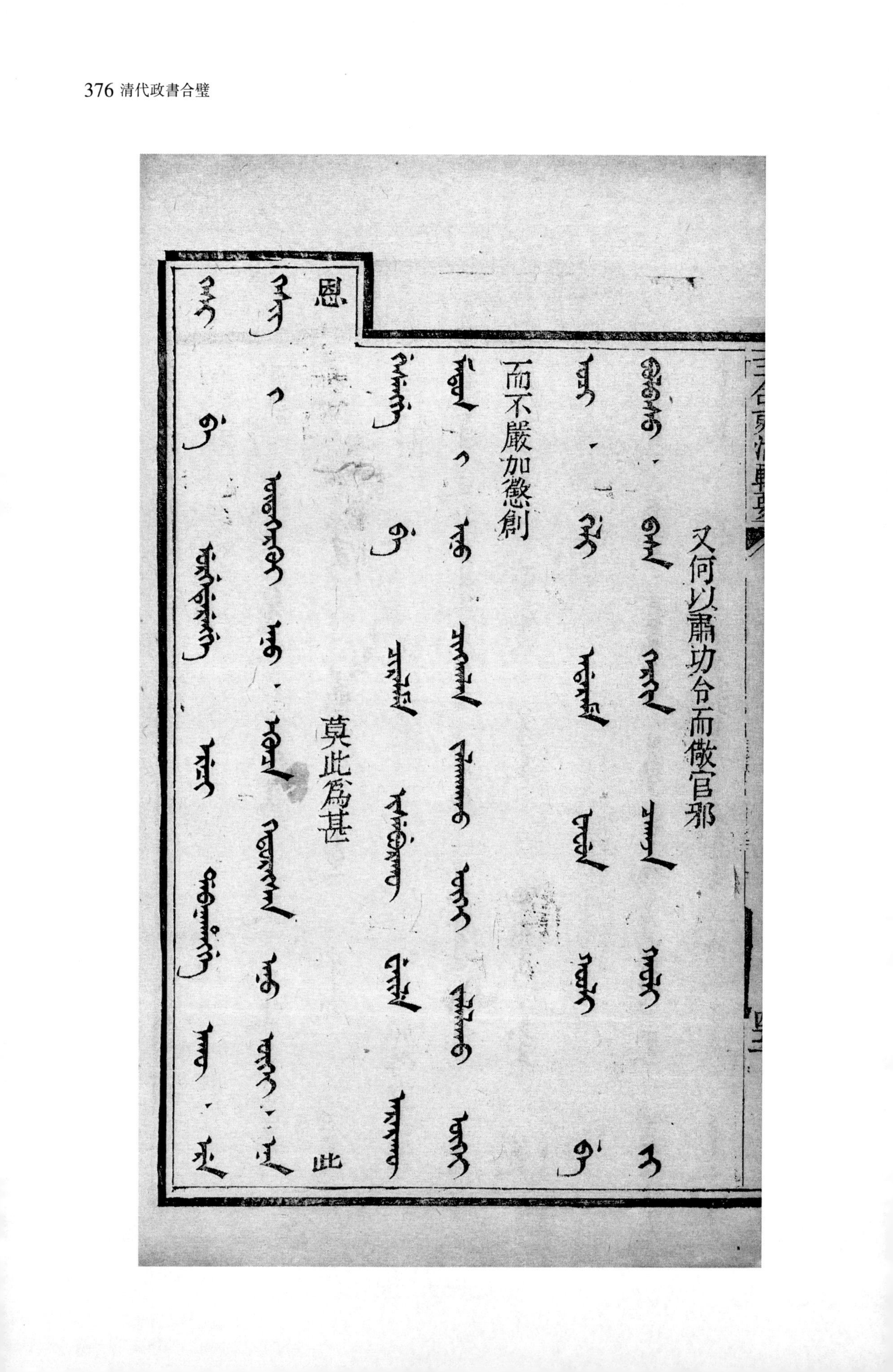

又何以肅功令而儆官邪

而不嚴加懲創

莫此爲甚

此

恩

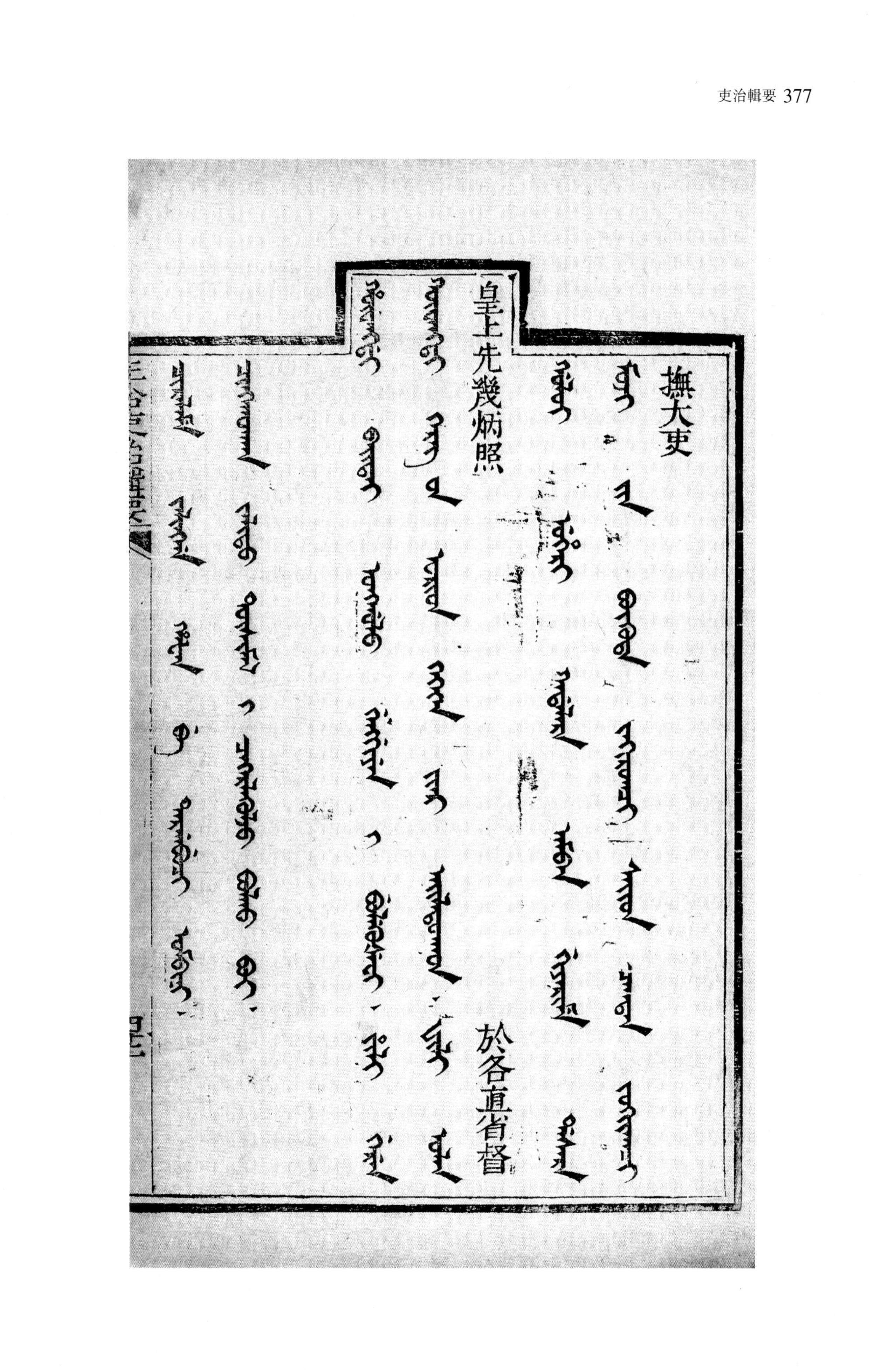

撫大吏

皇上先幾炳照

於各直省督

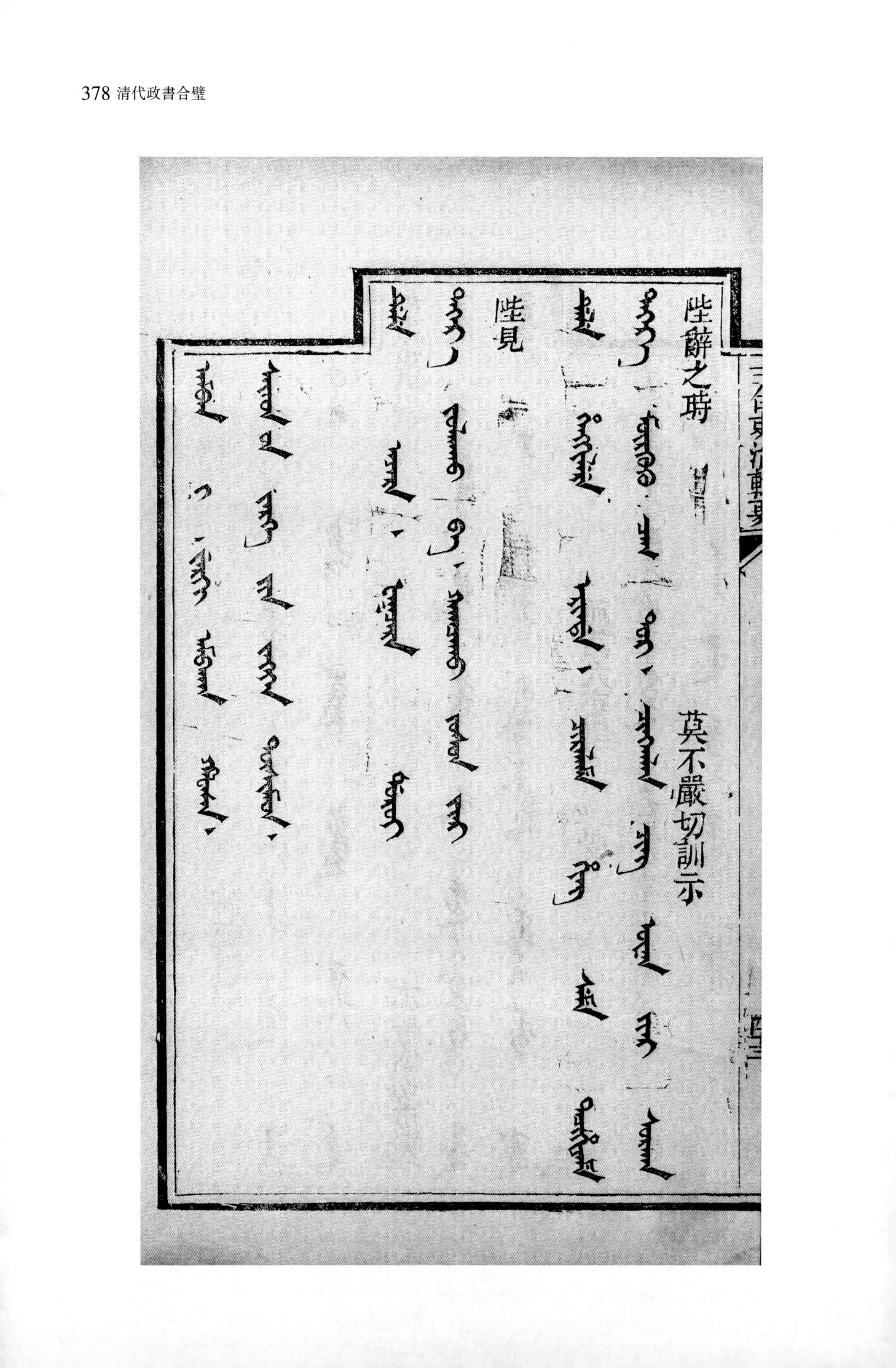

陛辭之時　莫不嚴切訓示

陛見

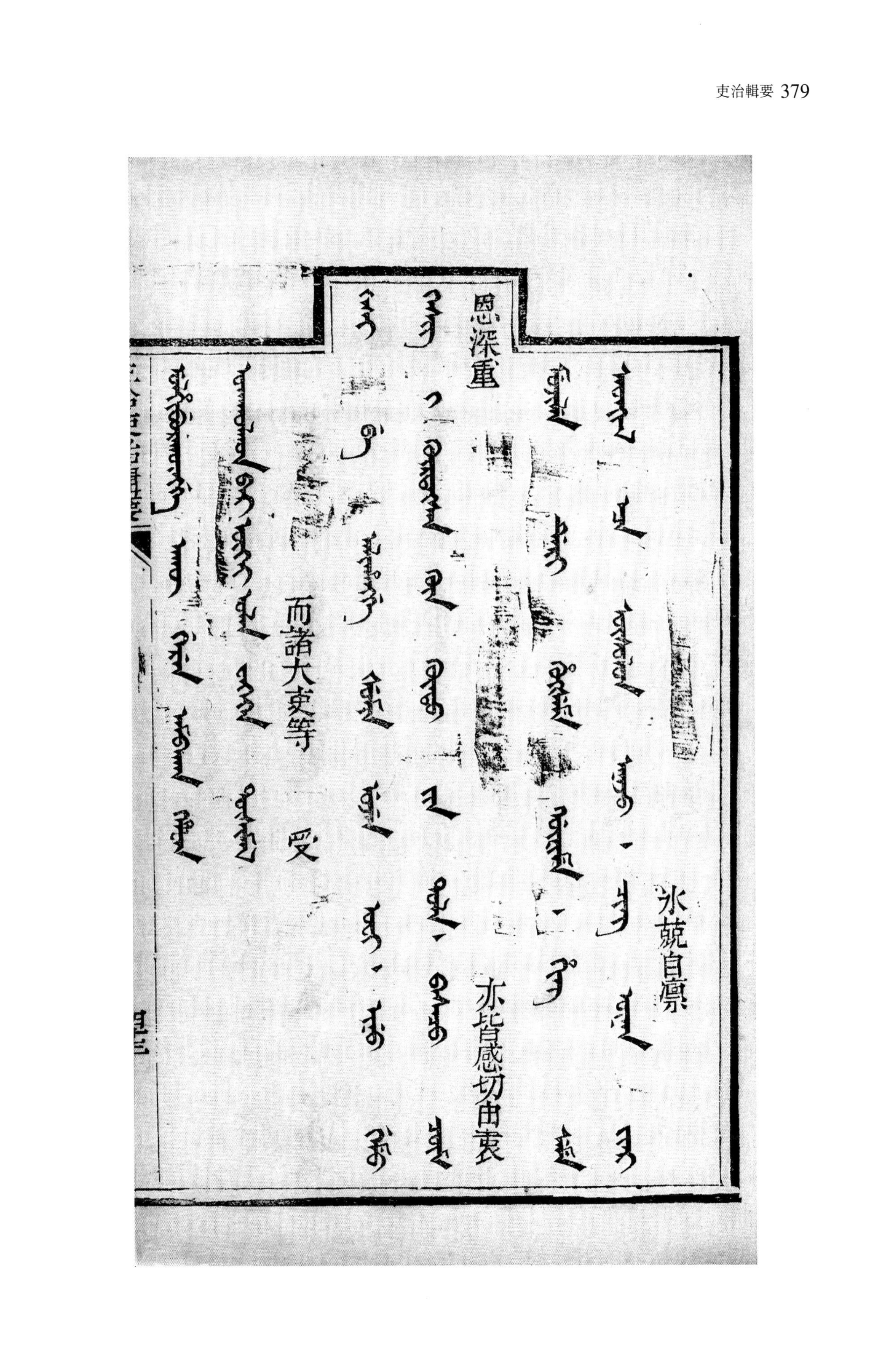

氷兢自禀

亦皆感切由衷

恩深重

而諸大吏等受

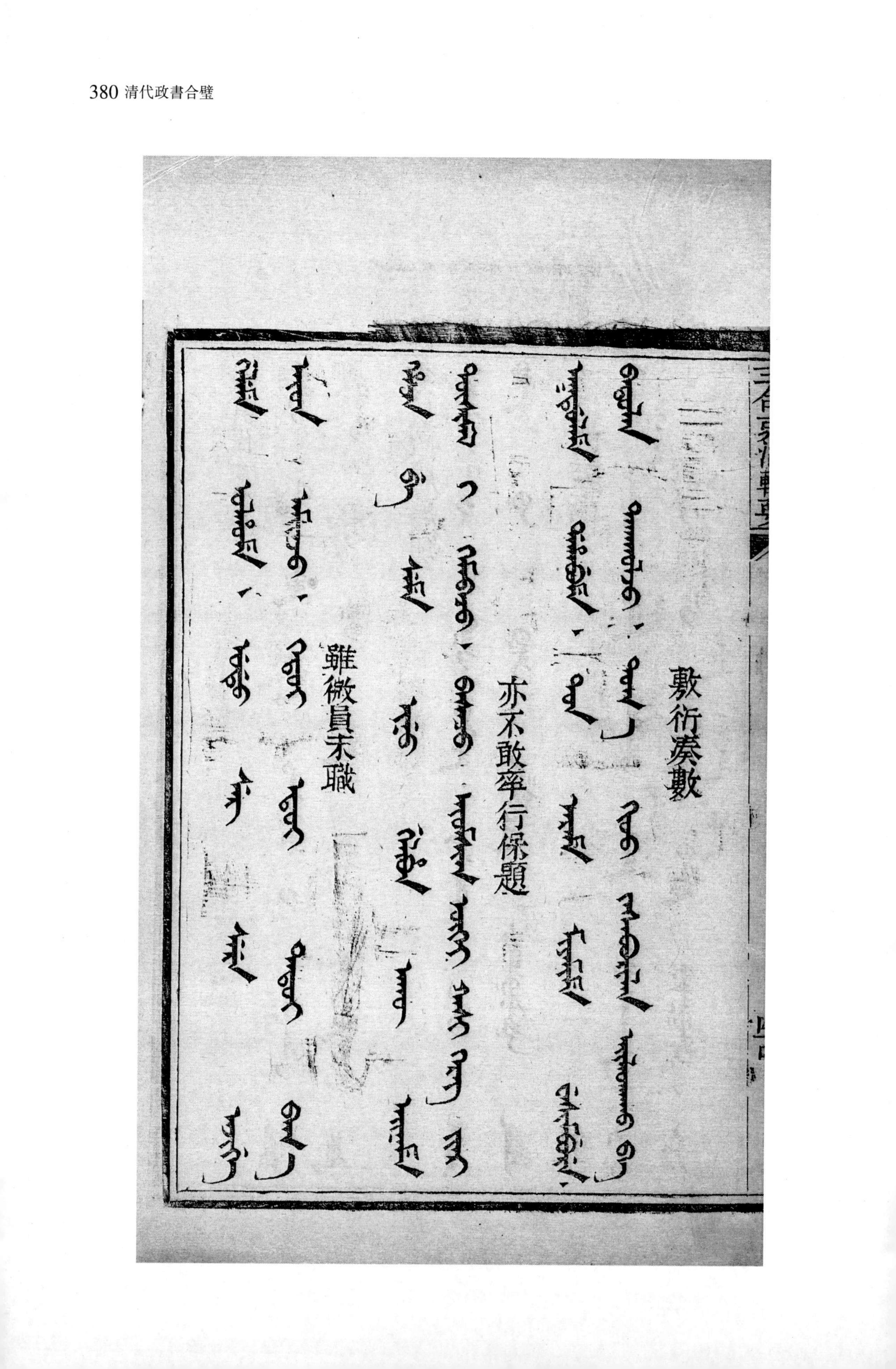

敷衍奏數

亦不敢率行保題

雖微員末職

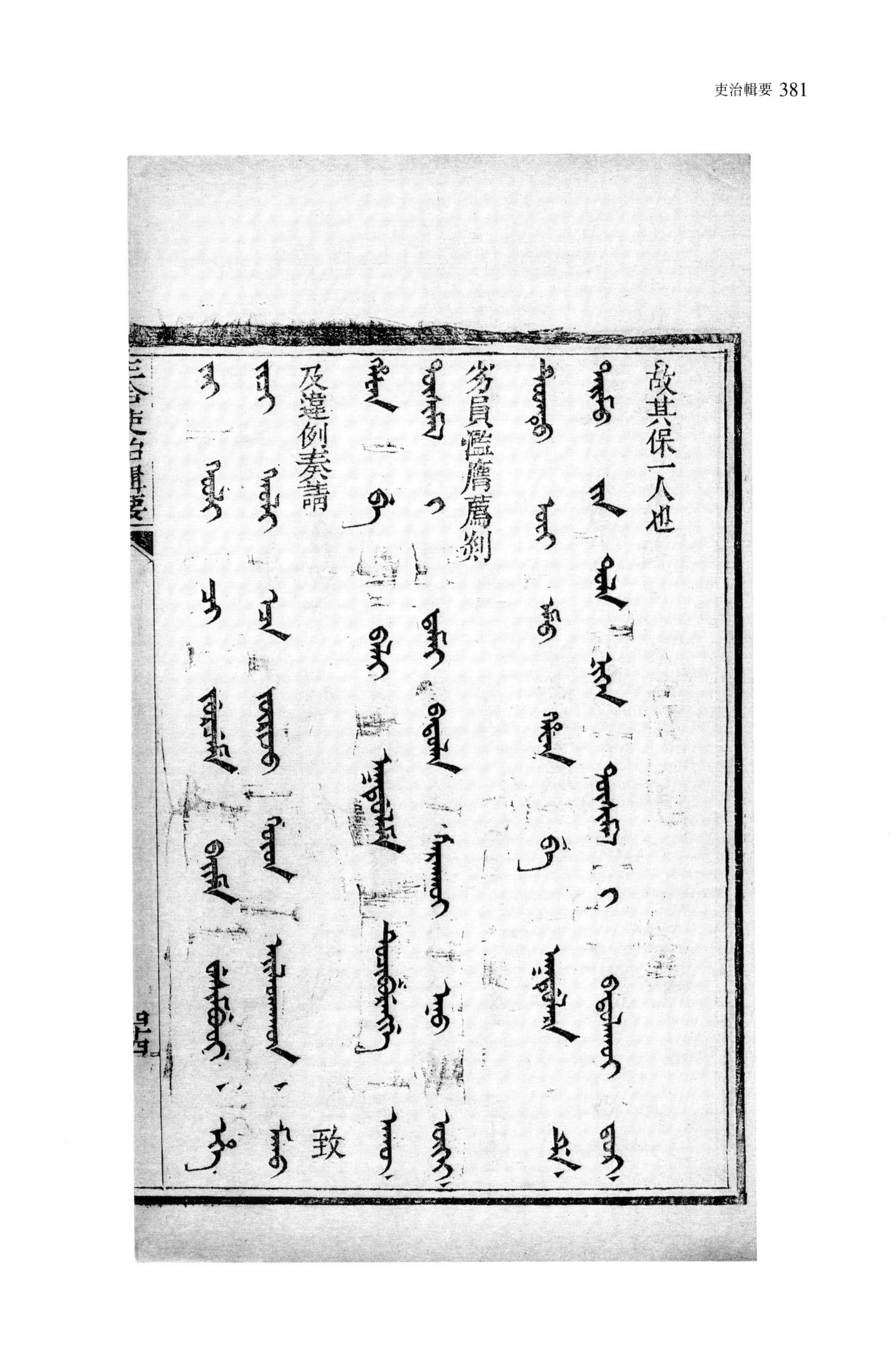

故其保一人也

劣員濫膺薦剡

及違例奏請

致

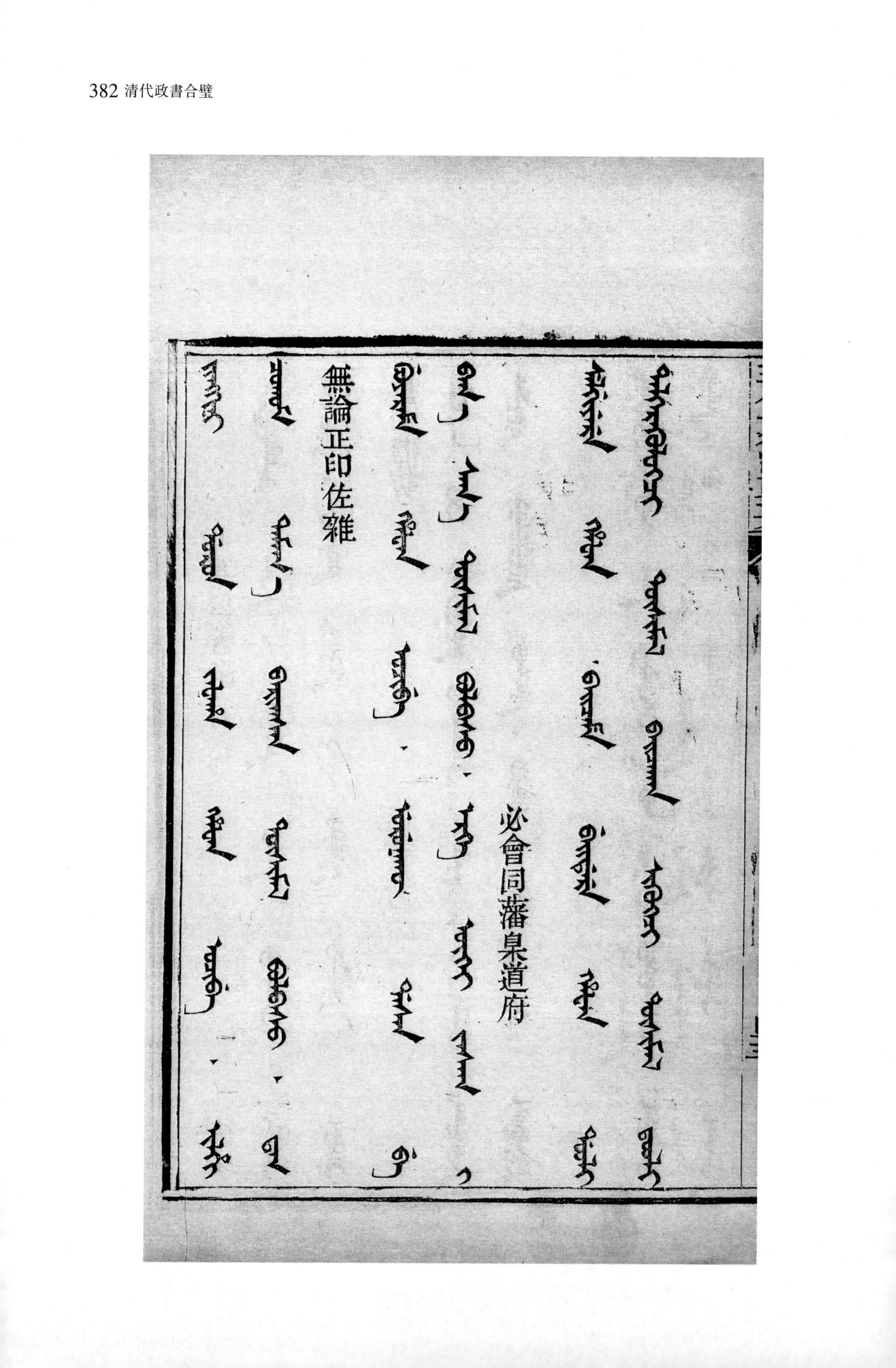

必會同藩臬道府

無論正印佐雜

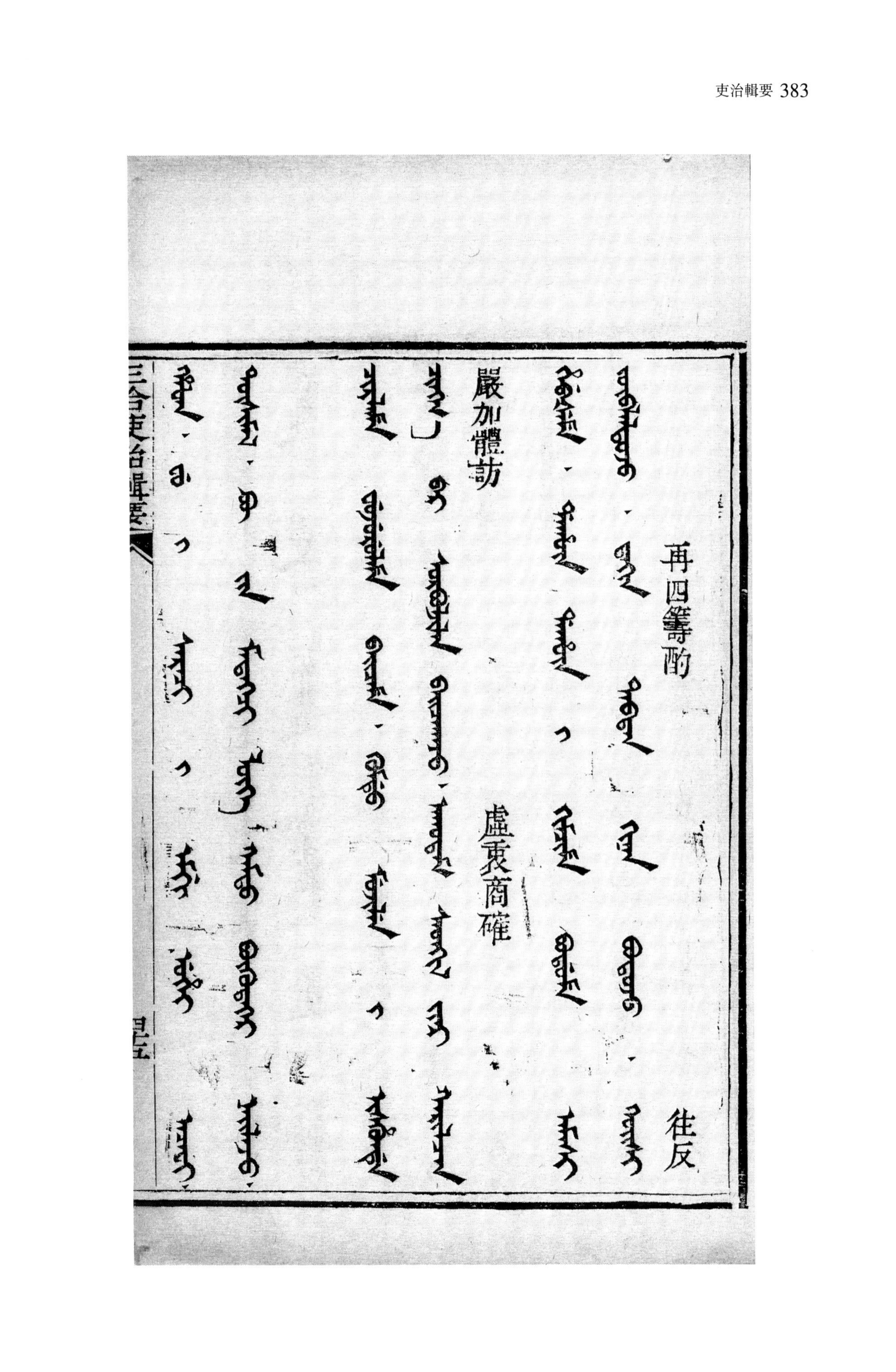

再四籌酌

往反

虛衷商確

嚴加體訪

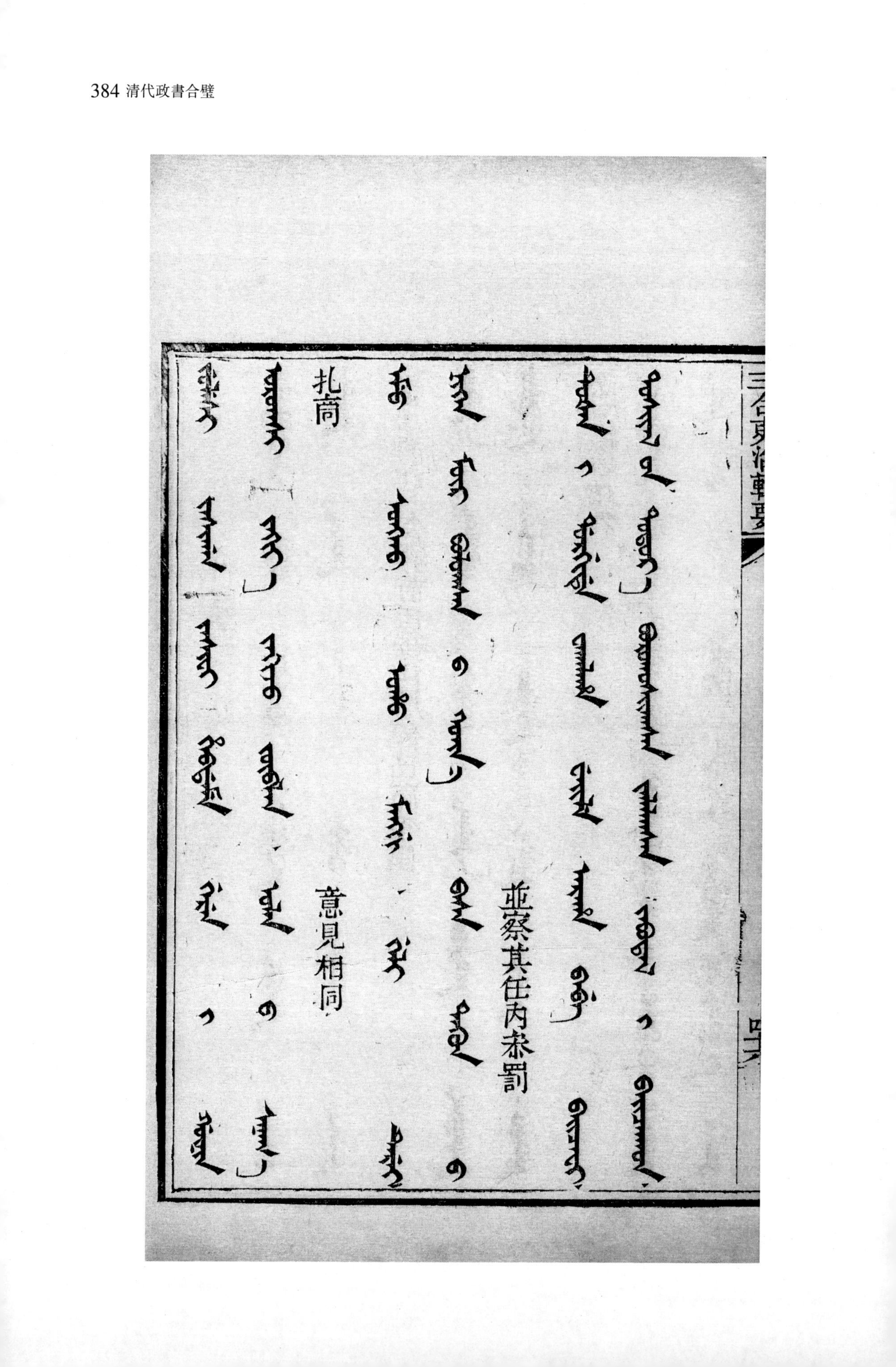

並察其任內叅罰

扎商

意見相同

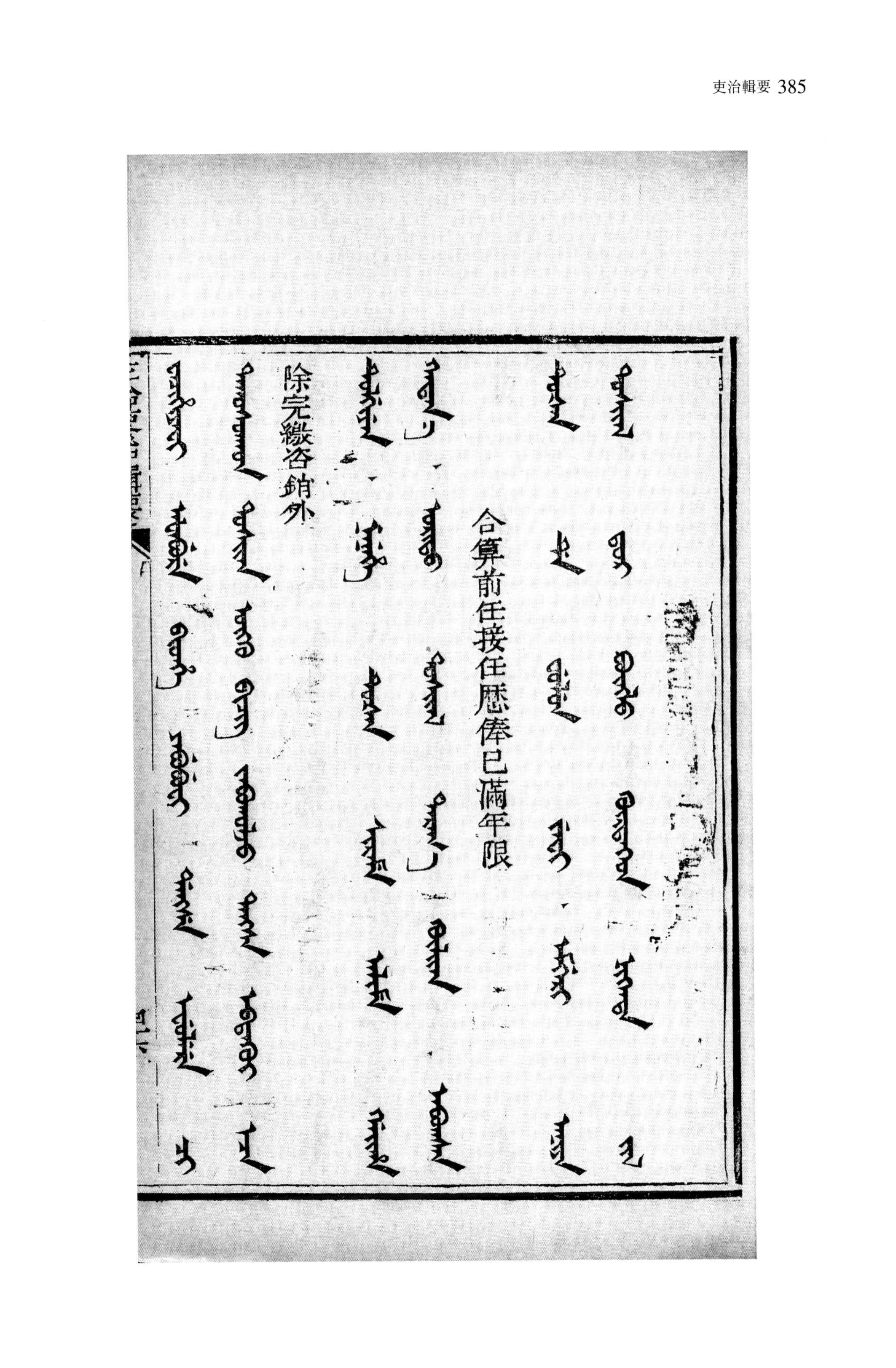

合算前任接任歷俸已滿年限

除完繳咨銷外

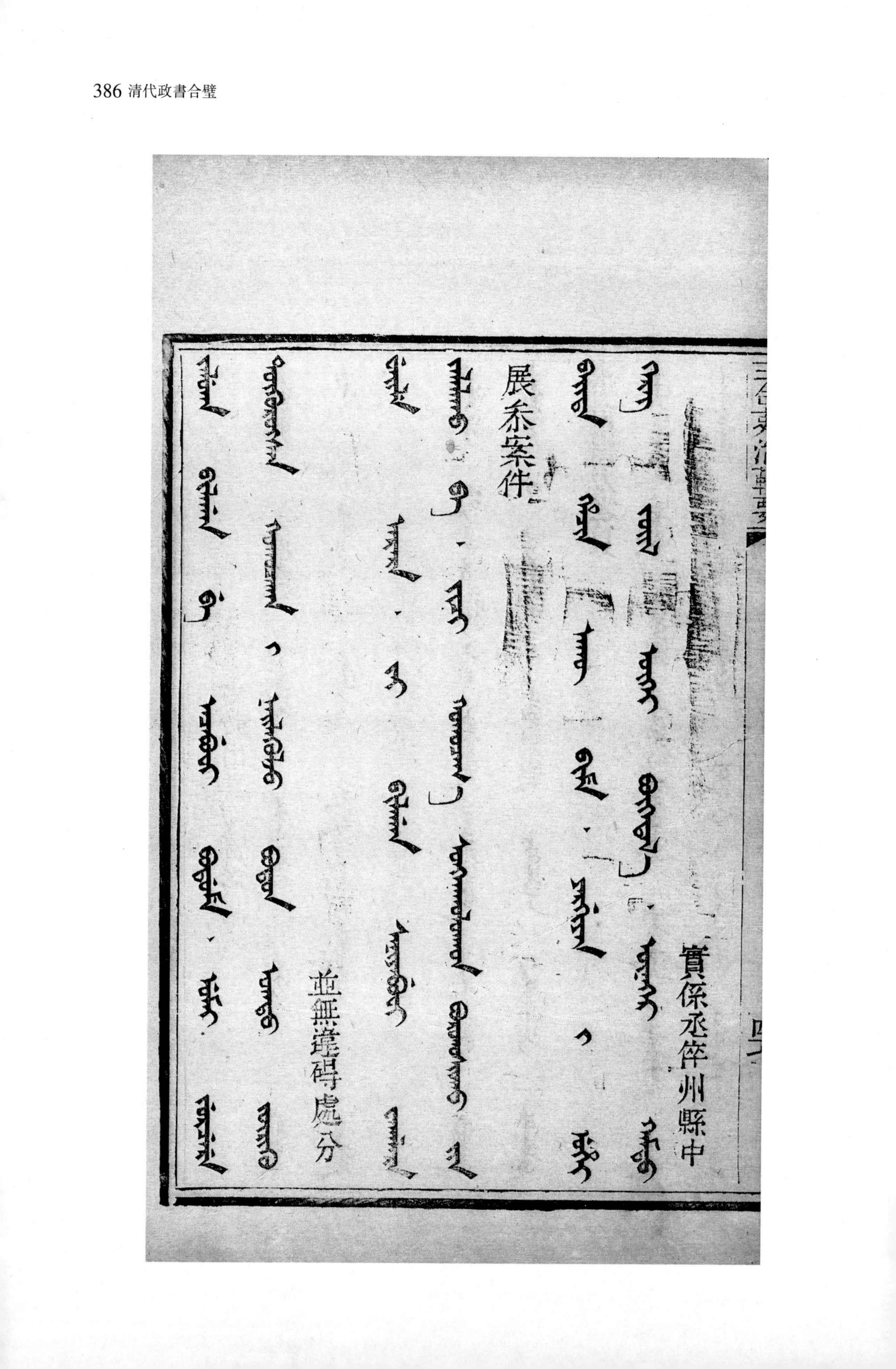

實係丞倅州縣中

展叅案件

並無違礙處分

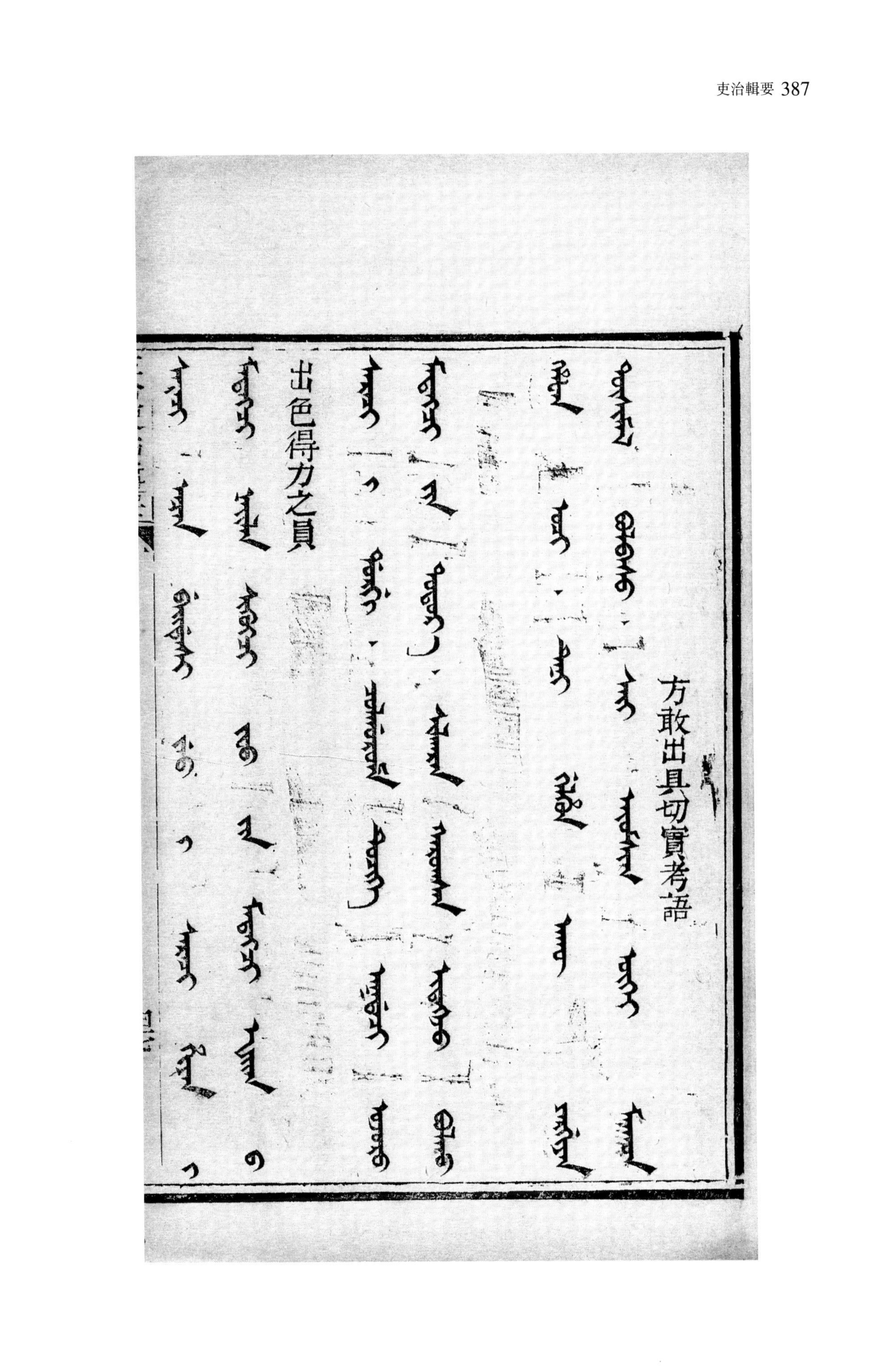

方敢出具切實考語

出色得力之員

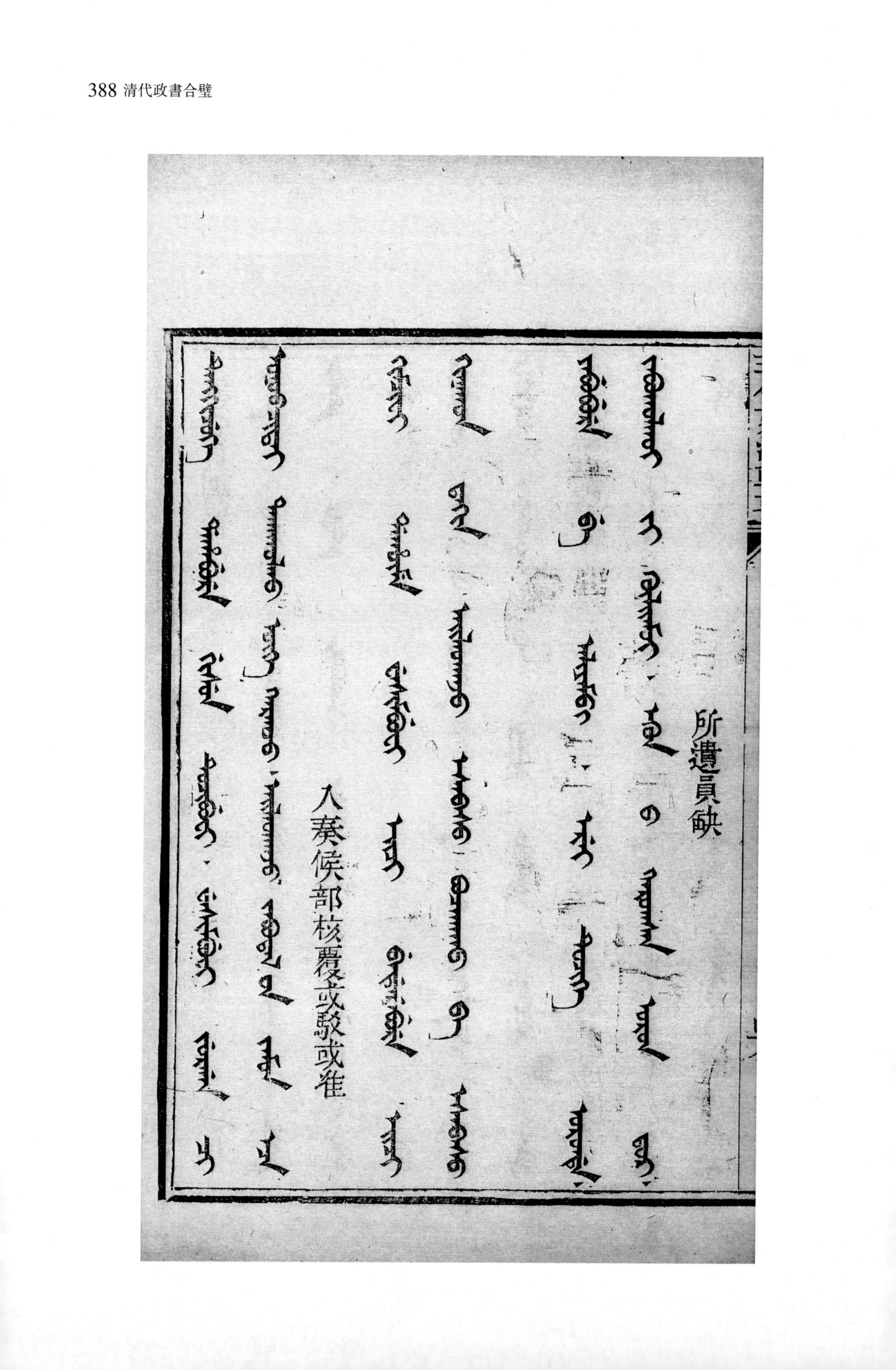

所遺員缺

入奏侯部核覆或駁或准

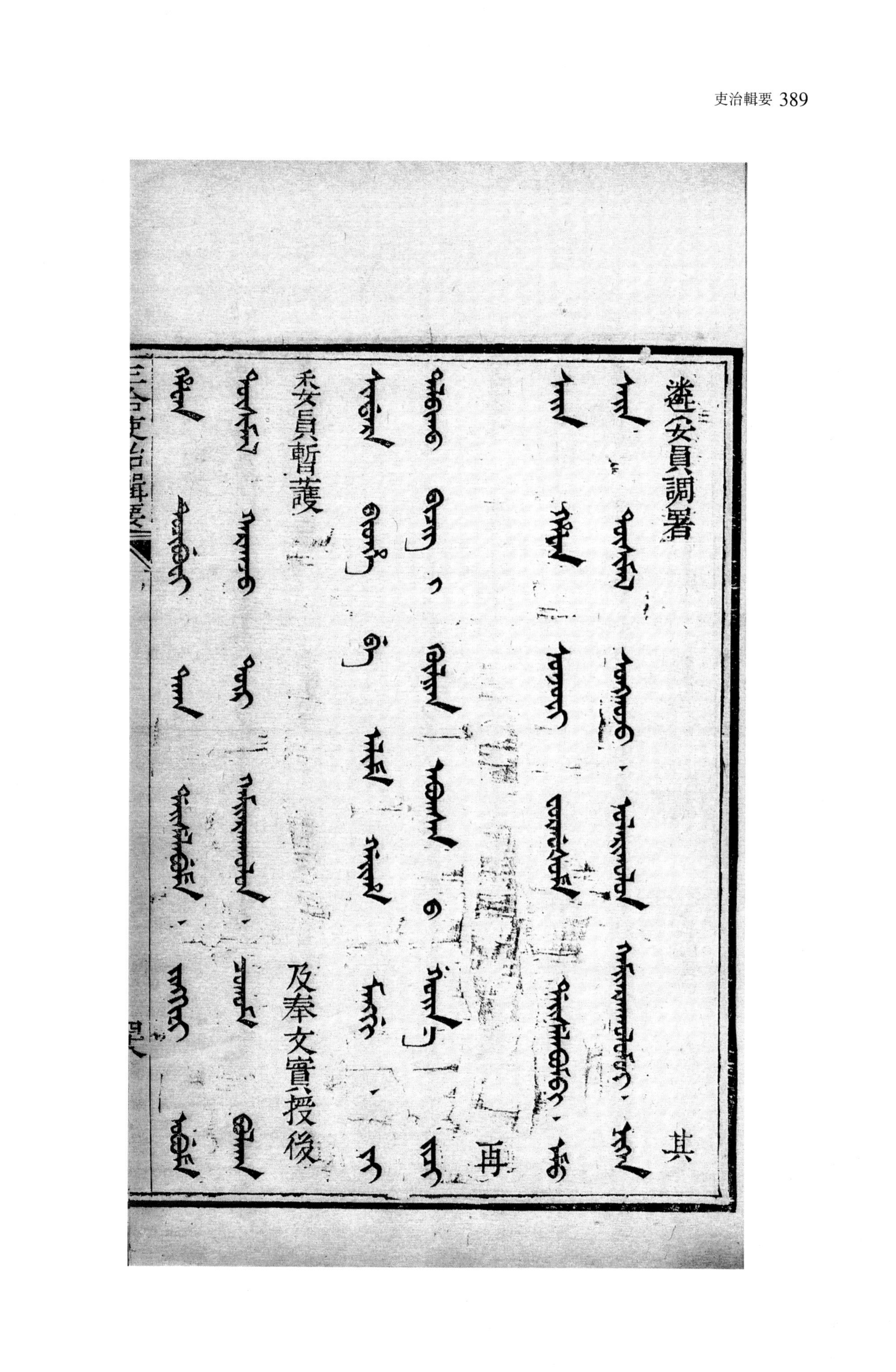

遴委員調署 其

再

委員暫護 及奉文實授後

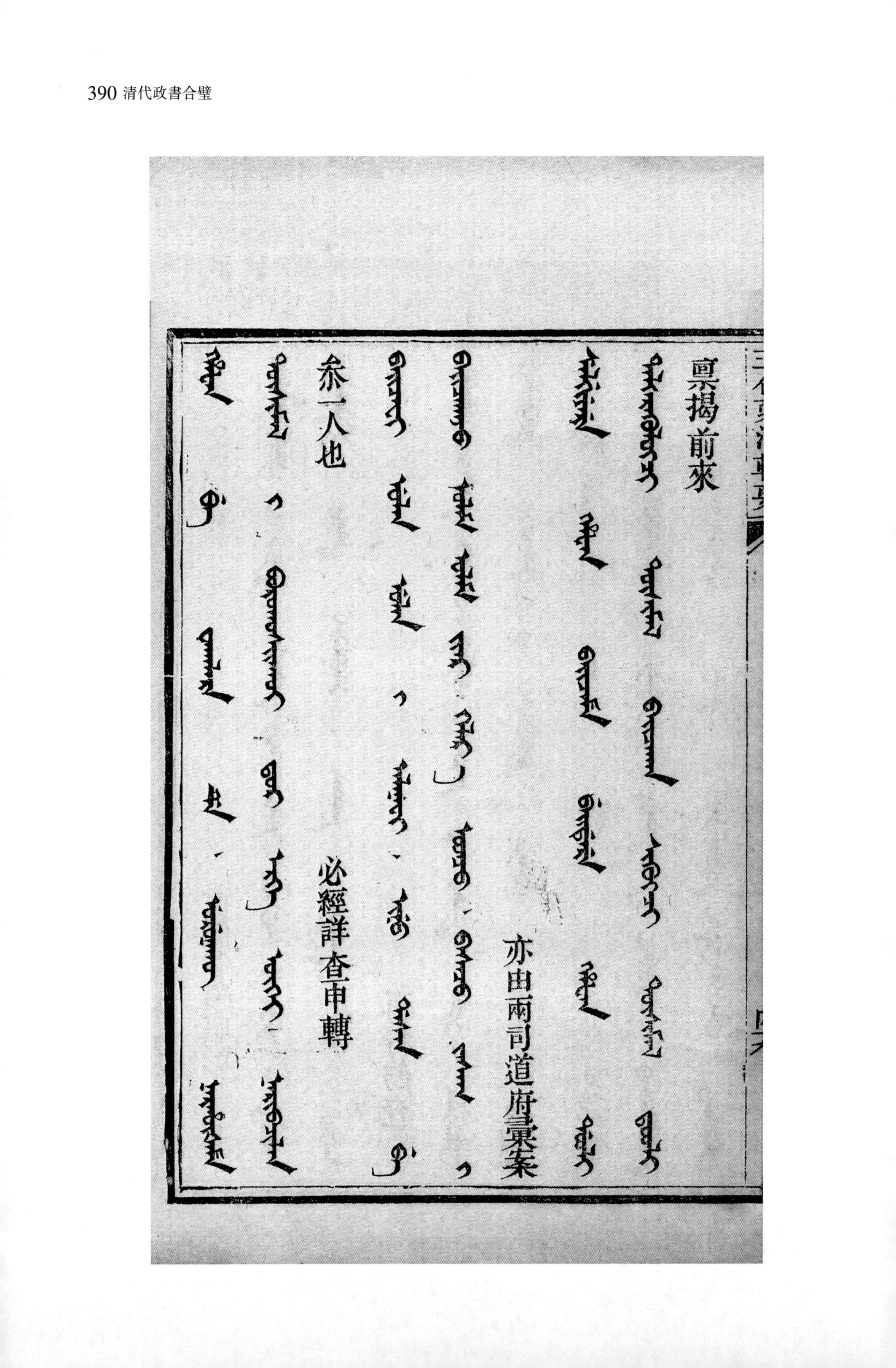

稟揭前來

亦由兩司道府彙案

殺一人也

必經詳查申轉

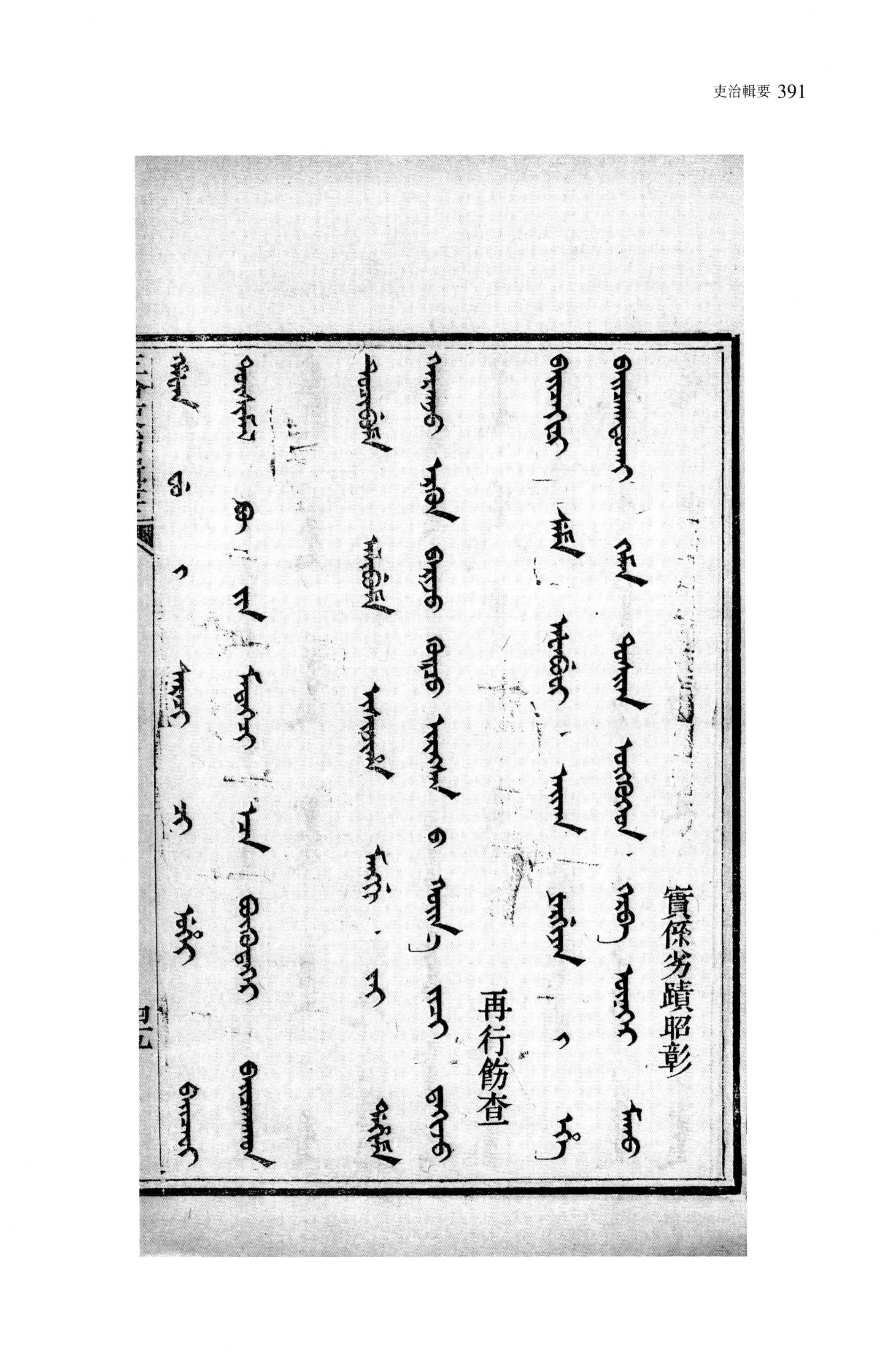

實係劣蹟昭彰

再行飭查

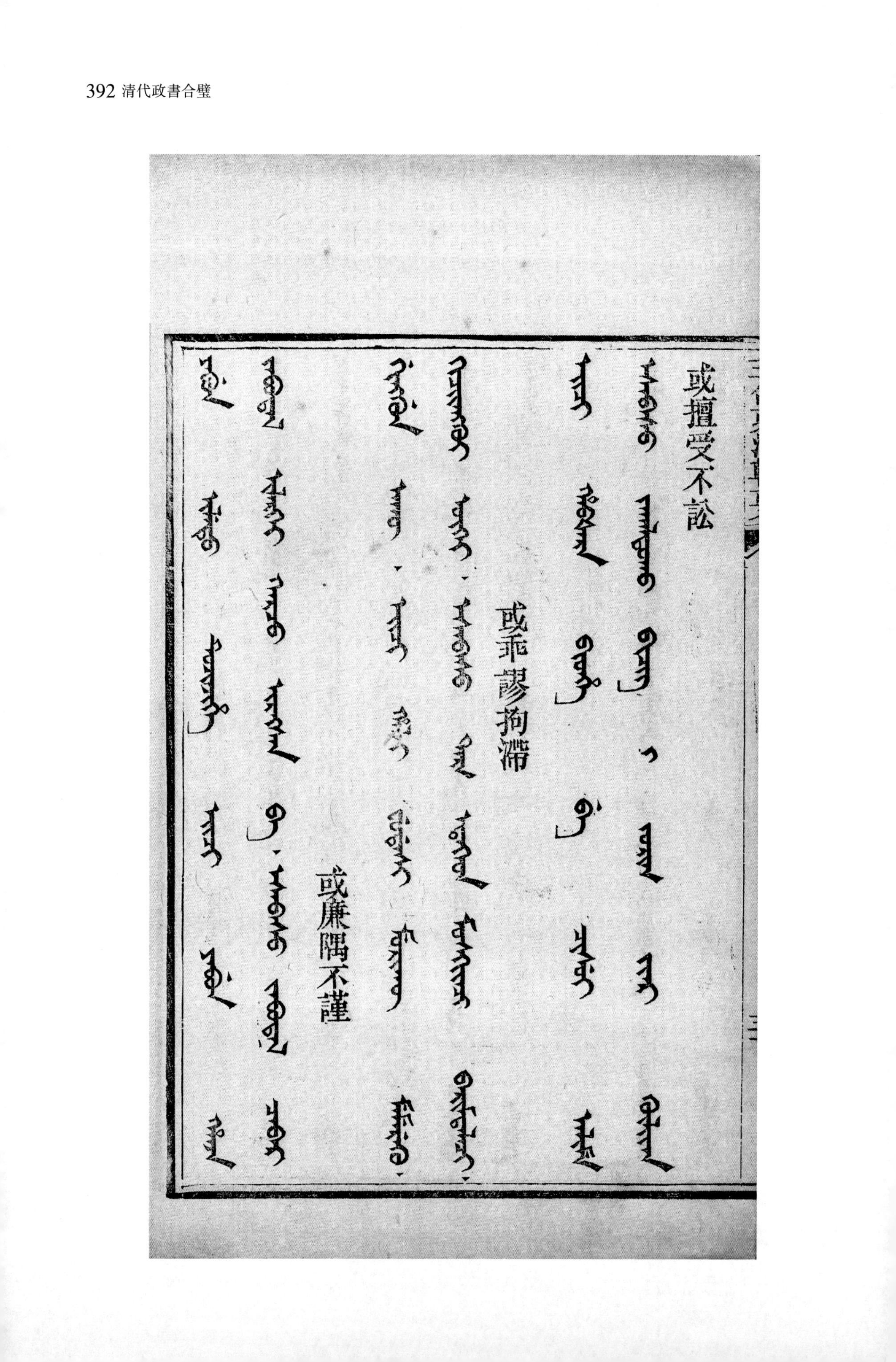

或擅受不訟

或乖謬拘滯

或廉隅不謹

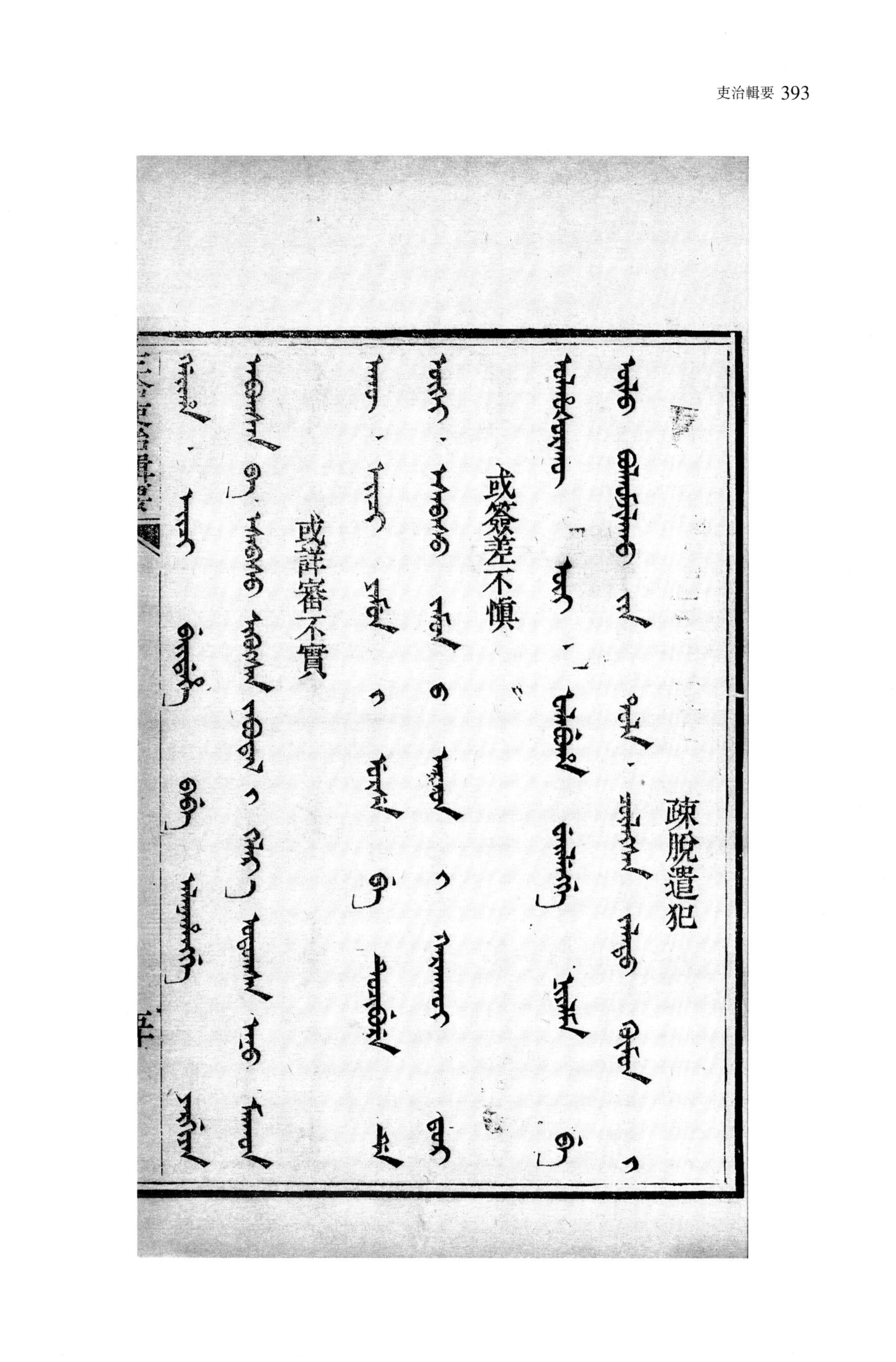

疏脫遣犯

或簽差不慎

或詳審不實

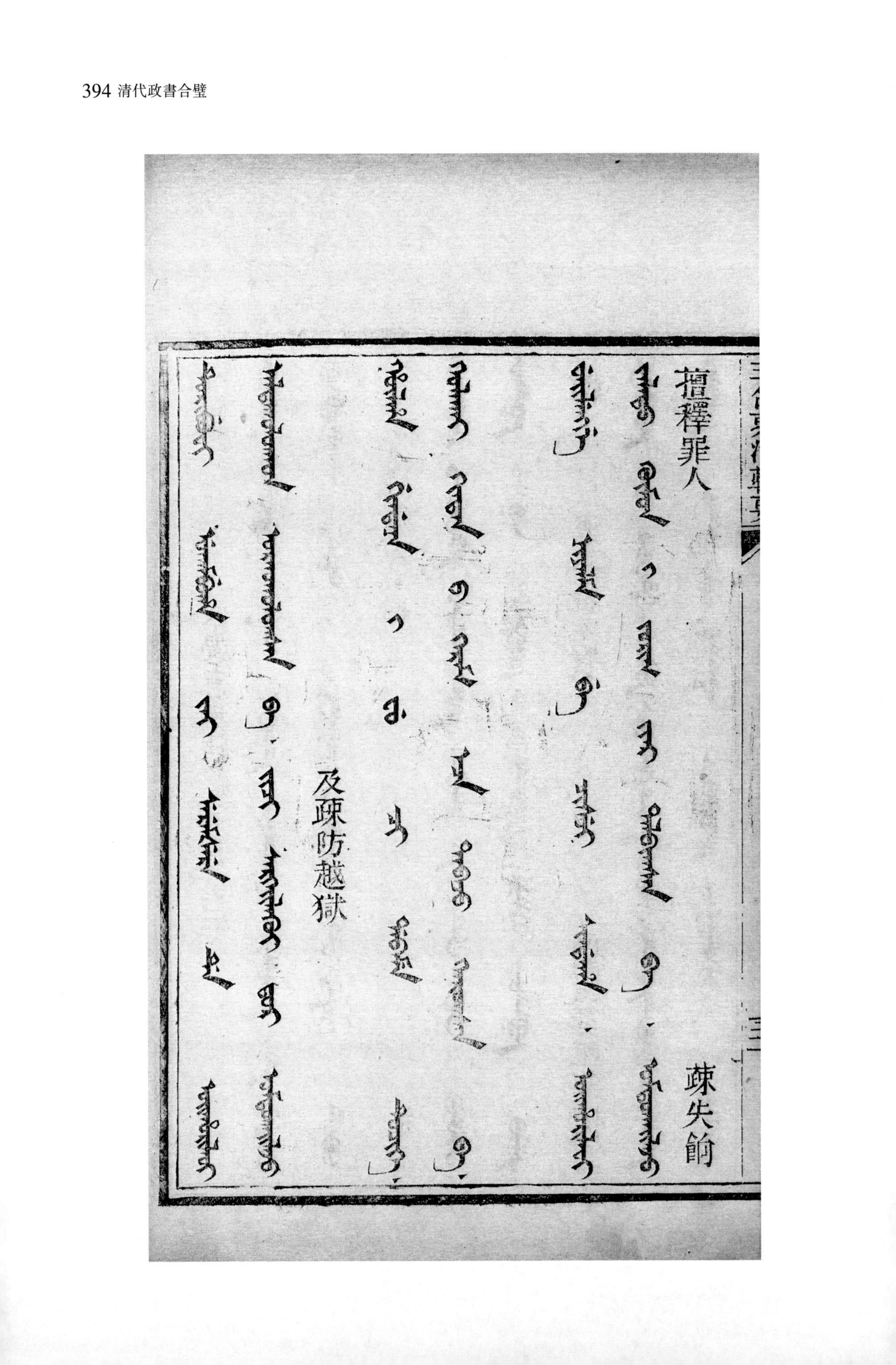

擅釋罪人

疎失飭

及疎防越獄

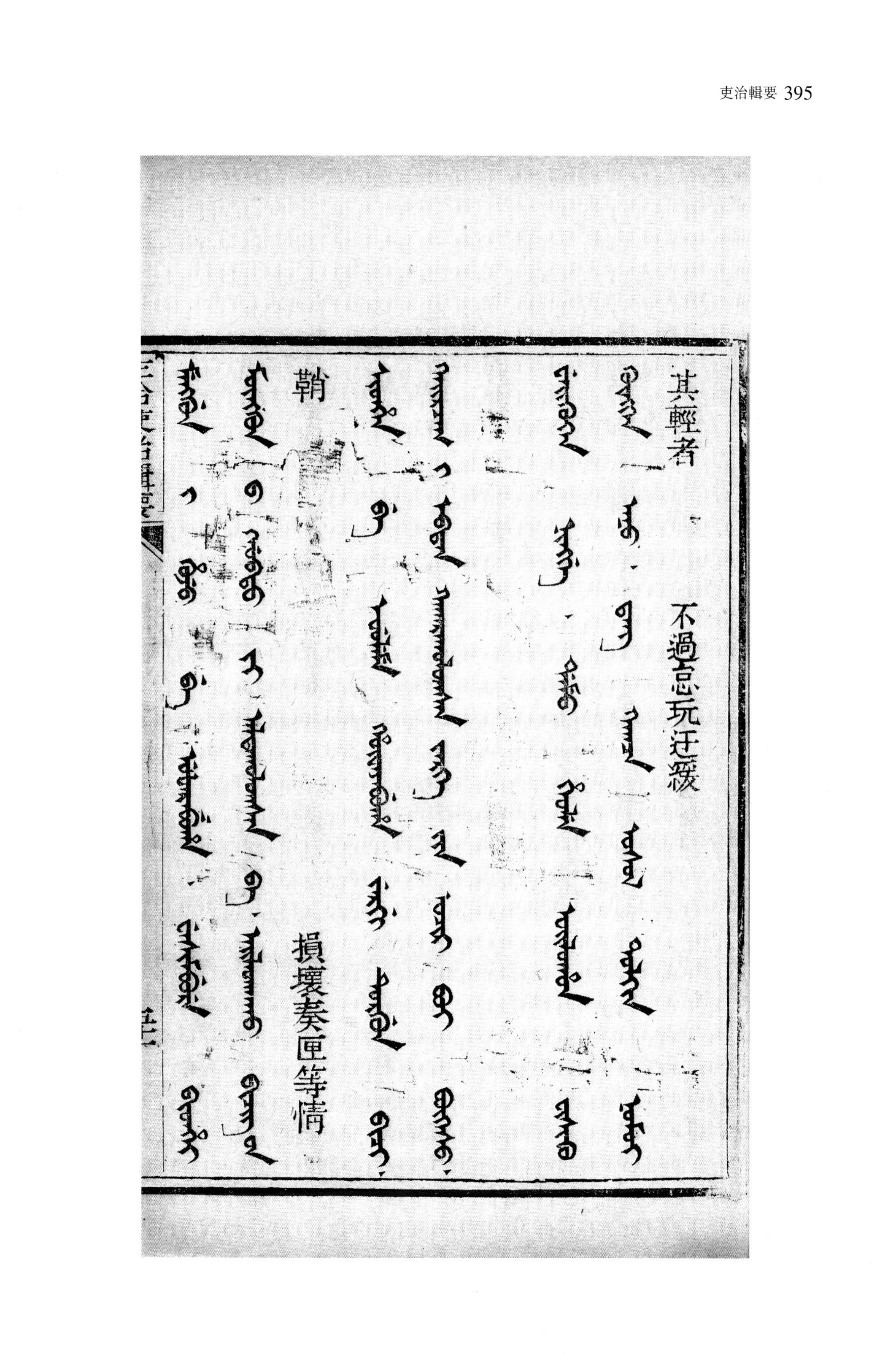

其輕者 不過忘玩迂緩

鞘 損壞奏匣等情

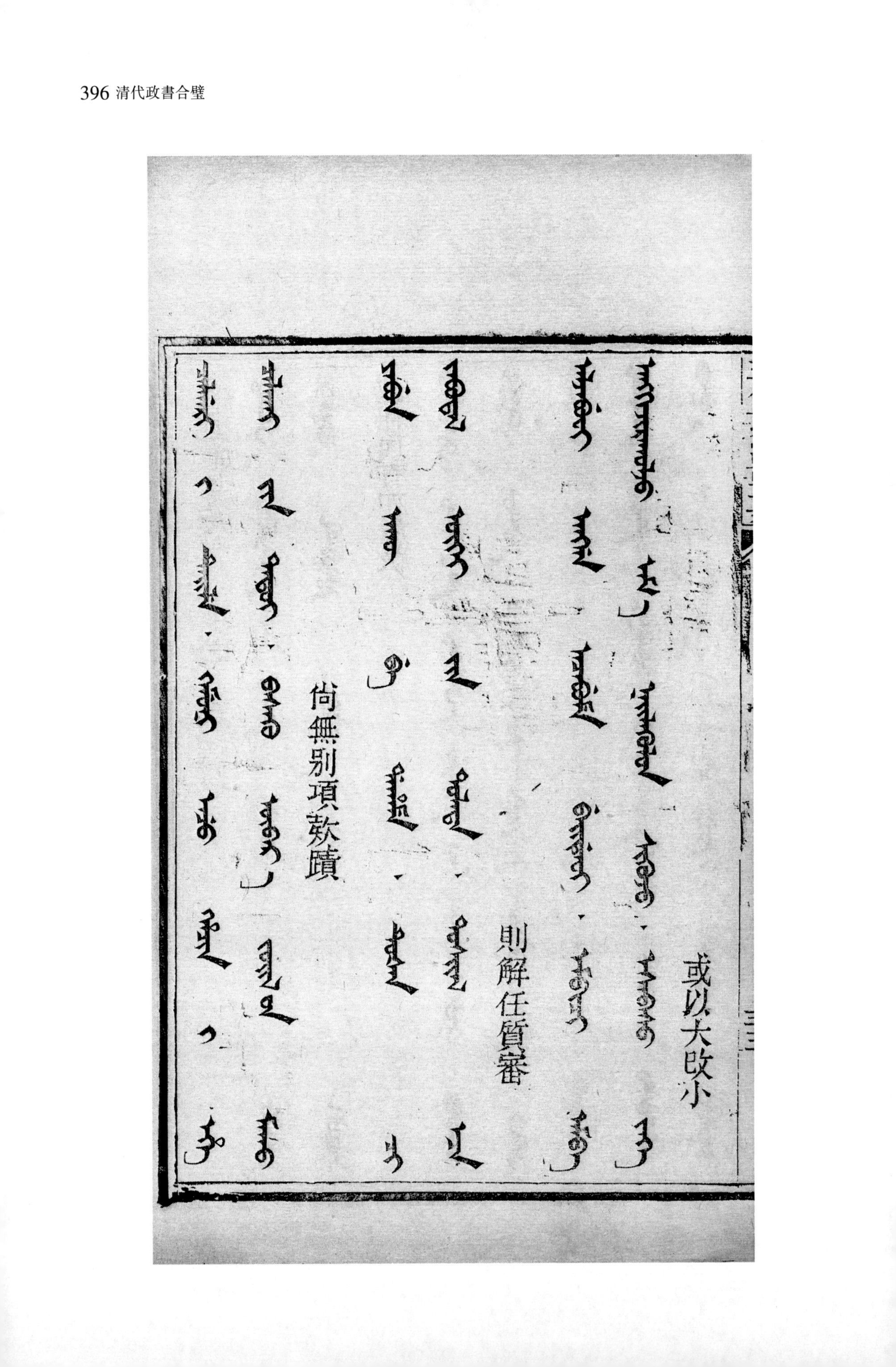

或以大改小

則解任質審

尚無別項款蹟

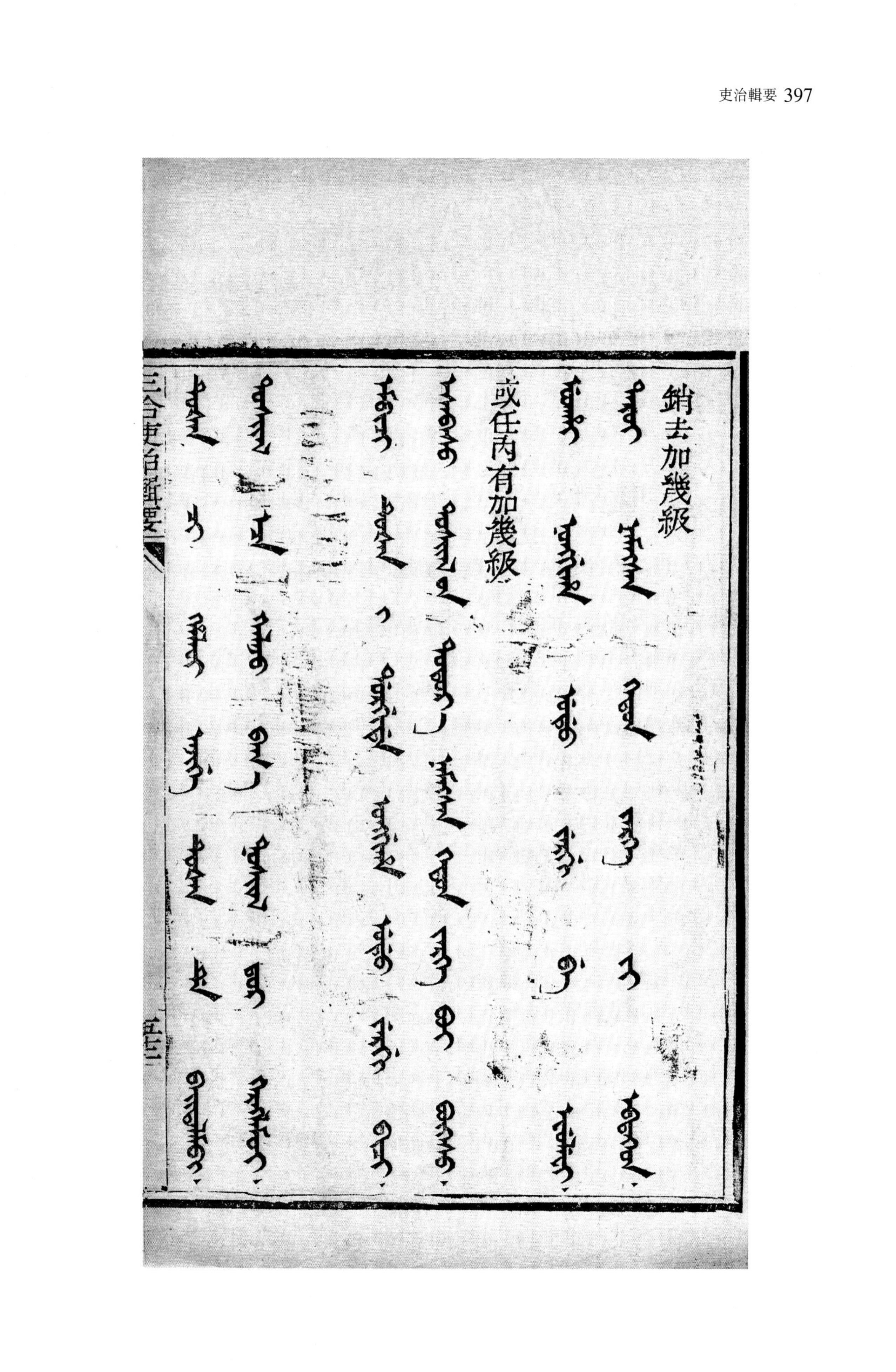

銷去加幾級

或任內有加幾級

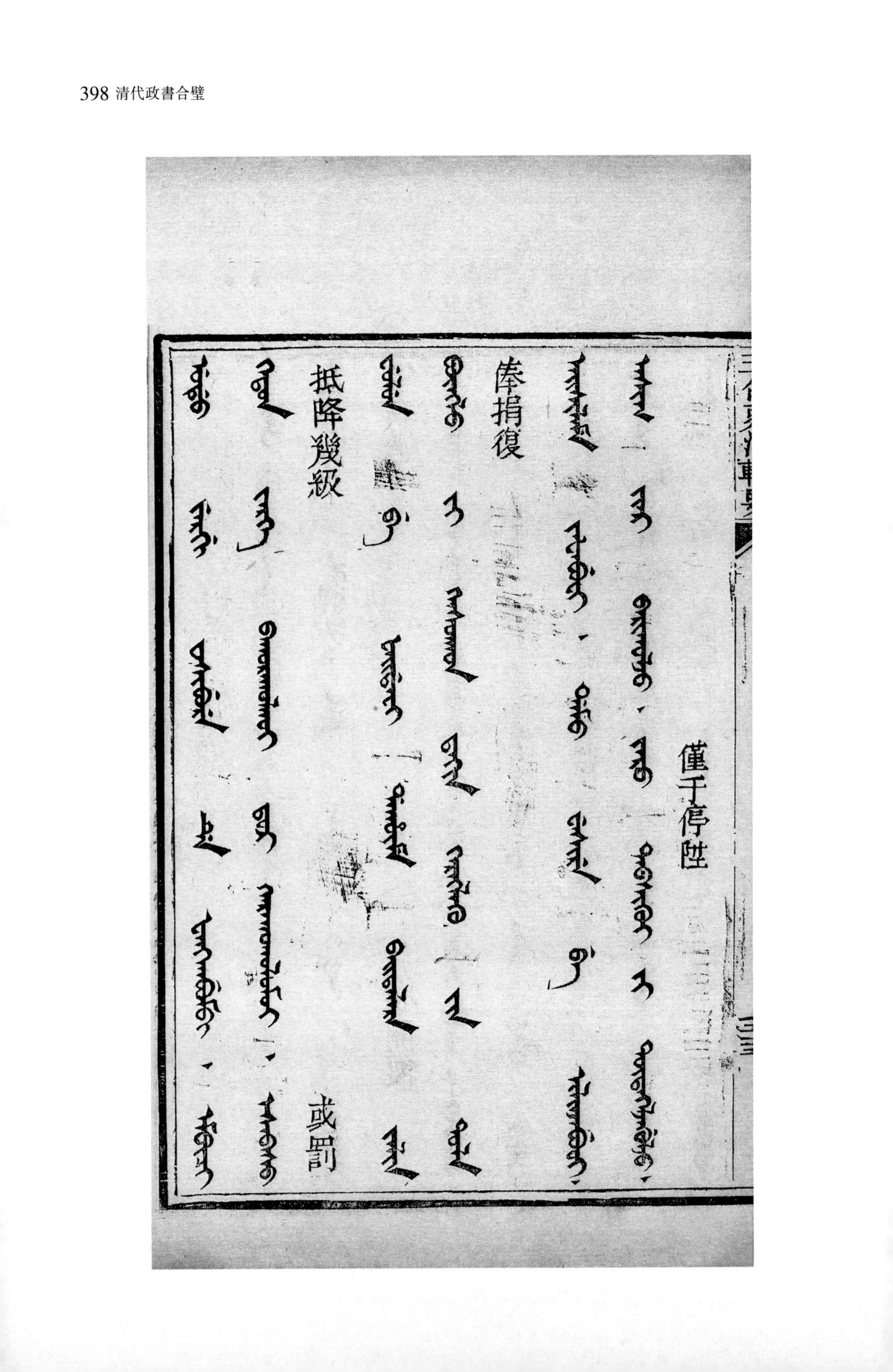

僅于停陞

俸捐復

抵降幾級

或罰

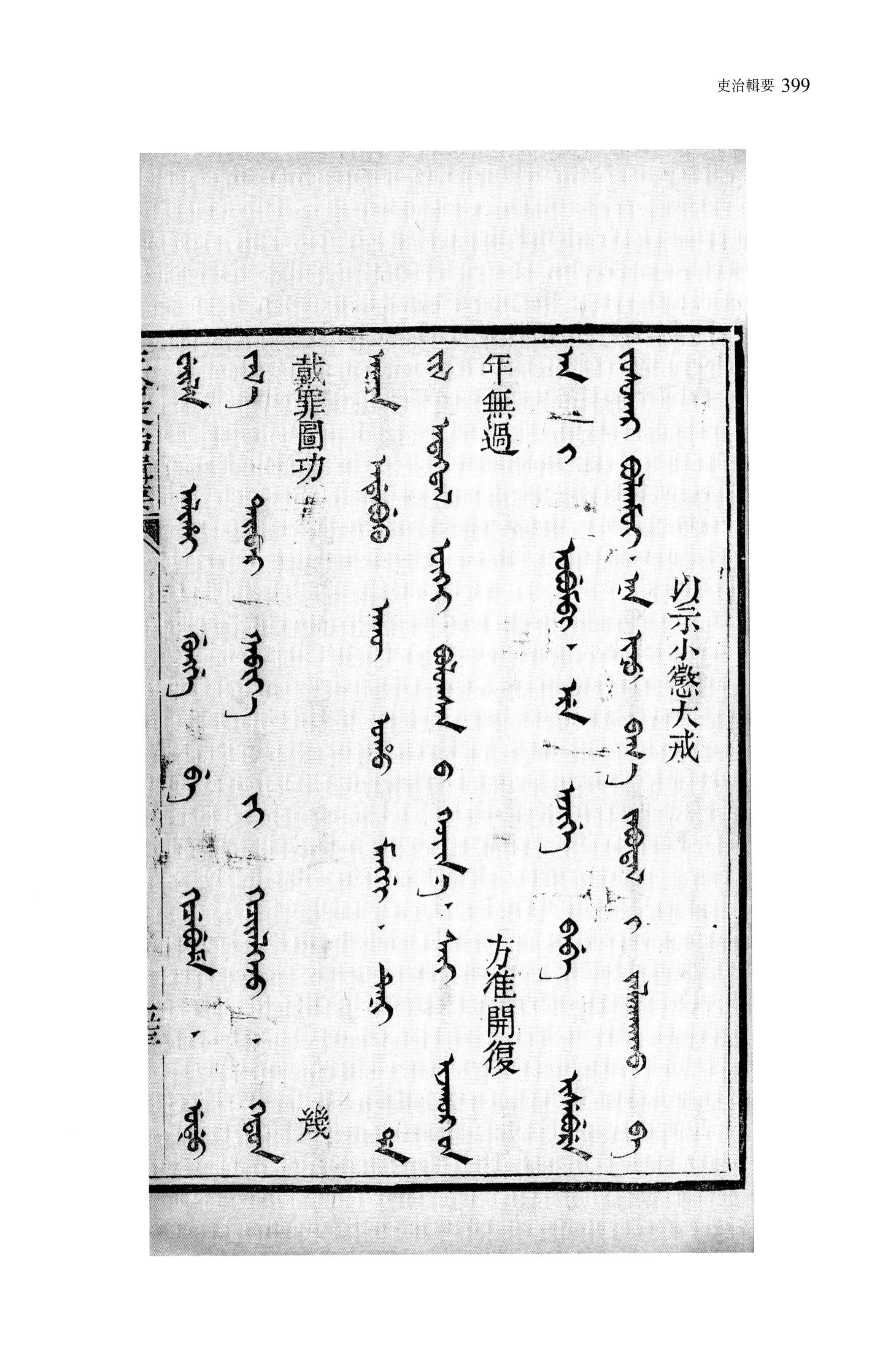

以示小懲大戒

年無過　方准開復

戴罪圖功　幾

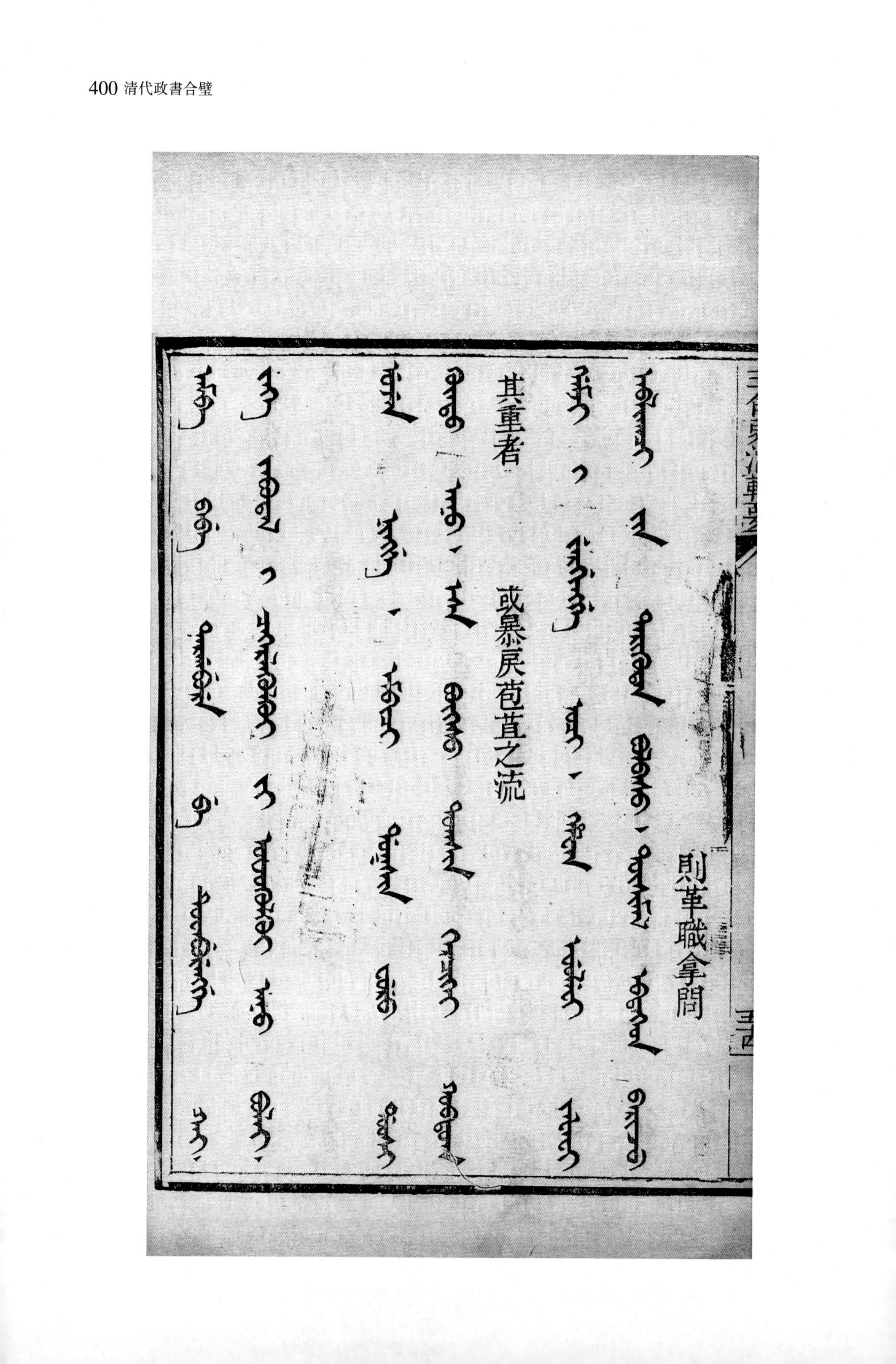

則革職拿問

其重者　或暴戾苞苴之流

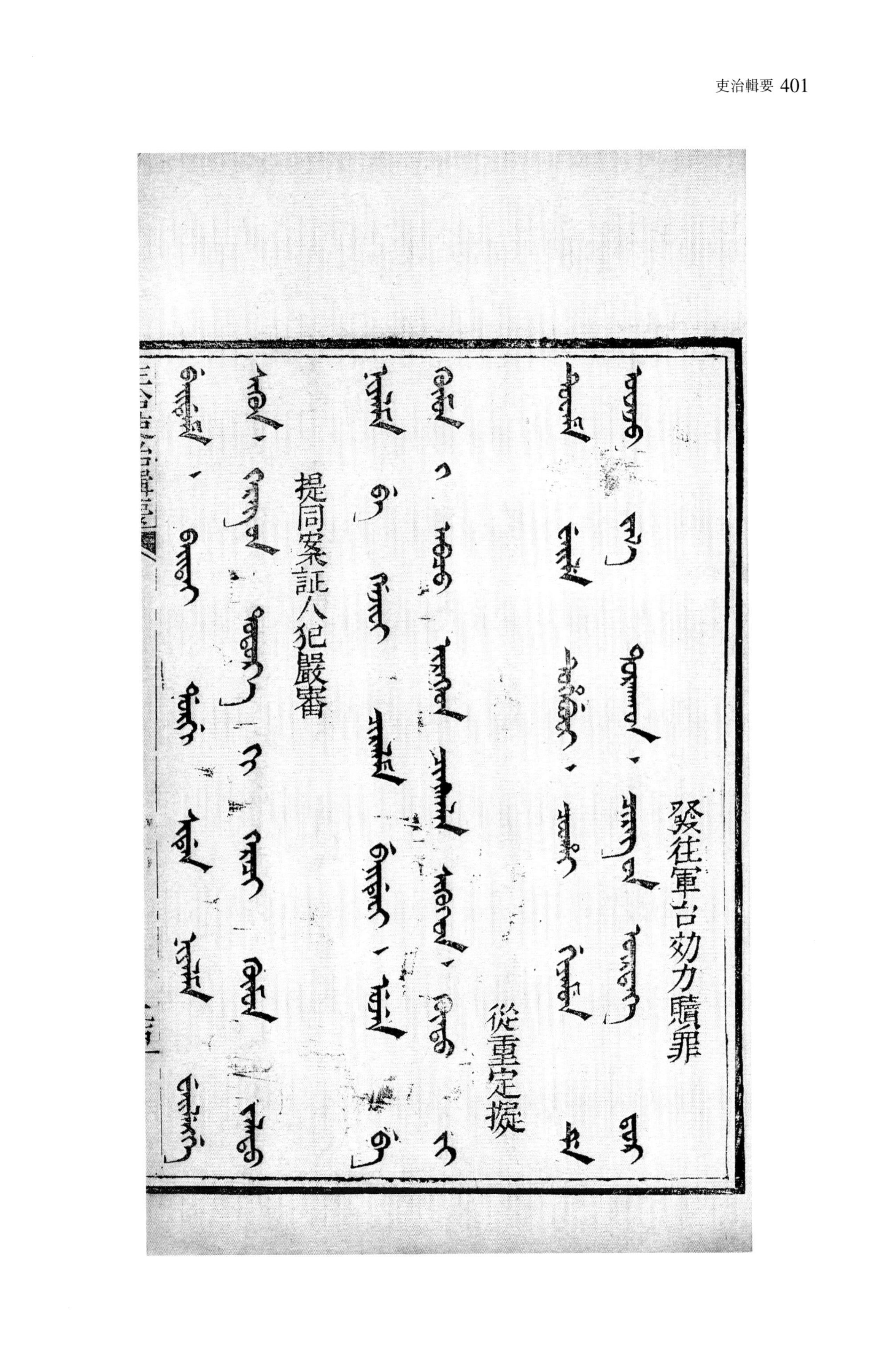

發往軍台効力贖罪

從重定擬

提同案証人犯嚴審

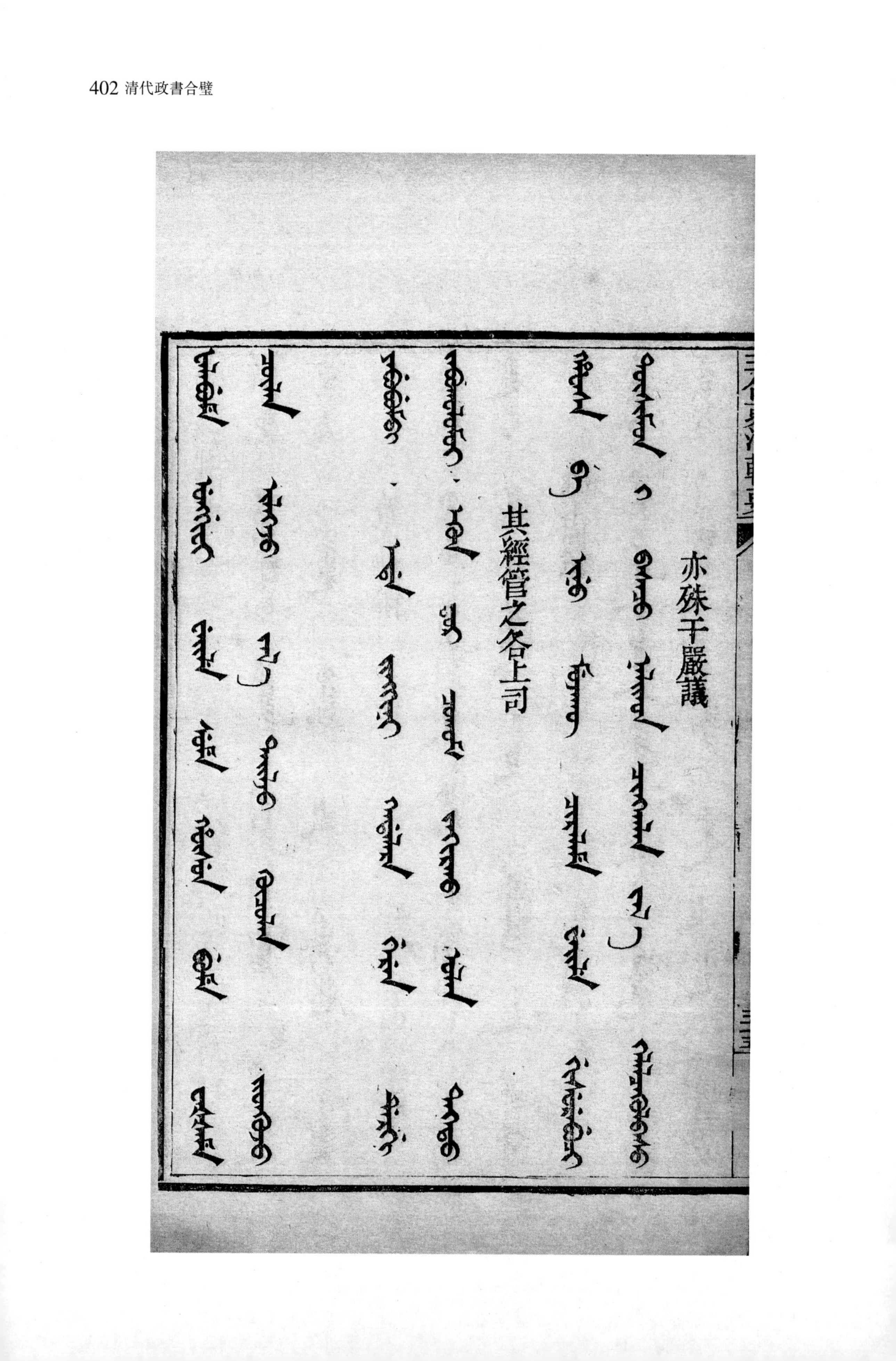

亦殊干嚴議

其經管之各上司

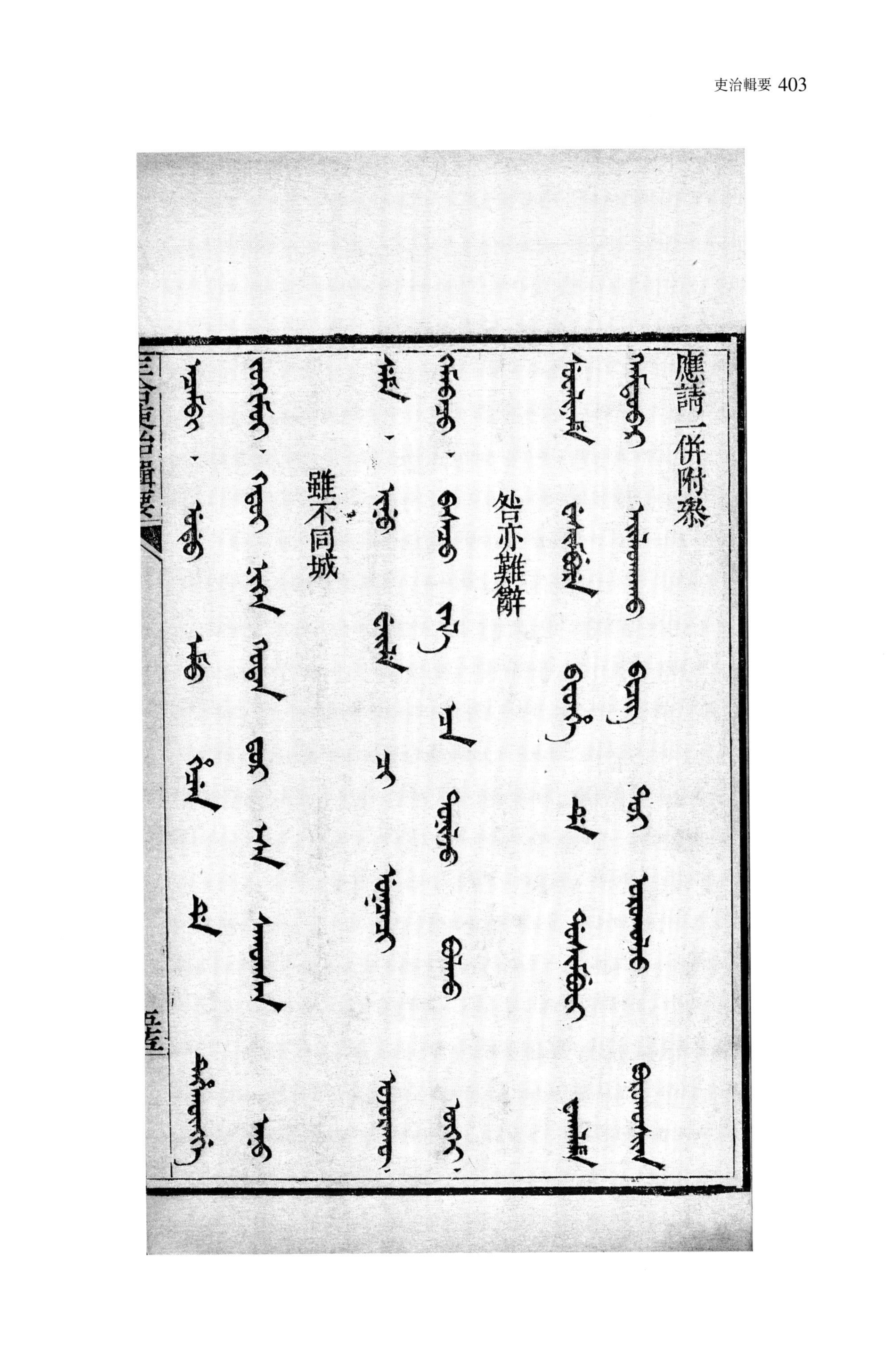

應請一併附參

咎亦難辭

雖不同城

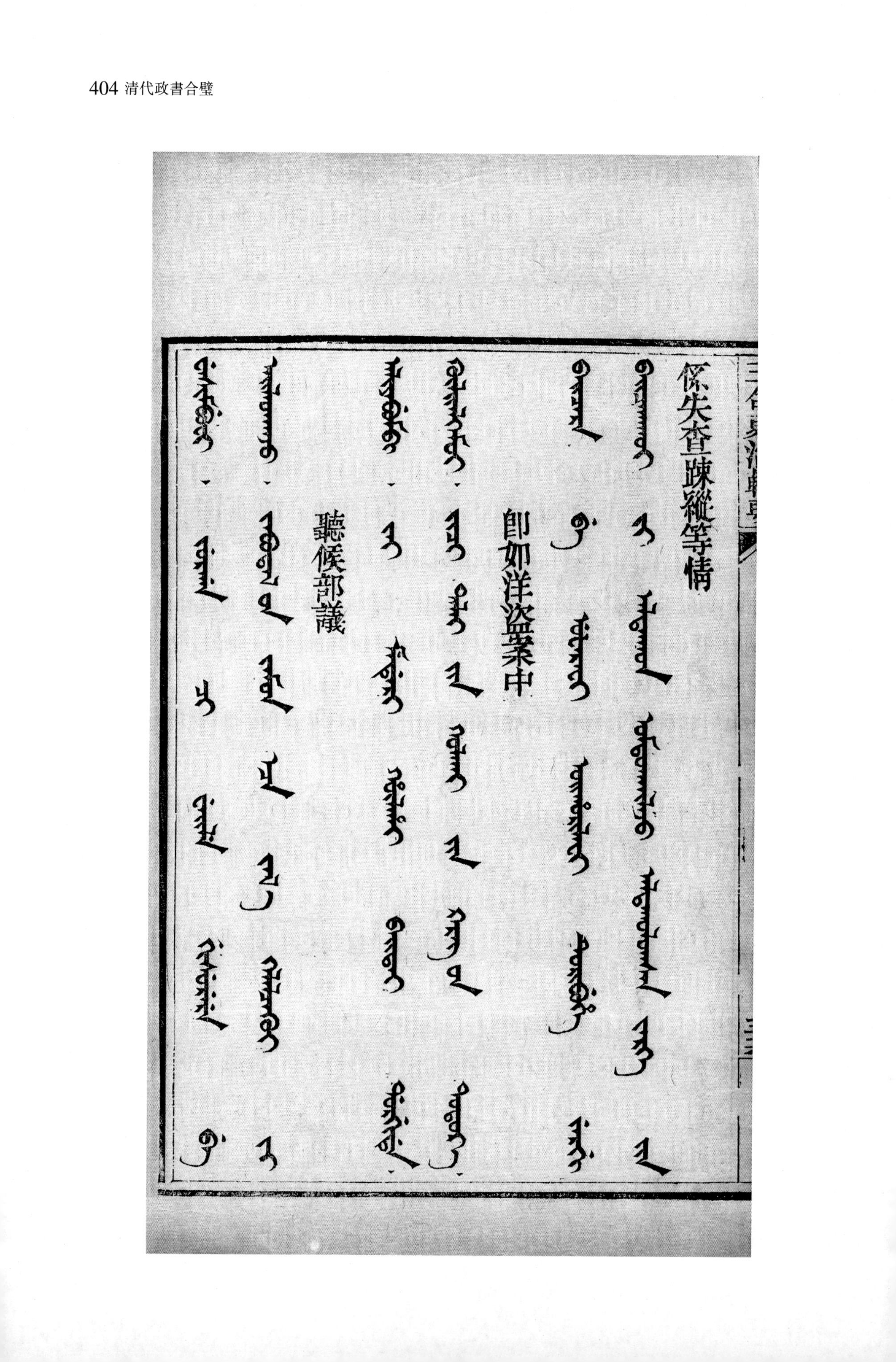

係失查疎縱等情

即如洋盜案中

聽候部議

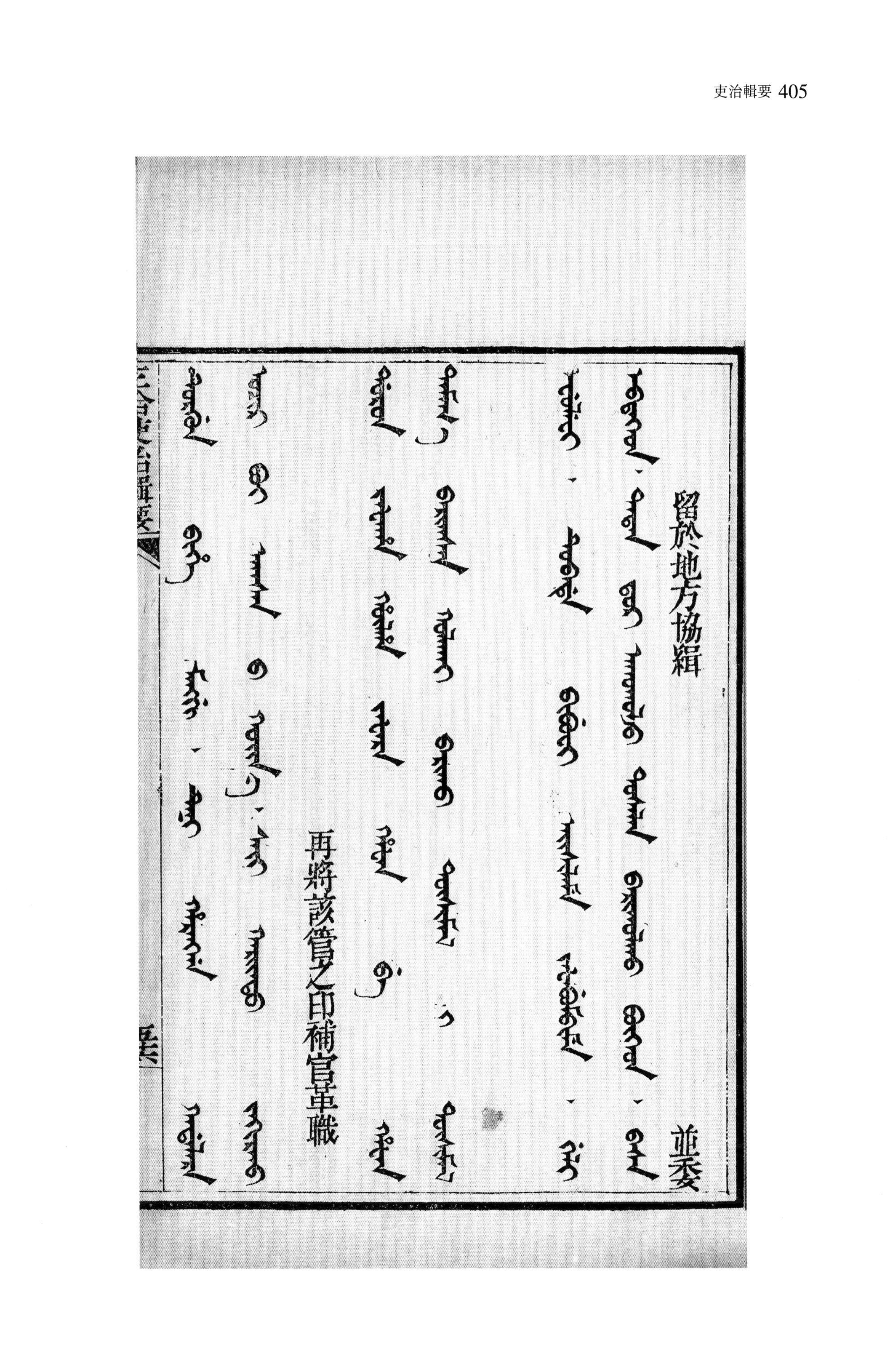

留於地方協緝

並委

再將該管之印補官革職

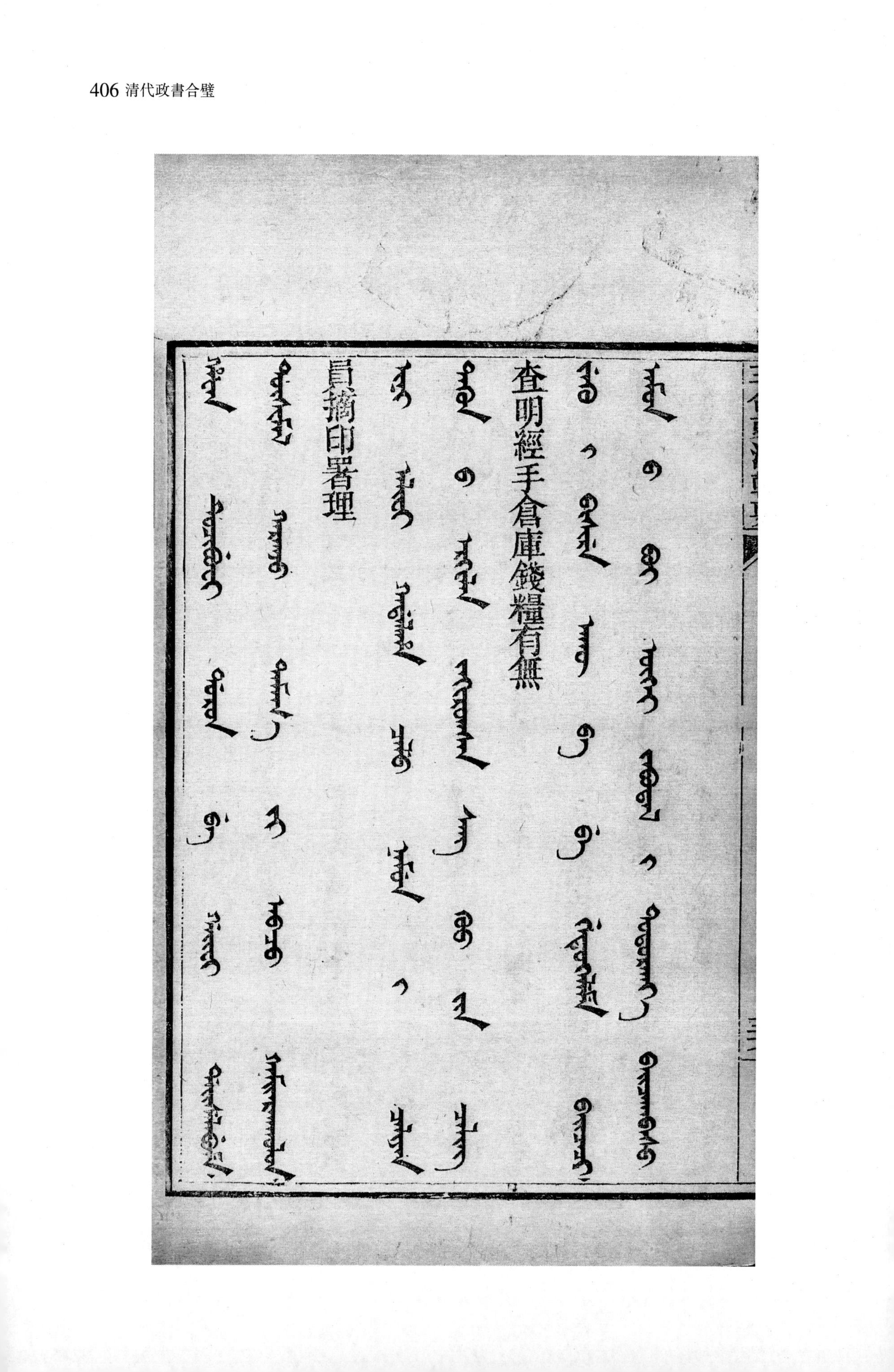

查明經手倉庫錢糧有無

員摘印署理

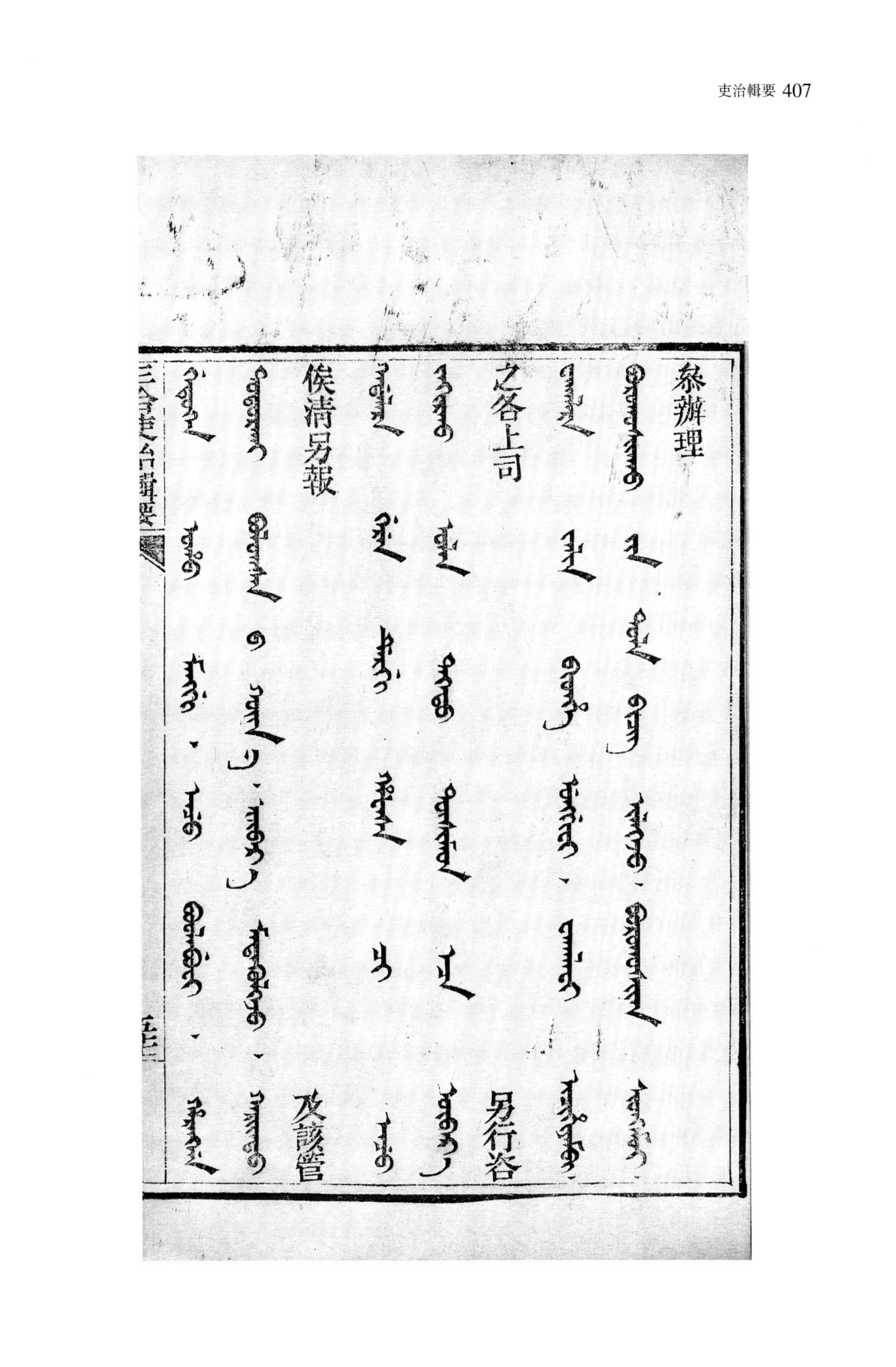

叅辦理

之各上司　另行咨

俟清另報　及該管

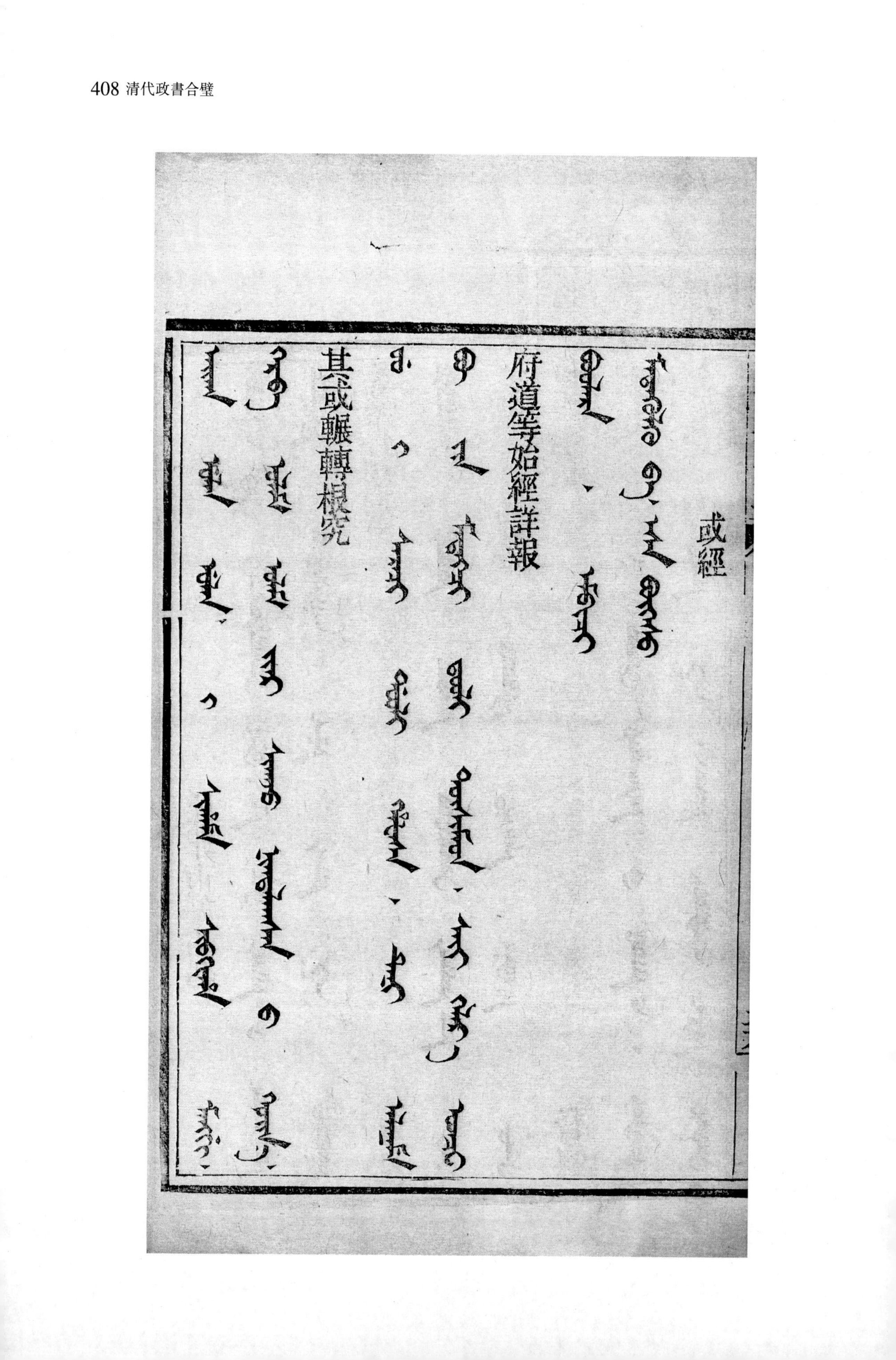

或經

府道等始經詳報

其或輾轉根究

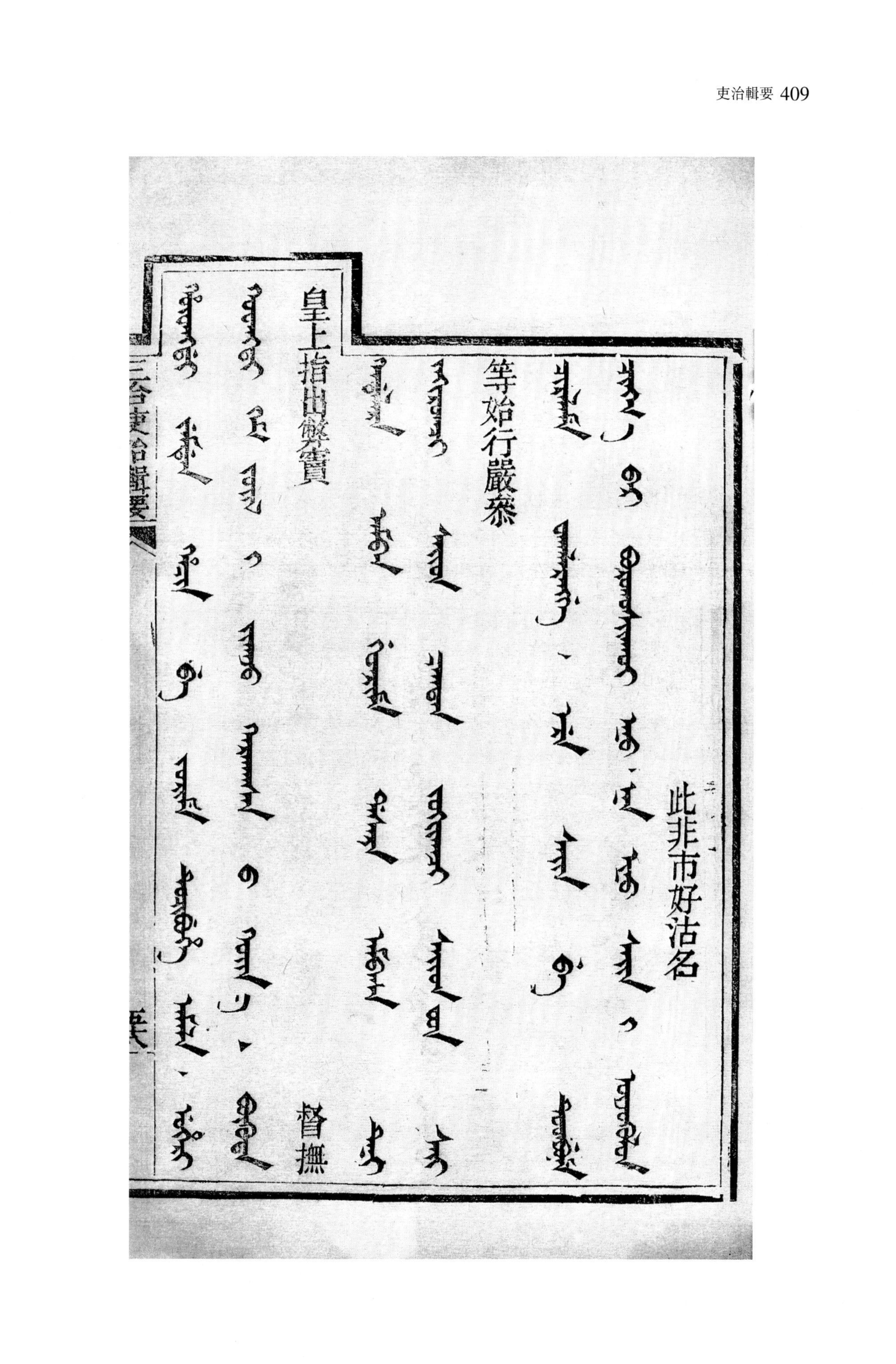

此非市好沽名

等始行嚴察

皇上指出參實

督撫

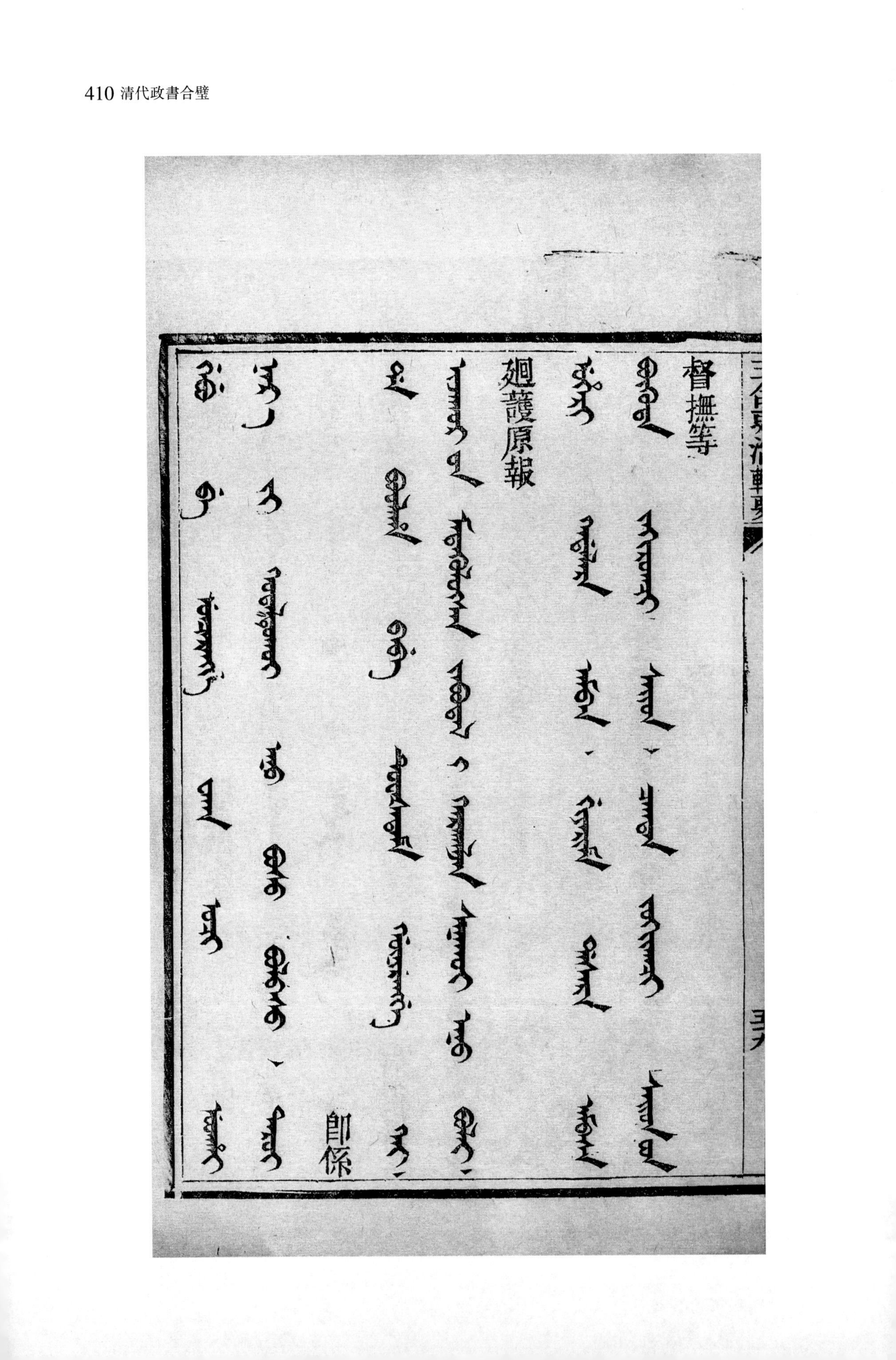

督撫等

廻護原報

即係

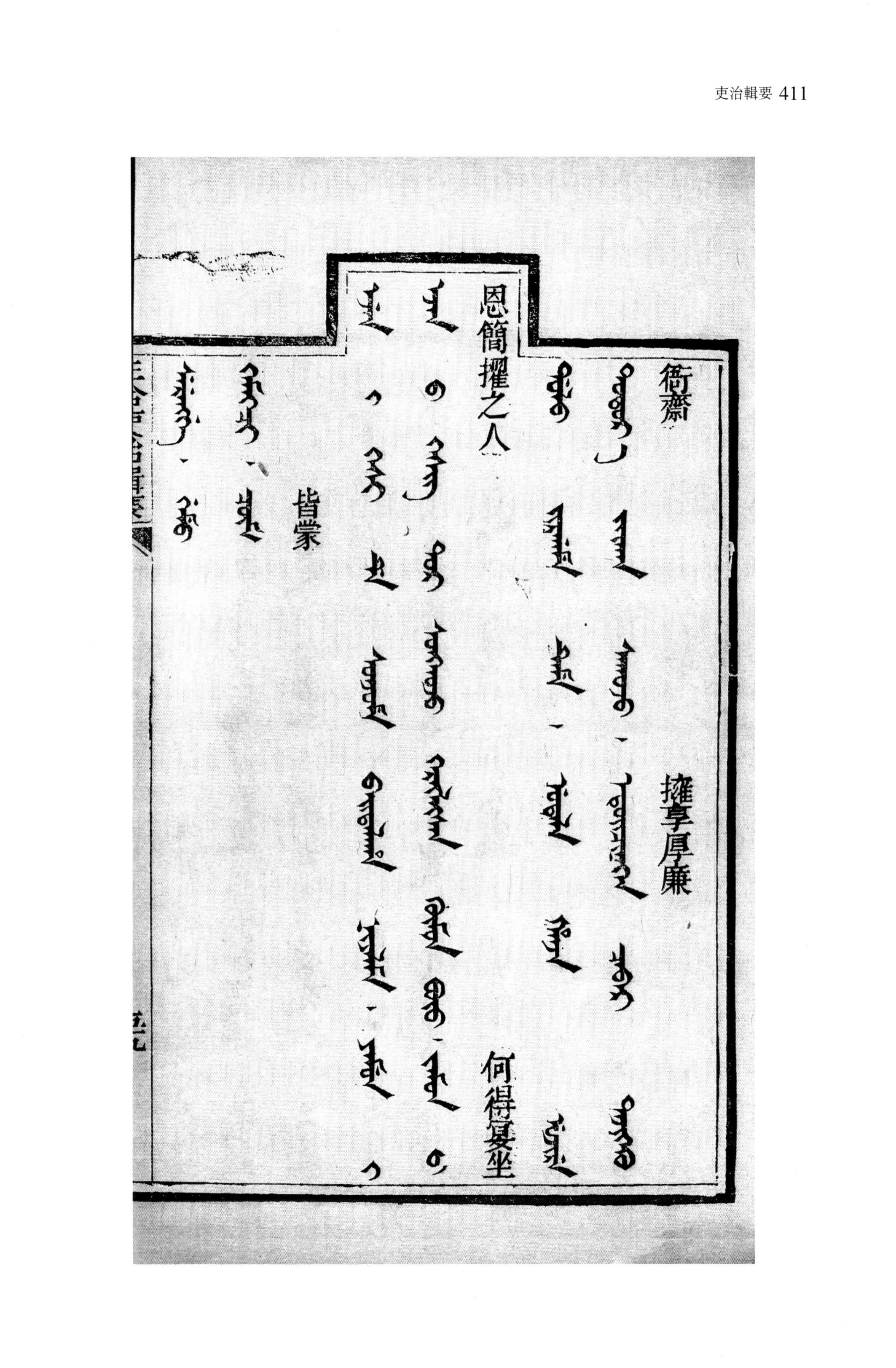

衙齋　擁享厚廉　何得宴坐

恩簡擢之人

皆蒙

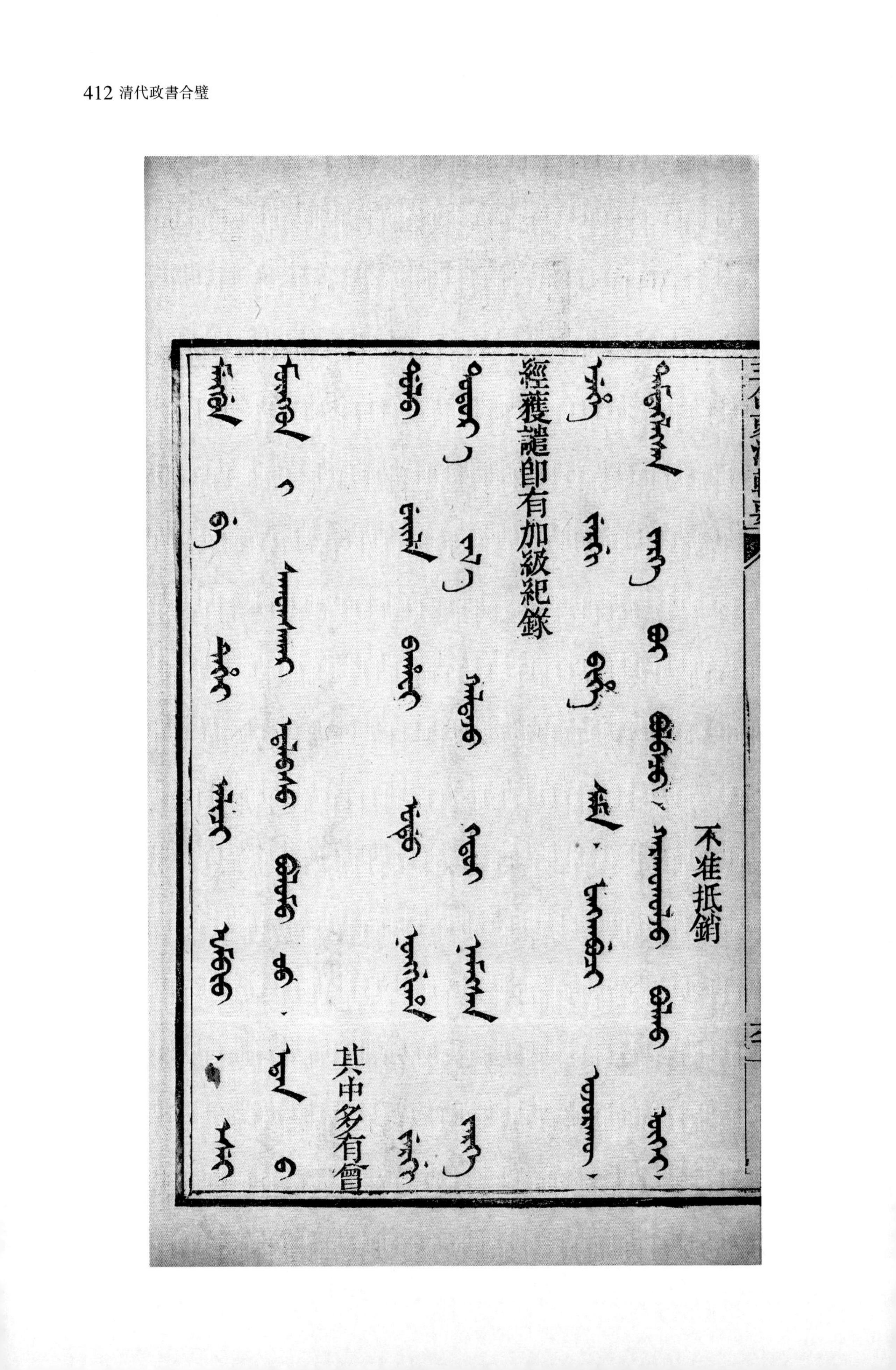

不准抵銷

經獲譴即有加級紀錄

其中多有曾

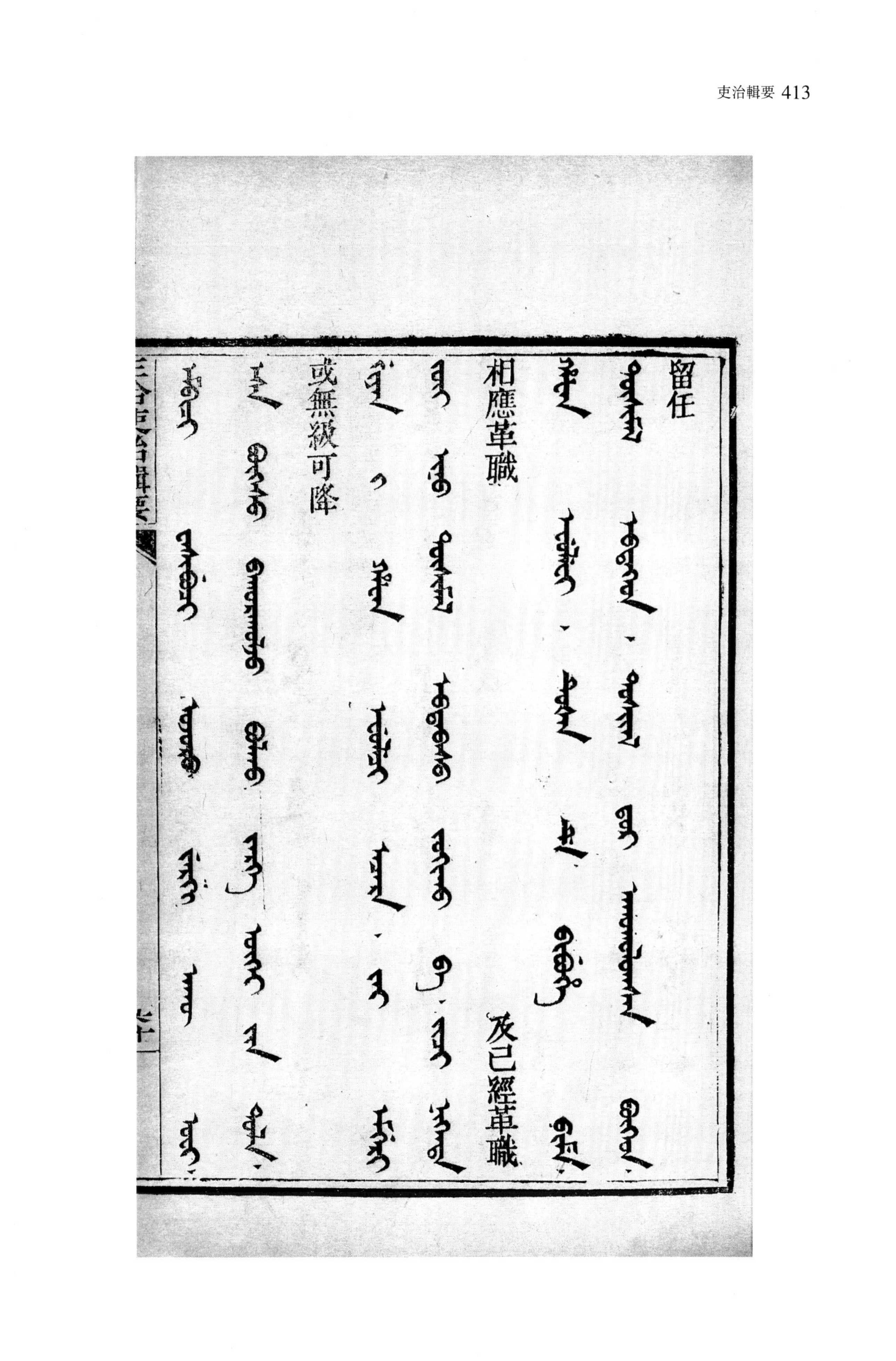

留任

相應革職

及已經革職

或無級可降

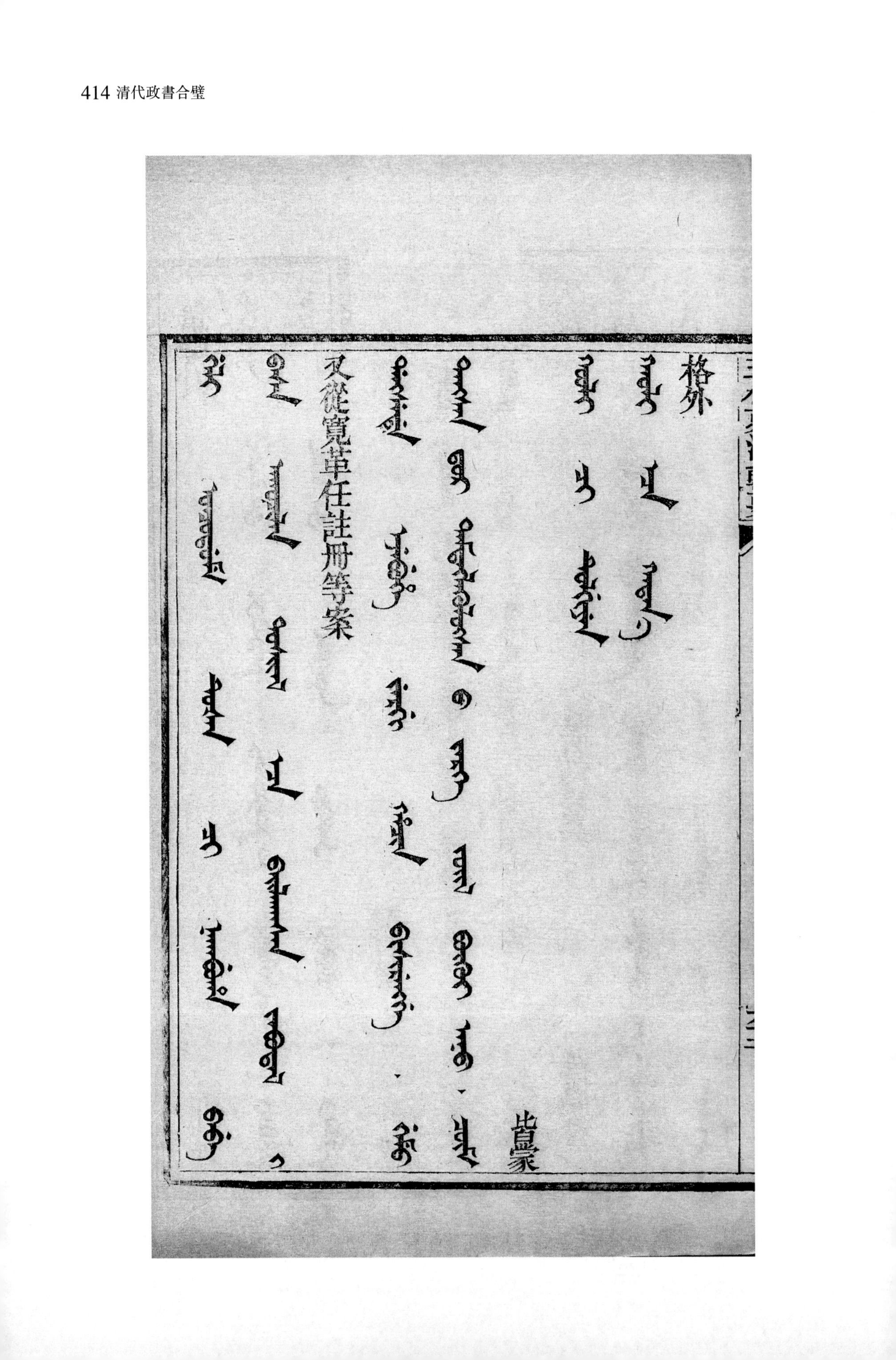

格外

豈蒙

又從寬革任註冊等案

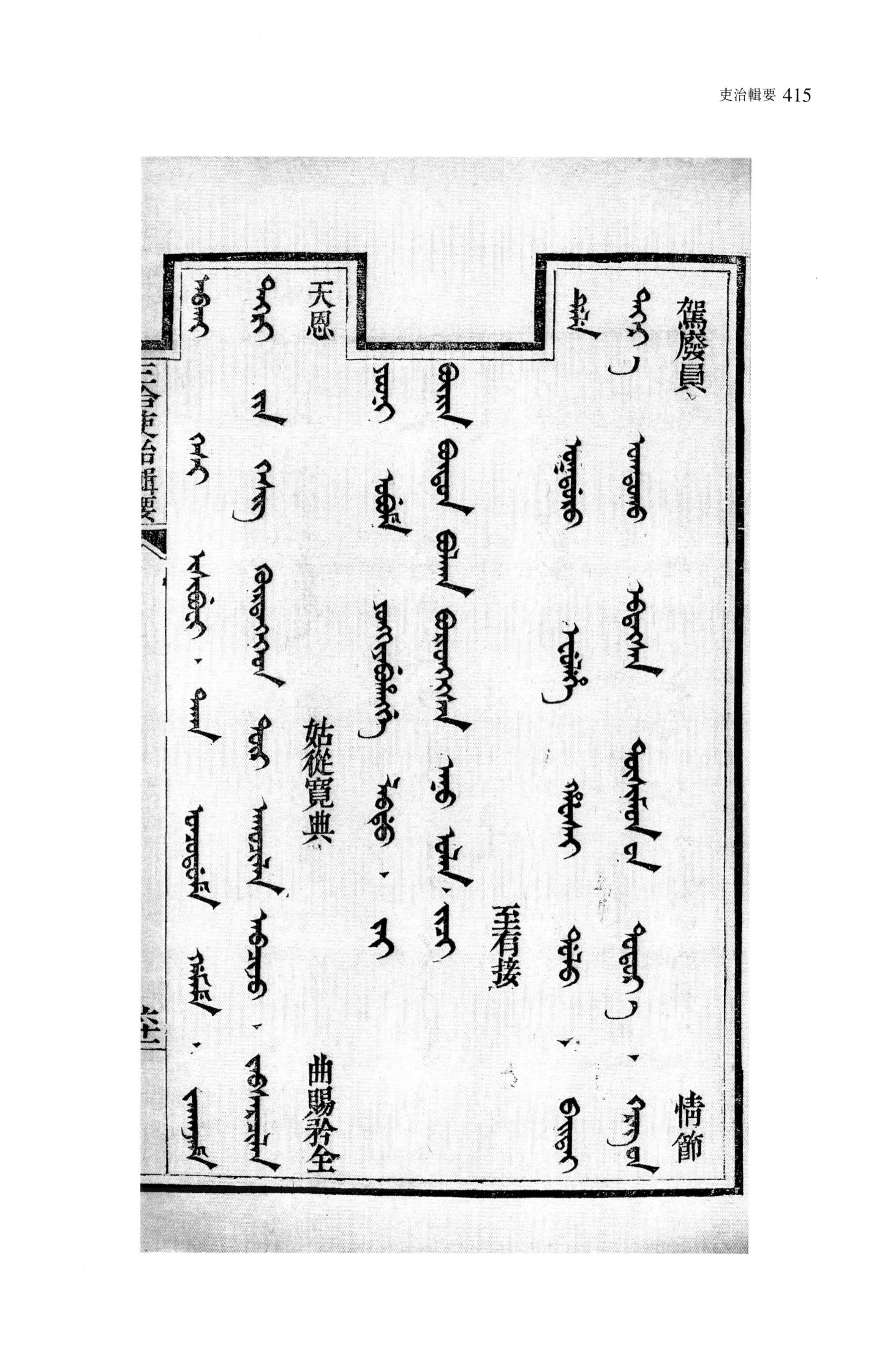

儘廢員情節

至看接

天恩

姑從寬典

曲賜矜全

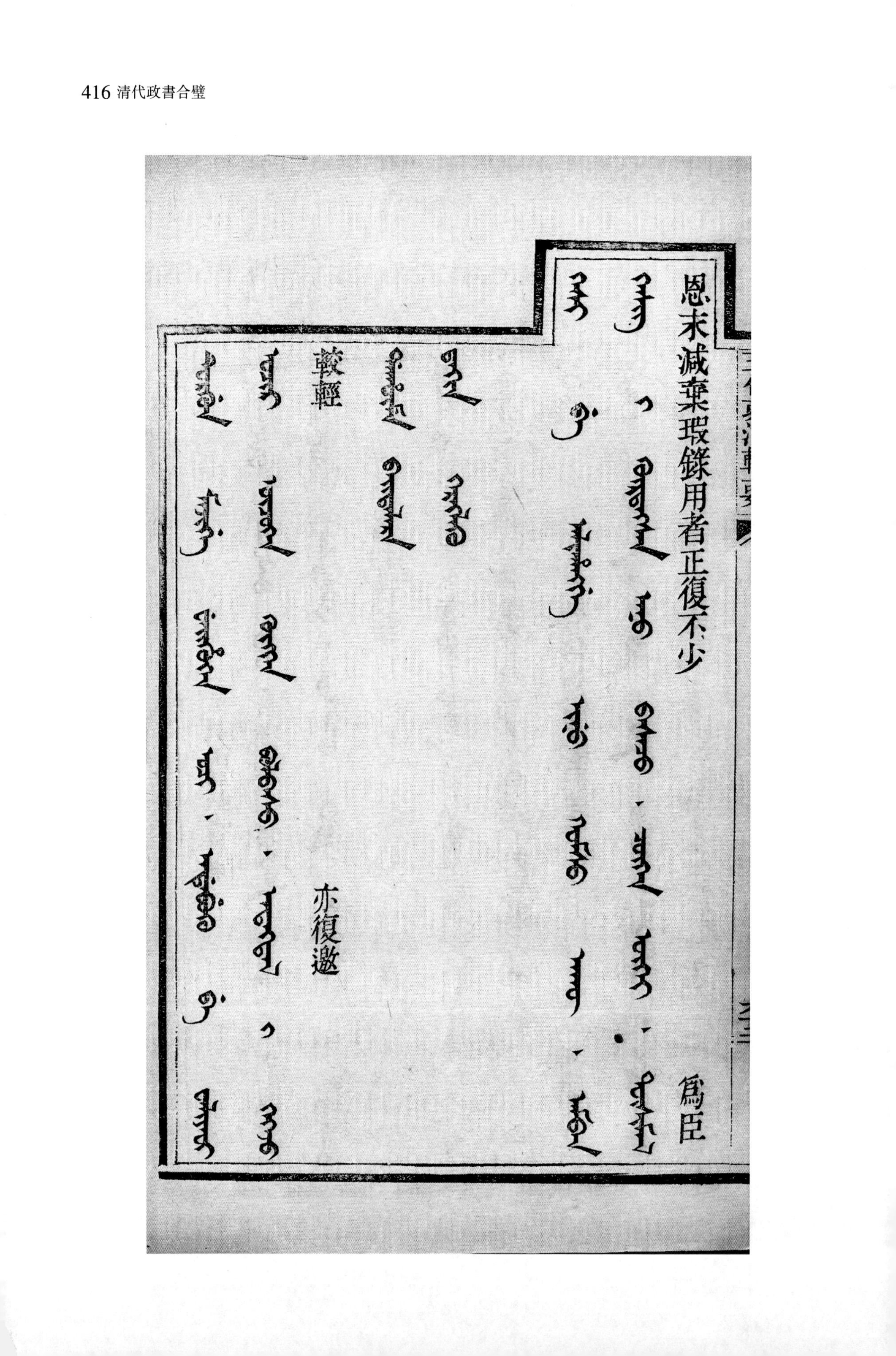

恩未減棄瑕錄用者正復不少　爲臣

較輕　亦復邀

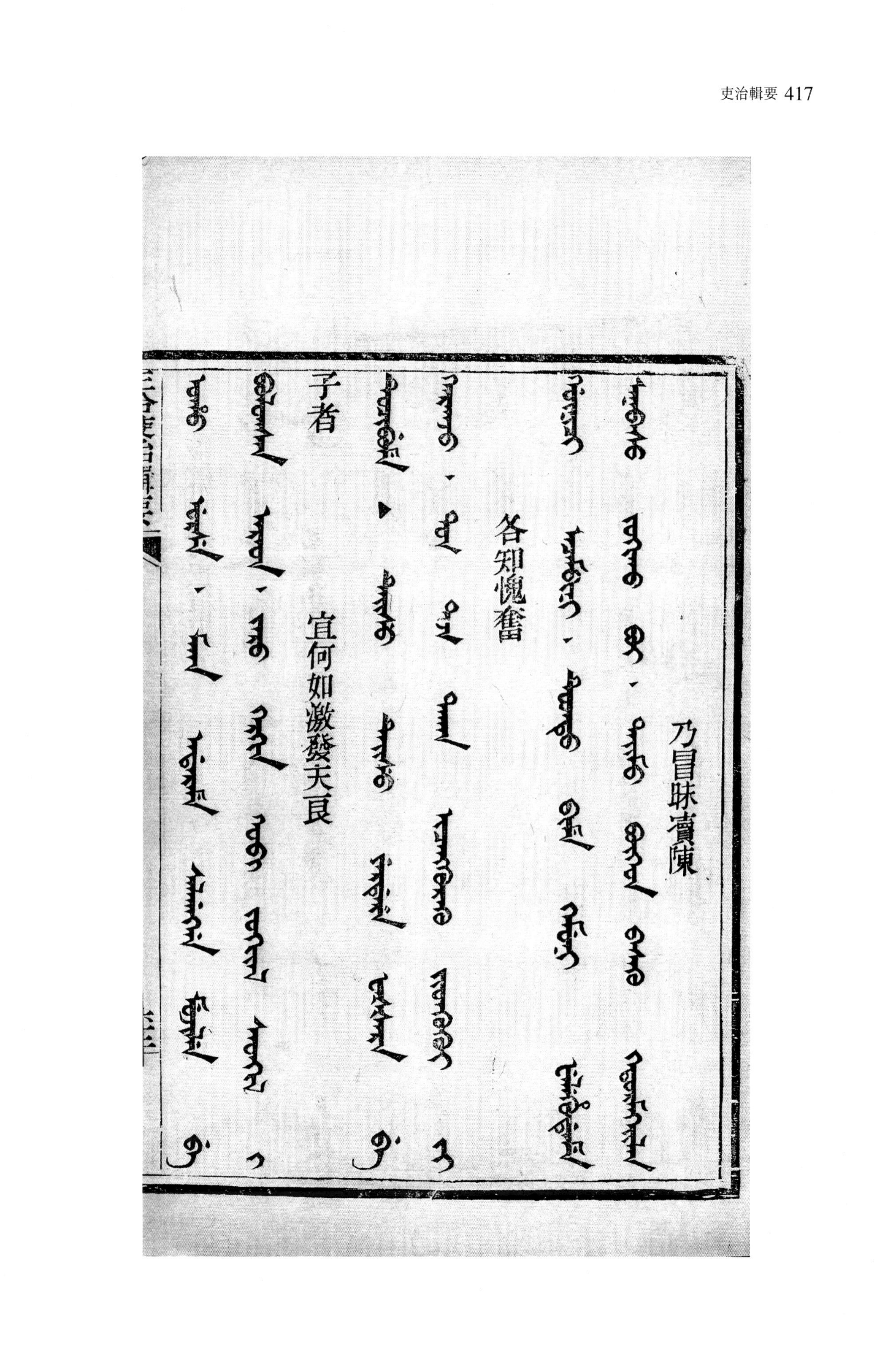

乃冒昧賣陳

各知愧奮

子者

宜何如激發天良

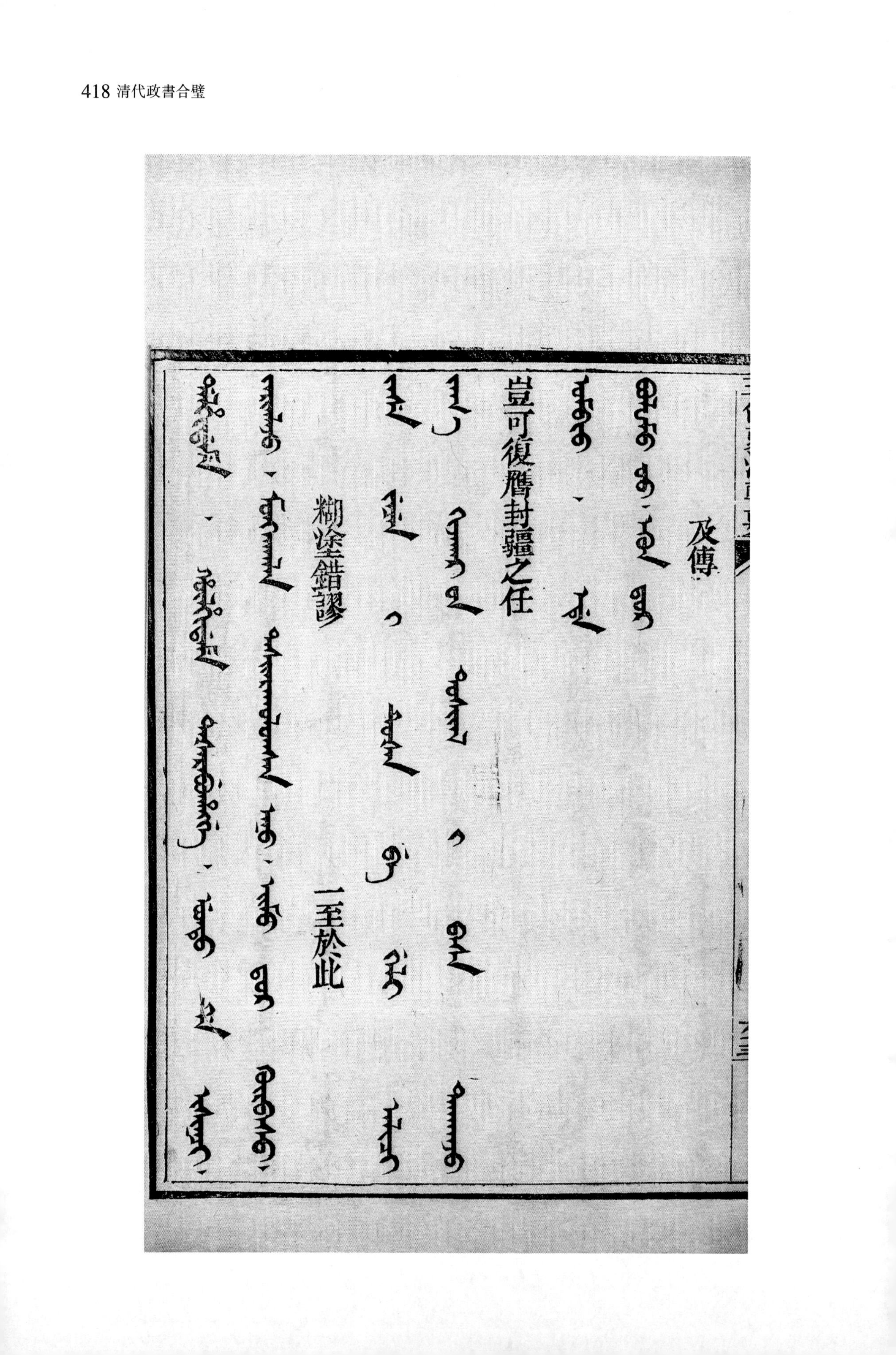

及傳

豈可復膺封疆之任

糊塗錯謬

一至於此

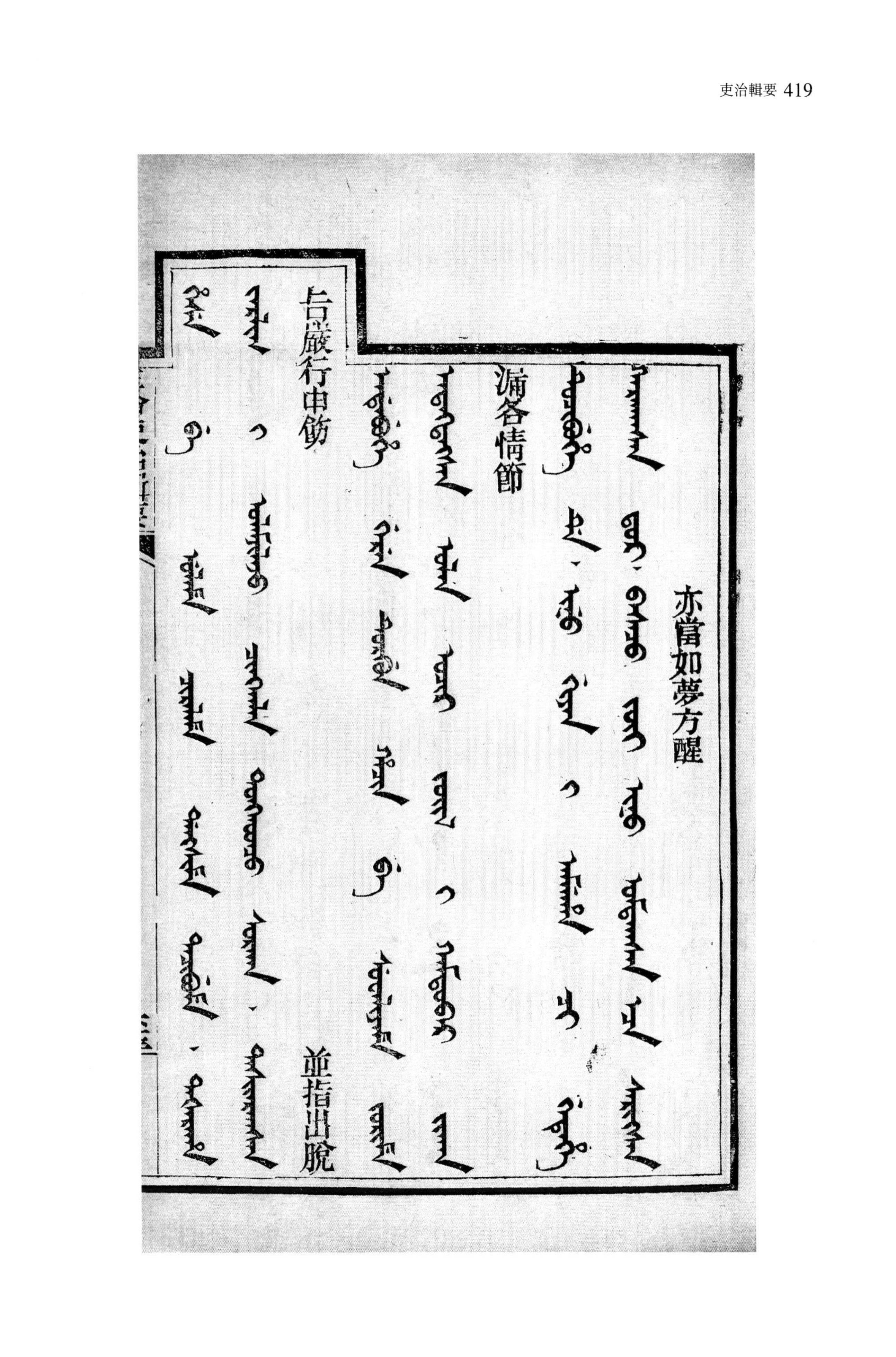

旨嚴行申飭

並指出脫

漏各情節

亦嘗如夢方醒

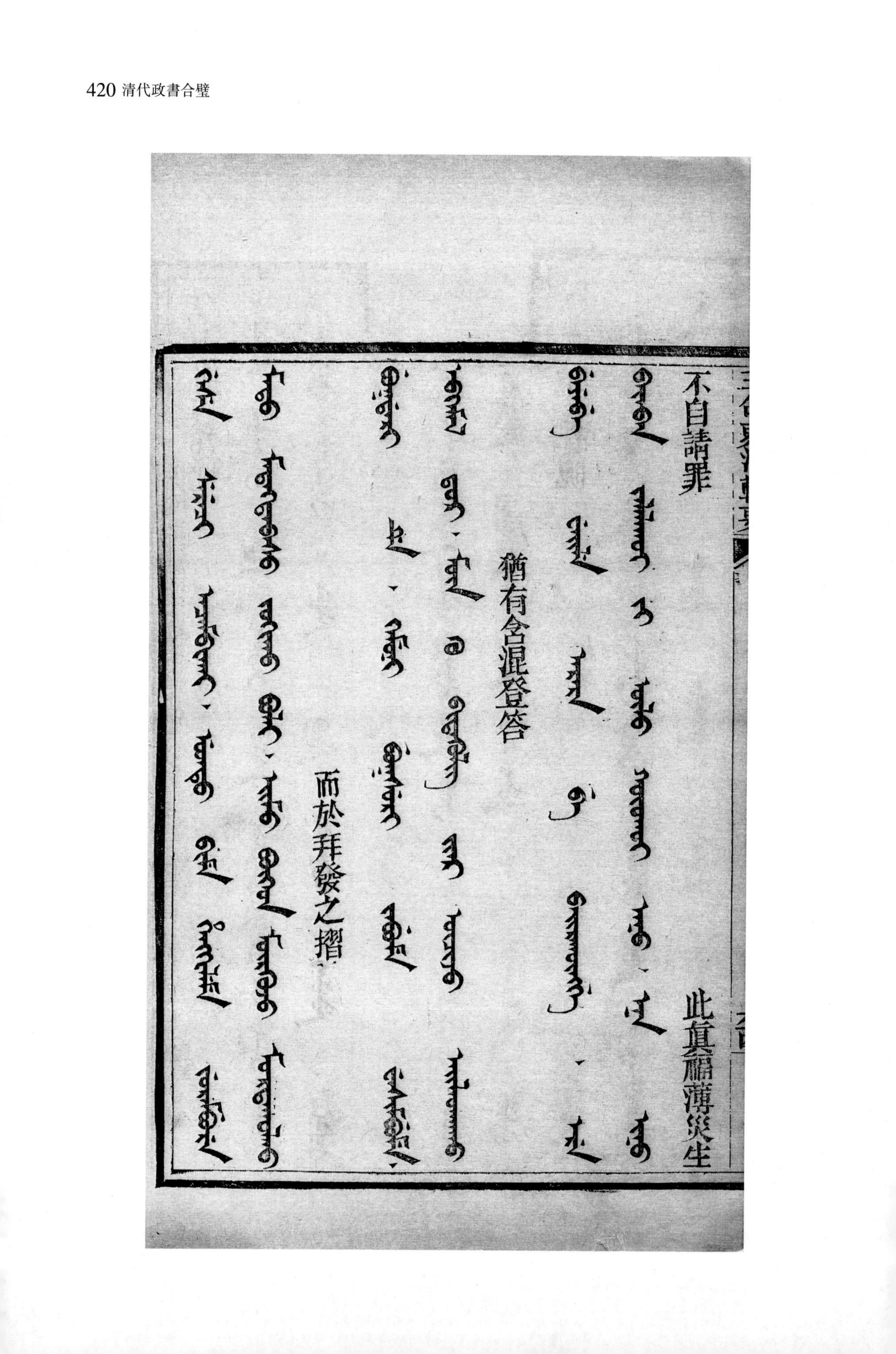

此眞福薄災生

不自請罪

猶有含混登答

而於拜發之摺

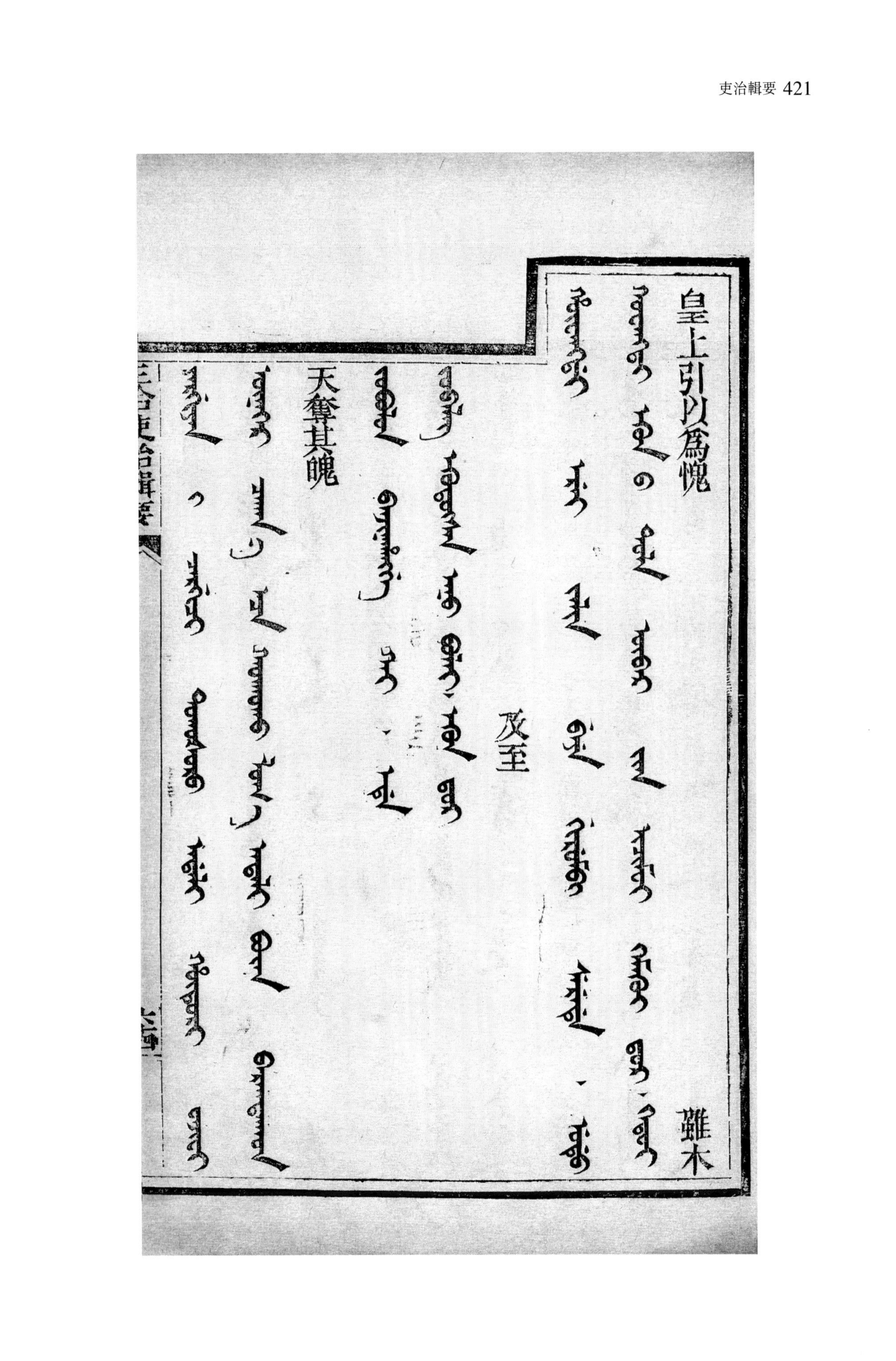

皇上引以爲愧

雖木

及至

天奪其魄

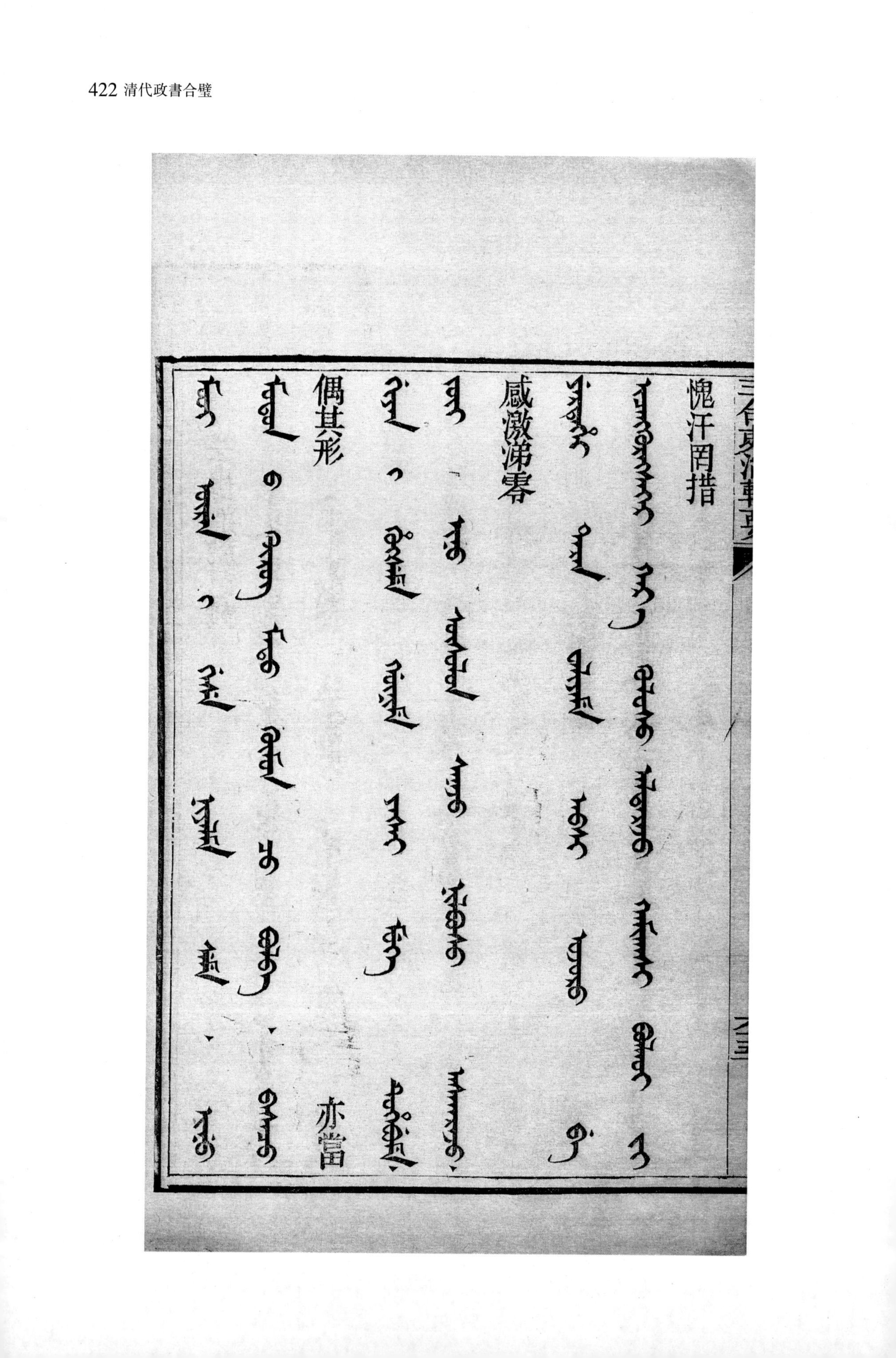

愧汗罔措

感激涕零

偶其形

亦當

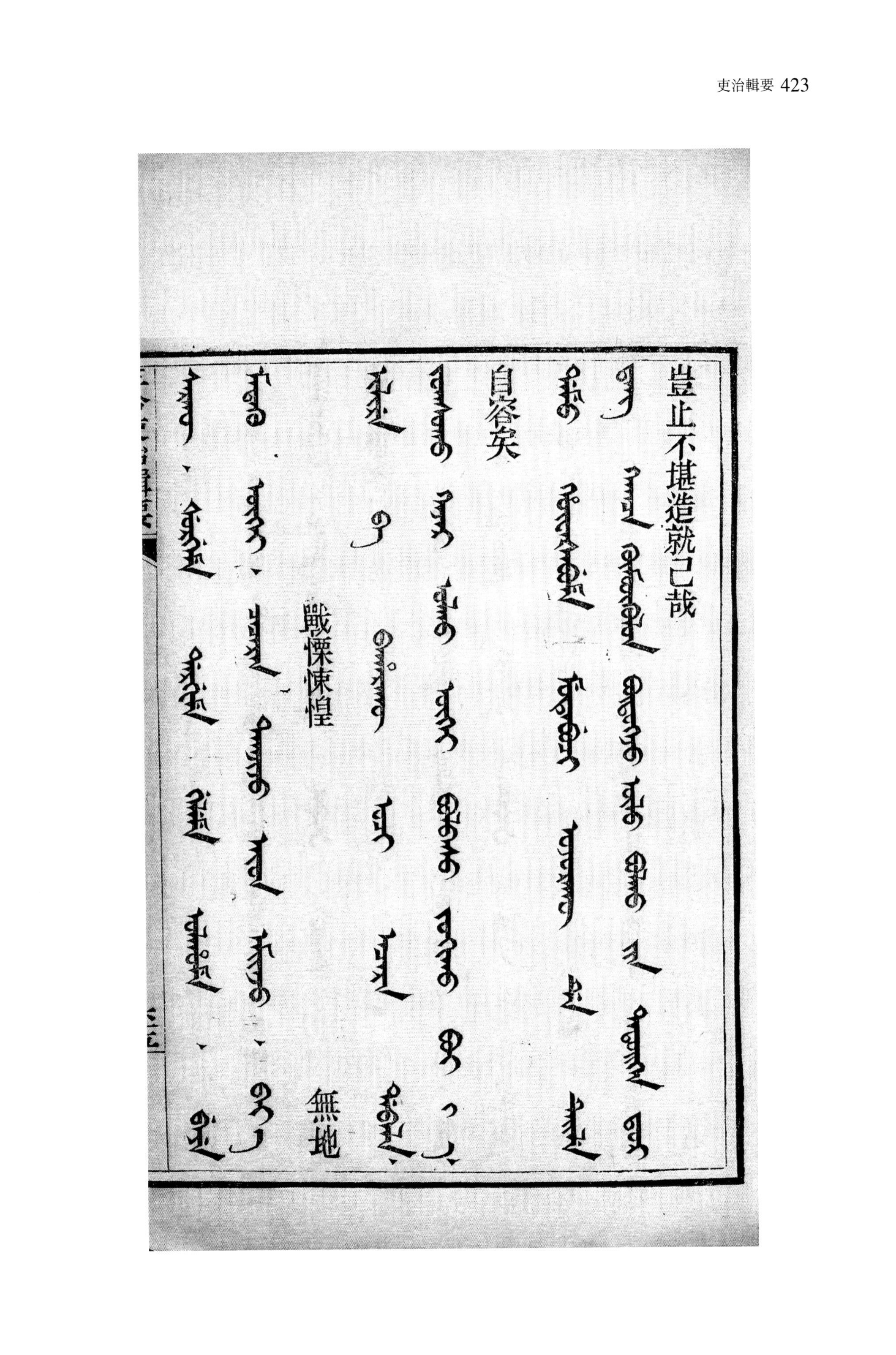

豈止不堪造就已哉

自咎矣

戰慄悚惶

無地

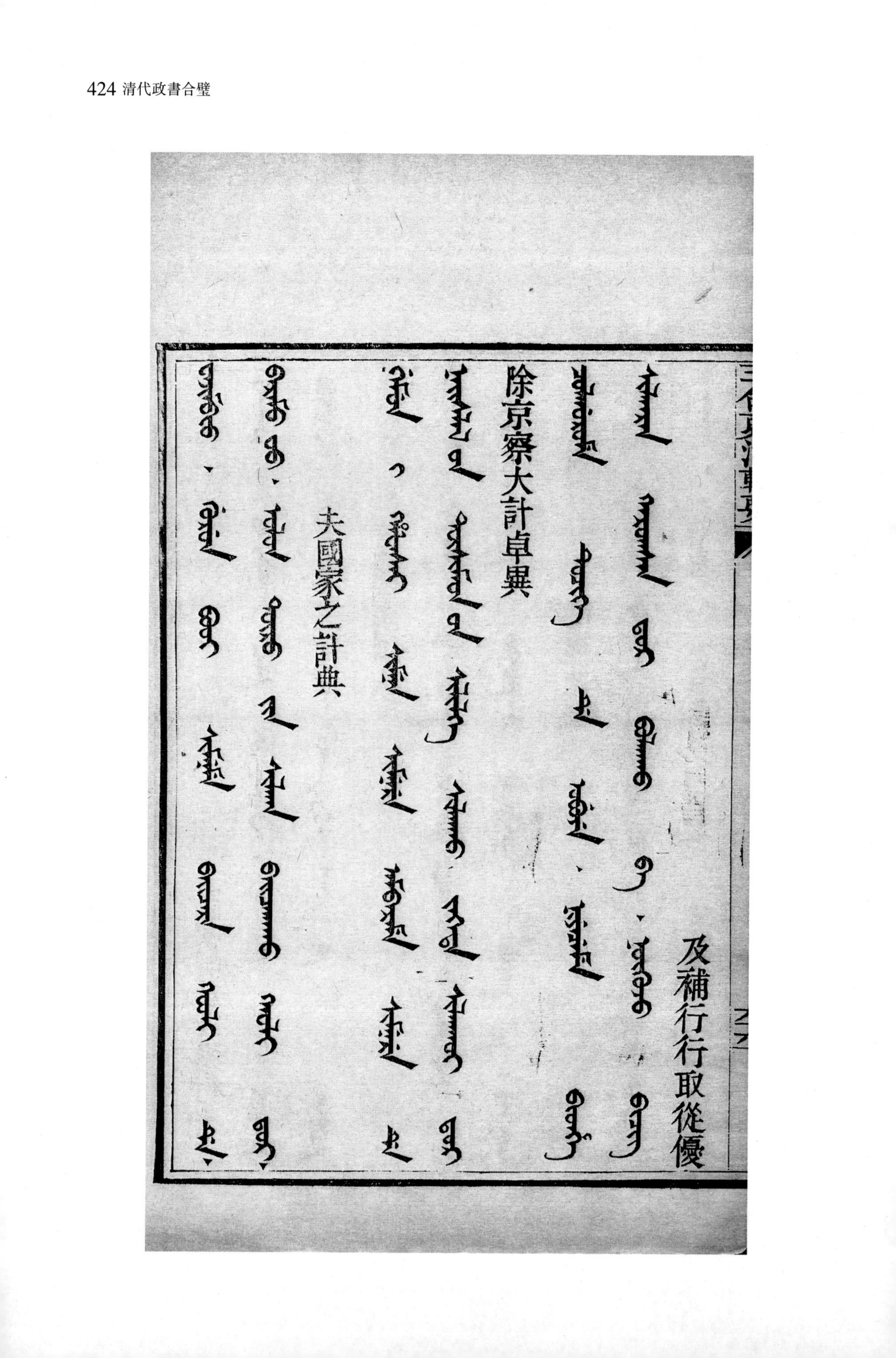

及補行行取從優

除京察大計卓異

夫國家之計典

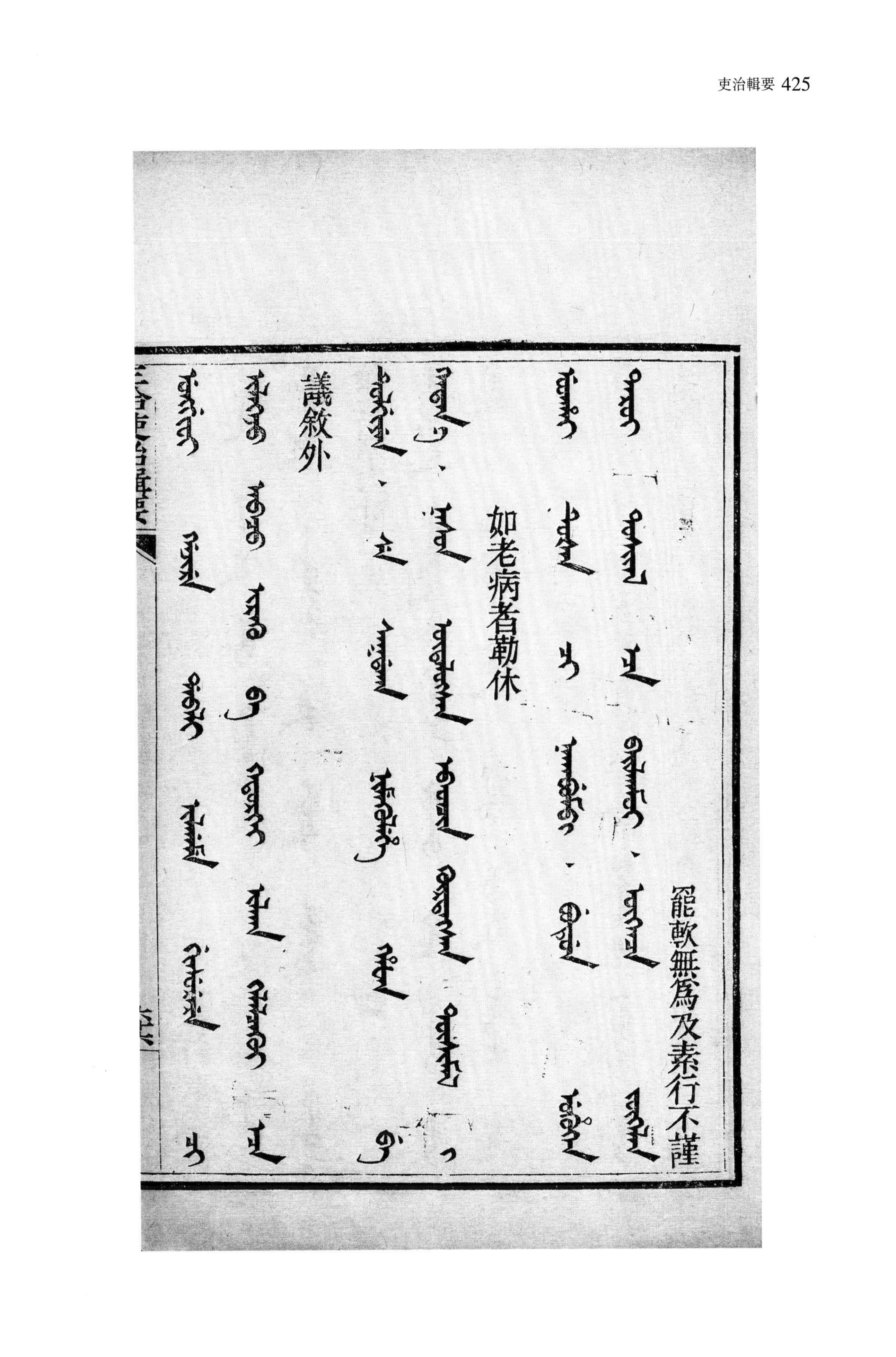

罷軟無爲及素行不謹

如老病者勒休

議敘外

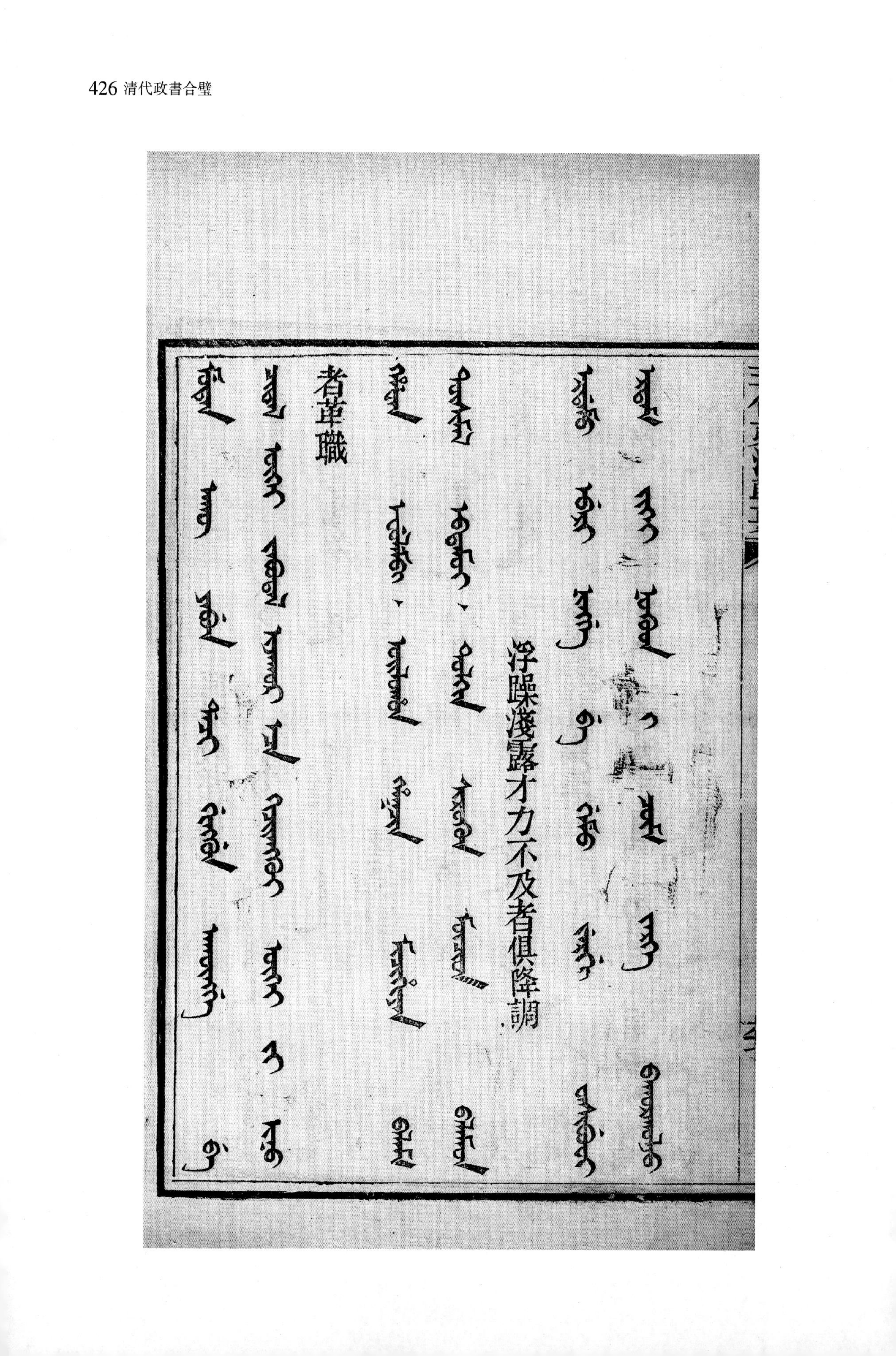

浮躁淺露才力不及者俱降調

者革職

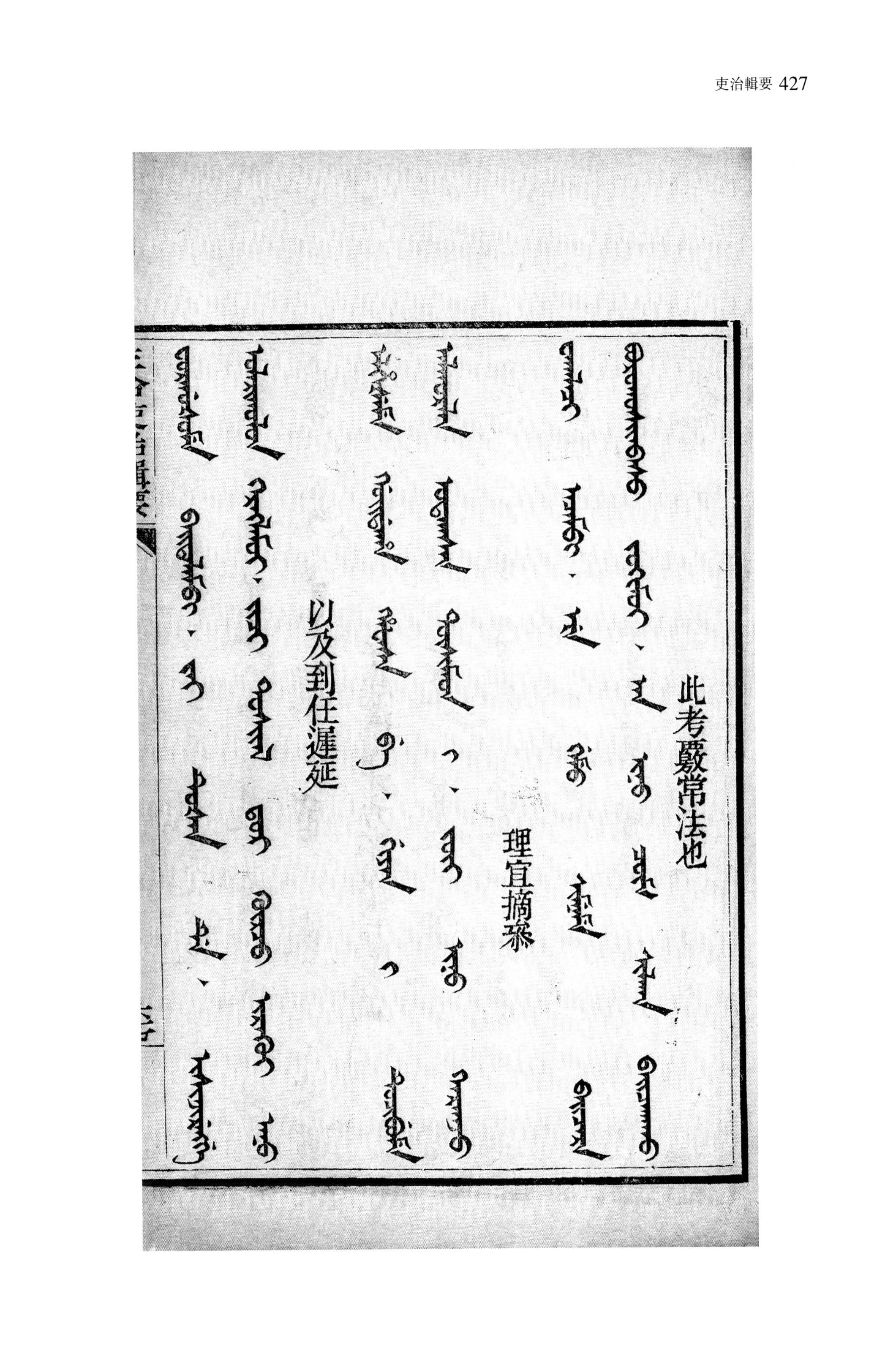

以及到任遲延

理宜摘參

此考覈常法也

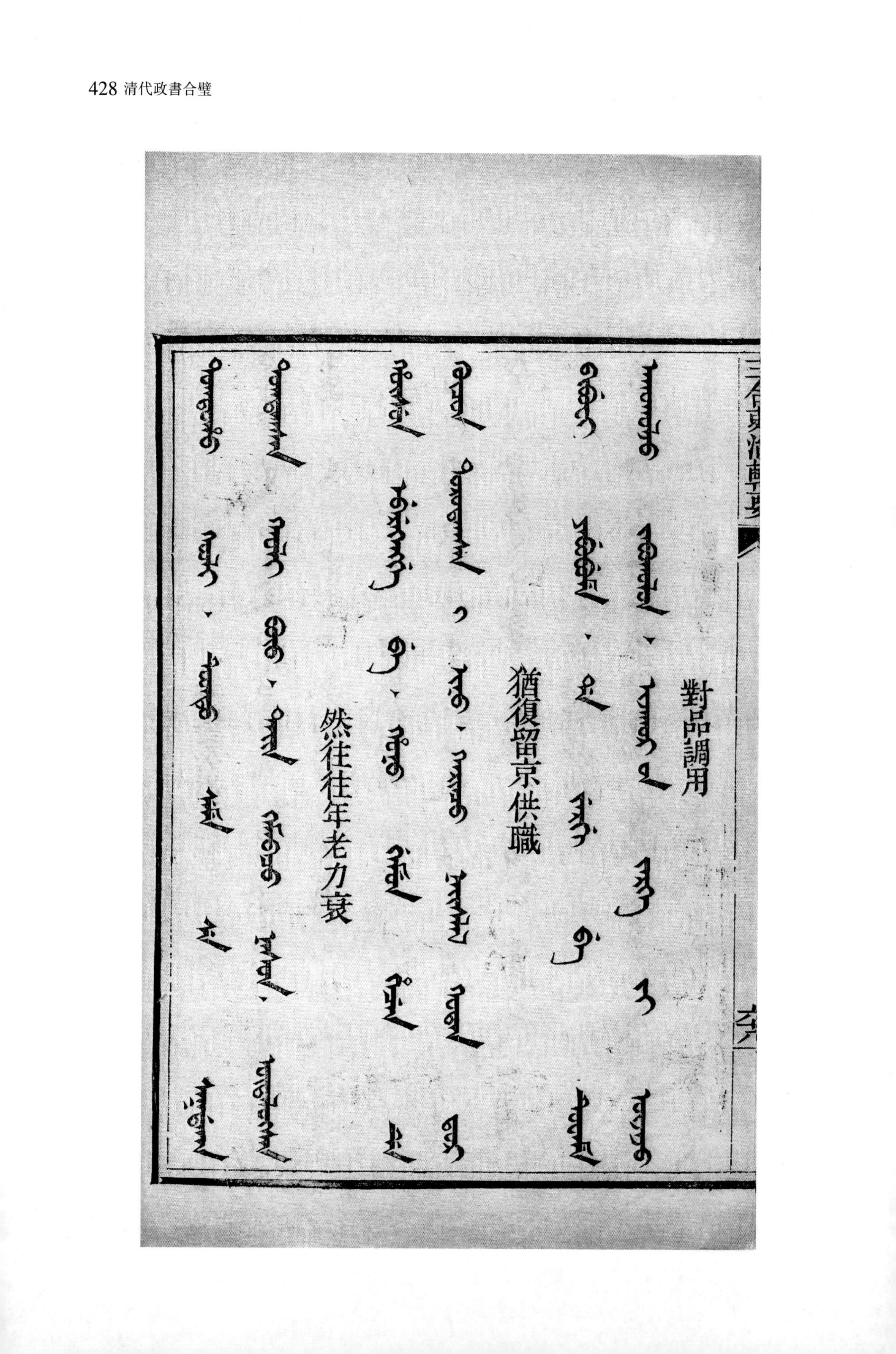

對品調用

猶復留京供職

然往往年老力衰

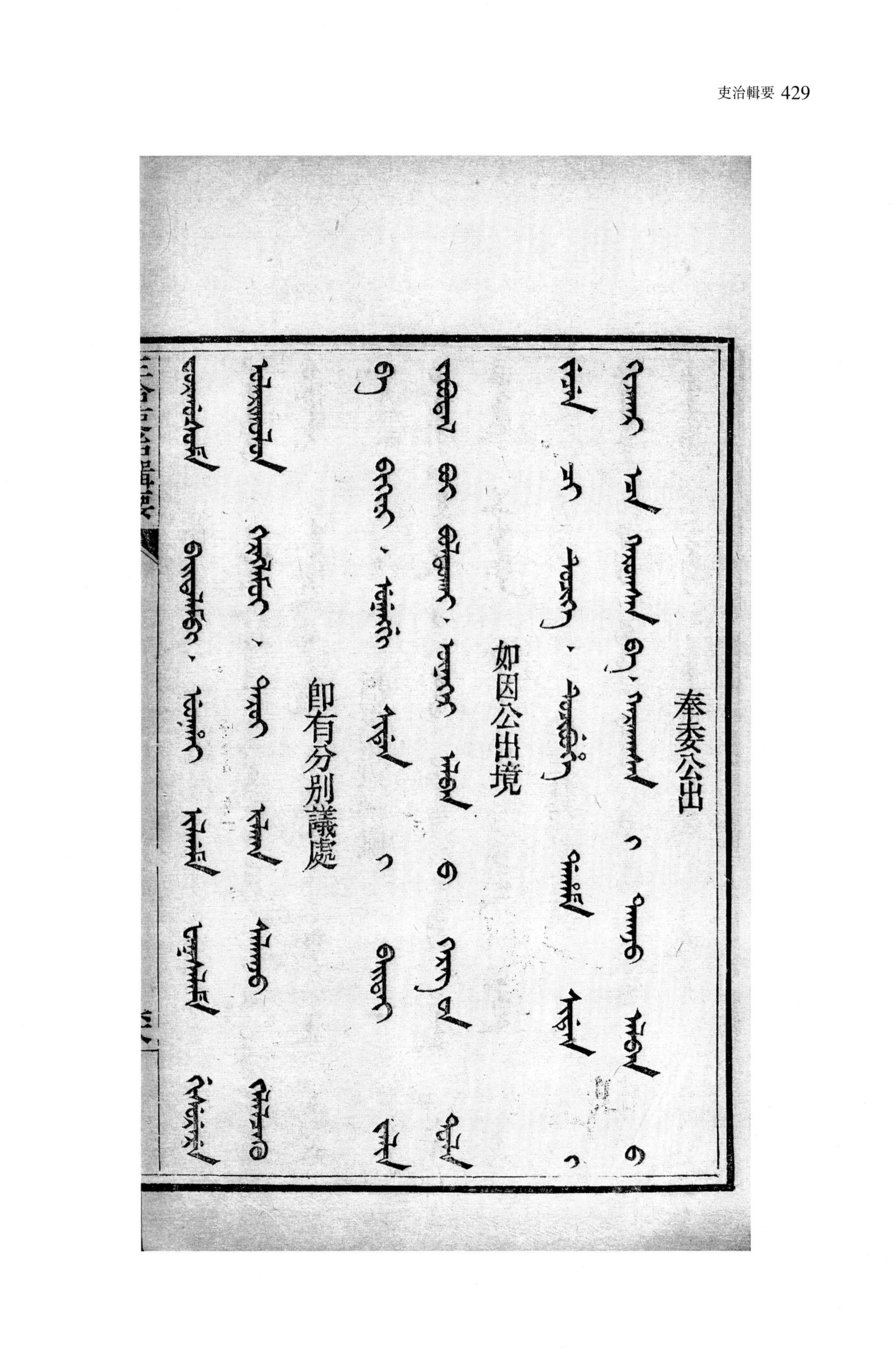

奉委公出

如因公出境

卽有分別議處

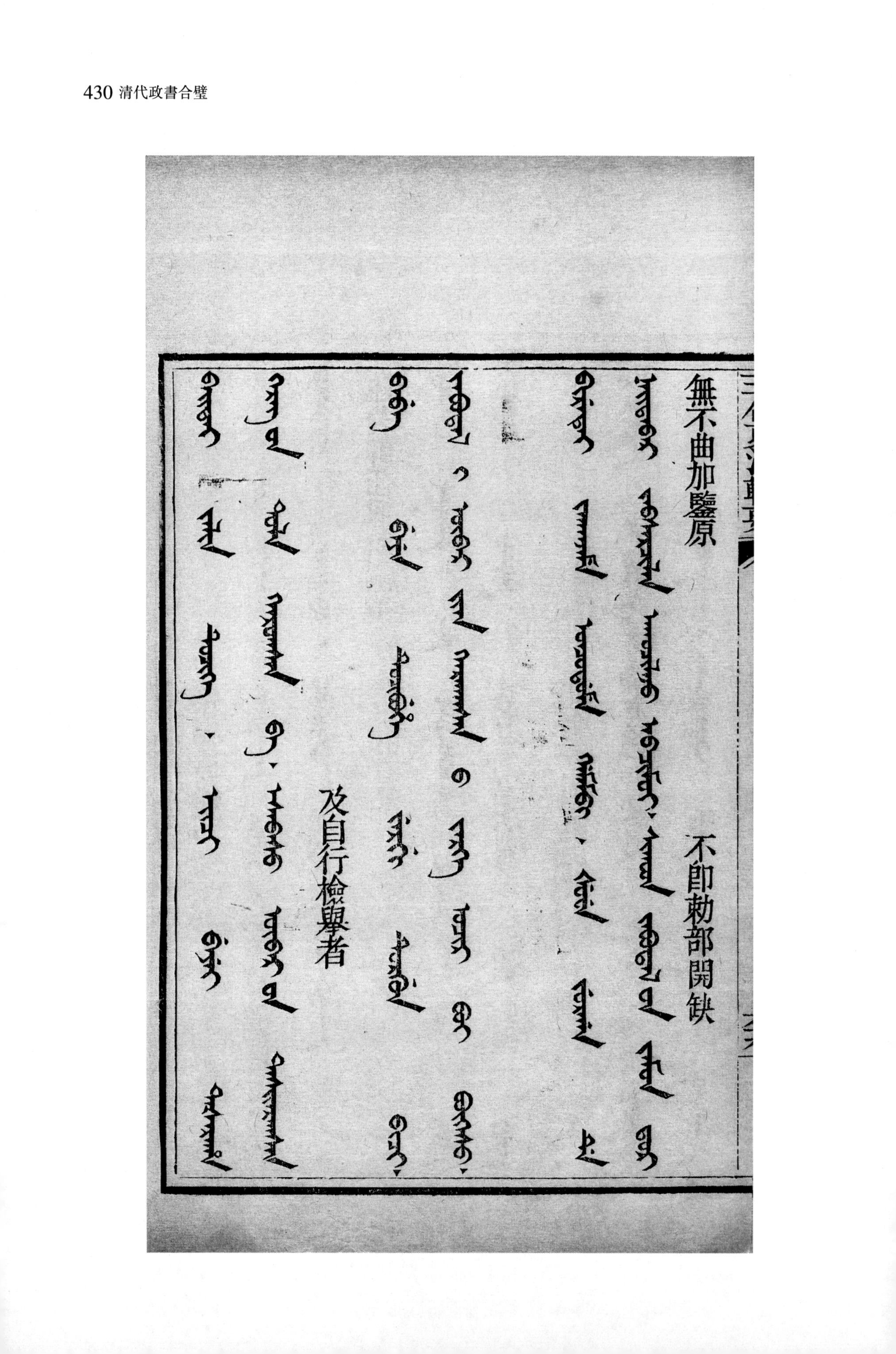

無不曲加鑒原 不卽勅部開鈌

及自行檢舉者

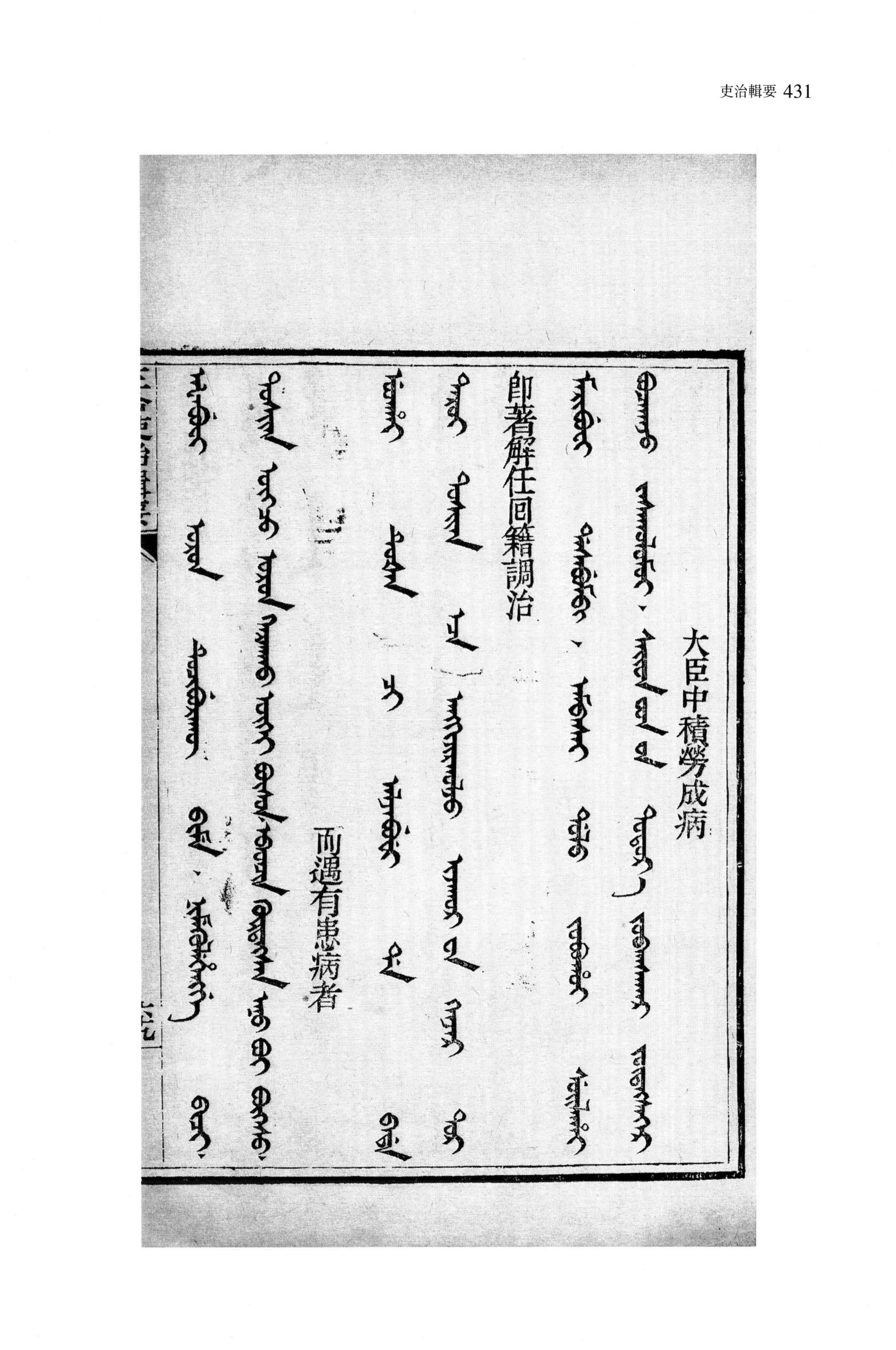

大臣中積勞成病

即著解任回籍調治

而遇有患病者

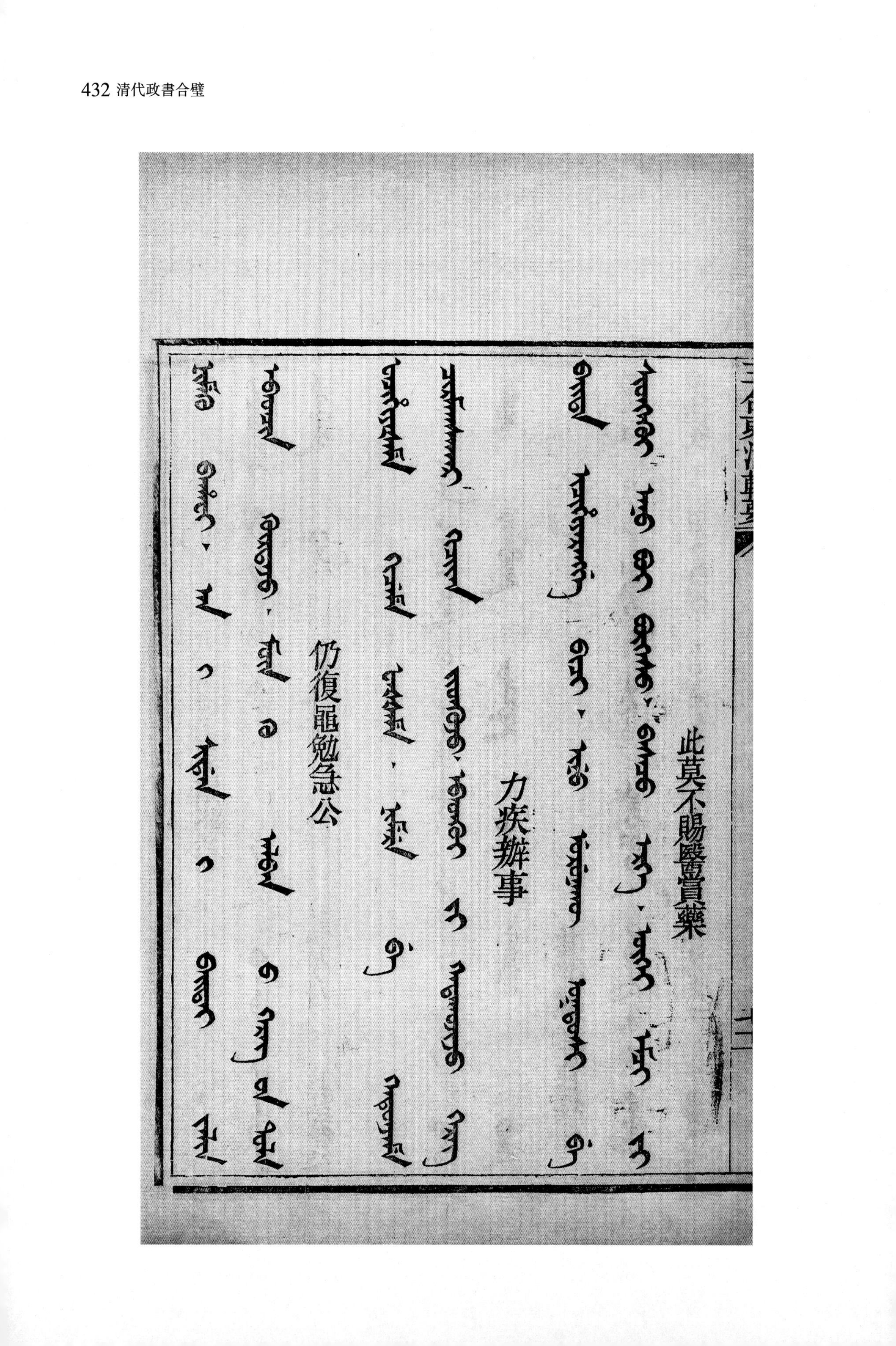

此莫不賜醫賞藥

力疾辦事

仍復黽勉急公

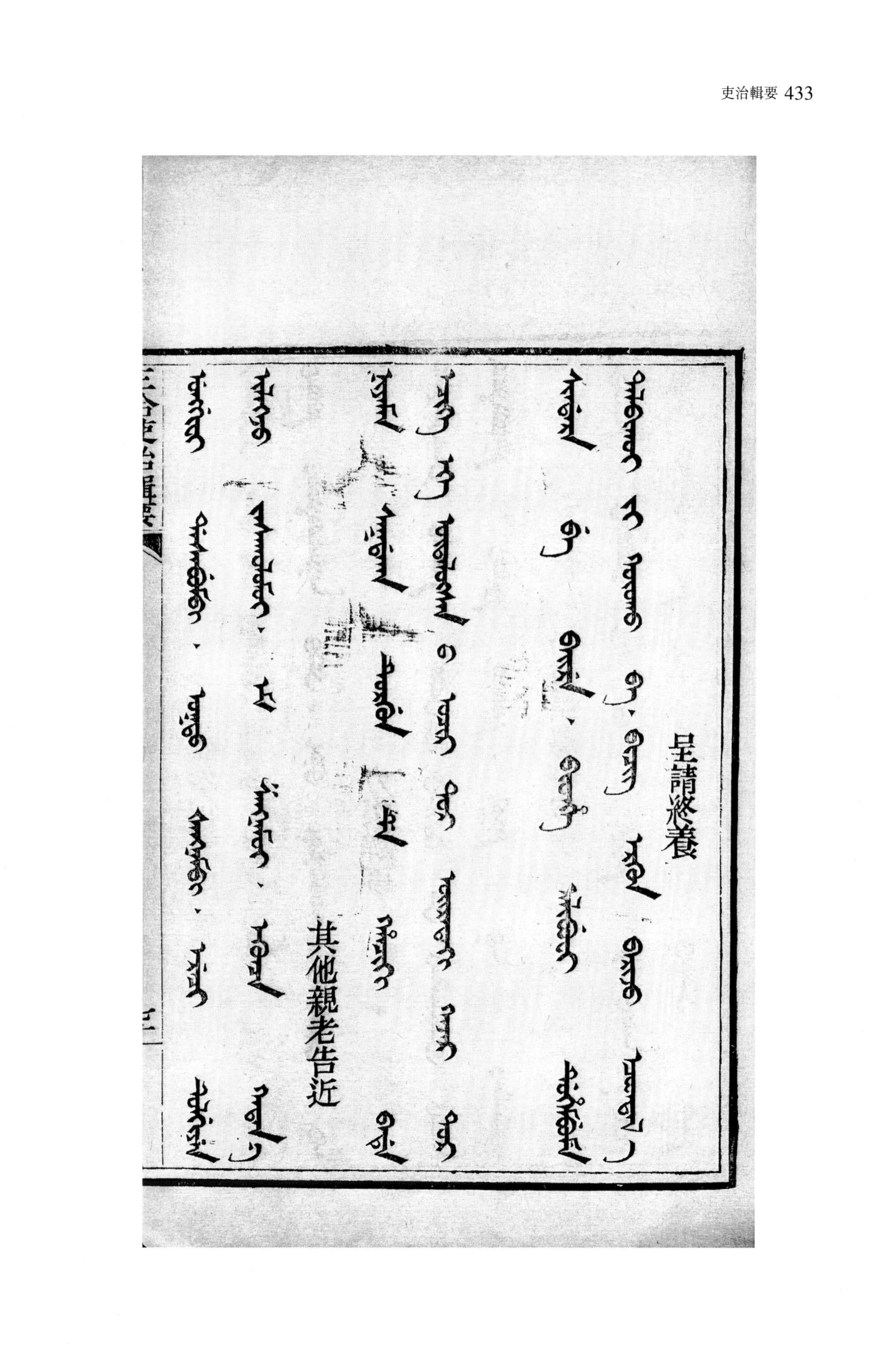

呈請終養

其他親老告近

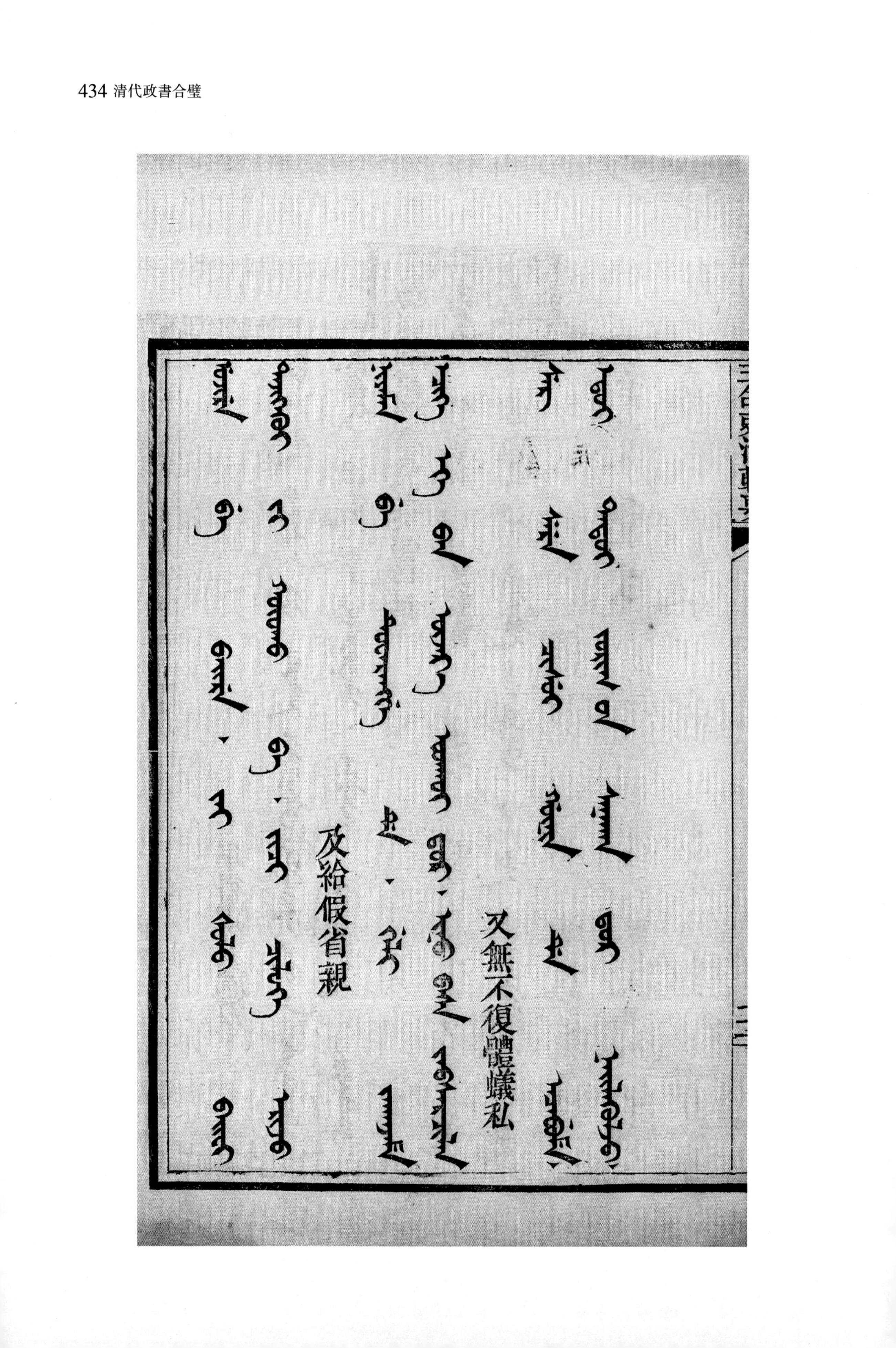

又無不復體蟻私

及給假省親

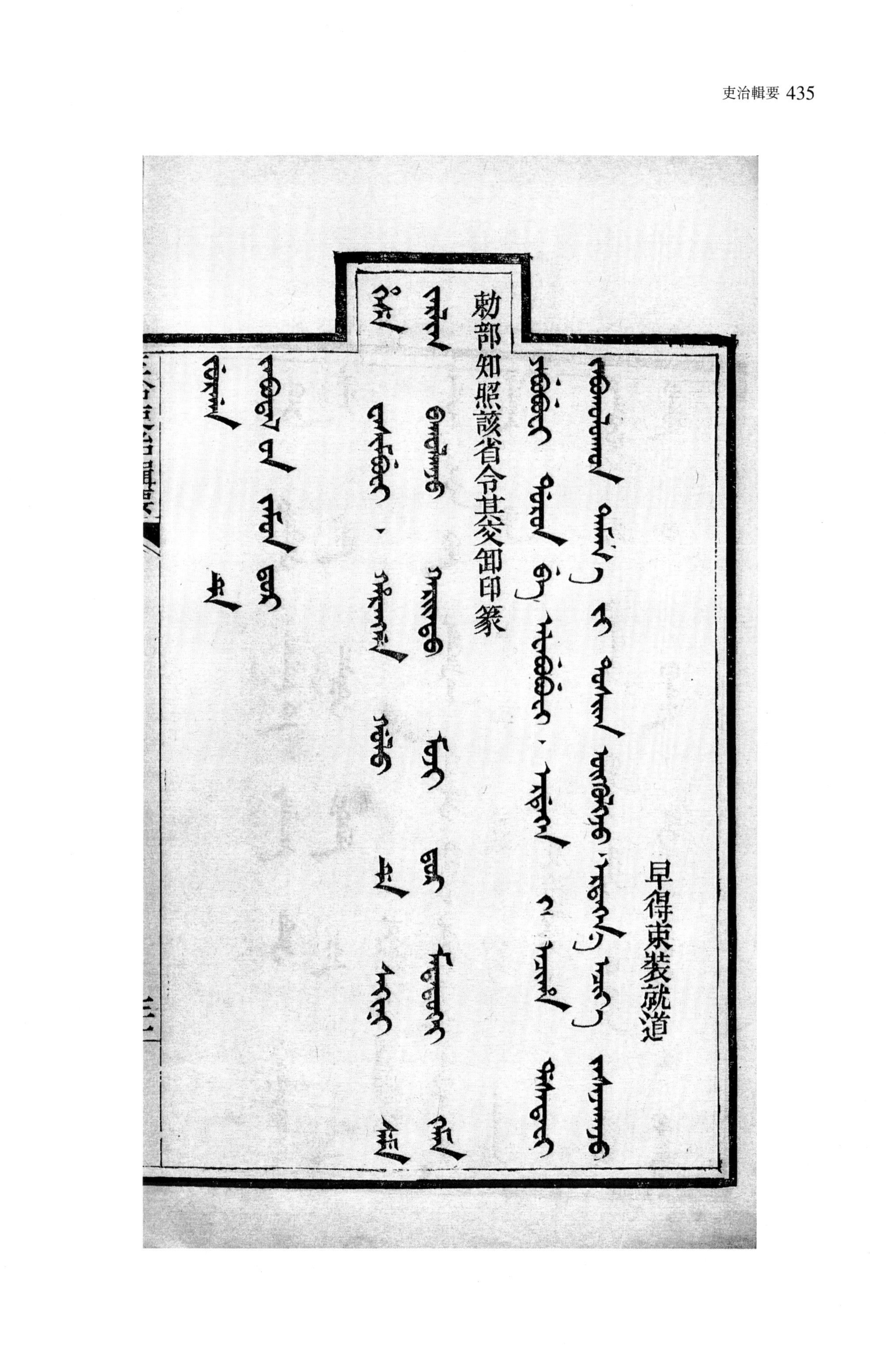

早得束裝就道

勅部知照該省令其交卸印篆

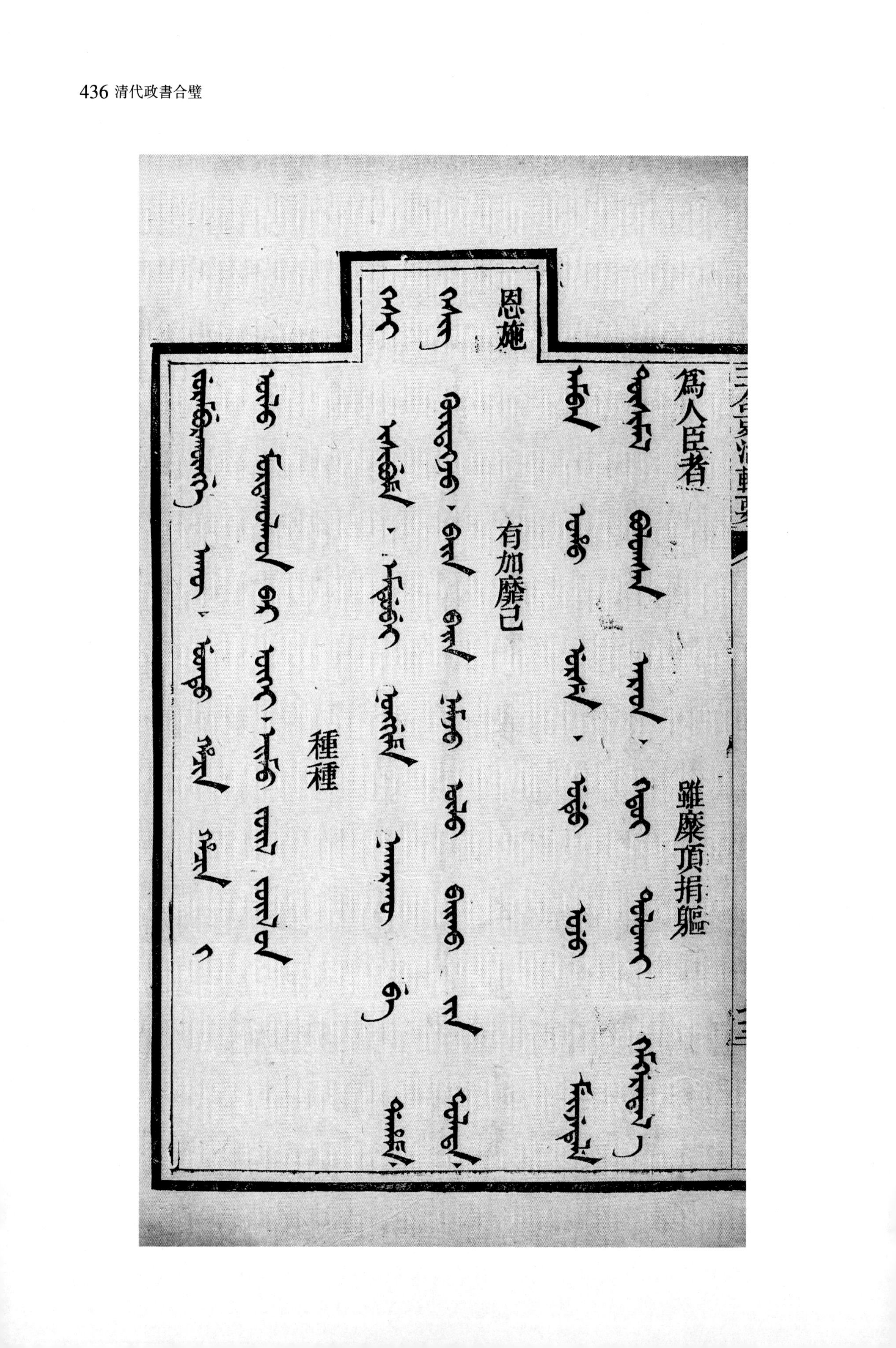

為人臣者雖糜頂捐軀

恩施

有加靡已

種種

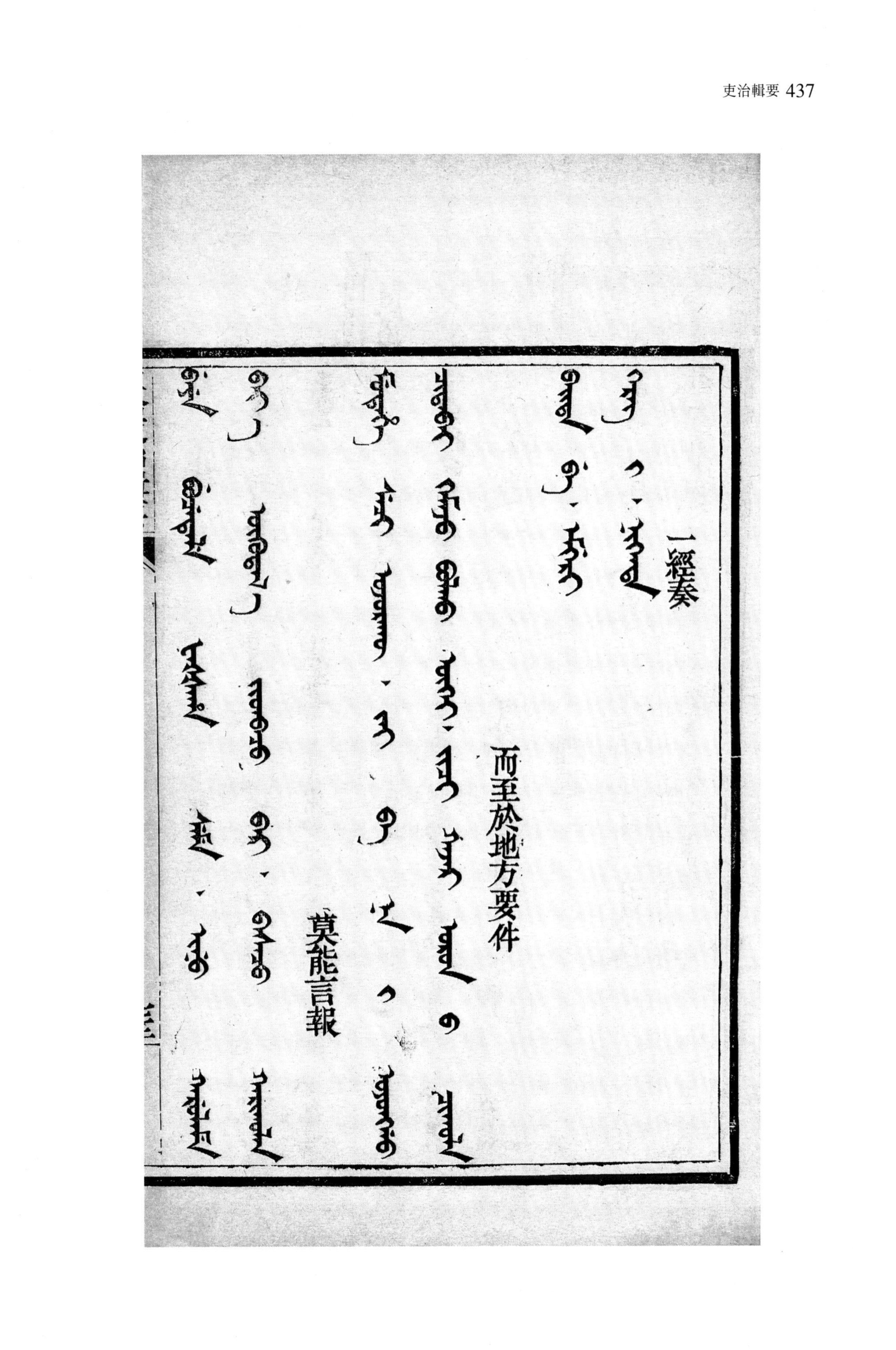

一經奏

而至於地方要件

莫能言報

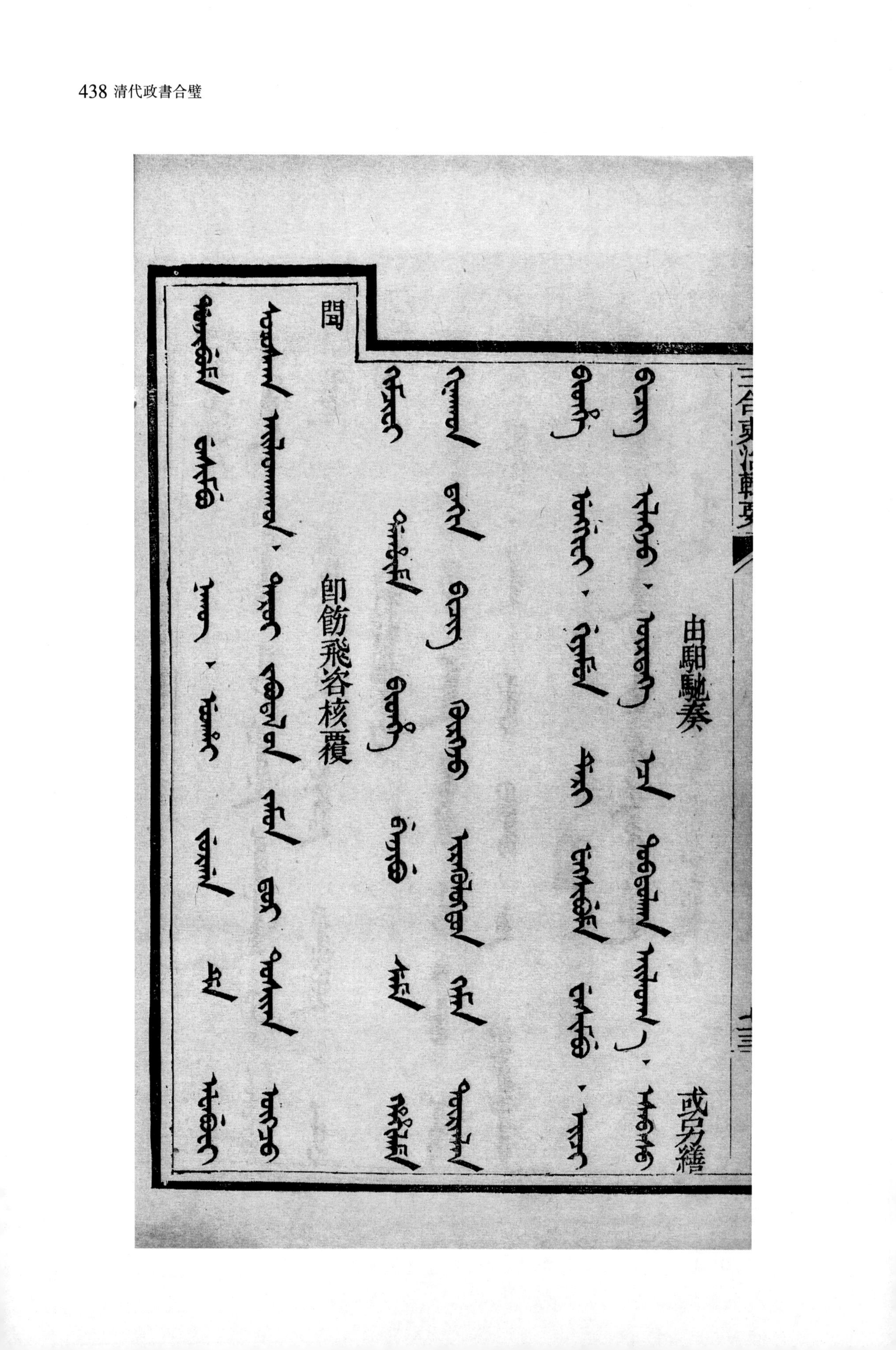

由驛馳奏 或另繕

聞

即飭飛咨核覆

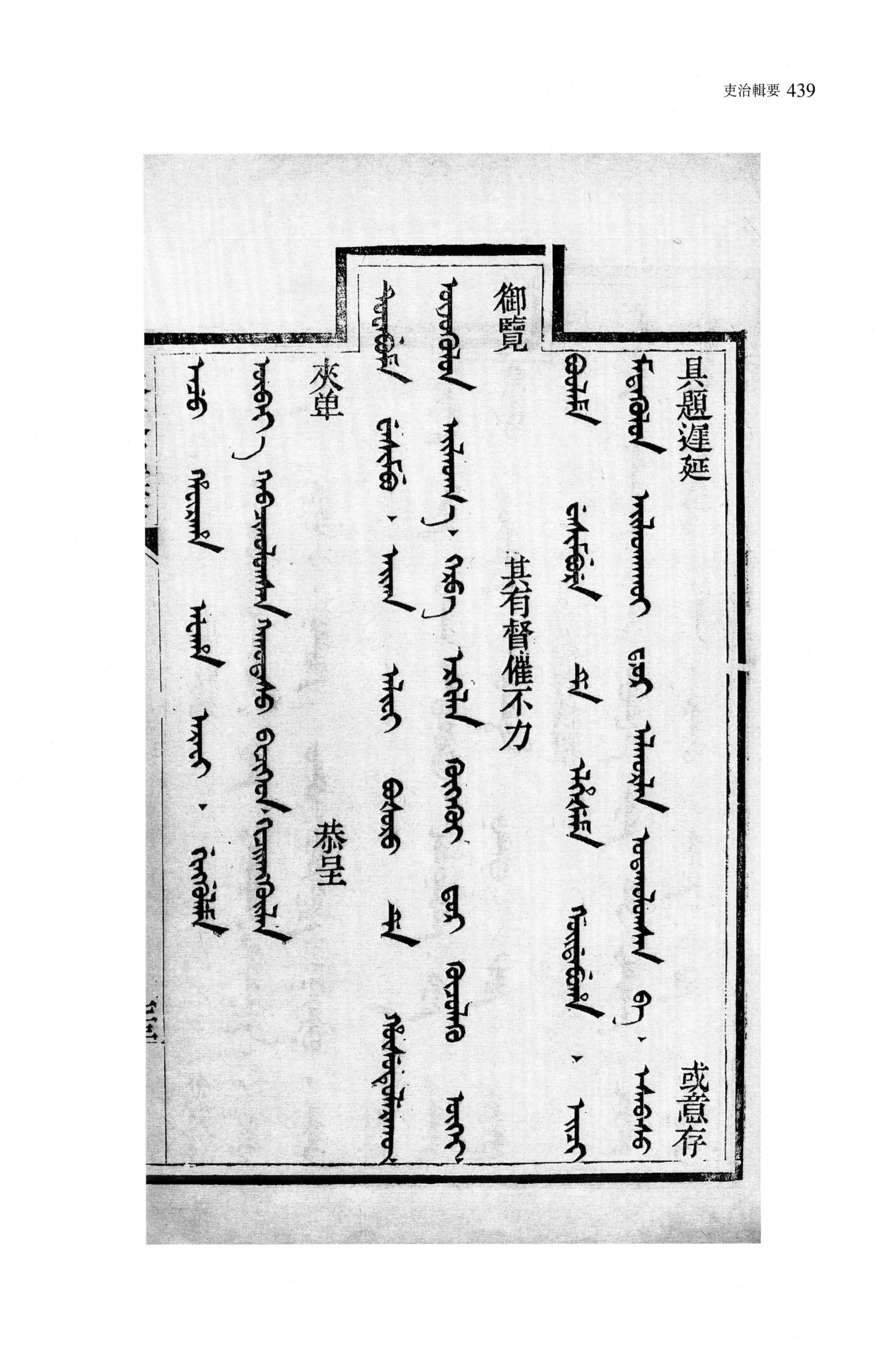

具題遲延　或意存

御覽

其有督催不力

夾單　恭呈

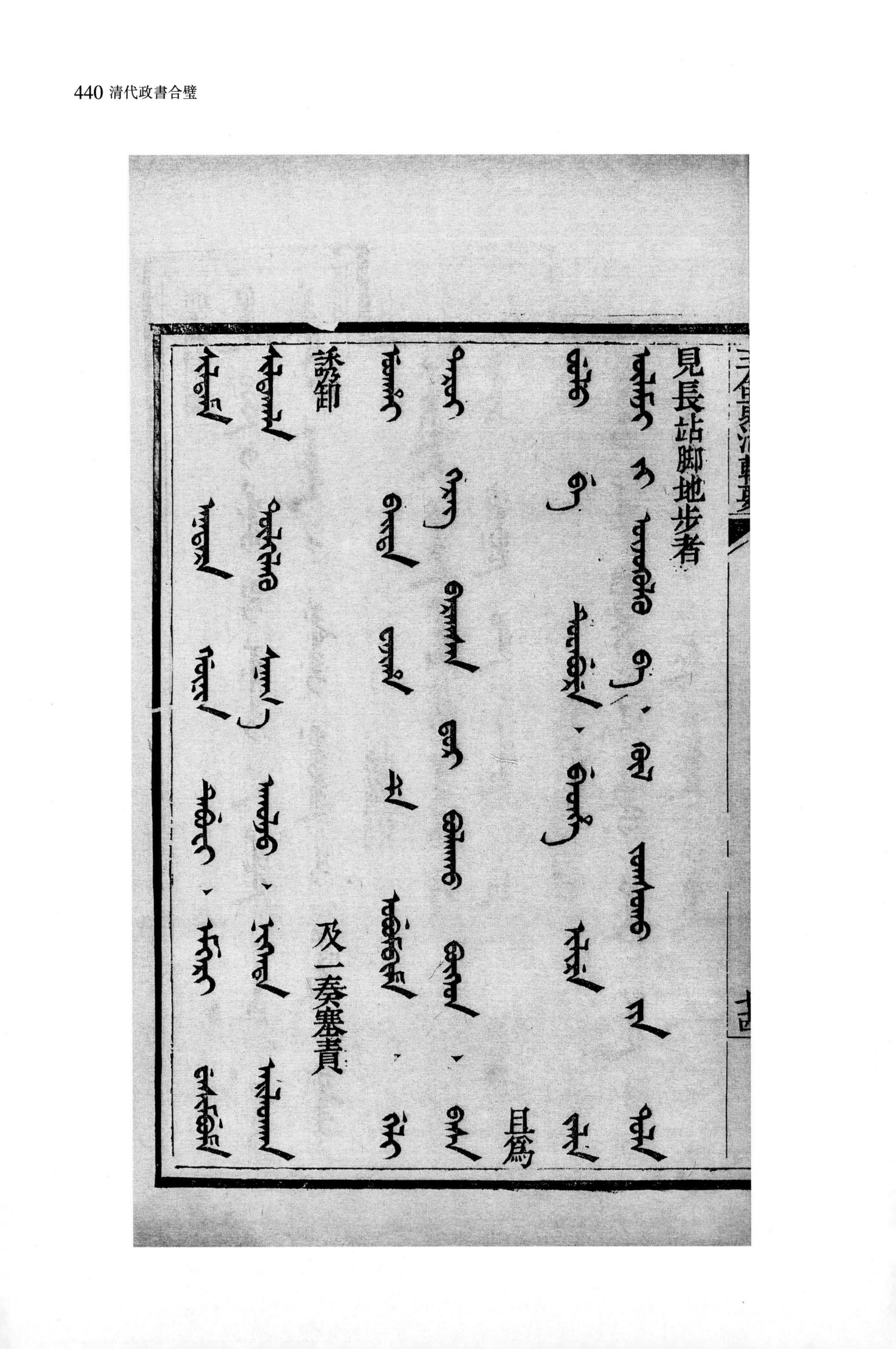

見長站脚地步者

且爲

誘卸

及一奏塞責

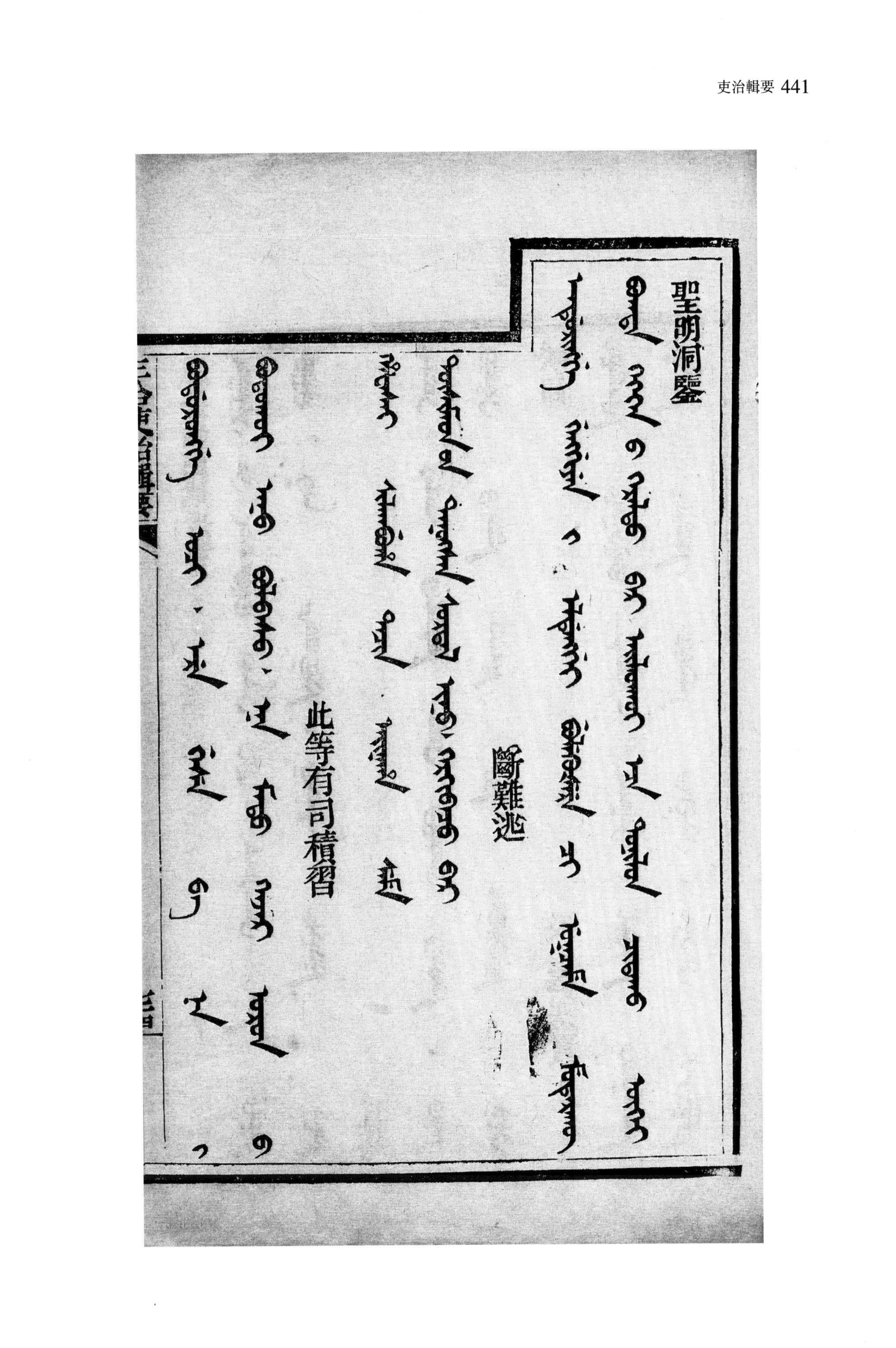

此等有司積習

斷難逃

聖明洞鑒

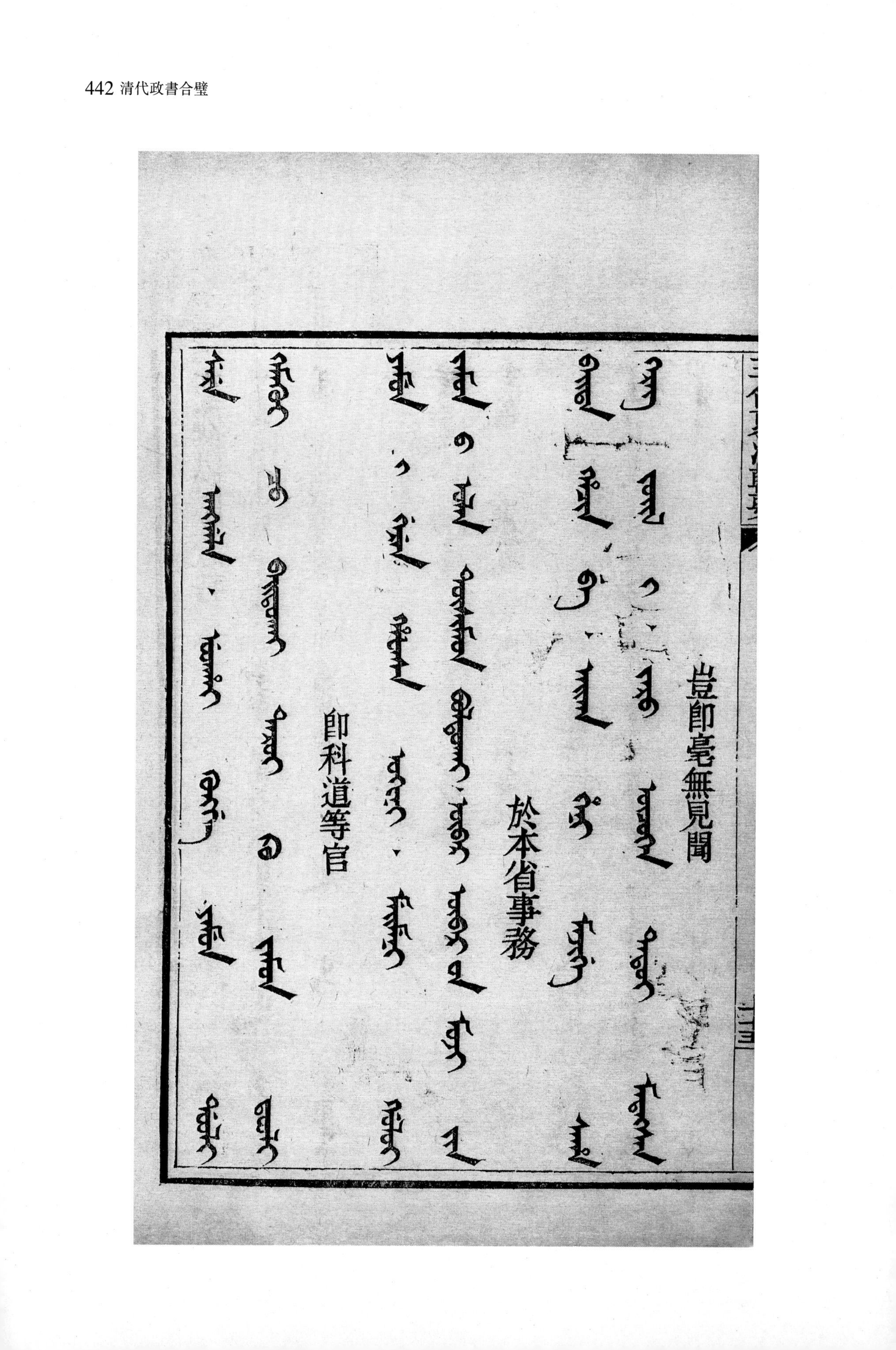

豈即毫無見聞

於本省事務

即科道等官

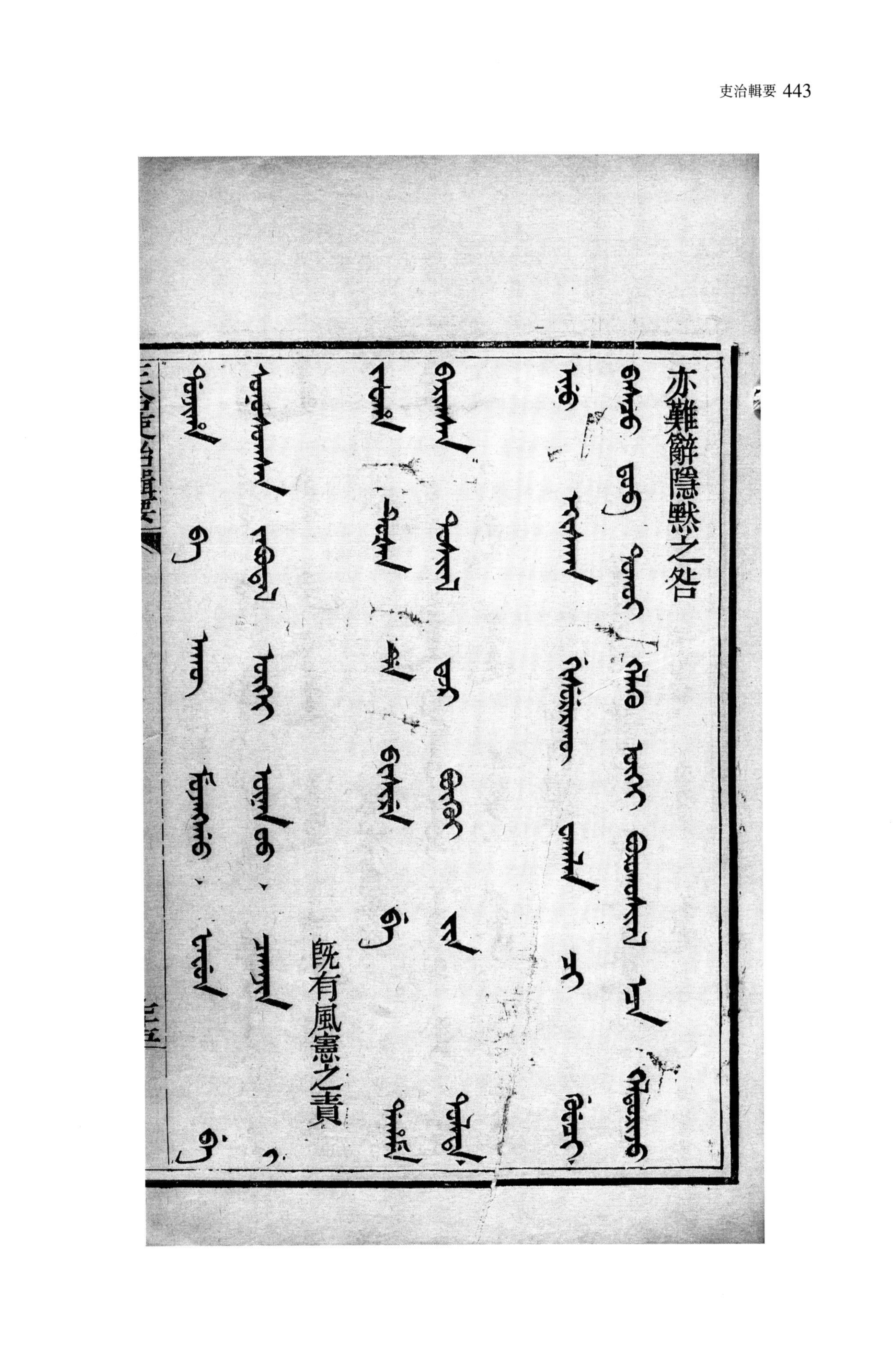

亦難辭隱默之咎

既有風憲之責

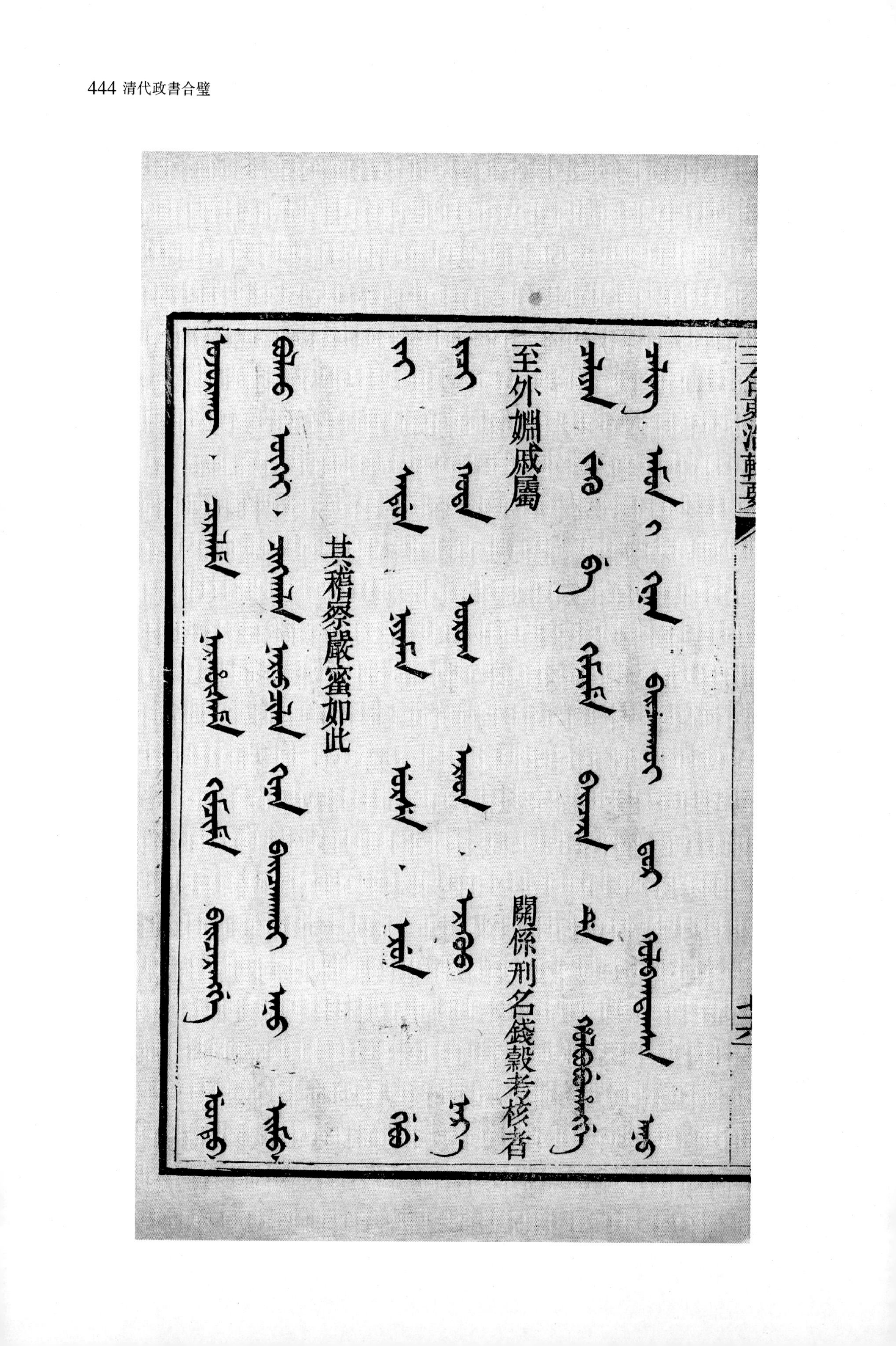

至外姻戚屬　關係刑名錢穀考核者

其稽察嚴密如此

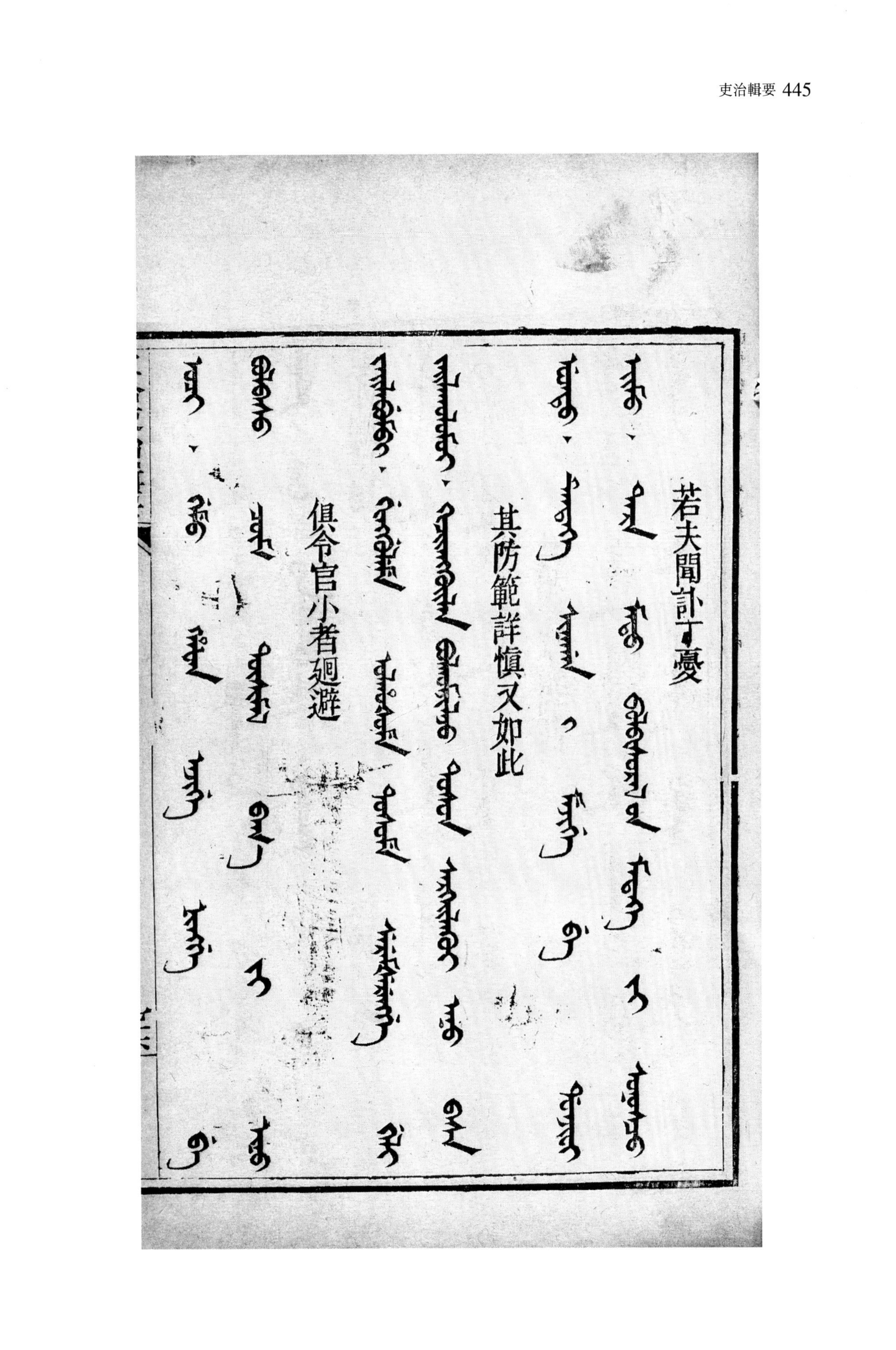

若夫聞訃丁憂

其防範詳慎又如此

俱令官小者廻避

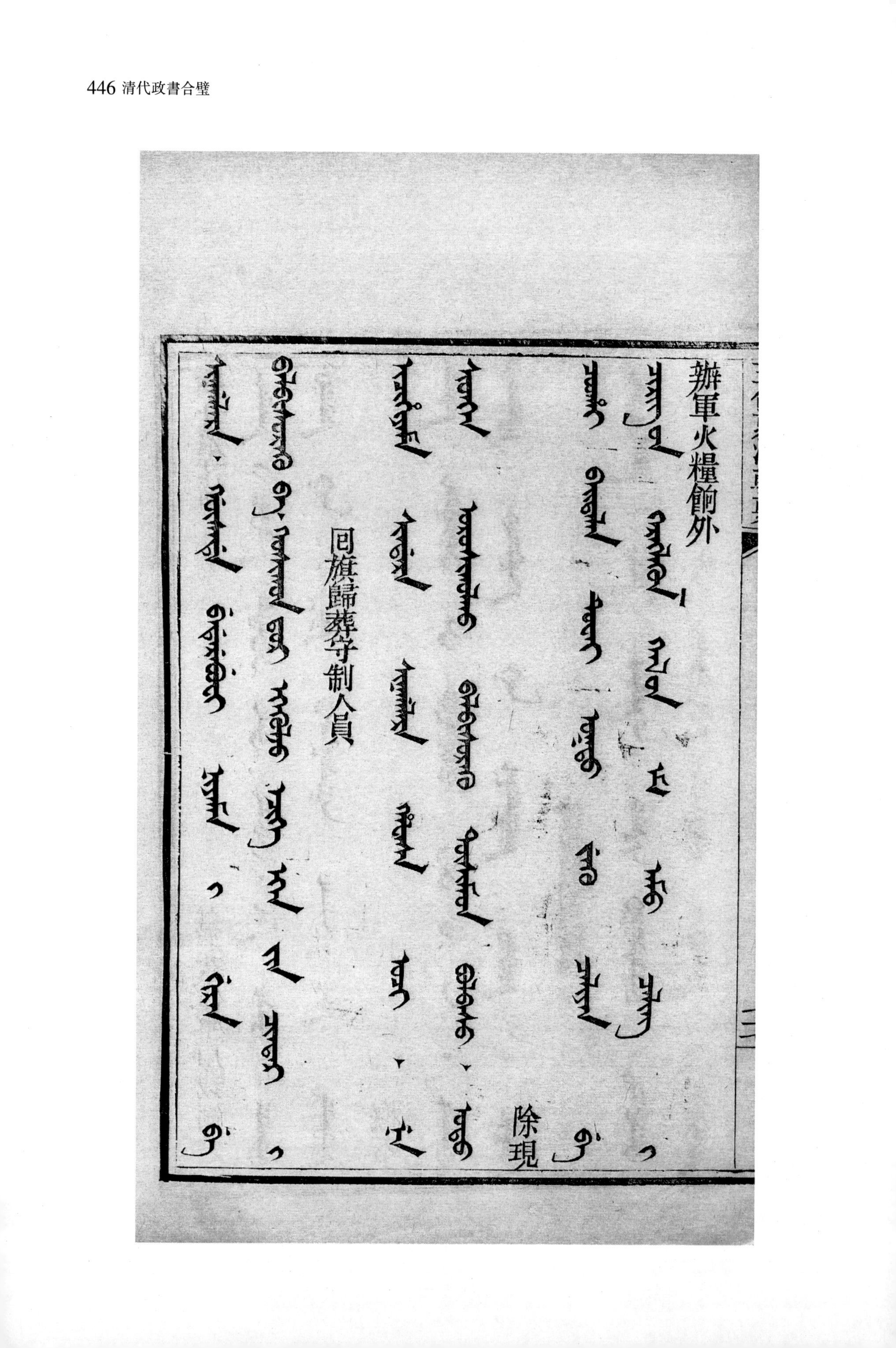

辦軍火糧餉外

除現

回旗歸葬守制人員

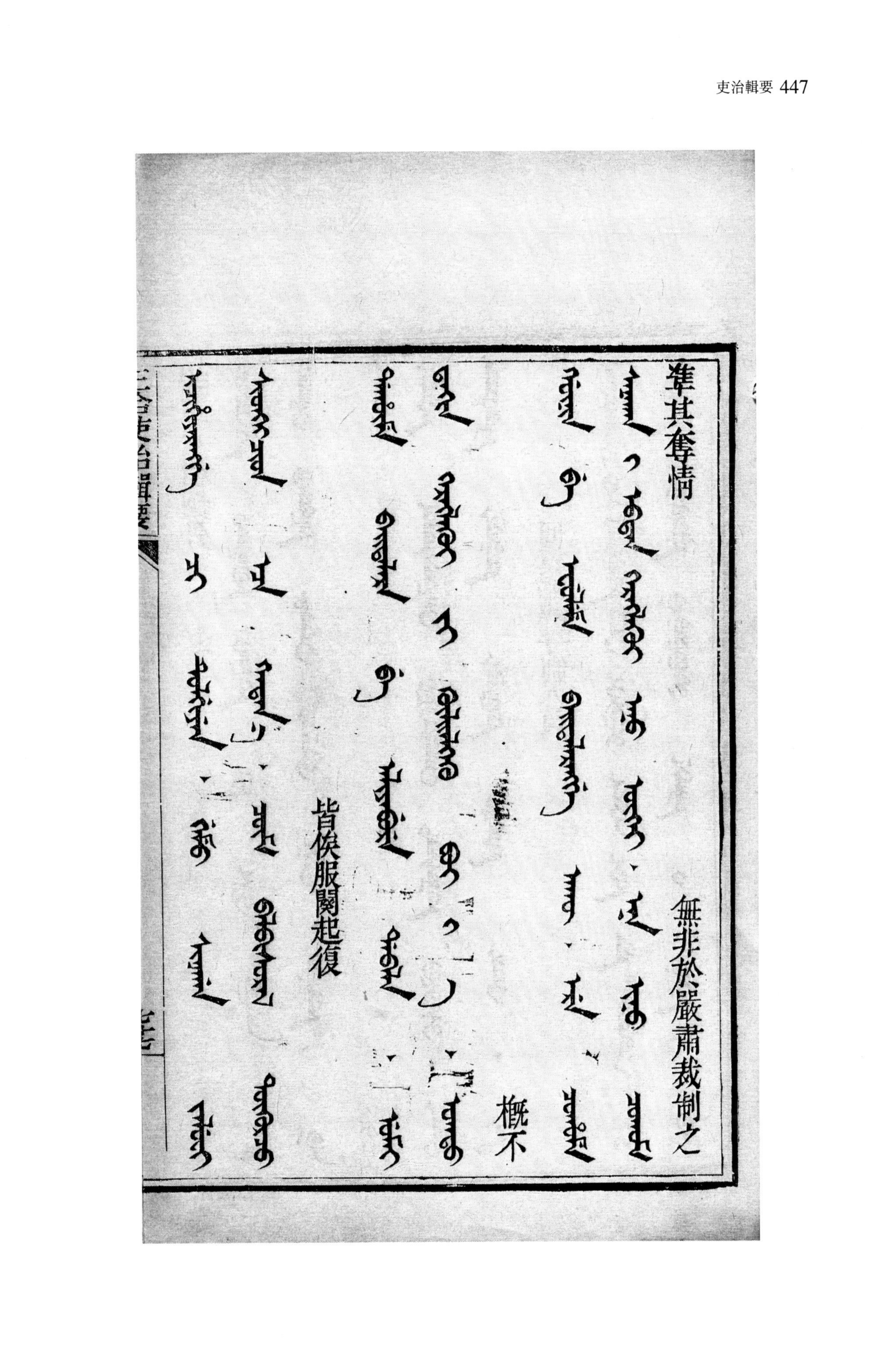

準其奪情

無非於嚴肅裁制之

概不

皆俟服闋起復

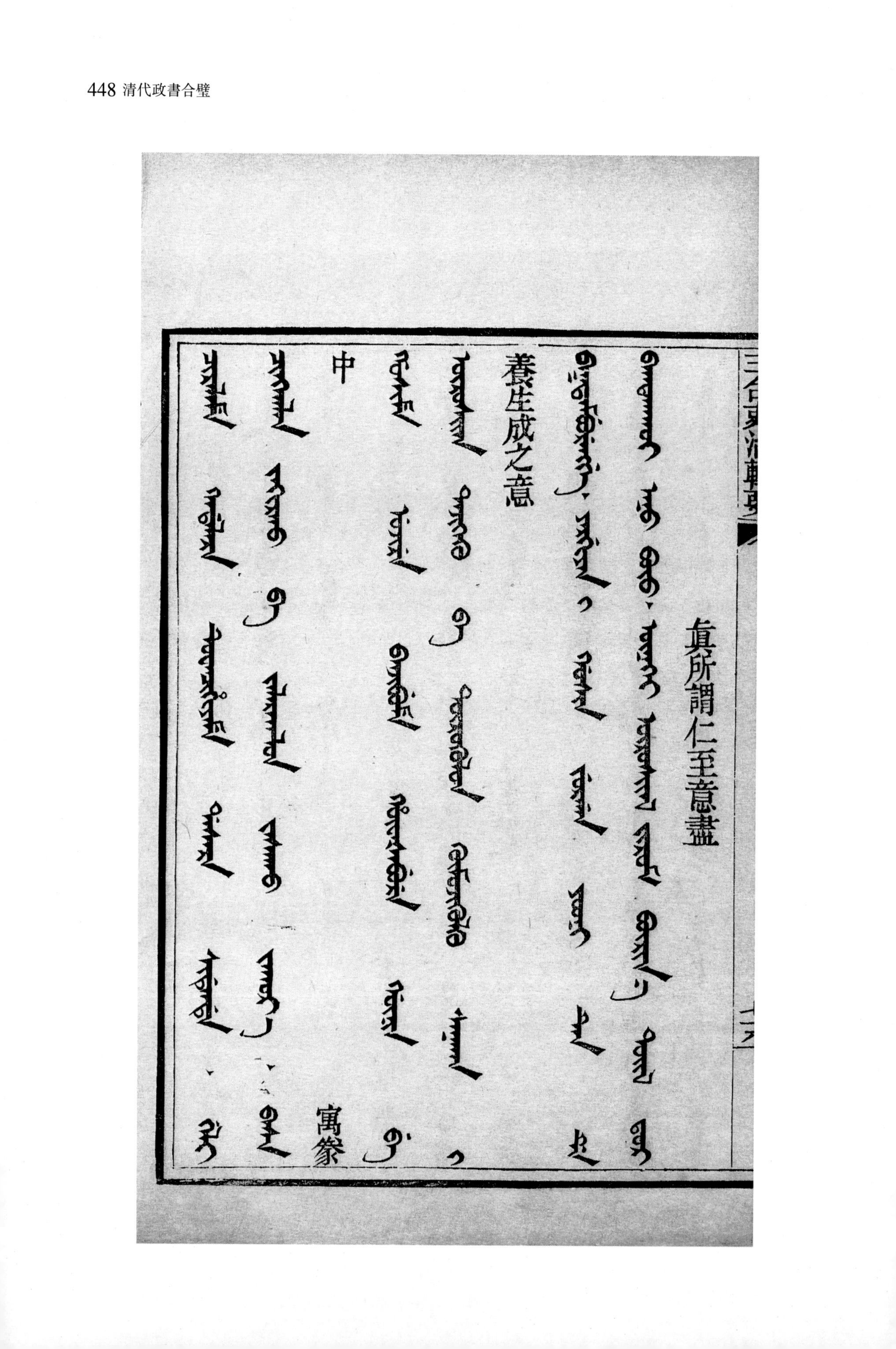

眞所謂仁至意盡

養生成之意

中

寓豢

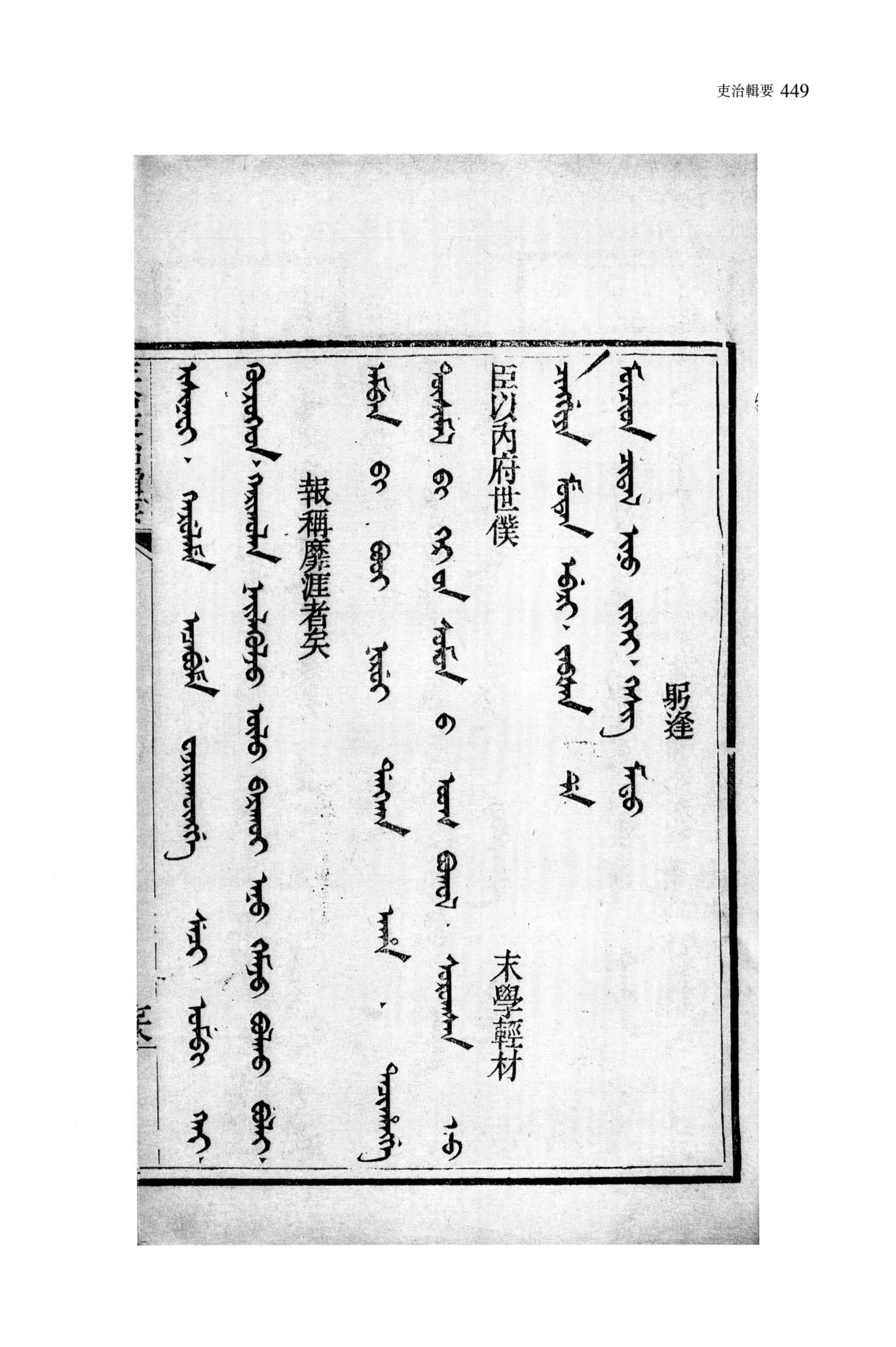

躬逢

末學輕材

臣以內府世僕

報稱靡涯者矣

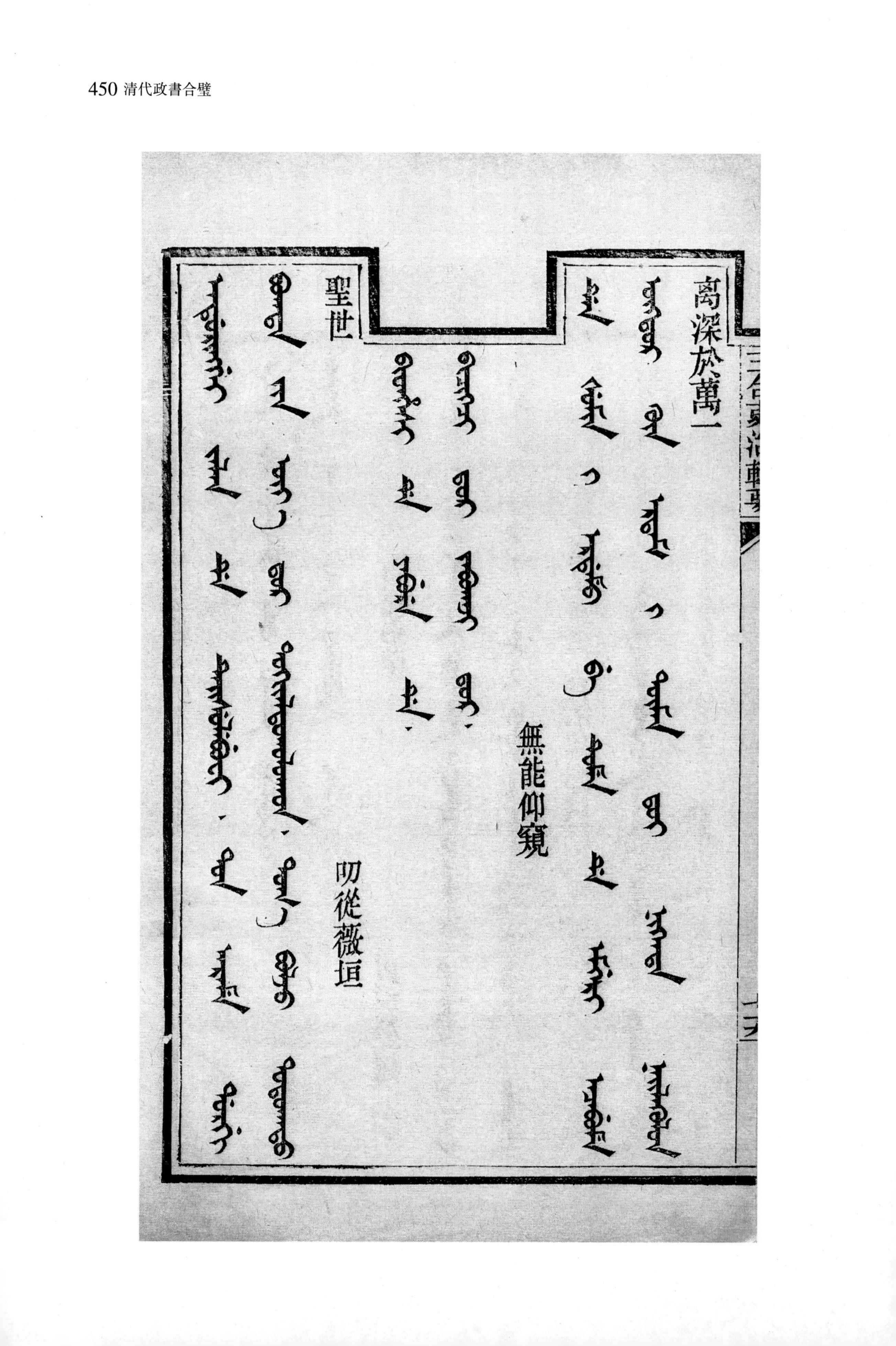

聖世

叨從薇垣

無能仰窺

高深於萬一

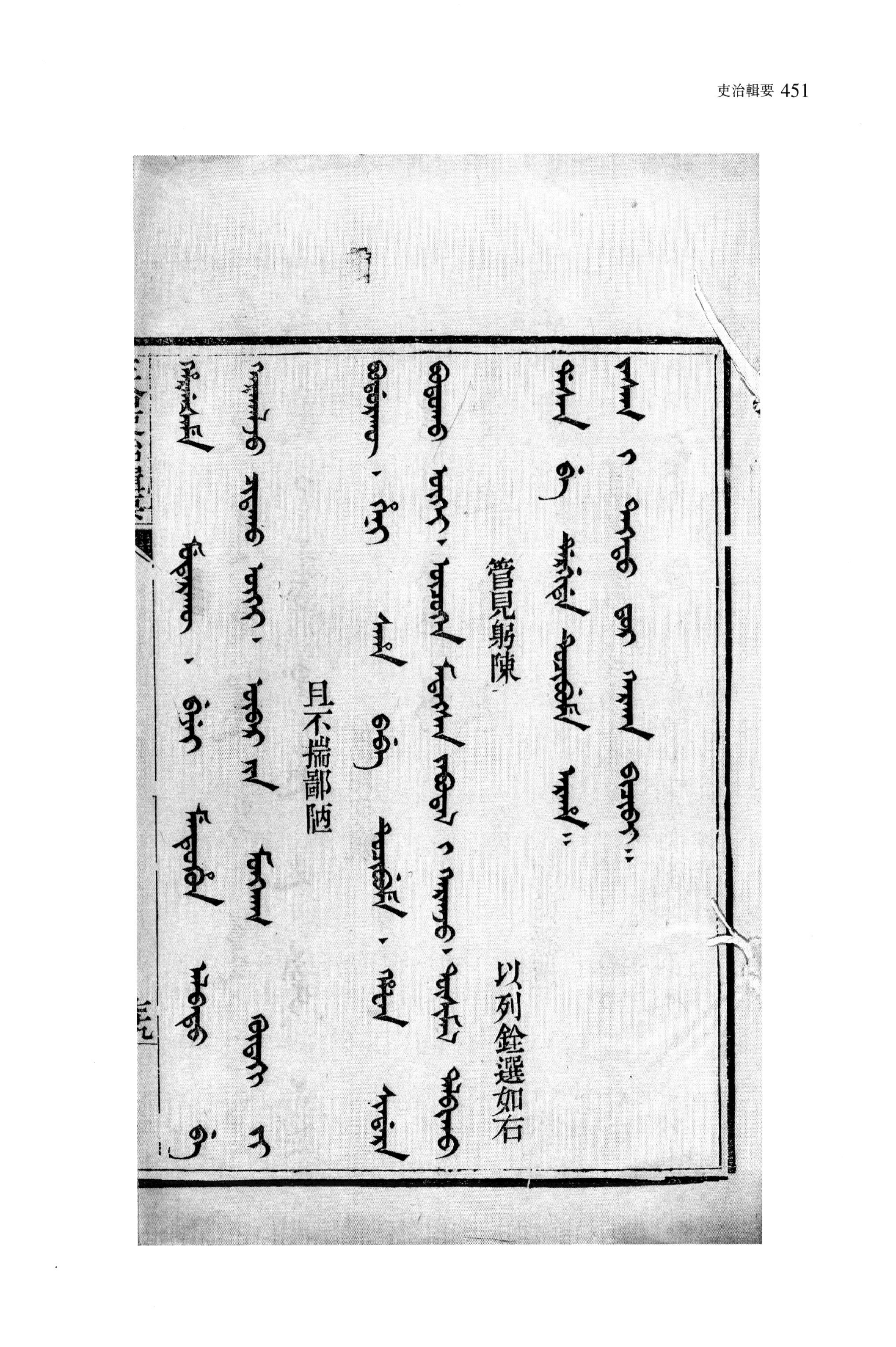

且不揣鄙陋

管見躬陳

以列銓選如右